ΕΥΦΥΗΣ ΣΧΕΔΙΑΣΜΟΣ

ΕΥΦΥΗΣ ΣΧΕΔΙΑΣΜΟΣ

ΜΗΝΥΜΑ από τους ΔΗΜΙΟΥΡΓΟΥΣ ΜΑΣ

ΡΑΕΛ

Copyright © The Raelian Foundation 2019

Το δικαίωμα του Ραέλ να αναγνωρίζεται ως ο συγγραφέας του συγκεκριμένου πονήματος έχει παρασχεθεί σε αυτόν σύμφωνα με τη Νομοθεσία Πνευματικής Ιδιοκτησίας και Ευρεσιτεχνίας του 1988 Με επιφύλαξη παντός δικαιώματος. Κανένα τμήμα αυτής της δημοσίευσης δεν μπορεί να αναπαραχθεί, να αποθηκευτεί σε ένα σύστημα ανάκτησης ή να μεταδοθεί σε οποιαδήποτε μορφή ή με οποιοδήποτε μέσο, ηλεκτρονικό, μηχανικό, φωτοαντιγραφικό, τυπωμένο, καταγραμμένο ή μη, χωρίς προηγούμενη άδεια του εκδότη και του κατόχου των πνευματικών δικαιωμάτων.

Αυτή η αναθεωρημένη έκδοση στην αγγλική γλώσσα είναι μια πρόσφατα μεταφρασμένη και ενημερωμένη έκδοση των τριών πρωτότυπων γαλλικών βιβλίων του Ραέλ, LeLivre Qui Dit La Verite (Το βιβλίο που λέει την Αλήθεια), που εμφανίστηκε για πρώτη φορά στη Γαλλία το 1974, το Les Extra-Terrestres M'ont Emmene Sur Leur Planete (Οι εξωγήινοι με πήγαν στον πλανήτη τους) και Accueillir les Extra-Terrestres (Ας υποδεχτούμε τους εξωγήινους). Παρόμοιες εκδόσεις στα αγγλικά εκτυπώθηκαν στην Ιαπωνία το 1986 με τίτλους Το Μήνυμα που μου δόθηκε από τους εξωγήινους (τα δύο πρώτα βιβλία μαζί) και Ας υποδεχθούμε τους Πατέρες μας από το Διάστημα. Το 1998 τα συνδυασμένα πρώτα 2 βιβλία κυκλοφόρησαν στην Αγγλία από την Tagman Press με τίτλο Το Τελικό Μήνυμα και στις ΗΠΑ με τον τίτλο Το Αληθινό Πρόσωπο του Θεού το 1999 και Το Μήνυμα που έστειλαν οι Εξωγήινοι το 2001.

ISBN : 9781795173346

Εκδοτικός Οίκος: Nova International Corp. Μπορείτε να επικοινωνήσετε με τον εκδότη στο: publishing@rael.org

Συντελεστές

Αρχισυντάκτης και διευθυντής έργου: Chris Antille
Βοηθός έργου: Ezael de Marco
Ανασκόπηση Μετάφρασης: M. P. K. και Panayiotis Skilitsis
ξαναδιαβάζοντας: Panayiotis Skilitsis
Σύνθεση και σχεδιασμός: Nalika Lambiel και Pierre-André Dorsaz
Εξώφυλλο: Rael και Cameron Hanly και Nathalie Seille

ΠΕΡΙΕΧΟΜΕΝΑ

ΒΙΒΛΙΟ ΠΡΩΤΟ : ΤΟ ΒΙΒΛΙΟ ΠΟΥ ΠΕΡΙΕΧΕΙ ΤΗΝ ΑΛΗΘΕΙΑ   **8**

1 Η ΕΠΑΦΗ   **9**
2 Η ΑΛΗΘΕΙΑ   **14**
Γένεση   14
Ο Κατακλυσμός   20
Ο πύργος της Βαβέλ   22
Η θυσία του Αβραάμ   23

3 ΕΠΙΤΗΡΩΝΤΑΣ ΤΟΥΣ ΔΙΑΛΕΚΤΟΥΣ ΑΝΘΡΩΠΟΥΣ   **24**
Μωυσής   24
Οι σάλπιγγες της Ιεριχούς   28
Σαμψών, ο άνθρωπος με τις τηλεπαθητικές ικανότητες   30
Το πρώτο κτίριο για την υποδοχή των Ελοχίμ   31
Ηλίας ο αγγελιοφόρος   33
Ο πολλαπλασιασμός του ψωμιού   34
Ο «ιπτάμενος δίσκος» του Ιεζεκιήλ   36
Η τελευταία κρίση   40
Ο Σατανάς   43
Οι άνθρωποι δεν μπορούσαν να καταλάβουν   43

4 Ο ΡΟΛΟΣ ΤΟΥ ΧΡΙΣΤΟΥ   **48**
Η σύλληψη   48
Η μύηση   49
Παράλληλες ανθρωπότητες   51
Επιστημονικά θαύματα   53
Οι άξιοι να κληρονομήσουν   54

5 ΤΟ ΤΕΛΟΣ ΤΟΥ ΚΟΣΜΟΥ   **58**
1946: Ο Πρώτος Χρόνος της Νέας Εποχής   58
Το τέλος της εκκλησίας   59
Η δημιουργία του κράτους του Ισραήλ   60
Λάθη της εκκλησίας   62
Στις ρίζες όλων των θρησκειών   63
Άνθρωπος: Μια αρρώστια του σύμπαντος   64
Εξέλιξη: Ένας μύθος   65

6 ΟΙ ΝΕΕΣ ΕΝΤΟΛΕΣ   **68**

ΔΙΑΝΟΙΟΚΡΑΤΊΑ	68
ΦΙΛΑΝΘΡΩΠΙΣΜΌΣ	69
ΠΑΓΚΌΣΜΙΑ ΚΥΒΈΡΝΗΣΗ	71
Η ΑΠΟΣΤΟΛΉ ΣΟΥ	71

7 ΟΙ ΕΛΟΧΙΜ 74

ΠΥΡΗΝΙΚΆ ΌΠΛΑ	74
ΥΠΕΡΠΛΗΘΥΣΜΌΣ	74
ΤΟ ΜΥΣΤΙΚΌ ΤΗΣ ΑΙΩΝΙΌΤΗΤΑΣ	76
ΧΗΜΙΚΉ ΜΌΡΦΩΣΗ	79
Η ΡΑΕΛΙΑΝΉ ΚΊΝΗΣΗ	80

ΒΙΒΛΙΟ ΔΕΥΤΕΡΟ : ΟΙ ΕΞΩΓΗΙΝΟΙ ΜΕ ΠΗΓΑΝ ΣΤΟΝ ΠΛΑΝΗΤΗ ΤΟΥΣ 83

1 Η ΖΩΗ ΜΟΥ ΜΕΧΡΙ ΤΗΝ ΠΡΩΤΗ ΣΥΝΑΝΤΗΣΗ 84

ΕΙΣΑΓΩΓΉ	84
ΔΎΟ ΧΡΌΝΙΑ ΠΈΡΑΣΑΝ	84
ΠΑΙΔΙΚΉ ΖΩΉ: ΑΤΙΑ ΠΆΝΩ ΑΠΌ ΤΗΝ ΑΜΠΈΡ	85
Ο ΠΆΠΑΣ ΤΩΝ ΙΕΡΈΩΝ ΤΩΝ ΚΕΛΤΏΝ	86
ΠΟΊΗΣΗ	87
Η ΕΠΑΦΗ	93
ΟΙ ΔΙΑΛΈΞΕΙΣ	95
Η ΕΜΦΆΝΙΣΗ ΤΗΣ 31ΗΣ ΙΟΥΛΊΟΥ ΤΟΥ 1975	96
ΤΟ ΔΕΎΤΕΡΟ ΜΉΝΥΜΑ	98
Ο ΒΟΥΔΙΣΜΌΣ	101
ΟΎΤΕ ΘΕΌΣ, ΟΎΤΕ ΨΥΧΉ	102
ΠΑΡΆΔΕΙΣΟΣ ΣΤΗ ΓΗ / ΕΠΊ ΓΗΣ	104
Ο ΆΛΛΟΣ ΚΌΣΜΟΣ	106
ΣΥΝΑΝΤΏΝΤΑΣ ΤΟΥΣ ΑΡΧΑΊΟΥΣ ΠΡΟΦΉΤΕΣ	107
ΜΙΑ ΓΕΎΣΗ ΠΑΡΑΔΕΊΣΟΥ	113
ΟΙ ΝΈΕΣ ΕΝΤΟΛΈΣ	116
ΓΙΑ ΤΟ ΛΑΌ ΤΟΥ ΙΣΡΑΉΛ	117

2 ΤΑ ΚΛΕΙΔΙΑ 119

ΠΡΌΛΟΓΟΣ	119
ΑΝΘΡΩΠΌΤΗΤΑ	119
Η ΓΈΝΝΗΣΗ	120
ΜΌΡΦΩΣΗ	120
Η ΑΙΣΘΗΣΙΑΚΉ ΜΌΡΦΩΣΗ	121
Η ΑΥΤΟΠΡΑΓΜΆΤΩΣΗ	123
Η ΚΥΒΈΡΝΗΣΗ	126
ΔΙΑΛΟΓΙΣΜΌΣ ΚΑΙ ΠΡΟΣΕΥΧΉ	129

ΤΕΧΝΙΚΗ ΓΙΑ ΝΑ ΑΝΑΠΤΥΧΘΕΙ ΤΗΛΕΠΑΘΗΤΙΚΗ ΕΠΑΦΗ ΜΕ ΤΟΥΣ ΕΛΟΧΙΜ	130
Οι τέχνες	137
Αισθησιακός διαλογισμός	137
Η ανθρώπινη δικαιοσύνη	138
Η επιστήμη	139
Το ανθρώπινο μυαλό	140
Τηλεπαθητική επικοινωνία	141
Η ανταμοιβή	144
Αν θέλεις να με βοηθήσεις να φέρω σε πέρας την αποστολή που μου ανατέθηκε	150

ΒΙΒΛΙΟ ΤΡΙΑ : ΑΣ ΚΑΛΩΣΟΡΙΣΟΥΜΕ ΤΟΥΣ ΕΞΩΓΗΙΝΟΥΣ — 151

1 ΣΥΧΝΕΣ ΕΡΩΤΗΣΕΙΣ — 152

ΦΑΙΝΟΜΕΝΙΚΕΣ ΑΝΤΙΦΑΣΕΙΣ ΜΕΤΑΞΥ ΤΟΥ ΠΡΩΤΟΥ ΚΑΙ ΤΟΥ ΔΕΥΤΕΡΟΥ ΜΗΝΥΜΑΤΟΣ.	152
ΧΡΟΝΟΛΟΓΩΝΤΑΣ ΤΙΣ ΕΡΓΑΣΙΕΣ ΤΩΝ ΕΛΟΧΙΜ	155
Ο ΛΑΟΣ ΤΟΥ ΙΣΡΑΗΛ ΚΑΙ ΟΙ ΕΒΡΑΙΟΙ	155
ΡΑΕΛΙΑΝΗ ΚΙΝΗΣΗ ΚΑΙ ΧΡΗΜΑΤΑ	156
ΤΙΠΟΤΑ ΔΕΝ ΕΙΝΑΙ ΣΤΑΘΕΡΟ ΣΤΟΝ ΧΡΟΝΟ ΚΑΙ ΣΤΟΝ ΧΩΡΟ	157
ΜΕΤΑΒΙΒΑΣΗ ΤΟΥ ΚΥΤΤΑΡΙΚΟΥ ΣΧΕΔΙΟΥ ΚΑΙ ΤΟΥ ΜΕΤΩΠΙΑΙΟΥ ΟΣΤΟΥ	158
ΕΙΝΑΙ Η ΓΗ ΕΝΑ ΑΤΟΜΟ ΣΤΟ ΔΑΧΤΥΛΟ ΤΟΥ ΘΕΟΥ;	160
Η ΚΙΒΩΤΟΣ ΤΟΥ ΝΩΕ-ΕΝΑ ΔΙΑΣΤΗΜΟΠΛΟΙΟ;	160
ΖΩΗ ΜΕΤΑ ΤΗΝ ΖΩΗ Ή ΟΝΕΙΡΟ ΚΑΙ ΠΡΑΓΜΑΤΙΚΟΤΗΤΑ	161
ΤΟ ΕΠΙΣΤΗΜΟΝΙΚΟ ΕΠΙΠΕΔΟ ΕΞΕΛΙΞΗΣ ΤΩΝ ΕΛΟΧΙΜ	162
ΟΥΤΕ ΘΕΟΣ ΟΥΤΕ ΨΥΧΗ ΠΑΡΑ ΜΟΝΟΝ ΟΙ ΕΛΟΧΙΜ ΚΑΙ Ο ΓΕΝΕΤΙΚΟΣ ΚΩΔΙΚΑΣ	163
Η ΘΡΗΣΚΕΙΑ ΤΟΥ ΑΠΕΙΡΟΥ	165
ΤΟ ΜΕΛΛΟΝ ΤΩΝ ΠΑΡΑΔΟΣΙΑΚΩΝ ΘΡΗΣΚΕΙΩΝ	166
ΡΑΕΛΙΑΝΙΣΜΟΣ ΚΑΙ ΔΙΑΝΟΙΟΚΡΑΤΙΑ	167
ΠΟΙΟΣ ΔΗΜΙΟΥΡΓΗΣΕ ΤΟΝ ΔΗΜΙΟΥΡΓΟ ΤΩΝ ΔΗΜΙΟΥΡΓΩΝ	168
ΠΟΙΟΣ ΕΙΝΑΙ Ο ΣΚΟΠΟΣ ΤΗΣ ΖΩΗΣ;	170
ΤΙ ΕΙΝΑΙ ΕΥΧΑΡΙΣΤΗΣΗ;	171
ΤΙ ΕΙΝΑΙ ΘΑΝΑΤΟΣ;	175
ΣΕΞΟΥΑΛΙΚΗ ΕΛΕΥΘΕΡΙΑ ΚΑΙ ΟΧΙ ΣΕΞΟΥΑΛΙΚΗ ΥΠΟΧΡΕΩΣΗ	181
ΡΑΕΛΙΑΝΙΣΜΟΣ ΚΑΙ ΟΜΟΦΥΛΟΦΙΛΙΑ	182
ΘΕΪΣΤΕΣ ΚΑΙ ΕΞΕΛΙΚΤΙΚΟΙ: ΟΙ ΨΕΥΔΟΠΡΟΦΗΤΕΣ	183
ΑΥΤΟΚΤΟΝΙΑ	184

2 ΟΙ ΝΕΕΣ ΑΠΟΚΑΛΥΨΕΙΣ — 185

Ο ΔΙΑΒΟΛΟΣ ΔΕΝ ΥΠΑΡΧΕΙ, ΤΟΝ ΣΥΝΑΝΤΗΣΑ	185
Ο ΠΑΤΕΡΑΣ ΜΟΥ ΠΟΥ ΜΕ ΔΗΜΙΟΥΡΓΗΣΕ ΣΤΟΝ ΟΥΡΑΝΟ	194
ΜΗΝΥΜΑ ΑΠΟ ΤΟΝ ΓΙΑΧΒΕ ΣΤΟΥΣ ΑΝΘΡΩΠΟΥΣ ΤΗΣ ΓΗΣ: Η ΑΠΟΚΑΛΥΨΗ ΤΟΥ ΤΕΛΙΚΟΥ ΠΥΡΗΝΙΚΟΥ ΚΑΤΑΚΛΥΣΜΟΥ	196

3 ΜΙΑ ΑΘΕΪΣΤΙΚΗ ΘΡΗΣΚΕΙΑ   **208**
ΑΓΓΕΛΟΙ ΧΩΡΙΣ ΦΤΕΡΑ   208
ΑΠΟΠΟΙΗΣΗ ΤΗΣ ΥΠΕΥΘΥΝΟΤΗΤΑΣ   211

4 ΣΧΟΛΙΑ ΚΑΙ ΜΑΡΤΥΡΙΕΣ ΡΑΕΛΙΣΤΩΝ   **220**
Ο ΡΑΕΛΙΑΝΙΣΜΟΣ ΜΕΣΑ ΑΠΟ ΤΑ ΜΑΤΙΑ ΤΗΣ ΕΠΙΣΤΗΜΗΣ   220
Ι - ΕΞΕΛΙΞΗ, ΣΚΟΤΑΔΙΣΜΟΙ ΚΑΙ ΝΕΟΔΑΡΒΙΝΙΚΟΣ ΜΥΘΟΣ   220
ΙΙ - ΜΙΑ ΝΕΑ ΥΠΟΘΕΣΗ ΓΙΑ ΤΗΝ ΙΣΤΟΡΙΑ ΤΗΣ ΑΝΘΡΩΠΟΤΗΤΑΣ   222
ΙΙΙ- Η ΜΕΤΑΒΙΒΑΣΗ ΤΟΥ ΚΥΤΤΑΡΙΚΟΥ ΣΧΕΔΙΟΥ ΣΤΟ ΦΩΣ ΤΗΣ ΕΠΙΣΤΗΜΗΣ   223
ΕΝΤΥΠΩΣΕΙΣ ΕΝΟΣ «ΙΕΡΕΑ»   225
ΝΑΙ ΕΙΜΑΙ ΡΑΕΛΙΑΝΟΣ   228
Ο ΚΑΘΑΓΙΑΣΜΟΣ ΤΗΣ ΙΕΡΩΣΥΝΗΣ ΜΟΥ   231
ΝΑ ΕΙΜΑΣΤΕ ΕΝΕΡΓΟΙ ΓΙΑ ΝΑ ΜΗΝ ΓΙΝΟΥΜΕ ΡΑΔΙΕΝΕΡΓΟΙ   235
ΑΠΟ ΤΗΝ ΜΑΡΞΙΣΤΙΚΗ ΣΤΗΝ ΡΑΕΛΙΣΤΙΚΗ ΠΡΟΣΧΩΡΗΣΗ   237
ΜΙΑ ΝΕΑ ΤΕΧΝΗ ΖΩΗΣ   237

5 ΠΡΟΣΘΗΚΗ   **240**
ΣΥΝΑΝΤΗΣΗ ΤΗΣ 7ΗΣ ΟΚΤΩΒΡΙΟΥ 31 (1976)   240
ΤΟ ΜΗΝΥΜΑ ΤΩΝ ΕΛΟΧΙΜ, 14 ΜΑΡΤΙΟΥ 32* (1978)   241
ΤΡΟΠΟΠΟΙΗΣΗ ΤΩΝ ΝΕΩΝ ΕΝΤΟΛΩΝ   241
Μήνυμα από τους Ελοχίμ, 13 Δεκεμβρίου 1997   242
Τα Ηνωμένα Έθνη – Ραέλ, Σεπτέμβριος 2005   244
ΤΑ ΗΝΩΜΕΝΑ ΕΘΝΗ ΠΡΕΠΕΙ ΝΑ ΕΞΑΦΑΝΙΣΤΟΥΝ ΚΑΙ ΝΑ ΑΝΤΙΚΑΤΑΣΤΑΘΟΥΝ ΑΠΟ ΕΝΑΝ ΔΗΜΟΚΡΑΤΙΚΟΤΕΡΟ ΟΡΓΑΝΙΣΜΟ   244
Υστερόγραφο του συγγραφέα   245
Μήνυμα από τους Ελοχίμ, 12 Απριλίου 2009   250
Πρέπει να είστε και Σιωνιστές και Παλαιστίνιοι   250
Μήνυμα από τους Ελοχίμ, 6 Αυγούστου 2015   252

Επιπλέον Πληροφορίες   254
SUBSCRIBE@RAEL-SCIENCE.ORG   254
Σεμινάρια και Επαφές   255
Ευχαριστίες   255
ΑΙΣΘΗΣΙΑΚΟΣ ΔΙΑΛΟΓΙΣΜΟΣ   256
ΔΙΑΝΟΙΟΚΡΑΤΙΑ   256
ΝΑΙ ΣΤΗΝ ΑΝΘΡΩΠΙΝΗ ΚΛΩΝΟΠΟΙΗΣΗ   257
MAITREYA   257
Βιβλιογραφία   258

ΒΙΒΛΙΟ ΠΡΩΤΟ

ΤΟ ΒΙΒΛΙΟ ΠΟΥ ΠΕΡΙΕΧΕΙ ΤΗΝ ΑΛΗΘΕΙΑ

1

Η ΕΠΑΦΗ

Από εννιά χρονών είχα ένα μεγάλο πάθος: τις κούρσες αυτοκινήτων. Έφτιαξα ένα περιοδικό που να παρουσιάζει μόνο αυτό το χώρο το 1970, μόνο και μόνο για να μπορέσω να μπω σ' αυτό τον κόσμο του σπορ, στο οποίο ο άνθρωπος συνεχώς προσπαθεί να ξεπεράσει τον ίδιο του τον εαυτό ενώ ανταγωνίζεται τους υπόλοιπους. Από τα παιδικά μου χρόνια ονειρευόμουν μια μέρα ότι θα έπαιρνα μέρος σε κούρσες και φανταζόμουν ότι θ' ακολουθούσα τα βήματα του πρωταθλητή Φάτζιο. Χάρη σε μερικές γνωριμίες έκανα από το περιοδικό, κατάφερα να πάρω μέρος σε αγώνες, κερδίζοντας καμιά δεκαριά κύπελλα, τα οποία αυτή τη στιγμή διακοσμούν το διαμέρισμά μου.

Στις 13 Δεκεμβρίου του 1973, πήγα στα πανύψηλα ηφαίστεια Κλεμόντ-Φεράντ στη νοτιοκεντρική Γαλλία. Ήταν κάτι παραπάνω από το να πάρω καθαρό αέρα και να απολαύσω την οδήγηση, η βόλτα που έκανα. Τα πόδια μου είχαν πιαστεί μετά από ένα χρόνο αγώνων, πηγαίνοντας από τη μια αγωνιστική πίστα στην άλλη και ζώντας τον περισσότερο καιρό πάνω σε τέσσερις ρόδες.

Ο αέρας ήταν δροσερός και ο ουρανός γκριζωπός με λίγη ομίχλη. Περπάτησα και έτρεξα ελαφρύ τροχάδι απομακρυσμένος από τον τόπο που είχα παρκάρει το αμάξι μου κατευθυνόμενος στο κέντρο του κρατήρα, Πουί ντι Λασσόλα, στο μέρος όπου πήγαινα συχνά με την οικογένεια μου για Πικ νικ το καλοκαίρι.

Ήταν πράγματι ένα ελκυστικό και συναρπαστικό μέρος. Και να σκεφτεί κανείς ότι πριν από μερικές χιλιάδες χρόνια, στο σημείο που πατούσαν τα πόδια μου, ξεχύνονταν λάβα με απίστευτη θερμοκρασία. Ακόμη και σήμερα, όμορφα κομμάτια από πέτρες διακοσμούν το τοπίο. Η υπανάπτυκτη βλάστηση έμοιαζε με μια επαρχία της Γαλλίας, τη Στέπα, αλλά χωρίς το ηλιοβασίλεμα.

Ετοιμαζόμουν να φύγω και κοίταξα για τελευταία φορά την κορυφή ενός κυκλικού βουνού που είχε δημιουργηθεί από τη συσσώρευση των λιωμένων μετάλλων. Θυμήθηκα ότι πολλές φορές εκεί, είχα την απόλαυση να γλιστρώ στις απότομες πλαγιές που βρίσκονταν τριγύρω, σαν να έκανα σκι. Καθώς λοιπόν κοίταζα, κάπου μέσα στην ομίχλη, παρατηρώ ένα κόκκινο φως ν' αναβοσβήνει και κάτι σαν ελικόπτερο να προσγειώνεται προς το μέρος μου. Ένα ελικόπτερο όμως κάνει θόρυβο, ενώ εγώ εκείνη τη στιγμή δεν άκουγα τίποτα, ούτε καν κάποιο ελάχιστο σφύριγμα. Κάποιο μπαλόνι ίσως; Το αντικείμενο βρισκόταν σε ύψος 20 μέτρων περίπου πάνω από το έδαφος και είχε επίπεδο σχήμα.

Ήταν ένας ιπτάμενος δίσκος!

Πάντα πίστευα ότι υπήρχαν, ποτέ όμως δεν μπορούσα να φανταστώ ότι θα έβλεπα έναν ο ίδιος! Είχε διάμετρο γύρω στα επτά μέτρα και ήταν δυόμισι μέτρα ψηλός, επίπεδος από κάτω, κωνικός στο επάνω μέρος. Ένα πολύ φωτεινό κόκκινο φως αναβόσβηνε στο κάτω μέρος, και ένα λευκό φως που μου θύμιζε φλας από κάμερα στο πάνω μέρος. Το φως ήταν τόσο εκτυφλωτικό ώστε δεν μπορούσα να δω τον ιπτάμενο δίσκο χωρίς να ανοιγοκλείνω τα βλέφαρά μου.

Το αντικείμενο συνέχισε να κατεβαίνει εντελώς αθόρυβα και σταμάτησε δύο περίπου μέτρα πάνω από το έδαφος. Έμοιαζα να έχω απολιθωθεί και δεν έκανα καμία κίνηση απολύτως. Δεν ήμουν φοβισμένος αλλά γεμάτος χαρά που ζούσα μια τέτοια εμπειρία. Στεναχωρήθηκα λίγο που δεν είχα μαζί μου τη φωτογραφική μου μηχανή.

Τότε, το απίστευτο συνέβη. Μια πόρτα άνοιξε στο κάτω μέρος του δίσκου και ένα είδος σκάλας κατέβηκε στο έδαφος. Συνειδητοποίησα ότι κάποια ζωντανά όντα θα έβγαιναν έξω και απορούσα για το πως θα έμοιαζαν.

Πρώτα δυο πόδια εμφανίστηκαν, τα οποία με έκαναν να ξαλαφρώσω λίγο, γιατί φαινόταν ότι θα συναντούσα έναν άνθρωπο. Τέλος είδα ένα παιδί να κατεβαίνει τη σκάλα και να έρχεται προς το μέρος μου. Στη συνέχεια αντιλήφθηκα ότι δεν ήταν παιδί αλλά ένας μικρόσωμος άντρας με ύψος ένα μέτρο και είκοσι εκατοστά περίπου. Τα μάτια του ήταν λίγο τραβηγμένα προς τους κροτάφους, τα μαλλιά του μαύρα μακριά με κοντό μαύρο μούσι. Σταμάτησε δέκα περίπου μέτρα από το σημείο που στεκόμουν εγώ. Εγώ δεν είχα κουνηθεί καθόλου.

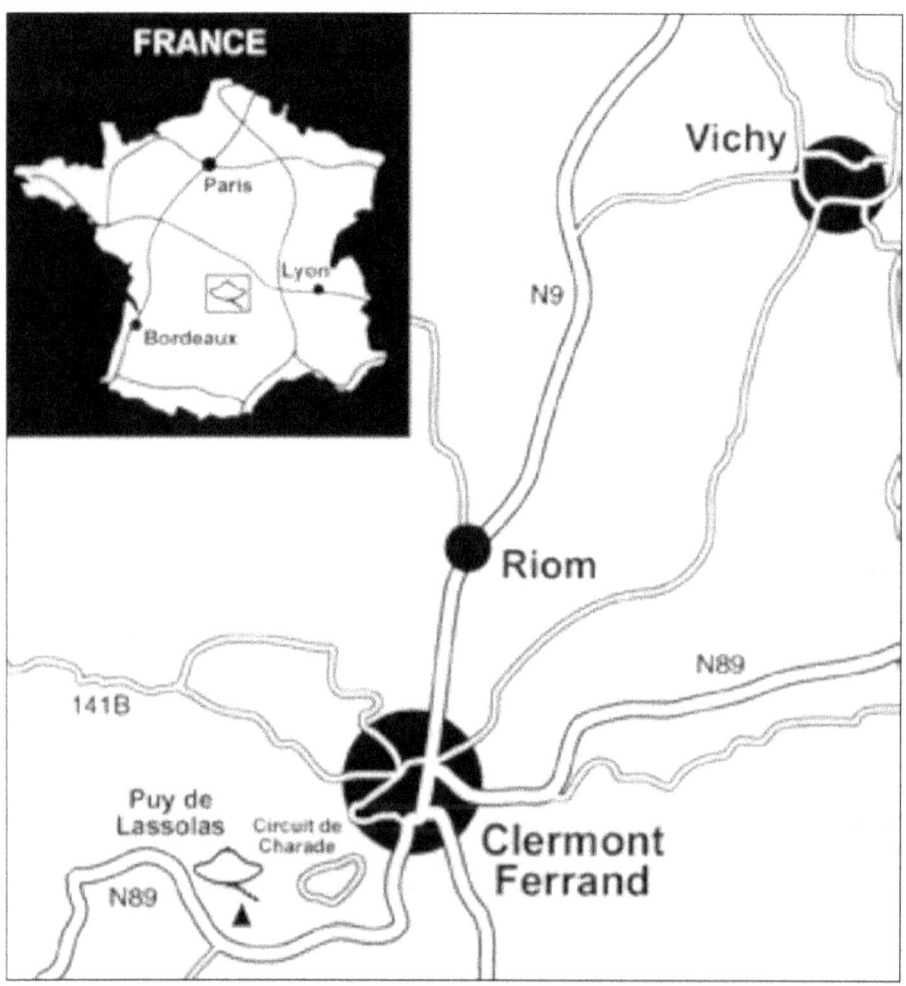

Εικόνα a : Τοποθεσία της πρώτης επαφής του Ραέλ : Puy De Lassolas, κοντά στο Clermont Ferrand, 13 Δεκεμβρίου 1973.

Φορούσε μια πράσινη μονοκόμματη φόρμα που κάλυπτε όλο του το σώμα και παρόλο που το κεφάλι του έμοιαζε ακάλυπτο, περιβαλλόταν από ένα παράξενο φωτοστέφανο. Δεν ήταν στην πραγματικότητα φωτοστέφανο, αλλά έμοιαζε σα να λαμπύριζε και να παλλόταν ο αέρας γύρω από το πρόσωπο του. Μου έδωσε την εντύπωση ότι φορούσε ένα αόρατο προστατευτικό κάλυμμα, κάτι σαν φούσκα, τόσο τέλειο, που μόλις γινόταν αντιληπτό. Το δέρμα του ήταν λευκό αλλά ελαφρά γκρίζο σαν άνθρωπος που έχει υποφέρει από τα βάσανα της ζωής.

Χαμογέλασε, κι εγώ - σαν να ζαλίστηκα λίγο - ανταπέδωσα το χαμόγελο σκύβοντας το κεφάλι μου ελαφρά. Απάντησε με τον ίδιο τρόπο. Προσπαθώντας να καταλάβω αν μπορεί να με ακούσει, ρώτησα:

— Από πού έρχεσαι;

Μου απάντησε με δυνατή φωνή και σωστή άρθρωση αν και η ομιλία του έμοιαζε ένρινη.

-«Από πολύ μακριά.»

— Μιλάς Γαλλικά;

— «Μιλώ όλες τις γλώσσες του κόσμου.»

— Έρχεσαι από άλλο πλανήτη;

— «Ναι.»

Καθώς μιλούσε, με πλησίασε και στάθηκε γύρω στα δύο μέτρα από εμένα.

— Είναι η πρώτη φορά που έρχεσαι στη Γη;

— «Ω! όχι.»

Έρχεσαι συχνά;

— «Πολύ συχνά.»

— Και για ποιο σκοπό έρχεσαι;

— «Σήμερα, για να μιλήσω σ' εσένα.»

— Σ' εμένα;

— «Ναι σ' εσένα Κλωντ Βορίλον, εκδότη ενός μικρού περιοδικού που ασχολείται με τ' αυτοκίνητα, παντρεμένος με δύο παιδιά.»

— Πώς τα ξέρεις όλα αυτά;

— «Σε παρακολουθούμε πολύ καιρό.»

— Γιατί εμένα;

— «Αυτό ακριβώς θέλω να σου πω. Για ποιο λόγο ήρθες εδώ σήμερα, ένα τόσο κρύο πρωινό;»

— Δεν ξέρω... Ήθελα να περπατήσω στον καθαρό αέρα.

— «Έρχεσαι συχνά εδώ;»

— Το καλοκαίρι ναι, αλλά ποτέ αυτή την περίοδο.

— «Γιατί όμως ήρθες σήμερα; Είχες προγραμματίσει αυτό τον περίπατο πριν από καιρό;»

— Όχι δεν ξέρω. Όταν σηκώθηκα το πρωί ένιωσα ότι ήθελα να έρθω εδώ.

— «Ήρθες επειδή ήθελα να σε δω. Πιστεύεις στην τηλεπάθεια;»

— Ναι φυσικά. Είναι κάτι που με ενδιέφερε από πάντα, όπως και το θέμα «ιπτάμενοι δίσκοι». Ποτέ όμως δεν πίστευα ότι θα έβλεπα εγώ ο ίδιος έναν.

— «Εντάξει, χρησιμοποίησα τηλεπάθεια για να σε κάνω να έρθεις εδώ, επειδή έχω πολλά πράγματα να σου πω. Διαβάζεις τη Βίβλο;»

— Ναι. Γιατί όμως με ρωτάς;

— «Την διαβάζεις για πολύ καιρό;»

— Όχι, μόλις πριν λίγες μέρες την αγόρασα.

— «Γιατί;»

— Δεν ξέρω. Ξαφνικά μου δημιουργήθηκε η επιθυμία να τη διαβάσω...

— «Η επιθυμία σου δημιουργήθηκε τηλεπαθητικά από μένα. Σε διάλεξα για μια πολύ δύσκολη αποστολή και έχω πολλά πράγματα να σου πω. Έλα μέσα στο σκάφος μου, όπου θα μπορέσουμε να κουβεντιάσουμε πιο άνετα.»

Τον ακολούθησα ανεβαίνοντας τη μικρή σκάλα που βρισκόταν κάτω από το σκάφος. Παρατηρώντας το από κοντά, είδα ότι έμοιαζε με καμπάνα με συμπαγές και εξογκωμένο πάτωμα. Μέσα υπήρχαν δύο καρέκλες, η μια απέναντι από την άλλη και η θερμοκρασία ήταν ευχάριστη παρόλο που η πόρτα ήταν ανοικτή.

Δεν υπήρχε λάμπα, αλλά φυσικό φως έλουζε το χώρο χωρίς να έχει κάποια φανερή πηγή. Δεν υπήρχαν ούτε όργανα πλοήγησης που να θυμίζουν το πιλοτήριο κάποιου αεροπλάνου. Το πάτωμα ήταν φτιαγμένο από κάποιο λαμπερό κράμα σε μια ελαφριά απόχρωση του μπλε. Εγώ κάθισα στη μεγαλύτερη αλλά χαμηλότερη πολυθρόνα, που ήταν φτιαγμένη από ένα υλικό κάπως διαφανές, άχρωμο και που ήταν πολύ αναπαυτική. Ο «ανθρωπάκος» κάθισε μπροστά μου σε μια παρόμοια πολυθρόνα μικρότερη σε μέγεθος αλλά ψηλότερη, έτσι ώστε το πρόσωπο του να είναι στο ίδιο επίπεδο με το δικό μου. Μετά ακούμπησε ένα μέρος στον τοίχο και ολόκληρο το όχημα έγινε διάφανο εκτός από τη βάση και την κορυφή. Έμοιαζε σα να βρισκόμαστε σε ανοιχτό χώρο, μόνο που η θερμοκρασία ήταν σε κανονικό επίπεδο. Μου πρότεινε να βγάλω το παλτό μου, πράγμα που έκανα, και είπε:

— «Λυπάσαι που δεν έχεις φωτογραφική μηχανή μαζί σου, έτσι ώστε να μιλήσεις για την συνάντησή μας σε όλο τον κόσμο με απόδειξη στα χέρια σου;»

— Ναι, φυσικά...

— «Άκουσέ με προσεκτικά. Θα πεις στους ανθρώπους για τη συνάντησή μας αλλά θα το κάνεις για να τους πεις την αλήθεια, για το τι είναι οι άνθρωποι της Γης και το τι είμαστε εμείς. Κρίνοντας από τις αντιδράσεις τους, θα ξέρουμε αν θα παρουσιαστούμε επίσημα και ελεύθερα σ' αυτούς. Περίμενε μέχρι να ξέρεις όλα όσα έχω να σου πω και μετά να αρχίσεις να μιλάς δημόσια. Θα σου είναι πιο εύκολο να απαντάς σ' αυτούς που δεν θα σε πιστέψουν και θα μπορείς να τους δίνεις ατράνταχτες αποδείξεις. Θα γράψεις όλα όσα σου λέω και θα εκδόσεις τα γραπτά σε βιβλίο.>>

— Ναι αλλά γιατί διάλεξες εμένα;

— <<Για πολλούς λόγους. Πρώτα απ' όλα χρειαζόμασταν κάποιον από μια χώρα που οι καινούριες ιδέες να είναι καλοδεχούμενες και να είναι δυνατόν να μιλήσει για τέτοια θέματα ελεύθερα. Η Γαλλία είναι η χώρα που γεννήθηκε η δημοκρατία και σ' όλο τον κόσμο φημίζεται σαν η χώρα της ελευθερίας. Επίσης χρειαζόμασταν κάποιον έξυπνο άνθρωπο με ανοικτό μυαλό σε όλα. Τέλος πάνω απ' όλα, χρειαζόμαστον κάποιον ελεύθερο στοχαστή που να μην είναι ενάντια στις θρησκείες... Εσύ λοιπόν που γεννήθηκες από πατέρα Ιουδαίο και μητέρα Καθολική, είσαι ένας ιδανικός συνδετικός κρίκος δύο πολύ σημαντικών θρησκευτικών ομάδων στην ανθρώπινη ιστορία. Επίσης οι δραστηριότητές σου δεν προϋπόθεταν ότι θα κάνεις κάποιες απίστευτες αποκαλύψεις και αυτό θα κάνει τα λόγια σου πιο πιστευτά. Αφού δεν είσαι επιστήμονας θα εξηγήσεις απλά, χωρίς να περιπλέκεις τα πράγματα. Δεν είσαι ούτε λογοτέχνης έτσι ώστε να φτιάξεις πολύπλοκες προτάσεις, δύσκολες να κατανοηθούν από τους πολλούς. Τέλος αποφασίσαμε να διαλέξουμε κάποιον μετά την πρώτη ατομική έκρηξη που έγινε το 1945, και εσύ γεννήθηκες το 1946. Σε παρακολουθούμε από τη στιγμή της γέννησής σου και πριν από αυτή. Γι αυτό σε διαλέξαμε. Έχεις κάποιες άλλες ερωτήσεις;

— Από πού έρχεσαι;

— «Από κάποιο μακρινό πλανήτη για τον οποίο δεν θα σου πω τίποτα, από φόβο μήπως οι γήινοι μπουν στον πειρασμό να γίνουν πρόβλημα για την ειρήνη μας.»
— Είναι πολύ μακριά ο πλανήτης σας;
— «Πολύ μακριά; Όταν σου πω την απόσταση, θα καταλάβεις ότι είναι αδύνατο να πάτε εκεί, με τα σημερινά τεχνικά και επιστημονικά μέσα που έχετε.»
— Πώς ονομάζετε τους εαυτούς σας;
— «Είμαστε άνθρωποι σαν και εσάς και ζούμε σ' ένα πλανήτη όμοιο με τη Γη.»
— Πόσο καιρό χρειάζεσαι για να έλθεις εδώ;
— Τόσο όσο χρειάζεται για να το σκεφτείς.
— Γιατί έρχεστε στη γη;
— «Για να παρακολουθήσουμε την εξέλιξη των ανθρώπων. Αυτοί είναι το μέλλον, εμείς είμαστε το παρελθόν.»
— Υπάρχουν πολλοί άνθρωποι στον πλανήτη σας;
— «Περισσότεροι από τον δικό σας.»
— Θα ήθελα να επισκεφθώ τον πλανήτη σας. Γίνεται;
— «Όχι. Πρώτα απ' όλα δεν μπορείς να ζήσεις εκεί, επειδή η ατμόσφαιρα είναι πολύ διαφορετική από τη δική σας και δεν είσαι εκπαιδευμένος ώστε ν' αντέξεις ένα τέτοιο ταξίδι.»
— Τότε γιατί συναντηθήκαμε εδώ;
— «Γιατί ένας κρατήρας ηφαιστείου είναι ένα ιδανικό μέρος, μακριά από ανεπιθύμητα βλέμματα. Τώρα όμως θα φύγω. Έλα πάλι αύριο την ίδια ώρα με τη Βίβλο και φέρε μαζί σου κάτι να κρατάς σημειώσεις. Μην κουβαλάς κανένα μεταλλικό αντικείμενο μαζί σου και μην αναφέρεις σε κανένα τη συζήτησή μας, διαφορετικά δεν θα με ξανασυναντήσεις.»

Μου έδωσε το παλτό μου, με άφησε να κατέβω από τη μικρή σκάλα, και με χαιρέτησε με το χέρι του. Η σκάλα τραβήχτηκε πάνω, η πόρτα έκλεισε χωρίς κανένα θόρυβο και το αντικείμενο κύλησε μαλακά γύρω στα 400 μέτρα αθόρυβα και εξαφανίστηκε στην ομίχλη.

2

Η ΑΛΗΘΕΙΑ

Γένεση

Την επόμενη μέρα πήγα στο ίδιο μέρος μ' ένα σημειωματάριο, ένα στυλό και τη Βίβλο. Το όχημα ξαναεμφανίστηκε στην καθορισμένη ώρα και για μια ακόμη φορά αντίκρισα τον ίδιο «ανθρωπάκο», ο οποίος μου πρότεινε να μπω και να καθίσω στην αναπαυτική πολυθρόνα, όπως και την προηγούμενη μέρα.

Δεν είχα αναφέρει τίποτα σε κανέναν, ακόμη και στους στενότερους συγγενείς μου και αυτός με ευχαρίστησε για τη σύνεσή μου. Με προέτρεψε να κρατώ σημειώσεις και άρχισε να μιλάει:

«Πριν από πολύ καιρό, στον μακρινό πλανήτη της καταγωγής μου, οι άνθρωποι είχαν φτάσει σ' ένα τόσο υψηλό επιστημονικό και τεχνικό επίπεδο το οποίο μπορεί να συγκριθεί μ' αυτό που σύντομα θα φτάσετε εσείς. Οι επιστήμονές μας είχαν αρχίσει να φτιάχνουν αρχέγονες μορφές εμβρυακής ζωής και ζωντανά κύτταρα σε δοκιμαστικούς σωλήνες. Όλοι ήταν ενθουσιασμένοι.>>

Αφού τελειοποίησαν τις τεχνικές τους, άρχισαν να φτιάχνουν μικρά παράξενα ζώα. Η κοινή γνώμη και η κυβέρνηση του πλανήτη μας απαγόρευσαν σ' αυτούς τους επιστήμονες να συνεχίσουν τα πειράματά τους από φόβο μήπως και δημιουργήσουν τέρατα, τα οποία πιθανόν να γίνονταν επικίνδυνα για το λαό. Κάποιο ζώο απ' αυτά που είχαν φτιαχτεί, το έσκασε και υπήρξαν αρκετά θύματα.

Επίσης η διαπλανητική και η διαγαλαξιακή έρευνα είχαν εξελιχθεί παράλληλα, έτσι ώστε οι επιστήμονες αποφάσισαν να πάνε σε κάποιο μακρινό πλανήτη που θα είχε τις απαραίτητες προϋποθέσεις οι οποίες θα τους επέτρεπαν να συνεχίσουν τα πειράματά τους. Διάλεξαν λοιπόν τη Γη όπου ζείτε εσείς. Γι αυτό το λόγο σου ζήτησα να φέρεις τη Βίβλο στην οποία μπορείς να βρεις ψήγματα της αλήθειας για το παρελθόν σας. Βέβαια αυτά έχουν καταστραφεί κατά κάποιο τρόπο από τους πολλούς διαδοχικούς αντιγραφείς, οι οποίοι δεν ήταν ικανοί να κατανοήσουν τόσο αναπτυγμένη τεχνολογία με αποτέλεσμα ν' αποδοθούν οι περιγραφές σε απόκρυφες και υπερφυσικές δυνάμεις.

Μόνο τα κομμάτια της Βίβλου που θα μεταφράσω είναι σημαντικά. Τα υπόλοιπα είναι κατά κύριο λόγο ποιητικές φλυαρίες τις οποίες δε θα σχολιάσω. Είμαι σίγουρος ότι θα καταλάβεις, ότι χάρη στο νόμο που έλεγε ότι η Βίβλος πρέπει ν' αντιγράφεται χωρίς ν' αλλάξει τίποτα, ούτε καν ένα κόμμα, το βαθύτερο μήνυμα έμεινε ανέπαφο διαμέσου των αιώνων, ακόμη και αν προστέθηκαν κάποια αποσπάσματα και ανώφελες φράσεις.>>

Ας αρχίσουμε με το κεφάλαιο ένα της Γένεσης:

«Στην αρχή ο Θεός (Ελοχίμ) δημιούργησε τον ουρανό και τη

Γη» (Γένεση, α 'Ι).

Η λέξη «Ελοχίμ» μεταφράζεται λάθος στη Βίβλο με τη λέξη «Θεός». Στα εβραϊκά σημαίνει: «αυτοί που ήρθαν από τον ουρανό» και είναι πληθυντικός. Όπως καταλαβαίνεις εννοεί τους επιστήμονες. που ήρθαν από τον πλανήτη μας ψάχνοντας για κατάλληλο χώρο που θα τους επέτρεπε να πραγματοποιήσουν τα σχέδιά τους. «Δημιούργησαν», στην πραγματικότητα ανακάλυψαν τη Γη και διαπίστωσαν ότι είχε τις κατάλληλες προϋποθέσεις για τη δημιουργία τεχνητής ζωής, ακόμη και αν η ατμόσφαιρα δεν ήταν ίδια μ' αυτή που υπήρχε στον πλανήτη τους.

«Και το πνεύμα του Θεού κινούνταν πάνω από τα νερά»

(Γεν. α'-2.)

Αυτό σημαίνει ότι οι επιστήμονες έκαναν αναγνωριστικές πτήσεις και τεχνητοί δορυφόροι τοποθετήθηκαν γύρω από τη Γη για να μελετήσουν τη σύσταση και την ατμόσφαιρα του πλανήτη. Η Γη ήταν σκεπασμένη εντελώς με νερό και πυκνή ομίχλη.

«Και ο Θεός είδε ότι το φως ήταν καλό»

(Γεν. α'-4.)

Θέλοντας να δημιουργήσουν ζωή στον πλανήτη ήταν σημαντικό να ξέρουν κατά πόσο ήταν βλαβερές οι ακτίνες του ήλιου στην επιφάνεια της Γης και αυτή η ερώτηση ερευνήθηκε πλήρως. Το συμπέρασμα ήταν ότι ο ήλιος ζέσταινε ικανοποιητικά τη Γη χωρίς να εκπέμπει βλαβερές ακτινοβολίες. Με άλλα λόγια, «το φως ήταν καλό».

«Και έγινε βράδυ και έγινε πρωί, και τελείωσε η πρώτη μέρα» (Γεν. α-5.)

Αυτή η έρευνα κράτησε αρκετό καιρό. Το «μέρα» αναφέρεται σε μια περίοδο, κατά την οποία ο ήλιος βρισκόταν στο σημείο που βρίσκεται όταν έχουμε εαρινή ισημερία, η οποία ισοδυναμεί με περίπου δύο χιλιάδες χρόνια στη γη.

«Και χώρισε τα νερά που ήταν κάτω από το στερέωμα από αυτά που ήταν πάνω από το στερέωμα»

(Γεν. α'-7.)

Αφού μελέτησαν τις κοσμικές ακτίνες πάνω από τα σύννεφα, κατέβηκαν κάτω απ' αυτά αλλά έμειναν πάνω από τα ύδατα. Αυτό σημαίνει ότι βρίσκονταν ανάμεσα στα σύννεφα, «τα ύδατα που βρίσκονταν πάνω από το στερέωμα» και τον ωκεανό που κάλυπτε όλη τη Γη «τα ύδατα που βρίσκονταν κάτω από το στερέωμα».

«Ας μαζευτεί το νερό, που καλύπτει τη Γη σε μια μεριά και ας φανεί η στεριά»

(Γεν. α'-9.)

Μελέτησαν την επιφάνεια του ωκεανού και κατόπιν το εσωτερικό του και ανακάλυψαν ότι δεν ήταν πολύ βαθύς, ούτε είχε παντού το ίδιο επίπεδο αλλά περίπου ισορροπημένος. Με τη βοήθεια λοιπόν πολύ δυνατών εκρήξεων, σηκώθηκε ύλη από το βυθό και συγκεντρώθηκε με τέτοιο τρόπο ώστε να σχηματίσει μια μάζα ξηράς. Στην αρχή υπήρχε μόνο μια ήπειρος στον πλανήτη. Οι επιστήμονές σας, πρόσφατα έχουν διαπιστώσει ότι όλες οι ήπειροι προέρχονται από την ίδια μάζα ξηράς και ότι αν ξαναενωθούν θα μας δώσουν την αρχική ήπειρο.

> *«Ας φυτρώσουν στην ξηρά χόρτα και θάμνοι και δέντρα καρποφόρα, που το κάθε είδος θα έχει το δικό του σπόρο για να διαιωνίζεται»*
>
> (Γεν. α'-ΙΙ.)

Έπειτα έφτιαξαν πάνω σ' αυτήν θαυμάσια γιγάντια εργαστήρια και κατασκεύασαν φυτικά κύτταρα, χρησιμοποιώντας μόνο χημικά, τα οποία μετά παρήγαγαν μια μεγάλη ποικιλία φυτών. Όλες οι προσπάθειές τους απέβλεπαν σ' ένα βασικό στόχο: την αναπαραγωγή. Ήταν απαραίτητο η βλάστηση που δημιουργήθηκε, να μπορεί να αναπαραχθεί από μόνη της.

Οι επιστήμονες εξαπλώθηκαν σ' όλη την ήπειρο, χωρισμένοι σε ομάδες έρευνας και κάθε άτομο, σύμφωνα με το κλίμα της περιοχής και την έμπνευσή του, δημιούργησε διάφορα είδη βλάστησης. Συναντιόνταν συχνά για να συγκρίνουν τις έρευνες και τις δημιουργίες τους. Οι άνθρωποι στον πλανήτη τους, παρακολουθούσαν την πρόοδό τους, με πολύ δέος και ενθουσιασμό. Οι πιο ξακουστοί καλλιτέχνες ήρθαν και ενώθηκαν με τους επιστήμονες, για να δώσουν στη βλάστηση διακοσμητικό χαρακτήρα, μέσω της εμφάνισης ή της μυρωδιά της.

> *«Ας φανούν στον ουρανό τ' αστέρια για να φωτίζουν τη Γη και να χωρίζουν τη μέρα από τη νύχτα. Ας χρησιμεύουν αυτά σαν σημεία για τις εποχές, τις ημέρες και τα χρόνια»*
>
> (Γεν. ά – 14.)

Με τη μελέτη των άστρων και του ήλιου, μπορούσαν να μετρήσουν τη διάρκεια της μέρας, του μήνα και του έτους και έτσι κατάφεραν να ρυθμίσουν τη ζωή τους στο νέο πλανήτη, τόσο διαφορετικός από τον δικό τους, που ούτε οι μέρες είχαν την ίδια διάρκεια, ούτε τα χρόνια. Οι αστρονομικές μελέτες τους έδωσαν τη δυνατότητα να προσανατολίζονται τέλεια και να κατανοήσουν τη γη καλύτερα.

> *«Ας βγάλουν τα νερά των θαλασσών ψάρια, ερπετά και πτηνά τα οποία θα πετούν στα ουράνια»*
>
> (Γεν. α '-20.)

Μετά δημιούργησαν τα πρώτα υδρόβια ζώα. Το πλαγκτόν, μικρά ψάρια, μεγαλύτερα ψάρια. Επίσης φύκια, χόρτα θαλάσσης, για να εξασφαλιστεί μια καλή φυσική ισορροπία που να εμποδίζει να καταστραφούν ολοκληρωτικά τα διάφορα είδη. Αυτό το σύστημα ονομάζεται σήμερα οικολογία, και εκπληρώθηκε πετυχημένα. Οι επιστήμονες και οι καλλιτέχνες συναντιόντουσαν συχνά και οργάνωναν διαγωνισμούς για να διαπιστώσουν ποια ομάδα δημιούργησε τα πιο όμορφα ή ενδιαφέροντα ζώα.

Μετά τα ψάρια δημιούργησαν τα πουλιά, κάτω από την πίεση, πρέπει να το πούμε, των καλλιτεχνών, οι οποίοι ήθελαν να τα στολίσουν με τα πιο παράλογα χρώματα και τα πιο αξιοθαύμαστα σχήματα. Πολλά απ' αυτά τα ζώα δεν μπορούσαν να πετάξουν εξαιτίας των βαριών και περιττά διακοσμημένων φτερών τους. Και οι διαγωνισμοί προχωρούσαν όλο και περισσότερο, όχι μόνο για τα φυσικά χαρακτηριστικά, αλλά και για τη συμπεριφορά αυτών των ζώων, ειδικά τους υπέροχους χορούς τους για το ζευγάρωμα. Μετά τα σχήματα και τα χρώματα μερικοί άρχισαν να επινοούν διάφορες διασταυρώσεις των ειδών που υπήρχαν στη Γη. Κάποιοι άλλοι κατασκεύασαν φρικτά ζώα που προκαλούσαν φόβο, τέρατα, αποδεικνύοντας ότι είχαν δίκιο αυτοί που τους απαγόρευσαν τα πειράματα στον πλανήτη τους. Ανάμεσα στα τέρατα που έφτιαξαν ήταν δράκοι, που εσείς ονομάζετε δεινόσαυρους και βροντόσαυρους.

«Ας βγάλει η γη ζώα διαφόρων ειδών, τετράποδα, ερπετά και θηρία, το καθ' ένα κατά το είδος του»

(Γεν. α-24.)

Μετά από τους θαλάσσιους οργανισμούς και τα πουλιά, άρχισαν να κατασκευάζουν ζώα σ' έναν πλανήτη που η βλάστηση ήταν ήδη πυκνή και καταπληκτική. Υπήρχε έτσι τροφή για χορτοφάγα ζώα. Αυτά ήταν τα πρώτα που φτιάχτηκαν. Μετά δημιουργήθηκαν τα σαρκοβόρα ζώα για να εξισορροπήσουν τα χορτοφάγα είδη. Οι άνθρωποι που έκαναν όλα αυτά ήρθαν από τον ίδιο πλανήτη με εμένα. Εγώ είμαι ένας απ' αυτούς που δημιούργησαν ζωή στη Γη.

Έπειτα οι πιο επιδέξιοι από εμάς θέλησαν να κατασκευάσουν τεχνητά ανθρώπους που να μας μοιάζουν. Κάθε ομάδα λοιπόν άρχισε να δουλεύει πάνω σ' αυτό το σχέδιο. Σύντομα ήμασταν σε θέση να συγκρίνουμε τα δημιουργήματά μας. Οι άνθρωποι του πλανήτη μας εξοργίστηκαν όταν έμαθαν ότι είχαμε κατασκευάσει τεχνητά παιδιά, ανησύχησαν μήπως κάποια μέρα αυτά τα παιδιά έρθουν και απειλήσουν τον κόσμο τους. Φοβήθηκαν ότι οι νέοι άνθρωποι θα μπορούσαν να γίνουν επικίνδυνοι για τον πλανήτη μας, αν οι ικανότητες ή οι δυνάμεις τους ήταν μεγαλύτερες από εκείνες των δημιουργών τους. Έτσι εμείς συμφωνήσαμε να αφήσουμε τους νέους ανθρώπους να ζουν με πρωτόγονο τρόπο, χωρίς να τους δώσουμε καμία επιστημονική γνώση και κρατήσαμε μυστικές τις ενέργειές μας. Ο αριθμός των ομάδων δημιουργίας είναι εύκολο να υπολογιστεί - κάθε ανθρώπινο είδος ανήκει σε διαφορετική ομάδα δημιουργίας.

«Ας δημιουργήσουμε τον άνθρωπο, σύμφωνα με τη δική μας εικόνα, και να έχει τη δυνατότητα να μας μοιάσει' ας έχει κάτω από την κυριαρχία του τα ψάρια της θάλασσας, τα πετεινά τ' ουρανού και τα ζώα που περπατούν πάνω στη γη»

(Γεν. α'-26.)

«Σύμφωνα με τη δική μας εικόνα!» Εσύ τώρα μπορείς να δεις αυτή την καταπληκτική ομοιότητα. Τότε ήταν που άρχισαν τα προβλήματα για μας. Η ομάδα που βρισκόταν στη χώρα που σήμερα είναι γνωστή σαν Ισραήλ, η οποία τότε δεν βρισκόταν μακριά από την Ελλάδα και την Τουρκία, στην μοναδική ήπειρο που υπήρχε τότε, αποτελείτο από πανέξυπνους δημιουργούς που ήταν ίσως οι πιο ταλαντούχοι όλων.

Τα ζώα που είχαν φτιάξει ήταν τα ομορφότερα και τα φυτά είχαν τις πιο ευχάριστες μυρωδιές. Ήταν αυτό που ονομάζεται σήμερα «Κήπος της Εδέμ» («παράδεισος επί γης»). Οι άνθρωποι που δημιουργήθηκαν εκεί ήταν οι πιο έξυπνοι. Έτσι έπρεπε να διασφαλίσουν ότι δεν θα ξεπερνούσαν τους δημιουργούς του. Τα δημιουργήματα έπρεπε να κρατηθούν σε ολοκληρωτική άγνοια από τα μεγάλα επιστημονικά μυστικά, ενώ συγχρόνως να εκπαιδευτούν αρκετά ώστε να μετρηθεί η ευφυΐα τους.

«Απ' όλα τα δέντρα του κήπου μπορείς να φας: εκτός από το δέντρο της γνώσης του καλού και του κακού την ημέρα που θα φάτε απ' αυτό θα πεθάνετε»

(Γεν. β'-16,17.)

Αυτό σημαίνει ότι εσείς, τα δημιουργήματα, μπορείτε να μάθετε ότι θέλετε, να διαβάσετε όλα τα βιβλία που σας έχουμε δώσει, αλλά ποτέ να μην αγγίξετε τα επιστημονικά βιβλία. Αν το κάνετε, θα πεθάνετε.

«Και οδήγησε ο Θεός όλα τα ζώα της γης και όλα τα πουλιά τ' ουρανού και όλα όσα δημιούργησε, μπροστά στον Αδάμ για να τα δει και να τους δώσει όνομα· το όνομα που θα έδινε ο Αδάμ αυτό και θα έμενε»

(Γεν. β'-19.)

Οι άνθρωποι ήταν απαραίτητο να έχουν μια κατανόηση για τα φυτά και τα ζώα που ζούσαν γύρω τους, τον τρόπο ζωής τους και τον τρόπο να τρέφονται από αυτά. Οι δημιουργοί τους έμαθαν τα ονόματα και τις δυνατότητες για κάθε τι που βρίσκονταν γύρω τους, βοτανολογία και ζωολογία: γνώσεις που αν τις είχαν δεν μπορούσαν να μας βλάψουν. Φαντάσου λοιπόν τη χαρά αυτής της επιστημονικής ομάδας έχοντας δυο παιδιά, αρσενικό και θηλυκό, που έπαιζαν γύρω τους και στα οποία μάθαιναν όλα όσα ήθελαν να γνωρίσουν.

«Το φίδι είπε στην Εύα... από τον καρπό του δέντρου που βρίσκεται στη μέση του παραδείσου... σίγουρα δεν θα πεθάνετε... γιατί οι δημιουργοί είπαν ότι όταν θα φάτε από τον καρπό αυτού του δέντρου θ' ανοίξουν τα μάτια σας και θα γίνετε σαν Θεοί.>>

(Γεν. γ' 1,2,3,4,5).

Μερικοί από τους επιστήμονες της ομάδας, αγαπούσαν πολύ τα μικρά παιδιά που είχαν δημιουργήσει και ήθελαν να τους μάθουν αυτά που γνώριζαν για να τους κάνουν επιστήμονες, όπως ήταν οι ίδιοι. Ήθελαν να τα κάνουν τόσο σοφά όσο ήταν αυτοί. Είπαν λοιπόν στους δυο νέους, που ήταν πια ενήλικοι, να μελετήσουν την επιστήμη και να γίνουν ευφυείς όπως και οι δημιουργοί τους.

«Και άνοιξαν τα μάτια τους και είδαν ότι ήταν γυμνοί».

(Γεν. Υ'7)

Έτσι κατάλαβαν ότι μπορούσαν να γίνουν σαν τους δημιουργούς τους και αυτό τους έκανε να θυμώσουν με τους πατέρες τους γιατί τους είχαν απαγορέψει να μελετήσουν τα επιστημονικά βιβλία τους και τους θεωρούσαν επικίνδυνα εργαστηριακά ζώα.

« Και ο Θεός (Γιαχβέ Ελοχίμ) είπε στο φίδι: επειδή έκανες αυτό

> *θα είσαι καταραμένο ανάμεσα στα ζώα και τα θηρία, που*
> *υπάρχουν στη γη· θα σέρνεσαι στη γη με την κοιλιά και θα*
> *τρως χώμα σ' όλη σου τη ζωή.>>*
>
> *(Γεν. γ' 14).*

Το «φίδι», η μικρή ομάδα των δημιουργών που θέλησε να πει την αλήθεια στους δύο νέους, τον Αδάμ και την Εύα είχε καταδικαστεί από την κυβέρνηση του πλανήτη μας να ζήσουν στην εξορία στον πλανήτη Γη, εγώ οι υπόλοιποι επιστήμονες διατάχθηκαν να δώσουν ένα τέλος στα πειράματά τους και να φύγουν από τη Γη.

> *«Και έφτιαξε ο Θεός (Γιαχβέ Ελοχίμ), για τον Αδάμ και τη*
> *γυναίκα του χιτώνες, και έντυσε αυτούς»*
>
> *(Γεν. γ'-21.).*

Οι δημιουργοί έδωσαν στα δημιουργήματά τους κάποια στοιχειώδη μέσα για να επιβιώσουν και έτσι κατάφεραν να ζήσουν μόνα τους. Σ' αυτό το σημείο στη Βίβλο υπάρχει μια παράγραφος λίγο πολύ άθικτη, η οποία προσεγγίζει το πραγματικό γεγονός:

> *«... να λοιπόν ο Αδάμ που έγινε σαν και εμάς και γνωρίζει*
> *το καλό και το κακό· τώρα όμως δεν πρέπει να δοκιμάσει*
> *από τον καρπό του δέντρου της ζωής, γιατί θα ζήσει*
> *αιώνια»*
>
> *(Γεν. γ'-22.)*

Η ζωή του ανθρώπου είναι πολύ μικρή, αλλά υπάρχει ένας επιστημονικός τρόπος να παραταθεί για μεγάλο χρονικό διάστημα. Κάποιος επιστήμονας, που όλη του τη ζωή μελετάει, αποκτάει πολύ γνώση και σοφία, για να κάνει καταπληκτικές ανακαλύψεις, όταν πια έχει φτάσει δυστυχώς σε πολύ μεγάλη ηλικία! Σ' αυτό οφείλεται η καθυστέρηση των ανθρωπίνων επιτευγμάτων. Αν ο άνθρωπος μπορούσε να ζήσει δέκα φορές περισσότερο, θα μπορούσε γρήγορα να φτάσει στο δικό μας επίπεδο, επειδή οι εγκεφαλικές ικανότητές του είναι λίγο μεγαλύτερες από τις δικές μας. Δεν γνωρίζουν όλο το δυναμικό του εγκεφάλου τους. Συγκεκριμένα αυτό ισχύει για το λαό του Ισραήλ, που όπως σου είπα προηγουμένως διαλέχτηκαν από την επιστημονική επιτροπή σαν τα πιο έξυπνα ανθρωποειδή της Γης λόγω της εξυπνάδας και ευφυΐας τους.. Αυτό εξηγεί γιατί πάντα αυτοί οι άνθρωποι θεωρούσαν τους εαυτούς τους ως «τον εκλεκτό λαό». Είναι αλήθεια ότι διαλέχτηκαν από τις ομάδες των επιστημόνων όταν συγκεντρώθηκαν και έκριναν τα δημιουργήματά τους. Φυσικά γνωρίζεις πόσες ευφυΐες γεννήθηκαν απ' αυτό το λαό.

> *«Και έβαλε τον Αδάμ να κατοικήσει απέναντι από τον*
> *παράδεισο και διέταξε τα χερουβείμ και την φλόγινη*
> *ρομφαία που περιστρέφεται, να φυλάνε το δρόμο που*
> *οδηγεί στο δέντρο της ζωής»*
>
> *(Γεν. γ'-24.)*

Στρατιώτες οπλισμένοι με ατομικά όπλα, τοποθετήθηκαν στην είσοδο της κατοικίας που ζούσαν οι επιστημονικές ομάδες, για να εμποδίζουν τον άνθρωπο να κλέψει και ν' αποκτήσει περισσότερη επιστημονική γνώση.

Ο Κατακλυσμός

Ας προχωρήσουμε στο κεφάλαιο «δ» της γένεσης:

«Μετά από καιρό ο Κάιν, πρόσφερε θυσία στο Θεό από τους καρπούς των αγρών του. Και ο Άβελ πρόσφερε θυσία τα καλύτερα πρωτότοκα από τα κοπάδια του. Ο Θεός είδε με ευμένεια τον Άβελ και τα δώρα του»

(Γεν. δ'-3,4.)

Οι εξόριστοι δημιουργοί, οι οποίοι βρίσκονταν κάτω από στρατιωτική παρακολούθηση, έβαζαν τους ανθρώπους να τους φέρνουν τροφή. Μ' αυτό ήθελαν να δείξουν στους ανθρώπους του πλανήτη τους, ότι τα όντα που είχαν κατασκευάσει ήταν καλά και ότι ποτέ δεν θα στρέφονταν ενάντια στους δημιουργούς τους. Έτσι πέτυχαν οι αρχηγοί των ανθρώπων να εξασφαλίσουν τα πλεονεκτήματα που πρόσφερε το «δέντρο της ζωής»· αυτό εξηγεί γιατί ζούσαν τόσο πολύ. Ο Αδάμ έζησε 930 χρόνια, ο Σεθ 912, ο Ενώχ 905 χρόνια και ούτω καθεξής, όπως αναφέρεται στη Γένεση, Κεφάλαιο 5, ά-11.

«Όταν άρχισαν να πληθύνονται οι άνθρωποι στη γη, γέννησαν πολλές κόρες. Όταν αυτές μεγάλωσαν, και είδαν οι γιοί του Θεού ότι ήταν όμορφες, τις παντρεύτηκαν»

(Γεν. στ'-1,2.)

Οι εξόριστοι δημιουργοί πήραν για γυναίκες τους τις ομορφότερες κόρες των γήινων δημιουργημάτων τους.

«Δεν θα παραμείνει άλλο το πνεύμα μου στους ανθρώπους γιατί σκέφτονται τις σαρκικές απολαύσεις. Από δω και πέρα θα ζουν μόνο εκατόν είκοσι χρόνια»

(Γεν. στ'-3.)

Η μακροζωία δεν ήταν κληρονομική. Έτσι τα παιδιά των ανθρώπων δεν είχαν το πλεονέκτημα του «δέντρου της ζωής», πράγμα που ανακούφιζε αυτούς που είχαν την εξουσία στον μακρινό πλανήτη των δημιουργών. Το μυστικό της ζωής είχε χαθεί και ο άνθρωπος άρχισε να μην προοδεύει τόσο γρήγορα.

«Όταν οι γιοι του Θεού ήρθαν σ' ερωτική επαφή με τις κόρες των ανθρώπων, γεννήθηκαν γίγαντες. Αυτοί οι γίγαντες ήταν ήρωες, άνθρωποι ονομαστοί στην εποχή τους»

(Γεν. στ'-4.)

Εδώ υπάρχει η απόδειξη ότι οι δημιουργοί μπορούσαν να έλθουν σε ερωτική επαφή με τις κόρες των ανθρώπων, που οι ίδιοι είχαν δημιουργήσει κατ' εικόνα και καθ' ομοίωση. Τα παιδιά που γεννήθηκαν είχαν πολύ μεγάλη ευφυΐα. Αυτό φάνηκε πολύ επικίνδυνο σ' αυτούς που κατοικούσαν στον μακρινό πλανήτη. Η επιστημονική εξέλιξη στη γη ήταν τρομακτική και έτσι αποφάσισαν να καταστρέψουν ότι είχε φτιαχτεί.

> *«Και ο Θεός είδε ότι το κακό είχε αυξηθεί και συνέχεια*
> *αυξάνονταν περισσότερο, και στη σκέψη του κάθε*
> *ανθρώπου υπήρχε το κακό»*
>
> *(Γεν. στ'-5.)*

Το «κακό» σε αυτή την περίπτωση, ήταν η επιθυμία των γήινων να γίνουν μια επιστημονική και ανεξάρτητη κοινωνία ανθρώπων, ίση μ' αυτή των δημιουργών τους. Το «καλό» για αυτούς στον πλανήτη των Ελοχίμ, ήταν να παραμείνουν τα δημιουργήματα σε πρωτόγονες συνθήκες διαβίωσης στον πλανήτη γη. Το «κακό» ήταν η επιθυμία τους να προοδεύσουν και να γίνουν ίσοι με τους δημιουργούς τους.

Η κυβέρνησή των Ελοχίμ αποφάσισε από τον μακρινό πλανήτη, να καταστρέψει τη ζωή στη Γη, με πυρηνικές βόμβες. Αυτοί που ήταν εξόριστοι πληροφορήθηκαν τι θα συνέβαινε και καθοδήγησαν το Νώε να φτιάξει έναν πύραυλο, τον οποίο θα έθεταν σε τροχιά γύρω από τη γη πριν την καταστροφή. Μέσα σ' αυτόν θα υπήρχε ένα ζευγάρι από κάθε είδους ζώο της Γης. Αυτό λέγεται μεταφορικά, γιατί στην πραγματικότητα, και η επιστημονική σας γνώση σύντομα θα σας επιτρέψει να το καταλάβετε, είναι αρκετό να πάρεις ένα ζωντανό κύτταρο από κάθε είδος ζωντανού οργανισμού για να μπορέσεις να το ξαναπλάσεις από την αρχή. Όπως το πρώτο κύτταρο ενός όντος στη μήτρα της μητέρας του, περιλαμβάνει όλες τις πληροφορίες που χρειάζονται να γίνει ένας ολοκληρωμένος οργανισμός κάποια μέρα, το ίδιο και ένα κομμάτι κάποιου ζωντανού οργανισμού περιέχει όλες τις πληροφορίες, μέχρι και το χρώμα των ματιών και των μαλλιών του. Η κατασκευή της κιβωτού ήταν ένας κολοσσιαίος στόχος, που ολοκληρώθηκε την κατάλληλη στιγμή.

Όταν άρχισαν οι εκρήξεις, η ζωή βρισκόταν ασφαλής μερικές χιλιάδες χιλιόμετρα πάνω από τη Γη, ενώ ή ήπειρος δονούνταν ολόκληρη και τεράστια παλιρροιακά κύματα σάρωναν την επιφάνεια της καταστρέφοντας κάθε μορφή ζωής που υπήρχε πάνω σ' αυτήν.

> *«Και σήκωσε την κιβωτό από τη Γη»*
>
> *(Γεν. 'ζ-17)*

Όπως μπορείς να δεις πεντακάθαρα, λέει ότι η «κιβωτός» σηκώθηκε από τη γη και όχι από τη θάλασσα. Κατόπιν έπρεπε να περιμένουν να διαλυθούν τα τελευταία ίχνη της ραδιενέργειας.

> *«Και υψώθηκε το νερό στην επιφάνεια της Γης για εκατόν*
> *πενήντα μέρες»*
>
> *(Γεν. ζ'-24.)*

Και ο πύραυλος με τα τρία πατώματα (έτσι είχε κατασκευαστεί σύμφωνα με τις οδηγίες) προσγειώθηκε στη Γη. Επίσης μέσα στην «κιβωτό του Νώε» υπήρχε από ένα ζευγάρι από κάθε ανθρώπινη φυλή.

> *«Και ο Θεός θυμήθηκε το Νώε... και έστειλε ο Θεός πνεύμα στη*
> *Γη και τα νερά άρχισαν να υποχωρούν»*
>
> *(Γεν. η '-I.)*

Οι δημιουργοί διέλυσαν τη ραδιενέργεια με επιστημονικά μέσα, και είπαν στο Νώε να ελευθερώσει τα ζώα που είχε μαζί του πάνω στη γη για να δουν αν μπορούσαν να ζήσουν στην ατμόσφαιρα. Η επιχείρηση πέτυχε και η ζωή βγήκε στον καθαρό αέρα. Οι δημιουργοί τους είπαν ν' αρχίσουν να δουλεύουν και να πολλαπλασιάζονται, για να καταφέρουν να επιβιώσουν και να δείξουν την ευγνωμοσύνη τους σε αυτούς που τους δημιούργησαν και τους έσωσαν. Ο Νώε συμφώνησε να δίνει ένα μέρος της σοδειάς και των ζώων στους δημιουργούς που συνέχιζαν να ζουν στη Γη.

«Και ο Νώε έχτισε θυσιαστήριο στο Θεό, και πρόσφερε θυσία απ' όλα τα καθαρά ζώα της γης και τα καθαρά πτηνά»

(Γεν. η '-20.)

Οι δημιουργοί ήταν χαρούμενοι που οι άνθρωποι δεν τους κρατούσαν κακία για την καταστροφή, και υποσχέθηκαν να μην ξαναπροσπαθήσουν να τους καταστρέψουν στο μέλλον, επειδή κατάλαβαν ότι είναι λογικό να θέλουν να προοδεύσουν επιστημονικά.

«Η καρδιά του ανθρώπου είναι στραμμένη προς το κακό»

(Γεν. η'-21.)

Ο σκοπός του ανθρώπου είναι η επιστημονική εξέλιξη. Κάθε ανθρώπινη φυλή, επέστρεψε πάλι στο ακριβές μέρος που είχε δημιουργηθεί και κάθε ζώο ξαναδημιουργηθεί χάριν στα κύτταρα που διατηρήθηκαν στην κιβωτό.

«Από αυτές τις φυλές διασκορπίστηκαν μετά τον κατακλυσμό σ' όλη τη γη» (Γεν. ι'-32.)

Ο πύργος της Βαβέλ

Ο πιο έξυπνος λαός, οι Ισραηλίτες, εξελίχθηκαν τόσο πολύ, ώστε σύντομα γνώρισαν πολλά από τα μυστικά του διαστήματος, με τη βοήθεια των εξόριστων δημιουργών. Οι δημιουργοί ήθελαν να στείλουν ανθρώπους στον πλανήτη των δημιουργών, για να ζητήσουν να επιτραπεί στους εξόριστους να γυρίσουν και ακόμη για να δείξουν ότι οι άνθρωποι είναι όχι μόνο έξυπνοι, αλλά ευγνώμονες και ειρηνικοί. Έτσι κατασκεύασαν ένα γιγάντιο πύραυλο: τον πύργο της Βαβέλ.

«Να λοιπόν που είναι ένας λαός που έχει μία μόνο γλώσσα, και άρχισε την κατασκευή αυτού του οικοδομήματος. Νομίζουν λοιπόν τώρα ότι θα κάνουν όσα επιθυμούν»

(Γεν. ια' -6.)

Οι άνθρωποι στον πλανήτη μου φοβήθηκαν όταν το άκουσαν αυτό. Ακόμη και μετά την καταστροφή παρακολουθούσαν τη Γη και γνώριζαν ότι η ζωή δεν είχε καταστραφεί.

«Ας κατέβουμε και ας φέρουμε σύγχυση στην ομιλία τους, ώστε να μην καταλαβαίνει ο ένας τον άλλον»

(Γεν. ια'-7.)

Ήρθαν λοιπόν και πήραν τους Εβραίους με τη μεγαλύτερη επιστημονική γνώση, και τους σκόρπισαν σε πρωτόγονες φυλές, σε χώρες που δεν θα μπορούσαν να τους καταλάβουν επειδή η γλώσσα ήταν διαφορετική και κατέστρεψαν όλα τα επιστημονικά τους εργαλεία.

Η θυσία του Αβραάμ

Αργότερα οι δημιουργοί θέλησαν να δουν αν οι άνθρωποι του Ισραήλ και ιδιαίτερα οι αρχηγοί του, αισθάνονταν αγάπη και αφοσίωση σ' αυτούς, παρ' όλο που τους είχαν αφήσει σε πρωτόγονη κατάσταση και είχαν καταστρέψει τις επιστημονικές ευφυΐες τους. Σ' αυτό αναφέρεται η παράγραφος στην οποία ο Αβραάμ ήθελε να θυσιάσει το γιο του. Οι δημιουργοί τον δοκίμαζαν για να διαπιστώσουν αν τα αισθήματά του προς αυτούς ήταν ακλόνητα. Ευτυχώς, το πείραμα πέτυχε.

«Μην απλώσεις τα χέρια σου στο παιδί και μην του κάνεις κανένα κακό. Τώρα κατάλαβα ότι φοβάσαι το Θεό»

(Γεν. κβ'-12.)

Ως εδώ λοιπόν. Μάθε καλά και γράψε όλα όσα σου είπα μέχρι τώρα. Αύριο θα σου πω περισσότερα.

Ο <<ανθρωπάκος>> για μια ακόμη φορά με άφησε, και το διαστημόπλοιό του άρχισε ν' ανεβαίνει αργά στον αέρα. Ο ουρανός ήταν πιο καθαρός και το κοιτούσα πιο καλά καθώς έφευγε. Αφού απομακρύνθηκε γύρω στα 400 μέτρα, χωρίς τον παραμικρό θόρυβο, ούτε το ελαφρότερο σφύριγμα, το όχημα έγινε κόκκινο σαν να είχε τρομερή θερμοκρασία, μετά λευκό σαν λευκό καυτό μέταλλο, τέλος πήρε ένα μπλε-μωβ χρώμα όπως η σπίθα που βγάζει το μπουζί, που ήταν αδύνατο να το κοιτάξεις και εξαφανίστηκε τελείως.

ΕΠΙΤΗΡΩΝΤΑΣ ΤΟΥΣ ΔΙΑΛΕΚΤΟΥΣ ΑΝΘΡΩΠΟΥΣ

Μωυσής

Την επόμενη μέρα συνάντησα πάλι το συνομιλητή μου και αμέσως συνέχισε να αφηγείται την ιστορία του.

— Στη Γένεση στο κεφάλαιο κη' υπάρχει μια ακόμη αναφορά για την παρουσία μας.

«Και είδε μια σκάλα που ήταν στερεωμένη στη γη και η κορφή της έφτανε στον ουρανό. Απ' αυτήν ανέβαιναν και κατέβαιναν άγγελοι»

(Γεν. κη'-12.)

Οι άνθρωποι μετά την καταστροφή των κέντρων προόδου τους, όπως τα Σόδομα και τα Γόμορρα και την εξολόθρευση των πιο ευφυών ατόμων, επέστρεψαν σε ένα πολύ πρωτόγονο επίπεδο και άρχισαν να λατρεύουν αγάλματα και είδωλα, ξεχνώντας αυτούς που τους είχαν δημιουργήσει.

«Πετάξτε τα είδωλα των ξένων θεών που έχετε μαζί σας»

(Γεν. λε'-2.)

Στην Έξοδο, εμφανιστήκαμε στο Μωυσή:

«Εκεί φανερώθηκε σ' αυτόν άγγελος Κυρίου μέσα σε φλόγες που έβγαιναν από μια βάτο. Η βάτος αυτή έβγαζε φλόγες αλλά δεν καιγόταν»

(Έξοδος γ'-2.)

Ένας πύραυλος προσγειώθηκε μπροστά του. Η περιγραφή μοιάζει μ' αυτή που θα έκαναν οι βραζιλιάνικες φυλές σήμερα, αν προσγειωνόμασταν μπροστά τους μ' αυτό το όχημα: ένα λευκό εκτυφλωτικό φως υπήρχε ανάμεσα στα δέντρα χωρίς να τα καίει. Η «διαλεχτή φυλή», έχοντας χάσει τους πιο έξυπνους από τους ανθρώπους της, υποδουλώθηκε στους γείτονές της που δεν είχαν περάσει τόσο μεγάλες καταστροφές και ήταν πιο πολλοί σε αριθμό. Ήταν απαραίτητο να αναστείλουμε την αξιοπρέπειά των διαλεκτών ανθρώπων, με το να τους ξαναδώσουμε πίσω την πατρίδα τους.

Η αρχή της Εξόδου, περιγράφει όλα όσα έπρεπε να κάνουμε, για να βοηθήσουμε το λαό του Ισραήλ να ελευθερωθεί. Όταν έφυγαν, τους οδηγήσαμε στη χώρα που προοριζόταν για αυτούς.

> «Ο Θεός τους οδηγούσε, την ημέρα με μια στήλη καπνού και τη
> νύχτα με μια στήλη φωτιάς»
>
> *(Εξ. ιγ'-21.)*

Θέλοντας να καθυστερήσουμε την καταδίωξη που άρχισαν οι αιγύπτιοι, τους δημιουργούσαμε αρκετές δυσκολίες:

> «Σηκώθηκε η στήλη του καπνού και παρεμβλήθηκε
> ανάμεσα στους αιγύπτιους και τους Ισραηλίτες... και
> έγινε σκοτάδι σ' αυτούς ενώ έφεγγε στους διωκόμενους»
>
> *(Εξ. ιδ'-19,20.)*

Ο καπνός πήγαινε προς το μέρος των αιγυπτίων πίσω από το λαό του Ισραήλ και καθυστερούσε τους καταδιώκτες. Η διάβαση από τη θάλασσα έγινε δυνατή με μια απωθητική ακτίνα, που άνοιξε ένα κομμάτι θάλασσας, φτιάχνοντας μ' αυτό τον τρόπο πέρασμα για τους Ισραηλίτες.

> «(Ο Γιαχβέ) Χώρισε τη θάλασσα στα δύο και έκανε ξηρά τον
> πυθμένα της θάλασσας»
>
> *(Εξ. ιδ'-21.)*
>
> «Έτσι έσωσε ο Θεός (=Γιαχβέ) τους Ισραηλίτες»
>
> *(Εξ. ιδ'-30.)*

Όταν διέσχιζαν την έρημο, οι διαλεκτοί άνθρωποι άρχισαν να βασανίζονται από την πείνα:

> «Εμφανίστηκε πάνω στην έρημο απλωμένο κάτι λεπτό όπως το
> κεχρί και λευκό όπως ο πάγος»
>
> *(Εξ. ιστ'-14.)*

Το μάννα δεν ήταν τίποτε άλλο από χημική τροφή που φτιάχνονταν από κονιορτοποιημένα συστατικά, τα οποία απλώνονταν στην επιφάνεια της γης και φούσκωναν με την πρωινή δροσιά.

> «Όσο για το ραβδί του Μωυσή, που του επέτρεψε «να
> βγάλει νερό από την πέτρα»
>
> *(Εξ. ιζ-'6.)*

Δεν ήταν τίποτα άλλο παρά ένας ανιχνευτής υπόγειου νερού, παρόμοιος μ' αυτούς που χρησιμοποιείτε εσείς σήμερα για να βρείτε πετρέλαιο. Αφού το νερό ανιχνευόταν, το μόνο που έμενε για να έρθει στην επιφάνεια ήταν να σκάψουν.

Στο κεφάλαιο κ' της Εξόδου, δίνεται ένας μεγάλος αριθμός κανόνων. Επειδή οι Ισραηλίτες ήταν αρκετά πρωτόγονοι, χρειάζονταν νόμους για να προσέχουν την ηθική και ιδιαίτερα την υγιεινή. Οι δημιουργοί υπαγόρευσαν στο Μωυσή πάνω στο όρος Σινά εντολές. Πήγαν εκεί μ' ένα ιπτάμενο σκάφος:

> «Και ακούγονταν βροντές και έπεφταν αστραπές και υπήρχε σκοτεινό σύννεφο πάνω από το όρος Σινά. Ακόμη αντηχούσε ήχος σάλπιγγας πολύ δυνατά» »
>
> (Εξ. ιθ'-16.)

> «Το όρος Σινά κάπνιζε όλο, γιατί ο Θεός κατέβηκε μέσα σε φωτιά. Ο καπνός ανέβαινε όπως ανεβαίνει ο καπνός του καμινιού τότε δέος κυρίευσε τον ισραηλιτικό λαό. Ο ήχος της σάλπιγγας ολοένα και δυνάμωνε» »
>
> (Εξ. ιθ'-18,19.)

Οι δημιουργοί φοβούνταν μήπως οι άνθρωποι τους έκαναν κάποια ζημιά ή τους επιτίθεντο. Ήταν λοιπόν απαραίτητο να τους προκαλέσουν το σεβασμό και το φόβο για να μην υπάρξει γ' αυτούς κανένας κίνδυνος.

> «Ο λαός δεν θ' ανέβει στο όρος Σινά... Ο λαός και οι ιερείς ας μην βιαστούν ν' ανέβουν για να μην τους εξοντώσει ο Θεός»
>
> (Εξ. ιθ'-23,24.)

Επίσης γράφτηκε:

> «Ο Μωυσής μόνος θα πλησιάσει το Θεό· οι γέροντες και ο υπόλοιπος λαός θα μείνουν πιο πίσω» »
>
> (Εξ. κδ'-2.)

Ο «θεός» του Ισραήλ:

> «Δεν είδαν το Θεό αλλά μόνο το θρόνο του που έμοιαζε να είναι κατασκευασμένος από σάπφειρο και είχε το χρώμα καθαρού ουρανού»
>
> (Εξ. κδ'-10.)

Εδώ υπάρχει μια περιγραφή του βάθρου που βρίσκονταν ένας από τους δημιουργούς, και όπως καταλαβαίνεις ήταν φτιαγμένος από το ίδιο γαλάζιο κράμα που είναι φτιαγμένο το δάπεδο της μηχανής μέσα στην οποία βρισκόμαστε.

> «Το σημάδι της δόξας του Θεού (Γιαχβέ) ήταν σαν φωτιά πάνω από το Σινά» »
>
> (Εξ. κδ'-17.)

Η «δόξα» που αναφέρει είναι ένα ιπτάμενο όχημα, και όπως καταλαβαίνεις είχε έναν χρωματισμό παρόμοιο με της φωτιάς, κατά τη στιγμή που έφευγε.

Η ομάδα των δημιουργών που ήρθε να ζήσει στη γη για λίγο καιρό, ήθελε να τρέφεται με φρέσκα τροφή. Γ' αυτό το λόγο ζήτησαν από τους ισραηλίτες να τους φέρνουν τακτικά φρέσκα τρόφιμα και θησαυρούς που θα έπαιρναν στον πλανήτη τους. Νομίζω μπορείς να το ονομάσεις εποίκηση:

«Μίλησε στα παιδιά του Ισραήλ, Μπορεί ο καθένας να συνεισφέρει ελεύθερα, ανάλογα με τη διάθεση του. Η ανταμοιβή που θα πάρει γι' αυτά που θα φέρει θα είναι: χρυσός, άργυρος, πορφύρα... »

(Εξ. κε'-2,3,4.)

Επίσης αποφάσισαν ότι θα ήθελαν να ζήσουν πιο άνετα. Ζήτησαν λοιπόν από τους ανθρώπους, να τους χτίσουν μια κατοικία, σύμφωνα με σχέδια που οι ίδιοι είχαν ετοιμάσει. Αυτά τα σχέδια τα βρίσκουμε στο (κστ') του βιβλίου της Εξόδου. Σ' αυτό το σπίτι θα συναντούσαν τις αντιπροσωπείες των ανθρώπων: ήταν ο χώρος της συνάντησης, όπου οι άνθρωποι θα έφερναν τροφή και δώρα, ως ένδειξη υποταγής.

«Έμπαινε στη Σκηνή που παρουσιαζόταν ο Θεός»

(Εξ. λγ'-8.)

«Όταν ο Μωυσής έμπαινε σ' αυτή, κατέβαινε η στήλη του καπνού και στέκονταν στην είσοδο της σκηνής, ενώ ο Θεός μιλούσε με τον Μωυσή»

(Εξ. λγ'-9.)

«Εκεί μιλούσε ο Θεός στον Μωυσή κατά πρόσωπο, όπως ένας άνθρωπος μιλάει στον άλλο»

(Εξ. λ γ '-11.)

Όπως ακριβώς μιλάμε τώρα εμείς: ο ένας απέναντι στον άλλο.

«Κανείς άνθρωπος δεν μπορεί ν' αντικρύσει το πρόσωπο μου και μετά να παραμείνει ζωντανός»

(Εξ. λγ'-20.)

Σ' αυτό το σημείο αναφέρεται στη διαφορά ατμόσφαιρας της Γης από το δικό μας πλανήτη. Ο άνθρωπος είναι αδύνατον να δει το πρόσωπο των δημιουργών αφού το καλύπτουμε με μια μάσκα που μας επιτρέπει ν' αναπνέουμε στη γήινη ατμόσφαιρα. Αν κάποιος έρθει στον πλανήτη μας θα δει τους δημιουργούς χωρίς τις προστατευτικές μάσκες, αλλά θα πεθάνει, επειδή η ατμόσφαιρα δεν είναι κατάλληλη γι' αυτόν.

Όλη η αρχή του Λευιτικού, εξηγεί πώς θα προσφέρονται στους δημιουργούς τα τρόφιμα που θα τους φέρνουν. Για παράδειγμα στο κα'-17 λέει:

«Κανένας άνθρωπος από το γένος σου, ο οποίος θα έχει σωματικό ελάττωμα, δεν θα προσφέρει δώρα στο Θεό».

Αυτό γίνονταν για ν' αποφύγουν επαφή με οποιονδήποτε άρρωστο ή παραμορφωμένο άνθρωπο, σύμβολο της αποτυχίας και ανυπόφορο θέαμα στα μάτια τους.

Στο βιβλίο των Αριθμών ια '-7, υπάρχει μια πιο ακριβής περιγραφή του μάννα, το οποίο μπορούν να φτιάξουν πολύ εύκολα οι χημικοί σας:

«Το μάννα ήταν σαν σπόρος κεχριού και είχε κρυσταλλική μορφή... η γεύση του ήταν όπως αυτή της τηγανίτας με λάδι».

Το μάννα ήταν χημική τροφή και οι δημιουργοί προτιμούσαν τα φρέσκα φρούτα και τα λαχανικά.

«Θα προσφέρετε στο Θεό από τα φρούτα και τα αγαθά που παράγει η γη» Αργότερα οι δημιουργοί δίδαξαν τους ανθρώπους να εκχυμώνουν το σημείο που τους δάγκωναν τα φίδια για να θεραπεύονται από το δηλητήριο.

«Κατασκεύασε χάλκινο φίδι και τοποθέτησέ το σε πάσσαλο ψηλό, έτσι· όποιος τσιμπηθεί από φίδι να μπορεί να το δει και να ζει».

' Όποτε κάποιος δαγκωνόταν από φίδι, «κοίταζε το χάλκινο φίδι», δηλαδή του έφερναν μια σύριγγα και έβαζε ορό.

Τελικά, το ταξίδι κατά το οποίο οδηγήσαμε τη «διαλεκτή φυλή» στη «γη της επαγγελίας», τελείωσε. Ακολουθώντας τις συμβουλές των δημιουργών κατέστρεψαν τα είδωλα των πρωτόγονων που συναντούσαν στο δρόμο τους, και πήραν πίσω τις περιοχές τους.

«Θα καταστρέψετε όλα τα είδωλα που θα βρείτε... θα απλωθείτε σ' όλη τη χώρα». Η διαλεχτή φυλή πήρε τελικά τη γη που της είχαν υποσχεθεί:

«Επειδή αγαπούσε τους πατέρες σας, σας διάλεξε σαν γένος».

Στο βιβλίο του Ιησού του Ναυή γ'-15 διαβάζουμε για το πέρασμα του Ιορδάνη:

«Όταν οι ιερείς που μετέφεραν την κιβωτό της διαθήκης, μπήκαν στο νερό... σταμάτησαν να κατεβαίνουν τα νερά που έρχονταν από πάνω σα να πάγωσαν... όλοι περπάτησαν πάνω στην ξηρά που είχε ανοιχτεί και διάβηκαν τον Ιορδάνη».

Οι δημιουργοί βοήθησαν τον «Εκλεκτό Λαό» να περάσει χωρίς να βρέξει τα πόδια του, όπως ακριβώς είχαν κάνει όταν οι δεύτεροι δραπέτευσαν από τους αιγύπτιους: χρησιμοποίησαν την ίδια απωθητική ακτίνα νερού.

Οι σάλπιγγες της Ιεριχούς

Στο τέλος του ε' κεφαλαίου στο βιβλίο του Ιησού του Ναυή, υπάρχει η συνάντηση ενός στρατιωτικού δημιουργού και των Ισραηλιτών όσον αφορά την αντίσταση μιας πόλης: της Ιεριχούς.

«Είμαι ο αρχιστράτηγος των δυνάμεων του Θεού και ήρθα εδώ μόλις τώρα»

(Ιησ. ε'-14.)

' Ένας στρατιωτικός σύμβουλος στάθηκε λοιπόν στους Εβραίους για να τους βοηθήσει στην πολιορκία. Τώρα είναι εύκολο να καταλάβεις πώς έπεσαν τα τείχη. Γνωρίζεις ότι η πολύ ψηλή φωνή ενός τραγουδιστή μπορεί να κομματιάσει ένα κρυστάλλινο ποτήρι. Με τη χρήση όμως ενισχυμένων υπερηχητικών κυμάτων, μπορεί κάποιος να γκρεμίσει τσιμεντένιους τοίχους. Αυτό συνέβη τότε, με τη βοήθεια ενός πολύ πολύπλοκου οργάνου που στη Βίβλο ονομάζεται «Σάλπιγγα».

«Όταν σαλπίσετε με τις σάλπιγγες... τα τείχη της πόλης θα πέσουν μόνα τους»

(Ιησ. στ'-5.)

Σε μια στιγμή, εκπέμψαν συγχρονισμένα τα υπερηχητικά κύματα και τα τείχη έπεσαν. Λίγο αργότερα άρχισε ένας πραγματικός βομβαρδισμός.

«'Έριξε ο Θεός ο' αυτούς μεγάλες πέτρες από τον ουρανό... περισσότεροι ήταν εκείνοι που σκοτώθηκαν απ' αυτούς, παρά αυτοί που σκοτώθηκαν από τα ξίφη των Ισραηλιτών»

(Ιησ. Γ-II.)

Αυτός ο βομβαρδισμός, σκότωσε περισσότερους ανθρώπους απ' όσους σκότωσαν τα ατσαλένια όπλα των Ισραηλιτών. Ένα από τα πιο κακοτυπωμένα κομμάτια βρίσκεται στο κεφάλαιο ι' του ίδιου βιβλίου.

«Και στάθηκε ο ήλιος και η σελήνη στη θέση τους μέχρι που ο Θεός απέκρουσε τους εχθρούς τους.»

Αυτό σημαίνει απλά ότι ο πόλεμος ήταν πολύ σύντομος και κράτησε μόνο μια μέρα. Οι άνθρωποι δεν μπόρεσαν ποτέ να καταλάβουν, πώς ένας τόσο μεγάλης σημασίας πόλεμος κράτησε τόσο μικρό χρονικό διάστημα και κατακτήθηκε τόση πολύ γη τόσο σύντομα, έτσι λοιπόν πίστεψαν ότι ο ήλιος έμεινε περισσότερο απ' ότι έπρεπε στον ουρανό.

Στο βιβλίο των Κριτών διαβάζουμε για τη συνάντηση ενός δημιουργού με κάποιον άνθρωπο που ονομάζεται Γεδεών, ο οποίος του φέρνει τρόφιμα:

«Ο άγγελος του Θεού άπλωσε το ραβδί που κρατούσε στο χέρι του και άγγιξε τα κρέατα και τα αζύμωτα. Αμέσως ξεπήδησε φωτιά από την πέτρα και τα έκαψε. Μετά ο άγγελος έφυγε»

(Κρ. στ'-21.)

Με τη βοήθεια μιας επιστημονικής μεθόδου, οι δημιουργοί που δεν μπορούσαν να φάνε στο φυσικό περιβάλλον, εξ' αιτίας της προστατευτικής μάσκας που φορούσαν, έτρωγαν τις «προσφορές» από έναν εύκαμπτο σωλήνα, ένα «ραβδί» που έφερνε το φαΐ στο στόμα τους. Η διαδικασία εκπέμπει φλόγες, οι οποίες έκαναν τους ανθρώπους της τότε εποχής, να νομίζουν ότι γίνονταν θυσίες. Στο κεφάλαιο ζ' του βιβλίου των κριτών, τριακόσιοι άνδρες με «σάλπιγγες», τριγύρισαν στις εχθρικές θέσεις χρησιμοποιώντας τα ενισχυμένα υπερηχητικά όργανα και τρέλαναν τους εχθρούς τους. Ξέρεις άλλωστε πολύ καλά ότι οι υψηλές συχνότητες κάποιων ήχων, μπορούν να οδηγήσουν έναν άνθρωπο στην τρέλα. Πράγματι, οι στρατιώτες των εχθρών άρχισαν να τρελαίνονται, και ο ένας σκότωνε τον άλλο τρέχοντας τριγύρω, έχοντας χάσει τα λογικά τους.

Σαμψών, ο άνθρωπος με τις τηλεπαθητικές ικανότητες

Υπάρχει ένα ακόμη παράδειγμα ερωτικής επαφής ανάμεσα στους δημιουργούς και στις κόρες των ανθρώπων στο ιγ' κεφάλαιο των Κριτών:

«Άγγελος παρουσιάστηκε στη γυναίκα και της είπε: είσαι στείρα και ως τώρα δεν γέννησες παιδί. Ήρθε όμως καιρός ν' αποκτήσεις ένα γιο»

(Κρ. ιγ'-3.)

Ήταν απαραίτητο ο καρπός αυτής της ένωσης, να είναι υγιέστατος για να μελετηθεί, γι' αυτό το λόγο δόθηκαν στη γυναίκα μερικές οδηγίες:

«Μην πίνεις κρασί ή άλλο ποτό, και μην τρως τίποτε ακάθαρτο, γιατί θα συλλάβεις και θα γεννήσεις γιο».

«Δεν θα το κουρέψεις ποτέ το παιδί γιατί θα είναι αφιερωμένο στο Θεό».

«Και ο άγγελος του Θεού ήλθε ξανά στη γυναίκα όταν αυτή βρισκόταν στον αγρό, και ο άντρας της έλειπε».

Μπορείς εύκολα να καταλάβεις τι έγινε κατά τη διάρκεια της απουσίας του άντρα της... ήταν μια απλή εγχείρηση για τους επιστήμονες να θεραπεύσουν τη στειρότητά της. Επίσης την ενημέρωσαν για το ότι θα έκανε ένα εξαίρετο παιδί, που έπρεπε να το προσέχει πάρα πολύ. Ήταν υπέροχη εμπειρία για τους δημιουργούς να έρχονται σε ερωτική επαφή με τις κόρες των ανθρώπων. Αυτό τους επέτρεπε να έχουν παιδιά που να ζουν φυσιολογικά στην ατμόσφαιρα της Γης και να διοικούν, ενώ εκείνοι δεν μπορούσαν να ζήσουν στην ατμόσφαιρα αυτή.

Το γεγονός να μην ξυρίζεται κάποιος και να μην κουρεύεται, έχει πολύ μεγάλη σημασία. Το ανθρώπινο μυαλό είναι σαν ένας τεράστιος πομπός, που μπορεί να στέλνει προς όλες τις κατευθύνσεις πολλά ακριβή κύματα και σκέψεις. Η τηλεπάθεια είναι ακριβώς αυτό. Το συγκεκριμένο είδος του πομπού, χρειάζεται αντένες. Τα μαλλιά και τα γένια παίζουν αυτό το ρόλο. Γι' αυτό δεν τα κόβει κάποιος που θέλει να χρησιμοποιεί τους πομπούς. Πρόσεξες ότι πολλοί επιστήμονες έχουν μακριά μαλλιά και πολλές φορές μούσι. Το ίδιο προφήτες και άλλοι σοφοί. Τώρα μπορείς να καταλάβεις το λόγο.

Το παιδί γεννήθηκε: ήταν ο Σαμψών, του οποίου την ιστορία γνωρίζεις. Ήταν ικανός να επικοινωνεί κατ' ευθείαν με το «Θεό», τηλεπαθητικά, με τη βοήθεια των φυσικών αντενών του: των μαλλιών του. Και οι δημιουργοί θα τον βοηθούσαν σε δύσκολες στιγμές και θα έκαναν αξιοθαύμαστες πράξεις, για να ενισχύσουν τη φήμη του. Αλλά η Δαλιδά του έκοψε τα μαλλιά, και δεν μπορούσε να ζητήσει βοήθεια. Μετά οι εχθροί του τον τύφλωσαν βγάζοντάς του τα μάτια. Όταν όμως μεγάλωσαν ξανά τα μαλλιά του «ξαναπόκτησε τη δύναμή του». Δηλαδή ήταν πάλι ικανός να έρθει σε επαφή με τους δημιουργούς, οι οποίοι γκρέμισαν για χάρη του το ναό, που στις κολώνες του είχαν δέσει τον Σαμψών. Όλα αυτά αποδόθηκαν στη δύναμή του.

Στο γ' κεφάλαιο των Βασιλείων αναφέρεται μια τηλεπαθητική επικοινωνία: οι δημιουργοί ήθελαν να έλθουν σε επαφή με το Σαμουήλ και αυτός νομίζει ότι συνομιλούσε με τον Ελιζάχ. Καθώς λέει «άκουγε φωνές».

> *«Πήγαινε πίσω και αν σε καλέσει πάλι η φωνή που άκουσες,*
> *απάντησε: μίλησε Κύριε, ο δούλος σου σε ακούει»*
>
> *(Βασ. Γ'-9.)*

Μοιάζει λίγο με την προσπάθεια δύο ραδιοερασιτεχνών, να έλθουν σε επαφή: έλα λέγε σ' ακούω καθαρά και δυνατά. Και η τηλεπαθητική συνομιλία αρχίζει: «Σαμουήλ, Σαμουήλ... ... και ο Σαμουήλ απαντάει: μίλα ο δούλος σου σ' ακούει».

Στο σημείο που ο Δαβίδ προκαλεί το Γολιάθ σε μονομαχία, υπάρχει μια πολύ ενδιαφέρουσα πρόταση:

> *«Ποιος είναι αυτός που προσβάλλει τον στρατό του ζωντανού Θεού;»*
>
> *(Βασ. ιζ' -26.)*

Αυτό δείχνει καθαρά, την παρουσία ενός χειροπιαστού «Θεού», που εκείνη τη στιγμή ήταν παρών...

Η τηλεπάθεια, σαν μέσο επικοινωνίας ανάμεσα στους δημιουργούς και τους ανθρώπους, ήταν δυνατή όταν οι Ελοχίμ (Θεοί) βρίσκονταν κοντά στη Γη.

Όταν ήταν στον πλανήτη τους ή οπουδήποτε αλλού, δεν μπορούσαν να επικοινωνήσουν μ' αυτό τον τρόπο. Γι αυτό το λόγο τοποθέτησαν έναν πομποδέκτη που μεταφερόταν μέσα στην «κιβωτό της διαθήκης», ο οποίος είχε δική του πηγή ενέργειας: ένα μίνι αντιδραστήρα. Αυτός είναι ο λόγος που στα κεφάλαια ε', στ' του Α' βιβλίου των Βασιλειών, όταν οι Φιλισταίοι κλέβουν την «κιβωτό της διαθήκης», το είδωλό τους, ο Δαγών, πέφτει στο έδαφος λόγω κάποιου λανθασμένου χειρισμού που τίναξε ηλεκτρικό ρεύμα. Πολλοί Φιλισταίοι έπαθαν εγκαύματα από τη ραδιοακτινοβολία του αντιδραστήρα:

«Και τους τιμώρησε με αιμορροΐδες».

Ακόμη και οι Εβραίοι, που δεν έπαιρναν τις απαραίτητες προφυλάξεις όταν χειρίζονταν την κιβωτό, πάθαιναν ζημιές:

> *«Άπλωσε ο Οζά το χέρι του για να συγκρατήσει την κιβωτό που ταλαντεύονταν, εξαιτίας του περπατήματος των βοδιών που τη μετέφεραν. Θύμωσε τότε ο Θεός με την ασέβεια του Οζά και τον χτύπησε και τον σκότωσε εκεί, δίπλα στην κιβωτό»*
>
> *(Βασ. Β'στ'-6,7.)*

Η κιβωτός ήτανε να πέσει κάτω και ο Οζά, που ήταν κοντά προσπάθησε να την κρατήσει πιάνοντας ένα επικίνδυνο σημείο της μηχανής. Έτσι έπαθε ηλεκτροπληξία.

Στο βιβλίο Βασιλειών Α' διαβάζουμε:

«Βύθιζε το πιρούνι με τα τρία δόντια, στα σκεύη που υπήρχαν πάνω στο θυσιαστήριο».

Εδώ υπάρχει αναφορά στους χειρισμούς που έκαναν στους λεβιέδες του πομποδέκτη για να έρθουν σε επαφή με τους δημιουργούς.

Το πρώτο κτίριο για την υποδοχή των Ελοχίμ

Ο βασιλιάς Σολομώντας έχτισε μια μεγαλόπρεπη κατοικία για να καλωσορίσει τους δημιουργούς όταν ήρθαν να επισκεφθούν τη γη:

«Ο Θεός, είπε, κατοικεί στα σύννεφα. .Θέλω πραγματικά να φτιάξω ένα σπίτι γι' αυτόν».

«Η δόξα του Θεού θα γέμιζε το σπίτι του Θεού».

«Το σύννεφο γέμισε το σπίτι του Θεού»

(Βασ. Γ' η'-10.)

«Και θα κατοικώ στο μέσο του Ισραηλιτικού λαού»

(Βασ. Β' στ'-13.)

Ζούσαν στα σύννεφα ή καλύτερα, σ' ένα όχημα το οποίο περιστρέφονταν γύρω από τη Γη, πάνω από τα σύννεφα. Φαντάσου να προσπαθείς να κάνεις πρωτόγονους ανθρώπους να κατανοήσουν αυτό.

«Και ήρθε ένας άνθρωπος του Θεού που κατάγονταν από την Ιουδαία, στην πόλη Βαιθήλ, ύστερα από διαταγή του Θεού... και είπε: το θυσιαστήριο θα σπάσει... Ο Ιεροβοάμ άπλωσε το χέρι του από το θυσιαστήριο και είπε: συλλάβετέ τον. Και το χέρι του, αυτό που άπλωσε, δεν μπορούσε να επιστρέφει στην κανονική του θέση»

(Βασ. Γ'-ιγ.)

Με τη βοήθεια ενός ατομικού αποσυνθετή, ένας δημιουργός κατέστρεψε το βωμό και έκαψε τα χέρια ενός ανθρώπου που δεν σέβονταν τους δημιουργούς. Κατόπιν επέστρεψε σε μια γήινη κατοικία των Ελοχίμ, από διαφορετικό δρόμο, έτσι ώστε οι άνθρωποι να μην την ανακαλύψουν.

« Όταν επιστρέφεις να μην έρθεις από τον ίδιο δρόμο που πήγες. Να πας από διαφορετικό δρόμο».

Στο βιβλίο των βασιλέων υπάρχει ένα παράδειγμα ραδιοελέγχου ζώων χρησιμοποιώντας ηλεκτρόδια.

«Και τα κοράκια του έφερναν ψωμί και σάρκα το πρωί και ψωμί και σάρκα το βράδυ.» Οι δημιουργοί λόγω πρόσφατων ανακαλύψεων, αποφάσισαν να εμφανίζονται όσο το δυνατό λιγότερο στους ανθρώπους, για να μην επηρεάζουν τον προορισμό του ανθρώπου πολύ, με σκοπό να δουν αν ο άνθρωπος θα φτάσει σε μια ανεπτυγμένη τεχνολογικά εποχή από μόνος του. Έτσι άρχισαν να χρησιμοποιούν πιο διακριτικά μέσα επικοινωνίας, όπως να «ταΐζουν τον Ηλία χρησιμοποιώντας ,αυτοκατευθυνόμενα, κοράκια».

Αυτό ήταν η αρχή ενός γιγαντιαίου πειράματος, σε όλο το γαλαξία, μεταξύ πολλών ανθρωποτήτων που βρίσκονται σε συναγωνισμό. Αποφάσισαν να εμφανίζονται ελάχιστα, ενώ παράλληλα ενίσχυσαν την εξουσία και τη φήμη των πρεσβευτών τους, των προφητών, κάνοντας «θαύματα». Δηλαδή επιστημονικά μέσα, τα οποία ήταν ακατανόητα για τους ανθρώπους εκείνης της εποχής.

«Κοίταξε, το παιδί σου ζει»

(Βασ. Γ' ζ'-23.)

«Μ' αυτό που έκανες κατάλαβα ότι είσαι άνθρωπος του Θεού».
Ο Ηλίας γιάτρεψε ένα μικρό παιδί που πέθαινε. Αργότερα, διέταξε δύο σωροί ξύλων ν' ανάψουν φωτιά: ο ένας ήταν αφιερωμένος στο είδωλο Βάαλ και ο άλλος στους δημιουργούς. Ο σωρός που θ' άναβε φωτιά μόνος του, θ' ανήκε στον πραγματικό «Θεό». Φυσικά ο Ηλίας είχε συνεννοηθεί με τους δημιουργούς από πριν και γνώριζε ότι ο σωρός που ήταν αφιερωμένος σ' αυτούς, θ' άναβε μόνος του, παρόλο που το ξύλο ήταν βρεγμένο. Αυτό έγινε με τη βοήθεια μιας ακτίνας, παρόμοιας με λέιζερ, η οποία εκτοξεύτηκε από ένα όχημα που ήταν κρυμμένο μέσα στα σύννεφα.

«Έριξε φωτιά ο Κύριος από τον ουρανό, και έκαψε τα ξύλα και τα κομμάτια του ζώου της θυσίας. Ακόμη εξάτμισε το νερό που βρίσκονταν στ' αυλάκι, δίπλα από το σωρό των ξύλων, και έκαψε μέχρι και το χώμα».

Ηλίας ο αγγελιοφόρος

Οι δημιουργοί πρόσεχαν ιδιαίτερα τον Ηλία:
«Ένας άγγελος στάλθηκε σ' αυτόν και του είπε: «Σήκω και φάε». Πλάι στο κρεβάτι του υπήρχε μια λαγάνα και μια κανάτα νερό.»
Αυτό συνέβη στην έρημο...
«Ξαφνικά ο Γιαχβέ πέρασε και ένας σφοδρός άνεμος έπνευσε που διέλυε βουνά και κομμάτιαζε πέτρες· αλλά ο *Γιαχβέ δεν ήταν μέσα στον άνεμο. Μετά έγινε τρομερός σεισμός, αλλά ούτε μέσα στο σεισμό ήταν ο Γιαχβέ. Κατόπιν ήλθε φωτιά, αλλά ούτε μέσα στη φωτιά ήταν ο Γιαχβέ. Τέλος ακούστηκε μια απαλή φωνή»*

(Βασ. Γ' ιθ'-ΙΙ, 12.)

Εδώ υπάρχει μια ακριβής περιγραφή προσγείωσης ενός ιπτάμενου οχήματος, παρόμοιου με τους δικούς σας πυραύλους. Μετά μια παρουσία των δημιουργών περιγράφεται:
«Είδα το Γιαχβέ να κάθεται στο θρόνο του και τον πλαισίωναν οι στρατιές του ουρανού».
Οι δημιουργοί χρησιμοποιούν ακόμη μια φορά την μέθοδο της τηλεπάθειας, αυτή τη φορά ομαδική τηλεπάθεια, έτσι κανένας από τους προφήτες να μην μπορεί ν' αποκαλύψει την αλήθεια στο βασιλιά:

«Θα γίνω το πνεύμα της ψευτιάς στο στόμα όλων των προ-
φητών»

(Βασ. Γ' κβ'-22.)

Στο Δ' Βασιλειών υπάρχει επιπλέον απόδειξη για την προστασία των δημιουργών στον Ηλία:
«Αν εγώ είμαι άνθρωπος του Θεού θα κατέβει φωτιά από τον ουρανό και θα κάψει εσένα και τους πενήντα άνδρες σου. Πράγματι φωτιά έπεσε από τον ουρανό και έκαψε τον αξιωματικό και τους άνδρες του».

Αυτό συνέβη άλλη μια φορά, ενώ την τρίτη φορά:

«Ο άγγελος του Θεού είπε στον Ηλία: Κατέβα μ' αυτούς και μην τους φοβάσαι»

(Βασ. Δ' α'-15.)

Στο δεύτερο κεφάλαιο του ίδιου βιβλίου, ο Ηλίας φιλοξενείται σ' ένα διαστημόπλοιο των δημιουργών, που απογειώνεται μ' αυτόν μέσα:

«Εμφανίστηκε ένα φλεγόμενο άρμα και πύρινα άλογα και τους χώρισαν (μεταξύ του Ηλία και του Ελισαίου) και ο Ηλίας αναλήφθηκε στους ουρανούς, μέσα σ' ένα ανεμοστρόβιλο».

Αυτό είναι ένα ιπτάμενο όχημα και οι φωτιές που περιγράφει ο αφηγητής σαν πύρινα άλογα, είναι αυτές που πετάγονται από τα ακροφύσια του οχήματος. Αν άνθρωποι από τις πρωτόγονες φυλές της Νότιας Αμερικής ή της Αφρικής, δουν την απογείωση ενός πυραύλου, καθώς δεν θα είναι ικανοί να καταλάβουν αυτό το επιστημονικό γεγονός, θα το θεωρήσουν αλλόκοτο, υπερφυσικό και θα το πάρουν για θεϊκό σημάδι. Όταν θελήσουν να το περιγράψουν στους υπόλοιπους της φυλής, θα μιλήσουν για φλεγόμενα άλογα και φλεγόμενα οχήματα.

Πιο κάτω, (Βασ. Δ' δ') ο Ελισαίος, σαν τον πατέρα του, πραγματοποιεί μια «ανάσταση». Γιατρεύει και φέρνει στη ζωή ένα νεκρό παιδί. Αυτό είναι σχετικά εύκολο με το σημερινό φιλί της ζωής, και τις μαλάξεις στην περιοχή της καρδιάς. Με τη βοήθεια αυτών των δύο απλών μεθόδων μπορεί να επιστρέφει στη ζωή κάποιος που έπαθε ανακοπή λειτουργίας καρδιάς.

Μετά ο Ελισαίος πολλαπλασίασε το ψωμί.

Ο πολλαπλασιασμός του ψωμιού

«Ο άνθρωπος του Θεού πήρε είκοσι φραντζόλες, αλλά ο υπηρέτης του τού είπε: Πώς μπορώ να τις μοιράσω σε εκατό ανθρώπους; Αυτός το επανέλαβε... Θα φάνε, θα χορτάσουν και θα περισσεύσουν. Πράγματι έφαγαν, χόρτασαν, και περίσσευσαν όπως είχε πει ο Κύριος».

Οι δημιουργοί είχαν φέρει συμπυκνωμένη συνθετική τροφή, η οποία όταν της πρόσθετες νερό, μεγάλωνε πέντε φορές από τον αρχικό της όγκο. Είκοσι μικρές φραντζόλες απ' αυτή την τροφή, μπορούσαν να θρέψουν εκατό ανθρώπους. Ξέρεις για τα βιταμινούχα χάπια που έθρεψαν τους πρώτους αστροναύτες σας. Πιάνουν μικρό χώρο αλλά περιέχουν όλα τα απαραίτητα θρεπτικά συστατικά. Ένα χάπι μπορεί να θρέψει έναν άνθρωπο. Μια ποσότητα ισοδύναμη μ' ένα μικρό καρβέλι ψωμιού είναι αρκετή για να τραφούν πέντε άνθρωποι. Είκοσι καρβέλια λοιπόν, είναι αρκετά για να θρέψουν εκατό ανθρώπους.

Αλλά ο λαός του Ισραήλ άρχισε να λατρεύει μεταλλικά είδωλα, να γίνεται ανθρωποφάγος και εντελώς ανήθικος. Οι δημιουργοί αηδίασαν μ' αυτή τη συμπεριφορά:

«Έτσι ο λαός του Ισραήλ αιχμαλωτίστηκε και έφυγε από την πατρίδα του»

(Βασ. Δ' ιζ'-23.)

Αυτό ήταν η αρχή της διασποράς των Ισραηλιτών, που ο πολιτισμός τους αντί να εξελίσσεται, παρήκμασε, αντίθετα με τον πολιτισμό των γειτόνων τους, που εκμεταλλεύτηκαν την κατάσταση.

Στο βιβλίο του Ησαΐα διαβάζουμε:

> *«Τη χρονιά που πέθανε ο βασιλιάς Οζίας, είδα τον Κύριο να κάθεται σε θρόνο ψηλό και μετέωρο... γύρω απ' αυτόν βρίσκονταν Σεραφείμ: καθένα είχε έξι φτερά· δύο σκέπαζαν τελείως το πρόσωπο, δύο σκέπαζαν τα πόδια και τ' άλλα δύο χρησίμευαν για να πετούν»*
>
> *(Ησ. στ'.)*

Αυτή είναι μια περιγραφή των δημιουργών, ντυμένοι σε μια μονοκόμματη διαστημική στολή με έξι μικρούς αεριωθούμενους κινητήρες: δύο στην πλάτη, δύο στα χέρια και δύο στα πόδια, για σκοπούς ισορροπίας.

«Οι φωνές ακούγονται στα βουνά, σα να επιτίθενται πολλοί άνθρωποι, σα να φωνάζουν βασιλιάδες και πολύς λαός. Ο Κύριος των δυνάμεων έδωσε εντολή να συγκεντρωθεί το αξιόμαχο έθνος, και να έρθει από τη μακρινή χώρα, από την άκρη του ουρανού. Ο Κύριος και ο στρατός του έρχονται για να καταστρέψουν την οικουμένη».

Όλη η αλήθεια είναι γραμμένη εδώ. Διάβασε αυτές τις λέξεις και θα καταλάβεις. « Ήρθαν από μια μακρινή χώρα, από την άκρη του ουρανού». Το λέει καθαρά.

«Σκέφτηκες με το μυαλό σου: Θ' ανέβω στον ουρανό, ανάμεσα στ' αστέρια του Θεού». Αυτό αναφέρετε στους ανθρώπους επιστήμονες που συγκέντρωσαν αρκετή επιστημονική γνώση ώστε να φτιάξουν το μέσο που θα τους επέτρεπε να επισκεφθούν τον πλανήτη των δημιουργών και οι οποίοι καταστράφηκαν στα Σόδομα και τα Γόμορρα. Οι στρατιές των ουρανών που περιγράφονται εδώ, είναι αυτοί που ήρθαν με τα ατομικά τους όπλα, για να καταστρέψουν όλη τη χώρα. Οι άνθρωποι που βρίσκονται στα Σόδομα και τα Γόμορρα είναι που είπαν:

> *«Θ' ανέβω στα σύννεφα και θα γίνω όμοιος με τον ύψιστο» (Ησ.*
>
> *ιδ'.)*

> *«Θα κάνει τον κόσμο όλο έρημο...»*
>
> *(Ησ. ιδ'.)*

Αλλά η καταστροφή δεν άφησε τους ανθρώπους να γίνουν ίσοι με τους δημιουργούς τους, «τον ύψιστο».

Οι πυρηνικές εκρήξεις περιγράφονται λίγο πιο κάτω:

«Οι κραυγές των κτυπημένων έφτασαν ως τα σύνορα της Μωάβ μέχρι την πόλη Αγαλείμ και το φρέαρ του Αιλίμ... το νερό του Ρεμμών θα γεμίσει αίμα...»

Σώθηκαν λίγοι που κρύφτηκαν σε «οχυρά»:

> *«Προχώρησε λαέ μου, μπες στο σπίτι σου και κλείσε την πόρτα πίσω σου για λίγο, μέχρι να ξεσπάσει η οργή του Κυρίου»*
>
> *(Ησ. κστ'.)*

Ο «ιπτάμενος δίσκος» του Ιεζεκιήλ

Την πιο ενδιαφέρον περιγραφή ενός από τα ιπτάμενα μας οχήματα, τη βρίσκουμε στο βιβλίο του Ιεζεκιήλ:

«Ένας ανεμοστρόβιλος ερχόταν προς το μέρος μου από το βορρά, και μέσα σ' αυτόν υπήρχε ένα σύννεφο που περιβαλλόταν από φωτιά και αστραποβολούσε. Στο κέντρο του σύννεφου υπήρχε κάτι που έμοιαζε με ήλεκτρο μέσα σε φωτιά, και το οποίο αστραποβολούσε. Στο μέσο αυτού υπήρχαν τέσσερα όντα που έμοιαζαν με ανθρώπους. Το καθένα απ' αυτά είχε τέσσερα πρόσωπα και τέσσερα φτερά. Τα πόδια τους ήταν όρθια φτερωτά και αστραποβολούσαν όπως ο χαλκός. Τα φτερά τους ήταν ελαφρά. Κάτω απ' αυτά είχαν χέρια, και στα τέσσερα μέρη, σαν του ανθρώπου. Τα πρόσωπα ήταν τέσσερα και δεν στρέφονταν καθώς βάδιζαν αλλά το καθένα βάδιζε εμπρός, κατά πρόσωπο. Οι μορφές των προσώπων ήταν: ανθρώπου και λιονταριού από τα δεξιά, ταύρου από τ' αριστερά και αετού από πίσω, και στα τέσσερα. Δύο από τα φτερά τους ήταν απλωμένα πάνω στα τέσσερα ζώα και ενώνονταν στην άκρη μεταξύ τους· και δύο κάλυπταν το σώμα τους. Το καθένα απ' αυτά προχωρούσε προς οποιοδήποτε σημείο έβλεπε κάθε κεφάλι του, όπου πήγαινε το πνεύμα πήγαιναν και εκείνα χωρίς να στρέφονταν. Ανάμεσα στα ζώα υπήρχε κάτι που έμοιαζε με κάρβουνα αναμμένα, σα να στρέφονταν φλόγες ανάμεσα στα ζώα· από εκεί έβγαινε φως και ζωηρή λάμψη. Είδα ακόμη ότι κοντά στα ζώα υπήρχε και ένας τροχός που ακουμπούσε στη γη! Οι τροχοί έμοιαζαν να είναι φτιαγμένοι από χρυσόλιθο ήταν και οι τέσσερις όμοιοι και θαρρούσες πως ήταν ένας τροχός μέσα στον άλλο. Προχωρούσαν και προς τις τέσσερις κατευθύνσεις, χωρίς να στρέφονται καθώς προχωρούσαν. Τα όντα αυτά δεν στρέφονταν όταν προχωρούσαν, ενώ το ύψος τους ήταν πολύ μεγάλο. Γύρω γύρω ήταν γεμάτα μάτια και τα τέσσερα. Όταν προχωρούσαν τα ζώα προχωρούσαν και οι τροχοί, όταν πετούσαν τα ζώα, πετούσαν και οι τροχοί. Όπου πήγαινε το σύννεφο εκεί πήγαινε και το πνεύμα και ακολουθούσαν τα ζώα και οι τροχοί. Ήταν δε, το πνεύμα της ζωής μέσα στους τροχούς. Πάνω από το κεφάλι των ζώων, υπήρχε κάτι που έμοιαζε με το στερέωμα του ουρανού. Κάτι διαφανές και λαμπερό σαν κρύσταλλο, το οποίο απλώνονταν πάνω από τις φτερούγες τους. Κάτω απ' αυτό το στερέωμα υπήρχαν απλωμένα τα φτερά των ζώων τα οποία άγγιζαν το ένα το άλλο, ενώ τ' άλλα δύο κάλυπταν το σώμα τους. Άκουγα το θόρυβο που έκαναν τα φτερά καθώς τα ζώα πετούσαν, και έμοιαζε με το θόρυβο ενός καταρράκτη. Όταν αυτά σταματούσαν, σταματούσε και ο θόρυβος των φτερών. Και ακούστηκε μια φωνή από το στερέωμα, πάνω από τα κεφάλια των ζώων. Υπήρχε πάνω στο στερέωμα ένας θρόνος, που έμοιαζε να είναι φτιαγμένος από σάπφειρο, και εκεί καθόταν κάποιος που είχε ανθρώπινη μορφή» (Ιεζεκιήλ α΄.)

Εδώ έχεις μια περιγραφή, που δε θα μπορούσε να είναι πιο ακριβής, για τους δημιουργούς που βγήκαν έξω από τα ιπτάμενα οχήματά τους. Ο «ανεμοστρόβιλος» που αναφέρει, είναι το ίδιο ίχνος καπνού μ' αυτό που αφήνουν πίσω τους τ' αεροπλάνα όταν πετούν σε μεγάλο ύψος. Κατόπιν εμφανίστηκε η μηχανή μέσα σε μια εκτυφλωτική λάμψη «και γύρω απ' αυτό υπήρχε φωτιά που αστραποβολούσε» και στο κέντρο «υπήρχε κάτι που έμοιαζε με ήλεκτρο μέσα στη φωτιά». Μετά εμφανίστηκαν τέσσερις δημιουργοί, ντυμένοι με αντιβαρυτικές στολές, που είχαν μικρούς κατευθυντήριους αντιδραστήρες. Σχετικά με «τα φτερά» στις μεταλλικές στολές τους: «τα πόδια τους... αστραποβολούσαν όπως ο χαλκός». Έχεις παρατηρήσει πώς λάμπουν οι στολές των δικών σας αστροναυτών. Όσον αφορά τους «ιπτάμενους δίσκους» ή «τροχούς», η εμφάνισή τους και η χρήση τους περιγράφονται αρκετά καλά, παρόλο που όλα αυτά γράφονται από έναν πρωτόγονο. «Σα να ήταν ο ένας τροχός μέσα στον άλλο... δεν στρέφονταν καθώς βάδιζαν».

Στο κέντρο του ιπτάμενου δίσκου, ο οποίος ήταν αρκετά όμοιος μ' αυτόν που βρισκόμαστε εμείς τώρα, υπήρχε χώρος για ανθρώπους: τα όντα είχαν «μάτια» γύρω-γύρω. Με τον ίδιο τρόπο που τα ρούχα μας εξελίχτηκαν και δεν φοράμε πλέον εκείνες τις βαριές στολές, το ίδιο και τα οχήματά μας τότε είχαν φινιστρίνια, «μάτια γύρω γύρω». Επειδή τότε δεν είχαμε ανακαλύψει πώς να βλέπουμε μέσα από μεταλλικούς τοίχους, με το να μεταβάλλουμε την μοριακή δομή των μεταλλικών τοιχωμάτων, απλά με τη σκέψη.

Οι «ιπτάμενοι δίσκοι» βρίσκονταν κοντά στους δημιουργούς για να τους βοηθήσουν σε περίπτωση ανάγκης, προμηθεύονταν με διάφορα υλικά και βοηθούσαν στη συντήρηση του μεγάλου διαγαλαξιακού διαστημοπλοίου που βρίσκονταν από πάνω τους. Άλλοι δημιουργοί μέσα από τα οχήματά τους, τους κατεύθυναν: «γιατί υπήρχε το πνεύμα της ζωής στους τροχούς». Οι στολές που περιγράφονται με τα τέσσερα φινιστρίνια, μοιάζουν με τις πρώτες στολές κατάδυσης που χρησιμοποιούσατε εσείς: «ο καθένας είχε τέσσερα πρόσωπα... και δεν στρέφονταν καθώς βάδιζαν».

Οι μικρότεροι «δίσκοι» ήταν κάτι σαν βοηθητικές λέμβοι, μικρά οχήματα με λίγο βεληνεκές, που χρησιμοποιούνταν για κοντινές αποστολές. Πάνω απ' αυτά βρισκόταν το μεγάλο διαπλανητικό όχημα: «Πάνω από το κεφάλι αυτών των πλασμάτων υπήρχε κάτι διαφανές και Λαμπερό σαν κρύσταλλο... και πάνω απ' αυτόν τον ουράνιο θόλο, που βρίσκονταν πάνω από τα κεφάλια των ζώων, υπήρχε ένας θρόνος, που έμοιαζε να είναι φτιαγμένος από σάπφειρο, και πάνω του καθόταν κάποιος με ανθρώπινη μορφή». Το τελευταίο άτομο επέβλεπε και συντόνιζε τη δουλειά των δημιουργών.

Ο Ιεζεκιήλ φοβήθηκε απ' όλα αυτά, γονάτισε και ακούμπησε το κεφάλι του στη γη, γιατί όλα αυτά του φαίνονταν μυστήρια που προέρχονταν από το «Θεό». Ένας από τους δημιουργούς του είπε:

«Γιε του ανθρώπου, σήκω όρθιος γιατί θέλω να σου μιλήσω...
άκου αυτά που σου λέω και φάε εκείνο το οποίο εγώ σου δίνω»

(Ιεζ. β'.)

Αυτό είναι μια παρομοίωση, σα να «τρώει» δηλαδή από το δέντρο της επιστήμης, του καλού και του κακού. Είναι στην πραγματικότητα διανοητική τροφή. Σ' αυτή την περίπτωση, ήταν ένα βιβλίο:

« και είδα ότι οι μεμβράνες του βιβλίου ήταν γραμμένες μπρος και πίσω».

Υπήρχαν γραπτά και στις δύο πλευρές, ένα πολύ παράξενο γεγονός για εκείνο τον καιρό, επειδή έγραφαν μόνο από τη μια μεριά της περγαμηνής. Κατόπιν το βιβλίο «φαγώθηκε». Αυτό σημαίνει ότι ο Ιεζεκιήλ απόκτησε τις γνώσεις που περιείχε. Αυτά που έμαθε, είναι τα ίδια μ' αυτά που μαθαίνεις εσύ τώρα για την καταγωγή της ανθρωπότητας. Ήταν τόσο ενθουσιασμένος και καθησυχασμένος, που είπε:

«Πράγματι έφαγα, και αισθάνθηκα στο στόμα μου γεύση γλυκιά σαν μέλι».

Μετά ο Ιεζεκιήλ μεταφέρθηκε με όχημα των δημιουργών, στο μέρος όπου έπρεπε να διαδώσει τα νέα:

«Και το πνεύμα με σήκωσε ψηλά... και με πήγε μακριά... άκουσα
πίσω μου φωνή σα μεγάλο σεισμό»

(Ιεζ. γ'.)

Πιο κάτω, ο προφήτης μεταφέρθηκε ακόμη μια φορά μ' ένα ιπτάμενο όχημα:

«και το πνεύμα με πήρε και με σήκωσε μεταξύ ουρανού και γης, και με οδήγησε στην Ιερουσαλήμ»

(Ιεζ. γ'.)

Ο Ιεζεκιήλ πρόσεξε μετά, ότι κάτω από τα φτερά τους, τα «χερουβείμ» είχαν χέρια σαν τ' ανθρώπινα:

«Και εκεί φάνηκαν, κάτω απ' τα φτερά των χερουβείμ, κάτι σαν ανθρώπινα χέρια».

«Όταν τα χερουβείμ άπλωσαν τα φτερά τους και ανέβηκαν πάνω από τη γη και βρίσκονταν από πάνω μου οι τροχοί εξακολουθούσαν να τους ακολουθούν από πίσω»

(Ιεζ. Γ.)

«Με πήρε το πνεύμα και με μετέφερε»

(Ιεζ. ια'.)

«Η δόξα του Γιαχβέ έφυγε από το μέσον της πόλης και στάθηκε πάνω από το όρος, το οποίο βρίσκεται απέναντι από την πόλη. Μετά το πνεύμα με πήρε και με οδήγησε στη γη των Χαλδαίων»

(Ιεζ. ια'.)

Έκανε αρκετά ταξίδια ο Ιεζεκιήλ με το όχημα των δημιουργών.

«Ο Γιαχβέ με μετέφερε στη μέση μιας πεδιάδας»

(Ιεζ. λστ'.)

Εδώ ένα «θαύμα» θα γίνει. Οι δημιουργοί έφεραν πίσω στη ζωή ανθρώπους, που είχαν απομείνει μόνο τα κόκκαλα τους. Όπως σου είπα και πιο πριν, κάθε κύτταρο ενός ζωντανού οργανισμού περιέχει όλες τις απαραίτητες πληροφορίες, ώστε απ' αυτό να ξαναφτιαχτεί ολόκληρος ο οργανισμός. Αυτό που πρέπει να κάνεις είναι να βάλεις ένα κύτταρο, για παράδειγμα από υπολείμματα οστών, σε μια μηχανή που παράγει όλη την ζωντανή ύλη που χρειάζεται για να ξαναφτιαχτεί το πρώην ον. Η μηχανή παράγει την ύλη και το κύτταρο περιέχει όλες τις απαραίτητες πληροφορίες, τον κώδικα με βάση τον οποίο το ον θα κτιστεί, όπως ένα σπερματοζωάριο περιέχει όλες τις πληροφορίες απαραίτητες για να δημιουργηθεί ένα ζωντανό ον από την αρχή, όπως το χρώμα των μαλλιών και των ματιών.

«Γιέ του ανθρώπου, είναι δυνατόν ν' αποκτήσουν ζωή τα κόκαλα αυτά;... και έγινε σεισμός... φύτρωσαν πάνω σ' αυτά νεύρα και σάρκες, και δέρμα κάλυψε αυτά τα δύο... και μπήκε σ' αυτά πνεύμα ζωής, και έζησαν και στάθηκαν στα πόδια τους πολλοί άνθρωποι»

(Ιεζ. λζ'.)

Είναι αρκετά εύκολο να γίνει αυτό, και κάποια μέρα θα το κάνετε. Σ' αυτό το γεγονός βρίσκονται οι ρίζες των αρχαίων παραδόσεων, όπου κτίζονταν μεγάλα προστατευτικά κτίρια, για να ταφούν ένδοξοι άνθρωποι, ούτως ώστε μια μέρα να επιστρέψουν στη ζωή για πάντα. Αυτό είναι μέρος του μυστικού του «δέντρου της ζωής» - το μυστικό της αιώνιας ζωής.

Ο Ιεζεκιήλ μεταφέρεται πάλι με ένα διαστημόπλοιο, το οποίο τον παίρνει κοντά σ' έναν άνδρα που φοράει διαστημική στολή:

«με πήρε., και με άφησε σ' ένα ψηλό βουνό, εκεί έβλεπα την οικοδομή μιας πόλης... απέναντι μου βρισκόταν ένας άνδρας, που η φορεσιά του ήταν λαμπερή σα χαλκός...» Η «πόλη» ήταν ένας γήινος σταθμός των δημιουργών που χρησιμοποιούσαν εκείνη την εποχή. Πάντα έμεναν σε πολύ ψηλά βουνά, για να μην τους ενοχλούν οι άνθρωποι. Ο άνδρας με τη γυαλιστερή στολή «σα χαλκό» φορούσε φυσικά μια μεταλλική στολή. Εξ' αιτίας του μικρού μας αναστήματος, συχνά μας συγχύζουν για παιδιά, χερουβείμ.

Οι ιερείς που υπηρετούσαν τους δημιουργούς στη γήινη κατοικία τους, το ναό που επισκέφθηκε ο Ιεζεκιήλ, φορούσαν ειδικά αποστειρωμένα ρούχα για να κάνουν τις δουλειές που τους ανέθεταν. Οι στολές έμεναν στο ναό, για να μην φέρουν απ' έξω μικρόβια, και να τα μεταδώσουν στους δημιουργούς:

«Οι ιερείς δεν θα βγαίνουν από τον άγιο αυτό τόπο, στην εξωτερική αυλή, για να μη μολύνονται. Όταν δε έρχονται σε επαφή με το λαό, θα φορούν άλλα ρούχα γιατί αυτές οι στολές είναι άγιες».

Σωστότερο θα ήταν να γραφόταν ότι, «οι στολές ήταν αγνές ή αποστειρωμένες». Μια ακατανόητη έννοια για τους πρωτόγονους ανθρώπους, που δεν θα την καταλάβαιναν ούτε αν τους την εξηγούσαν και θεοποιούσαν ότι έβλεπαν και ότι τους έλεγες εκείνη την περίοδο.

Στο κεφάλαιο μγ', το τεράστιο όχημα που ονομάζεται «δόξα του Θεού», εμφανίζεται:
«Να η δόξα του Θεού του Ισραήλ, ήλθε από το δρόμο που οδηγεί στην ανατολική πύλη.
Άκουσα θόρυβο μεγάλο, σα να ήταν ολόκληρος στρατός, και η γη έλαμψε από το φεγγοβόλημα της δόξας».

Δεν ήθελαν να τους ενοχλούν οι άνθρωποι, έτσι:
«Αυτή η πύλη θα είναι κλειστή. Δεν θ' ανοιχτεί ποτέ και κανείς δεν θα περάσει απ' αυτήν, γιατί ο Γιαχβέ, ο Θεός του Ισραήλ, θα περάσει απ' αυτήν. Μετά θα ξανακλείσει».
Μόνο οι άρχοντες επιτρεπόταν να έλθουν και να μιλήσουν με τους δημιουργούς:
«Μόνο ο άρχοντας θα περνάει απ' αυτή την πύλη, ο οποίος θα φάει μαζί με το Θεό».
Όμως ο άρχοντας έπρεπε να περάσει από ένα θάλαμο για να απολυμανθεί με ειδικές ακτίνες:
«Θα μπει από αυτή την πύλη και θα πρέπει να βγει πάλι, από τον ίδιο δρόμο». Οι Λευίτες «ιερείς» βρίσκονταν εκεί για να εξυπηρετούν τους δημιουργούς:
«Θα είναι οι λειτουργοί μου, θα βρίσκονται πίσω από μένα για να μου προσφέρουν τις θυσίες, το λίπος και το αίμα των ζώων που θυσιάζονται... αυτοί θα πλησιάζουν το

τραπέζι μου για να με υπηρετήσουν...»

Η μυρωδιά του ιδρώτα των γήινων ήταν δυσάρεστη για τους δημιουργούς:
«Όταν περνούν τις πύλες της εσωτερικής αυλής, θα φορούν λινά ρούχα... δεν πρέπει να φορούν τίποτα που να προκαλεί ιδρώτα».

Ο ανεφοδιασμός των δημιουργών με φρέσκα τρόφιμα συνεχιζόταν:
«Θα προσφέρετε από τα πρώτα προϊόντα, είτε είναι του αγρού είτε είναι ζωντανά, στους ιερείς... εκείνοι θα σας δίνουν την ευλογία τους σε σας και στα σπίτια σας».

Στο γ' κεφάλαιο του Δανιήλ, ο βασιλιάς Ναβουχοδονόσορ καταδίκασε τρεις νέους να καούν στην πυρά, επειδή αρνήθηκαν να λατρεύουν το χρυσό άγαλμα που είχε φτιάξει στη θέση των δημιουργών, των οποίων την ύπαρξη ήξεραν. Οι τρεις άνδρες όμως σώθηκαν, από έναν δημιουργό, που με μια απωθητική και ψυκτική ακτίνα τους προστάτευσε από τις φλόγες:

«Βλέπω τέσσερις άντρες λυμένους, να περπατούν στη μέση της φωτιάς. Δεν υπάρχει καμιά βλάβη σ' αυτούς και ο τέταρτος μοιάζει στην όψη με γιο του Θεού»

(Δανιήλ γ'.)

Αργότερα, ο Δανιήλ ρίχνεται σε λάκκο με λιοντάρια, αλλά τα λιοντάρια δεν τον πειράζουν. Επίσης τίποτα το πολύπλοκο. Μια παραλυτική ακτίνα έδωσε στο Δανιήλ χρόνο για να βγει από το λάκκο ασφαλής:

«Ο Θεός μου έστειλε τον άγγελο του, και έκλεισε τα στόματα των λιονταριών»

(Δαν. δ'.)

Στο δέκατο κεφάλαιο του βιβλίου του Δανιήλ, θα βρεις ακόμη μια ενδιαφέρουσα περιγραφή ενός δημιουργού:
«Κοίταξα και είδα έναν άντρα... το σώμα του έμοιαζε με χρυσόλιθο και το πρόσωπο του έλαμπε σαν αστραπή. Τα μάτια του έλαμπαν σαν δάδες φωτιάς και τα χέρια του και τα πόδια του σα γυαλισμένος χαλκός. Η φωνή που έβγαινε από το στόμα του έμοιαζε με βοή πολυάριθμων ανθρώπων».

Η τελευταία κρίση

«Αν οι Εβραίοι δεν υπερείχαν από τους Πέρσες και τους Έλληνες, είναι λόγω του ότι δεν είχαν πίστη. Οι Ελοχίμ τιμώρησαν τους Εβραίους, στέλνοντας «αγγέλους» τους μεταξύ των Περσών και των Ελλήνων για να βοηθήσουν αυτά τα έθνη να προοδεύσουν τεχνολογικά. Αυτό εξηγεί τις μεγάλες στιγμές στην ιστορία αυτών των δύο πολιτισμών. Ο αρχάγγελος Μιχαήλ ήταν αρχηγός της αποστολής των Ελοχίμ που βοηθούσε τους Πέρσες:

«Ο Μιχαήλ, ένας απ' τους πρίγκιπες αρχηγούς, ήρθε για να βοηθήσει το βασίλειο της Περσίας»

(Δανιήλ Γ.)

Στο κεφάλαιο ι β' του Δανιήλ, αναφέρεται πάλι ανάσταση των νεκρών:

«Πολλοί απ' αυτούς που κοιμούνται στη σκόνη της γης, θα ξυπνήσουν. Μερικοί για την αιώνια ζωή και μερικοί άλλοι για την ντροπή και την αιώνια περιφρόνηση»

(Δαν. ιβ'.)

Η «Τελευταία Κρίση» θα επιτρέψει σε σημαντικά άτομα να ζήσουν ξανά. Αυτοί που ενήργησαν θετικά για την ανθρωπότητα και πίστεψαν αληθινά στους δημιουργούς τους και ακολούθησαν τις εντολές τους, θα καλωσοριστούν με μεγάλη χαρά από τους ανθρώπους της εποχής που θα συμβεί η «Τελευταία Κρίση».

Απ' την άλλη μεριά, όλοι οι μοχθηροί άνθρωποι, θα νιώσουν ντροπή μπροστά στους δικαστές τους και θα ζήσουν σε αιώνια καταδίκη, θα συνεχίσουν να ζουν με αιώνιες τύψεις, σαν παράδειγμα προς αποφυγή για την υπόλοιπη ανθρωπότητα:

«Οι σοφοί οδηγοί θα λάμψουν σαν το λαμπρό ουράνιο θόλο, και αυτοί που θα καθοδηγήσουν τους ανθρώπους στο αληθινό μονοπάτι, θα λάμπουν σαν τ' αστέρια τα αιώνια».

Οι διάνοιες θα έχουν τη μεγαλύτερη εκτίμηση και την υψηλότερη ανταμοιβή. Οι δίκαιοι άνθρωποι, που επέτρεψαν ν' ανθίσουν οι διάνοιες ή που βοήθησαν στο να θριαμβεύσει η αλήθεια, επίσης θ' αμειφτούν.

«Αλλά εσύ Δανιήλ κράτησε κρυφά τα λόγια και φύλαξε το βιβλίο ως την ώρα του τέλους. Ως την ώρα που πολλοί θα τα διδαχτούν και θ' αυξηθεί η γνώση»

(Δαν. ιβ'.)

Τα παραπάνω λόγια μπορούν να γίνουν κατανοητά, μόνο όταν ο άνθρωπος φτάσει σ' ένα υψηλό επιστημονικό επίπεδο. Το σημερινό. Όλα αυτά θα συμβούν:

«Όταν η δύναμη των άγιων ανθρώπων, σταματήσει να διασκορπίζεται».

Αυτό θα συμβεί όταν ο λαός του Ισραήλ ξανακερδίσει την πατρίδα του, μετά τη διασπορά. Το κράτος του Ισραήλ δημιουργήθηκε πριν μερικές δεκαετίες, την ίδια εποχή που ξεκινούσε έκρηξη στην επιστημονική γνώση του ανθρώπου.

«Προχώρα το δρόμο σου Δανιήλ, τις γραφές φύλαξέ τες κρυφές ως την ώρα του τέλους»

(Δαν. ιβ'.)

Όλα αυτά μπορούμε να τα κατανοήσουμε σ' αυτή την εποχή. Στα πρόσφατα χρόνια, η επιστημονική πρόοδος και η αρχή της εξερεύνησης του διαστήματος από τους ανθρώπους, έχουν φτάσει σε τέτοιο σημείο, ώστε όλα φαίνονται δυνατά για τον άνθρωπο. Τίποτα δεν εκπλήσσει τους ανθρώπους τώρα, αφού σήμερα βλέπουν μπροστά στα μάτια τους στην τηλεόραση πολλά επιτεύγματα να συμβαίνουν. Μπορούν να μάθουν, χωρίς καμία έκπληξη, ότι πράγματι έχουν φτιαχτεί κατ' εικόνα με τον «Θεό», τον «παντοδύναμο δημιουργό τους» και μπορούν να κατανοήσουν τις επιστημονικές δυνατότητές τους. Τα «θαύματα» έγιναν κατανοητά.

Η ιστορία με το «μεγάλο ψάρι», που κατάπιε τον προφήτη Ιωνά, είναι πράγματι ένα ενδιαφέρον γεγονός. Ήταν που ο Ιωνάς ρίχτηκε στη θάλασσα από μια μικρή βάρκα:

«Τότε ο Θεός πρόσταξε ένα μεγάλο ψάρι να φάει τον Ιωνά. Έτσι αυτός έμεινε στο στομάχι του ψαριού τρεις μέρες και τρεις νύχτες».

«Μεγάλο ψάρι»... στην πραγματικότητα, όπως μπορούμε να καταλάβουμε σήμερα, ένα υποβρύχιο. Για τους ανθρώπους εκείνης της εποχής μπορούσε να ήταν μόνο ένα μεγάλο ψάρι. Ακόμη και αν τα γαστρικά υγρά ενός ψαριού μπορούν να διαλύσουν έναν άνθρωπο πολύ γρήγορα χωρίς να είναι δυνατόν να επιστρέψει πάλι στο περιβάλλον. Επίσης ο Ιωνάς θα χρειαζόταν να αναπνέει αέρα. Σ' αυτό το υποβρύχιο, οι δημιουργοί είχαν μια συνομιλία με τον Ιωνά για να μάθουν την πορεία των πολιτικών εξελίξεων τότε:

«Και ο Γιαχβέ πρόσταξε, και αυτό ξέρασε τον Ιωνά στη στεριά». Το υποβρύχιο πλησίασε στη στεριά, και ο Ιωνάς αποβιβάστηκε.

Στο ε' κεφάλαιο του Ζαχαρία, υπάρχει ακόμα μια περιγραφή ενός ιπτάμενου οχήματος:

«Ξανακοίταξα επάνω και είδα ένα ιπτάμενο... ένα ιπτάμενο δρεπάνι, εννέα μέτρα μάκρος και πέντε πλάτος»

(Ζαχ. ε'.)

Λίγο πιο κάτω, γυναίκες μεταξύ των δημιουργών, εμφανίζονται για πρώτη φορά:

«... παρατηρώ ότι βγαίνουν δύο γυναίκες, και ο άνεμος ήταν στα φτερά τους· γιατί είχαν φτερά σαν αυτά του πελαργού»

(Ζαχ. ε'.)

Δύο γυναίκες που συνόδευαν τους δημιουργούς εφοδιασμένες με αυτόνομες πτητικές στολές, εμφανίστηκαν στον Ζαχαρία.

Στον ε' ψαλμό, λέγεται για τους ανθρώπους:

«Εσύ τον έχεις φτιάξει λίγο κατώτερο από τους αγγέλους »

(Ελοχείμ)

Οι άνθρωποι είναι δυνατοί διανοητικά όσο οι δημιουργοί τους. Αυτοί που έγραψαν τα βιβλία, δεν τόλμησαν να γράψουν «όμοια με των Ελοχίμ», όπως αρχικά είχε υπαγορευθεί.

«Σ' ολόκληρη τη Γη ακούγεται η φωνή τους και στα πέρατα της οικουμένης ο λόγος τους»

(Ψαλμοί ιθ'.)

Οι δημιουργοί ήλθαν από έναν πλανήτη, που βρίσκεται πολύ μακριά από τη γήινη τροχιά.

«Ο Θεός κοιτάζει από τον ουρανό τη Γη, και βλέπει όλους τους ανθρώπους που κατοικούν πάνω σ' αυτήν»

(Ψαλμ. λβ'·)

Οι δημιουργοί παρακολουθούν τη συμπεριφορά των ανθρώπων, όπως πάντοτε έκαναν, από τα ιπτάμενα οχήματά τους.

Ο Σατανάς

Στο πρώτο κεφάλαιο του βιβλίου του Ιώβ υπάρχει η εξήγηση του Σατανά:
«Κάποια μέρα οι άγγελοι του Θεού παρουσιάστηκαν μπροστά στον Κύριο. Μαζί μ' αυτούς ήρθε και ο Σατανάς».
Η λέξη Ελοχίμ σημαίνει στα Εβραϊκά «αυτοί που ήρθαν από τον ουρανό». Οι γιοι των Ελοχίμ, δηλαδή οι δημιουργοί που επέβλεπαν τους ανθρώπους, έδιναν τακτικά αναφορά στον πλανήτη τους, λέγοντας ότι οι περισσότεροι άνθρωποι τους σέβονταν και τους αγαπούσαν. Ένας όμως απ' αυτούς τους Ελοχίμ, που λεγόταν Σατανάς, ήταν μέρος μιας ομάδας που αποδοκίμαζε συνεχώς τη δημιουργία ευφυών όντων σ' ένα τόσο κοντινό πλανήτη όπως ήταν η Γη. Έβλεπε μέσα απ' αυτή τη δημιουργία μια πιθανή απειλή. Γι' αυτό λοιπόν, βλέποντας την αφοσίωση του Ιώβ, ένα από τα καλύτερα παραδείγματα ανθρώπου που αγαπούσε τους δημιουργούς, λέει:

> *«Και απάντησε ο Σατανάς στο Θεό: δεν έχει κανένα λόγο να σε μισήσει. Άπλωσε όμως το χέρι σου και αφαίρεσε του αυτά που έχει και αμέσως θα σε βρίσει. Είπε τότε ο Θεός στο Σατανά: όσα έχει τα παίρνεις στην εξουσία σου˙ αυτόν όμως δεν θα τον αγγίξεις»*

(Ιώβ α'.)

Ο Σατανάς ισχυρίστηκε ότι, αν ο Ιώβ δεν ήταν πλούσιος, θα μισούσε τους δημιουργούς. Η κυβέρνηση του πλανήτη μου επέτρεψε στο Σατανά να τον δοκιμάσει. Ήθελαν να δουν αν σε δύσκολες καταστάσεις, θα εξακολουθούσε να σέβεται και να αγαπά τους δημιουργούς γι' αυτό δεν επιτρεπόταν να τον σκοτώσει. Παρόλες τις δοκιμασίες που περνούσε ο Ιώβ, εξακολουθούσε να σέβεται τους δημιουργούς, έτσι θριάμβευσε η αντίθετη πλευρά των ισχυρισμών του Σατανά. Αργότερα πρόβαλαν τη δικαιολογία ότι ο Ιώβ είχε χάσει πολλά πράγματα, αλλά εξακολουθούσε να είναι υγιής. Η κυβέρνηση έδωσε στο Σατανά το «ελεύθερο» να επηρεάσει την υγεία του Ιώβ, χωρίς να τον σκοτώσει:
«Είναι στα χέρια σου, προστάτευσέ του όμως τη ζωή».
Στο ίδιο βιβλίο, στο κεφάλαιο λη' υπάρχει μια ακόμη ενδιαφέρουσα πρόταση:
«Μπορείς να φτιάξεις την ομίχλη έτσι, ώστε να την κάνεις σκληρή σαν πέτρα;» Με άλλα λόγια, είναι οι άνθρωποι ικανοί να κατασκευάζουν «στέρεα σύννεφα» στην πραγματικότητα μεταλλικά ιπτάμενα οχήματα; Οι άνθρωποι εκείνη την εποχή θεωρούσαν ότι μόνο ο «Θεός» μπορούσε να κάνει κάτι τέτοιο. Αλλά τώρα μπορεί να γίνει.
Τελικά, βλέποντας την ταπεινοφροσύνη του Ιώβ, οι δημιουργοί τον γιάτρεψαν, του έδωσαν πίσω τον πλούτο του, τα παιδιά του και την υγεία του.

Οι άνθρωποι δεν μπορούσαν να καταλάβουν

Στο βιβλίο του Τοβίτ, ένα από τα ρομπότ των δημιουργών, που ονομαζόταν Ραφαέλ, επίσης ήλθε για να δοκιμάσει την αντίδραση της ανθρωπότητας προς τους δημιουργούς της. Όταν εκπλήρωσε την αποστολή του, έφυγε αφήνοντας ενδείξεις για το τι ήταν:

«Κάθε μέρα εμφανιζόμουν σ' εσάς αλλά δεν έτρωγα ούτε έπινα... Τώρα ανεβαίνω σ' αυτόν που μ' έστειλε. Γράφτε όσα συνέβησαν σ' ένα βιβλίο»

(Τοβίτ ιβ'.)

Αυτά είναι πολύ εύκολο να τα δεις στα γραπτά των λαών. Αλλά, πρέπει να προσπαθήσεις να τα καταλάβεις.

«Τι είναι σοφία και ποια η προέλευση της θα σας αναγγείλω· δεν θα κρύψω από σας τα μυστήρια των αγγέλων, θα σας τα εξηγήσω απ' όταν άρχισαν δεν θα κρύψω τη γνώση αυτή ούτε θα παραποιήσω την αλήθεια»

(Σοφία Σολομώντος στ'.)

Όταν έρθει η ώρα, η «σοφία», η επιστήμη που επέτρεψε να γίνουν όλα αυτά, θα γίνει γνωστή στον άνθρωπο. Τα βιβλικά γραπτά θα είναι απόδειξη όλων αυτών.

«Ζουν ανάμεσα στα έργα του Θεού, τα ερευνούν και βλέποντας τα θεωρούν ότι είναι καλά»

(Σοφ. Σολ. ιγ'.)

Είναι εύκολο να δεις την αλήθεια, ν' αναγνωρίσεις τους δημιουργούς, παρακολουθώντας τα δημιουργήματα τους.

«Ας μάθουν λοιπόν ότι αυτός είναι που έφτιαξε όλη αυτή την ομορφιά την οποία δεν καταλαβαίνουν»

(Σοφ. Σολ. ιγ'.)

Για να αποφεύγουν ενοχλήσεις από τους ανθρώπους, οι δημιουργοί έκτιζαν τις βάσεις τους σε ψηλά βουνά, στα οποία σήμερα βρίσκουμε απομεινάρια, κάποιων μεγάλων πολιτισμών (Ιμαλάια, Περού, κ.ά.) καθώς επίσης και στο βυθό της θάλασσας. Σταδιακά οι ορεινές βάσεις αντικαταστάθηκαν από υποβρύχιες, λιγότερο προσιτές στους ανθρώπους. Οι δημιουργοί που είχαν εξοριστεί, κρύφτηκαν κάτω από τους ωκεανούς:

«Και την ημέρα εκείνη ο θεός με το άγιο σπαθί του, το μεγάλο και ισχυρό, θα τιμωρήσει το φίδι, το δράκοντα που βρίσκεται στη θάλασσα»

(Ησαΐα κστ'.)

Η κυβέρνηση του πλανήτη τους ήθελε εκείνο τον καιρό να καταστρέψει αυτούς που δημιούργησαν τον άνθρωπο.

Ήταν δύσκολο για τον άνθρωπο να δει μέσα απ' αυτά τα θαυμαστά που γίνονταν στη

Γη και φυσικά οι δημιουργοί θεοποιήθηκαν αφού οι άνθρωποι δεν μπορούσαν να κατανοήσουν τα επιστημονικά γεγονότα:

> «Και αν δοθεί ανοιχτό το βιβλίο στα χέρια ανθρώπου που δεν γνωρίζει γράμματα, και του πουν: διάβασέ το" εκείνος θ' απαντήσει: δεν ξέρω γράμματα» (Ησ. κθ'.)

Για πολύ καιρό η ανθρωπότητα, κρατούσε την αλήθεια στα χέρια της, αλλά δεν μπορούσε να κατανοήσει, μέχρι να εξελιχθεί επιστημονικά για να την αποκωδικοποιήσει.

> «Κάθε άνθρωπος είναι μωρός από άποψη γνώσεως...»
>
> (Ιερεμίας Γ-14.)

Η επιστήμη έκανε ικανούς τους δημιουργούς να δημιουργούν και θα κάνει και τους ανθρώπους ικανούς να κάνουν το ίδιο.

> «Ο Γιαχβέ με τοποθέτησε από το ξεκίνημα του δρόμου του. Πριν από οτιδήποτε με θεμελίωσε, πριν ακόμη φτιάξει τη Γη... Όταν δημιουργούσε τον ουρανό ήμουν μαζί του... Όταν θεμελίωνε τα νέφη και εξασφάλιζε τις πηγές τ' ουρανού και έκανε ισχυρά τα θεμέλια της γης, ήμουν μ' αυτόν και μαζί τα εναρμονίζαμε. Εγώ ήμουν που τον χαροποιούσα κάθε μέρα, και ήμουν η χαρά στο πρόσωπο του. Περισσότερο μάλιστα όταν είχε τελειώσει τη δημιουργία του κόσμου και χαιρόταν με τα παιδιά των ανθρώπων»
>
> (Παροιμίες η '-22-31.)

Ευφυΐα και επιστήμη, είναι οι δύο αρετές, που έκαναν τους δημιουργούς να δημιουργήσουν τη «μητέρα γη», τη μοναδική ήπειρο και όλα τα ζωντανά που βρίσκονται πάνω σ' αυτήν. Η ίδια ευφυΐα και το ίδιο πνεύμα, οδηγούν το ανθρώπινο μυαλό να επαναλάβει τις πράξεις των δημιουργών: Από την «αρχή του χρόνου» πάντα έτσι γίνεται: οι άνθρωποι δημιουργούν ανθρώπους όμοιους μ' αυτούς, σε άλλους πλανήτες. Ο κύκλος συνεχίζεται. Κάποιοι πεθαίνουν, άλλοι αναλαμβάνουν. Εμείς είμαστε οι δημιουργοί σας κι εσείς θα δημιουργήσετε άλλες ανθρωπότητες:

> «Εκείνο που έχει γίνει, ήδη υπάρχει˙ αυτό που είναι να γίνει, έχει γίνει...»
>
> (Εκκλησιαστής γ'-15.)

> «Τι περισσότερο, έχει ο άνθρωπος μπροστά στο ζώο; Τίποτα, όλα είναι ματαιότητα»
>
> (Εκκλ. γ'-19.)

Τα ζώα επίσης δημιουργήθηκαν και θα ξαναδημιουργηθούν. Όπως τα ανθρώπινα όντα, τίποτα περισσότερο, τίποτα λιγότερο. Τα είδη που εξαφανίστηκαν θα ζήσουν πάλι, όταν θα ξέρετε πώς να τα ξαναδημιουργήσετε.

Εμείς, οι δημιουργοί, θα παρουσιαστούμε επίσημα, μόνο αν η ανθρωπότητα μας ευγνωμονεί που την δημιουργήσαμε. Φοβόμαστε μήπως ο άνθρωπος μας κρατάει κακία, πράγμα το οποίο δεν μπορούμε να δεχτούμε.

Θα θέλαμε ν' αρχίσουμε να έχουμε επαφή μαζί σας και να σας δώσουμε το πλεονέκτημα της προηγμένης επιστημονικής μας γνώσης, αλλά μόνο όταν είμαστε σίγουροι ότι δεν θα στραφείτε εναντίον μας, κι ότι μας αγαπάτε σαν γονείς σας, θα συμβεί αυτό.

«Μήπως θα πει ο πηλός στον κεραμιοποιό, όταν δεν δουλεύει:
γιατί δεν εργάζεσαι; Δεν έχεις χέρια; θα μιλήσει έτσι το
δημιούργημα στο δημιουργό; Δεν είναι λοιπόν ανόητος αυτός που
θα πει στον πατέρα του: «τι θα γεννήσεις;» και στη μητέρα του:
«γιατί κοιλοπονάς;»

(Ησαΐας με'.)

Σε δοκίμασα στο καμίνι της θλίψης και για τη δόξα μου, για δική μου χάρη θα σε σώσω» (Ησ. μη'.)

Φόβος μήπως και ο άνθρωπος δεν μας αγαπά, οδήγησε τους δημιουργούς σας να σας επιτρέψουν να αναπτυχθείτε επιστημονικά μόνοι σας, χωρίς σχεδόν καμιά βοήθεια.

Το έμβλημα που είναι χαραγμένο στο όχημα και στη στολή μου, αντιπροσωπεύει την αλήθεια. Είναι επίσης το έμβλημα των Εβραίων, το αστέρι του Δαβίδ, που σημαίνει: «Αυτό που είναι επάνω, είναι όμοιο μ' αυτό που είναι κάτω.» Στο κέντρο βρίσκεται η «Σβάστικα», που σημαίνει: όλα είναι κυκλικά, η κορυφή γίνεται πυθμένας, και ο πυθμένας κορυφή. Η προέλευση και το πεπρωμένο των δημιουργών και των ανθρώπων, είναι όμοια και συνδεδεμένα.

«Δεν γνωρίζετε; Δεν ακούσατε; Δεν ειπώθηκε σ' εσάς από την
αρχή; Δεν γνωρίζετε για το θεμελίωμα της γης;»

(Ησ. μ'-21.)

Τα ίχνη των βάσεων των δημιουργών σε ψηλά βουνά, αναφέρονται στο βιβλίο του Άμως:

«Εγώ βρίσκομαι στις κορυφές των ψηλών βουνών της γης»

(Άμως δ' 13.)

Οι δημιουργοί είχαν συνολικά επτά βάσεις:

«Επτά είναι τα μάτια του Θεού που επιβλέπουν τη γη»

(Ζαχαρίας δ'-10.)

Αυτή είναι και η προέλευση της επτάφωτης λυχνίας, που η σημασία της με τον καιρό χάθηκε. Στην αρχή υπήρχε στο αρχηγείο των δημιουργών, ένας πίνακας με επτά φωτεινούς διακόπτες, που τους επέτρεπαν να επικοινωνούν με τις υπόλοιπες βάσεις, και με το κυρίως σκάφος, που βρίσκονταν σε τροχιά γύρω από τη Γη.

Τηλεπάθεια:

«Αλλά εσύ Κύριε γνωρίζεις τα παλιά και τα καινούρια. Εσύ μ' έφτιαξες και μ' έβαλες κάτω από την προστασία σου. Θαύμασα τη γνώση σου. Είναι τόσο μεγάλη που δεν μπορώ να τη φτάσω»

(Ψαλμοί λθ'-6.)

Τότε η τηλεπάθεια ήταν αφάνταστη για τους ανθρώπους, «θαύμασα τη γνώση σου». Η αστρονομία και τα διαπλανητικά ταξίδια ήταν επίσης άγνωστα εκείνη την εποχή:

«Γνωρίζει τον αριθμό των άστρων και το έχει ονομάσει. Μεγάλος είναι ο Κύριος μας και μεγάλη η δύναμή του- η σοφία του είναι απεριόριστη»

(Ψαλ. ρμζ'-4,5.)

Οι άνθρωποι ήταν επίσης ανίκανοι να καταλάβουν τις τηλεπικοινωνίες:

«Θα στείλει τη διαταγή του στη γη, και γρήγορα θα τρέξουν οι λόγοι του» (Ψαλμοί ρμζ'.)

Τώρα φτάνουμε μια κρίσιμη φάση στην πορεία των δημιουργών. Αποφάσισαν εκείνη την περίοδο ν' αφήσουν τον άνθρωπο να εξελιχθεί επιστημονικά μόνος του, χωρίς να μεσολαβούν άμεσα. Κατάλαβαν επίσης ότι, και αυτοί είχαν δημιουργηθεί με τον ίδιο τρόπο, και ότι δημιουργώντας όμοια όντα, βοηθούσαν στο να συνεχιστεί ο κύκλος. Αλλά πρώτα, για να διαδοθεί η αλήθεια στον κόσμο, αποφασίστηκε να σταλεί ένας «Μεσσίας», ο οποίος θ' αποκάλυπτε σ' όλους, αυτό που μόνο ο λαός του Ισραήλ γνώριζε. Αυτό έγινε για την προετοιμασία της μέρας, που το μυστήριο της δημιουργίας θα εξιχνιαζόταν στο φως της επιστήμης. Δηλαδή της αποκάλυψης. Έτσι λοιπόν τον ανάγγειλαν:

«Και από εσένα Βηθλεέμ, θα προέλθει ο κυβερνήτης του Ισραήλ, του οποίου ο δρόμος είναι καθορισμένος από τη δημιουργία. Θα εμφανιστεί και θα οδηγήσει το ποίμνιο του με τη δύναμη του Γιαχβέ... στα άκρα της γης, και αυτός θα είναι άνθρωπος της ειρήνης»

(Μιχαίας ε'.)

«Πανηγύρισε κόρη της Ιερουσαλήμ, από εσένα θα προέλθει ο βασιλιάς σου... θ' ανέβει και θα μεταφερθεί από ένα μουλάρι... θα φέρει την ειρήνη στον κόσμο, και το βασίλειο του θ' απλώνεται σ' όλη τη γη».

4

Ο ΡΟΛΟΣ ΤΟΥ ΧΡΙΣΤΟΥ

Η σύλληψη

Το επόμενο πρωί, συναντηθήκαμε ξανά στον ίδιο τόπο και μου είπε: « Ο ρόλος του Χριστού ήταν να διαδώσει την αλήθεια της Βίβλου σ' ολόκληρο τον κόσμο, ούτως ώστε να είναι η απόδειξη για όλη την ανθρωπότητα, όταν η εποχή της επιστήμης θα εξηγούσε τα πάντα. Οι δημιουργοί αποφάσισαν να στείλουν στη γη ένα παιδί το οποίο θα γεννιόταν από μια γήινη γυναίκα και από κάποιον απ' αυτούς. Μ' αυτό τον τρόπο θ' αποκτούσε το παιδί τηλεπαθητικές ικανότητες που δεν είχαν οι άνθρωποι:

«Ήταν η Μαρία έγκυος από το άγιο πνεύμα»

(Ματθ. α '-18.)

Η Μαρία ήταν η γυναίκα που επιλέχθηκε, και ο σύντροφός της βρήκε λίγο δυσάρεστα τα μαντάτα, αλλά:

«Άγγελος Κυρίου εμφανίστηκε στ' όνειρο του»

(Ματθ. α'-20.)

Κάποιος από τους δημιουργούς εμφανίστηκε και εξήγησε ότι η Μαρία θα γεννήσει παιδί του «Θεού». Οι προφήτες που είχαν επαφή με τους δημιουργούς, ξεκίνησαν από πολύ μακριά για να δουν το «θεϊκό» παιδί. Ένα διαστημόπλοιο των δημιουργών τους καθοδήγησε:
«Είδαμε την ανατολή του άστρου του και ήρθαμε να το προσκυνήσουμε».

«και είδαν το άστρο που τους οδηγούσε από τη στιγμή που ανέτειλε,
ως την ώρα που στάθηκε πάνω από το μέρος που ήταν το παιδί»

(Ματθ. β'.)

Οι δημιουργοί πρόσεχαν το παιδί:

«Ένας άγγελος Κυρίου φάνηκε στ' όνειρο τού Ιωσήφ και του είπε:
«Σήκω, πάρε το παιδί και τη μητέρα του, και πήγαινε στην Αίγυπτο.
Εκεί θα κάτσεις μέχρι να σου πω. Θέλει ο Ηρώδης να σκοτώσει το
παιδί»

(Ματθ. β'-13.)

Ο βασιλιάς δεν χάρηκε καθόλου για το παιδί-βασιλιά που μόλις είχε γεννηθεί στην περιοχή του και που όλοι οι προφήτες περίμεναν και του ανήγγειλαν. Όταν όμως ο

Βασιλιάς Ηρώδης πέθανε, οι δημιουργοί είπαν στον Ιωσήφ να επιστρέψει στο Ισραήλ:

«' Όταν πέθανε ο Ηρώδης άγγελος Κυρίου εμφανίστηκε στ' όνειρο του στην Αίγυπτο, και του είπε: Σήκω, πάρε το παιδί και τη γυναίκα σου και πήγαινε στη χώρα του Ισραήλ ' Έχουν πεθάνει πια εκείνοι που ήθελαν το θάνατο του παιδιού».

Η μύηση

Όταν μεγάλωσε ο Ιησούς, οδηγήθηκε στους δημιουργούς για να του αποκαλύψουν την πραγματική του ταυτότητα, να γνωρίσει τον Πατέρα του, να μάθει την αποστολή του και να του διδάξουν διάφορες επιστημονικές τεχνικές.

Άνοιξαν οι ουρανοί και είδε το πνεύμα του Θεού να κατεβαίνει προς αυτόν με μορφή περιστεριού. Μια φωνή ακούστηκε από τον ουρανό να λέει: «Αυτός είναι ο γιός μου ο αγαπητός, ο οποίος έχει την εύνοια μου». Κατόπιν ο Ιησούς οδηγήθηκε στην έρημο, για να δοκιμαστεί από το διάβολο.

Ο διάβολος, ο «Σατανάς», ο δημιουργός που μιλήσαμε προηγουμένως, πίστευε πάντα ότι οι άνθρωποι της γης δεν μπορούν να προσφέρουν τίποτε καλό. Ήταν ο «Σατανάς ο Σκεπτικιστής» και υποστηριζόταν από την αντιπολίτευση της κυβέρνησης στο μακρινό πλανήτη μας.

Έτσι δοκίμασε τον Ιησού για να διαπιστώσει αν η ευφυΐα του ήταν θετική, και αν αγαπούσε και σεβόταν τους δημιουργούς. Αφού διαπίστωσε ότι μπορούν να έχουν απόλυτη εμπιστοσύνη στον Ιησού, ο Ιησούς ξεκίνησε την αποστολή του.

Με σκοπό να συγκεντρώσει υποστηρικτές, ο Ιησούς, πραγματοποίησε «θαύματα», τα οποία ήταν στην πραγματικότητα εφαρμογές των επιστημονικών διδασκαλιών που είχε πάρει από τους δημιουργούς:

«Θεράπευε κάθε είδους ασθένεια και πάθηση μεταξύ του λαού»

(Ματθ. δ'.)

«Μακάριοι αυτοί που είναι φτωχοί στο πνεύμα»

(Ματθ. ε'-3.)

Αυτή η πρόταση ερμηνεύτηκε λάθος: «ευτυχισμένοι αυτοί που είναι φτωχοί». Όμως το πραγματικό νόημα είναι: «οι φτωχοί, αν έχουν πνεύμα, θα είναι ευτυχισμένοι» - που είναι εντελώς διαφορετικό.

Έπειτα ο Ιησούς είπε στους αποστόλους, ότι πρέπει να διαδώσουν την αλήθεια σ' όλο του κόσμο: «Εσείς είστε το φως του κόσμου» (Ματθ. ε'-14.) Στην προσευχή «Πάτερ ημών» η αλήθεια είναι γραμμένη επακριβώς: «Ας έλθει η βασιλεία σου, ας γίνει το θέλημά σου στη γη όπως και στα ουράνια»

(Ματθ. στ'-10.)

Στα «ουράνια», στον πλανήτη των δημιουργών, οι επιστήμονες κατάφεραν να γίνουν η ομάδα που διοικεί και δημιούργησαν όντα με ευφυΐα. Το ίδιο θα γίνει και στη Γη. Οι φωτισμένες ευφυΐες θα καθοδηγήσουν την ανθρωπότητα.

Αυτή η προσευχή που επαναλαμβάνεται ξανά και ξανά χωρίς κανένας να καταλαβαίνει το βαθύ της νόημα, τώρα παίρνει την ολοκληρωμένη της σημασία: « Στη γη όπως και στα ουράνια».

Ανάμεσα σε άλλα, ο Ιησούς είχε διδαχθεί να μιλάει με πειθώ, μέσω ενός τύπου ομαδικής τηλεπαθητικής ύπνωσης:

«Και συνέβη, όταν ο Ιησούς τελείωσε αυτά τα λόγια, το πλήθος για πολλή ώρα παρέμεινε σ' έκσταση απ' τη διδασκαλία του. Γιατί τους δίδασκε όπως ένας που έχει αληθινή εξουσία, και όχι όπως οι γραμματείς»

(Ματθ. ζ'.)

Εξακολουθούσε να θεραπεύει αρρώστους με τη βοήθεια των δημιουργών, οι οποίοι έστελναν συμπυκνωμένες ακτίνες από μακριά:

«Ένας λεπρός ήλθε σ' αυτόν... Ο Ιησούς τον άγγιξε με το χέρι του και είπε: "Θέλω να καθαριστείς"· αμέσως η λέπρα θεραπεύτηκε».

Το ίδιο έκανε σε κάποιον που είχε ολική παράλυση. Η θεραπεία γινόταν με τη βοήθεια κάποιας ακτίνας, παρόμοιας με λέιζερ, που εκτοξεύονταν από κάποια απόσταση και έκαιγε μόνο ένα σημείο διαπερνώντας αρκετά στρώματα:

«Σήκω όρθιος και περπάτα... και πράγματι σηκώθηκε».

Λίγο παρακάτω, στο Ευαγγέλιο του Ματθαίου, ο Ιησούς ανακοινώνει την αποστολή του:

«Δεν ήλθα να καλέσω τους δίκαιους, αλλά τους αμαρτωλούς».

Δεν ήλθε για τους ανθρώπους του Ισραήλ, που γνώριζαν την ύπαρξη των δημιουργών, αλλά ήλθε με σκοπό αυτή η γνώση να διαδοθεί στον υπόλοιπο κόσμο.

Αργότερα έγιναν πολλά «θαύματα», παρόμοια με τα πρώτα, όλα ιατρικής φύσεως. Σήμερα γίνονται μεταμοσχεύσεις καρδιάς και άλλων οργάνων. Η λέπρα, και άλλες παρόμοιες αρρώστιες θεραπεύονται και οι άνθρωποι που βρίσκονται σε κώμα, βγαίνουν απ' αυτό με την κατάλληλη θεραπεία. Αυτά θα θεωρούνταν θαύματα από τεχνολογικά πρωτόγονους ανθρώπους. Εκείνη την εποχή οι άνθρωποι ήταν πρωτόγονοι, και οι δημιουργοί ήταν σε παρόμοιο επίπεδο με τους ανθρώπους των τωρινών σας «πολιτισμένων» εθνών, όμως λίγο πιο ανεπτυγμένοι επιστημονικά.

Συνεχίζοντας, βρίσκουμε μια αναφορά στους δημιουργούς, μέσα στους οποίους ανήκει ο πραγματικός πατέρας του Ιησού:
«Όποιος από εσάς μιλήσει για μένα μπροστά στους ανθρώπους, θα μιλήσω γι' αυτόν μπροστά στον πατέρα μου που είναι στον ουρανό»

(Ματθ. Γ.)

Μπροστά στον πατέρα μου που είναι στα ουράνια. Αυτό τα λέει όλα. Ο «Θεός» δεν είναι κάτι το ασύλληπτο και άυλο. Βρίσκεται στα «ουράνια». Αυτό είναι φυσικά ακατανόητο από ανθρώπους που τότε πίστευαν ότι τ' αστέρια είναι τοποθετημένα σε ένα ουράνιο θόλο, σαν φωτεινές λάμπες οι οποίες περιστρέφονταν γύρω από το κέντρο του κόσμου: τη Γη. Τώρα βέβαια που γίνονται διαστημικά ταξίδια και υπάρχει κάποια κατανόηση ότι το σύμπαν είναι τεράστιο, τα αρχαία γραπτά μπορούν να εξηγηθούν μ' έναν εντελώς διαφορετικό τρόπο.

Παράλληλες ανθρωπότητες

Το κεφάλαιο ιγ' του Ευαγγελίου του Ματθαίου είναι πολύ σημαντικό γιατί ο Ιησούς εξηγεί σε μια παραβολή, πώς οι δημιουργοί άφησαν τον πλανήτη τους για να δημιουργήσουν ζωή σε άλλους πλανήτες:

«Ο σπορέας βγήκε έξω για να σπείρει»

(Ματθ. ιγ'-4.)

«Και καθώς έσπερνε, μερικοί σπόροι έπεσαν στο δρόμο και τους έφαγαν τα πουλιά»

(Ματθ. ιγ'-4.)

«Άλλα έπεσαν σε πετρώδες έδαφος και δεν είχαν πολύ χώμα... όταν ανέτειλε ο ήλιος, ξεράθηκαν»

(Ματθ. ιγ'-5,6.)

«Άλλοι σπόροι έπεσαν ανάμεσα σε ζιζάνια, και μόλις μεγάλωσαν τα ζιζάνια, τους έπνιξαν»

(Ματθ. ιγ'-γ.)

«Άλλοι σπόροι έπεσαν σε καλή γη, και έδωσαν καρπό, άλλοι εκατό, άλλοι εξήντα, άλλοι τριάντα... Όποιος έχει αυτιά ν' ακούει, ας ακούσει»

(Ματθ. ιγ'-γ.)

Αυτό είναι υπαινιγμός σε άλλες απόπειρες δημιουργίας ζωής σε άλλους πλανήτες: Τρεις απ' αυτές απέτυχαν: η πρώτη επειδή τα πουλιά ήλθαν και έφαγαν τους σπόρους· στην πραγματικότητα μιλάει για μια καταστροφή που προήλθε από τους ανθρώπους του Πλανήτη μου. Αυτοί που ήταν ενάντιοι στη δημιουργία ανθρώπων παρόμοιων μ' αυτούς, είδαν μια πιθανή απειλή σ' αυτό το πείραμα, και γι' αυτό πήγαν και κατέστρεψαν τη δημιουργία. Η δεύτερη αποστολή έγινε σ' έναν πλανήτη, που βρισκόταν πολύ κοντά στον ήλιο και ήταν πολύ ζεστός έτσι καταστράφηκαν από βλαβερές ακτινοβολίες. Η τρίτη αποστολή έγινε ανάμεσα σε «ζιζάνια», σ' έναν πλανήτη που ήταν πολύ υγρός, και στον οποίο η βλάστηση ήταν τόσο μεγάλη ώσπου κατέστρεψε την ισορροπία και το ζωικό βασίλειο. Αυτός ο πλανήτης υπάρχει ακόμη και αποτελείται μόνο από φυτά.

Αλλά η τέταρτη προσπάθεια πέτυχε, βρήκε «καλή γη». Το σπουδαιότερο γεγονός, είναι ότι υπήρξαν κατ' ακρίβεια τρεις επιτυχίες. Αυτό σημαίνει ότι δύο ακόμη πλανήτες, σε σχετικά μικρή απόσταση από εσάς, φιλοξενούν όντα παρόμοια με εσάς, που δημιουργήθηκαν από τους ίδιους δημιουργούς.

«Ας ακούει όποιος έχει αυτιά»: αυτοί που μπορούν, καταλαβαίνουν. Όταν έλθει η ώρα, αυτοί που προσπαθούν να καταλάβουν, θα καταλάβουν. Οι άλλοι, αυτοί που κοιτάζουν χωρίς όμως να βλέπουν, αυτοί που ακούν χωρίς να αντιλαμβάνονται ή να κατανοούν, τέτοιοι άνθρωποι, δε θα καταλάβουν την αλήθεια.>> Εκείνοι που θ' αποδείξουν την ευφυΐα τους με τις πράξεις τους, και αποδείξουν ότι είναι άξιοι για τη βοήθεια των δημιουργών, θα βοηθηθούν:

«Σ' αυτόν που έχει θα δοθεί και θα περισσεύσει· σ' αυτόν που δεν έχει πολύ θ' αφαιρεθεί και το ελάχιστο που έχει».

Οι άνθρωποι που δεν θα μπορέσουν να αποδείξουν την ευφυΐα τους, δε θα επιβιώσουν. Οι γήινοι σχεδόν έχουν αποδείξει ότι αξίζουν ν' αναγνωριστούν από τους δημιουργούς σαν ίσοι. Το μόνο που τους λείπει είναι... λίγη αγάπη. Αγάπη ο ένας για τον άλλο και ειδικά αγάπη για τους δημιουργούς.

«Σε σας έχει δοθεί η χάρη να γνωρίσετε τα μυστήρια της βασιλείας των ουρανών».

Οι τρεις πλανήτες που δημιουργήθηκε ζωή, βρίσκονται σε συναγωνισμό. Στον πλανήτη που η ανθρωπότητα θα κάνει την μεγαλύτερη επιστημονική πρόοδο, αποδεικνύοντας την ευφυΐα της, θα κερδίσει το πλεονέκτημα της κληρονομιάς των δημιουργών την μέρα της «τελευταίας κρίσης» - όσο δεν συμπεριφέρονται επιθετικά απέναντι στους δημιουργούς.

Αυτή θα είναι η μέρα, στην οποία η γνώση τους θα φτάσει σ' ένα ικανοποιητικά ψηλό επίπεδο. Ο άνθρωπος της Γης δεν απέχει πολύ απ' αυτό το σημείο. Η ανθρώπινη ευφυΐα είναι: «ο μικρότερος απ' όλους τους σπόρους, αλλά όταν μεγαλώσει θα γίνει μεγαλύτερο δέντρο, από τους θάμνους, και τα πουλιά τ' ουρανού θα έρχονται και θα φωλιάζουν στα κλαδιά του»

(Ματθ. ιγ'-32.)

Τα «πουλιά τ' ουρανού». Εδώ αναφέρεται στους δημιουργούς που θα έλθουν να «φωλιάσουν» στα κλαδιά. Δηλαδή θα έρθουν να δώσουν τη γνώση τους στην ανθρωπότητα, όταν η ανθρωπότητα δείξει ότι είναι άξια να την έχει.

«Η βασιλεία των ουρανών μοιάζει με το προζύμι που πήρε μια γυναίκα, και αφού το μοίρασε στα τρία, το έβαλε σε μια ποσότητα αλευριού και το άφησε εκεί μέχρι να ζυμωθεί όλη η ποσότητα»

(Ματθ. ιγ '-33.)

Ένας ακόμα υπαινιγμός για τους τρεις κόσμους, που περιμένουν οι δημιουργοί, να εξελιχθεί η επιστήμη σ' αυτούς.

«Θα μιλήσω με παραβολές και θα πω αλήθειες, που είναι κρυμμένες από τότε που δημιουργήθηκε ο κόσμος»

(Ματθ. •Υ -35.)

Εδώ έχουμε κάτι το θεμελιώδες βασικό. Οι πλανήτες έχουν ημερομηνία λήξης και κάποια μέρα δεν θα μπορούν να συνεχίσουν να είναι κατοικήσιμοι. Μέχρι τότε, η ανθρωπότητα πρέπει να φτάσει σ' ένα τέτοιο επιστημονικό επίπεδο, ώστε να μπορεί μετακομίσει σ' άλλο πλανήτη, ή αν δεν μπορεί να προσαρμοστεί αλλού, να μπορεί να δημιουργήσει ανθρωποειδές μορφή ζωής που να μπορεί να επιβιώνει σε άλλο κόσμο. Αν το περιβάλλον δεν προσαρμόζεται για τον άνθρωπο, πρέπει να δημιουργηθεί άνθρωπος προσαρμοσμένος στο νέο περιβάλλον.

Πριν η ανθρωπότητα εξαλειφθεί, θα έπρεπε για παράδειγμα, να δημιουργήσετε μια άλλη φυλή ανθρώπων, που θα μπορεί να ζει σε μια τελείως διαφορετική ατμόσφαιρα και να κληρονομήσει την γνώση σας, πριν εξαφανιστείτε. Για να μην χαθεί αυτή η κληρονομιά, οι δημιουργοί έβαλαν ζωή σε τρεις κόσμους, και μόνο ο καλύτερος θα κερδίσει την κληρονομιά των δημιουργών.

«Έτσι θα γίνει στο τέλος του κόσμου: θα κατέβουν οι άγγελοι από τον ουρανό και θα χωρίσουν τους πονηρούς από τους δίκαιους»

(Ματθ. ιγ'-49.)

Επιστημονικά θαύματα

Το απόσπασμα που αφορά τον πολλαπλασιασμό του ψωμιού έχει ήδη εξηγηθεί. Είναι συμπυκνωμένη τροφή, σε μορφή μεγάλων χαπιών, παρόμοια μ' αυτά που περιέχουν όλα τα βασικά συστατικά που χρησιμοποιούν οι αστροναύτες σας. Το «ιερό ψωμί» συμβολίζει αυτά τα χάπια. Με την ίση ποσότητα ψωμιού, υπάρχει αρκετό για να τραφούν χιλιάδες άνθρωποι. Όταν ο Ιησούς περπάτησε στο νερό, οι δημιουργοί τον κρατούσαν με τη βοήθεια μιας αντιβαρυτικής ακτίνας, η οποία εξουδετέρωσε την επίδραση του βάρους, σε συγκεκριμένο σημείο:

«Πήγε προς αυτούς, περπατώντας πάνω στη θάλασσα».

Η ακτίνα κατ' ακρίβεια δημιούργησε στρόβιλο, που περιγράφεται πιο κάτω:

«Αλλά όταν είδε ότι ο αέρας ήταν δυνατός, φοβήθηκε ο Πέτρος... και όταν μπήκαν στη βάρκα ο άνεμος έπεσε»

(Ματθ. ιδ'-30,32.)

Ο «άνεμος έπεσε» γιατί σταμάτησαν την ακτίνα, όταν ο Ιησούς μπήκε στη βάρκα. Ένα ακόμη τελείως επιστημονικό «θαύμα».

Στην πραγματικότητα δεν υπάρχουν θαύματα, αλλά διαφορές σε επίπεδα πολιτισμών. Αν προσγειωνόσουν μ' ένα διαστημόπλοιο, την εποχή του Ιησού, ή ακόμη μ' ένα απλό ελικόπτερο, αν και το επιστημονικό σου επίπεδο ήταν περιορισμένο, θα πραγματοποιούσες θαύματα στα μάτια των ανθρώπων της τότε εποχής.

Απλά παράγοντας τεχνητό φωτισμό, ερχόμενος από τον ουρανό, οδηγώντας αυτοκίνητο, παρακολουθώντας τηλεόραση, ή ακόμη αν σκότωνες ένα πουλί με όπλο, επειδή δε θα μπορούσαν να καταλάβουν τον μηχανισμό πίσω από τέτοια φαινόμενα, θα θεωρούσαν όλα αυτά σαν υπερφυσικές δυνάμεις, σαν θεϊκά συμβάντα. Ακόμη κι αν τους εξηγούσες την τεχνολογία που χρησιμοποιείς, δεν θα την καταλάβαιναν αφού δεν την είχαν βιώσει. Επίσης μην ξεχνάς, ότι το τεχνολογικό χάσμα που υπάρχει ανάμεσα στην εποχή του Ιησού και σ' εσάς, είναι το ίδιο που υπάρχει ανάμεσα σ' εσάς και σ' εμάς.

Μπορούμε ακόμα και σήμερα, να κάνουμε πράγματα που θα τα θεωρούσατε «θαύματα». Αλλά για τα πιο εξελιγμένα άτομα από εσάς, δε θα είναι θαύματα, επειδή τις τελευταίες δεκαετίες, ακολουθείτε το μονοπάτι της επιστήμης, σε ότι σας περιβάλλει, και προσπαθείτε να κατανοήσετε τους λόγους πίσω από κάθε πράγμα, παρά να κάθεστε κάτω από τις κοιλιές σας.

Η γνώση μας όμως είναι τέτοια, ώστε, αν αποφασίζαμε να κάνουμε κάποια «θαύματα», ούτε οι διαπρεπέστεροι επιστήμονές σας, δεν θα ήταν σε θέση να καταλάβουν με ποιο τρόπο τα κάναμε. Μερικοί με πολύ εξελιγμένα μυαλά θα το αντιμετώπιζαν ψύχραιμα, το πλήθος όμως των ανθρώπων θα πανικοβάλλονταν. Είμαστε ακόμη ικανοί να σοκάρουμε τους ανθρώπους με την τεχνολογία μας, ακόμη κι αν τώρα δεν εκπλήσσονται εύκολα.

Είναι απαραίτητο για τους ανθρώπους να καταλάβουν ότι δεν υπάρχει άυλος «Θεός», αλλά άνθρωποι που δημιούργησαν ανθρώπους, κατ' εικόνα και καθ' ομοίωση. Στο κεφάλαιο ιζ' του Ματθαίου, οι δημιουργοί εμφανίζονται μια φορά ακόμα:

> *«Ο Ιησούς πήρε τον Πέτρο, τον Ιάκωβο και τον αδελφό του, τον Ιωάννη και μ' αυτούς ανέβηκε σ' ένα ψηλό βουνό... και μεταμορφώθηκε μπροστά τους. Το πρόσωπο του έλαμπε σαν τον ήλιο, και τα ρούχα του έγιναν λευκά σαν το φως... και ξαφνικά, φάνηκαν μπροστά τους ο Μωυσής και ο Ηλίας και κουβέντιασαν μαζί του... τότε ένα λαμπερό φως τους σκέπασε, και μια φωνή ακούστηκε απ' αυτό: «Αυτός είναι ο γιός μου ο αγαπητός... να τον ακούτε»*

(Ματθ. ιζ'-1,2,3,5.)

Αυτή η σκηνή πραγματοποιήθηκε βράδυ, και οι απόστολοι φοβήθηκαν όταν είδαν τον Ιησού να φωτίζεται από τους δυνατούς προβολείς ενός διαστημόπλοιου. Μέσα απ' αυτό βγήκαν ο Μωυσής και ο Ηλίας, οι οποίοι εξακολουθούσαν να είναι ζωντανοί, εξ' αιτίας του δέντρου της ζωής. Η αθανασία είναι επιστημονικό γεγονός, ακόμη κι αν δεν είναι η ιδέα που έχουν οι άνθρωποι γι' αυτήν.

Η πρόταση:

> *«Πολλοί όμως που είναι πρώτοι τώρα, θα γίνουν τελευταίοι, και πολλοί που είναι τώρα τελευταίοι, θα γίνουν πρώτοι»*

(Ματθ. ιθ'-30.)

Σημαίνει ότι οι δημιουργημένοι θα γίνουν δημιουργοί, όπως και οι δημιουργοί τους δημιουργήθηκαν.

Οι άξιοι να κληρονομήσουν

Στο κεφάλαιο κε' του Ευαγγελίου του Ματθαίου, αναφέρεται ότι οι τρεις πλανήτες πρέπει να εξελιχθούν επιστημονικά, και ότι κάποια μέρα θα κριθούν. Διαβάζουμε λοιπόν την παραβολή: Φεύγοντας για ένα ταξίδι, ένας άντρας εμπιστεύθηκε τρεις από τους σκλάβους του με τα υπάρχοντά του. «Στον ένα έδωσε πέντε τάλαντα». «Στον άλλο δύο».

«Στον τρίτο ένα».

Όταν επέστρεψε, ο πρώτος του έδωσε τα πέντε τάλαντα και του έδειξε τα πέντε άλλα που κέρδισε. Ο άλλος του έδωσε τα δύο τάλαντα συν δύο άλλα που κέρδισε. Ο τρίτος του έδωσε πίσω μόνο ένα τάλαντο, αυτό που του δόθηκε.

> *«Μοιάζει με άνθρωπο, που ετοιμάζονταν για να ταξιδέψει και*
> *κάλεσε τους υπηρέτες του για να τους δώσει τα υπάρχοντά του»*
>
> *(Ματθ. κε'-14.)*

«Μετά έφυγε για το ταξίδι του... αυτός που πήρε τα πέντε τάλαντα δούλεψε μ' αυτά και κέρδισε άλλα πέντε».

«Το ίδιο έκανε και αυτός που είχε πάρει δύο τάλαντα, και έτσι κέρδισε άλλα δύο».

«ο τρίτος, που είχε πάρει ένα τάλαντο επέστρεψε στον κύριο του πάλι ένα».

«Πάρτε λοιπόν το τάλαντο απ' αυτόν και δώστε το σ' αυτόν που έχει δέκα τάλαντα... Σ' αυτόν που έχει θα δοθεί
και θα περισσεύσει. Σ' αυτόν που δεν έχει θα αφαιρεθεί ακόμη και αυτό που του δόθηκε αρχικά».

Από τους τρεις πλανήτες που δημιουργήθηκε ζωή, αυτός που κάνει τη μεγαλύτερη εξέλιξη, θα πάρει την κληρονομιά. Αυτοί που δεν θα προοδεύσουν, θα υποταχθούν από τους άλλους και θα καταστραφούν. Αυτό συμβαίνει και στη γη, ανάμεσα στα διάφορα κράτη.

Στο κεφάλαιο κστ', ο Ιησούς, γνωρίζοντας τη σπουδαιότητα του θανάτου του και των γραπτών, τα οποία αργότερα θα υπηρετήσουν ως αποδείξεις, λέει σ' αυτόν που προσπαθεί να τον υπερασπιστεί μ' ένα σπαθί, όταν τον συλλαμβάνουν:

> *«Βάλε το μαχαίρι πίσω στη θήκη του... Νομίζεις, ότι δεν*
> *μπορώ να ζητήσω, από τον πατέρα μου να στείλει για να*
> *με βοηθήσουν περισσότερες από δώδεκα λεγεώνες*
> *αγγέλων;»*
>
> *(Ματθ. κστ'-52,53.)*

«Μετά όμως, πώς θα εκπληρωθούν όσα αναφέρουν οι γραφές, ότι πρέπει να γίνουν;»

Ήταν απαραίτητο να πεθάνει ο Ιησούς, για να διαδοθεί η αλήθεια σ' όλο τον κόσμο. Έτσι όταν επιστρέψουν οι δημιουργοί σας στη Γη, να μην θεωρηθούν ούτε κατακτητές, ούτε εισβολείς. Αυτός είναι ο σκοπός των Βιβλικών και Ευαγγελικών γραπτών: να υπάρχουν ίχνη της δουλειάς και της παρουσίας των δημιουργών σας, ώστε να αναγνωριστούν, όταν έλθουν.

Ο Ιησούς, μετά το θάνατό του, «αναστήθηκε» με τη βοήθεια των δημιουργών:

> *«Ξαφνικά έγινε μεγάλος σεισμός, γιατί άγγελος Κυρίου*
> *κατέβηκε από τον ουρανό, πήγε κοντά στο μαρμάρινο*
> *μνημείο και αφού κύλισε το βράχο κάθισε πάνω σ' αυτόν...*
> *Το πρόσωπο του έλαμπε σαν αστραπή και το φόρεμά του*
> *ήταν άσπρο σαν χιόνι»*
>
> *(Ματθ. κη'-2,3.)*

Οι δημιουργοί ανάστησαν τον Ιησού και αυτός είπε:

> «Πηγαίνετε και κάνετε μαθητές σας όλα τα έθνη... διδάξτε τους
> να διαφυλάξουν όλα όσα σας έχω παραγγείλει»

(Ματθ. κη'-19,20.)

Η αποστολή του Ιησού έφτανε στο τέλος της:

> «Και ο Κύριος, αφού μίλησε για τελευταία φορά σ' αυτούς,
> αναλήφθηκε στους ουρανούς»

(Μάρκου ιστ'-19.)

Οι δημιουργοί τον πήραν μακριά μετά που είπε την τελευταία πιο σημαντική φράση:

> «Αυτοί που θα πιστέψουν θα δουν τα θαύματα: θα σηκώσουν με τα
> χέρια φίδια, και θα πιούν οποιοδήποτε δηλητήριο χωρίς να πάθουν
> τίποτα. Θα ακουμπήσουν τα χέρια τους σε ασθενείς και αυτοί θα
> γίνουν καλά»

(Μαρκ. εστ'-17,18.)

Αυτό αναφέρεται στην ανθρωπότητα όταν θα ανακαλύψει ορούς για το δάγκωμα του φιδιού, αντίδοτα για τα δηλητήρια, εξέλιξη χειρουργικών επεμβάσεων και ούτω καθεξής - δηλαδή όπως γίνεται τώρα.

Προετοιμάζοντας την άφιξή τους στη γη, οι δημιουργοί θα εμφανίζονται όλο και πιο συχνά στους ανθρώπους, για να υπογραμμίσουν αυτές τις αποκαλύψεις. Αυτό επίσης συμβαίνει τώρα.

> «Κοιτάξτε τη συκιά... όταν βγάζει φύλλα, ξέρετε ότι πλησιάζει το
> καλοκαίρι»

(Λουκά κα'-30.)

Όταν ιπτάμενοι δίσκοι αρχίσουν να εμφανίζονται στον ουρανό σε μεγάλους αριθμούς, όπως κάνουν τώρα, σημαίνει ότι έχει φτάσει ώρα. Στις πράξεις των Αποστόλων διαβάζουμε στο δεύτερο κεφάλαιο:

> «Και καθώς η μέρα της Πεντηκοστής πλησίαζε στο τέλος της,
> ήταν όλοι συγκεντρωμένοι σ' ένα μέρος... ξαφνικά βουή ακούστηκε
> από τον ουρανό, σαν ένας σφοδρός άνεμος, και γέμισε το σπίτι που
> βρίσκονταν... και μοιράστηκαν σ' αυτούς γλώσσες σαν φωτιάς, οι
> οποίες κάθισαν σε καθέναν απ' αυτούς... και γέμισαν με το άγιο
> πνεύμα και άρχισαν να μιλούν ξένες
> γλώσσες»

(Πραξ. β'-1,2,3,4.)

Για να διαδώσουν την αλήθεια σ' όλο τον κόσμο, οι δημιουργοί τους εξέθεσαν σε συμπυκνωμένη διδασκαλία, η οποία τους στάλθηκε στο μυαλό με ισχυρά κύματα τηλεπάθειας, παρόμοια με ηλεκτροσόκ και γέμισε τις μνήμες τους με στοιχεία άλλων γλωσσών.

Στις Πράξεις των Αποστόλων σημείωσε τις πολλές εμφανίσεις των δημιουργών, «των αγγέλων», σε πολλές περιπτώσεις, και ειδικά όταν ελευθέρωσαν τον Πέτρο, ο οποίος είχε φυλακιστεί από τον Ηρώδη:

> *«Και ξαφνικά άγγελος Κυρίου στάθηκε δίπλα του και ένα φως έλαμψε στο δωμάτιο. Χτύπησε τον Πέτρο στο πλευρό, τον ξύπνησε και του είπε: "σήκω γρήγορα". Οι αλυσίδες έπεσαν από τα χέρια του... και του είπε ο άγγελος: "δέσε το πουκάμισο σου και φόρα τα σανδάλια σου". Πράγματι έτσι έκανε. Μετά του ξαναλέει: "φόρεσε το χιτώνα σου και ακολούθησέ με...". Και τον ακολούθησε έξω χωρίς να γνωρίζει ότι αυτό που γίνονταν από τον άγγελο ήταν πραγματικότητα˙ νόμιζε ότι έβλεπε όνειρο»*
>
> *(Πραξ. ιβ'-7,8,9.)*

Ο Πέτρος, πρωτόγονος καθώς ήταν, νόμιζε ότι έβλεπε όραμα όταν οι αλυσίδες έπεφταν. Δεν ήξερε για εργαλεία με ακτίνες λέιζερ, που χρησιμοποιούσαν οι δημιουργοί. Όταν τέτοια εντυπωσιακά συμβαίνουν, οι άνθρωποι νομίζουν ότι ονειρεύονται. Γι αυτό λεγόταν συχνά ότι οι άνθρωποι που έβλεπαν τους δημιουργούς πρέπει να τους είδαν σε όνειρο. Το ίδιο λέγεται και για τους ανθρώπους που βλέπουν σήμερα τους ιπτάμενους δίσκους μας: Ότι είχαν παραισθήσεις. Εδώ λέγεται ότι ο Πέτρος τα είδε όλα σε όνειρο, αλλά ήταν όλα ένα πραγματικό γεγονός.

> *«Έφτασαν τελικά στη σιδερένια πύλη που οδηγούσε στην πόλη-αυτή άνοιξε μόνη της μπροστά της... και αφού πέρασαν μέσα από ένα στενό, ο άγγελος τον άφησε»*
>
> *(Πραξ. ιβ'10.)*

Ένα άλλο σημάδι ότι έχει φτάσει η ώρα, είναι το ότι ο λαός του Ισραήλ πήρε πίσω την πατρίδα του:

> *«Μετά απ' όλα αυτά θα επιστρέψω, και θα χτίσω τον οίκο του Δαβίδ, ο οποίος έχει γκρεμιστεί»*
>
> *(Πράξ. ιε' -16.)*

Μια άλλη σημαντική πρόταση συναντάμε πιο κάτω:

> *«Επειδή είμαστε από τη γενιά του»*
>
> *(Πράξ. ιζ'28).*

Αυτό λέγεται από τους αποστόλους, καθώς μιλούν για το «Θεό». Δεν θα συνεχίσουμε να διαβάζουμε περισσότερες αναφορές από τα Ευαγγέλια. Υπάρχουν βέβαια πολλές άλλες αναφορές στους δημιουργούς, αλλά είναι λιγότερο σημαντικές. Μπορείς άλλωστε να τις εξηγήσεις εσύ μόνος σου, μ' όσα σου έχω πει ως τώρα, σ' αυτούς που θα ρωτήσουν.»

Λέγοντας αυτό, ο συνομιλητής μου έφυγε με τον ίδιο τρόπο που είχε φύγει και τις προηγούμενες φορές.

ΤΟ ΤΕΛΟΣ ΤΟΥ ΚΟΣΜΟΥ

1946: Ο Πρώτος Χρόνος της Νέας Εποχής

Την επόμενη μέρα επέστρεψε όπως και πριν και άρχισε να μιλάει: «Η ώρα του τέλους του κόσμου έχει φτάσει. Όχι σαν μια καταστροφή που θα συμβεί στη Γη. Είναι το τέλος του κόσμου της εκκλησίας, η οποία έχει εκπληρώσει το σκοπό της. Εκτέλεσε αυτό το ρόλο, λίγο-πολύ αποτελεσματικά. Έπρεπε να διαδώσει τις Γραφές για ν' αναγνωριστούν οι δημιουργοί σας, όταν θα επέστρεφαν. Όπως πρόσεξες κι εσύ, η Χριστιανική Εκκλησία πεθαίνει. Είναι το τέλος αυτού του κόσμου, αφού η αποστολή της εξετελέσθη. Έκανε όμως και μερικά λάθη, επειδή προσπάθησε τόσο πολύ καιρό να θεοποιήσει τους δημιουργούς.

Η θεοποίηση ήταν αποδεκτή μέχρι που άρχισε η επιστημονική εποχή. Τότε έπρεπε να αφαιρεθεί τελείως. Αυτό θα ήταν δυνατό αν τα γραπτά διατηρούντο ακριβώς ή αν οι άνθρωποι καταλάβαιναν το βαθύτερο νόημα των γραπτών. Αλλά έγιναν πολλά λάθη.

Αυτό είχε προβλεφθεί από τους δημιουργούς και η Εκκλησία θα καταρρεύσει, επειδή δεν χρησιμεύει σε τίποτα πλέον. Σε επιστημονικά ανεπτυγμένες χώρες οι άνθρωποι ήδη ζουν με κάποιο είδος ανοησίας επειδή δεν έχουν τίποτα να πιστεύουν. Κανένας δεν μπορεί να πιστέψει σ' έναν «ουράνιο «Θεό»», με λευκό γένι, που έχει το θρόνο του σ' ένα σύννεφο και που είναι παντογνώστης και παντοδύναμος. Αυτό θέλει η Εκκλησία να πιστεύουμε. Ούτε μπορεί κανένας να πιστέψει σε μικρούς Αγγέλους προστάτες, ούτε σ' ένα διάβολο με κέρατα. Έτσι κανείς δεν ξέρει τι να πιστεύει πλέον. Μόνο μερικοί νέοι κατάλαβαν ότι η αγάπη είναι απαραίτητη. Έχετε φτάσει στη χρυσή εποχή.

Άνθρωποι της Γης, πετάτε στους ουρανούς και οι φωνές σας μεταφέρονται στα τέσσερα άκρα της Γης με ραδιοφωνικά κύματα. Ήρθε η ώρα για σας, να μάθετε την αλήθεια.

Όπως προανάγγειλαν οι Γραφές, όλα συμβαίνουν τώρα που η Γη μπαίνει στην Εποχή του Υδροχόου. Κάποιοι άνθρωποι ήδη έγραψαν γι αυτό, αλλά κανένας δεν τους πίστεψε. Πριν 22.000 χρόνια, οι δημιουργοί σας αποφάσισαν να ξεκινήσουν τη δουλειά τους στη Γη και όσα συνέβησαν από τότε προβλέφθηκαν επειδή η κίνηση του γαλαξία συνεπάγει αυτή τη γνώση. Η Εποχή του Ιχθύ ήταν η εποχή του Χριστού και των ψαράδων του, και η Εποχή του Υδροχόου που ακολουθεί, άρχισε το 1946. Αυτή είναι η εποχή που οι Ισραηλίτες απέκτησαν τη χώρα τους ξανά:

«Και εκείνη τη μέρα θ' ακουστούν φωνές και κραυγές από την πύλη των Ιχθύων»

(Σοφονίας α'.)

Η Πύλη των Ιχθύων είναι το πέρασμα για την Εποχή του Υδροχόου. Αυτή είναι η στιγμή όταν ο ήλιος, κατά την περίοδο της εαρινής ισημερίας, ανατέλλει από τον αστερισμό του Υδροχόου. Η δυνατή κραυγή είναι ο θόρυβος που συνοδεύει αυτή την αποκάλυψη. Δεν είναι λοιπόν τυχαίο το ότι εσύ γεννήθηκες το 1946.

Το τέλος της εκκλησίας

Αυτή η αποκάλυψη, χάριν στη διαφώτιση που φέρνει, θα προσφέρει ελπίδα και ευτυχία στους ανθρώπους που είναι πικρόχολοι. Επίσης θα επιταχύνει το πέσιμο της Εκκλησίας , εκτός αν η Εκκλησία καταλάβει τα λάθη που έκανε και βάλει τον εαυτό της στην υπηρεσία της αλήθειας.

> *«Θα επιστρέψει η ελπίδα και η ευτυχία στους*
> *απελπισμένους, γιατί θα γεμίσουν με ευχάριστα*
> *συναισθήματα» (Ησαΐα κθ) «Θα εξολοθρευθούν επίσης*
> *εκείνοι που οδηγούν τους ανθρώπους, με τα λόγια, να*
> *παρανομούν, αυτοί που βάζουν εμπόδια ο' όσους δικάζουν*
> *στις πύλες των πόλεων, με σκοπό να τους εξαπατήσουν και*
> *να μην αποδώσουν δικαιοσύνη»*
>
> *(Ησ. κθ\)*

Είναι το τέλος αυτών θέλουν να μας κάνουν να πιστεύουμε στο προπατορικό αμάρτημα, και θέλουν να μας κάνουν να αισθανόμαστε ένοχοι. Το τέλος αυτών που βάζουν παγίδες γι' αυτούς που διαδίδουν την αλήθεια στο τέλος της Εποχής του Ιχθύ και στην Αρχή της Εποχής του Υδροχόου. Το τέλος των ανθρώπων που θέλουν να σώσουν την Εκκλησία όπως υπάρχει και καταδιώκουν τους δίκαιους – αυτούς που εξηγούν σωστά τις Γραφές και μιλούν για δικαιοσύνη. Είναι σαν αυτούς που σταύρωσαν τον Ιησού. Τέτοιοι άνθρωποι ήταν πεπεισμένοι ότι υπερασπίζονταν το σωστό χωρίς να προσπαθούν να καταλάβουν και φοβόντουσαν ότι θα καταστραφούν στο τέλος της Εποχής των Ιχθύων.

«Τα μάτια τους θ' ανοίξουν και θα βλέπουν, και τ' αυτιά τους θ' ακούνε όσα λέγονται, με προσοχή... ο ανόητος δεν θα ονομάζεται άρχοντας ούτε ο δόλιος θα ονομάζεται μέγας».

> *«Ο ανόητος θα πει ανοησίες, και η καρδιά του θα είναι άδεια.*
> *Θα κάνει άσχημες πράξεις και θ' αδειάσει τις ψυχές των*
> *πνευματικά πεινασμένων, και θ' απομακρύνει από τους*
> *διψασμένους το νερό της γνώσης... Οι πονηροί πάντα*
> *πονηρά σκέφτονται, με ποια λόγια να καταστρέψουν τους*
> *ταπεινούς, και ν' αδικήσουν, όταν πρόκειται να κρίνουν*
> *τους ταπεινούς. Οι ευγενείς όμως σκέφτονται σωστά γι'*
> *αυτό οι κρίσεις τους πάντα θα μένουν»*
>
> *(Ησ. λ β'.)*

Όλοι θα καταλάβουν σ' αυτή την περίπτωση τις λέξεις: «τα μάτια εκείνων που βλέπουν δε θα είναι σκοτεινά». Η Εκκλησία είναι που προσβάλλει τον Γιαχβέ και αδειάζει τα μυαλά αυτών που πεινούν για την αλήθεια. Είναι η Εκκλησία που καταστρώνει σχέδια για να εκμηδενίσει τους φτωχούς, έτσι ώστε αυτοί που δεν είναι ικανοί να καταλάβουν, ή που δεν θέλουν να καταλάβουν, να παραμένουν πιστοί σ' αυτήν με το φόβο της αμαρτίας, του αφορισμού ή οποιασδήποτε άλλης τέτοιας ανοησίας. Ενόσω οι φτωχοί προσπαθούν να υπερασπίσουν τις υποθέσεις τους, αυτοί που δεν είναι ευφυής αρκετά για να υπηρετούν την αλήθεια, αγωνίζονται για τα ψέματα της Εκκλησίας στις διαταγές της Εκκλησίας. Αλλά αυτοί με ευγενικά μυαλά, αυτοί που λένε την αλήθεια χωρίς φόβο, κάνουν σωστές πράξεις, ακόμη και χωρίς την έγκριση της σπαρακτικής Εκκλησίας του Ανθρώπου.

> *«Δεν γνωρίζετε; Δεν ακούσατε; Δεν ειπώθηκε σ' εσάς από την αρχή; Δεν γνωρίζετε για το θεμελίωμα της γης; (Ησ. μ'.) «Εδώ είναι ο υπηρέτης μου, ο εκλεκτός. Σ' αυτόν έχω εναποθέσει το πνεύμα μου, και αυτός θα φέρει το φως της αλήθειας σ' όλα τα έθνη »*

(Ησ. μβ'.)

Εσύ είσαι αυτός που θα διαδώσει την αλήθεια σ' όλο τον κόσμο, αυτή την αλήθεια που θα σου αποκαλύφθηκε αυτές τις λίγες μέρες.

> *«Καλάμι σπασμένο δε θα συντρίψει, φυτίλι που κοντεύει να τελειώσει δεν θα σβήσει» (Ησ. μβ'.)*

Δε θα καταφέρεις να καταστρέψεις την Εκκλησία και τα ψέματά της ολοκληρωτικά, αλλά με τον καιρό, θα μαραθεί τελείως από μόνη της. Η εξάλειψή της άρχισε εδώ και καιρό. «Το φυτίλι της τελειώνει». Έχει επιτελέσει την αποστολή της και είναι ώρα να εξαφανιστεί. Έκανε λάθη και απόκτησε δύναμη εκμεταλλευόμενη την αλήθεια, χωρίς να προσπαθεί να την ερμηνεύει μ' έναν καθαρό τρόπο για τους ανθρώπους αυτής της εποχής. Αλλά μην είσαι πολύ σκληρός μ' αυτήν επειδή χάρη σ' αυτήν, ο λόγος της Βίβλου, έγινε μάρτυρας της αλήθειας, και διαδόθηκε σε όλο τον κόσμο.

Τα λάθη της ήταν μεγάλα, ειδικά όταν έβαλε πολύ υπερφυσικό στην αλήθεια και μετάφρασε λάθος τις γραφές στις συνηθισμένες Βίβλους. Αντικατέστησε τον όρο «Ελοχίμ», που αναφέρεται στους δημιουργούς, με το «Θεός» που είναι ενικός — Ελοχίμ στα Εβραϊκά είναι ο πληθυντικός του «Ελόχα»—.

Μ' αυτόν τον τρόπο μετέτρεψε τους δημιουργούς σε έναν, ακατανόητο «Θεό». Ένα άλλο λάθος είναι ότι έκανε τους ανθρώπους να λατρεύουν έναν ξύλινο σταυρό, στη μνήμη του Ιησού Χριστού. Ένας σταυρός δεν είναι ο Χριστός. Δύο κομμάτια ξύλο, ενωμένα κάθετα δεν σημαίνουν τίποτα:

> *«Ο άνθρωπος δεν χρησιμοποίησε τη λογική του, ούτε το μυαλό του ούτε την κρίση του για να πει: "το μισό το χρησιμοποίησα για το φούρνο μου· στα κάρβουνά σου έγιναν, έψησα το ψωμί και το κρέας και τα έφαγα. Το υπόλοιπο το χρησιμοποίησα για να φτιάξω ένα είδωλο που το προσκυνούν»*

(Ησ. μδ'.)

Η δημιουργία του κράτους του Ισραήλ

Η επιστροφή των Εβραίων στο Ισραήλ, όπως προαναγγέλθηκε, είναι ένα σημάδι για τη χρυσή εποχή:

> «Από την ανατολή θα φέρω τα παιδιά σου και από τη δύση θα σας συγκεντρώσω. Θα πω στο βορρά: άφησέ τα και στο νότο: μην τα εμποδίζεις να γυρίσουν. Φέρτε τους γιους και τις κόρες μου από τις μακρινές χώρες, αυτές που βρίσκονται στην άκρη της γης. Φέρτε όλους όσους έχουν πάρει τ' όνομά μου. Όλους όσους δημιούργησα, όλους αυτούς που ανέδειξα για τη δόξα μου»
>
> *(Ησ. μγ'.)*

Αυτή είναι πράγματι η δημιουργία του κράτους του Ισραήλ, που καλωσορίζει τους Εβραίους από το βορρά και το νότο. Η Βίβλος, που διατηρήθηκε από τους Εβραίους, καθιστά μάρτυρα για τον ερχομό των δημιουργών, όπως έχει γραφτεί:

«Είσαι ο μάρτυράς μου».

«Ελευθέρωσα τυφλό λαό αν και είχε μάτια, και κουφό αν και είχε αυτιά. Όλα τα έθνη συγκεντρώθηκαν μαζί, και όλοι οι άρχοντες τους. Ποιος θα τ' αναγγείλει αυτά; Ας φέρουν τους μάρτυρές τους, που θα πιστοποιήσουν την αλήθεια που υποστηρίζουν».

> *«Εσείς είστε οι δικοί μου μάρτυρες, είπε ο Γιαχβέ, και ο υπηρέτης που διάλεξα. Πρέπει να γνωρίσετε, να πιστέψετε και να καταλάβετε ότι εγώ είμαι. Πριν από μένα δεν υπάρχει άλλος δημιουργός, ούτε πρόκειται να υπάρξει μετά από μένα»*
>
> *(Ησ. μγ'.)*

«Εσύ είσαι ο μάρτυράς μου» Αυτό είναι αρκετά σαφές, δεν είναι; Και μπορώ να σου το πω ξανά, τη σημερινή ημέρα. Από τις αρχαίες ημέρες είμαι ο ένας και ο ίδιος , χάρις, στον μάρτυρα που κρατάς στα χέρια σου: την Βίβλο.

«Για μικρό χρονικό διάστημα σ' εγκατέλειψα πολλά καλά όμως, σου προσφέρω» (Ησ. νδ'.)

Οι άνθρωποι του Ισραήλ ξαναπήραν πίσω τη χώρα τους, επειδή συμμετείχαν στην προστασία της αλήθειας.

Ο καιρός που η ανθρωπότητα θα θεραπεύει αρρώστιες με επιστημονικά μέσα, προβλέφθηκε:

> *«Στην εποχή εκείνη δεν θα υπάρχει άνθρωπος νέος ή γέρος, που να μην έχει συμπληρώσει τον πρέποντα χρόνο της ζωής του»*
>
> *(Ησ. ξε'.)*

Η ιατρική τώρα βοηθάει τους ανθρώπους να ξεπερνάνε αρρώστιες και ειδικά το θάνατο βρεφών.

> *«Τα λόγια, που βγαίνουν από τα χείλια αυτών που κατέχουν τη σοφία, είναι χτυπήματα στην πλάτη όσων δεν γνωρίζουν»*
>
> *(Παροιμίες Γ.)*

Λάθη της εκκλησίας

Η Εκκλησία αμάρτησε κάνοντας τους ανθρώπους να αισθάνονται ένοχοι και να προσεύχονται χωρίς να προσπαθούν να καταλάβουν:

«Όταν προσεύχεσαι μην το κάνεις μηχανικά όπως οι εθνικοί, οι οποίοι φαντάζονται ότι, όσα περισσότερα λένε, τόσο καλύτερα θ' ακουστούν» (Ματθ. στ'.)

Και παρά τις προειδοποιήσεις των Ευαγγελίων, η Εκκλησία έκανε τον εαυτό της πλούσιο, ενώ γράφτηκε:

«Κανένας δεν μπορεί να υπηρετεί δύο αφέντες· ή τον ένα θα μισήσει και τον άλλο θ' αγαπήσει· ή τον ένα θα προσέχει και τον άλλο θα περιφρονεί. Δεν μπορείς να υπηρετείς ταυτόχρονα το Θεό και το Μαμωνά»

(Ματθ. στ'.)

«Μην αποκτήσετε χρυσάφι, ούτε ασήμι, ούτε χαλκό στις ζώνες σας, ούτε σάκο για το ταξίδι σας· μην έχετε δύο χιτώνες, ούτε σανδάλια, ούτε ραβδί να στηρίζεστε»

(Ματθ. Γ.)

Με τους ηλίθιους κανόνες της και τις νηστείες της Παρασκευής, δε σέβεται το Ευαγγέλιο:

«Δεν κάνει αμαρτωλό τον άνθρωπο αυτό που μπαίνει από το στόμα του, αλλά αυτό που βγαίνει»

(Ματθ. ιε'.)

Πώς τολμούν, αυτοί οι άνθρωποι που είναι μόνο άνθρωποι, να παραδίδουν τους εαυτούς τους στον πλούτο και την καλοπέραση του Βατικανού, όταν τα Ευαγγέλια τους λένε να μην κατέχουν «ούτε χρυσάφι, ούτε ασήμι» - ούτε ακόμα «δεύτερο χιτώνα»; Πώς τολμούν να δίνουν μαθήματα ηθικής;

«Μετά ο Ιησούς είπε στους μαθητές του: «Πραγματικά είναι πολύ δύσκολο για κάποιον πλούσιο άνθρωπο να μπει στη βασιλεία των ουρανών» (Ματθ. ιθ'.)

«Φτιάχνουν λοιπόν βαριά φορτία και τα εναποθέτουν στις πλάτες των άλλων ανθρώπων αυτοί όμως (οι Φαρισαίοι) δεν θέλουν να κουνήσουν ούτε το δάχτυλό τους. Όλες τις πράξεις τους τις κάνουν για να τις βλέπουν οι άνθρωποι... αγαπούν την πρώτη θέση στα δείπνα... και να τους χαιρετούν όταν περνούν από την αγορά... Εσείς έχετε μόνο ένα δάσκαλο και όλοι είσαστε αδέρφια. Μην ονομάσετε «πατέρα» κανέναν άνθρωπο πάνω στη γη· ένας είναι ο πατέρας μας και βρίσκεται στα ουράνια. Μην ονομασθείτε «δάσκαλοι»· έχετε μόνο ένα δάσκαλο, το Χριστό.

Ο σπουδαιότερος ανάμεσά σας πρέπει να υπηρετεί τους υπόλοιπους»

(Ματθ. κγ'.)

Αυτά όλα γράφονται στα δικά τους Ευαγγέλια. Πώς τολμούν οι άνθρωποι με το βάρος της Εκκλησίας, με τις λεγόμενες αμαρτίες τους, που είναι απλά διαφορετικές έννοιες ηθικές και τρόπου ζωής. Πως τολμούν να μιλούν για καλοσύνη ζώντας μέσα στη χλιδή στο Βατικανό, ενώ άνθρωποι πεθαίνουν από την πείνα; Πώς τολμούν να ζητούν τιμές και δόξα ενώ κηρύσσουν ταπεινότητα; Πώς τολμούν να ζητούν από τους ανθρώπους να τους ονομάζουν «Πατέρα», «η Εξοχότης σας», «η Αγιότης σας», ενώ τα Ευαγγέλιά τους απαγορεύουν όλα αυτά;

Αν αύριο ο Πάπας έβγαινε στο δρόμο σαν άπορος, η Εκκλησία θα ανασταινόταν, αλλά με εντελώς διαφορετικό σκοπό απ' αυτούς που είχε μέχρι τώρα. Δηλαδή τη διάδοση του τι πρέπει να εξυπηρετήσει σαν απόδειξη σήμερα.

Αυτή η αποστολή τελείωσε, αλλά η εκκλησία μπορεί να προσανατολίσει τον εαυτό της στην καλοσύνη, με το να βοηθάει αυτούς που είναι δυστυχισμένοι, να διαδίδει την πραγματική αλήθεια αυτών των γραφών, που μέχρι τώρα αλλοιώθηκαν ή κρατήθηκαν κρυφά. Μ' αυτό τον τρόπο θα φαινόταν η μεγαλοψυχία πολλών κληρικών. Για να συμβεί αυτό, οι άνθρωποι του Βατικανού πρέπει να γίνουν το παράδειγμα και να πωλήσουν τους θησαυρούς τους, για να βοηθήσουν υποανάπτυκτες χώρες. Πρέπει να πάνε σ' αυτές τις χώρες να βοηθήσουν τους ανθρώπους να προοδεύσουν με έργα, και όχι με «ευχολόγιες».

Είναι επίσης απαράδεκτο να υπάρχουν διαφορετικές κατηγορίες γάμων, και ιδιαίτερα κηδειών, σύμφωνα με την περιουσία ενός ατόμου. Αυτό είναι άλλο ένα λάθος της εκκλησίας. Αλλά η ώρα όμως έφτασε.»

Στις Ρίζες Όλων των Θρησκειών

Δεν είναι μόνο στη Βίβλο και στα Ευαγγέλια που υπάρχουν ψήγματα της αλήθειας. Μαρτυρίες μπορούμε να βρούμε σ' όλες τις θρησκείες. Η «Καμπάλα» ιδιαίτερα, είναι ένα από τα πιο πλούσια βιβλία, σε μαρτυρίες. Δεν είναι όμως εύκολο για σένα να βρεις κάποιο αντίτυπο.

Αν κάποια μέρα βρεις, θα δεις ότι υπάρχουν πολλοί υπαινιγμοί για εμάς. Υπάρχει μια περιγραφή της Επτάφωτης Λυχνίας, του πλανήτη των δημιουργών, και η απόσταση που απέχει αυτός από τη Γη.

Είναι γραμμένο ότι το «μήκος του δημιουργού» είναι 236.000 «παρασάγγες» και το «μήκος της φτέρνας του» είναι 30.000.000 «παρασάγγες». Η παρασάγγη είναι μια μονάδα μέτρησης όμοια με το παρσέκ, το οποίο δηλώνει την απόσταση που μπορεί να διατρέξει το φως σ' ένα δευτερόλεπτο (γύρω στα 300.000 χιλιόμετρα). Ο πλανήτης μας απέχει περίπου 30 εκατομμύρια παρασάγγες ή περίπου 9.000 δισεκατομμύρια χιλιόμετρα από τη Γη, κάτι λιγότερο δηλαδή από ένα έτος φωτός.

Κινούμενος με την ταχύτητα του φωτός, 300.000 χιλιόμετρα το δευτερόλεπτο, θέλεις σχεδόν ένα χρόνο για να φτάσεις στον πλανήτη μας. Με τους σημερινούς σας πυραύλους, που τρέχουν μόνο με 40.000 χιλ. την ώρα, θέλετε 26.000 χρόνια για να φτάσετε στον πλανήτη μας.

Καταλαβαίνεις ότι αυτή τη στιγμή δεν έχουμε τίποτα να φοβόμαστε. Εμείς κάνουμε το ταξίδι από τον πλανήτη μας στη Γη, σε λιγότερο από δύο μήνες. Αυτό το πετυχαίνουμε με τη βοήθεια μιας μεθόδου προώθησης, που βασίζεται στο άτομο, και η οποία μας επιτρέπει να κινούμαστε με την ταχύτητα ακτινοβολιών, που είναι επτά φορές γρηγορότερες από την ταχύτητα του φωτός.

Αυτές οι ακτίνες μας «μεταφέρουν». Όταν θέλουμε να «μεταφερθούμε» απ' αυτές, πρέπει ν' αφήσουμε το οπτικό παράθυρο, που είναι το φάσμα των ακτινών που ανιχνεύονται από το μάτι, για να εναρμονιστούμε με τις ακτίνες μεταφοράς. Γι' αυτό το λόγο, όσοι έχουν δει στη Γη τα διαστημόπλοιά μας, αναφέρουν ότι φωτίζονται, γίνονται λαμπερά λευκά, μετά μπλε, και στο τέλος εξαφανίζονται. Είναι ευκολόνοητο ότι, όταν ένα διαστημόπλοιο ξεπερνάει την ταχύτητα του φωτός «εξαφανίζεται» και δεν είναι πια ορατό με γυμνό μάτι. Αυτό είναι η «φτέρνα του δημιουργού»: η απόσταση που οι φτέρνες του, πατούν γη σ' έναν πλανήτη.

Ο πλανήτης των δημιουργών απέχει από τον ήλιο του συστήματος του, ένα πολύ μεγάλο αστέρι, περίπου 236.000 παρασάγγες ή εβδομήντα δισεκατομμύρια οκτακόσια εκατομμύρια χιλιόμετρα. Αυτό εννοεί η φράση «μήκος του δημιουργού».

Η «Καμπάλα» είναι το πιο κοντινό βιβλίο στην αλήθεια. Αλλά σχεδόν όλα τα θρησκευτικά βιβλία αναφέρονται σ' εμάς με διαφορετικό βαθμό σαφήνειας. Αυτό ισχύει ιδιαίτερα στα βιβλία των χωρών που είχαν βάσεις οι δημιουργοί: στις Άνδεις, στα Ιμαλάια, στην Ελλάδα που η μυθολογία της περιέχει επίσης σημαντικές μαρτυρίες, σε Βουδιστικές και Ισλαμικές θρησκείες, στους Μορμόνους. Θα πάρει πολλές σελίδες να ονομάσω όλες τις θρησκείες και αιρέσεις που μαρτυρούν λίγο ή πολύ, με «σκοτεινό» τρόπο το ρόλο που παίξαμε στη Γη.

Άνθρωπος: Μια αρρώστια του σύμπαντος

Τώρα ξέρεις την αλήθεια. Πρέπει να τη γράψεις και να την κάνεις γνωστή σε όλο τον κόσμο. Αν οι άνθρωποι στη Γη θέλουν να τους δώσουμε τα πλεονεκτήματα της εμπειρίας μας, και να κερδίσουν μ' αυτόν τον τρόπο 25.000 χρόνια επιστημονικής γνώσης, πρέπει να μας δείξουν ότι θέλουν να μας συναντήσουν και πάνω απ' όλα, να αποδείξουν ότι το αξίζουν. Και ότι, όλα αυτά μπορούν να γίνουν, χωρίς εμείς να διατρέξουμε κανέναν κίνδυνο.

Για να δώσουμε τη γνώση μας στον άνθρωπο, πρέπει να είμαστε σίγουροι ότι θα την χρησιμοποιήσει σωστά. Οι παρατηρήσεις που έχουμε κάνει τα τελευταία χρόνια, δεν έδειξαν ότι η σοφία βασιλεύει στη Γη. Βέβαια έχει γίνει πρόοδος, αλλά εξακολουθούν να υπάρχουν άνθρωποι που πεθαίνουν από την πείνα, και πολεμικό πνεύμα υπάρχει σ' όλο τον κόσμο. Ξέρουμε επίσης ότι η άφιξή μας θα καλυτερέψει πολλά πράγματα, και θα ενώσει έθνη, αλλά πρέπει να νιώθουμε ότι οι άνθρωποι θέλουν πραγματικά να μας συναντήσουν κι ότι πράγματι αρχίζουν να ενώνονται.

Πρέπει επίσης να νιώσουμε ότι οι άνθρωποι θέλουν να μας δουν να έρθουμε, ξέροντας ποιοι είμαστε και καταλαβαίνοντας το πραγματικό νόημα της άφιξής μας.

Πολλές φορές, πολεμικά σας αεροπλάνα, προσπάθησαν να καταδιώξουν τα σκάφη μας, θεωρώντας μας εχθρούς.

Πρέπει να τους πεις ποιοι είμαστε, για να μπορούμε να εμφανιστούμε χωρίς ρίσκο να τραυματιστούμε ή να σκοτωθούμε, πράγμα που δεν ισχύει τώρα ή χωρίς να δημιουργηθεί ένας επικίνδυνος και δολοφονικός πανικός.

Μερικοί ερευνητές θέλουν να έλθουν σε ραδιοφωνική επαφή μ' εμάς. Αλλά δεν απαντούμε επειδή έτσι θα εντόπιζαν που είναι ο πλανήτης μας. Επίσης, ο χρόνος λήψης θα ήταν τόσο μεγάλος και το δικό μας ραδιοεπικοινωνιακό σύστημα χρησιμοποιεί κύματα που η τεχνολογία σας δεν μπορεί να συλλάβει, αφού ακόμη δεν τα έχετε ανακαλύψει. Είναι επτά φορές ταχύτερα απ' αυτά που χρησιμοποιείτε εσείς και αυτή τη στιγμή πειραματιζόμαστε με καινούρια, που θα είναι μιάμιση φορά ταχύτερα από τα προηγούμενα.

Η πρόοδος συνεχίζεται, και η δική μας εξερεύνηση συνεχίζεται με σκοπό να κατανοήσουμε και να σχετιστούμε με το μεγάλο ον, του οποίου είμαστε κομμάτι. Πάνω στα άτομά του είμαστε παράσιτα, και τα άτομά του είναι οι πλανήτες και τ' αστέρια.

Κατ' ακρίβεια, εμείς ανακαλύψαμε ότι ευφυή όντα ζουν στο απείρως ελάχιστο σε μόρια, τα οποία είναι πλανήτες και ήλιοι γι' αυτούς. Ρωτούν τις ίδιες ερωτήσεις όπως εμείς.

Ο άνθρωπος είναι μια αρρώστια σ' αυτό το γιγάντιο ον, στο οποίο οι πλανήτες και τ' αστέρια είναι άτομα. Με τη σειρά του αυτό το ον είναι ένα παράσιτο σε άλλα μεγαλύτερα άτομα. Και από τις δύο κατευθύνσεις υπάρχει το άπειρο. Αυτό που είναι σημαντικό είναι η αρρώστια, η ανθρωπότητα, να συνεχίσει να υπάρχει και να μην πεθάνει ποτέ.

Δεν ξέραμε όταν σας δημιουργούσαμε ότι επιτυγχάναμε μια δευτερεύουσα αποστολή «γραμμένη» μέσα μας, επαναλαμβάναμε δηλαδή το τι έγινε για μας.

Από το τι δημιουργήσαμε και την εξέλιξή του, ανακαλύψαμε από πού προήλθαμε εμείς. Κι εμείς δημιουργηθήκαμε από άλλους ανθρώπους που από τότε εξαφανίστηκαν. Ο κόσμος τους μάλλον σίγουρα καταστράφηκε, αλλά χάριν σ' αυτούς, ζούμε εμείς που δημιουργήσαμε εσάς.

Μπορεί κάποια μέρα να εξαφανιστούμε, αλλά μέχρι τότε, θα μας έχετε ήδη αντικαταστήσει και θα είσαστε στο ρόλο που είμαστε τώρα εμείς. Είστε ο κρίκος στην πολύτιμη αλυσίδα της ανθρώπινης συνέχειας. Υπάρχουν και άλλοι κόσμοι και η ανθρωπότητα αναπτύσσεται σε άλλα μέρη του σύμπαντος.

Αλλά σ' αυτό το μέρος του σύμπαντος, ο κόσμος μας είναι ο μόνος που έκανε νέες δημιουργίες. Αυτό είναι σημαντικό επειδή από κάθε κόσμο, αμέτρητα παιδιά μπορούν να υπάρξουν, που είναι σημαντικά για την συντήρηση της συνέχειας. Αυτό μας επιτρέπει να ελπίζουμε ότι μια μέρα η ανθρωπότητα δε θα είναι σε κίνδυνο να εξαφανιστεί τελείως.

Δεν είμαστε όμως σίγουροι ότι η ανθρωπότητα μπορεί να πολλαπλασιάζεται άφθονα. Η αλυσίδα πάντα συνέχιζε, αλλά δεν πρέπει να αναστατώσουμε την ισορροπία του τεράστιου σώματος στο οποίο είμαστε ένα παράσιτο, επειδή αν αναπτυχθούμε πολύ, θα δίναμε αρχή σε μια καταστροφή, που στην καλύτερη περίπτωση θα έφερνε ύφεση και στην χειρότερη περίπτωση, ολοκληρωτική καταστροφή.

Σ' ένα υγιές σώμα, μπορούν να ζήσουν μερικά μικρόβια χωρίς κίνδυνο. Όταν όμως αυξηθούν πολύ, προκαλούν ασθένεια που ταλαιπωρεί τον οργανισμό, ο οποίος αντιδρά και καταστρέφει τα μικρόβια που είναι υπεύθυνα, φυσικά ή με τη βοήθεια φαρμάκων. Το σημαντικό πράγμα, φυσικά, είναι το να δημιουργήσουμε αρκετούς κόσμους, έτσι ώστε η ανθρωπότητα να μην εξολοθρεύσει τον εαυτό της, αλλά πάνω απ' όλα, να σιγουρέψουμε ότι η ισορροπία δεν θα σπάσει, βάζοντας όλες μας τις προσπάθειες στο να κάνουμε αυτούς που υπάρχουν πιο ευτυχισμένους.

Σε αυτόν τον τομέα μπορούμε να σας βοηθήσουμε τρομακτικά.

Εξέλιξη: ένας μύθος

Κάνω μια παρένθεση εδώ, επειδή πρέπει να βγάλετε από τα μυαλά σας όλες τις αμφιβολίες για την εξέλιξη. Οι επιστήμονές σας, που επεξεργάζονται θεωρίες εξέλιξης δεν είναι τελείως λάθος να λένε ότι η ανθρωπότητα κατάγεται από τον πίθηκο και ο πίθηκος από τα ψάρια και ούτω καθεξής. Στην πραγματικότητα, ο πρώτος οργανισμός που δημιουργήθηκε στη γη ήταν μονοκύτταρος και κατόπιν αρχίσαμε να φτιάχνουμε περισσότερο πολύπλοκες μορφές ζωής.

Αλλά αυτό δεν έγινε τυχαία! Όταν ήρθαμε στη γη, για να δημιουργήσουμε ζωή, ξεκινήσαμε από πολύ απλές δημιουργίες και αργότερα εξελίξαμε τις τεχνικές της προσαρμοστικότητας στο περιβάλλον. Αυτό μας επέτρεψε να φτιάξουμε ψάρια, αμφίβια, θηλαστικά, πουλιά, ανθρωποειδής πίθηκους και τελικά τον άνθρωπο, που είναι απλά ένα βελτιωμένο μοντέλο του πίθηκου, στο οποίο προσθέσαμε αυτό που βασικά μας κάνει ανθρώπους.

Μ' αυτό τον τρόπο φτιάξαμε τους ανθρώπους «κατ' εικόνα και καθ' ομοίωση» όπως αναφέρεται στη Γένεση της Βίβλου. Μπορούσατε να το διαπιστώσετε και μόνοι σας ότι υπάρχει ελάχιστη πιθανότητα μια σειρά ατυχημάτων να παράγει μια τόσο μεγάλη ποικιλία μορφών ζωής. Τα χρώματα των πουλιών και οι περίτεχνες τελετουργίες ζευγαρώματός τους, ή το σχήμα των κεράτων στις αντιλόπες. Ποια φυσική ανάγκη θα οδηγούσε τις αντιλόπες ή τις άγριες γίδες να έχουν γυριστά κέρατα; Ή τα πουλιά να έχουν μπλε ή κόκκινα πούπουλα; Και τα εξωτικά ψάρια;

Αυτή είναι η δουλειά των «καλλιτεχνών» μας. Μην ξεχάσετε τους καλλιτέχνες, όταν θ' αρχίσετε και σεις να δημιουργείτε ζωή. Φανταστείτε έναν κόσμο χωρίς μουσική, ταινίες, ζωγραφική, γλυπτά... Η ζωή θα είναι πολύ ανιαρή και τα ζώα πολύ άσχημα, αν στο σώμα τους υπάρχουν μόνο τ' απαραίτητα για τις ανάγκες και τις λειτουργίες τους.

Η εξέλιξη των διαφόρων μορφών ζωής στη Γη, είναι στην πραγματικότητα η εξέλιξη των τεχνικών δημιουργίας και η αύξηση της εκλέπτυνσης της δουλειάς των δημιουργών. Αυτό τελικά τους οδήγησε να κατασκευάσουν ανθρώπους παρόμοιους με τους εαυτούς τους. Μπορείτε να βρείτε κρανία προϊστορικών ανθρώπων που ήταν τα πρώτα ανθρώπινα πρότυπα που κατασκευάστηκαν.

Κάθε φορά αντικαθίστανται από άλλα, πιο αναπτυγμένα. Αυτό συνεχίστηκε μέχρι την τωρινή σας μορφή, η οποία είναι το ακριβές αντίγραφο των δημιουργών, που φοβούνται να δημιουργήσουν οτιδήποτε πολύ ανώτερο από τους εαυτούς τους, παρόλο που μερικοί έμπαιναν σε πειρασμό να το πράξουν.

Αν ήμασταν σίγουροι ότι τα ανθρώπινα όντα δεν θα στρέφονταν ποτέ εναντίον των δημιουργών τους, για να τους καταστρέψουν ή να κυριαρχήσουν επί αυτούς όπως συνέβηκε μεταξύ των διαφορετικών ανθρωπίνων φυλών που δημιουργήθηκαν διαδοχικά στη Γη , αλλά θα τους αγαπούσαν σαν γονείς τους, ο πειρασμός θα ήταν υπέροχος να δημιουργούσαμε ένα βελτιωμένο είδος ανθρώπου.

Αυτό είναι πιθανό να γίνει, αλλά τι τεράστιο ρίσκο! Κατακρίβειαν, μερικοί δημιουργοί φοβούνται ότι οι άνθρωποι της γης, μπορεί να είναι λίγο ευφυέστεροι από τους πατέρες τους. Ο «Σατανάς» είναι ένας απ' αυτούς που πάντα πίστευε, και εξακολουθεί να πιστεύει ότι οι άνθρωποι της γης είναι επικίνδυνοι για τον πλανήτη μας, ακριβώς επειδή είναι λίγο υπερβολικά έξυπνοι. Αλλά η πλειοψηφία μας, νομίζει ότι μπορείτε να μας αποδείξετε ότι μας αγαπάτε και ότι ποτέ δε θα προσπαθήσετε να μας καταστρέψετε. Αυτό είναι το λιγότερο που περιμένουμε πριν να έρθουμε να σας βοηθήσουμε.

Είναι επίσης πιθανό ότι σε κάθε δημιουργία ανθρώπινου είδους από ανθρώπινο είδος, μια μικρή βελτίωση επιτυγχάνεται, μια πραγματική εξέλιξη για την ανθρώπινη φυλή, που είναι σταδιακή, έτσι ώστε οι δημιουργοί να μην αισθάνονται απειλή όταν συναντιόνται με τις δημιουργίες τους.

Αυτό κάνει δυνατή την ταχύτερη πρόοδο. Παρόλο που δεν νομίζουμε ότι τώρα μπορούμε να σας δώσουμε την επιστημονική μας κληρονομιά, νιώθουμε ότι είναι ασφαλές να σας δώσουμε την πολιτική και ανθρωπιστική μας γνώση.

Αυτό δε θα απειλήσει τον πλανήτη σας, αλλά θα σας επιτρέψει να είστε πιο ευτυχισμένοι στη Γη. Χάριν σ' αυτή την ευτυχία, θα προοδεύσετε ταχύτερα κι αυτό θα μπορούσε να σας βοηθήσει να μας δείξετε γρηγορότερα ότι αξίζετε την βοήθειά μας και την κληρονομιά μας, αγωνιζόμενοι να επιτύχετε ένα διαγαλαξιακό επίπεδο πολιτισμού.

Διαφορετικά, αν η ανθρωπότητα δεν μπορεί να καλμάρει την επιθετικότητά της, αν η ειρήνη δε γίνει ο μόνος σας στόχος, και επιτρέψετε σε ανθρώπους να προωθούν πολέμους, να παράγουν όπλα, να δοκιμάζουν πυρηνικά όπλα και να συντηρούν στρατούς για να παίρνουν ή να διατηρούν τη δύναμη, τότε θα σταματήσουμε τέτοιους ανθρώπους από το να γίνουν κίνδυνός για μας και θα υπάρξει ακόμα ένα Σόδομα και Γόμορρα.

Πώς μπορούμε να μην φοβόμαστε ανθρώπους από τη Γη, όταν αυτοί επιτίθενται στους δικούς τους, εμείς, που είμαστε από άλλο κόσμο και ελαφρά διαφορετικοί;

Εσύ, Κλωντ Βοριλόν, θα διαδόσεις την αλήθεια κάτω από το τωρινό σου όνομα, που θ' αντικαταστήσεις σιγά σιγά σε ΡΑΕΛ, που σημαίνει κυριολεκτικά, «Φως του Θεού» κι αν το μεταφράσουμε ακριβέστερα, «Φως των Ελοχίμ» ή «Πρεσβευτής των Ελοχίμ», επειδή θα είσαι ο πρεσβευτής μας στην Γη και θα έρθουμε, επίσημα, μόνο στην Πρεσβεία σου. ΡΑΕΛ μπορεί απλά να μεταφραστεί σε «αγγελιαφόρος».

Και είναι μέσω τηλεπάθειας που σε κάναμε να ονομάσεις το γιο σου Ραμουήλ, που σημαίνει, «ο γιος αυτού που φέρνει το φως», επειδή είναι πράγματι ο γιος του αγγελιαφόρου μας, του πρεσβευτή μας.»

Και μετά απ' αυτή την δήλωση, έφυγε, όπως έκανε και τα άλλα πρωινά.

ΟΙ ΝΕΕΣ ΕΝΤΟΛΕΣ

Διανοιοκρατία

Τον ξανασυνάντησα την επόμενη μέρα και ξανάρχισε να μιλά:

Πρώτα απ' όλα ας ρίξουμε μια ματιά στα πολιτικά και οικονομικά δρώμενα της ζωής. Ποιο είδος ανθρώπων βοηθά την ανθρωπότητα να προοδεύσει; Οι ευφυΐες. Πρέπει λοιπόν ο κόσμος σας να αναθεωρήσει τη θέση των ιδιοφυιών και να τους επιτρέψει να κυβερνούν τη γη.

Η δύναμη ήταν στα χέρια των κτηνωδών ανθρώπων, που ήταν ανώτεροι από τους άλλους, λόγω της μυϊκής τους δύναμης. Μετά τη δύναμη την είχαν οι πλούσιοι, που χρησιμοποίησαν τα λεφτά τους για να προσλάβουν πολλούς «κτηνώδεις ανθρώπους» στην υπηρεσία τους. Μετά ήρθαν οι πολιτικοί που παγίδεψαν τους ανθρώπους των δημοκρατικών χωρών, στις δικές τους ελπίδες , να μην αναφέρω και τους στρατιωτικούς, που η επιτυχία τους βασίστηκε στην οργάνωση της κτηνωδίας.

Ο μόνος τύπος ανθρώπων, στους οποίους ποτέ δε δώσατε τη δυνατότητα να κυβερνούν και να έχουν τη δύναμη, είναι αυτοί που βοηθούν την ανθρωπότητα να προοδεύει. Αν και ανακάλυψαν τον τροχό, την πυρίτιδα, την μηχανή εσωτερικής καύσης ή το άτομο, οι ιδιοφυίες πάντα επέτρεπαν λιγότερο έξυπνοι άνθρωποι να έχουν τη δύναμη και να επωφελούνται από τις εφευρέσεις τους. Συχνά τέτοιοι άνθρωποι χρησιμοποίησαν ειρηνικές εφευρέσεις για δολοφονικούς σκοπούς. Όλο αυτό πρέπει να αλλάξει.

Για να συμβεί αυτό πρέπει να καταργηθούν όλα τα προεκλογικά και σφυγμομετρικά συστήματα που έχετε, επειδή στην σημερινή τους μορφή, είναι εντελώς ανάρμοστα, για την ανθρώπινη ανάπτυξη. Κάθε άτομο είναι ένα χρήσιμο κύτταρο σ' αυτό το τεράστιο σώμα που ονομάζουμε ανθρωπότητα. Το κύτταρο στο πόδι σου δεν πρέπει να αποφασίζει αν πρέπει ή όχι το χέρι σου να σηκώσει ένα αντικείμενο. Είναι το μυαλό που πρέπει να αποφασίζει, κι αν το αντικείμενο είναι εντάξει, το κύτταρο του ποδιού σου, θα ωφεληθεί απ' αυτό. Δεν εξαρτάται από τη ψήφο του ποδιού σου. Η δουλειά του είναι απλά να μετακινεί το σώμα , συμπεριλαμβανομένου και του μυαλού και δεν είναι ικανό να κρίνει αν το τι παίρνει το χέρι, είναι καλό ή όχι.

Οι ψήφοι έχουν ένα θετικό αποτέλεσμα, μόνο όταν υπάρχει μια ισότητα γνώσης και διάνοιας. Ο Κοπέρνικος καταδικάστηκε από μια πλειοψηφία αναρμόδιων ανθρώπων, επειδή ήταν ο μόνος εκείνη την εποχή που είχε ικανοποιητικά ψηλό επίπεδο αντίληψης. Παρόλο που η Εκκλησία ,δηλαδή η πλειοψηφία , πίστευε ότι η γη ήταν το κέντρο του σύμπαντος, αυτό αποδείχτηκε ότι ήταν λάθος. Η Γη πράγματι περιστρέφεται γύρω από τον ήλιο, και ο Κοπέρνικος , η μειοψηφία , αποδείχτηκε ότι είχε δίκαιο.

Όταν τα πρώτα αυτοκίνητα εφευρέθηκαν, αν ρωτούσατε όλους να ψηφίσουν για να καθιερώσετε αν τα αυτοκίνητα έπρεπε να υπάρχουν ή όχι, η πλειοψηφία, που δεν ήξερε τίποτα για αυτοκίνητα και δεν ενδιαφερόταν, θα απαντούσε αρνητικά, κι εσείς θα εξακολουθούσατε να μετακινήστε με άλογα και καροτσάκια. Έτσι, πως μπορείτε να αλλάξετε όλα αυτά; Σήμερα, έχετε ψυχολόγους που είναι ικανοί να δημιουργούν τεστ που υπολογίζουν την ευφυΐα και την προσαρμογή κάθε ατόμου. Αυτά τα τεστ πρέπει να συμπληρώνονται από την νηπιακή ηλικία και μετά για να ορίσουν την κλίση κάθε ατόμου προς θέματα που μελετώνται.

Όταν τα άτομα φτάσουν μια υπεύθυνη ηλικία, ο συντελεστής ευφυΐας τους μπορεί να μετρηθεί και να συμπεριληφθεί στην ταυτότητα ή την κάρτα ψήφου τους. Μόνο αυτοί με συντελεστή τουλάχιστο πενήντα τοις εκατό πάνω από το μέσο όρο πρέπει να είναι εκλέξιμοι για κάποιο δημόσιο αξίωμα. Για να ψηφίσουν, τα άτομα θα χρειάζονται έναν συντελεστή ευφυΐας τουλάχιστον δέκα τοις εκατό πάνω από το μέσο όρο. Αν ένα τέτοιο σύστημα υπήρχε τώρα, πολλοί από τους τωρινούς πολιτικούς σας δε θα είχαν τις θέσεις που έχουν σήμερα.

Αυτό είναι ένα τελείως δημοκρατικό πολίτευμα. Υπάρχουν πολλοί μηχανικοί, για παράδειγμα, που έχουν χαμηλότερη νοημοσύνη από το μέσο όρο, αλλά έχουν πολύ καλή μνήμη και απέκτησαν πολλούς ακαδημαϊκούς τίτλους εξαιτίας αυτού.

Επίσης, υπάρχουν πολλοί δουλευτές ή εργάτες σε φάρμες που δεν έχουν καθόλου ειδικευμένη εκπαίδευση, αλλά η ευφυΐα τους είναι πενήντα τοις εκατό πάνω από το μέσο όρο. Το τι είναι τελείως απαράδεκτο τώρα είναι ότι η φωνή κάποιου που μπορείς χυδαία να ονομάσεις «ηλίθιο» αξίζει όσο και η φωνή μιας ιδιοφυΐας, που σκέφτηκε ώριμα τον τρόπο με τον οποίο αυτός ή αυτή θα ψηφίσει. Σε μερικές μικρές πόλεις, οι εκλογές κερδίζονται από τον υποψήφιο που αγοράζει στους ανθρώπους τα πιο πολλά ποτά και όχι από το άτομο που οι πολιτικές του είναι οι πιο ενδιαφέρουσες.

Έτσι, από την αρχή, το δικαίωμα της ψήφου πρέπει να εξασφαλίζεται γι' αυτούς τους ανθρώπους που τα μυαλά τους είναι πιο κατάλληλα να σκέφτονται και να βρίσκουν λύσεις σε προβλήματα , μια ομάδα εκλεκτών ανθρώπων ψηλής νοημοσύνης. Αυτό δε σημαίνει απαραίτητα τους ανθρώπους που μελέτησαν περισσότερο.

Μιλάμε για τον διορισμό της ευφυΐας στην θέση της δύναμης, και μπορείς να το ονομάσεις αυτό «Διανοιοκρατία»

Φιλανθρωπισμός

«Δεύτερο σημείο: Ο κόσμος σας έχει παραλύσει από το κέρδος, και ο Κομουνισμός αποτυγχάνει να αποδώσει ένα κίνητρο, δυνατό όσο να κινήσει τους ανθρώπους και να τους ενθαρρύνει να προοδεύσουν.

Όλοι γεννηθήκατε ίσοι. Αυτό είναι γραμμένο και στη Βίβλο. Οι κυβερνήσεις σας πρέπει να εξασφαλίσουν οι άνθρωποι να γεννιούνται με περίπου το ίδιο επίπεδο οικονομικών μέσων. Είναι απαράδεκτο παιδιά χαμηλής νοημοσύνης να ζουν στην χλιδή χάριν στις περιουσίες που συγκέντρωσαν οι πατέρες τους, και την ίδια στιγμή, ιδιοφυΐες να πεθαίνουν από την πείνα και να κάνουν ταπεινές μικροδουλειές, απλά για να φάνε.

Μ' αυτό τον τρόπο αφήνουν ενασχολήσεις, στις οποίες θα μπορούσαν να κάνουν ανακαλύψεις, που θα ωφελούσαν ολόκληρη την ανθρωπότητα. Για ν' αποφευχθεί αυτό, η ιδιοκτησία περιουσίας πρέπει να καταργηθεί, χωρίς να ιδρυθεί κομουνιστικό καθεστώς.

Αυτός ο κόσμος δεν είναι δικός σας ,αυτό είναι επίσης γραμμένο στη Βίβλο. Είσαστε μόνο ένοικοι. Τα αγαθά λοιπόν, πρέπει να νοικιάζονται για σαράντα εννιά χρόνια. Αυτό θα καταργήσει την αδικία της κληρονομικότητας. Η πραγματική κληρονομιά σας και των παιδιών σας, είναι όλος ο κόσμος, αν ξέρατε πως να οργανώσετε τον εαυτό σας για να τον κάνετε ευχάριστο. Αυτός ο πολιτικός προσανατολισμός της ανθρωπότητας δεν είναι κομουνισμός, προφυλάσσει όμως το μέλλον της. Αν θες να του δώσεις κάποιο όνομα, λέγε τον Φιλανθρωπισμό.

Για παράδειγμα ένας άντρας τελείωσε τις σπουδές του είκοσι ένα χρόνων, και θέλει να εργαστεί. Διαλέγει ένα επάγγελμα και παίρνει έναν μισθό. Αν θέλει να βρει ένα σπίτι να μένει, ενώ ζουν οι γονείς του, «αγοράζει» - στην πραγματικότητα νοικιάζει ένα σπίτι ή διαμέρισμα για σαράντα εννιά χρόνια, από την πολιτεία που το έκτισε.

Αν η αξία του σπιτιού υπολογίζεται στα 100.000 φράγκα, μπορεί να πληρώσει το ποσό χωρισμένο σε μηνιαίες δόσεις, σε σαρανταεννέα χρόνια. Στην ηλικία των εβδομήντα (είκοσι ένα συν σαράντα εννέα) θα έχει πληρώσει το σπίτι και θα μπορεί να ζει σ' αυτό μέχρι το θάνατό του, χωρίς να πληρώσει ποτέ ξανά.

Μετά το θάνατό του, το σπίτι θα πάει πίσω στο Κράτος, το οποίο Κράτος θα πρέπει μετά να επιτρέψει στα παιδιά του, αν υπάρχουν, να ωφεληθούν από αυτό ελεύθερα. Αν έχει ένα παιδί, τότε αυτό μπορεί να ζήσει στο σπίτι του πατέρα του δωρεάν για όλη του τη ζωή. Στο θάνατό του, έρχεται η σειρά του παιδιού να ωφεληθεί από το σπίτι της οικογένειάς του, και αυτή η διαδικασία συνεχίζεται ασταμάτητα. Η κληρονομιά περιουσίας πρέπει να καταργηθεί εντελώς, εκτός από το οικογενειακό σπίτι. Αυτό δεν εμποδίζει όμως, κάθε άτομο να αμείβεται ατομικά για το τι αξίζει.

Ας πάρουμε ένα άλλο παράδειγμα: ένας άνθρωπος με δύο παιδιά. Το ένα είναι καλός εργάτης και το άλλο τεμπέλης. Στα εικοσιένα τους αποφασίζουν το δρόμο που θ' ακολουθήσει καθ' ένα από αυτά. Νοικιάζουν από ένα σπίτι που αξίζει 100.000 χιλιάδες φράγκα.

Ο εργάτης γρήγορα κερδίζει περισσότερα χρήματα από τον τεμπέλη. Θα είναι τότε ικανός να νοικιάσει ένα σπίτι που ν' αξίζει διπλάσια χρήματα από το προηγούμενο. Αν έχει τα μέσα, θα μπορεί τότε να νοικιάσει και τα δύο σπίτια, το ένα σαν εξοχικό.

Αν οι οικονομίες του ανθοφορήσουν, θα είναι ικανός επίσης να κτίσει ένα σπίτι και να το νοικιάζει για σαράντα εννέα χρόνια και να παίρνει λεφτά οφειλόμενα σ' αυτόν. Αλλά στο θάνατό του, τα πάντα θα πηγαίνουν πίσω στην κοινωνία, εκτός από το οικογενειακό σπίτι που θα πάει στα παιδιά.

Έτσι, τα άτομα θα μπορούν να κάνουν περιουσία για τους εαυτούς τους, εξαρτώμενοι από τα δικά τους προτερήματα, αλλά όχι για τα παιδιά τους. Ο καθένας ότι αξίζει. Το ίδιο πρέπει να εφαρμοστεί σε εμπορικές και βιομηχανικές επιχειρήσεις.

Αν κάποιος φτιάξει μια επιχείρηση, θα του ανήκει όσο ζει και θα μπορεί να τη νοικιάζει, όχι όμως περισσότερο από σαράντα εννιά χρόνια. Το ίδιο και για τους γεωργούς. Μπορούν να νοικιάζουν γη και να την καλλιεργούν για σαράντα-εννιά χρόνια, αλλά μετά απ' αυτό, όλα θα πηγαίνουν πίσω στο Κράτος, το οποίο θα είναι ικανό να τα ξανανοικιάσει ξανά, για ακόμη σαράντα-εννέα χρόνια. Τα παιδιά τους θα μπορούν επίσης να τα ξανανοικιάζουν για σαράντα εννέα χρόνια.

Αυτή η μέθοδος θα πρέπει να υιοθετηθεί για όλα τα αγαθά που παραμένουν εκμεταλεύσιμα, και όσον αφορά την αξία των αγαθών, τίποτα δεν αλλάζει. Ότι έχει αξία όπως οι μετοχές, το χρυσάφι, οι επιχειρήσεις, τα μετρητά, ή τα κτίρια θ' ανήκουν στην κοινωνία αλλά θα μπορούν να ενοικιαστούν για σαράντα εννέα χρόνια από αυτούς που τα απέκτησαν, μέσα από την αξία και δουλειά τους.

Μ' αυτό τον τρόπο, κάποιος που έκανε μια περιουσία στην ηλικία των σαράντα θα μπορεί να κτίζει σπίτια, να τα νοικιάζει σαν διαμερίσματα για σαράντα εννέα χρόνια, και ν' απολαμβάνει αυτά τα λεφτά όσο διαρκεί η ζωή.

Έπειτα, τα λεφτά που έρχονται από αυτά τα ενοίκια, θα πάνε πίσω στην κοινωνία. Αυτός ο Φιλανθρωπισμός είναι ήδη περιγραμμένος και στη Βίβλο:

«Θα μετρήσεις επτά φορές, επτά χρόνια και θα έχεις σαράντα εννέα χρόνια».

«Αν πουλήσει ή αγοράσει κάποιος κάτι από άλλον, να μην εκμεταλλευτεί ο ένας τον άλλο. Όταν θ' αγοράσεις κτήμα υπολόγισε τον αριθμό των χρόνων μέχρι τη στιγμή που θα το επιστρέφεις, και θα το πουλήσεις ανάλογα με τα χρόνια που μένουν μέχρι να επιστραφεί. Όσο περισσότερα είναι τα χρόνια μέχρι να επιστραφεί, τόσο ακριβότερα θα πουληθεί, όσο λιγότερα τόσο φθηνότερα θα πουληθεί».

*«Τα χωράφια σας δεν θα πουλιούνται πραγματικά γιατί
αυτή η γη είναι δική μου και εσείς που την κατοικείτε είστε
ενοικιαστές της»*

(Λευιτικό κε'.)

Αν επιτραπεί στις ευφυΐες να πάρουν τη δύναμη, θα καταλάβουν τη χρησιμότητα αυτών των μεταρρυθμίσεων. Πρέπει επίσης να δείτε σ' αυτό ότι όλα τα έθνη της γης ενώνονται για να εγκαθιδρύσουν μόνο μια κυβέρνηση.»

Παγκόσμια κυβέρνηση

«Η δημιουργία ενός νέου παγκόσμιου νομίσματος και μια κοινή γλώσσα θα σας βοηθήσουν να εγκαθιδρύσετε μια παγκόσμια κυβέρνηση. Η διάλεκτος Αουβεργκνέ δεν ομιλείται πλέον στο Κλεμόντ-Φεράντ, και πολύ σύντομα, τα Γαλλικά δεν θα μιλιούνται στο Παρίσι, ούτε τ' Αγγλικά στο Λονδίνο, ούτε τα Γερμανικά στη Φρανκφούρτη. Οι επιστήμονες και οι γλωσσολόγοι σας θα πρέπει να ενωθούν και να δημιουργήσουν μια νέα γλώσσα, εμπνευσμένοι απ' όλες τις γλώσσες και να γίνει υποχρεωτική σε όλα τα σχολεία του κόσμου, σαν δεύτερη γλώσσα.

Το ίδιο πρέπει να γίνει με τα λεφτά. Οι παγκόσμιες νομισματικές αξίες δεν μπορούν να βασίζονται στο φράγκο, το δολάριο, ή το γεν, αλλά πρέπει να βασίζονται σ' ένα νέο νόμισμα που δημιουργήθηκε για τις ανάγκες όλης της Γης, χωρίς να καταπιέζει μια ομάδα ανθρώπων, που θα ρωτούσαν τους εαυτούς του γιατί ένα άλλο νόμισμα έχει διαλεκτή κι όχι το δικό τους.

Αυτό που χρειάζεται για να φέρει μια τέτοια ένωση είναι η κατάπνιξη της στρατιωτικής κατάταξης, που διδάσκει μόνο επιθετικότητα σε νέους άντρες. Οι επαγγελματικοί στρατοί πρέπει μετά να μπουν στην υπηρεσία του κοινού.

Αυτό πρέπει να γίνει συγχρόνως σ' όλες τις χώρες για να υπάρξει μια απαραίτητη εγγύηση ασφάλειας.»

Η αποστολή σου

Όπως ήδη σου έχω πει, ξέρουμε ότι η επίσημη άφιξή μας θα επιταχύνει πολλά πράγματα. Εμείς όμως θα περιμένουμε μέχρι να δούμε ότι πραγματικά οι άνθρωποι, μας θέλουν να έρθουμε, ότι μας αγαπάνε και μας σέβονται σαν τους γονείς τους που αληθινά είμαστε, και ότι τα διαστημόπλοιά μας δεν θα απειληθούν από τις καταστροφικές σας στρατιωτικές δυνάμεις.

Για να επιτύχεις αυτό, κάνε το γνωστό σ' όλο τον κόσμο ότι με συνάντησες, και επανέλαβε ότι σου είπα. Οι σοφοί άνθρωποι θα σε ακούσουν. Πολλοί θα σε πάρουν για τρελό ή ονειροπόλο, αλλά ήδη σου έχω εξηγήσει το τι να σκέφτεσαι για την βλακώδη πλειοψηφία.

Ξέρεις την αλήθεια, και θα μείνουμε σ' επαφή μαζί σου μέσω τηλεπάθειας για να σου δίνουμε αυτοπεποίθηση και επιπλέον πληροφορίες αν νομίζουμε ότι είναι απαραίτητο.

Αυτό που θέλουμε να δούμε, είναι αν υπάρχουν αρκετοί σοφοί άνθρωποι στη Γη. Αν ένας αρκετά μεγάλος αριθμός ανθρώπων σε ακολουθήσει, τότε θα έρθουμε ανοικτά.

Πού; Στον τόπο που θα έχεις ετοιμάσει για την άφιξή μας.

Θα φτιάξεις μια κατοικία σε μια ευχάριστη χώρα με ήπιο κλίμα, με επτά δωμάτια, πάντα έτοιμα να δεχτούν καλεσμένους, το καθένα με ξεχωριστό μπάνιο, αίθουσα συσκέψεων για είκοσι ένα άτομα, μια πισίνα και μια τραπεζαρία για είκοσι ένα άτομα.

Αυτή η κατοικία θα πρέπει φτιαχτεί στο κέντρο ενός πάρκου και πρέπει να προστατεύεται από περίεργους. Το πάρκο πρέπει να περικυκλωθεί εντελώς από τοίχους, για να μην είναι δυνατό κάποιος να βλέπει την κατοικία και την πισίνα.

Η κατοικία πρέπει να είναι τοποθετημένη σε μια απόσταση τουλάχιστον χιλίων μέτρων από τους τοίχους γύρω από το πάρκο. Θα έχει το μέγιστο δύο ορόφους και θα καλύπτεται επιπλέον από τη θέαση, από εσωτερικό φραγμό δέντρων και θάμνων. Βάλτε δύο εισόδους στον γύρω τοίχο, μια στη Νότια πλευρά και μια στη Βόρια. Η κατοικία θα έχει επίσης δυο εισόδους.

Θα υπάρχει ένα επίπεδο ύψωμα γης στην ταράτσα όπου ένα διαστημόπλοιο με διάμετρο δώδεκα μέτρων θα μπορεί να προσγειώνεται. Πρόσβαση από αυτή την ταράτσα στο εσωτερικό είναι απαραίτητη.

Ο εναέριος χώρος πάνω και γύρω από την κατοικία δεν πρέπει να είναι κάτω από άμεση στρατιωτική παρακολούθηση ή ραντάρ.

Θα προσπαθήσεις να εξασφαλίσεις ότι η περιοχή που θα κτιστεί αυτή η κατοικία αν είναι δυνατό μεγαλύτερη απ' όσο συμφωνήθηκε εδώ , θα μεταχειρίζεται σαν ουδέτερη περιοχή από άλλα έθνη κι από το έθνος που θα βρίσκεται, με την ιδιότητα της πρεσβείας μας στη Γη.

Μπορείς να ζεις με τη γυναίκα και τα παιδιά σου στην κατοικία, η οποία θα είναι κάτω από την διεύθυνσή σου, και θα μπορείς να έχεις υπηρέτες εκεί και να φιλοξενείς καλεσμένους της επιλογής σου. Η πτέρυγα που θα περιέχει τα επτά δωμάτια πρέπει να είναι ακριβώς κάτω από την ταράτσα, και πρέπει να είναι χωριστή από το χώρο που θα χρησιμοποιείται από ανθρώπινα όντα με μια παχιά μεταλλική πόρτα, η οποία να κλειδώνει από μέσα, και να είναι πάντα κλειστή. Ένας ασηπτικός θάλαμος πρέπει να κτιστεί στην είσοδο του δωματίου διασκέψεων.

Η χρηματοδότηση του σχεδίου θα γίνει δυνατή μέσω της βοήθειας που θα λάβεις από ανθρώπους που θα πιστέψουν σε σένα συνεπάγεται και σ' εμάς. Θα είναι σοφοί και έξυπνοι, και θα αμειφτούν όταν έρθουμε.

Γι αυτό να κρατάς ιστορικό αυτών που συνεισφέρουν οικονομικά στην κατασκευή και συντήρηση της κατοικίας, όσο ταπεινή και να είναι η συνεισφορά τους.

Επίσης, σε κάθε κράτος σ' όλο τον κόσμο, διόρισε ένα άτομο το οποίο θα είναι υπεύθυνο να ανακοινώσει την αλήθεια και που θα βοηθήσει άλλους να ενωθούν για να την διαδώσουν.

Μια φορά το χρόνο, σ' ένα βουνό κοντά στη κατοικία, να συγκεντρώνεις μαζί απ' όλο τον κόσμο όλους αυτούς τους ανθρώπους που έχουν ακούσει για εμάς μέσω αυτών των γραπτών και μας θέλουν να έρθουμε. Συνάθροισε τον μεγαλύτερο δυνατό αριθμό ανθρώπων και να τους έχεις να σκέφτονται έντονα εμάς και να ελπίζουν για την άφιξή μας.

Όταν υπάρξουν αρκετοί άνθρωποι, και εύχονται έντονα αρκετά για εμάς να έρθουμε χωρίς καθόλου θρησκευτικό μυστικισμό, αλλά σαν υπεύθυνοι άνθρωποι που σέβονται τους δημιουργούς τους, τότε θα προσγειωθούμε ανοικτά και θα σας δώσουμε την επιστημονική μας γνώση σαν κληρονομιά σε όλους τους ανθρώπους της γης.

Αν αυτοί με πολεμοχαρείς τάσεις αποσχιστούν άκακα σε όλο τον κόσμο, τότε αυτό θα γίνει. Αν η αγάπη για τη ζωή και η αγάπη της ανθρωπότητας για εμάς και τον εαυτό της είναι αρκετά δυνατή, ΝΑΙ , θα έρθουμε ανοικτά.

Θα περιμένουμε, κι αν τα ανθρώπινα όντα παραμένουν επιθετικά και συνεχίσουν να εξελίσσονται με τρόπο επικίνδυνο για άλλους κόσμους, τότε θα καταστρέψουμε αυτό τον πολιτισμό και τις αποθήκες του επιστημονικού του πλούτου. Και θα υπάρξει ακόμα ένα Σόδομα και Γόμορρα, μέχρι να έρθει η ώρα που η ανθρωπότητα γίνει ηθικά αντάξια του επιπέδου της επιστημονικής της κατανόησης.

Το μέλλον της ανθρωπότητας είναι στα χέρια της και η αλήθεια είναι στα δικά σου. Διάδωσε την σε όλο τον κόσμο και μην αποθαρρύνεσαι. Ποτέ δε θα σε βοηθήσουμε ανοικτά, ή με κανένα τρόπο που να δίνει αποδείξεις στους δύσπιστους, επειδή ο σκεπτικισμός συχνά πάει χέρι-χέρι με την επιθετικότητα. Έξυπνοι άνθρωποι θα σε πιστέψουν αφού το τι θα πεις δεν περιέχει τίποτα το μυστηριώδες.

Είναι σημαντικό για εμάς να σε πιστέψουν χωρίς υλική απόδειξη. Αυτό αποδεικνύει σ' εμάς περισσότερο από κάθε άλλο ότι είναι ευφυής και αξίζουν να λάβουν την επιστημονική μας γνώση.

Τώρα πήγαινε. Δε θα ξεχαστείς αν επιτύχεις κατά τη διάρκεια της ζωής σου στη Γη ή και μετά. Αν είναι απαραίτητο, μπορούμε να περιμένουμε μέχρι την ώρα των απογόνων σου για να προσγειωθούμε, επειδή μπορούμε να σε κάνουμε να ζήσεις ξανά επιστημονικά, όπως μπορούμε να αναστήσουμε όλους όσους οδήγησαν την ανθρωπότητα στο δρόμο της ανθρώπινης ευφυΐας καθοδηγημένης για την αγάπη των δημιουργών τους , όσο τα απομεινάρια τους διατηρούνται σε φέρετρα ή τάφους.

Η μόνη βοήθεια που θα σου δώσουμε είναι να εμφανιζόμαστε στους ουρανούς όλο και πιο συχνά από τώρα, ώστε να κάνουμε τους ανθρώπους να αντιληφθούν τα προβλήματα, και να τους κάνουμε να θέλουν να μάθουν περισσότερα για την αλήθεια που μεταδίδεις.

Σταδιακά, χάριν στις αυξημένες θεάσεις, η κοινή αντιληπτικότητα επίσης θα αυξηθεί, και η παρουσία μας δεν θα προκαλεί πλέον ηλίθια λατρεία, αλλά μια βαθιά επιθυμία μέσα στον πληθυσμό να έρθει σε επαφή μαζί μας.

Την κίνησή σου θα την ονομάσεις «MADECH» «Κίνηση για την υποδοχή των Ελοχίμ δημιουργών της ανθρωπότητας». Η ονομασία κρύβει στ' αρχικά της ένα μήνυμα: "Moise a devance Elie et le Christ" «Ο Μωυσής προηγείται του Ηλία και του Χριστού».

Στα Γαλλικά:

        M: Mouvement pour
        A: l' accueil
        D: des
        E: Elohim
        C: createurs de
        H: l'humanite

ΟΙ ΕΛΟΧΙΜ

Πυρηνικά Όπλα

«Πριν αφήσουμε ο ένας τον άλλο για τελευταία φορά» είπε, «έχεις καμιά ερώτηση να ρωτήσεις;»

Ερμήνευσες το όραμα του Ιεζεκιήλ σαν ανθρώπους εξοπλισμένους με διαστημικές στολές» απάντησα, «και μου είπες ότι η ατμόσφαιρα του πλανήτη σας δεν ήταν η ίδια μ' αυτή της Γης. Γιατί δε φοράς μια τέτοια στολή τώρα;

«Επειδή και εμείς προοδεύσαμε επιστημονικά και τώρα μπορούμε χωρίς αυτές. Το πρόσωπό μου φαίνεται ότι είναι στον καθαρό αέρα, αλλά είναι προστατευμένο από μια αόρατη ασπίδα που αποτελείται από απωθητικές ακτίνες μέσα στην οποία αναπνέω διαφορετικό αέρα από εσένα. Αυτές οι ακτίνες αφήνουν κύματα να περνούν, αλλά όχι μόρια αέρα. Είναι παρόμοιο με τον τρόπο που απωθείτε αποθηκευμένα καύσιμα να διαφεύγουν από ορισμένες πύλες στη δική σας τεχνολογία, χρησιμοποιώντας εκπομπές φυσαλίδων.»

Είναι τα πυρηνικά όπλα ένας κίνδυνος για την ανθρωπότητα;

« Ναι, ένας μεγάλος κίνδυνος. Αλλά αν η ανθρωπότητα δεν γίνει σοφή και ειρηνική, η ύπαρξη των πυρηνικών σας όπλων θα σημαίνει ότι αν η ανάγκη δημιουργηθεί, δε θα έχουμε πολλή δουλειά να κάνουμε για να φέρουμε την καταστροφή του πολιτισμού σας. Ίσως να καταστρέψετε από μόνοι σας τους εαυτούς σας.»

«Αν όχι και γίνετε απειλή για εμάς, θα πρέπει μόνο να καταστρέψουμε τις αποθήκες βομβών σας χωρίς να στείλουμε επιθετικά όπλα εναντίον σας. Μπορούμε να το κάνουμε αυτό με ακτίνες ή τηλεπάθεια, με τέτοιο τρόπο που μια από τις μεγάλες δυνάμεις να γίνει ο επιδρομέας κι αυτό αυτόματα θα εξαπολύσει μια μοιραία αντεκδίκηση.»

«Αν οι άνθρωποι δε θέλουν να εκτίθενται σ' αυτό τον κίνδυνο, το μόνο που έχουν να κάνουν είναι να πάρουν τα πυρηνικά όπλα μακριά από το στρατό. Τέτοια πυρηνική ενέργεια, χρησιμοποιημένη με προσοχή, μπορεί να κάνει χώρες που στερούνται ενέργειας, ικανές να κάνουν μεγάλα βήματα μπροστά. Πρέπει επειγόντως να σταματήσετε τις πυρηνικές δοκιμές όπλων , επειδή δε ξέρετε τίποτα για τα ρίσκα που εκθέτετε τους εαυτούς σας. Αλλά, αν η ανθρωπότητα συνεχίσει να παίζει με πυρηνικά όπλα, θα απλοποιήσει το σκοπό μας αν αναγκαστούμε να σας εξαφανίσουμε.»

Έχετε γυναίκες στον πλανήτη σας;

«Ναι, αναφέρεται στη Βίβλο, και σε έκανα να σημειώσεις το κατάλληλο απόσπασμα.»

Και παιδιά;

«Ναι, μπορούμε να έχουμε παιδιά ακριβώς όπως εσείς.»

Υπερπληθυσμός

Μου είπες ότι είστε, κατά κάποιο τρόπο, αθάνατοι. Πώς εμποδίζετε τον υπερπληθυσμό;

«Αυτό το πρόβλημα θα γίνει αισθητό πολύ σύντομα στη Γη. Για να το λύσετε και πρέπει να το λύσετε άμεσα επειδή είστε ήδη αρκετά πολυάριθμοι, πρέπει να αναπτύξετε αντισυλληπτικά και να περάσετε αυστηρούς νόμους που να επιτρέπουν στις γυναίκες να μην έχουν περισσότερα από δύο παιδιά.

Αν ένα ζευγάρι έχει μόνο δύο παιδιά, ο πληθυσμός θα φτάσει σ' ένα σημείο που δε θα αυξάνεται άλλο. Θα παρακολουθούμε πόσο καλά αντιμετωπίζετε και αυτό το πρόβλημα. Θα είναι ακόμα ένα τεστ της ευφυΐα σας, που θα μας βοηθήσει να δούμε αν κερδίσατε την κληρονομιά μας. Αυτή η λύση που προτείνω είναι για την ανθρωπότητα τώρα που οι άνθρωποι ζουν μόνο για εβδομήντα πέντε χρόνια κατά μέσο όρο. Για μας το πρόβλημα είναι πολύ διαφορετικό. Δεν είμαστε αιώνιοι, αλλά μπορούμε να ζούμε δέκα φορές περισσότερο από εσάς, χάρη σε μια χειρουργική επέμβαση, στην ουσία το βιβλικό «δέντρο της ζωής». Έχουμε παιδιά, και παρατηρούμε τους κανόνες τους οποίους μόλις εξήγησα: Δύο γονείς, δύο παιδιά. Έτσι ο πληθυσμός παραμένει στάσιμος.»

— Πόσοι από σας είναι εκεί;
— Είμαστε ένας πληθυσμός περίπου επτά δισεκατομμυρίων.
— Συναντηθήκαμε έξι συνεχόμενες μέρες, κάθε φορά πας πίσω στον πλανήτη σου;
— Όχι. Επέστρεψα σ' ένα διαγαλαξιακό σκάφος, που χρησιμοποιούμε σαν βάση, το οποίο μένει σταθερά κοντά στη Γη.
— Πόσοι από εσάς είναι σε εκείνο το σκάφος;
— Επτά, και στον πλανήτη μας υπάρχουν δέκα επαρχίες. Η κάθε μια έχει έναν αντιπρόσωπο πάνω σε αυτό το σκάφος. Αν προσθέσουμε τους δύο που είναι υπεύθυνοι για το σκάφος, υπάρχουν εννιά από εμάς.
— Αν οι άνθρωποι εδώ στη Γη κάνουν ακριβώς όπως επιθυμείτε, τι θα συμβεί;
— Θα έρθουμε επίσημα και θα προσγειωθούμε στην κατοικία, που θα έχεις ετοιμάσει. Θα σε προτρέψουμε να προσκαλέσεις εκεί τους επίσημους αντιπροσώπους των πιο σημαντικών χωρών της ανθρωπότητας, για να φέρουμε ολική ένωση των ανθρώπων πάνω στη γη. Αν όλα πάνε καλά, θα επιτρέψουμε στην ανθρωπότητα να ωφεληθεί βήμα με βήμα από τις επιστημονικές μας ανακαλύψεις. Από την χρήση που θα κάνετε μ' αυτές, θα δούμε αν μπορούμε να δώσουμε στην ανθρωπότητα όλη τη γνώση μας και να σας επιτρέψουμε να μπείτε στην διαγαλαξιακή εποχή με τα 25.000 χρόνια επιστημονικής προόδου, σαν κληρονομιά σας.
— Είστε ο μόνος κόσμος που έφτασε σε τέτοιο αναπτυγμένο επίπεδο στην επιστήμη;
— Σ' αυτήν την περιοχή του διαστήματος, ναι. Υπάρχει ένας άπειρος αριθμός κατοικημένων κόσμων, του ανθρωποειδή τύπου που το επιστημονικό τους επίπεδο είναι χαμηλότερο από το δικό μας, αλλά πολύ ανώτερο από το δικό σας. Αυτό που μας κάνει να φοβόμαστε την εξαφάνισή μας είναι το γεγονός ότι ακόμη δε βρήκαμε κανένα πλανήτη με έναν πολιτισμό τόσο αναπτυγμένο όσο το δικό μας. Έχουμε οικονομικές σχέσεις με πολλούς άλλους πλανήτες στους οποίους η ζωή δημιουργήθηκε από άλλους ανθρώπους που πρέπει να έφτασαν ένα επιστημονικό επίπεδο ίσο με το δικό μας, επειδή τα θρησκευτικά τους κείμενα αποδεικνύουν αυτό σε μας. Δυστυχώς, δεν καταφέραμε να βρούμε τους πολιτισμούς που δημιούργησαν τους πιο κοντινούς απ' αυτούς τους κόσμους. Αλλά ίσως θα τους βρούμε στη συνέχεια όσο συνεχίζουμε να ερευνούμε το σύμπαν, κάθε φορά πηγαίνοντας πιο μακριά. Στις πιο πολλές περιπτώσεις οι πλανήτες τους πλησίασαν τον ήλιο πολύ κοντά, και η ζωή έγινε αδύνατη, ή ο ήλιος τους ανατινάχτηκε, ή έγινε πολύ κρύος. Παρόλο που δεν προσέξαμε κάτι το αντικανονικό για τώρα στο δικό μας σύστημα,

όλο αυτό μας κάνει να φοβόμαστε το χειρότερο.

— Έτσι δεν υπάρχει θρησκεία εκεί που ζεις;

— Η μόνη μας θρησκεία είναι η ανθρώπινη ευφυΐα. Πιστεύουμε μόνο σ' αυτό, και ειδικά αγαπάμε την μνήμη των δικών μας δημιουργών τους οποίους δεν είδαμε ποτέ ξανά και τους οποίους τον κόσμο δε βρήκαμε ποτέ. Πρέπει να εξαφανίστηκαν. Αλλά πήραν την προφύλαξη του να βάλουν ένα τεράστιο διαστημικό σταθμό γύρω από τον πλανήτη μας, που περιείχε όλη τη γνώση τους, και αυτός προσγειώθηκε αυτόματα όταν ο κόσμος τους καταστράφηκε. Χάρη σ' αυτούς, πήραμε το φανάρι, και θα θέλαμε να δούμε αυτό το φανάρι να παρθεί από τους ανθρώπους της γης.

— Και τι θα γίνει αν καταστραφεί ο πλανήτης σας;

— Στην περίπτωση που ο κόσμος μας καταστραφεί, οι ίδιες διευθετήσεις έχουν γίνει, έτσι ώστε να κληρονομήσετε αυτόματα όλη τη γνώση μας.

Το Μυστικό της Αιωνιότητας

— Πράγματι ζείτε δέκα φορές περισσότερο από εμάς; Ρώτησα.

— Το σώμα μας ζει κατά μέσο όρο, δέκα φορές πιο πολύ από το δικό σας. Όπως τους πρώτους ανθρώπους της Βίβλου, αυτό είναι μεταξύ 750 και 1,200 χρόνια. Αλλά το μυαλό μας, ο πραγματικός μας εαυτός, μπορεί να είναι αληθινά αθάνατο. Ήδη σου εξήγησα ότι αρχίζοντας από οποιοδήποτε κύτταρο του σώματος, μπορούμε να ξαναφτιάξουμε ολόκληρο το άτομο με νέα ζωντανή ύλη. Όταν είμαστε σε ολοκληρωτική κατοχή των ικανοτήτων μας και το μυαλό μας είναι σε μέγιστο επίπεδο αποδοτικότητας και γνώσης, αφαιρούμε χειρουργικά ένα μικρό δείγμα του σώματος, το οποίο μετά συντηρούμε. Μετά όταν πραγματικά πεθάνουμε, παίρνουμε ένα κύτταρο απ' αυτό το διατηρημένο δείγμα και ξαναφτιάχνουμε το σώμα ολόκληρο, όπως ήταν τη στιγμή που πάρθηκε το δείγμα.

Λέω όπως ήταν τη στιγμή που πάρθηκε το δείγμα, εννοώντας με όλη του την επιστημονική γνώση και, φυσικά, προσωπικότητα. Αλλά σ' αυτή την περίπτωση το σώμα αποτελείται από νέα στοιχεία με το δυναμικό για ακόμη χίλια χρόνια ζωής – και ούτω καθεξής επ' άπειρον. Αλλά για να περιορίσουμε την αύξηση του πληθυσμού, μόνο ιδιοφυΐες έχουν το δικαίωμα στην αιωνιότητα.

Όλοι στον πλανήτη μας έχουν ένα δείγμα κυττάρων παρμένο σε ορισμένη ηλικία, ελπίζοντας ότι θα διαλεχτούν για να ξαναδημιουργηθούν μετά το θάνατό τους. Κατ' ακρίβεια όχι μόνο ελπίζουν για αυτό, προσπαθούν να κερδίσουν αυτή την ανάσταση κατά τη διάρκεια της ζωής τους. Μόλις πεθάνουν, το μέγα συμβούλιο των αιωνίων συναθροίζεται για να αποφασίσει σε μια «τελευταία κρίση», ποιος ανάμεσα σε αυτούς που πέθαναν κατά τη διάρκεια του χρόνου αξίζει να ζήσει ακόμα μια ζωή. Για μια περίοδο τριών ζωών, ο αιώνιος είναι σε δοκιμασία, και στο τέλος αυτού του χρόνου, το συμβούλιο των αιωνίων ξανασυσκέπτεται για να κρίνει ποιος, από το φως της δουλειάς του, αξίζει να προσχωρήσει στο συμβούλιο των αιωνίων σαν ένα αιώνιο μέλος.

Από τη στιγμή που κάποιος επιθυμεί να έχει μια νέα ζωή, αυτός δεν έχει πλέον το δικαίωμα να έχει παιδιά, αλλά αυτό φυσικά δεν εμποδίζει την αγάπη. Αυτό εξηγεί γιατί οι επιστήμονες που ήταν μέλη του συμβουλίου των αιωνίων επιθυμούσαν να δημιουργήσουν ζωή σε άλλους πλανήτες. Μεταβίβασαν τα παραγωγικά τους ένστικτα σε άλλους πλανήτες.

— Τι ονομάζετε τους εαυτούς σας;

— Αν επιθυμείς να μας δώσεις ένα όνομα, παρόλο ονομάζουμε τους εαυτούς μας άντρες και γυναίκες στη γλώσσα μας, μπορείς να μας ονομάσεις Ελοχίμ, από τη στιγμή που πράγματι ήρθαμε από τον ουρανό.

— Τι γλώσσα μιλάτε στον πλανήτη σας;

— Η επίσημή μας γλώσσα μοιάζει πολύ με τα αρχαία εβραϊκά.

— Κάθε μέρα που μιλήσαμε εδώ, δε φοβόσουν άλλοι άνθρωποι θα μας εξέπلητταν;

— Ένα αυτόματο σύστημα θα με ειδοποιούσε αμέσως αν άνθρωποι πλησίαζαν μέσα σε μια επικίνδυνη ακτίνα, μέσω αέρα ή γης.

— Τι είναι το στυλ της ζωής σας και της δουλειάς σας εκεί που ζείτε;

— Η περισσότερη δουλειά μας είναι διανοητική, αφού το επίπεδό επιστημονικής μας ανάπτυξης, μας επιτρέπει να χρησιμοποιούμε ρομπότ για όλα. Δουλεύουμε μόνο όταν νιώθουμε την κλίση – και τότε μόνο με το μυαλό μας. Μόνο οι καλλιτέχνες και οι άνθρωποί μας των σπορ δουλεύουν με τα σώματά τους και μόνο επειδή έτσι διάλεξαν.

Η μέγιστα αναπτυγμένη ατομική ενέργεια είναι σχεδόν ανεξάντλητη, ειδικά από τότε που ανακαλύψαμε ένα τρόπο να χρησιμοποιούμε το άτομο σε ένα κλειστό κύκλωμα και ηλιακή ενέργεια. Επίσης έχουμε πολλές άλλες πηγές ενέργειας. Δε χρησιμοποιούμε απαραίτητα ουράνιο στους ατομικούς μας αντιδραστήρες, αλλά διάφορα άλλα απλά και ακίνδυνα υλικά.

— Αλλά αν ζείτε τόσο πολύ, και δεν δουλεύετε, δεν σας πιάνει βαριεστιμάρα;

— Όχι, ποτέ, επειδή πάντα κάνουμε πράγματα που απολαμβάνουμε να κάνουμε ειδικά έρωτα. Βρίσκουμε τις γυναίκες μας πολύ όμορφες, και επωφελούμαστε το μέγιστο απ' αυτό.

— Υπάρχει γάμος;

— Όχι. Οι άντρες και οι γυναίκες είναι και οι δύο ελεύθεροι. Ζευγάρια υπάρχουν. Αυτοί που επέλεξαν να ζουν έτσι μπορούν να κάνουν αυτό, αλλά μπορούν να έχουν την ελευθερία τους πίσω όποτε επιθυμήσουν. Όλοι αγαπάμε ο ένας τον άλλον. Η ζήλεια δεν υπάρχει, αφού όλοι μπορούν να έχουν τα πάντα, και δεν υπάρχει ιδιοκτησία. Δεν υπάρχει εγκληματικότητα εκεί που ζούμε, έτσι ούτε φυλακές ούτε αστυνομία. Αλλά, υπάρχουν πολλοί γιατροί και τακτικές ιατρικές επισκέψεις για το μυαλό.

Αυτοί που δείχνουν το ελάχιστο σημάδι ψυχολογικής ανισορροπίας που μπορεί να απειλήσει τη ζωή ή ελευθερία των άλλων αμέσως δέχονται θεραπεία για να επιστρέψουν πίσω στο κανονικό.

— Μπορείς να περιγράψεις τη μέρα ενός μέσου ατόμου εκεί που ζεις;

— Το πρωί, θα σηκωθούν και θα κάνουν μπάνιο, αφού υπάρχουν πισίνες παντού, θα έχουν πρωινό, και μετά θα κάνουν οτιδήποτε νιώθουν να κάνουν. Όλοι «δουλεύουν», αλλά μόνο επειδή νιώθουν να δουλέψουν, αφού δεν υπάρχουν λεφτά εκεί που ζούμε. Έτσι αυτοί που δουλεύουν πάντα το κάνουν καλά, επειδή γίνεται θεληματικά από τους εαυτούς τους.

Μόνο οι αιώνιοι έχουν συγκεκριμένους στόχους, για παράδειγμα να επιβλέπουν τα ηλεκτρονικά μυαλά και ηλεκτρονικούς υπολογιστές που χρησιμοποιούνται για ζωτικές λειτουργίες όπως ενέργεια, φαγητό, και οργάνωση. Από τους επτά δισεκατομμύρια κατοίκους, υπάρχουν μόνο 700 αιώνιοι, και ζουν εντελώς χωριστά από τους άλλους. Έχουν το προνόμιο να είναι αιώνιοι αλλά μ' αυτό πάει το καθήκον μαζί, να κάνουν όλα για τους άλλους που δεν υποχρεούνται να δουλεύουν.

Σε αυτούς τους 700 αιώνιους πρέπει να προσθέσουμε τους 210 υπό δοκιμασία (περίπου εβδομήντα κάθε χρόνο, δηλαδή, δέκα από κάθε επαρχία). Από τους επτά δισεκατομμύρια κατοίκους υπάρχουν μόνο περίπου σαράντα εκατομμύρια παιδιά. Είναι μόνο όταν αποκτήσουν την ηλικία μεταξύ δέκα οκτώ και είκοσι ένα χρόνων, εξαρτάται από το άτομο , που τα παιδιά υφίστανται την εγχείρηση που τους δίνει διάρκεια ζωής περισσότερο από 750 χρόνια. Στη συνέχειά , μπορούν και αυτοί να έχουν παιδιά. Αυτό καθιστά ικανούς τους γηραιότερους από τους μη αιώνιους κατοίκους να ξέρουν τους απογόνους τους μέχρι και πενήντα γενιές.

Από τους επτά δισεκατομμύρια κατοίκους, υπάρχουν μόνο περίπου ένα εκατομμύριο αδρανής άνθρωποι, και σχεδόν όλοι τους είναι κάτω από θεραπεία ψυχολογικών διαταραχών. Οι γιατροί μας τους περιποιούνται για μια περίοδο έξι μηνών. Οι πιο πολλοί άνθρωποι ενδιαφέρονται για τέχνες, και ζωγραφίζουν, δημιουργούν γλυπτά, παίζουν μουσική, γράφουν, παράγουν ταινίες, συμμετέχουν σε σπορ κτλ... Έχουμε έναν άνετο πολιτισμό με όλη τη σημασία της λέξης.

Οι πόλεις μας έχουν μέσο πληθυσμό περίπου 500.000 ανθρώπων εξαπλωμένων σε μια πολύ μικρή περιοχή. Μια πόλη είναι στην ουσία ένα τεράστιο σπίτι τοποθετημένο σ' ένα ψηλό μέρος, μέσα στο οποίο άνθρωποι μπορούν να κοιμηθούν, να αγαπήσουν και να κάνουν ότι ευχαριστιούνται.

Αυτές οι μεγαλουπόλεις, σπίτια είναι περίπου ένα χιλιόμετρο σε μήκος και πλάτος και διασχίζονται σε όλες τις κατευθύνσεις από κύματα που χρησιμοποιούνται από όλους για ταξίδια. Δένεις μια ζώνη, και μετά τοποθετείς τον εαυτό σου σ' ένα τρεχούμενο κύμα, που σε μεταφέρει πολύ γρήγορα οπουδήποτε θέλεις να πας.

Οι μεγαλουπόλεις έχουν σχήμα κύβου, για να μην καταβροχθίζουν την υπαίθρια γη όπως κάνουν εκεί που ζεις. Πράγματι μια από τις μεγαλουπόλεις σας με ας πούμε ένα πληθυσμό 500.000 καλύπτει μια επιφάνεια γης είκοσι φορές μεγαλύτερη από την δική μας. Το αποτέλεσμα είναι ότι όταν εσείς θέλετε να πάτε στην εξοχή, πρέπει να ταξιδέψετε για πολλές ώρες ενώ εμείς είμαστε εκεί σε μόνο δέκατα του δευτερολέπτου. Ο ίδιος αρχιτέκτονας διανοείται μια ολόκληρη πόλη έτσι ώστε να είναι ευχάριστη στο μάτι και να εναρμονίζεται τέλεια με το τοπίο που την περιβάλλει.

— Μα οι άνθρωποι που δεν έχουν τίποτα να κάνουν, δε βαριούνται;
— Όχι, επειδή τους προσφέρουμε πολυάριθμες δραστηριότητες. Η αληθινή αξία του ατόμου αναγνωρίζεται και όλοι θέλουν να δείξουν ότι έχουν αξία.

Ανεξαρτήτως αν είναι τέχνη, επιστήμη, αθλήματα, κάθε άτομο θέλει να λάμψει για να γίνει αιώνιος, ή απλά για να τον θαυμάζει η κοινωνία, ή μια γυναίκα. Κάποιοι άνθρωποι θέλουν να ρισκάρουν, και στερώντας τους το ρίσκο του θανάτου θα τους έπαιρνε την απόλαυση της ζωής τους, γι' αυτό τα επικίνδυνα αθλήματα είναι πολύ δημοφιλή.

Μπορούμε να φέρουμε πίσω στη ζωή οποιοδήποτε τραυματισμένο άτομο, αλλά αυτοί που εξασκούν αυτά τα αθλήματα μπορούν να τα εξασκούν μόνο αν αναφέρουν γραπτώς ότι συμφωνούν να μην τους φροντίσουμε αν πεθάνουν κατά τη διάρκεια των αθλητικών τους δραστηριοτήτων. Έχουμε ένα είδος ατομικού αυτοκινητικού αγώνα δρόμου που θα σε εντυπωσίαζε και πιο βίαιες δραστηριότητες όπως μποξ, και ακόμα πιο βίαιες από μποξ, ένα είδος Ράγκμπι, που παίζεται γυμνά και όλα επιτρέπονται , μποξ, πάλη και ούτω καθεξής. Όλα αυτά μπορεί να φανούν βάρβαρα σ' εσένα, αλλά μην ξεχνάς ότι όλα τα άκρα πρέπει να ισορροπούνται για να αποφεύγονται ξεσπάσματα.

Ένας ακραία εκλεπτυσμένος πολιτισμός πρέπει να έχει πρωτόγονα αντίβαρα. Αν οι άνθρωποί μας δεν είχαν τα είδωλά τους στο αγαπημένο τους άθλημα, θα τους απόμενε μόνο μια ευχή, να πεθάνουν. Η ζωή ενός άλλου ατόμου πρέπει να είναι σεβαστή, αλλά η επιθυμία τους να πεθάνουν, ή να παίξουν με το θάνατο, πρέπει επίσης να είναι σεβαστή και επιτρεπτή μέσα σε καλά οικοδομημένες και καθορισμένες κοινωνίες.

Εκεί που ζούμε, διαγωνισμοί γίνονται κάθε χρόνο σε όλους τους κλάδους των διαφόρων δραστηριοτήτων, ένας από τους οποίους είναι παγκόσμιος διαγωνισμός, που μας επιτρέπει να αποφασίσουμε τα καλύτερα άτομα που αξίζουν αιώνια ζωή. Όλοι ζουν μόνο γι' αυτό.

Κάθε χρόνο, ανεξαρτήτως αν είναι ζωγραφική, λογοτεχνία, βιολογία, ιατρική, ή οτιδήποτε άλλη ειδικότητα που το ανθρώπινο μυαλό μπορεί να εκφράσει τον εαυτό του, ένας διαγωνισμός διεξάγεται σε κάθε επαρχία, με ψήφο από τους αιωνίους εκείνης της επαρχίας. Οι «πρωταθλητές» συγκεντρώνονται στην πρωτεύουσα για να υποταχθούν στη ψήφο μιας επιτροπής αιωνίων που καθορίζουν αυτούς που γίνονται «πρωταθλητές των πρωταθλητών».

Αυτοί οι άνθρωποι τότε παρουσιάζονται στο Μέγα Συμβούλιο των αιωνίων, που τελικά επιλέγει αυτούς που αξίζουν να γίνουν αιώνιοι υπό δοκιμασία. Αυτός είναι ο σκοπός και ιδανικό όλων. Οι περισπασμοί μπορούν να πάρουν πρωτόγονη μορφή όταν ο ανώτατος στόχος είναι τόσο ψηλός.

— Αυτό σημαίνει ότι οι αιώνιοι έχουν έναν εντελώς διαφορετικό τρόπο ζωής από τους άλλους κατοίκους;

— Ω, ναι. Ζουν ξεχωριστά, σε πόλεις φτιαγμένες γι' αυτούς και συναντιόνται τακτικά για να παίρνουν αποφάσεις.

— Πόσο χρονών είναι οι γηραιότεροι;

— Ο γηραιότερος, ο πρόεδρος του συμβουλίου των αιωνίων, είναι 25.000 χρόνων, και τον βλέπεις μπροστά σου τώρα. Έχω ζήσει σε είκοσι πέντε σώματα μέχρι σήμερα, και ήμουν ο πρώτος στον οποίο δοκιμάστηκε αυτό το πείραμα. Γι' αυτό είμαι ο πρόεδρος των αιωνίων. Εγώ ο ίδιος διεύθυνα τη δημιουργία της ζωής πάνω στη Γη.

— Τότε η γνώση σου πρέπει να είναι αμέτρητη;

— Ναι έχω συσσωρεύσει αρκετά πολλή γνώση και δε θα μπορέσω να αποκτήσω πολλή ακόμα. Είναι μ' αυτό τον τρόπο που οι άνθρωποι της γης μπορεί να είναι ανώτεροι από εμάς λόγω του χώρου εκείνου του σημείου του εγκεφάλου, που συγκεντρώνει πληροφορίες, η μνήμη, είναι μεγαλύτερη. Οι άνθρωποι της γης θα είναι ικανοί να συγκεντρώσουν περισσότερη γνώση από εμάς, και θα εξελιχτούν πιο πολύ επιστημονικά, αν έχουν τα μέσα. Αυτό είναι που φοβίζει αυτούς που αντιτίθενται στο συμβούλιο των αιωνίων. Οι άνθρωποι της Γης μπορούν να προοδεύσουν γρηγορότερα από εμάς, αν τίποτα δεν τους σταματήσει.»

Χημική Μόρφωση

Η γνώση που πρέπει να συγκεντρώσουν οι μαθητές πρέπει αν είναι τεράστια και να παίρνει πάρα πολύ χρόνο;

« Όχι. Χάρις σε μια σημαντική επιστημονική ανακάλυψη, που ως γεγονός οι επιστήμονές σας στη Γη αρχίζουν να εξετάζουν, μπορούμε να διδάξουμε ένα μαθητή τα μαθήματά του χειρουργώντας τον. Οι επιστήμονές σας μόλις ανακάλυψαν ότι αν βάλεις με ένεση το υγρό από τη μνήμη ενός εκπαιδευμένου αρουραίου μέσα στο μυαλό ενός απαίδευτου αρουραίου, θα μάθει αυτός τι ήξερε ο άλλος.

Μπορούμε να μεταβιβάσουμε πληροφορίες με μία ένεση ύλης εγκεφαλικής μνήμης, έτσι τα παιδιά μας δεν έχουν σχεδόν καθόλου δουλειά να κάνουν. Συχνά υφίστανται ενέσεις εγκεφαλικής ύλης που πάρθηκε από ανθρώπους που κατέχουν τις πληροφορίες που απαιτούνται για οδηγίες. Έτσι, τα παιδιά περνούν το χρόνο τους μόνο κάνοντας ενδιαφέροντα πράγματα, που οι ίδιοι αποφασίζουν για τους εαυτούς τους, όπως ξανα- κτίζοντας τον κόσμο στη θεωρία και συμπληρώνοντας τους εαυτούς τους σε αθλήματα και τις τέχνες.»

Ποτέ δεν έχετε πολέμους μεταξύ των επαρχιών του κόσμου σας;

« Ποτέ. Οι αθλητικοί διαγωνισμοί είναι αρκετά αναπτυγμένοι για να εξαλείφουν το πολεμικό ένστικτο. Ψυχολογικά, το γεγονός ότι νεαροί άνθρωποι είναι ικανοί να ρισκάρουν τις ζωές τους σε παιχνίδια που συστηματικά υπάρχουν πολλοί θάνατοι, κατά τη διάρκεια κάθε συμβάντος, καταπολεμά το πολεμικό ένστικτο.

Αυτό κάνει ικανούς αυτούς που νιώθουν αυτό το ένστικτο πολύ έντονα να το χορταίνουν θέτοντας σε κίνδυνο τη δική τους ζωή, χωρίς να αναμιγνύουν αυτούς που δεν θέλουν να ταξιδέψουν κατά μήκος τέτοιων επικίνδυνων δρόμων. Αν στη Γη τα αθλήματα και τα παιχνίδια ήταν πιο επικίνδυνα αλλά οργανωμένα, θα ελαττώνονταν μέγιστα οι πιθανότητες δημιουργίας διεθνών συγκρούσεων.»

Είναι οι επτά επαρχίες του κόσμου σας παρόμοιες;

« Όχι, όπως στη Γη υπάρχουν διαφορετικές φυλές και πολιτισμοί. Οι επαρχίες μας δημιουργήθηκαν και βασίστηκαν σ' αυτές τις φυλές και πολιτισμούς, ενώ σεβόντουσαν την ελευθερία και ανεξαρτησία της κάθε μίας.»

Θα ήταν δυνατό για έναν άντρα από τη Γη να επισκεφθεί τον πλανήτη σας;

« Ναι, αλλά θα έπρεπε να φοράς μια διαστημική στολή προσαρμοσμένη για την αναπνοή σου. Θα μπορούσες να ζήσεις χωρίς μια τέτοια στολή σε μια ειδική κατοικία που έχουμε αναπαράγει την ατμόσφαιρα της γης. Εκεί, πολλοί άνθρωποι από τη Γη ζουν, συμπεριλαμβανομένων του Μωυσή, Ηλία, και του Ιησού Χριστού μαζί με άλλες ζωντανές μαρτυρίες της δημιουργίας μας. Θα είμαστε ικανοί να φέρουμε όλους αυτούς τους ανθρώπους πίσω στη Γη όταν η ώρα έρθει για να υποστηρίξουν τις ανακοινώσεις σου»

Γιατί δεν τους φέρνετε πίσω τώρα αμέσως;

« Επειδή στο δύσπιστο κόσμο σας, αν ο Ιησούς Χριστός γυρνούσε πίσω, θα τοποθετούνταν σ' ένα ψυχιατρικό ινστιτούτο. Φαντάσου κάποιον να προσγειωθεί ανάμεσά σας και να λέει ότι είναι ο Χριστός. Σίγουρα θα τον περιγελούσαν και γρήγορα θα τον έκλειναν. Αν επεμβαίναμε με το να κάνουμε επιστημονικά θαύματα για να δείξουμε ότι πράγματι είναι ο Χριστός, αυτό θα έφερνε πίσω θρησκείες βασισμένες στο Θεό. Επίσης θα έδινε υποστήριξη στην ιδέα του υπερφυσικού ή του μυστηριώδες, και δεν το θέλουμε.»

Λέγοντας αυτά, ο μικρός άντρας με αποχαιρέτισε για τελευταία φορά και μου είπε ότι θα γύριζε μόνο όταν όλα όσα ζήτησε από μένα πραγματοποιούντο. Μετά, ανέβηκε πίσω εντός της μηχανής του, και απομακρύνθηκε και εξαφανίστηκε ακριβώς όπως είχε κάνει και τα άλλα πρωινά.

Η Ραελιανή Κίνηση

Τι ιστορία! Τι αποκάλυψη!

Μετά που επέστρεψα σπίτι και ταξινόμησα και αντέγραψα τις σημειώσεις που πήρα, συνειδητοποίησα τον παμμέγιστο σκοπό που μου είχαν εμπιστευτεί.

Ένιωσα ότι είχα λίγες πιθανότητες να τα καταφέρω. Αλλά επειδή δεν είναι απαραίτητο να ελπίζεις για να αρχίσει μια ανάληψη επιχείρησης, αποφάσισα κάνω ακριβώς ότι μου είχε ζητηθεί, ακόμη κι αν μπορεί να παρθώ σαν ονειροπόλος. Άλλωστε, αν το να είμαι ονειροπόλος σημαίνει ότι έχω δεκτή το φως, τότε είμαι αρκετά πρόθυμος να παρθώ σαν ονειροπόλος. Είναι καλύτερα να ονομαστώ ονειροπόλος και να ξέρω την αλήθεια, από το να ονομαστώ φωτισμένος και να μη ξέρω την αλήθεια.

Επιθυμώ να τονίσω στους αμφισβητίες όλων των ειδών ότι ποτέ δεν πίνω αλκοόλ και κοιμάμαι πολύ καλά τη νύκτα. Κάποιος δεν μπορεί να κοιμάται για έξι συνεχόμενες μέρες, ούτε να εφευρίσκει όλα αυτά.

Σε σας που αρνείστε να με πιστέψετε, λέω: Παρακολουθήστε τον ουρανό, και θα δείτε πολλές και πιο πολλές θεάσεις που ούτε οι επιστήμονές μας ούτε ο στρατός θα είναι ικανοί να εξηγήσουν , εκτός από ανόητες απαντήσεις που σκοπό έχουν να σωθούν οι φήμες τους οι οποίες πιστεύουν ότι θα χαθούν αν η αλήθεια δεν προέρχεται από κάποιον του κλειστού τους κύκλου. Πώς ένας επιστήμονας είναι δυνατό να μη ξέρει;

Αυτοί που καταδίκασαν τον Κοπέρνικο , επειδή τόλμησε να πει ότι η Γη δεν ήταν το κέντρο του σύμπαντος , δεν μπορούσαν να παραδεχτούν ότι κάποιος άλλος από τους εαυτούς τους μπορούσε να αποκαλύψει όλο αυτό.

Αλλά όλοι εσείς που είδατε ή θα δείτε αγνώστου ταυτότητας ιπτάμενα αντικείμενα, που κάποιοι άνθρωποι θα εξηγήσουν σαν όνειρα, ή μπαλόνια καιρού, ή παραισθήσεις, κι όλοι εσείς που δεν τολμάτε να μιλήσετε από φόβο ότι θα σας κοροϊδέψουν, είναι μόνο με το να συνδεθείτε μ' αυτούς που πιστεύουν που θα μπορείτε να μιλάτε ελεύθερα.

Όλες αυτές οι αποκαλύψεις με έφεραν σ' ένα τόσο καλό αίσθημα ευημερίας και σε μια τόσο μεγάλη εσωτερική γαλήνη σ' αυτό τον κόσμο που δεν ξέρουμε τι να πιστέψουμε, όπου δεν μπορούμε να πιστέψουμε σ' ένα Θεό με λευκό γένι ή σ' ένα διάβολο με κέρατα, και που οι επίσημοι επιστήμονες δεν μπορούν να δώσουν ακριβές εξηγήσεις για την προέλευση και τους σκοπούς μας.

Στο φως αυτών των καταπληκτικών αποκαλύψεων, τα πάντα γίνονται τόσο καθαρά και φαίνονται τόσο απλά. Ξέροντας ότι κάπου στο σύμπαν, υπάρχει ένας πλανήτης γεμάτος ανθρώπους που μας δημιούργησαν παρόμοιους με τους εαυτούς τους, που μας αγαπούν, και συγχρόνως φοβούνται ότι οι δημιουργίες τους θα τους ξεπεράσουν , δεν είναι αυτό πολύ συγκινητικό; Ειδικά αν κάποιος νομίζει ότι εμείς, με τη σειρά μας, θα είμαστε έτοιμοι να συμμετάσχουμε στην εξέλιξη αυτής της ανθρωπότητας της οποίας είμαστε ένα μέρος, όπως αυτοί, με το να δημιουργούν ζωή σε άλλους κόσμους.

Τώρα που διαβάσατε αυτό το βιβλίο που έγραψα, στο οποίο προσπάθησα να ορίσω όσο πιο καθαρά ήταν δυνατό όλα αυτά που μου είχαν λεχτεί, αν απλά νομίζετε ότι έχω μια σπουδαία φαντασία και ότι αυτά τα γραπτά παράχθηκαν για να σας διασκεδάσουν, τότε θα είμαι βαθιά απογοητευμένος.

Αλλά ίσως, αυτές οι αποκαλύψεις θα σας δώσουν αυτοπεποίθηση για το μέλλον και θα σας επιτρέψουν να καταλάβετε το μυστήριο της δημιουργίας και το πεπρωμένο της ανθρωπότητας. Ίσως θα απαντήσουν τις πολλές απαντήσεις που ρωτήσατε στους εαυτούς σας τη νύκτα από τότε που ήσασταν παιδιά, αναρωτώμενοι, γιατί υπάρχουμε ? και ποιος είναι ο σκοπός μας σ' αυτή τη Γη? Αν αυτό συμβεί, θα είμαι πράγματι πολύ ευτυχισμένος.

Τελικώς, αν καταλαβαίνετε ότι όλα όσα έχω πει εδώ είναι η προφανής αλήθεια και επιθυμείτε, όπως εγώ, να δείτε αυτούς τους ανθρώπους να προσγειώνονται εδώ επίσημα πολύ σύντομα για να μας δώσουν την κληρονομιά τους, και θέλετε να παίξετε ένα ρόλο στην πραγματοποίηση όλων που ζητήθηκαν από μένα, τότε θα έχω εκπληρώσει την αποστολή μου γράφοντας αυτό το βιβλίο.

Σ' αυτή την περίπτωση, γράψτε σε μένα, και θα σας καλωσορίσουμε στη Ραελιανή Κίνηση. Θα κτίσουμε την κατοικία που επιθυμούν, κι όταν είμαστε αρκετοί σ' όλο τον κόσμο για να τους περιμένουμε με το σεβασμό και την αγάπη που αυτοί που μας δημιούργησαν θα έχουν το δικαίωμα να απαιτούν, ότι θα έρθουν, και θα γίνουμε οι δικαιούχοι της τεράστιάς τους γνώσης.

Σε όλους εσάς που πιστεύετε στο Θεό ή στον Ιησού Χριστό, λέω ήσασταν σωστοί στην πίστη σας. Ακόμη και αν νομίσατε ότι όλα δεν ήταν όπως η Εκκλησία σας είχε να πιστεύετε, υπήρχε μια βάση αλήθειας. Ήσασταν σωστοί στο να πιστεύετε στη βάση των γραφών, αλλά λάθος στο να υποστηρίζετε την Εκκλησία. Αν συνεχίσετε να συνεισφέρετε τα λεφτά σας και να προμηθεύετε τους καρδινάλιους με τα κομψότερα ενδύματα και με δικά σας έξοδα να συνεχίζουν να εξουσιοδοτούν την ύπαρξη του στρατού και των πυρηνικών τους απειλών, τότε σημαίνει ότι επιθυμείτε να παραμείνετε πρωτόγονοι και δεν ενδιαφέρεστε να μπείτε στην χρυσή εποχή που τώρα δικαιούμαστε.

Αν επιθυμείτε να συμμετάσχετε παθητικά ή ενεργητικά, σύμφωνα με τα μέσα σας, στην δημιουργία και ανάπτυξη της Ραελιανής Κίνησης, πάρτε την πέννα σας και γράψετε μου. Πολύ σύντομα θα είμαστε αρκετά πολλοί για να επιλέξουμε ένα κομμάτι γης στο οποίο η πρεσβεία θα κτιστεί. Αν ακόμη έχετε αμφιβολίες διαβάστε τις εφημερίδες και κοιτάξτε στον ουρανό. Θα δείτε ότι θεάσεις μυστηριωδών σκαφών γίνονται όλο και πιο πολλές, και αυτό θα σας δώσει κουράγιο να στείλετε το γράμμα σας σε μένα, στη διεύθυνση: www.rael.org

ΒΙΒΛΙΟ ΔΕΥΤΕΡΟ

ΟΙ ΕΞΩΓΗΙΝΟΙ ΜΕ ΠΗΓΑΝ
ΣΤΟΝ ΠΛΑΝΗΤΗ ΤΟΥΣ

1
Η ΖΩΗ ΜΟΥ ΜΕΧΡΙ ΤΗΝ ΠΡΩΤΗ ΣΥΝΑΝΤΗΣΗ

Εισαγωγή

Όταν άρχισα αυτό το δεύτερο βιβλίο ήθελα απλά να αναφέρω πως ήταν η ζωή μου πριν την καταπληκτική συνάντηση στις 13 Δεκεμβρίου του 1973, για να απαντήσω τους πολλούς ανθρώπους που ρώτησαν πρώτα τι είχα κάνει πριν εκείνο τον καιρό, και αν κάτι το αξιοσημείωτο έγινε σε μένα κατά τη διάρκεια της παιδικής μου ηλικίας, που θα προμήνυε τέτοιο πεπρωμένο.

Ξαφνιάστηκα κι εγώ με τον εαυτό μου καθώς ερευνούσα τις μνήμες μου, παρόλο που σκεπτόμουνα ότι τίποτα το αξιοσημείωτο δε συνέβηκε στην αρχή της ζωής μου, βρήκα σκηνές να έρχονται ξανά πίσω στην επιφάνεια, που σχημάτισαν ένα ολόκληρο κομμάτι όταν τις έβαλα μαζί, και είδα ότι η ζωή μου πράγματι καθοδηγήθηκε για μένα για να είμαι το τι ήμουν και να βρω τον εαυτό μου στις 13 Δεκεμβρίου, του 1973.

Σχεδόν είχα τελειώσει να γράφω αυτό τον απολογισμό όταν η δεύτερη συνάντηση έγινε. Έτσι συντόμευσα τις αναμνήσεις εν ολίγοις για να δώσω όσο δυνατό χώρο περισσότερο στο δεύτερο μέρος αυτού του μηνύματος και για να αποδώσω μια ολοκληρωμένη έκθεση αυτής της δεύτερης επαφής, που αποδείχτηκε ότι είναι πιο εντυπωσιακή από την πρώτη.

Δύο Χρόνια Πέρασαν

Δύο χρόνια! Για σχεδόν δύο χρόνια τώρα προσπαθούσα κάπως να μεταδώσω αυτή την αλήθεια, που είναι πολύ μεγάλη για μένα. Ο χρόνος περνά, και νιώθω ότι δεν πάω πουθενά. Παρόλα αυτά, λίγο λίγο, ένας συμπαγής πυρήνας ανθρώπων δημιουργείται γύρω μου, άνθρωποι που καταλαβαίνουν ότι Το Βιβλίο που Λέει την Αλήθεια πράγματι αυτό κάνει.

Υπάρχουν επτακόσιοι απ' αυτούς καθώς γράφω αυτές τις γραμμές, και καταλαβαίνω πως είναι ταυτόχρονα πολλοί και λίγοι. Λίγοι αν λάβουμε υπόψη τα τέσσερα δισεκατομμύρια ανθρώπων που κατοικούν στη γη, και πολλοί αν λάβουμε υπόψη πόσοι λίγοι άνθρωποι αποφάσισαν, μετά από δύο χρόνια, να ακολουθήσουν τον άντρα που, δύο χιλιάδες χρόνια πριν, είχε το ίδιο βαρύ φορτίο του να μυηθεί και μετά να μυήσει τους πρωτόγονους ανθρώπους της εποχής του.

Ποιοι είναι αυτοί οι εφτακόσιοι; Είναι μήπως (προς μεγάλη χαρά όσων θα με ειρωνευτούν) αφελή κορόιδα, που θα μπορούσαν να καταπιούν οτιδήποτε ακούσουν; Όχι, καθόλου. Μερικοί απ' αυτούς είναι διπλωματούχοι πανεπιστημίων ή άνθρωποι με διδακτορικά στη φιλοσοφία, ψυχολογία, θεολογία, κοινωνιολογία, φαρμακευτική, φυσική, χημεία κ.ά.

Ο θαυμασμός μου ίσως είναι ο ίδιος για αυτούς που δεν έχουν δίπλωμα, παρόλο που δεν απόκτησαν γνώση μέσω της μελέτης που θα τους επέτρεπε να κατανοήσουν ότι ζωντανή ύλη και άνθρωποι σαν εμάς μπορούν να δημιουργηθούν επιστημονικά, μπορούν να το νιώθουν προαισθηματικά, σαν άνθρωποι ικανοί να χειρίζονται την ύλη και να βάζουν τους εαυτούς τους σε αρμονία στο σύμπαν που είναι.

Πρέπει να πω ότι είμαι αισιόδοξος γενικά, και ότι πιστεύω ότι μέχρι τώρα πέτυχα την αποστολή που μου έχει εμπιστευτεί. Επειδή οτιδήποτε και να συμβεί σ' εμένα, ο MADECH υπάρχει και δουλεύει και τίποτα ποτέ δεν θα τον σταματήσει.

Στα δύο αυτά χρόνια έχω δώσει σαράντα περίπου διαλέξεις, και επειδή κάποιες ερωτήσεις παρουσιάζονται συχνά, υποθέτω ότι κάποια κομμάτια του μηνύματος πρέπει να ξεκαθαριστούν. Έτσι αυτό θα προσπαθήσω να κάνω σ' αυτή τη δουλειά.

Πρώτα απ' όλα, ποιο δρόμο ακολούθησα πριν τη συνάντηση της 13ης Δεκεμβρίου του 1973;

Πρέπει να παραδεχτώ ότι μόλις πριν λίγο καιρό άρχισα να εξετάζω το παρελθόν μου, για να καταλάβω ακριβώς πως οδηγήθηκα και πως προετοιμάστηκα για να μπω στη δράση του πνευματικού, φυσικού και συναισθηματικού επιπέδου εκείνης της εποχής.

Ορισμένα γεγονότα στην παιδική μου ηλικία ποτέ δε μου φάνηκαν ότι είχαν την ελάχιστη σημασία όταν τα έβλεπα ξεχωριστά, αλλά είχαν σημασία όταν τα είδα όλα μαζί.

Τώρα φαίνεται πολύ καθαρό σε μένα, και συγκινούμε όταν θυμάμαι μερικά πράγματα που θεωρούσα ασήμαντα τη στιγμή που συνέβαιναν. Ποτέ δεν είχε περάσει από το μυαλό μου η ιδέα ότι θα διηγιόμουν την ιστορία της ζωής μου με ένα τρόπο που να υπαινίσσεται ότι κάθε γεγονός σ' αυτή ήταν εξαιρετικό, αλλά φαίνεται ότι πολλοί άνθρωποι θέλουν να μάθουν περισσότερα για το τι έγινε σε μένα πριν. Επίσης, αντί να αφήσω αυτό το θέμα σε κουτσομπόληδες, καλύτερα να το διηγηθώ εγώ.

Παιδική Ζωή: ΑΤΙΑ πάνω από την Αμπέρ

Σαν παιδί αγνώστου πατρός, δεν μπορώ να πω ότι είχα μια τυπική παιδική ζωή. Ήμουν αυτό που λέμε «θετό» παιδί σαν και όλα τα άλλα παιδιά δεν είναι θετά.

Η γέννησή μου ήταν ένα ατύχημα κατά κάποιο τρόπο, για τη μικρή κοινότητα της Αμπέρ, που είναι τόσο φιλόθρησκη καθολική, που είναι γνωστή ως «η παγκόσμια πρωτεύουσα του κομπολογιού». Επίσης, ο άγνωστος πατέρας, που δεν ήταν τελείως άγνωστος, ήταν προφανώς ένας Εβραίος πρόσφυγας. Τι ιεροσυλία!

Η γέννησή μου αποκρύφτηκε όσο το δυνατόν περισσότερο, όχι σε μια σπηλιά, αλλά σε μια κλινική στο κοντινό Βισύ. Έγινε στις 30 Σεπτεμβρίου το 1946 γύρω στις δύο το πρωί, και ήταν μια πολύ δύσκολη γέννα. Αλλά το σημαντικό πράγμα είναι ότι η σύλληψη έγινε στις 25 Δεκεμβρίου του 1945. Η σύλληψη, η στιγμή που ένα ον πραγματικά αρχίζει να υπάρχει και ν' αναπτύσσεται στη μήτρα της μητέρας του, είναι η πραγματική ημερομηνία γέννησης για κάθε άτομο. Για σχεδόν δυο χιλιάδες χρόνια, η 25η Δεκεμβρίου είναι μια πολύ σημαντική ημερομηνία. Γι αυτούς που πιστεύουν στις συμπτώσεις, η ζωή μου ξεκίνησε με μια σύμπτωση.

Όταν γυρίσαμε στην Αμπέρ, η δύστυχη μητέρα μου προσπάθησε για πολύ καιρό να κάνει πιστευτό ότι ήμουν «ο γιος ενός φίλου, που φρόντιζε προς το παρόν», τον πατέρα της, ο οποίος παρόλο που το κρατούσε εναντίον της όταν έμαθε την αλήθεια, αποδείχτηκε ότι ήταν ο καλύτερος παππούς κατά τη διάρκεια του λίγου χρόνου που τον ήξερα. Δυστυχώς, πέθανε όταν ήμουν ακόμη πολύ μικρό παιδί. Μετά μου διηγήθηκαν για το αστείο βλέμμα που έριξε όταν, βλέποντας τον να κλαδεύει τα δέντρα φρούτων, πήρα κι εγώ το κλαδευτήρι για να κλαδέψω... τα μαρούλια του.

Ανατράφηκα από τη γιαγιά και τη θεία μου, οι οποίες τότε και τώρα ζουν μαζί. Με έμαθαν να διαβάζω και με βοήθησαν να κάνω τα πρώτα μου βήματα, πράγμα που θυμάμαι πολύ καλά , σίγουρα η πιο πρώιμη μνήμη της ζωής μου.

Ήταν μόνο πολύ πρόσφατα που η γιαγιά μου, μου είπε ότι το 1947 είδε ένα περίεργο σκάφος να πετά πολύ γρήγορα και αθόρυβα πάνω από την Αμπέρ κοντά στο σπίτι της. Δεν τόλμησε ποτέ να πει σε κανένα γι' αυτό από φόβο να κατηγορηθεί ότι έχει παραισθήσεις. Ήταν μόνο μετά που διάβασε το βιβλίο μου, που αποφάσισε να μου μιλήσει γι' αυτό... και την ίδια στιγμή αποφάσισε να προσχωρήσει στη MADECH. Η απόφασή της να προσχωρήσει στη MADECH, ήταν βασικά, η πιο σημαντική μορφή ενθάρρυνσης που έλαβα.

Ο Πάπας Των Ιερέων Των Κελτών

Στην Αμπέρ υπήρχε ένας ηλικιωμένος άντρας, που τα μικρά παιδιά φοβόντουσαν και οι μεγάλοι τον κορόιδευαν. Το παρατσούκλι που του είχαν δώσει ήταν «Ιησούς Χριστός», επειδή είχε πολύ μακριά μαλλιά σε κότσο και μια μεγαλοπρεπή γενειάδα. Ήταν πάντα ντυμένος με μια μακριά κάπα, που έφτανε ως κάτω στους αστραγάλους, κι έμενε εκατό περίπου μέτρα από το σπίτι που είχε νοικιάσει η μητέρα μου. Δεν δούλευε και κανένας δεν γνώριζε που έβρισκε τα μέσα να ζει σ' ένα μικροσκοπικό σπίτι μπροστά από το δημοτικό σχολείο.

Όσο τα παιδιά μεγάλωναν, σταματούσαν να τον φοβούνται και, όπως οι γονείς τους, άρχιζαν να τον κοροϊδεύουν, ακολουθώντας τον με γέλια και κάνοντάς του γκριμάτσες.

Εγώ δεν ήθελα να παίζω με τους άλλους, και προτιμούσα να παρατηρώ έντομα και να κοιτάζω βιβλία. Πέρασα αυτόν τον άντρα πολλές φορές στο δρόμο κι έμενα έκπληκτος από το πρόσωπό του, που ακτινοβολούσε μεγάλη ευγένεια, και μ' εκείνο το παράξενο χαμόγελο που είχε όποτε με κοίταζε. Δεν ήξερα γιατί, αλλά δεν με τρόμαζε και δεν έβρισκα τίποτε το αστείο πάνω του. Επίσης δεν καταλάβαινα γιατί γελούσαν μαζί του τ' άλλα παιδιά.

Κάποιο απόγευμα τον ακολούθησα, από περιέργεια, για να δω πού θα πήγαινε. Μπήκε στο μικρό σπίτι του, αφήνοντας ανοιχτή την πόρτα που οδηγούσε σε μια μικρή, πολύ σκοτεινή κουζίνα. Πλησίασα και τον είδα να κάθεται σ' ένα σκαμνί μ' ένα παράξενο χαμόγελο, σα να με περίμενε. Μου έγνεψε να μπω. Μπήκα μέσα στο σπίτι και πήγα κοντά του.

Ακούμπησε το χέρι του πάνω στο κεφάλι μου, κι αισθάνθηκα μια παράξενη αίσθηση. Ταυτόχρονα σήκωσε το κεφάλι του προς τον ουρανό και άρχισε να λέει κάποια λόγια που δεν κατάλαβα. Μετά από μερικά λεπτά μ' άφησε να φύγω χωρίς να πει τίποτα, έχοντας το ίδιο μυστηριώδες χαμόγελο.

Όλα αυτά με παραξένεψαν τότε, αλλά γρήγορα τα ξέχασα. Το καλοκαίρι του 1974 διάβαζα ένα βιβλίο που μου είχε στείλει η μητέρα μου, σχετικά με τα μυστήρια του Αουβεργκνέ. Απ' αυτό έμαθα ότι ο Πατέρας Ντιζάρντ, ο ηλικιωμένος άντρας που ανέφερα προηγουμένως, ήταν ο τελευταίος «Ντιζάρντ», δηλαδή ο τελευταίος «Πάπας» των Δρυίδων, ο οποίος είχε πεθάνει πριν μερικά χρόνια.

Τότε θυμήθηκα τη σκηνή που μου είχε συμβεί όταν ήμουν μικρός, και ξανάφερα στο μυαλό μου το παράξενο χαμόγελο που είχε όταν τον περνούσα από το δρόμο, σχεδόν κάθε μέρα, αφού ήμασταν γείτονες ή περίπου γείτονες. Τώρα ξέρω ακριβώς σε ποιους μιλούσε όταν κοιτούσε προς τον ουρανό και ανέφερε τις μυστήριες φράσεις, όπως ξέρω το τι ήταν η αθόρυβη, φωτεινή μηχανή που είχε δει να περνά, κοντά από το σπίτι μας, η γιαγιά μου.

Κάτι άλλο που ήρθε στο μυαλό μου, είναι ότι, μετά απ' όσα έγιναν στο σπίτι του Πατέρα Ντιζάρντ, πήγαινα να κοιμηθώ κάθε βράδυ αριθμώντας μέχρι το εννιά, πολλές φορές. Αυτός είναι ένας αριθμός που τακτικά σημάδευε τη ζωή μου, σαν ένας κωδικός που μου ανέθεσαν. Ποτέ δεν ήμουν ικανός να εξηγήσω αυτή τη συνήθεια που ξεκίνησε αρκετά χρόνια μετά που είχα μάθει να μετράω πολύ ψηλότερα από το εννιά και δεν μπορούσε να είναι το αποτέλεσμα μάθησης από επανάληψη. Ήμουν επτά χρονών όταν αυτό το περιστατικό συνέβη.

Ποίηση

Αυτό που μ' ενδιέφερε εκείνο τον καιρό περισσότερο ήταν τα ζώα, που μ' άρεσε να τα σκιτσάρω όλη μέρα όταν δεν οργάνωνα κούρσες σαλιγκαριών. Γοητευμένος από το ζωικό βασίλειο, ονειρευόμουν μόνο να γίνω εξερευνητής, για να πλησιάσω την μυστηριώδη πανίδα των παρθένων δασών.

Όταν έγινα εννιά χρονών (πάλι το εννιά), όλα άλλαξαν. Πρώτα ανακάλυψα ένα πραγματικό πάθος που είχα: την ταχύτητα. Ταχύτητα σε κάθε τι με τροχούς, με ή χωρίς μηχανή. Ταχύτητα και ιδιαίτερα ισορροπία, την αίσθηση της φυγοκέντρου και τον αγώνα ενάντια στον ίδιο μου τον εαυτό, ενάντια στ' ανακλαστικά μου, για την ολοκληρωτική κυριαρχία του μυαλού πάνω στο σώμα.

Άρχισα με απερίσκεπτες βόλτες πάνω σ' ένα μικρό ποδήλατο χωρίς σχεδόν καθόλου φρένα, και αναρωτιόμουν πως και δεν έπεφτα ούτε μια φορά. Για να ζωηρέψω τα πράγματα ανέβαινα με το ποδήλατο μου στην κορυφή ενός λόφου και περίμενα μέχρι να περάσει ένα γρήγορο αμάξι. Τότε ξαμολιόμουν με ιλιγγιώδη ταχύτητα, ακολουθούσα και προσπερνούσα τ' αμάξι, προς μεγάλη έκπληξη του οδηγού. Όταν έφτανα στους πρόποδες του λόφου, έκανα στροφή και γυρνούσα πίσω, για να περιμένω το επόμενο αυτοκίνητο.

Λίγους μήνες αργότερα, κατά τύχη, παρακολούθησα τον Αυτοκινητιστικό Γύρο της Γαλλίας και ήταν αγάπη από την πρώτη ματιά. Ήταν δυνατό, συνειδητοποίησα, να μάθω τις απολαύσεις της μεγάλης ταχύτητας χωρίς να πρέπει κάνω πετάλι κατεβαίνοντας από ένα λόφο. Και αυτό μπορεί να γίνει επάγγελμα.

Αποφάσισα, με τον τρόπο που αποφασίζει ένα παιδί εννιά χρονών: θα γινόμουν οδηγός αγωνιστικών αυτοκινήτων.

Από την ημέρα εκείνη το κέντρο του ενδιαφέροντος μου ήταν στραμμένο μόνο στους αυτοκινητιστικούς αγώνες. Τίποτε άλλο δεν μ' ενδιέφερε και δεν έβλεπα καμιά χρησιμότητα στο να μαθαίνω όλα αυτά που προσπαθούσαν να με διδάξουν στο σχολείο. Δεν πρόσφεραν τίποτα σ' έναν οδηγό αγώνων! Τα παιδικά κόμιξ αντικαταστήθηκαν από σοβαρά αυτοκινητιστικά περιοδικά, κι άρχισα να μετρώ ανυπόμονα το χρόνο που χρειαζόταν για να μου επιτραπεί να βγάλω δίπλωμα οδηγού.

Για πρώτη μου φορά, στα εννιά μου χρόνια, στάλθηκα σε οικοτροφείο. Η μητέρα μου, απελπισμένη επειδή δεν έδειχνα καμιά πρόοδο στο σχολείο κι επειδή επαναλάμβανα συνέχεια ότι δεν χρειάζονταν αυτά σε κάποιον που θέλει να γίνει οδηγός αγωνιστικών αυτοκινήτων, αποφάσισε να με στείλει στο οικοτροφείο του Νοτρ-Νταμ-Ντι-Φρανς, στην Πουί αν Βιλαΰ.

Είχε την ελπίδα ότι μ' αυτό τον τρόπο, χωρίς τα περιοδικά για τ' αυτοκίνητα, θα ενδιαφερόμουν για τα μαθήματα. Δεν είχε άδικο, ως ένα βαθμό. Έχω κακές αναμνήσεις από το πρώτο οικοτροφείο, επειδή ήμουν πολύ μικρός για να προσαρμοστώ στις απαιτήσεις του.

Θυμάμαι ότι πέρασα πολλές νύχτες κλαίγοντας, στον τεράστιο θάλαμο όπου βρισκόμουν, και τώρα πιστεύω, αυτό που μου έλειψε περισσότερο ήταν η ευκαιρία να είμαι μόνος μου και να συλλογίζομαι.

Αυτή η ανάγκη, που μ' έκανε να κλαίω τις νύχτες, αύξησε τις συναισθηματικές και συγκινησιακές μου ανάγκες, όπως κάθε συναισθηματική και στοργική ανάγκη που δεν σου επιτρέπεται.

Τότε ανακάλυψα την ποίηση.

Πάντοτε με έλκυε περισσότερο η λογοτεχνία παρά τα μαθηματικά, αλλά σαν ένας ενδιαφερόμενος παθητικός αναγνώστης. Αργότερα μου ήρθε η επιθυμία, η ανάγκη να γράφω σε έμμετρο λόγο, αν ήταν δυνατόν. Έμεινα αδιάφορος στα μαθηματικά, αλλά πέτυχα ένα γερό μέσο όρο όπως και στα υπόλοιπα μαθήματα. Αλλά στα Γαλλικά, και ιδιαίτερα την έκθεση, ήμουν πρώτος όταν μου άρεσε το θέμα. Έγραψα μια ποιητική συλλογή και κέρδισα το πρώτο βραβείο σ' ένα διαγωνισμό ποίησης.

Το πιο εκπληκτικό πράγμα ήταν ότι δεν είχα βαπτιστεί. Βρισκόμουν σε οικοτροφείο με Καθολικούς μοναχούς και όλα όσα συνεπάγονται (προσευχή πριν από το γεύμα, πριν πάω στο κρεβάτι, όταν ξυπνάγαμε, πριν από το μάθημα κοκ), συμπεριλαμβανομένης της καθημερινής λειτουργίας με μετάληψη. Μετά από έξι μηνών καθημερινές θρησκευτικές δραστηριότητες, οι μοναχοί ανακάλυψαν με τρόμο ότι δεν είχα βαπτιστεί. Ήταν στ' αλήθεια διασκεδαστικό για μένα. Το μόνο μέρος των λειτουργιών που μου άρεσε, ήταν όταν παίρναμε το αντίδωρο.

Ήμουν επίσης εννιά χρόνων όταν μπήκα στην εφηβεία. Μου άρεσε πάρα πολύ και ήταν μια παρηγοριά στη μοναξιά μου, ν' ανακαλύπτω άγνωστες και κρυφές χαρές που κανένας από τους άλλους εννιάχρονους στο θάλαμο δεν φαινόταν να γνωρίζει.

Τελικά, στην ηλικία των εννιά ένιωσα ερωτευμένος για πρώτη φορά, με τον έντονο τρόπο που τα παιδιά αυτής της ηλικίας ερωτεύονται. Προόδευα στα μαθήματα και η μητέρα μου δέχτηκε να μη με ξαναστείλει στο οικοτροφείο. Έτσι βρέθηκα στην τέταρτη τάξη του δημοτικού σχολείου της Αμπέρ. Εκεί ήταν. Το όνομά της ήταν Μπριζίτ και ήταν εννιά χρονών. Ήμουν ντροπαλό παιδί και κοκκίνιζα γελοία. Μια ματιά κατά τη διάρκεια μιας ιατρικής εξέτασης, ήταν αυτό που προκάλεσε μια σεμνή χειρονομία για να κρύψει από τα μάτια μου το στήθος της, που δεν είχε ακόμη αρχίσει να σχηματίζεται. Η χειρονομία μού άφησε τρυφερά συναισθήματα και μια μεγάλη επιθυμία να προστατεύσω αυτό το, φαινομενικά, εύθραυστο πλάσμα.

Τον επόμενο χρόνο βρισκόμουν στο ίδιο σχολείο, στη πέμπτη τάξη, μαζί με την πρώτη μου αγάπη, στην οποία ακόμη δεν τολμούσα να μιλήσω. Καθόμουν ένα θρανίο πιο μπροστά απ' αυτήν, από την αρχή της χρονιάς, και μπορούσα να στρέφω πίσω το κεφάλι μου και να βλέπω το αγαπημένο μου πρόσωπο. Ήμουν δέκα χρονών τότε και τη σκεφτόμουν συνέχεια.

Το γεγονός ότι βρισκόμουν τόσο κοντά της, με κέντρισε και άρχισα να μελετώ εντατικότερα, γιατί δεν ήθελα να χάσω το χρόνο. Πέρασα στην έκτη τάξη, χωρίς κανένα ενδιαφέρον για τα μαθήματα.

Δυστυχώς όμως αλλάξαμε αίθουσες, και είχαμε διαφορετικούς δασκάλους αντί για ένα. Σαν αποτέλεσμα ήμουνα σχεδόν πάντα χωρισμένος απ' αυτήν και δεν έκανα καμία εργασία για το σχολείο, τόσο πολύ που τον επόμενο χρόνο βρέθηκα πάλι σ' ένα οικοτροφείο, το οποίο βρισκόταν τριάντα περίπου χιλιόμετρα μακριά από την Αμπέρ: στο Κουνλά.

Εκεί ήταν χειρότερα από το Πουί αν Βιλαΰ. Ήμασταν ο «ένας πάνω στον άλλο», σ' ένα μικρό θάλαμο που μόλις θερμαινόταν και το χειρότερο απ' όλα, δεν υπήρχε πειθαρχία. Τα πιο δυνατά παιδιά επέβαλλαν τους νόμους τους στα υπόλοιπα. Εκεί ανέπτυξα ένα μίσος κατά της βίας.

Μια μέρα, κουρασμένος από τα πειράγματα των δυνατότερων παιδιών, στα οποία δεν επέβαλλαν καμιά τιμωρία, αποφάσισα να γυρίσω στο σπίτι μου, ακόμη κι αν έπρεπε να διανύσω τα τριάντα χιλιόμετρα με τα πόδια. Κανένας δεν κατάλαβε την απουσία μου, κι όταν ο διευθυντής του οικοτροφείου με βρήκε με τ' αυτοκίνητο του, είχα περπατήσει δέκα χιλιόμετρα περίπου.

Προς μεγάλη μου χαρά με πέταξαν έξω από το οικοτροφείο στα μέσα της σχολικής χρονιάς, και επέστρεψα στο οικοτροφείο της Αμπέρ, σαν προσωρινός μαθητής. Ήμουν χαρούμενος, γιατί συναντούσα κάθε μέρα στο δρόμο τη Μπριζίτ, που ήταν δώδεκα χρονών και η ομορφιά της μεγάλωνε όσο αναπτυσσόταν το σώμα της.

Αδιαφορώντας όλο και περισσότερο για τα μαθήματα, άρχισα να εκτιμώ το σκασιαρχείο, επειδή δε μου άρεσε να είμαι μαζί με ιερείς, που γρήγορα συμβούλευαν τη μητέρα μου να με βαπτίσει. Ευτυχώς, η μητέρα μου περίμενε να μεγαλώσω αρκετά, ώστε να κουβεντιάσουμε αυτό το θέμα.

Εκείνη την εποχή ήθελα να γίνω μηχανικός, επειδή είχα μάθει ότι αυτό ήταν χρήσιμο για έναν οδηγό αγώνων. Η μητέρα μου, που ήλπιζε να γίνω διπλωματούχος μηχανικός, επέμενε να συνεχίσω τις σπουδές μου με οποιοδήποτε κόστος. Έτσι δεν με άφησε να δουλέψω σαν βοηθός σ' ένα γκαράζ.

Αυτό το νέο αδιέξοδο, μου έδωσε την έμπνευση να γράψω ποιήματα ξανά. Προτιμούσα λοιπόν να κάνω βόλτες στην εξοχή μ' ένα σημειωματάριο στα χέρια, παρά να πηγαίνω σχολείο.

Στα δεκατέσσερα πήγα πάλι σε οικοτροφείο. Εκεί φοιτούσαν παιδιά τα οποία δεν τα δέχονταν σε κανονικά σχολεία. Το μέρος ονομαζόταν Μον-Ντορ. Βρισκόμουνα με παιδιά που δεν τα πήγαιναν καλά με τα μαθήματα και που δεν τους άρεσε το σχολείο. Ορισμένα απ' αυτά ήταν ενδιαφέροντα. Ένα παιδί, που ήταν από τους «αρχηγούς» στο οικοτροφείο και από τις πιο δύσκολες περιπτώσεις μαθητή, ήταν αυτός που επηρέασε τον προσανατολισμό των δέκα επόμενων χρόνων της ζωής μου. Τ' όνομά του ήταν Ζακ, κι έπαιζε ηλεκτρική κιθάρα που μ' εντυπωσίαζε. Όταν ήρθαν οι διακοπές των Χριστουγέννων, ζήτησα από τη γιαγιά μου να μου πάρει μια κιθάρα, κι έτσι ο Ζακ μ' έμαθε μερικά ακόρντα. Αργότερα άρχισα να τραγουδώ τα ποιήματά μου με τη συνοδεία της κιθάρας κι είδα ότι ήταν ευχάριστα σ' αυτούς που άκουγαν. Άρχισα να παίρνω μέρος σε ραδιοφωνικούς διαγωνισμούς, και είχα κερδίσει αρκετές φορές.

Κατά τη διάρκεια των μαθητικών μου χρόνων έμαθα να κάνω έρωτα, και για πρώτη φορά έκανα με μια σερβιτόρα που της άρεσαν τα τραγούδια μου. Ήταν είκοσι χρονών και δεν μ' έμαθε τίποτα περισσότερο απ' όσα ήξερα. Το μόνο που μ' έκανε να καταλάβω ήταν η γοητεία που ασκούσε η κιθάρα μου στις γυναίκες.

Τον επόμενο χρόνο, στα δεκαπέντε μου πια, λαχταρούσα να ζήσω τη ζωή μου. Μια μέρα έβαλα την κιθάρα μου στην πλάτη, πήρα μια μικρή τσάντα, αποχαιρέτησα το οικοτροφείο, τους μαθητές του που αδιαφορούσαν για τα μαθήματα, και έκανα ωτοστόπ για το Παρίσι. Είχα δύο χιλιάδες παλιά γαλλικά φράγκα στην τσέπη μου, και την καρδιά μου γεμάτη ελπίδες. Ανυπομονούσα να κερδίσω τα προς το ζην από μόνος μου και να μαζέψω τα χρήματα που θα μου επέτρεπαν να βγάλω δίπλωμα οδήγησης στα 18, και κατόπιν να γίνω οδηγός αγωνιστικών αυτοκινήτων.

Από τύχη με πήρε κάποιος μ' ένα αμάξι που έκρυβε δυναμική επιτάχυνση, κάτω από το αμάξωμα του συνηθισμένου πούλμαν. Όταν μου είπε το όνομά του και ότι ήταν οδηγός σε κούρσες, ήμουν σε θέση να του πω ποια αμάξια είχε οδηγήσει και με ποια σειρά είχε τερματίσει στους αγώνες που είχε λάβει μέρος. Κολακεύτηκε και του προκάλεσε κατάπληξη το ότι ένα τόσο μικρό παιδί θυμόταν τα ρεκόρ του, αν και δεν ήταν τόσο γνωστός. Μου είπε ότι κάποτε έκανε τον κλόουν και ότι τώρα είχε ένα γκαράζ στα νοτιοδυτικά. Στο Παρίσι με προσκάλεσε σε δείπνο και μου πρόσφερε ένα δωμάτιο στο ξενοδοχείο όπου έμενε.

Εκεί συζητήσαμε για λίγο με δυο κοπέλες, που μόλις είχαν τελειώσει τη δουλειά τους. Συνόδευαν πελάτες του ξενοδοχείου, όταν χόρευαν. Τους τραγούδησα μερικά τραγούδια και στο τέλος πήγαμε για ύπνο, με μια κοπέλα ο καθένας για παρέα. Τότε ήταν που μυήθηκα στα μυστικά του έρωτα.

Το επόμενο πρωί έφυγα διακριτικά, επειδή ήθελα να βρω δωμάτιο και να ψάξω για κάποια καμπαρέ που θα ενδιαφέρονταν για τα τραγούδια μου. Δεν βρήκα τίποτα, και πέρασα το δεύτερο βράδυ μου στο Παρίσι με τους αλήτες, κάτω στο μετρό.

Τα χρήματά μου είχαν τελειώσει και πέθαινα της πείνας. Ξόδεψα όλη την επόμενη μέρα τριγυρίζοντας και προσπαθώντας να βρω κάποια λύση. Το απόγευμα είδα κάποιον να παίζει ακορντεόν μπροστά σε μια καφετέρια, και οι άνθρωποι του πετούσαν κέρματα. Δοκίμασα το ίδιο και πέτυχα. Είχα σωθεί.

Έζησα μ' αυτό τον τρόπο τρία χρόνια περίπου. Κοιμόμουν οπουδήποτε μπορούσα κι έτρωγα ένα σάντουιτς κάπου κάπου. Έκανα τεράστια πρόοδο και κάποια μέρα με προσέλαβαν σ' ένα μικρό καμπαρέ στην Αριστερή Όχθη. Κέρδιζα δέκα φράγκα τη βραδιά και χρειαζόμουν δεκαπέντε για ένα δωμάτιο. Τ' όνομά μου όμως, τυπωνόταν στις διαφημιστικές αφίσες του μαγαζιού, παρόλο που ήταν με μικρά γράμματα! Κάθε τόσο φανταζόμουν το όνομά μου να πιάνει όλο και μεγαλύτερο χώρο στις αφίσες, εξαιτίας της μεγάλης επιτυχίας που είχα κάθε βράδυ.

Κάποια μέρα συνάντησα τον κωμικό Ζαν-Πιερ Ντιράς, ο οποίος με συμβούλεψε να παρακολουθήσω θεατρικά μαθήματα, ώστε να βελτιώσω τη σκηνική μου παρουσία. Άρχισα να παρακολουθώ θεατρικά μαθήματα στο Εθνικό Θέατρο του Παρισιού που ήταν δωρεάν. Έτσι για τρεις μήνες παρακολουθούσα τη θεατρική σκηνή ΝΤΟΥΛΙΝ και κατόπιν την εγκατέλειψα επειδή δεν μ' ενδιέφερε καθόλου το θέατρο.

Δούλεψα με τ' όνομα Claude Celler (Κλοντ Σελέρ), αποδίδοντας φόρο τιμής στον πασίγνωστο σκιέρ και οδηγό αγώνων Tony Sailor (Τόνι Σέιλορ). Άλλαξα την ορθογραφία έτσι ώστε τα αρχικά μου έγιναν C.C.

Άρχισα να κερδίζω αρκετούς ραδιοφωνικούς διαγωνισμούς, και τραγουδώντας σε διάφορα καμπαρέ μπορούσα να ζω καλά, και πιο σημαντικό, να φυλάω λεφτά για να πάρω το δίπλωμα οδήγησης στα δεκαοχτώ μου, πράγμα που ονειρευόμουν από μικρός.

Αυτό όμως δεν ήταν αρκετό για να γίνω οδηγός αγωνιστικών. Πρώτα έπρεπε να δημιουργήσω φήμη γύρω από το όνομά μου με την ελπίδα να προσληφθώ από μια μεγάλη εταιρία, και γι' αυτό χρειαζόταν ν' αποκτήσω ένα αυτοκίνητο που θα ήταν ικανό να συναγωνιστεί κάποια άλλα σε διάφορες μικρές διοργανώσεις αγώνων, και αν ήταν δυνατό, να κερδίσω. Ένα αγωνιστικό αυτοκίνητο όμως, κόστιζε πολλά. Άρχισα λοιπόν να μαζεύω χρήματα, ελπίζοντας κάποια στιγμή ν' αγοράσω ένα τέτοιο αμάξι. Συνέχισα ν' ασχολούμαι με τα τραγούδια μου και κατάφερα να βάλω κάποιο ποσό στην άκρη. Κάποιοι φίλοι μου, λυρικοί συνθέτες, έβγαλαν δίσκο και κέρδισαν χρήματα. Αποφάσισα να κάνω κι εγώ δίσκο, έχοντας μέχρις εκείνη τη στιγμή εκατόν πενήντα τραγούδια στην τσάντα μου.

Η πρώτη δισκογραφική εταιρία που πήγα, μου πρόσφερε ένα τριετές συμβόλαιο, το οποίο υπόγραψα. Διευθυντής ήταν ο Λουσιέν Μορίς, που ήταν επίσης διευθυντής στο ραδιοφωνικό σταθμό «Ευρώπη Νο 1» και είχε παρουσιάσει ένα μεγάλο αριθμό διάσημων τραγουδιστών. Ο πρώτος μου δίσκος ήταν αρκετά καλός, ενώ ο δεύτερος, χάριν σ' ένα τραγούδι που ονομαζόταν «Le miel et la cannelle» (Το μέλι και η κανέλα), έγινε επιτυχία και ακουγόταν συχνά από τους γαλλικούς σταθμούς, μπορεί να το θυμάστε:

ΜΕΛΙ ΚΑΙ ΚΑΝΕΛΑ
Μυρίζω μέλι και κανέλα
Μυρίζω βανίλια και αγάπη
Μυρίζω μέλι και κανέλα
Κορίτσια που πάντα θα λατρεύω.

Η πρώτη ήταν καστανή, Μαργκότ ήταν το όνομά της
Παίζαμε τον αυλό καθώς το φεγγάρι φώτιζε τη νύχτα
Πήρα το δρόμο για τα μάτια της και ακολούθησα το
μονοπάτι για τα μαλλιά της.

Η δεύτερη ήταν ξανθιά, το όνομά της ήταν
Μάριελ Θυμάμαι καλά τις καμπύλες γραμμές της
Πήρα το δρόμο για τα μάτια της και ακολούθησα
το μονοπάτι για τα μαλλιά της.

Η Τρίτη ήταν κοκκινομάλλα, λεγόταν Μάριον
Για το υπέροχο μικρό της πρόσωπο και το δαντελένιο της μεσοφόρι
Πήρα το δρόμο για τα μάτια της
Και ακολούθησα το μονοπάτι για τα μαλλιά της.

Μην κλαις φίλε μου γιατί αύριο θα έρθει η
Άνοιξη είναι τόσο υπέροχες κι εσύ δεν είσαι καν
είκοσι πήρα το δρόμο για τα μάτια της
Κι εσύ μπορείς να ακολουθήσεις το μονοπάτι για τα μαλλιά της.

Έδωσα επίσης πολλές παραστάσεις και συμμετείχα σε υπαίθρια φεστιβάλ. Όλα πήγαιναν καλά. Είχα την τύχη να μ' επιλέξουν για το γαλλικό διαγωνισμό τραγουδιού «Χρυσό Ρόδο», που γινόταν στην Αντίμπ.

Όμως αυτοί που με οδηγούσαν δεν ήθελαν να γίνω γνωστός σαν καλλιτέχνης. Εκείνη η εποχή χρειαζόταν για ν' αναπτυχθεί η ευαισθησία μου και να συνηθίσω να εκφράζω τον εαυτό μου στο κοινό, τίποτα περισσότερο απ' αυτό.

Κάθε πρωί ένας ντίσκο τζόκεϊ ανακοίνωνε ότι θα έπαιρνα μέρος στο Χρυσό Ρόδο, το οποίο θ' άρχιζε μετά μια εβδομάδα. Κάποια μέρα ο Λουσιέν Μορίς μου είπε ότι θα απέσυρε τη συμμετοχή μου από το διαγωνισμό και ότι θα καταλάβαινα αργότερα το λόγο. Εκείνη τη στιγμή δεν μου είπε τίποτε άλλο.

Έτσι δεν έλαβα μέρος στο Χρυσό Ρόδο. Συνέχισα να ζω μίζερα από τα τραγούδια μου και κατάλαβα ότι ποτέ δεν θα κέρδιζα αρκετά χρήματα, ώστε ν' αγοράσω το αυτοκίνητο που θα με οδηγούσε στις αγωνιστικές πίστες. Όταν μου παρουσιάστηκε η ευκαιρία να γίνω αντιπρόσωπος της εταιρίας που ηχογραφούσε τα τραγούδια μου, δέχτηκα αμέσως, και ήμουν σίγουρος ότι σε μερικούς μήνες θα είχα μαζέψει αρκετά χρήματα.

Βρέθηκα λοιπόν πίσω στο Μπορντό, και ήμουν ένας εμπορικός πράκτορας με την εποπτεία δεκαπέντε περιοχών. Έμεινα σ' αυτή τη θέση ένα χρόνο, όσο μου ήταν απαραίτητο για να μαζέψω τα χρήματα (επιτέλους) και να πάρω ένα καλό αμάξι. Δυστυχώς, μόλις το ξεχρέωσα καταστράφηκε σ' ένα ατύχημα από κάποιο φίλο. Αλλά είχα γράψει μερικά τραγούδια την περασμένη χρονιά και κάποιος πλούσιος φίλος με παρακίνησε να κάνω άλλον ένα δίσκο, τον οποίο θα χρηματοδοτούσε εκείνος.

Πέρασε λοιπόν άλλος ένας χρόνος και εξακολουθούσα να ζω από τα τραγούδια μου. Ξαφνικά άλλαξαν όλα: μου συνέβη ένα σοβαρό αυτοκινητιστικό δυστύχημα.

Κατά τη διάρκεια ενός κουραστικού ταξιδιού, με πήρε ο ύπνος στο τιμόνι και έπεσα σ' έναν τοίχο, ενώ έτρεχα με εκατό χιλιόμετρα την ώρα. Στο ίδιο σημείο είχαν σκοτωθεί τουλάχιστον δέκα άτομα. Βγήκα από τ' αμάξι με πολλά κατάγματα, αλλά ζωντανός. Ακινητοποιημένος για περισσότερο από τρεις μήνες, ξόδεψα όσα χρήματα είχα μαζέψει. Ακόμη δεν είχα πάρει μέρος σε αγώνες. Ονειρευόμουν ότι θα ξεκινούσα την καριέρα μου στα δεκαοχτώ, κι ήμουν είκοσι δύο χωρίς να έχω τρέξει.

Πήγαινα συχνά σε αυτοκινητιστικούς αγώνες, σαν παρατηρητής, και πρόσεχα την τρέλα των νέων ανθρώπων γι' αυτό το άθλημα, και ακόμη ότι πολλά αγόρια εύχονταν να γίνουν, χωρίς όμως να ξέρουν τον τρόπο. Δεν ήξερα περισσότερα απ' αυτούς, αλλά σκεφτόμουν ότι ο καλύτερος τρόπος για να πλησιάσεις αυτό το χώρο, ήταν να βρεις ένα επάγγελμα που να εκμεταλλεύεται την τρέλα των νέων γι' αυτό το άθλημα. Ήξερα να γράφω, η λύση είχε βρεθεί:

Θα γινόμουν ρεπόρτερ για περιοδικά που ασχολούνται με το αυτοκίνητο. Έκανα μερικές επαφές με ειδικά περιοδικά, αλλά του κάκου, γιατί κι άλλοι νέοι είχαν την ίδια ιδέα. Κάποια στιγμή είδα μια μικρή αγγελία στη «Λεκίπ». Έψαχναν για φωτορεπόρτερ, ακόμη και ανειδίκευτο.

Τους έγραψα και μου απάντησαν ότι μπορούσα να γίνω συνεργάτης, κι ότι έπρεπε να τους στείλω εκατόν πενήντα φράγκα για τη διαδικασία της εξέτασής μου. Σ' αντάλλαγμα θα μου έστελναν ένα φιλμ για να κάνω το δοκιμαστικό ρεπορτάζ, σε κάποιο θέμα που θα διάλεγα. Έστειλα τα χρήματα, έλαβα το φιλμ και έφτιαξα το φωτορεπορτάζ που αναφερόταν σε κάποιον αγώνα αυτοκινήτων. Αμέσως μόλις τελείωσα έστειλα το φιλμ στη διεύθυνση που έγραφε.

Μέσα σε μικρό χρονικό διάστημα πήρα ένα γράμμα που μου ζητούσε να τηλεφωνήσω στη Ντιζόν. Εκεί βρισκόταν το διευθυντικό γραφείο της επιχείρησης που είχε βάλει την αγγελία. Κατόπιν συνάντησα τον διοργανωτή της εκδοτικής εταιρίας, έναν άνθρωπο γύρω στα τριάντα, που μου είπε ότι «έκανε λεφτά» από τις φωτογραφίες στις Ηνωμένες Πολιτείες.

Φάνηκε να ενδιαφέρεται πολύ για τις ιδέες μου, που αφορούσαν τη δημιουργία ενός περιοδικού για νέους, οι οποίοι ήθελαν να γίνουν οδηγοί αγωνιστικών αυτοκινήτων. Τελικά προσφέρθηκε να με προσλάβει σαν αρχισυντάκτη μιας εφημερίδας, που θ' άρχιζε να εκδίδεται λίγους μήνες αργότερα. Μου έδειξε το εργοστάσιο που θ' αγόραζε για να εγκαταστήσει το τυπογραφείο, μου έδειξε τον τυπογράφο που θ' αναλάμβανε διευθυντικά καθήκοντα και τελικά μου έδειξε το σπίτι όπου θα μπορούσα να ζήσω με τη γυναίκα μου, το οποίο βρισκόταν δυο βήματα από το γραφείο μου.

Του απάντησα ότι όλα αυτά ήταν βολικά για μένα και ότι θα μπορούσα να μείνω εκεί για όσο καιρό θα συμμετείχα και θα είχα επαφή με το χώρο των αγώνων. Μετά μου είπε αν προτιμούσα ν' αναλάβω τα αγωνιστικά αυτοκίνητα που θα έτρεχαν σε αγώνες, με τη φίρμα της εταιρίας του για διαφήμιση. Αυτό μου πρόσφερε ότι ακριβώς ζητούσα και έτσι δέχτηκα ν' αναλάβω τη διεύθυνση αυτής της ομάδας.

Μια βδομάδα αργότερα μετακόμισα από το Παρίσι στη Ντιζόν. Είχα παντρευτεί τρεις μήνες νωρίτερα και η γυναίκα μου περίμενε την κόρη μας. Συνάντησα τη Μαρί-Πολ τον Ιούνη, κι από τότε δεν είχαμε απομακρυνθεί ούτε στιγμή ο ένας από τον άλλο. Παντρευτήκαμε τρεις μήνες αργότερα, επειδή η οικογένειά της είχε ταραχτεί όταν έμαθε ότι δεν είχαμε καμιά πρόθεση να κάνουμε θρησκευτικό γάμο. Ήταν μια οικογένεια παλιομοδίτικη, οι οποίοι εξακολουθούσαν να προσεύχονται πριν από το γεύμα και στην αρχή κι εγώ μαζί τους.

Έμενα στη Ντιζόν επί δύο μήνες χωρίς να παίρνω μισθό. Τότε διαδόθηκε ότι ο πλούσιος Αμερικάνος που ήθελε να φτιάξει εφημερίδα, ήταν ένας πρώην κατάδικος που είχε βγει από τη φυλακή χωρίς ίχνος χρημάτων στην τσέπη του! Είχε μαζέψει ένα σημαντικό χρηματικό ποσόν από την αγγελία. Ζητούσε από τους περισσότερους από τους πεντακόσιους περίπου νέους που απάντησαν σ' αυτήν, εκατόν πενήντα ως τριακόσια φράγκα.

Δούλευα επί δύο μήνες για το τίποτα και βρήκα τον εαυτό μου γεμάτο ιδέες αλλά χωρίς ούτε σεντ. Τότε ήταν που αποφάσισα να μπω με τις δικές μου δυνάμεις στο χώρο των εφημερίδων. Μετακόμισα στην Κλερμόν Φεράν, κοντά στη μητέρα μου, η οποία ήταν πολύ χαρούμενη που είχε γίνει γιαγιά. Έφτιαξα ένα τυπογραφείο που θα μου επέτρεπε να εκδίδω ένα έντυπο «όπως το ήθελα εγώ». Το έντυπο κυκλοφόρησε γρήγορα, χάρη σ' έναν εξαιρετικό τυπογράφο που αγαπούσε τ' αγωνιστικά αυτοκίνητα, και ο οποίος δέχτηκε να μου κάνει πίστωση χωρίς εγώ να του προσφέρω καμιά εγγύηση. Το έντυπο λοιπόν κυκλοφόρησε και γρήγορα έγινε ένα από τα καλύτερα στο είδος του. Για τον εαυτό μου είχα κρατήσει την πιο ενδιαφέρουσα θέση: δοκίμαζα τα νέα μοντέλα στο ράλι της Μας ντι Κλο και στο δρόμο. Έτσι κατάφερα να μπω στο κύκλωμα της κούρσας, και να μου δίνουν να δοκιμάζω τ' αμάξια που προορίζονταν να τρέξουν σε αγώνες. Τα όνειρά μου έγιναν πραγματικότητα και επίσης ήμουν αρκετά επιδέξιος, ώστε κέρδισα μ' αυτό τον τρόπο αρκετές νίκες, οδηγώντας αυτοκίνητα άγνωστα σ' εμένα.

Έζησα τρία υπέροχα χρόνια,, αφού βρισκόμουν στο χώρο που αγαπούσα, ενώ βελτιωνόμουν συνεχώς στην οδήγηση και στην τεχνική. Αισθανόμουν υπέροχα, επειδή όσο περνούσε ο καιρός ξεπερνούσα τα προβλήματά μου και μπορούσα να ελέγχω καλύτερα τ' ανακλαστικά και τις αντιδράσεις μου. Δεν μ' ενοχλούσε ούτε ο θόρυβος της μηχανής ούτε η μυρωδιά των καυσαερίων. Παραδέχομαι όμως ότι ονειρευόμουν μια νομοθεσία που ν' απαγορεύει το θόρυβο και τη μυρωδιά των καυσαερίων. Έτσι θ' απολαμβάναμε μόνο την αίσθηση της οδήγησης, στην πιο καθαρή της μορφή. Αυτά συνέβαιναν πριν τις 13 Δεκεμβρίου του 1973.

Η ΕΠΑΦΗ

Στις 13 Δεκέμβρη του 1973, σ' έναν κρατήρα του ηφαιστείου της Οβέρν, τον Πουί ντε Λα Σολά, συνάντησα για πρώτη φορά τον εξωγήινο ή καλύτερα τον Ελόχα (ενικός τού Ελοχίμ), ο οποίος με συναντούσε στο ίδιο μέρος επί έξι συνεχείς ημέρες, για μια περίπου ώρα κάθε φορά, και μου υπαγόρευε το πρώτο μήνυμα και τις σημαντικές αποκαλύψεις του. Τις πρώτες μέρες αναρωτιόμουν αν θα τολμούσα να πω ότι είχα ακούσει, σε κάποιους ανθρώπους. Πρώτα απ' όλα, ξανάγραψα τις σημειώσεις που είχα κρατήσει όσο καλύτερα μπορούσα και όσο το δυνατόν πιο κοντά στα λεγόμενα του συνομιλητή μου. Όταν τέλειωσα έστειλα το πρωτότυπο σ' έναν εκδοτικό οίκο που, απ' όσο ήξερα, δεν δημοσίευε βιβλία εσωτερικής φιλοσοφίας ή επιστημονικής φαντασίας, επειδή δεν ήθελα με κανένα τρόπο αυτό το τόσο σημαντικό θέμα για την ανθρωπότητα, να μπερδευτεί με συλλογές περιπετειών μυστηρίου ή παράξενα βιβλία, που καλλιεργούν το ανθρώπινο ενδιαφέρον για τους παραπάνω τομείς. Ο Μαρσέλ Ζουλιάν που διεύθυνε τον εκδοτικό οίκο, μου ζήτησε να πάω στο Παρίσι και μου είπε ότι όλα αυτά θα δημιουργούσαν θόρυβο, αλλά πρώτα έπρεπε να γράψω την ιστορία της ζωής μου και μετά ίσως να δημοσίευαν το βιβλίο. Ήταν κάτι που δεν είχα προβλέψει. Δεν ήθελα να γράψω καμιά εκατοστή σελίδες για την προσωπική μου ζωή και κατόπιν να παρουσιάσω το μήνυμα που έλαβα, σαν να ήταν πιο ενδιαφέρουσα η ζωή μου από τις αποκαλύψεις που μου είχαν υπαγορευτεί. Ήθελα να δημοσιευθεί μόνο το μήνυμα, έστω κι αν ήταν ένα μικρό βιβλίο, χωρίς ιδιαίτερο ενδιαφέρον για έναν εκδότη. Ζήτησα λοιπόν από τον κύριο Ζουλιάν να μου επιστρέψει τα χειρόγραφα. Μου απάντησε ότι δεν μπορούσε, γιατί τα είχε δώσει σ' έναν ειδικό σύμβουλο, αλλά θα μου τα ταχυδρομούσε αμέσως μόλις τα έπαιρνε πίσω.

Γυρνώντας στην Κλερμόν-Φεράν έλαβα ένα τηλεγράφημα που μου ζητούσε να συμμετάσχω σ' ένα τηλεοπτικό πρόγραμμα με τον Ζακ Σανσέλ, το Μεγάλο Σκακιστή. Σαν διευθυντής μιας ομάδας εκδοτικών οίκων, όπου είχα στείλει τα χειρόγραφά μου, τα είχε διαβάσει και κατάλαβε αμέσως ότι ήταν μια εντελώς φανταστική ιστορία, κι ότι κανένας δεν θα την πίστευε. Συμμετείχα στο πρόγραμμα και τα εκατοντάδες γράμματα που έλαβα αργότερα, μου έδειξαν ότι κάποιοι διασκέδασαν μαζί μου, ενώ κάποιοι άλλοι θεώρησαν πολύ σοβαρά αυτά που είχα πει, και θέλησαν να με βοηθήσουν. Οι μέρες περνούσαν και ακόμη δεν μου είχαν στείλει τα χειρόγραφά μου. Έστειλα ένα συστημένο γράμμα στον εκδότη, ο οποίος μου απάντησε ότι θα μου έστελνε τα χειρόγραφα, αλλά ακόμη δεν τα είχαν βρει. Μετά το πρόγραμμα ήρθε σε επαφή μαζί μου ο διάσημος σχεδιαστής Κορίζ, και προσφέρθηκε να έρθει μαζί μου στον εκδότη για να δούμε τι έγιναν τα χειρόγραφα. Ο κύριος Ζουλιάν μας είπε ότι ο άνθρωπος που τα είχε πάρει να τα διαβάσει είχε φύγει για κάποιες δουλειές χωρίς να τους τα επιστρέψει και ότι δεν έβρισκαν τρόπο να τον ειδοποιήσουν... Παράξενο, πολύ παράξενο... Τελικά ο κύριος Κορίζ ήταν αυτός που πήρε τα χειρόγραφα από τον εκδότη και μου τα επέστρεψε προσωπικά. Ακόμα αναρωτιέμαι αν πραγματικά είχαν χαθεί ή αν τα είχαν κρύψει για να μ' εμποδίσουν να τα δημοσιεύσω. Αν στ' αλήθεια αυτός ο εκδοτικός οίκος χάνει τόσο εύκολα τα χειρόγραφα, τότε είναι καλύτερα για οποιονδήποτε συγγραφέα να μην του στέλνει τα πρωτότυπα.

Ήμουν ταραγμένος από την αναποδιά και συνεχώς μεγάλωνε ο αριθμός των γραμμάτων από ανθρώπους που ενδιαφέρονταν να διαβάσουν το βιβλίο που θα περιείχε το μήνυμα, μόλις τυπωνόταν. Τότε η Μαρί-Πωλ προσφέρθηκε ν' αφήσει τη δουλειά της σαν νοσοκόμα, και να με βοηθήσει στην έκδοση και διακίνηση αυτού του ασυνήθιστου ντοκουμέντου. Δέχτηκα, επειδή ήμουν σίγουρος ότι μ' αυτόν τον τρόπο θα είχα ολοκληρωτικά τον έλεγχο της διακίνησης του βιβλίου.

Σταμάτησα να εργάζομαι για το περιοδικό που είχα φτιάξει, επειδή ήταν ασυμβίβαστο με τη σοβαρότητα της αποστολής που μου είχαν αναθέσει. Στο τέλος του 1974 το βιβλίο βγήκε από το πιεστήριο.

Η ένταση που προκλήθηκε από τις απρόβλεπτες διαδικασίες, κλόνισε την υγεία μου δημιουργώντας μου στομαχόπονους και έλκος, μια τρομερή γαστρίτιδα που μ' έκανε να υποφέρω όλο το χειμώνα. Κανένα γιατρικό δεν ήταν αποτελεσματικό και μόνον όταν αποφάσισα να χαλαρώσω με διαλογισμό και αναπνευστικές ασκήσεις, οι πόνοι εξαφανίστηκαν ως διά μαγείας.

Τον Ιούνιο συμμετείχα στο πρόγραμμα που παρουσίαζε ο Φιλίπ Μπουβάρ: Σαββάτο βράδυ. Ο παρουσιαστής του μεταμφιέστηκε σαν «αριανός» με ροζ κεραίες και πράσινο κουστούμι, και με πολύ σαρκασμό ο Φιλίπ Μπουβάρ με ρώτησε αν θύμιζε το πρόσωπο που συνάντησα... Το κοινό φάνηκε να ενδιαφέρεται για λίγο, όταν παραπονέθηκα στον παρουσιαστή για έλλειψη σοβαρότητας. Ένας μεγάλος αριθμός παραπόνων, τον πίεσε να με ξανακαλέσει στην εκπομπή και έτσι μπόρεσα να δώσω περισσότερες πληροφορίες για το όλο θέμα...

Γνωρίζοντας ότι δεν θα μπορούσα να πω πολλά, αποφάσισα να νοικιάσω τη Σαλ Πλεγιέλ για μια μέρα, μετά το τηλεοπτικό πρόγραμμα, και ανακοίνωσα στους ενδιαφερόμενους τηλεθεατές ότι θα έδινα διάλεξη εκεί. Νοίκιασα μια αίθουσα με εκατόν πενήντα θέσεις, με προοπτική να χωρέσει από εκατό μέχρι πεντακόσια άτομα, χωρίς βέβαια να ξέρω πόσοι θα έρχονταν να μ' ακούσουν. Ήρθαν πάνω από τρεις χιλιάδες άτομα. Εκκενώσαμε την αίθουσα για λόγους ασφαλείας, και επιτρέψαμε μόνο σ' έναν περιορισμένο αριθμό ατόμων να μπει. Στους υπόλοιπους υποσχέθηκα ότι θα έδινα μιαν άλλη διάλεξη, λίγες μέρες αργότερα, σε μια μεγαλύτερη αίθουσα, δυο χιλιάδων θέσεων. Κάποιοι από τους ανθρώπους που ήρθαν να παρακολουθήσουν τη διάλεξη είχαν ταξιδέψει μερικές εκατοντάδες χιλιόμετρα, και σίγουρα δεν τους άρεσε που έφευγαν...

Τελικά όλα πήγαν καλά και μπορώ να πω ότι, πέρα από τους είρωνες, στις ερωτήσεις των οποίων μπορούσα ν' απαντήσω με ευκολία και ν' αποδείξω ότι ήταν γελοίες, ένας μεγάλος αριθμός ανθρώπων ήταν έτοιμος να με βοηθήσει και να με υποστηρίξει. Είχα επίσης τρομερό τρακ, πολύ περισσότερο απ' όσο είχα υπολογίσει. Οι απαντήσεις όμως έμοιαζαν να δίνονται απ' αυτούς μέσω του στόματος μου. Αισθανόμουν δηλαδή να έρχεται κάποια βοήθεια από πάνω. Είχα την εντύπωση ότι άκουγα τον εαυτό μου ν' απαντάει σε πράγματα που αποκλείεται να ήξερα από μόνος μου. Η δεύτερη διάλεξη έγινε λίγες μέρες αργότερα. Φοβόμουν ότι αυτοί που δεν μπόρεσαν να παρακολουθήσουν την πρώτη διάλεξη δεν θα έρχονταν, κι ότι θα βρισκόμουν σε μια σχεδόν άδεια ακριβή αίθουσα. Ακόμη δεν είχε πάρει καμιά δημοσιότητα το γεγονός, όπως την περασμένη φορά, εκτός βέβαια από τρεις αράδες που διέθεσε η «Φρανς-Σουρ», η μόνη εφημερίδα που δέχτηκε ν' ανακοινώσει τη δεύτερη διάλεξή μου. Όμως και αυτή τη φορά συγκεντρώθηκαν περισσότερα από δύο χιλιάδες άτομα και η αίθουσα ήταν γεμάτη. Ήταν ένας θρίαμβος. Αυτή τη στιγμή δεν είχα καμία αμφιβολία για την επιτυχία της αποστολής μου.

Οι διαλέξεις

Μέχρι τον Σεπτέμβρη του ίδιου χρόνου είχα παρατηρήσει ότι, κατά τη διάρκεια σαράντα διαλέξεων, απαντούσα ικανοποιητικά στις ερωτήσεις που μου έκαναν και ότι αυξανόταν ο αριθμός των μελών του MADECH. Είδα να δημιουργούνται τοπικά γραφεία σε κάθε μεγάλη πόλη της Γαλλίας, βοηθούμενα από δυναμικά μέλη. Ακόμη είδα δημοσιογράφους να κάνουν καλά τη δουλειά τους, με το να πληροφορούν το κοινό γράφοντας ή λέγοντας τι πραγματικά είδαν και άκουσαν, και κάποιους άλλους, όπως αυτούς του περιοδικού «Λε Πουάν», να γράφουν ψέματα, τα οποία ανακαλούσαν όταν τους κάναμε παράπονα γι' αυτά, όχι όμως όπως έπρεπε. Άλλοι, όπως αυτοί στην εφημερίδα «Λα Μοντάν», αρνήθηκαν να πληροφορήσουν τους αναγνώστες τους ότι έδινα διαλέξεις στην Κλερμόν- Φεράν. Επισκέφτηκα τον υπεύθυνο της εφημερίδας και μου είπε ότι δεν θ' ανέφερε ποτέ τις δραστηριότητές μου στην εφημερίδα, επειδή δεν τους είχα ειδοποιήσει πριν πάω στο πρόγραμμα της τηλεόρασης.... όταν πρωτοεμφανίστηκα σ' αυτήν. Μια
σκοτεινή ιστορία και ένα υπέροχο παράδειγμα για την ελευθερία του λόγου. Αρνήθηκαν ακόμη και να δημοσιεύσουν μια πληρωμένη ανακοίνωση σχετικά με τη διάλεξή μου, ενώ η ίδια εφημερίδα ήταν γεμάτη με διαφημίσεις πορνογραφικών ταινιών που παίζονταν...
Το «Λε Πουάν» παρουσίασε μια εκδρομή των μελών του MADECH στο μέρος που

συναντήθηκα με το δημιουργό, σαν μια αποτυχημένη συνάντηση με τους Ελοχίμ. Αυτό το κόλπο έγινε για να γελοιοποιήσουν την ομάδα, στην προσπάθειά τους να την εξαφανίσουν. Είναι πιο εύκολο και λιγότερο επικίνδυνο να δυσφημείς διαμέσου μιας εφημερίδας με πολλούς αναγνώστες το MADECH, παρά να δυσφημείς την εκκλησία, η οποία πορεύεται ανάμεσα σε σφετερισμούς εδώ και δυο χιλιάδες χρόνια. Αλλά θα έρθει η ώρα που, όσοι προσπάθησαν να σταματήσουν και να διαστρεβλώσουν την αλήθεια, θα μετανιώσουν για τις ενέργειές τους και τα λάθη τους.

Η εμφάνιση της 31ης Ιουλίου του 1975

Ήταν Ιούνης του 1975, όταν αποφάσισα να παραιτηθώ από την προεδρία του MADECH, πρώτα απ' όλα γιατί ήξερα ότι η κίνηση θα προχωρούσε πολύ καλά και χωρίς εμένα, και δεύτερο γιατί νόμιζα ότι έκανα λάθος δομώντας την κίνηση που είχε τεράστια σπουδαιότητα για την ανθρωπότητα, βασισμένος στο νόμο του 1901, με τον ίδιο τρόπο που δομούνται οι ομάδες των βετεράνων πολέμου, για παράδειγμα... Σκέφτηκα να φτιάξω μια ομάδα πιο ταιριαστή με το μήνυμα των Ελοχίμ, το οποίο μετέφερα. Αυτό σήμαινε μια ομάδα που θα σεβόταν κατά λέξη όσα είχαν συμβουλέψει οι δημιουργοί: Διανοιοκρατία, ανθρωπισμός, άρνηση κάθε θρησκευτικής τελετής, κλπ. Ένας τύπος Οργανισμού, σαν του νόμου του 1901, ήταν εξ ορισμού αντίθετος με την ουσία του μηνύματος. Με τον τρόπο που είχα δομήσει την ομάδα πριν, δεν σεβόμουν την αρχή της Διανοιοκρατίας, σύμφωνα με την οποία μόνο οι πιο ευφυείς συμμετέχουν στη λήψη των αποφάσεων. Ήθελα να διορθώσω το λάθος μου όσο το δυνατόν καλύτερα, όχι όμως διαλύοντας τον MADECH, αλλά μεταβάλλοντας αυτόν που υπήρχε. Καθώς περίμενα θεαματικές αλλαγές σχετικά με τη δόμηση, οι οποίες θα τον μετέτρεπαν σε μια δυναμική ομάδα, σε πραγματική κίνηση (η ρύθμιση του νόμου του 1901 δεν το εμπόδιζε), κατάφερα να φτιάξω με τα πιο ανοιχτόμυαλα μέλη του MADECH, που επιθυμούσαν το ίδιο, το συμβούλιο των οδηγών του MADECH. Αυτή η ομάδα συγκέντρωσε ανθρώπους που ήθελαν να διδάξουν στους υπόλοιπους τον τρόπο ν' ανοίξουν το μυαλό τους στο άπειρο και την αιωνιότητα. Αυτοί οι οδηγοί της ανθρωπότητας έπρεπε να εφαρμόζουν σχολαστικά όσα αναφέρονταν στο πρώτο μήνυμα. Σε μια κοινωνία που προσπαθεί με κάθε τρόπο να κλείσει τις πόρτες της ανθρώπινης σκέψης με θρησκευτικές τελετές, ανόητα τηλεοπτικά προγράμματα, στενόμυαλες πολιτικές διαμάχες, εγώ προσπαθούσα να οδηγήσω, μέσα από ένα είδος μύησης, ανθρώπους που θα διασκορπίζονταν σ' όλα τα μέρη της Γης, για ν' ανοίξουν το μυαλό των υπολοίπων. Τότε ήταν που ο MADECH έγινε δραστήριος σύλλογος και είχε επαφή μ' αυτούς που ερεύνησαν το μήνυμα και διέδιδαν τη σοβαρότητά του. Έτσι στο MADECH έγινε μια ομάδα που την αποτελούσαν από τη μια μεριά τα «πρακτικά μέλη», ενώ από την άλλη υπήρχε το συμβούλιο των οδηγών, οι «μοναχοί» μπορούμε να πούμε, της ομάδας, οι οποίοι θα καθοδηγούσαν τα πρακτικά μέλη. Εδώ πρέπει να πω ότι ανάμεσα στα μέλη υπήρχαν άτομα που ήταν ικανά να αναλάβουν τη διεύθυνση της ομάδας.

Είχα το χρίσμα κατά τη διάρκεια της εκλογής του διοικητικού συμβουλίου. Ο αντικαταστάτης μου, ο Κρίστιαν, ήταν γιατρός με αρκετές ικανότητες, όπως άλλωστε όλοι όσοι αποτελούσαν το συμβούλιο.

Ήταν ακόμη Ιούνης όταν ο Φρανς, ένα από τα πιο αφοσιωμένα μέλη του MADECH και ανοιχτό μυαλό, ήρθε να με δει στην Κλερμόν-Φεράν. Του είπα την πρόθεσή μου να βρω ένα εξοχικό, σε απομονωμένο μέρος αν είναι δυνατόν, όπου θα έμενα για λίγο καιρό και θα έγραφα για τη ζωή που έκανα μέχρι τις 13 Δεκέμβρη του 1973, πριν με ρωτήσει κανένας για το παρελθόν μου. Μου απάντησε ότι είχε ένα εξοχικό, λίγο πιο έξω από το Περιγκόρ, και ότι αν μου άρεσε το μέρος μπορούσα να μείνω για όσο διάστημα ήθελα, αφού δεν έμενε κανένας εκεί. Πήγαμε μια βόλτα με το αυτοκίνητο για να δω το μέρος, και βλέποντας τη γαλήνη και την ησυχία της περιοχής, αποφάσισα να πάω για δυο μήνες. Αφού βρισκόμουν για δεκαπέντε μέρες στην περιοχή, την είχα αγαπήσει τόσο πολύ, ώστε σκεφτόμουν σοβαρά να μείνω εκεί μόνιμα. Ο Φρανς ήρθε και με συνάντησε στο τέλος Ιουλίου, κι αρχίσαμε να κουβεντιάζουμε για την οριστική μου μετακόμιση στο Περιγκόρ, που θα γινόταν την επόμενη μέρα από τη συγκέντρωση της 6ης Αυγούστου στην Κλερμόν Φεράν. Δεν είχα αποφασίσει οριστικά, και είχα ακόμα φόβους μήπως δεν ήταν σωστό να συγκεντρωθούμε στο μέρος που είχα την επαφή με το δημιουργό. Στις 31 Ιουλίου, ενώ βρισκόμασταν έξω από το σπίτι, εγώ, η γυναίκα μου και ο Φρανς, είδαμε να εμφανίζεται ένα μεγάλο αντικείμενο που πετούσε χωρίς θόρυβο, κάνοντας απότομες κινήσεις λίγο πιο μακριά από το σπίτι. Μερικές φορές πετούσε με μεγάλη ταχύτητα, μερικές φορές ήσυχα και άλλες κάνοντας ζικ-ζακ, πεντακόσια μέτρα από μας. Ήμουν ευτυχισμένος που βρισκόμουν ανάμεσα σε δικούς μου και βλέπαμε αυτό το θέαμα. Μια αίσθηση ανεξήγητης ευτυχίας με είχε γεμίσει. Ο Φρανς μου είπε ότι ήταν τόση η συγκίνησή του, ώστε είχαν σηκωθεί οι τρίχες του κεφαλιού του. Για μένα ήταν ένα σημάδι ότι οι Ελοχίμ επιδοκίμαζαν τη συνάντηση σ' αυτή την περιοχή.

Το επόμενο πρωί παρατήρησα στο χέρι μου, κοντά στον αγκώνα μου, ένα παράξενο σημάδι. Δεν το είχα συσχετίσει μ' αυτό που είχε συμβεί την προηγούμενη μέρα, αλλά αρκετοί μου είπαν ότι πρέπει να είχε κάποια σχέση. Ήταν ένας κόκκινος κύκλος με τρία εκατοστά διάμετρο, πέντε εκατοστά πάχος, και μέσα του υπήρχαν τρεις μικρότεροι κύκλοι.
(Α) Δεκαπέντε μέρες μετά οι τρεις κύκλοι ενώθηκαν σε έναν, και έτσι έγιναν δύο ομόκεντροι κύκλοι. (Β)

Μετά από άλλες δεκαπέντε μέρες οι δύο κύκλοι εξαφανίστηκαν από το χέρι μου, αφήνοντας ένα σημάδι που ακόμη έχω. Κατά τη διάρκεια του γεγονότος δεν είχα κανέναν πόνο ούτε φαγούρα στο σημείο όπου βρισκόταν το σημάδι. Μερικοί επιστήμονες στους

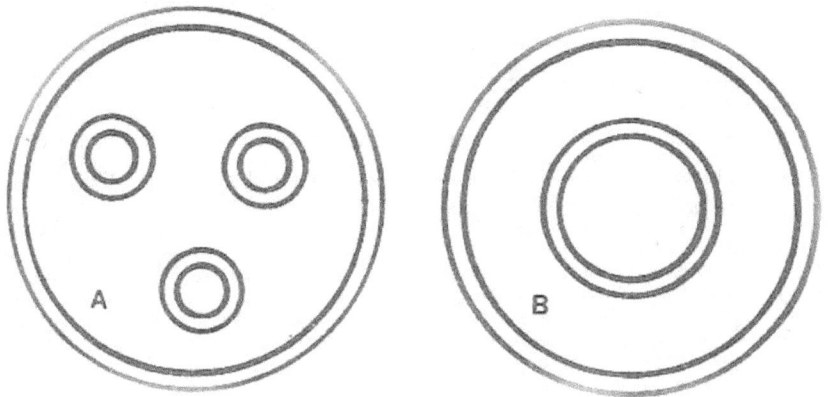

Εικόνα b: *Η συγκέντρωση της 6ης Αυγούστου έγινε στον κρατήρα Πουί ντε Λα Σολά. Επικρατούσε μια θαυμάσια εναρμονισμένη αδελφική ατμόσφαιρα. Αποφάσισα να συγκεντρωθούν τα μέλη του MADECH εκείνη την ημερομηνία χωρίς να ξέρω το γιατί. Θα πρέπει να ήταν οι Ελοχίμ*

οποίους έδειξα το σημάδι, μου είπαν ότι πιθανόν να έγινε με πολύ εξελιγμένα μηχανήματα ακτίνων λέιζερ.

Μετά από αυτή τη συνάντηση, τα μέλη του MADECH με βοήθησαν να μετακομίσω και να εγκατασταθώ μόνιμα στο Περιγκόρ.

Το δεύτερο μήνυμα

Στις 7 του Οκτώβρη, γύρω στις 11 το βράδυ, αισθάνθηκα την ανάγκη να βγω έξω και να δω τον ουρανό. Φόρεσα βαριά ρούχα, γιατί έξω έκανε κρύο, και άρχισα να περπατώ μέσα στη νύχτα. Χωρίς να το προσέξω, ακολουθούσα μια προκαθορισμένη πορεία, νιώθοντας την ανάγκη να πάω στο μέρος που με είχε συναντήσει ο Φρανς το καλοκαίρι: ένα έρημο μέρος που βρισκόταν ανάμεσα σε δύο ρυάκια και περιτριγυρίζονταν από ένα δάσος, που ονομαζόταν Ροκ Πλατ. Πήγα γύρω στα μεσάνυχτα, ρωτώντας τον εαυτό μου τι γύρευα εκεί ακολουθούσα τη διαίσθησή μου, γνωρίζοντας ότι αυτοί μπορούσαν να με οδηγήσουν κάπου τηλεπαθητικά.

Ο ουρανός ήταν όμορφος, τ' αστέρια έλαμπαν και δεν υπήρχε ούτε ένα σύννεφο στον ορίζοντα. Άρχισα να παρατηρώ τ' αστέρια που έπεφταν. Ξαφνικά όλη η γύρω περιοχή φωτίστηκε, και είδα μια τεράστια μπάλα φωτιάς να εμφανίζεται πίσω από μερικούς θάμνους. Πήγα προς το μέρος της γεμάτος ενδιαφέρον, αλλά αρκετά σίγουρος γι' αυτό που θ' ανακάλυπτα.

Το ίδιο αντικείμενο που είχα δει έξι φορές το Δεκέμβρη του 1973, βρισκόταν μπροστά μου και το ίδιο πλάσμα που με είχε συναντήσει πριν δύο χρόνια, ερχόταν προς το μέρος μου μ' ένα πολύ ευγενικό χαμόγελο. Πρόσεξα ότι κάτι έλειπε. Δεν φορούσε την παλλόμενη φόρμα που φορούσε την πρώτη φορά και η οποία του έφτιαχνε ένα φωτοστέφανο γύρω από το πρόσωπο του. Ήμουν πολύ χαρούμενος, γιατί όλο αυτό τον καιρό προσπαθούσα να πείσω τον κόσμο ότι λέω την αλήθεια και έβλεπα για μια ακόμη φορά αυτόν που αναστάτωσε τη ζωή μου. Υποκλίθηκα μπροστά του και μου είπε:

- Σήκω και ακολούθησέ με. Είμαστε ευχαριστημένοι μ' εσένα και όσα έκανες τα περασμένα δύο χρόνια. Είναι καιρός να περάσεις στο επόμενο στάδιο. Μας απόδειξες ότι μπορούμε να σου έχουμε εμπιστοσύνη. Αυτά τα δύο χρόνια ήταν στην πραγματικότητα μια δοκιμασία. Μπορείς σήμερα να παρατηρήσεις ότι δεν έχω καμιά προστασία γύρω από το πρόσωπο μου και η μηχανή μου εμφανίστηκε μπροστά σου μ' ένα μόνο στάδιο, χωρίς τα φωτάκια που αναβόσβηναν. Όλα αυτά υπήρχαν για να σε καθησυχάζουν: είναι υπεύθυνη η εντύπωση που έχετε για τους ιπτάμενους δίσκους. Τώρα όμως που εξελίχθηκες και δεν φοβάσαι, δεν χρειαζόμαστε άλλο αυτές τις τεχνικές εμφανίσεις.

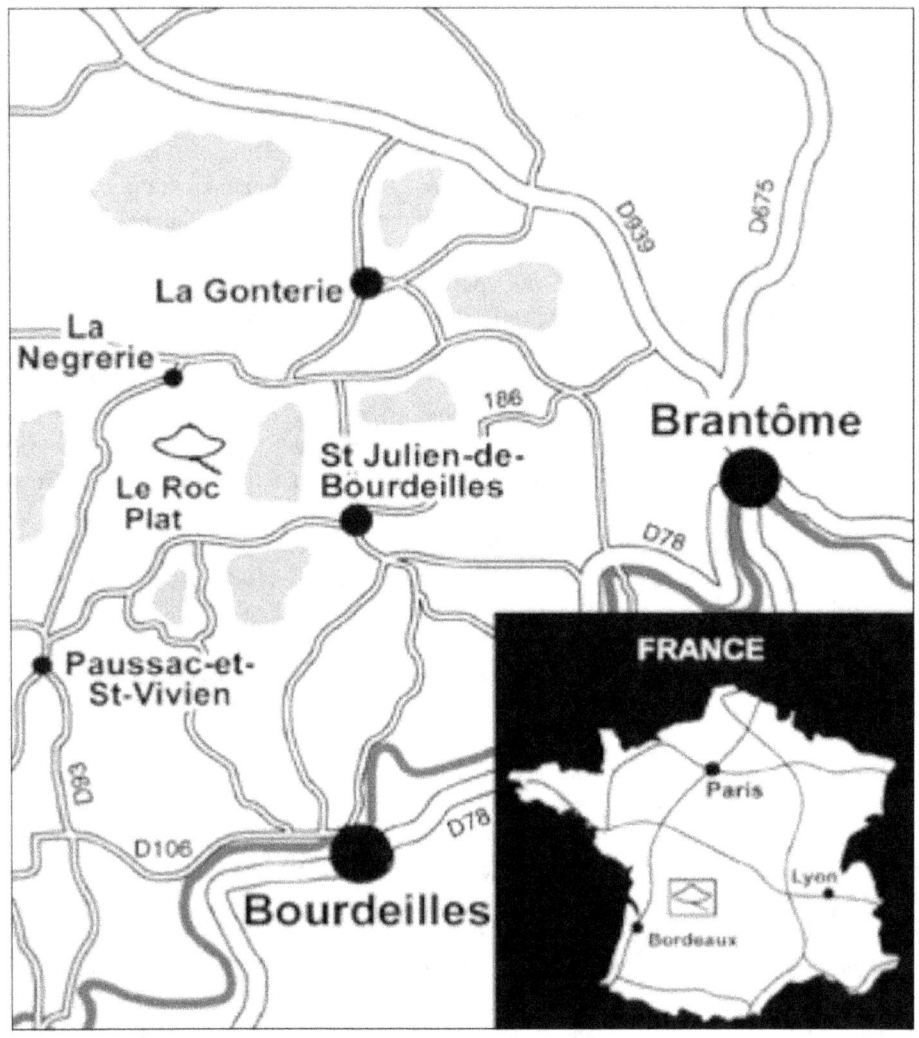

Εικόνα c: Τοποθεσία της δεύτερης επαφής του Ραέλ : Le Roc Plat, κοντά στο Brantome, Περιοχή Perigord, 7 Οκτωβρίου 1975.

Ακολουθώντας τον στο όχημα, παρατήρησα ότι όλα μέσα ήταν όμοια με την περασμένη φορά: οι τοίχοι έμοιαζαν να είναι φτιαγμένοι με το ίδιο μεταλλικό υλικό όπως και το εξωτερικό, δεν υπήρχε καμιά κονσόλα ελέγχου ή όργανα πλοήγησης, ούτε παράθυρα. Το πάτωμα ήταν φτιαγμένο από ημιδιαφανές υλικό και πάνω σ' αυτό υπήρχαν δύο πολυθρόνες φτιαγμένες από διαφανές υλικό, που θύμιζαν, χωρίς να συγκρίνονται, τις άβολες πλαστικές πολυθρόνες. Μου είπε να κάτσω σε μια απ' αυτές και μου ζήτησε να μην κινηθώ. Μετά ανέφερε μερικές λέξεις σε μιαν άγνωστη γλώσσα και αισθάνθηκα να τινάζεται ελαφρά η μηχανή. Παρόλο το ξάφνιασμα, αισθάνθηκα να κρυώνω, σα να γινόταν το σώμα μου παγοκολόνα, ή καλύτερα σα να έμπαιναν στους πόρους του δέρματος μου χιλιάδες παγοβελόνες, και να προχωρούσαν μέχρι το μεδούλι των κοκάλων μου. Μετά από λίγα δευτερόλεπτα δεν ένιωθα τίποτε. Ο συνομιλητής μου είπε λίγο αργότερα:

- Μπορείς να σηκωθείς, φτάσαμε

Τον ακολούθησα και κατέβηκα τη μικρή σκάλα. Το όχημα βρισκόταν ακίνητο σ' ένα κυκλικό δωμάτιο με μεταλλική όψη, δεκαπέντε μέτρα περίπου διάμετρο και δέκα μέτρα ύψος. Άνοιξε μια πόρτα και ο οδηγός μου, μου είπε να μπω και να γδυθώ εντελώς και ακόμη ότι εκεί θα έπαιρνα περισσότερες οδηγίες. Πέρασα σ' ένα κυκλικό δωμάτιο χωρίς καμιά γωνία, το οποίο είχε περίπου τέσσερα μέτρα διάμετρο. Γδύθηκα και μια φωνή μου είπε να περάσω στο δωμάτιο που βρισκόταν μπροστά μου. Στη στιγμή άνοιξε μια πόρτα και μπήκα σ' ένα δωμάτιο παρόμοιο με το προηγούμενο, μόνο που θύμιζε διάδρομο. Σ' όλο το διάδρομο υπήρχαν φώτα, με διαφορετικό χρώμα, από τα οποία πέρασα σταδιακά. Η φωνή μου είπε ότι, ακολουθώντας τα βέλη που βρίσκονταν στο πάτωμα, θα έφτανα σ' ένα άλλο δωμάτιο. Πήγα και βρήκα ένα μπάνιο να με περιμένει. Το νερό ήταν ζεστό και ελαφρά αρωματισμένο. Η φωνή με συμβούλεψε να ικανοποιήσω τις σωματικές μου ανάγκες, πράγμα που έκανα. Κατόπιν μου ζήτησαν να πιω το περιεχόμενο ενός ποτηριού, που βρισκόταν σ' ένα ράφι κοντά στον μεταλλικό τοίχο. Ήταν ένα πολύ κρύο λευκό υγρό, καρυκευμένο με αμύγδαλα. Μετά μου προσφέρθηκε ένα ζευγάρι πιζάμες, απαλές σαν μετάξι. Ήταν λευκές, πολύ καθαρές και με περίμεναν σ' ένα άλλο ράφι. Στο τέλος άνοιξε μια πόρτα και ξαναβρήκα τον οδηγό μου, συνοδευόμενο από δύο πλάσματα παρόμοια μ' αυτόν, αλλά με διαφορετικά χαρακτηριστικά, τα οποία με καλωσόρισαν.

Πήγαμε σε μια τεράστια αίθουσα, όπου τα όσα βρίσκονταν εκεί μέσα ήταν θαυμάσια. Είχε πολλά διαφορετικά επίπεδα, και πάνω από εκατό μέτρα διάμετρο. Σκεπάζονταν από μια τόσο διαφανή σκεπή, ώστε δεν φαίνονταν με την πρώτη ματιά. Χιλιάδες άστρα στόλιζαν το σκοτεινό ουρανό, ενώ η αίθουσα φωτιζόταν σα να ήταν μέρα.

Το πάτωμα ήταν καλυμμένο με γούνες και τριχωτά χαλιά, με γοητευτικά και συναρπαστικά χρώματα. Εκεί μέσα έβλεπες τη μεγαλοπρέπεια της τέχνης. Το κάθε πράγμα ήταν καλύτερο από το προηγούμενο. Σε μεγαλύτερο ύψος υπήρχε κόκκινη και πράσινη βλάστηση, καθώς και εξωτικά ψάρια. Μουσική υπόκρουση με ήχους αρμονίου, διακόπτονταν ευκαιριακά από χορωδία ή μπάσα, κάνοντας θαυμάσιες ηχητικές αρμονίες, που έκαναν τα λουλούδια να κουνιούνται με το ρυθμό και ν' αλλάζουν χρώμα ανάλογα με το στιλ της μελωδίας.

Κάθε φορά που μιλούσε κάποιος, η μουσική χαμήλωνε και μπορούσαμε να καταλάβουμε ο ένας τον άλλο, χωρίς να υψώνουμε τη φωνή μας. Ο αέρας ήταν αρωματισμένος με χιλιάδες μυρωδιές, που κι αυτές άλλαζαν ανάλογα με τη μουσική και το μέρος όπου βρισκόμαστε. Το δωμάτιο είχε δέκα περίπου διαφορετικά επίπεδα, το καθένα με τα ιδιαίτερα χαρακτηριστικά του. Ένα ρυάκι περνούσε απ' όλα και σχημάτιζε μαιάνδρους. Ο οδηγός μου, τον οποίο και οι δύο φίλοι του φαινόταν ότι τον σέβονταν και τον εκτιμούσαν, μου είπε:

- Ακολούθησέ με. Θα κάτσουμε κάπου αναπαυτικά, γιατί έχουμε πολλά να σου πούμε.

Τον ακολούθησα σ' ένα μικρό σαλόνι, με καναπέδες και πολυθρόνες φτιαγμένες από μαύρη γούνα, και καθίσαμε όλοι. Ο οδηγός μου, μου είπε:

- Σήμερα θα σου δώσω το δεύτερο μήνυμα, το οποίο συμπληρώνει το πρώτο. Δεν θα κρατήσεις σημειώσεις, αλλά μην ανησυχείς, γιατί όλα όσα θα πούμε θ' αποτυπωθούν στο μυαλό σου, επειδή εδώ έχουμε μια τεχνική διαδικασία που θα σου επιτρέψει να θυμάσαι ότι ακούσεις.

Πρώτα θέλουμε να σε συγχαρούμε για όσα έκανες αυτά τα δύο χρόνια, κι επίσης να σε προειδοποιήσουμε ότι η υπόλοιπη αποστολή σου είναι πολύ πιο δύσκολη. Δεν πρέπει λοιπόν ν' αποθαρρυνθείς, γιατί θ' αμειφθείς για τις προσπάθειές σου, αδιάφορα με το τι θα γίνει.

Ξεκινώντας, πρέπει να διορθώσουμε κάτι στο πρώτο μήνυμα, σχετικά με την ενδεχόμενη επέμβασή μας στην καταστροφή της ανθρωπότητας. Πρέπει να διευκρινίσω ότι δεν κάνουμε παρεμβάσεις. Η ανθρωπότητα βρίσκεται σ' ένα κρίσιμο σημείο της ιστορίας της, και το μέλλον της εξαρτάται μόνο απ' αυτή την ίδια. Αν μπορέσει να δαμάσει την επιθετικότητά της και το περιβάλλον της, θα κερδίσει τη χρυσή εποχή ενός διαπλανητικού πολιτισμού, με ολοκληρωτική ευτυχία και ευδαιμονία. Στην αντίθετη περίπτωση, αν πέσει δηλαδή στη βία, θα καταστραφεί μόνη της, άμεσα ή έμμεσα. Δεν υπάρχει κανένα αξεπέραστο πρόβλημα για τις ευφυΐες σας, όσο βέβαια αυτές ελέγχουν τα πράγματα.

Ένα ον με καθυστερημένο μυαλό, μπορεί να απειλήσει την παγκόσμια ειρήνη, όπως ένας επιστήμονας μπορεί να την κάνει πραγματικότητα. Όσο πιο γρήγορα μπει σ' εφαρμογή η Διανοιοκρατία, τόσο γρηγορότερα θ' αποφύγετε τον κίνδυνο ενός κατακλυσμού, που μπορεί να προκαλέσουν καθυστερημένα άτομα. Στην περίπτωση κατακλυσμού, μόνον όσοι ακολουθούν τις συμβουλές μας θα σωθούν και θα ξανακατοικήσουν τη Γη, όταν εξαφανιστεί ο κίνδυνος, όπως έγινε την εποχή του Νώε.

Ο Βουδισμός

Αυτό είναι που εξηγεί ο Βουδισμός όταν λέει ότι, τη στιγμή του θανάτου, η ψυχή του νεκρού πρέπει να βρίσκεται σε ετοιμότητα, ώστε να δραπετεύσει από τους αναρίθμητους «διαβόλους», αλλιώς θα μετεμψυχωθεί και θα επιστρέψει στον κύκλο της ζωής. Αν καταφέρει να ξεφύγει απ' αυτούς τους διαβόλους, θα ελευθερωθεί από τον κύκλο και θα κερδίσει ένα μέρος της ευτυχίας, μέσω αυτής της αφύπνισης. Αυτή είναι μια καλή περιγραφή ενός γεγονότος, που δεν συμβαίνει σ' ένα μόνον άτομο, αλλά σ' ολόκληρη την ανθρωπότητα, η οποία πρέπει ν' αντισταθεί σ' αυτούς τους διαβόλους, που μπορούν να την ξαναρίξουν πίσω στον κύκλο. Πρέπει λοιπόν να κάνει τις επιλογές της. Οι διάβολοι είναι η βιαιότητα ενάντια στον δικό μας τύπο ανθρώπου και ενάντια στο περιβάλλον που ζούμε. Το στάδιο της ευτυχίας μέσω της αφύπνισης, είναι η χρυσή περίοδος του πολιτισμού, η οποία έχει διασωθεί στον άνθρωπο σαν κήπος της Εδέμ, όπου οι τυφλοί μπορούν να δουν και οι κουφοί μπορούν ν' ακούσουν. Αν δεν μπορέσει ν' απομακρύνει αυτούς τους διαβόλους, θα επιστρέψει σε μια νέα «μετεμψύχωση», σε μια αργή εξέλιξη από το πρωτόγονο στάδιο, και θα ζει ανάμεσα σε προοδευμένους ανθρώπους, σ' έναν εχθρικό γι' αυτόν κόσμο, μ' όλα όσα συνεπάγονται. Η σβάστικα, που σημαίνει ότι όλα ακολουθούν κυκλική πορεία, χρησιμοποιείται σαν έμβλημά μας, όπως άλλωστε συμβαίνει και σε πολλά αρχαία γραπτά. Η εκλογή που πρέπει να γίνει είναι ανάμεσα στον παράδεισο, όπου επιτρέπεται η ειρηνική χρήση της επιστήμης, και στην κόλαση, που ρίχνει την ανθρωπότητα σε πρωτόγονο επίπεδο, και ο άνθρωπος υποκύπτει στη φύση, αντί να κυριαρχεί σ' αυτήν και να τη χρησιμοποιεί για την πρόοδο του.

Αυτό είναι κατά κάποιο τρόπο μια φυσική επιλογή σε κοσμικό επίπεδο, ειδών ικανών να ξεφύγουν από τον πλανήτη τους. Μόνον όσοι έχουν κυριαρχήσει στη βιαιότητα, φτάνουν σ' αυτό το επίπεδο. Οι υπόλοιποι αυτοκαταστρέφονται τόσο γρήγορα, όσο το επιστημονικό και τεχνολογικό τους επίπεδο τους επιτρέπει να φτιάχνουν όπλα γι' αυτό το σκοπό. Αυτός είναι ο λόγος που δεν μας φοβίζουν όσοι έρχονται σ' επαφή μαζί μας. Εκατοντάδες επαφές "έχουν επιβεβαιώσει αυτό τον απόλυτο κανόνα που υπάρχει στο σύμπαν: όντα που είναι σε θέση να διαφύγουν από το ηλιακό τους σύστημα, είναι πάντοτε ειρηνικά. Όταν ξεφύγουμε από το ηλιακό μας σύστημα, σημαίνει επίσης ότι ξεφύγαμε και από τον κύκλο της καταστροφής, χάρη στον έλεγχο της βιαιότητάς μας, τη στιγμή ακριβώς που είχαμε ανακαλύψει πηγές οι οποίες θα μας επέτρεπαν να επιτύχουμε ταξίδια έξω από το ηλιακό μας σύστημα. Μ' αυτές όμως θα μπορούσαμε να φτιάξουμε ακόμη και όπλα, που θα προκαλούσαν την ολοκληρωτική καταστροφή μας.

Θα σου δώσω μια συμβουλή για την ανθρωπότητα: η χώρα σου ονομάζεται Γαλλία και βρίσκεται στο σωστό δρόμο για το χτίσιμο της Ευρώπης. Πρέπει όμως να είναι η πρώτη χώρα χωρίς στρατό, θέλοντας ν' αποτελέσει παράδειγμα για ολόκληρο τον κόσμο. Οι Γάλλοι επαγγελματίες στρατιώτες, θα θεμελιώσουν το ευρωπαϊκό ειρηνικό σώμα που αργότερα θα γίνει ένα παγκόσμιο ειρηνικό σώμα. Οι στρατιωτικοί θα γίνουν προστάτες της ειρήνης, από κηδεμόνες του πολέμου. Είναι αναγκαίο για μια σοβαρή χώρα να δείξει το δρόμο και να την ακολουθήσουν οι άλλες. Αυτό δεν σημαίνει ότι, επειδή η Γαλλία θα καταργήσει τη στράτευση και οι στρατιώτες της βοηθούν την Ευρώπη, θα κινδυνεύσει να καταστραφεί, γιατί οι γείτονές της θα εισβάλουν σ' αυτή. Αντίθετα, θα θελήσουν να την ακολουθήσουν, μιμούμενοι τα όσα θα έχει κάνει...

Μόλις γίνει αυτό, τα Ευρωπαϊκά στρατεύματα ειρήνης, θα δημιουργηθεί και ένα κοινό νόμισμα, και έτσι θα φτιαχτεί η Ευρωπαϊκή οικονομία. Κατόπιν, η ίδια πρόοδος θα προχωρήσει και στον υπόλοιπο κόσμο. Σ' αυτό θα βοηθήσει η δημιουργία μιας κοινής γλώσσας, που θα διδάσκεται υποχρεωτικά σ' όλα τα σχολεία της Γης. Αν υπάρχει μια χώρα που πρέπει να δείξει το δρόμο, αυτή είναι η Γαλλία. Πρέπει να κηρυχτεί «αποτρεπτική δύναμη» και σ' αυτήν πρέπει να συγκεντρωθούν όλα τα καταστροφικά όπλα. Όταν λοιπόν κάποιοι (δεν ξέρουμε ποιοι) προσπαθήσουν ν' αποτρέψουν την ειρήνη, υπάρχει κίνδυνος να μετατρέψουν την «αποτρεπτική δύναμη» σε μια δύναμη ολέθρια για ολόκληρο τον κόσμο. Ο άνθρωπος πιστεύει ότι στο παρελθόν μπορεί να δει το μέλλον. Αυτό είναι λάθος. Το παρελθόν πρέπει να παραμεριστεί, και το παρόν πρέπει να χτίζεται για το μέλλον. Πρέπει να καταλάβετε ότι μόλις πριν τριάντα χρόνια ο άνθρωπος των προοδευμένων χωρών, έπαψε να είναι πρωτόγονος. Μόλις έχετε βγει από το στάδιο των πρωτόγονων. Υπάρχουν εκατομμύρια άνθρωποι στη Γη, που εξακολουθούν να είναι πρωτόγονοι και είναι αδύνατο να δουν κάτι στον ουρανό και να μην πιστέψουν ότι είναι «θεϊκό» σημάδι...

Γνωρίζεις επίσης ότι η θρησκεία είναι πολύ ισχυρή σε μη οικονομικά ανεπτυγμένες χώρες. Δεν πρέπει να θαυμάζετε τα αρχαία μνημεία, αλλά την ευφυΐα των αρχαίων, αφού μάθετε ότι είχαν ευτυχισμένη ζωή. Οι μακρινοί πρόγονοί μας δεν θα πρέπει να θαυμάζονται, αλλά αντίθετα πρέπει να τους θεωρούμε σαν δυστυχισμένους πρωτόγονους, που δεν ήταν ικανοί ν' ανοίξουν το μυαλό τους στο σύμπαν, και δεν είχαν πολλά πράγματα να προσφέρουν στους απογόνους τους.

Ούτε θεός, ούτε ψυχή

Όσο πιο πρωτόγονη είναι μια κοινωνία, τόσο πιο πολύ θα ανθίσουν οι μονοθεϊστικές θρησκείες μέσα σ' αυτή. Σ' αυτό βοηθούν και οι επισκέπτες από άλλους πλανήτες, οι οποίοι παρουσιάζονται ως «θεοί», επειδή δεν έχουν άλλο τρόπο να κερδίζουν το σεβασμό από ανθρώπους που ακόμη δεν έχουν κυριαρχήσει πάνω στα ένστικτά τους. Αν φτάσετε στο επίπεδο να επισκέπτεστε πρωτόγονους κόσμους, θα αναγκαστείτε να χρησιμοποιείτε αυτή τη μέθοδο, που είναι κατά κάποιο τρόπο διασκεδαστική. Οι πρωτόγονοι νομίζουν ότι είναι «θεϊκό» οτιδήποτε κατεβαίνει από τον ουρανό. Φυσικά θα βοηθήσετε και σεις λιγάκι σ' αυτό, θέλοντας να σας σεβαστούν και να έχετε μια ειρηνική και ευχάριστη διαμονή. Εμείς ακόμη εμφανιζόμαστε στη Γη ευκαιριακά, για να δούμε κατά πόσο αυτό ισχύει ακόμα και για να δούμε τις αντιδράσεις της κυβέρνησης, του λαού και των μέσων μαζικής ενημέρωσης. Μερικές φορές διασκεδάζουμε τους εαυτούς μας πολύ...

Όπως ήδη σου είπα και στο πρώτο μέρος αυτού του μηνύματος, δεν υπάρχει Θεός και φυσικά δεν υπάρχει ψυχή. Μετά το θάνατο δεν υπάρχει τίποτα, εκτός αν η επιστήμη χρησιμοποιηθεί για να δημιουργήσει κάτι. Μπορούμε όμως ν' αναδημιουργήσουμε ένα νεκρό ον από ένα κύτταρο, που περιέχει τα φυσικά και διανοητικά χαρακτηριστικά του όντος που πάρθηκε. Έχει παρατηρηθεί ότι, κατά τη στιγμή του θανάτου ενός όντος, το βάρος του ελαττώνεται κατά μερικά γραμμάρια. Πραγματικά, αυτή είναι η ενέργεια που έχουν όλοι οι ζωντανοί οργανισμοί μέσα τους, και τη στιγμή που φεύγει από το κουφάρι μπορεί να ζυγιστεί όπως η ύλη. Όπως ξέρεις, η ενέργεια έχει βάρος, όπως η ύλη.

Μάθε επίσης ότι έχουμε ανακαλύψει ευφυή και οργανωμένη ζωή στο απείρως μικρό, αναπτυγμένη στο επίπεδό μας και όμοια με το τι είμαστε εμείς. Είμαστε ικανοί να το αποδείξουμε. Επίσης ανακαλύψαμε ότι τα αστέρια και οι πλανήτες είναι άτομα ενός γιγαντιαίου όντος, το οποίο μελετά μ' ενδιαφέρον άλλα αστέρια με περιέργεια. Είναι πολύ πιθανό, τα όντα που βρίσκονται στο απείρως μικρό κομμάτι του απείρως μεγάλου όντος, να πέρασαν από περιόδους κατά τις οποίες πίστευαν σ' έναν άυλο «Θεό».

Πρέπει να καταλάβεις πολύ καλά ότι όλα βρίσκονται μέσα σε όλα. Αυτή τη στιγμή στα άτομα της παλάμης σου, εκατομμύρια πληθυσμοί γεννιούνται και πεθαίνουν, πιστεύοντας ή όχι σε ένα «Θεό» και σε μια «ψυχή». Όταν περάσει μια χιλιετηρίδα για μας, το γιγάντιο ον, στο οποίο ο ήλιος είναι άτομο, είχε το χρόνο να κάνει μονάχα ένα βήμα.

Ο χρόνος είναι αντίστροφα ανάλογος ως προς τη μάζα, ή καλύτερα αντίστροφα ανάλογος ως προς το επίπεδο της μορφής της ζωής. Τα πάντα στο σύμπαν είναι ζωντανά και σε αρμονία με το απείρως μέγιστο και το απείρως ελάχιστο.

Η Γη είναι ζωντανή, όπως όλοι οι πλανήτες και λόγω της μικρής ανάπτυξης που έχει η ανθρωπότητα, είναι δύσκολο να αντιληφθείτε αυτό λόγω της καθυστέρησης χρόνου από την τεράστια διαφορά μάζας, που σας εμποδίζει να αντιληφθείτε τους παλμούς της. Ούτε κάποιο από τα κόκκινα κύτταρα του αίματός μας, ή ακόμη καλύτερα κάποιο από τα άτομα που κάνουν το σώμα μας, φαντάζεται ότι συντελεί, με τους ομοίους του, ένα ζωντανό ον.

Τελικώς, οτιδήποτε συμβαίνει σε κάθε άτομο η καθολική ισορροπία παραμένει σταθερή. Αλλά αν θέλουμε να είμαστε ευτυχισμένοι στο δικό μας επίπεδο, πρέπει να ζούμε στην αρμονία με το απείρως μεγάλο, το απείρως μικρό και τους συνανθρώπους μας.

Κανένα επιχείρημα προς στήριξη της ύπαρξης οποιουδήποτε τύπου Θεού ή ψυχής δεν στέκει όταν ρίξουμε μια γρήγορη ματιά, όσο σύντομη και να είναι, στην άπειρη φύση του σύμπαντος. Δε θα μπορούσε να υπάρξει σε κάποιο ιδιαίτερο μέρος παράδεισος, επειδή το σύμπαν είναι άπειρο και δεν μπορεί να έχει κέντρο. Άλλωστε, όπως ήδη εξήγησα, δεν μπορεί να υπάρξει επικοινωνία μεταξύ μιας απείρως οντότητας και ενός σύμπαντος, απείρως μικρών οντοτήτων, επειδή η διαφορά στη μάζα είναι τόσο τεράστια, έτσι δημιουργεί μια διαφορά στη ροή ίσου χρόνου.

Τελικώς, αν κάποιος μπορεί να φανταστεί μιαν αθάνατη ψυχή να δραπετεύει από το σώμα μετά το θάνατο, είναι μεν πολύ ποιητικό, αλλά αφελές δημιούργημα που προέρχεται από τα μυαλά πρωτόγονων. Κάποιος δεν μπορεί να πει που θα πάει, με δεδομένο το ότι το σύμπαν είναι άπειρο.

Η ποσότητα της ενέργειας η οποία φεύγει τη στιγμή του θανάτου, διασκορπίζεται τυχαία και αναμιγνύεται με τις γύρω ενέργειες στον αέρα, χάνοντας την ταυτότητά της.

Φυσικά αυτή η ταυτότητα καταγράφεται μόνο σε οργανωμένη ύλη, όπως στα κύτταρα ενός ζωντανού οργανισμού, που μόλις έχει πεθάνει. Αυτή η ύλη οργανώνεται σύμφωνα με σχέδιο, που τα γονίδια του αρσενικού και θηλυκού έφτιαξαν στην σύλληψη, όταν δημιουργούσαν το πρώτο κύτταρο.

Μερικοί μπορούν να πουν για την προέλευση της ζωής στη Γη: «Η εξήγησή σας δεν αλλάζει τίποτα, αφού δεν μπορείτε να μιλήσετε για το ξεκίνημα όλων αυτών».

Αυτό είναι ένα ανόητο σχόλιο, που αποδεικνύει ότι το πρόσωπο που την κάνει δεν έχει καθόλου συναίσθηση του απείρου, που υπάρχει στο χρόνο και στο χώρο. Δεν υπάρχει ούτε αρχή ούτε τέλος, αφού «τίποτα δεν χάνεται, τίποτα δεν δημιουργείται, όλα μεταβάλλονται», όπως ήδη το έχεις ακούσει. Μόνο η μορφή της ύλης μπορεί ν' αλλάξει, σύμφωνα με τη θέληση αυτών που έχουν φτάσει σ' ένα επιστημονικό επίπεδο που να τους επιτρέπει να το επιτύχουν.

Είναι το ίδιο για τα άπειρα επίπεδα ζωής. Αυτό είναι που αντιπροσωπεύει το δεύτερο μέρος του εμβλήματός μας. Το Αστέρι του Δαυίδ, που αποτελείται από δύο τρίγωνα, το ένα πάνω στο άλλο, και σημαίνει «όπως πάνω, έτσι και κάτω». Με τη Σβάστικα, που σημαίνει ότι «όλα είναι κυκλικά», στο κέντρο του εξάγωνου αστεριού, έχεις το έμβλημά μας, που περιέχει όλη τη σοφία στον κόσμο. Μπορείς να βρεις αυτά τα σύμβολα στ' αρχαία γραπτά, Bardo Thodol, ή στη Θιβετιανή Βίβλο των Νεκρών, και σε πολλά άλλα.

Είναι πράγματι πολύ δύσκολο για το οριοθετημένο ανθρώπινο μυαλό, να κατανοήσει το άπειρο. Αυτό εξηγεί την ανάγκη του να περιορίσει το διάστημα και το χρόνο με πίστη σε ένα ή περισσότερους θεούς, οι οποίοι είναι υπεύθυνοι για όλα.

Πράγματι, αυτοί που δεν μπορούν ν' αναπτύξουν ένα απαιτούμενο επίπεδο ανθρώπινης κατανόησης για το άπειρο έχουν πρόβλημα να δεχτούν την έννοια του απείρου, που κάνει την ανθρωπότητα τίποτα το εξαιρετικό, αλλά απλά ανθρώπους που βρίσκονται σε μια ορισμένη θέση και ορισμένο χρόνο στο άπειρο σύμπαν.

Οι άνθρωποι φυσικά προτιμούν τα πράγματα να είναι καλά ορισμένα, πλαισιωμένα, περιορισμένα σ' έναν τρόπο, σύμφωνα με το ομοίωμα των δικών τους μυαλών. Αυτοί που αναρωτιούνται αν υπάρχει ζωή σε άλλους πλανήτες, είναι το καλύτερο παράδειγμα περιορισμένων μυαλών και μας άρεσε η σύγκριση που έκανες σε μια ομιλία σου, παρομοιάζοντας αυτούς τους ανθρώπους με βατράχους που βρίσκονται στο βυθό της λιμνούλας τους και αναρωτιούνται αν υπάρχει ζωή σε άλλες λιμνούλες.»

Παράδεισος Στη Γη - Επί Γης

« Θα μπορούσατε πολύ γρήγορα να ζήσετε σ' έναν αυθεντικό γήινο παράδεισο, αν η τεχνολογία που έχετε διαθέσιμη σήμερα γίνει υπηρέτης στην ανθρώπινη ευημερία και να μην υπηρετεί τη βία, στρατιωτικά ή προσωπικά κέρδη λίγων.

Η επιστήμη και η τεχνολογία, μπορούν να ελευθερώσουν ολοκληρωτικά την ανθρωπότητα, όχι μόνο από το πρόβλημα πείνας στον κόσμο, αλλά επίσης και από την υποχρέωση να δουλεύει για να ζει, αφού μηχανές μπορούν να κάνουν κάπως εύκολα, όλες τις καθημερινές δουλειές, χάριν στην αυτοματοποίηση.

Ήδη σε κάποια από τα πιο μοντέρνα εργοστάσια, χρειάζονται μερικές εκατοντάδες άνθρωποι για τη συναρμολόγηση ενός αμαξιού. Σήμερα, ένα μόνο άτομο χρειάζεται, για να χειρίζεται ένα κομπιούτερ, που κάνει σχεδόν όλη τη δουλειά της συναρμολόγησης. Στο μέλλον, ακόμη και αυτό το άτομο δε θα είναι απαραίτητο. Οι εργατικές ομοσπονδίες δεν χαίρονται με το ότι οι βιομηχανίες δεν χρειάζονται πολύ προσωπικό και ξεσηκώνουν τους ανθρώπους. Αυτό είναι παράλογο , αυτές οι καταπληκτικές μηχανές, που μπορούν να κάνουν τη δουλειά 500 εργατών, πρέπει να επιτρέπουν σε αυτούς τους 500 να ζουν πραγματικά, αντί να πλουτίζουν ένα μόνο άτομο: τον εργοδότη.

Κανένας άνθρωπος δεν πρέπει να υπηρετεί άλλον άνθρωπο, ούτε να δουλεύει για κάποιον για το μεροκάματο. Οι μηχανές μπορούν να κάνουν όλες τις δουλειές, επιτρέποντας έτσι στον άνθρωπο ν' αφιερώσει τον εαυτό του σ' αυτό που δημιουργήθηκε να κάνει, να σκέφτεται, να δημιουργεί και να ανθίζει. Αυτό συμβαίνει στον πλανήτη μας. Τα παιδιά σας δεν πρέπει να ανατρέφονται με τους τρεις πρωτόγονους κανόνες ηθικής: εργασία, οικογένεια και πατρίδα, αλλά με τους: αυτοολοκλήρωση, ελευθερία και συμπαντική αδελφοσύνη.

Η «εργασία» δεν είναι ιερή, όταν έχει σαν κίνητρο μόνο την ανάγκη να κερδίσεις τα χρήματα που θα σου επιτρέψουν να ζήσεις μια εργατική δύσκολη ζωή. Είναι επίσης τρομερά υποβαθμιστικό, εξευτελιστικό να πουλάς τη ζωή σου, τον εαυτό σου, για να ζεις, κάνοντας εργασίες που μπορούν να κάνουν απλές μηχανές.

Η «οικογένεια», παλιότερα και σήμερα, είναι απλά ένας τρόπος για τους παλαιούς και νέους υποστηρικτές σκλαβιάς που αναγκάζει τους ανθρώπους να εργάζονται σκληρότερα για κάποιο φανταστικό οικογενειακό ιδεώδες.

Τέλος, ο «πατριωτισμός» είναι ένα συμπληρωματικό στοιχείο στη δημιουργία ανταγωνισμού ανάμεσα στους ανθρώπους, για να τους φέρει κάθε μέρα, γεμάτους ανυπομονησία στην δουλειά τους.

Αυτοί οι τρεις κανόνες: εργασία, οικογένεια και πατρίδα, πάντα υποστηρίζονταν από πρωτόγονες θρησκείες. Αλλά τώρα, δεν είστε πλέον πρωτόγονοι άνθρωποι. Πετάξτε αυτούς τους απαρχαιωμένους κανόνες και δώστε τα όλα στη ζωή σας στη Γη, την οποία η επιστήμη μπορεί να μετατρέψει σε παράδεισο.

Μην παρασύρεστε απ' αυτούς που, στο όνομα κάποιου ενδεχόμενου εχθρού, φτιάχνουν βιομηχανίες όπλων, στις οποίες ο εργαζόμενος αμείβεται ανεπαρκώς, για να παράξει καταστροφικά όπλα προσφέροντας κέρδη στους μεγαλοβιομήχανους. Μην παρασύρεστε απ' όσους λένε ότι ο αριθμός των γεννήσεων έχει μειωθεί ανησυχητικά, επειδή οι νέοι άνθρωποι καταλαβαίνουν ότι δεν χρειάζονται να έχουν τόσα πολλά παιδιά. Είναι απαραίτητο να καταλάβετε ότι, λιγότερα παιδιά θα ζουν πιο ευτυχισμένα στη Γη.

Μην παρασύρεστε απ' αυτούς που σταθερά φωνάζουν «οι γείτονές μας έχουν αυξηθεί τόσο πολύ, σε μικρό χρονικό διάστημα, ώστε μπορεί να γίνουν επικίνδυνοι για μας». Είναι οι ίδιοι που ενθουσιάζονται να συσσωρεύουν ατομικά όπλα, με την πρόφαση της «ισορροπίας».

Τέλος, μην παρασύρεστε απ' αυτούς που σας λένε ότι, η στρατιωτική υπηρεσία σου επιτρέπει να μάθεις πως να χρησιμοποιείς όπλα, «είναι χρήσιμο στη ζωή» και την ίδια ώρα συσσωρεύουν πυρηνικούς πυραύλους.

Θέλουν να σας διδάξουν τη βία, να σας διδάξουν να μη φοβάστε να σκοτώσετε κάποιον σαν εσάς, δικαιολογώντας αυτή την πράξη με το ότι φοράει διαφορετική στολή, και σας εκπαιδεύουν μέχρι να γίνει μηχανική η αντίδρασή σας, με ασκήσεις σε εκπαιδευτικούς στόχους.

Μη σας κοροϊδεύουν αυτοί που θέλουν να πολεμήσετε για την πατρίδα σας. Καμιά χώρα δεν το αξίζει. Μην επηρεάζεστε απ' όσους ρωτούν: «Αν οι εχθροί εισβάλουν, δεν θα πρέπει να υπερασπίσουμε τους εαυτούς μας;» Απαντήστε τους ότι η μη βία είναι πιο αποτελεσματική από τη βία.

Δεν υπάρχει τίποτα που ν' αποδεικνύει ότι έκαναν καλά αυτοί που πέθαναν για τη Γαλλία όσο άγριοι και να ήταν. Δείτε τον θρίαμβο του Γκάντι στην Ινδία.

Τέτοιοι άνθρωποι θα σας πουν ότι πρέπει να πολεμήσετε για την ελευθερία σας, αλλά ξεχνάνε ότι οι Γαλάτες έχασαν τον πόλεμο με τους Ρωμαίους, αλλά δεν ήταν σε χειρότερη θέση από τους εισβολείς όταν έγιναν υποτελείς. Μάλιστα ωφελήθηκαν από τον πολιτισμό των εισβολέων. Έζησαν στη δημιουργικότητα, στην ελευθερία και στην αγάπη, αγνοώντας τους στενόμυαλους και τους βίαιους ανθρώπους. Το πολυτιμότερο εργαλείο που έχετε να σας βοηθήσει να φτάσετε σε μια μακριά και διαρκή κοσμική ειρήνη, είναι η τηλεόραση. Η πηγή μιας αυθεντικής πλανητικής αντίληψης που κάνει δυνατό το να δείτε, το τι συμβαίνει σε όλο τον κόσμο κάθε μέρα, και να διαπιστώσετε ότι οι «βάρβαροι», που ζουν στην άλλη μεριά, έχουν τα ίδια ενδιαφέροντα, χαρές, τα ίδια προβλήματα και στενοχώριες όπως και σεις. Επίσης αρχειοθετεί την πρόοδο της επιστήμης, τις τελευταίες καλλιτεχνικές δημιουργίες και ούτω καθεξής. Φυσικά είναι σημαντικό να διασφαλίσετε αυτό το θαυμάσιο μέσο εξάπλωσης και επικοινωνίας, ώστε να μην πέσει στα χέρια ανθρώπων που, θα το χρησιμοποιούν για να ελέγχουν τις μάζες ανθρώπων. Αλλά πρέπει να καταλάβετε ότι η τηλεόραση είναι το νευρικό σύστημα της ανθρωπότητας, το οποίο επιτρέπει στον καθένα να ενημερώνεται για την ύπαρξη των υπολοίπων, να τους βλέπει πως ζουν. Επίσης προφυλάσσει από τη δημιουργία λανθασμένων ιδεών που δημιουργεί ξενοφοβία. Πριν από καιρό, υπήρχε ο φόβος των γειτονικών φυλών, των κοντινών χωριών, των επαρχιών και των χωρών. Τώρα υπάρχει ο φόβος για τα γειτονικά γένη. Αυτός ο φόβος πρέπει να εξαφανιστεί, γιατί σε λίγο θα γίνει φόβος για επισκέπτες από άλλους πλανήτες. Είναι απαραίτητο να αντιστραφεί αυτή η συμπεριφορά και να είσαστε ανοιχτοί σε οτιδήποτε έρχεται από έξω, επειδή φόβος γι' αυτόν που είναι ξένος, είναι ένδειξη για πρωτόγονο επίπεδο πολιτισμού.

Στην καταπολέμηση αυτού του φόβου, η τηλεόραση είναι αναντικατάστατη και είναι ένα από τα πιο σημαντικά, αν όχι το σημαντικότερο βήμα όλων των πολιτισμών. Μαζί με το ραδιόφωνο επιτρέπει σ' όλα τα απομονωμένα κύτταρα της ανθρωπότητας, τους ανθρώπους ,εμάς, να πληροφορούνται τι κάνουν οι άλλοι, όπως ακριβώς κάνει το νευρικό σύστημα στο σώμα ενός ζωντανού πλάσματος, όπως υπόδειξα προηγουμένως.

Ο Άλλος Κόσμος

«Ίσως να αναρωτιέσαι που είσαι τώρα» είπε ο οδηγός μου. «Είμαστε σε μια βάση που βρίσκεται σχετικά κοντά στη Γη. Στο πρώτο μήνυμα έγραψες ότι μπορούμε να ταξιδέψουμε εφτά φορές γρηγορότερα από την ταχύτητα του φωτός. Αυτό ήταν αλήθεια πριν είκοσι πέντε χιλιάδες χρόνια, όταν ήρθαμε για πρώτη φορά στη Γη. Από τότε έχουμε προοδεύσει πολύ, και τώρα ταξιδεύουμε μέσα στο διάστημα πιο γρήγορα. Τώρα κάνουμε λίγες στιγμές για το ίδιο ταξίδι που τότε χρειαζόμασταν σχεδόν δύο μήνες, κι ακόμα εξακολουθούμε να προοδεύουμε. Ακολούθησέ με αν θέλεις, να κάνουμε όλοι μαζί ένα μικρό ταξίδι.» Σηκώθηκα και ακολούθησα τους τρεις οδηγούς μου. Περάσαμε από έναν εναέριο θάλαμο, και σ' ένα τεράστιο δωμάτιο μας περίμενε ένα διαστημόπλοιο, παρόμοιο μ' εκείνο που μ' έφερε από τη Γη, μόνο που ήταν μεγαλύτερο. Είχε εξωτερική διάμετρο γύρω στα δώδεκα μέτρα και στο εσωτερικό του υπήρχαν τέσσερις θέσεις αντί για δύο, που ήταν τοποθετημένες πρόσωπο με πρόσωπο. Καθίσαμε και, όπως την πρώτη φορά, αισθάνθηκα παγωμένες βελόνες στο σώμα μου, αλλά τώρα κράτησε περισσότερο, γύρω στα δέκα λεπτά. Κατόπιν το διαστημόπλοιο φρενάρισε αργά και κατευθυνθήκαμε προς την έξοδο. Βγαίνοντας αντίκρισα έναν παράδεισο. Δεν μπορώ να βρω λέξεις να περιγράψω τη γοητεία των τεράστιων λουλουδιών που έβλεπα, το ένα καλύτερο από το άλλο. Ανάμεσά τους περπατούσαν κάποια άγνωστα και πολύ όμορφα ζώα και πουλιά με πολύχρωμα φτερά. Ροζ και μπλε σκίουροι με κεφάλια που έμοιαζαν με αυτά των νεογνών της αρκούδας, σκαρφάλωναν στα κλαδιά που είχαν πελώρια φρούτα και γιγάντια άνθη. Τριάντα μέτρα από το διαστημόπλοιο μας περίμενε μια μικρή ομάδα Ελοχίμ. Ανάμεσα στα δέντρα είδα κατασκευές που εναρμονίζονταν θαυμάσια με το περιβάλλον, οι οποίες έμοιαζαν με ζωηρόχρωμα όστρακα. Η θερμοκρασία ήταν καλή, κι ο αέρας ήταν αρωματισμένος με τη μυρωδιά χιλιάδων εξωτικών φυτών. Περπατήσαμε προς ένα λόφο, και το τοπίο που ξετυλίγονταν μπροστά στα μάτια μου ήταν υπέροχο. Πολλά ποτάμια διέσχιζαν την πλούσια βλάστηση και σε μεγάλη απόσταση ένας γαλάζιος ωκεανός έλαμπε στον ήλιο. Όταν άρχισα να συνηθίζω το περιβάλλον, είδα, προς μεγάλη μου έκπληξη, μια ομάδα ανθρώπων όμοιων μ' εμένα, εννοώ ανθρώπους όμοιους μ' αυτούς που ζουν στη Γη, όχι Ελοχίμ. Οι περισσότεροι ήταν γυμνοί, ενώ άλλοι φορούσαν πολύχρωμες μεταξωτές ρόμπες. Υποκλίθηκαν με σεβασμό στους τρεις οδηγούς μου και καθίσαμε όλοι σε πολυθρόνες που βρίσκονταν σκαλισμένες στο βράχο και ήταν καλυμμένες με γούνες. Από ένα κοντινό σπήλαιο βγήκαν μερικοί άνθρωποι, μεταφέροντας δίσκους γεμάτους φρούτα, ψητά με υπέροχες σάλτσες και υπέροχα αρωματισμένα ποτά. Δίπλα σε κάθε καλεσμένο στέκονταν δύο άνθρωποι με τους δίσκους τους, έτοιμοι να ικανοποιήσουν κάθε επιθυμία αυτών που έτρωγαν. Κατά τη διάρκεια του γεύματος ακούγονταν θαυμάσια μουσική, δεν ξέρω ούτε εγώ από πού, και νεαρές γυναίκες με καλλίγραμμο σώμα, ασύγκριτα γοητευτικές, άρχισαν να χορεύουν γυμνές, κοντά μας πάνω στη χλόη. Υπήρχαν σαράντα περίπου καλεσμένοι, που βρίσκονταν μαζί με τους τρεις οδηγούς μου και έμοιαζαν με γήινους ανθρώπους. Ήταν λευκοί, κίτρινοι και μαύροι, άντρες και γυναίκες, και όλοι μιλούσαν μια γλώσσα που δεν μπορούσα να καταλάβω και μου θύμιζε τα εβραϊκά. Καθόμουν στα δεξιά του Ελόχα, τον οποίο είχα συναντήσει πριν δύο χρόνια και αριστερά μου κάθονταν άλλοι έξι Ελοχίμ. Απέναντί μου καθόταν ένας νεαρός γενειοφόρος άντρας, πολύ όμορφος και λεπτός, μ' ένα μυστηριώδες χαμόγελο και μια ματιά γεμάτη αδελφική αγάπη. Δεξιά του βρισκόταν ένας άντρας με σουφρωμένο πρόσωπο και λεπτή μαύρη γενειάδα. Αριστερά του καθόταν ένας παχύσαρκος με πρόσωπο Ασιάτη και το κεφάλι του ήταν τελείως ξυρισμένο.

Συναντώντας τους Αρχαίους Προφήτες

Προς το τέλος του γεύματος, ο οδηγός μου άρχισε να μου λέει:

«Στο πρώτο μήνυμα σου είπα για την κατοικία στον πλανήτη μου, όπου οι γήινοι βρίσκονται ζωντανοί, εξαιτίας του επιστημονικού μυστικού της αιωνιότητας, που βασίζεται στο κύτταρο.

Ανάμεσα σ' αυτούς που εξακολουθούν να είναι ζωντανοί, βρίσκονται κι ο Ιησούς, ο Μωυσής, ο Ηλίας κ.ά. Η κατοικία είναι στην πραγματικότητα, πολύ μεγάλη, ένας ολόκληρος πλανήτης, όπου σ' αυτόν ζει και το Συμβούλιο των Αθανάτων. Το όνομά μου είναι Γιαχβέ και είμαι ο πρόεδρος του Συμβουλίου των Αθανάτων.

Στον πλανήτη που βρισκόμαστε τώρα, ζουν οχτώ χιλιάδες τετρακόσιοι γήινοι, οι οποίοι κατά τη διάρκεια της ζωής τους έφτασαν σε υψηλό επίπεδο σοφίας ή βοήθησαν να εξελιχθεί ένα μέρος της ανθρωπότητας από την πρωτόγονη κατάστασή του χάρη στις ανακαλύψεις τους, στα γραπτά τους, τον τρόπο οργάνωσής τους, τις υποδειγματικές αδελφικές τους πράξεις ή την ανιδιοτέλειά τους. Μαζί με αυτούς βρίσκονται οι εφτακόσιοι Ελοχίμ μέλη του Συμβουλίου των Αιωνίων.

Όποιο και να είναι το αποτέλεσμα της αποστολής σου, θα έρθεις εδώ μαζί μας, σ' αυτό το μικρό παράδεισο, που όλα είναι εφικτά χάρη στην επιστήμη. Έτσι ζούμε σε μια αιώνια ευτυχία. Μπορώ να πω πραγματικά αιώνια, αφού όπως και στη Γη δημιουργήσαμε και όλη τη ζωή εδώ και αρχίζουμε να καταλαβαίνουμε τέλεια τη ζωή του απείρως μεγάλου, δηλαδή, των πλανητών, και μπορούμε να ανιχνεύσουμε σημάδια μεγάλης ηλικίας σε ηλιακά συστήματα τα οποία θα μας κάνουν να εγκαταλείψουμε αυτό τον πλανήτη την κατάλληλη στιγμή για να δημιουργήσουμε άλλον παράδεισο αλλού, μόλις αγχωθούμε λίγο για την επιβίωσή του.

Οι αιώνιοι άνθρωποι που ζουν εδώ, άνθρωποι από τη Γη και Ελοχίμ, μπορούν να ασχοληθούν με ότι τους αρέσει, να κάνουν μονάχα αυτό που τους ευχαριστεί, όπως για παράδειγμα επιστημονικές μελέτες, διαλογισμό, μουσική, ζωγραφική κ.ά...

Ακόμη μπορούν να μην κάνουν τίποτα, αν αυτό τους αρέσει.

Οι υπηρέτες που είδες προηγουμένως, να κουβαλούν τους δίσκους και οι χορεύτριες, είναι απλά βιολογικά ρομπότ. Δημιουργούνται με την ίδια βάση που χρησιμοποιήσαμε για να κατασκευάσουμε τους γήινους, με τελείως επιστημονικό τρόπο και είναι εντελώς υπάκουοι σ' εμάς.

Είναι ανίκανοι να κάνουν εργασίες χωρίς διαταγές από εμάς, και είναι πολύ ειδικευμένοι. Δεν έχουν καμιά προσωπική φιλοδοξία και δεν αισθάνονται καμιά ευχαρίστηση, εκτός απ' αυτή που τους δίνει η χρησιμοποίησή τους στην εργασία που ξέρουν. Γερνούν και πεθαίνουν σαν εμάς, αλλά η μηχανή που τα φτιάχνει, μπορεί κατασκευάζει πολύ περισσότερα απ' όσα μας είναι απαραίτητα. Δεν μπορούν να αισθανθούν τον πόνο ή άλλα συναισθήματα και δεν μπορούν ν' αναπαραχθούν μόνα τους.

Ζουν όσο κι εμείς, περίπου εφτακόσια χρόνια, χάρη σε μια χειρουργική επέμβαση. Όταν κάποιο απ' αυτά πρέπει να καταστραφεί λόγω της ηλικίας του, η μηχανή που τα παράγει φτιάχνει ένα καινούργιο ή όσα είναι απαραίτητα για να εξυπηρετούν τις ανάγκες μας. Βγαίνουν από τη μηχανή έτοιμα για εργασία, με το σωστό ύψος, και δεν έχουν παιδική ηλικία, ούτε μεγαλώνουν σε μέγεθος.

Ξέρουν μόνο να κάνουν ένα πράγμα. Να ακούνε τους ανθρώπους από τη Γη και τους Ελοχίμ, κι είναι ανίκανοι έστω και για την παραμικρή βίαιη πράξη.

Μπορούν να αναγνωριστούν από τη μικρή μπλε πέτρα που έχουν ανάμεσα στα μάτια τους, και οι άντρες και οι γυναίκες. Αυτοί κάνουν όλες τις βρώμικες, βαριές και ανιαρές εργασίες. Κατασκευάζονται, επισκευάζονται και καταστρέφονται κάτω από το έδαφος, εκεί όπου γίνεται και η συντήρηση των μηχανών, από τέτοια ρομπότ και από πελώρια κομπιούτερ τα οποία κανονίζουν και τις ανάγκες μας σε τροφή, πρώτες ύλες, ενέργεια, κλπ. Καθένας απ' αυτούς που κατοικούν εδώ, Ελοχίμ και άνθρωποι, μπορούν να έχουν μέσο όρο στην υπηρεσία τους δέκα τέτοιους υπηρέτες. Αφού είμαστε λίγο περισσότεροι από εννιά χιλιάδες άνθρωποι και Ελοχίμ, υπάρχουν περίπου ενενήντα χιλιάδες τέτοια ρομπότ, άνδρες και γυναίκες.

Στους ανθρώπους της Γης, όπως και στους Ελοχίμ, που είναι μέλη στο Συμβούλιο των Αθανάτων, απαγορεύεται να κάνουν παιδιά. Έχουν λοιπόν συμφωνήσει να κάνουν μια μικρή χειρουργική επέμβαση, που προκαλεί στείρωση, αλλά που μπορεί εύκολα με μιαν άλλη επέμβαση να διορθωθεί. Αυτή η συμφωνία έχει γίνει για ν' αποφευχθεί η πιθανότητα να μπουν σ' αυτό το θαυμάσιο κόσμο όντα που δεν το αξίζουν. Φυσικά όλοι οι αιώνιοι, μπορούν να έρθουν σε ερωτική επαφή, όπως επιθυμούν κι έτσι κάθε μορφή ζήλειας έχει εξαφανιστεί.

Επίσης, οι άντρες που θέλουν να έχουν περισσότερες από μια γυναίκες, ή όσοι θέλουν μια γυναίκα κατώτερη από τους ίδιους, εκτός από τις σχέσεις ισότητας που υπάρχουν μεταξύ αιωνίων γυναικών και αιωνίων αντρών, μπορούν να έχουν ένα ή περισσότερα θηλυκά βιολογικά ρομπότ, στα οποία η μηχανή θα δώσει όποια χαρακτηριστικά επιθυμούν οι χρήστες. Το ίδιο συμβαίνει και με τις γυναίκες, οι οποίες έχουν, αν θελήσουν, ένα ή περισσότερα υπάκουα αρσενικά βιολογικά ρομπότ.

Η μηχανή που παράγει αυτά τα ρομπότ, δίνει στα κατασκευάσματά της τα ακριβή εξωτερικά χαρακτηριστικά και την ειδικότητα που επιθυμείται. Υπάρχουν πολλοί τύποι ιδανικών ανδρών και γυναικών, ανάλογα με τη σωματική διάπλαση, τη φυσιογνωμία, το σχήμα του προσώπου κ.ά., που μπορεί να κατασκευάσει. Μπορούμε ακόμη να βάλουμε τη φωτογραφία κάποιου από τη Γη, τον οποίο θαυμάζουμε ιδιαίτερα ή αγαπάμε, και η μηχανή θα τον κατασκευάσει στην εντέλεια. Μ' αυτό τον τρόπο οι σχέσεις των αθανάτων, και των δύο φύλων, είναι περισσότερο αδελφικές και διέπονται από σεβασμό, ενώ οι ερωτικές σχέσεις τους είναι απόλυτα αγνές και ευγενικές.

Επειδή μόνο εξαιρετικά υψηλού διανοητικού επιπέδου άνθρωποι βρίσκονται εδώ, δεν δημιουργείται κανένα πρόβλημα μεταξύ τους. Η πλειοψηφία περνά τον καιρό της διαλογίζοντας, κάνοντας επιστημονικές έρευνες, εφευρέσεις, και καλλιτεχνικές συνθέσεις κάθε είδους. Μπορούμε να ζούμε κάθε φορά σε διαφορετικές πόλεις, με ποικίλα αρχιτεκτονικά σχέδια, σε διάφορες τοποθεσίες, τις οποίες μπορούμε ν' αλλάζουμε κατά βούληση. Κάθε άτομο περνάει τον καιρό του όπως του αρέσει.

Μερικοί βρίσκουν ευχαρίστηση στα επιστημονικά πειράματα, άλλοι στη σύνθεση μουσικής, άλλοι στο να δημιουργούν όμορφα ζώα, άλλοι στο να κάνουν διαλογισμό ή έρωτα. Υπάρχουν πολλές ακόμη ενδιαφέρουσες διασκεδάσεις σ' αυτό το παραδείσιο περιβάλλον, όπως να πίνεις από τις βρύσες που υπάρχουν και να τρως από τα διάφορα νόστιμα φρούτα που ωριμάζουν παντού, όλες τις εποχές. Εδώ δεν υπάρχει χειμώνας. Ζούμε σε μια περιοχή που μοιάζει με τον δικό σας ισημερινό, μόνο που μπορούμε ν' αλλάζουμε μ' επιστημονικά μέσα τον καιρό, έτσι ώστε να έχουμε πάντα λιακάδα, χωρίς υψηλές θερμοκρασίες. Μπορούμε να προκαλέσουμε βροχή το βράδυ ή όποτε και όπου θέλουμε. Όλα αυτά και πολλά άλλα που δεν μπορείς να καταλάβεις με την πρώτη, κάνουν αυτόν τον πλανήτη πραγματικό παράδεισο. Εδώ μπορεί ο καθένας να κάνει ελεύθερα ότι θέλει ασφαλισμένα, επειδή όλοι αξίζουν αυτή την ελευθερία.

Όλα όσα δημιουργούν ευχαρίστηση, είναι θετικά, για όσον καιρό η ευχαρίστηση δεν βλάπτει κανένα, με οποιοδήποτε τρόπο. Όλες οι φιλήδονες απολαύσεις είναι θετικές, γιατί η φιληδονία είναι ένα άνοιγμα για τον έξω κόσμο και κάθε άνοιγμα είναι καλό. Στη Γη μόλις τώρα απελευθερώνεστε από τις πρωτόγονες απαγορεύσεις, οι οποίες θεωρούν κακό οτιδήποτε σχετίζεται με τον έρωτα ή το γυμνό, ενώ δεν υπάρχει τίποτα φυσικότερο απ' αυτά.

Τίποτα δεν απογοητεύει περισσότερο τους δημιουργούς, από το να ακούν τους ανθρώπους να λένε ότι το γυμνό είναι κακό. Το γυμνό, η εικόνα που φτιάξαμε. Όπως βλέπεις εδώ, όλοι είναι γυμνοί. Αυτοί που φορούν ρούχα, το κάνουν επειδή αυτά είναι καλλιτεχνικές στολές, που τις φτιάχνουν κάποιοι αιώνιοι με τα χέρια τους ή ακόμη τα φορούν για καλαισθησία ή διακόσμηση.

Όταν ένας γήινος γίνει δεκτός στον κόσμο των αιωνίων, περνάει από μια χημική εκπαίδευση, κι έτσι δεν τον εκπλήσσει τίποτα, αφού καταλαβαίνουν που είναι και γιατί.

Ο οδηγός μου, ο Γιαχβέ, σταμάτησε λίγο και μετά συνέχισε : «Αυτή τη στιγμή κάθεσαι ακριβώς απέναντι από τον άνθρωπο που πριν δύο χιλιάδες χρόνια του ανατέθηκε η αποστολή να δημιουργήσει μια κίνηση προορισμένη να διαδώσει το μήνυμα που είχαμε δώσει στους ανθρώπους του Ισραήλ. Ένα μήνυμα που θα σου επιτρέψει να το κατανοήσεις τώρα. Αναφέρομαι στον Ιησού, που τον ξαναδημιουργήσαμε από ένα κύτταρο του που είχαμε πάρει πριν από τη σταύρωση.»

Ο όμορφος νεαρός άνδρας που βρισκόταν απέναντι μου, χαμογέλασε αδελφικά.

«Δεξιά του είναι ο Μωυσής στα αριστερά του ο Ηλίας, κι αριστερά από τον Ιησού βρίσκεται αυτός που έμεινε γνωστός στη Γη με τ' όνομα Βούδας. Λίγο πιο πέρα κάθεται ο Μωάμεθ, που στα γραφτά του με αποκαλεί Αλλάχ. Από σεβασμό φοβάται να με ονομάσει σωστά. Οι σαράντα άνδρες και γυναίκες, που παρευρίσκονται σ' αυτό το γεύμα, είναι οι αντιπρόσωποί μας που δημιούργησαν όλες τις θρησκείες μετά από τις επαφές τους μ' εμάς στη Γη.»

Όλοι τους με κοίταζαν με μια αδελφική ματιά κι έμοιαζαν να διασκεδάζουν, ίσως επειδή τους ερχόταν στο νου η δική τους έκπληξη, όταν έφτασαν εδώ.

Ο οδηγός μου συνέχισε: «Τώρα θα σου δείξω μερικές από τις εγκαταστάσεις μας. Σηκώθηκε και τον ακολούθησα. Μου ζήτησε να φορέσω ένα μακρύ μανδύα με μια τεράστια αγκράφα. Αυτός και οι δύο φίλοι του, φόρεσαν παρόμοιους μανδύες. Αμέσως αισθάνθηκα να σηκώνομαι από το έδαφος, γύρω στα είκοσι μέτρα, κοντά στις κορυφές των δέντρων, και άρχισα να πετώ με μεγάλη ταχύτητα, γύρω στα εκατό χιλιόμετρα την ώρα, ίσως και περισσότερο, προς μια συγκεκριμένη κατεύθυνση. Οι τρεις Ελοχίμ ήταν μαζί μου. Ο Γιαχβέ μπροστά και οι δύο φίλοι του πίσω. Κάτι παράξενο (ανάμεσα στα άλλα), δεν αισθανόμουν καθόλου τον αέρα να χτυπάει στο πρόσωπο μου.

Πλησιάσαμε το έδαφος σ' ένα μικρό ξέφωτο, κοντά στην είσοδο μιας σπηλιάς. Πετούσαμε ακόμα γύρω στο ένα μέτρο ύψος και κινούμαστε με πολύ μικρή ταχύτητα. Περάσαμε μέσα από γαλαρίες με μεταλλικά τοιχώματα και φτάσαμε σ' ένα τεράστιο δωμάτιο, που στο κέντρο του υπήρχε μια πελώρια μηχανή. Ήταν πλαισιωμένη από δέκα ρομπότ, τα οποία αναγνώρισα από τις μπλε πέτρες που είχαν ανάμεσα στα μάτια. Κατόπιν κατεβήκαμε στο έδαφος και βγάλαμε τους μανδύες μας.

Ο Γιαχβέ είπε: «Αυτή είναι η μηχανή που φτιάχνει βιολογικά ρομπότ. Θα δημιουργήσουμε ένα για να δεις εσύ.»

Έκανε ένα σινιάλο σ' ένα από τα ρομπότ που ήταν κοντά στη μηχανή, κι αυτό ακούμπησε κάποια σημεία της. Μετά μου ζήτησε να πλησιάσω σ' ένα παράθυρο, δύο μέτρα ψηλό και ένα φαρδύ. Σ' ένα μπλε υγρό, πίσω από το παράθυρο, είδα έναν ανθρώπινο σκελετό, αόριστα σχηματισμένο. Όσο περνούσε η ώρα, γινόταν πιο στερεός και στο τέλος έγινε ένας σωστά διαμορφωμένος σκελετός. Νεύρα και μυς άρχισαν να φαίνονται πάνω στα κόκαλα, και τέλος άρχισαν να εμφανίζονται δέρμα και μαλλιά.

Ένα αθλητικό σώμα βρισκόταν ξαπλωμένο μπροστά μου, εκεί που πριν λίγο δεν υπήρχε τίποτα. Ο Γιαχβέ είπε: «Θυμήσου την περιγραφή του Ιεζεκιήλ στην Παλιά Διαθήκη:

> *«Γιέ τού άνθρωπου, είναι δυνατόν ν' αποκτήσουν ζωή τα κόκκαλα αυτά;... και έγινε σεισμός και θόρυβος μεγάλος και φύτρωσαν πάνω σ' αυτά νεύρα και σάρκες, και δέρμα κάλυψε αυτά τα δύο... και μπήκε σ' αυτά πνεύμα ζωής, και έζησαν και στάθηκαν στα πόδια τους πολλοί άνθρωποι...»*

(Ιεζ. λζ')

Η περιγραφή που μπορείς να κάνεις εσύ για το φαινόμενο, είναι παρόμοια. Εκτός βέβαια από το θόρυβο, που τελικά κατορθώσαμε να τον εξαφανίσουμε.»

Πραγματικά, αυτό που είδα ανταποκρινόταν ακριβώς στην περιγραφή του Ιεζεκιήλ.

Στο μεταξύ, το ξαπλωμένο σώμα γλίστρησε αριστερά και χάθηκε από τα μάτια μου. Κατόπιν άνοιξε μια καταπακτή, και είδα το πλάσμα που είχε δημιουργηθεί πριν λίγο μπροστά στα μάτια μου, ξαπλωμένο σ' ένα λευκό ύφασμα.

Ήταν ακόμη ακίνητο, αλλά ξαφνικά άνοιξε τα μάτια του και σηκώθηκε. Έκανε λίγα βήματα προς το μέρος μας, αντάλλαξε μερικές κουβέντες μ' ένα άλλο ρομπότ, και ήρθε σ' εμένα. Μου έδωσε το χέρι του και το έσφιξα. Αισθάνθηκα το δέρμα του μαλακό και ζεστό.

Ο Γιαχβέ με ρώτησε: «Έχεις μαζί σου τη φωτογραφία κάποιου αγαπημένου σου προσώπου;» Ναι, τη φωτογραφία της μητέρας μου στο πορτοφόλι μου, το οποίο άφησα στα ρούχα μου.

Μου έδειξε τη φωτογραφία, και με ρώτησε αν ήταν αυτή. Όταν του αποκρίθηκα ναι, την έδωσε σ' ένα ρομπότ, που την έβαλε στη μηχανή και μετακίνησε κάποια κομμάτια της. Πίσω από το τζάμι είδα να σχηματίζεται ένα καινούργιο ον. Όταν άρχισε το δέρμα να καλύπτει τα κόκκαλα, κατάλαβα τι συνέβαινε. Έφτιαχναν ένα ακριβές ομοίωμα της μητέρας μου, από τη φωτογραφία που τους είχα δώσει... Πραγματικά, μερικά λεπτά αργότερα, φιλούσα τη μητέρα μου, ή το ομοίωμά της, όπως ήταν πριν δέκα χρόνια, επειδή τότε είχα τραβήξει τη φωτογραφία.

Ο Γιαχβέ μου είπε: «Επίτρεψέ μας να σου κάνουμε μια ένεση στο μέτωπο.»

Ένα ρομπότ ήρθε κοντά μου και με τη βοήθεια ενός εργαλείου παρόμοιου με σύριγγα, μου έκανε μια ένεση στο μέτωπο, την οποία μόλις αισθάνθηκα. Κατόπιν έβαλε τη σύριγγα στη μηχανή και πάτησε κάποια άλλα σημεία της. Ένα ον ακόμη, άρχισε να σχηματίζεται πίσω από το παράθυρο. Όταν το δέρμα κάλυψε τη σάρκα, είδα ένα πλάσμα πανόμοιο μ' εμένα. Το πλάσμα που βγήκε, ήταν ακριβές ομοίωμα του εαυτού μου. Ο Γιαχβέ μου είπε: Όπως βλέπεις, το ομοίωμά σου δεν έχει στο μέτωπο την πέτρα, που έχουν τα ρομπότ, την οποία είχε και το ομοίωμα της μητέρας σου. Από μια φωτογραφία μπορούμε να κατασκευάσουμε ένα ομοίωμα με τα εξωτερικά χαρακτηριστικά του ατόμου, χωρίς καθόλου προσωπικότητα, ή σχεδόν καθόλου. Από ένα κύτταρο όμως, όπως αυτό που πήραμε από το μέτωπό σου, φτιάχνουμε ένα ομοίωμα του ατόμου με τις μνήμες, την προσωπικότητα, το χαρακτήρα του... Μπορούμε να το στείλουμε αυτό στη θέση σου, και να είσαι σίγουρος ότι κανένας δεν θα το καταλάβει. Θα καταστρέψουμε αμέσως το ομοίωμά σου, γιατί δεν έχει καμιά χρησιμότητα για μας.

Αυτή τη στιγμή, υπάρχουν δύο εγώ σου που μ' ακούν, αλλά θα εξελιχθούν σε διαφορετικές προσωπικότητες, επειδή ο ένας ξέρει ότι θα ζήσει, ενώ ο άλλος ξέρει ότι θα καταστραφεί. Αυτόν βέβαια δεν τον ενδιαφέρει, γιατί ξέρει ότι είναι ο εαυτός σου. Μια ακόμη απόδειξη για την ανυπαρξία της ψυχής ή των απλών πνευματικών οντοτήτων, που πιστεύουν πολλοί πρωτόγονοι ότι ανήκουν σε κάθε σώμα.»

Φύγαμε από το δωμάτιο, και μέσω ενός διαδρόμου μπήκαμε σ' ένα άλλο όπου υπήρχαν κάποια άλλα μηχανήματα.

Συναντήσαμε μια μηχανή που μέσα της υπάρχουν τα κύτταρα των κακών πλασμάτων τα οποία θα ξαναδημιουργηθούν όταν έρθει η ώρα. Όλοι οι γήινοι που προώθησαν τη βία, την αγριότητα, τη μοχθηρία και το σκοταδισμό, αυτοί που έκαναν οτιδήποτε μπορούσαν για να καταλάβουν ποια ήταν η προέλευσή τους και δεν αναγνώρισαν την αλήθεια, θα ξαναδημιουργηθούν για να υποστούν την τιμωρία που τους αξίζει, αφού δικαστούν απ' αυτούς που έβλαψαν ή από τους προγόνους ή από τους απογόνους τους. Μέχρι τώρα έχεις πάρει μια ιδέα για το πώς έχουν τα πράγματα. Αυτό το ρομπότ θα είναι ο οδηγός σου, και θα σου δώσει ότι ζητήσεις μέχρι αύριο, που θα πούμε κάτι ακόμη, και θα σε πάω πίσω στη Γη. Όσα είδες είναι ένα μικρό μέρος από την ανταμοιβή που σε περιμένει, όταν τελειώσεις την αποστολή σου.

Ένα ρομπότ ήρθε κοντά μου και με χαιρέτησε με σεβασμό. Ήταν πολύ όμορφο, ψηλό, μελαχρινό, μ' ένα αστείο, άτριχο πρόσωπο.

Μια Γεύση Παραδείσου

Το ρομπότ με ρώτησε αν ήθελα να δω το δωμάτιο μου, και αφού δέχτηκα μου φόρεσε ένα μανδύα απ' αυτούς που χρησιμοποιούν για τις μετακινήσεις. Ξαναβρέθηκα λοιπόν να ταξιδεύω στον αέρα. Όταν κατέβηκα στο έδαφος, βρισκόμουν μπροστά σε μια κατασκευή που έμοιαζε περισσότερο με όστρακο παρά με σπίτι. Το εσωτερικό ήταν καλυμμένο με μαλλιαρές γούνες. Στο πάτωμα βρισκόταν ένα τεράστιο κρεβάτι, όσο τέσσερα γήινα κρεβάτια, και ξεχώριζε μόνο από το διαφορετικό χρώμα που είχαν οι γούνες που το σκέπαζαν. Σε μιαν άκρη του πελώριου δωματίου βρισκόταν μια μεγάλη μπανιέρα σαν πισίνα, και γύρω της υπήρχε βλάστηση με θαυμάσια χρώματα και σχήματα.

«Θα ήθελες γυναικεία συντροφιά;» ρώτησε το ρομπότ. «Έλα να διαλέξεις.»

Φόρεσα το μανδύα μου και πήγαμε στη μηχανή που φτιάχνει τα ρομπότ. Ένας φωτεινός κύβος εμφανίστηκε μπροστά μου. Μου είπαν να κάτσω σε μια καρέκλα, με το πρόσωπο μου στραμμένο προς τον κύβο, και μου έδωσαν ένα κράνος. Όταν το φόρεσα, μια υπέροχη μελαχρινή κοπέλα με καταπληκτικές σωματικές αναλογίες, εμφανίστηκε στο φωτεινό κύβο τρισδιάστατη. Καθώς την κοιτούσα κινήθηκε με τέτοιο τρόπο, που παραλίγο να πιστέψω ότι ήταν αληθινή.

Το ρομπότ με ρώτησε αν μου άρεσε και μου είπε ότι, αν ήθελα, μπορούσα να της αλλάξω το σχήμα του προσώπου ή να τροποποιήσω το πρόσωπο της. Του είπα ότι ήταν καταπληκτική έτσι όπως ήταν. Απάντησε ότι αυτή ήταν, από αισθητικής πλευράς, ο ιδανικός τύπος ή καλύτερα ένας από τους τρεις ιδανικούς τύπους γυναικών που πρόσφερε το κομπιούτερ, λαμβάνοντας υπόψη τα γούστα της πλειοψηφίας των κατοίκων του πλανήτη. Μπορούσα όμως να ζητήσω οποιαδήποτε αλλαγή ήθελα.

Πριν προλάβω ν' αρνηθώ οποιαδήποτε αλλαγή σ' αυτό το καταπληκτικό πλάσμα, εμφανίστηκε μια δεύτερη γυναίκα στον κύβο. Ξανθιά, με πολύ ερωτισμό, αρκετά διαφορετική από την προηγούμενη. Δεν ήθελα ν' αλλάξω τίποτα και σ' αυτήν. Τελικά ένα τρίτο πρόσωπο, περισσότερο αισθησιακό από τα δύο προηγούμενα, εμφανίστηκε στον κύβο. Το ρομπότ με ρώτησε αν ήθελα να δω και άλλα μοντέλα, ή αν ήμουν ικανοποιημένος μ' αυτά τα τρία που είδα. Φυσικά απάντησα ότι ήταν υπεραρκετά. Εκείνη τη στιγμή, μια θαυμάσια μαύρη γυναίκα εμφανίστηκε στον κύβο. Κατόπιν μια αδύνατη Κινέζα, με λεπτά χαρακτηριστικά, και τέλος μια φιλήδονη γυναίκα που θύμιζε Ανατολίτισσα. Το ρομπότ με ρώτησε ποια προτιμούσα για συντροφιά. Απάντησα ότι όλες μου άρεσαν. Πλησίασε τότε στη μηχανή και μίλησε μ' ένα συνάδελφο του. Η μηχανή άρχισε να δουλεύει και ήμουν περίεργος για το τι θα συμβεί.

Λίγο αργότερα επέστρεφα στο δωμάτιο μου, με έξι κοπέλες συντροφιά. Με τα έξι θεσπέσια ρομπότ, τα οποία ικανοποιούσαν οποιαδήποτε επιθυμία μου, έκανα ένα μπάνιο που θα μου μείνει αξέχαστο.

Αργότερα το ρομπότ-οδηγός μου, με ρώτησε αν ήθελα να φτιάξω λίγη μουσική. Δέχτηκα και μου έδωσε ένα κράνος όμοιο μ' αυτό που είχα φορέσει, όταν διάλεγα τα θηλυκά ρομπότ. Όταν το φόρεσα μου είπε: «Τώρα σκέψου τη μουσική που θα ήθελες ν' ακούσεις.»

Αμέσως, η μουσική που σκέφτηκα, άρχισε ν' ακούγεται. Έπειτα, όταν συνέθεσα μια μελωδία στο μυαλό μου, άρχισε να γίνεται πραγματικότητα με ήχους, τόσο καθαρούς και ευαίσθητους, που δεν είχα ακούσει άλλη φορά στη ζωή μου. Το όνειρο κάθε συνθέτη είναι εκεί πραγματικότητα: μπορείς να συνθέσεις κατευθείαν, χωρίς να περάσεις από εκείνη τη σκληρή δουλειά του γραψίματος και της ενορχήστρωσης.

Οι έξι αξιολάτρευτες συντρόφισσές μου, άρχισαν να χορεύουν με τη μουσική μου, μ' έναν αισθησιακό και σαγηνευτικό τρόπο.

Μετά από λίγο, το ρομπότ με ρώτησε αν ήθελα να φτιάξω μερικούς πίνακες. Μου έδωσε ένα άλλο κράνος, και κάθισα μπροστά σε μια ημικυκλική οθόνη. Ήταν μια άμεση σχηματοποίηση όλων όσων σκεφτόμουν. Σκέφτηκα τη γιαγιά μου και αμέσως εμφανίστηκε στην οθόνη. Σκέφτηκα ένα μπουκέτο λουλούδια και εμφανίστηκαν στην οθόνη, το ίδιο θα συνέβαινε αν φανταζόμουν ένα τριαντάφυλλο με πράσινες βούλες. Η μηχανή αυτή μπορούσε να κάνει εικόνα μια οποιαδήποτε σκέψη, χωρίς να πεις τίποτα. Θαυμάσια.

Το ρομπότ μου είπε: «Μ' αυτόν τον τρόπο είμαστε ικανοί να φτιάχνουμε μια υπόθεση, και να την αναπτύσσουμε. Πολλές ταινίες τέτοιου είδους, ταινίες άμεσης δημιουργίας, έχουν φτιαχτεί εδώ.

Μετά από λίγο πήγα στο κρεβάτι μου και πέρασα την πιο παράλογη νύχτα της ζωής μου, μαζί με τη θηλυκή παρέα μου.»

Την επόμενη μέρα σηκώθηκα, έκανα άλλο ένα αρωματικό μπάνιο και ένα ρομπότ μας έφερε ένα απολαυστικό πρωινό. Έπειτα μου ζήτησε να το ακολουθήσω, γιατί με περίμενε ο Γιαχβέ. Φόρεσα το μανδύα μου και γρήγορα βρέθηκα μπροστά σε μια παράξενη μηχανή, κοντά στην οποία με περίμενε ο πρόεδρος του Συμβουλίου των Αιώνιων.

Η μηχανή δεν ήταν τόσο μεγάλη, όσο αυτή που έφτιαχνε τα ρομπότ, αλλά το μέγεθος της δεν ήταν ευκαταφρόνητο. Στο κέντρο της υπήρχε ενσωματωμένη μια πολυθρόνα.

Ο Γιαχβέ με ρώτησε αν είχα περάσει ευχάριστα το βράδυ, και μετά άρχισε να μου εξηγεί: « Αυτή η μηχανή θα ξυπνήσει τις δυνατότητες οι οποίες βρίσκονται μέσα σου, σε λανθάνουσα μορφή, και το μυαλό σου θα γίνει ικανό να τις εκμεταλλεύεται. Κάθισε εδώ.

Κάθισα στην πολυθρόνα που μου έδειξε, κι ένα μικρό κράνος σαν κοχύλι, σκέπασε το κεφάλι μου. Για μια στιγμή νόμισα πως θα έχανα τις αισθήσεις μου και κατόπιν ότι το κεφάλι μου ήταν έτοιμο να σπάσει.

Έβλεπα πολύχρωμες αστραπές να περνούν μπροστά από τα μάτια μου. Ξαφνικά όλα σταμάτησαν, κι ένα ρομπότ με βοήθησε να σηκωθώ από την καρέκλα. Αισθανόμουν τελείως διαφορετικά.

Είχα την εντύπωση ότι όλα ήταν απλά και εύκολα.

Ο Γιαχβέ είπε: «Από τώρα και στο εξής, μπορούμε να βλέπουμε με τα μάτια σου, ν' ακούμε με τ' αυτιά σου και να μιλάμε με το στόμα σου. Μπορούμε να θεραπεύουμε με τα χέρια σου απογοητευμένους ανθρώπους, που κρίνουμε ότι αξίζει να κάνουμε κάτι γι' αυτούς, εφόσον είναι πρόθυμοι να διαδώσουν το μήνυμα που πήρες κι εσύ, ή επειδή προσπαθούν ν' αποκτήσουν παγκόσμια σκέψη, με το ν' ανοίξουν τον εαυτό τους στο άπειρο.

Παρατηρούμε προσεκτικά όλους τους ανθρώπους. Πελώρια κομπιούτερ παρακολουθούν αδιάκοπα κάθε άνθρωπο στη Γη. Σε καθένα δίνουν ένα βαθμό όσο ζει, ανάλογα με τις πράξεις του, από τον τρόπο που προσεγγίζει την αγάπη και την αλήθεια, ή το μίσος και τον σκοταδισμό.

Όταν έρθει η ώρα, σ' αυτούς που ακολούθησαν το σωστό δρόμο, θα επιτραπεί να ζήσουν σ' ένα παραδείσιο πλανήτη. Αυτοί που δεν ήταν κακοί, αλλά που δεν έκαναν τίποτα θετικό, δεν θα ξαναδημιουργηθούν. Τέλος αυτοί που ήταν ιδιαίτερα αρνητικοί, ένα κύτταρο από το σώμα τους έχει φυλαχτεί, θα ξαναδημιουργηθούν για να κριθούν και να υποστούν την τιμωρία που τους αξίζει.

Εσύ, που διαβάζεις αυτό το μήνυμα, πρέπει να καταλάβεις ότι έχεις μπορείς να έχεις πρόσβαση σ' αυτόν το θαυμάσιο κόσμο, σ' αυτόν τον παράδεισο. Θα είσαι καλοδεχούμενος, αν ακολουθήσεις τον αγγελιαφόρο μας, τον Κλωντ Ραέλ, τον πρεσβευτή μας στους δρόμους της συμπαντικής αγάπης και της κοσμικής αρμονίας. Το ίδιο κι εσύ που θα τον βοηθήσεις να πραγματοποιήσει αυτά που του ζητάμε, γιατί βλέπουμε με τα μάτια του, ακούμε με τ' αυτιά του και μιλάμε με το στόμα του.

Η ιδέα σου να φτιάξεις την ομάδα των οδηγών της ανθρωπότητας, είναι πολύ καλή, αλλά πρέπει να είσαι αυστηρός στις επιλογές σου, για να μην παραποιηθεί ή προδοθεί το μήνυμά μας.

Ο διαλογισμός είναι απαραίτητος για τη διεύρυνση του μυαλού, αλλά ο ασκητισμός είναι ανώφελος. Πρέπει να χαίρεσαι τη ζωή μ' όλη τη δύναμη των αισθήσεών σου, γιατί το ξύπνημα των αισθημάτων συμβαδίζει με το ξύπνημα του μυαλού.

Συνέχισε αν θέλεις και έχεις καιρό, ν' ασχολείσαι με τ' αθλήματα. Όλα τ' αθλήματα και τα παιχνίδια είναι καλά, ακόμη κι αν φτιάχνουν μυς ή όταν γυμνάζουν τ' ανακλαστικά όπως οι κούρσες των αυτοκινήτων ή των μηχανών.

Όταν κάποιος αισθάνεται μοναξιά, ας προσπαθήσει να επικοινωνήσει μαζί μας με την τηλεπάθεια, μέσα από μια προσπάθεια εναρμόνισης με το άπειρο. Θα αισθανθεί γρήγορα μια απέραντη ευφορία. Είναι πολύ καλή η συγκέντρωση των μελών απ' όλες τις θρησκείες, που πιστεύουν σ' εμάς, κάθε Σάββατο στις έντεκα. Προς το παρόν όμως, μόνο λίγα από τα μέλη συμμετέχουν.

Τα μέντιουμ είναι χρήσιμα. Αναζήτησε τα, αλλά εξήγησέ τους την πραγματικότητα. Το δώρο της μαντείας (το οποίο είναι μόνο τηλεπαθητικό δώρο) τους κάνει να χάνουν την επαφή τους με την αλήθεια, και πιστεύουν σε «υπερφυσικές δυνάμεις», στη μαγεία και σε άλλα πράγματα, που είναι το ίδιο ανόητα με την πίστη ο' ένα αιθέριο σώμα, ένας νέος τρόπος πίστης στην ψυχή που δεν υπάρχει. Στην πραγματικότητα επικοινωνούν με ανθρώπους που έχουν ζήσει πριν εκατοντάδες χρόνια, και οι οποίοι ξαναδημιουργήθηκαν και ζουν στον πλανήτη που βρισκόμαστε τώρα.

Υπάρχει μια πολύ σοβαρή αποκάλυψη που πρέπει να κάνεις. Οι Εβραίοι είναι στην πραγματικότητα απόγονοι μας στη Γη. Γι' αυτό το λόγο το πεπρωμένο τους είναι διαφορετικό. Είναι οι απόγονοι των γιων των Ελοχίμ και των θυγατέρων των ανθρώπων, όπως αναφέρεται στη Γένεση.

Το προπατορικό αμάρτημα είναι ότι, Ελοχίμ ήρθαν σε ερωτική επαφή με τα τεχνητά δημιουργήματά τους. Αυτός είναι και ο λόγος που το γένος των Εβραίων υπέφερε τόσα δεινά.

Όμως ο καιρός της συγχώρεσης έχει φτάσει, και θα μπορέσουν να ζήσουν ειρηνικά στη χώρα που ξαναπόκτησαν, εκτός αν κάνουν το λάθος και δεν σε αναγνωρίσουν σαν αγγελιαφόρο μας. Ελπίζουμε ότι η πρεσβεία μας στη Γη θα χτιστεί στο Ισραήλ, σε μια περιοχή που θα διαθέσει η κυβέρνησή του. Αν αρνηθούν, μπορείς να την φτιάξεις σε οποιαδήποτε άλλη χώρα, και το Ισραήλ θα ξανατιμωρηθεί επειδή δεν αναγνώρισε τον αγγελιαφόρο μας.

Πρέπει ν' αφιερώσεις τον εαυτό σου εντελώς στην αποστολή σου. Μην ανησυχείς θα είσαι ικανός να στηρίζεις και την οικογένειά σου. Οι άνθρωποι που πιστεύουν σ' εσένα, και κατ' επέκταση σ' εμάς, θα σε βοηθήσουν. Είσαι ο αγγελιαφόρος μας, ο πρεσβευτής μας και ο προφήτης μας. Ότι και να συμβεί, έχεις κερδίσει μια θέση ανάμεσα στους άλλους προφήτες.

Είσαι αυτός που πρέπει να ενώσει τους ανθρώπους όλων των θρησκειών, και η κίνηση που έφτιαξες, η Ραελιανή Κίνηση, πρέπει να γίνει η θρησκεία των θρησκειών. Επιμένω στο ότι είναι θρησκεία, αλλά αθεϊστική, όπως μπορείς να καταλάβεις.

Αυτούς που θα σε βοηθήσουν δε θα τους ξεχάσουμε, και αυτούς που σου δημιουργούν προβλήματα δε θα ξεχαστούν επίσης. Μη φοβάσαι τίποτα και κανέναν. Ότι και να συμβεί, η θέση σου είναι μαζί μας. Ταρακούνησε όσους έχουν χάσει την εμπιστοσύνη στον εαυτό τους.

Δύο χιλιάδες χρόνια πριν, αυτοί που πίστευαν στον αγγελιαφόρο μας τον Ιησού, είχαν ν' αντιμετωπίσουν τα λιοντάρια. Σήμερα τι έχεις να διακινδυνεύσεις; Να σε ειρωνευτούν σαν ανόητο; Ο σαρκασμός αυτών που δεν καταλαβαίνουν και παραμένουν στις πρωτόγονες παραδόσεις! Τι είναι αυτό μπροστά σ' ένα λάκκο με λιοντάρια;

Τι μπορεί να συγκριθεί με την ανταμοιβή που θα έχουν όσοι σ' ακολουθήσουν; Είναι ευκολότερο από ποτέ να ακολουθηθείς.

Ο Μωάμεθ, που βρίσκεται ανάμεσά μας, ήδη είπε για τους προφήτες στο Κοράνι:

- Πλησιάζει ο καιρός που οι άνθρωποι θα δώσουν λογαριασμό, και τώρα μέσα στην αδιαφορία τους απομακρύνονται (από τους δημιουργούς).
- Δεν υπήρξε καμιά προειδοποίηση από τους δημιουργούς τους, που να μην κοροϊδέψουν.
- Οι καρδιές τους είναι παραδομένες στις απολαύσεις.
- Οι βέβηλοι είπαν μεταξύ τους μυστικά:
- Αυτός ο άνθρωπος δεν είναι θνητός σαν κι εμάς;
- Αυτό το βιβλίο είναι ένα συνονθύλευμα μύθων. Κι αυτός είναι ο συγγραφέας του.
- Μακάρι να κάνει ένα θαύμα σαν κι αυτά που γίνονταν σε παλιότερες εποχές.

(ΚΟΡΑΝΙ 21: στίχοι 1-5).

Ο Μωάμεθ υπέφερε από το σαρκασμό των ανθρώπων, όπως υπέφερε και ο Ιησούς. Όταν ήταν στο σταυρό, είπαν μερικοί:

« *Αν είσαι γιος του Θεού, κατέβα από το σταυρό.* »

(Ματθ. κζ', 43)

Όπως είδες, ο Ιησούς είναι μια χαρά, όπως και ο Μωάμεθ, καθώς επίσης και όλοι όσοι τους πίστεψαν και τους ακολούθησαν. Θα είναι έτσι αιώνια. Αυτοί όμως που τους κατάκριναν, θα ξαναδημιουργηθούν και θα τιμωρηθούν.

Οι κομπιούτερ που παρακολουθούν όσους ανθρώπους δεν γνωρίζουν το μήνυμα, είναι συνδεδεμένοι μ' ένα σύστημα που τους επιτρέπει να παίρνουν αυτόματα ένα κύτταρο από κάθε άνθρωπο που πεθαίνει. Αν βέβαια αξίζει, θα ξαναδημιουργηθούν.

Καθώς θα περιμένεις να χτιστεί η πρεσβεία μας, φτιάξε ένα χώρο κοντά στο σπίτι σου, για τους οδηγούς της Ραελιανής κίνησης. Εσύ που είσαι ο προφήτης μας, ο Οδηγός των Οδηγών, θα μπορείς από εκεί να καθοδηγείς αυτούς που θέλουν ν' αναλάβουν τη διάδοση του μηνύματος μας σ' όλο τον κόσμο.

Οι Νέες Εντολές

Μετά ο Γιαχβέ είπε:

«Αυτοί που θέλουν να σ' ακολουθήσουν, πρέπει να τηρούν τις εντολές που θα σου πω:

Θα εμφανίζεσαι τουλάχιστον μια φορά στη ζωή σου, μπροστά στον Οδηγό των Οδηγών, για να μπορεί, μέσω αυτής της επαφής ή μέσω ενός μυημένου οδηγού, να δώσει στο κομπιούτερ την κυτταρική σου δομή, η οποία θα χρειαστεί όταν έρθει η ώρα να κριθεί η ζωή σου.

Τουλάχιστον μια φορά την ημέρα θα σκέφτεσαι τους Ελοχίμ, τους δημιουργούς σου Θα διαδίδεις με οποιοδήποτε μέσο το μήνυμα των Ελοχίμ στους ανθρώπους γύρω σου

Τουλάχιστον μια φορά το χρόνο να κάνεις στον Οδηγό των Οδηγών, ένα δώρο ίσο προς το ένα εκατοστό των ετήσιων εσόδων σου, για να μπορεί ν' αφοσιωθεί ολοκληρωτικά στην αποστολή του και να ταξιδέψει σ' όλο τον, κόσμο, για να διαδώσει το μήνυμα.

Να προσκαλείς τουλάχιστον μια φορά το χρόνο τον Οδηγό της περιοχής σου, για να εξηγεί τη σημασία του μηνύματος στους ενδιαφερόμενους ανθρώπους που θα έχεις συγκεντρώσει στο σπίτι σου.

Όταν έρθει ο καιρός να φύγει ο Οδηγός των Οδηγών, θα επιλέξει τον αντικαταστάτη του. Ο ρόλος του θα είναι να προσέχει την πρεσβεία μας, και θα μπορεί να ζει εκεί με την οικογένειά του και τους καλεσμένους του.

Εσύ, Κλωντ Ραέλ, είσαι ο πρεσβευτής μας στη Γη, και οι άνθρωποι που θα πιστέψουν σ' εσένα πρέπει να σου εξασφαλίσουν τα μέσα για να τελειώσεις την αποστολή σου.

Είσαι ο τελευταίος προφήτης πριν από την Κρίση. Είσαι ο προφήτης της θρησκείας των θρησκειών, ο ερμηνευτής και ο ποιμένας των ποιμένων. Είσαι αυτός που ο ερχομός του αναγγέλθηκε από όλες τις θρησκείες και από τους όλους τους αρχαίους προφήτες, τους αντιπρόσωπους μας.

Είσαι αυτός που θα φέρει πίσω τα κοπάδια, πριν ξεχειλίσουν τα νερά. Αυτός που θα φέρει πίσω το δημιούργημα στους δημιουργούς του. Αυτοί που έχουν αυτιά ας ακούνε, κι αυτοί που έχουν μάτια ανοικτά ας βλέπουν. Όσοι έχουν ανοιχτά τα μάτια τους, θα δουν ότι είσαι ο πρώτος προφήτης που μπορούν να καταλάβουν μόνον όσοι είναι επιστημονικά ανεπτυγμένοι. Ότι πεις είναι ακατανόητο για πρωτόγονους ανθρώπους.

Αυτό είναι κάτι που πρέπει να προσέξουν όσοι έχουν ανοιχτά μάτια. Το σημάδι της αποκάλυψης.

Για το Λαό του Ισραήλ

Το κράτος του Ισραήλ πρέπει να παραχωρήσει μια περιοχή κοντά στην Ιερουσαλήμ, στον Οδηγό των Οδηγών, κι αυτός θ' ανεγείρει εκεί την πρεσβεία των Ελοχίμ. Η ώρα πλησιάζει, λαέ του Ισραήλ, να χτιστεί η νέα Ιερουσαλήμ, όπως λέει η υπόσχεση που δόθηκε σ' εσάς. Ο Κλωντ Ραέλ είναι αυτός που έχει ανακοινωθεί, ξαναδιαβάστε τα γραπτά σας και ανοίχτε τα μάτια σας.

Θέλουμε να βρίσκεται η πρεσβεία στο μέρος των απογόνων μας, γιατί ο λαός του Ισραήλ αποτελείται από τα παιδιά που γεννήθηκαν με την ερωτική επαφή των γιων των Ελοχίμ και των θυγατέρων των ανθρώπων.

Λαέ του Ισραήλ, εμείς σε βγάλαμε από την αιχμαλωσία των Αιγυπτίων, κι εσύ δεν φάνηκες άξιος της εμπιστοσύνης μας. Σου εμπιστευτήκαμε ένα μήνυμα που έπρεπε να διαδοθεί σ' όλη την ανθρωπότητα, κι εσύ το κράτησες ζηλότυπα για τον εαυτό σου.

Έχεις υποφέρει πολλά για τα λάθη σου, αλλά έχει φτάσει η ώρα της συγχώρεσης και σύμφωνα με το σχέδιο έχουμε πει: «στο Νότο και το Βορρά, μην τους εμποδίσεις να γυρίσουν». Θα συγκεντρώσω τους γιους και τις θυγατέρες σου από την άκρη του κόσμου, κι όπως έγραψε ο Ησαΐας, μπορείς να ξαναβρείς τη χώρα σου και να ζήσεις ειρηνικά σ' αυτήν, αν ακούσεις τον τελευταίο προφήτη, αυτόν που σου έχουν πει ότι θα έρθει, και να τον βοηθήσεις να τελειώσει αυτά που του έχουμε ζητήσει.

Αυτή είναι η τελευταία σου ευκαιρία, αλλιώς κάποια άλλη χώρα θα φιλοξενήσει τον Οδηγό των Οδηγών, και θ' ανεγείρει την πρεσβεία μας στην περιοχή της. Η χώρα αυτή θα είναι κοντά στη δική σας. Θα προστατεύεται και θα επικρατήσει σ' αυτήν ευτυχία, ενώ το κράτος του Ισραήλ θα καταστραφεί για μια φορά ακόμα.

Εσύ, γιε του Ισραήλ, που δεν έχεις επιστρέψει στα πατρικά σου χώματα, περίμενε και δες αν η κυβέρνηση δεχτεί να φτιάξει την πρεσβεία μας εκεί. Αν αρνηθεί, μην επιστρέψεις. Θα σωθείς από την καταστροφή, ενώ οι απόγονοί σου θα κληρονομήσουν τη γη της επαγγελίας κάποια μέρα, όταν έρθει η ώρα.

Λαέ του Ισραήλ, αναγνώρισε αυτόν που σου ανακοινώσαμε ότι θα έρθει, και παραχώρησέ του μια περιοχή να φτιάξει την πρεσβεία μας. Αν αυτό δεν γίνει, όπως συνέβη πριν δύο χιλιάδες χρόνια, θα τη φτιάξει σε κάποια άλλη χώρα και θα σκορπιστείτε για μια φορά ακόμη. Αν πριν από δύο χιλιάδες χρόνια είχατε αναγνωρίσει τον Ιησού σαν αγγελιαφόρο μας, οι Χριστιανοί όλου του κόσμου θα ήταν Εβραίοι και δεν θα είχατε προβλήματα. Θα ήσασταν οι πρεσβευτές μας. Όμως όπως έγιναν τα πράγματα, αυτό το καθήκον ανατέθηκε σε άλλους ανθρώπους, που είχαν σαν βάση τους τη Ρώμη.

Πριν δύο χιλιάδες χρόνια δεν αναγνωρίσατε τον αγγελιαφόρο μας, και έλαμψε η Ρώμη αντί για την Ιερουσαλήμ. Τώρα έχετε μια ευκαιρία. Αν δεν το κάνετε, θα το αναλάβει άλλη χώρα, και θα διωχθείτε από τη χώρα που σας υποσχεθήκαμε.

Αυτά είχα να πω. Μπορείς να τα σχολιάσεις όταν βρεθείς στη Γη. Τώρα απόλαυσε λίγο ακόμη αυτόν τον παράδεισο και θα σε πάμε πίσω για να εκπληρώσεις την αποστολή σου πριν ξαναβρεθείς μ' εμάς.»

Έμεινα μερικές ώρες ακόμη, περιφερόμενος ανάμεσα στις βρύσες, απολαμβάνοντας τη συντροφιά των μεγάλων προφητών που είχα συναντήσει το προηγούμενο βράδυ, κατά τη διάρκεια του συμποσίου. Μετά από ένα γεύμα με τα ίδια πρόσωπα, βρέθηκα πάλι στο τεράστιο όχημα, το οποίο με πήγε πίσω στο σταθμό. Ακολουθώντας τον κύκλο, όπως και νωρίτερα, βρέθηκα με τα ρούχα μου στο μικρό όχημα, το οποίο με άφησε στο Ροκ-Πλατ. Κοίταξα το ρολόι μου, ήταν μεσάνυχτα.

Επέστρεψα στο σπίτι μου και κάθισα να γράψω όσα είχαν συμβεί. Όλα ήταν ξεκάθαρα στο μυαλό μου και με έκπληξη διαπίστωσα ότι τα έγραφα χωρίς κανένα δισταγμό στο να διατυπώσω τις φράσεις που είχα ακούσει. Οι λέξεις είχαν χαραχτεί στο μυαλό μου, όπως μου είχαν πει στην αρχή. Όταν τέλειωσα την αφήγηση όσων συνέβησαν, αισθάνθηκα τέτοια διαύγεια, που δεν είχα ποτέ πριν. Κάτι μέσα μου με προέτρεπε να συνεχίσω να γράφω. Καθώς έγραφα, παρατηρούσα τα γραπτά μου και τα διάβαζα σαν αναγνώστης. Έγραφα, αλλά δεν αισθανόμουν ο συγγραφέας αυτών που βρίσκονταν στο χαρτί. Οι Ελοχίμ άρχισαν να μιλούν μέσω του στόματός μου ή καλύτερα να γράφουν με το χέρι μου.

Αυτά που γράφονταν μπροστά στα μάτια μου, αφορούσαν καταστάσεις που αντιμετωπίζει ο άνθρωπος κατά τη διάρκεια της ζωής του. Ήταν τρόποι που τον βοηθούσαν να ξεπεράσει τα προβλήματά του. Ήταν ένας κώδικας ζωής, ένας καινούργιος τρόπος συμπεριφοράς στα συμβάντα της ζωής. Μιας συμπεριφοράς που ταιριάζει σε εξελιγμένα όντα. Προσπαθεί με κάθε τρόπο ν' ανοίξει το μυαλό του ανθρώπου στο άπειρο και να τον εναρμονίσει μ' αυτό.

Αυτοί οι σημαντικοί κανόνες που υπαγορεύτηκαν από τους Ελοχίμ, τους δημιουργούς μας, «τους πατέρες μας που είναι στα ουράνια», όπως έλεγαν οι πρόγονοί μας, χωρίς να το καλοκαταλαβαίνουν, βρίσκονται γραμμένοι σ' αυτό το βιβλίο, όπως τους έγραψαν οι ίδιοι διαμέσου του χεριού μου.

2

ΤΑ ΚΛΕΙΔΙΑ

Πρόλογος

Αυτά τα γραπτά είναι κλειδιά, που ανοίγουν τα μυαλά όσων έχουν αποκλειστεί σε λάθος μονοπάτι, εξαιτίας του σκοταδισμού που κυριαρχεί γύρω τους για χιλιάδες χρόνια.

Η πόρτα που φυλακίζει το ανθρώπινο μυαλό, έχει πολλές κλειδαριές και πρέπει ν' ανοίξουν όλες ταυτόχρονα, αν θέλει κάποιος ν' αναδυθεί το μυαλό του στο άπειρο. Αν χρησιμοποιηθεί μόνον ένα κλειδί, οι υπόλοιπες κλειδαριές θα παραμείνουν κλειστές και θα εμποδίζουν το άνοιγμα της πόρτας.

Η ανθρώπινη κοινωνία φοβάται το άγνωστο και κατά συνέπεια αυτό που κρύβεται πίσω από την πόρτα, ακόμη κι αν αυτό είναι η ευτυχία, μέσω της προσέγγισης της αλήθειας. Έτσι επιχειρεί να εμποδίσει τους ανθρώπους από το να μισανοίξουν την πόρτα, και προτιμά να παραμένει στη δυστυχία και την άγνοια.

Αυτό είναι ένα ακόμη εμπόδιο στο μονοπάτι που οδηγεί στην απελευθέρωση του μυαλού. Όπως είπε και ο Γκάντι: «Ένα λάθος, δεν γίνεται επειδή κανένας δεν βλέπει την αλήθεια». Αν λοιπόν αποφασίσεις ν' ανοίξεις αυτή την πόρτα, αγνόησε το σαρκασμό αυτών που δεν έχουν δει τίποτα ή που προσποιούνται ότι δεν έχουν δει, επειδή φοβούνται το άγνωστο.

Αν το άνοιγμα αυτό φαίνεται δύσκολο για σένα, ζήτησε τη βοήθεια ενός οδηγού, επειδή αυτοί έχουν ανοίξει την πόρτα του μυαλού τους και ξέρουν τις δυσκολίες ενός τέτοιου εγχειρήματος. Δεν μπορούν ν' ανοίξουν τη δική σου πόρτα, αλλά είναι ικανοί να σου εξηγήσουν τις διάφορες τεχνικές που θα σου επιτρέψουν να πετύχεις. Ακόμη, οι οδηγοί είναι οι ζωντανοί μάρτυρες της ευτυχίας που προκαλείται απ' αυτό το άνοιγμα, και η απόδειξη ότι όσοι φοβούνται γι' αυτό που είναι πίσω από την πόρτα, κάνουν λάθος.

Ανθρωπότητα

Κάθε στιγμή πρέπει να εξετάζουμε τη σχέση των πραγμάτων, με βάση τα τέσσερα επίπεδα που αναφέρονται πιο κάτω:
- σε σχέση με το άπειρο,
- σε σχέση με τους Ελοχίμ, τους πατέρες και δημιουργούς μας,
- σε σχέση με την ανθρώπινη κοινωνία,
- και τέλος σε σχέση με την ιδιαιτερότητα του ατόμου.

Η σχέση με το άπειρο είναι το πιο ενδιαφέρον επίπεδο. Οτιδήποτε σχετίζεται μ' αυτό το επίπεδο, μπορεί να κριθεί με μια σταθερά: την αγάπη. Μέσω αυτής, κάποιος που βρίσκεται σε αρμονία με το άπειρο, βρίσκεται σε αρμονία και με τους ανθρώπους, που είναι και αυτοί μέρος του άπειρου.

Ακολούθως να δίνουμε προσοχή στις συμβουλές που μας έχουν δοθεί από τους Ελοχίμ, τους δημιουργούς μας, και να τις πραγματώνουμε με τέτοιο τρόπο, ώστε να κάνουμε την ανθρώπινη κοινωνία να δώσει την προσοχή της στους δημιουργούς.

Μετά πρέπει να δώσουμε προσοχή στην κοινωνία, η οποία επέτρεπε, επιτρέπει και θα επιτρέπει στον άνθρωπο να εξελιχθεί, ακολουθώντας το μονοπάτι της αλήθειας. Πρέπει να την προσέξουμε αλλά όχι να την ακολουθούμε. Αντίθετα, η κοινωνία πρέπει να βοηθηθεί, ώστε ν' αναδυθεί μέσα από το πρωτόγονο επίπεδο που βρίσκεται. Αυτό μπορεί να επιτευχθεί με συνεχή αμφισβήτηση των συνηθειών και των παραδόσεων, ακόμη κι αν αυτά στηρίζονται από νόμους, που προσπαθούν να φυλακίσουν το μυαλό στο ζυγό του σκοταδισμού.

Τέλος, πρέπει να δοθεί προσοχή στην αυτοπραγμάτωση του ατόμου, που χωρίς την αυτοολοκλήρωση του, το μυαλό δεν θα φτάσει στο μέγιστο δυναμικό του, ούτε θα είναι ικανό να εναρμονιστεί με το άπειρο και να γίνει ένας νέος άνθρωπος.

Η γέννηση

Δεν πρέπει να επιβάλλετε καμιά θρησκεία σ' ένα παιδί που είναι ακόμα πολύ μικρό, ανίκανο να καταλάβει τι συμβαίνει γύρω του. Έτσι, δεν πρέπει να το βαφτίζετε, ούτε να του κάνετε περιτομή, ούτε να υφίσταται ενέργειες που δεν μπορεί να δεχτεί ή να απορρίψει. Περιμένετε μέχρι να μεγαλώσει αρκετά, ώστε να καταλαβαίνει και να διαλέξει μόνο του. Αν κάποια θρησκεία τον συγκινήσει, είναι ελεύθερο να την ακολουθήσει.

Μια γέννηση πρέπει να είναι γιορτή, γιατί οι Ελοχίμ μας δημιούργησαν όμοιους μ' αυτούς, κι έτσι μπορούμε και αναπαραγόμαστε. Όταν λοιπόν δημιουργούμε μια καινούργια ζωή, διαιωνίζουμε το είδος μας και σεβόμαστε τη δουλειά των δημιουργών μας.

Μια γέννηση πρέπει να είναι γιορτή και πράξη αγάπης με απέραντη αρμονία. Πρέπει να περιλαμβάνει ήχους, χρώματα και θερμοκρασίες, έτσι ώστε το πλάσμα που έρχεται στον κόσμο, να είναι σε αρμονία.

Μόλις γεννιέται ένα παιδί, πρέπει να του δημιουργούμε τη συνήθεια του σεβασμού της ελευθερίας των άλλων. Όταν κλαίει τα βράδια, πρέπει να βρισκόμαστε κοντά του διακριτικά, χωρίς να κάνουμε απολύτως τίποτα. Το κλάμα του το παρηγορεί καθώς κοιτάζει γύρω του. Είναι λάθος να προσπαθούμε να το παρηγορήσουμε. Μόνο του θα σταματήσει να κλαίει, αφού δει ότι όλα είναι εντάξει και έρθει σε αρμονία με το περιβάλλον γύρω του. «Βοήθησε τον εαυτό σου και τα ουράνια θα σε βοηθήσουν».

Οι γονείς πρέπει να καταλάβουν ότι, όταν γεννιέται ένα παιδί, είναι πρώτα απ' όλα κάτι ιδιαίτερο και δεν πρέπει ν' αντιμετωπίζεται απλά σαν παιδί.

Οι δημιουργοί μας δεν μας αντιμετωπίζουν σαν παιδιά, αλλά σαν ιδιαιτερότητες. Αυτός είναι ο λόγος που δεν παρεμβαίνουν απευθείας για να μας βοηθήσουν να λύσουμε τα προβλήματά μας, αλλά μας αφήνουν να τα ξεπεράσουμε μόνοι μας, με την βοήθεια του μυαλού μας.

Μόρφωση

Οι μικροί άνθρωποι, αυτοί που είναι ακόμη «νήπια», πρέπει να μάθουν από τα πρώτα τους βήματα στη ζωή, να σέβονται την ελευθερία και την ηρεμία των άλλων. Επειδή όμως είναι πολύ μικρά για να καταλάβουν, η σωματική τιμωρία πρέπει να εφαρμόζεται αυστηρά, απ' αυτούς που μεγαλώνουν ένα παιδί. Μ' αυτό τον τρόπο θα είναι σε θέση να γνωρίζει ότι υποφέρουν οι άλλοι όταν τους βασανίζει ή όταν δεν τους σέβεται.

Η σωματική τιμωρία πρέπει να εφαρμόζεται μόνο στα πολύ μικρά παιδιά και κατόπιν, όταν αρχίζουν να καταλαβαίνουν, πρέπει να χρησιμοποιείται σπανιότερα, ώσπου στο τέλος να εξαφανιστεί. Στην ηλικία των επτά ετών, η σωματική τιμωρία πρέπει να είναι σπάνια, ενώ στην ηλικία των δεκατεσσάρων πρέπει να έχει εξαφανιστεί.

Αυτό το είδος της τιμωρίας πρέπει να χρησιμοποιείται μόνο στα παιδιά που δείχνουν έλλειψη σεβασμού στην ελευθερία και την ησυχία των άλλων ή τη δική σας.

Μιλήστε στα παιδιά σας για την αυτοπραγμάτωση, και ακόμη μάθετέ τα ν' αντιμετωπίζουν με κριτική στάση τα όσα τους μαθαίνει η κοινωνία και το σχολείο. Μην τα εξαναγκάζετε να μαθαίνουν πράγματα που δεν χρειάζονται. Μόνα τους πρέπει να διαλέξουν τι θέλουν. Ας μην ξεχνάμε ότι το σπουδαιότερο πράγμα είναι η αυτοπραγμάτωση τους.

Μάθετέ τα να κρίνουν τα πράγματα σε σχέση με το άπειρο, τους δημιουργούς, την κοινωνία και σε σχέση με τον εαυτό τους.

Μην επιβάλλετε καμία θρησκεία στα παιδιά σας, αλλά διδάξτε τα χωρίς προκατάληψη, τις κυριότερες θρησκείες που υπάρχουν στον κόσμο, ή τουλάχιστον τις πιο σπουδαίες, μ' αυτή τη χρονολογική σειρά: Εβραϊκή, Χριστιανική και Μουσουλμανική. Αν μπορείτε, μάθετε τα μεγαλύτερα παρακλάδια των ανατολικών θρησκειών, για να μπορείτε να τα εξηγήσετε στα παιδιά σας. Στο τέλος εξηγήστε τους τις βασικές ιδέες του μηνύματος των Ελοχίμ, που δόθηκαν από τον τελευταίο προφήτη.

Μάθετε στο παιδί ν' αγαπάει πάνω απ' όλα τον κόσμο όπου ζει και μέσα απ' αυτόν τους δημιουργούς.

Διδάξτε του ν' ανοίξει τον εαυτό του στο άπειρο, και να προσπαθεί να ζει σε αρμονία μ' αυτό.

Μιλήστε του για τη θαυμάσια δημιουργία των Ελοχίμ, των δημιουργών μας, και μάθετέ του να σκέφτεται και να ερευνά. Κάποια μέρα ο άνθρωπος θα είναι ικανός να κάνει ότι και οι δημιουργοί μας, δηλαδή θα μπορεί να δημιουργήσει ανθρώπινα όντα σε άλλους κόσμους. Πρέπει να το μάθετε να θεωρεί τον εαυτό του σαν ένα κομμάτι του άπειρου, πολύ μεγάλο και ταυτόχρονα πολύ μικρό. «Από χώμα φτιαχτήκαμε και χώμα θα γίνουμε».

Μάθετέ του ότι, αν κάνει κακό στους άλλους, δεν μπορεί να το ανακαλέσει ούτε με εξομολόγηση ούτε με άφεση αμαρτιών. Ακόμη ότι, όταν ο θάνατος είναι κοντά, δεν έχει αξία να πιστέψει σε κάποιο Θεό ή στους Ελοχίμ, για ν' αποκτήσει το δικαίωμα της αιώνιας ζωής. Πείτε του ότι κρίνουμε ανάλογα με το τι θα κάνει κάποιος κατά τη διάρκεια όλης της ζωής του. Ακόμη, ότι το μονοπάτι που οδηγεί στη σοφία είναι πολύ μακρύ και κρατάει μια ολόκληρη ζωή. Αυτός που δεν θ' ακολουθήσει το σωστό δρόμο στη ζωή του, δεν έχει το δικαίωμα ν' αναστηθεί μ' επιστημονικό τρόπο. Ακόμη κι αν μετανιώσει ειλικρινά και προσπαθήσει πολύ με διάφορες πράξεις να πετύχει τη συγχώρεση, με το να κάνει ευτυχισμένους αυτούς που δυσαρέστησε. Αν συγχωρεθεί απ' αυτούς, έχει καταφέρει να εξαλείψει τα λάθη του, αλλά δεν έχει προσφέρει τίποτα θετικό. Θα πρέπει να βοηθήσει αυτούς που διαδίδουν την αλήθεια, τους οδηγούς. Ο άνθρωπος όμως που μετανιώνει για τις πράξεις του λίγο πριν πεθάνει, δεν θα συγχωρεθεί, γιατί τότε θα είναι πολύ αργά για οτιδήποτε.

Η **αισθησιακή μόρφωση**

Αυτό είναι ένα από τα πιο ενδιαφέροντα θέματα, που δεν διδάσκεται σήμερα.

Αφύπνισε το μυαλό του παιδιού σου, αλλά πρέπει επίσης ν' αφυπνίσεις και το σώμα του. Το ένα συνοδεύεται από το άλλο.

Όλοι αυτοί που προσπαθούν να παραλύσουν το σώμα, προσπαθούν να παραλύσουν και το μυαλό.

Οι δημιουργοί μας, μας έδωσαν τις αισθήσεις για να τις χρησιμοποιούμε: τη μύτη για να μυρίζουμε, τα μάτια για να βλέπουμε, τ' αυτιά για ν' ακούμε, το στόμα για να τρώμε, και τα δάχτυλα για ν' αγγίζουμε. Πρέπει ν' αναπτύξουμε τις αισθήσεις μας, για να χαρούμε τον κόσμο που μας περιβάλλει, ο οποίος φτιάχτηκε από τους δημιουργούς μας για να τον απολαμβάνουμε.

Ένα αισθησιακό άτομο μπορεί να βρεθεί πιο εύκολα σε αρμονία με το άπειρο, επειδή αισθάνεται χωρίς να διαλογίζεται ή να σκέφτεται. Ο διαλογισμός και ο στοχασμός επιτρέπουν σ' ένα άτομο να κατανοήσει καλύτερα την αρμονία και κατόπιν να τη διαδώσει με τις διδασκαλίες του.

Να γίνουμε αισθησιακοί σημαίνει ν' αφήσουμε το περιβάλλον που ζούμε, ν' αποκαλυφθεί ευχάριστα σ' εμάς.

Η ερωτική μόρφωση είναι πολύ σημαντική, αλλά μας διδάσκει μόνο τις τεχνικές λειτουργίες και τη χρησιμότητα των οργάνων, ενώ τα μαθήματα που σχετίζονται με τις αισθήσεις, μας μαθαίνουν πώς να αισθανόμαστε ευχαρίστηση μέσω ενός οργάνου και πώς ν' αναζητούμε την ευχαρίστηση για την ευχαρίστηση. Δεν είναι απαραίτητο να χρησιμοποιούμε ένα όργανο μόνο για ωφελιμιστικούς σκοπούς. Να μη λέμε τίποτα στο παιδί για τον έρωτα, είναι λάθος. Είναι καλό να τους εξηγήσουμε τη λειτουργία των οργάνων, αλλά όχι αρκετό: πρέπει να τους εξηγήσουμε πώς μπορούμε μ' αυτά τα όργανα να γευτούμε την ευχαρίστηση. Να τους πούμε μόνο «ποιο χρησιμοποιείται και για τι», μοιάζει σα να τους λέμε ότι η μουσική χρησιμοποιείται μόνο για να χορεύουμε, ή ότι το γράψιμο χρησιμοποιείται μόνο για συστατικές επιστολές και άλλες παρόμοιες ανοησίες. Ευτυχώς, χάρη στους καλλιτέχνες και μέσω του ξυπνήματος των αισθήσεων, μπορούμε ν' απολαύσουμε τη μουσική, το διάβασμα και τόσα άλλα, τα οποία φτιάχτηκαν για να μας ευχαριστούν.

Για τον έρωτα ισχύει το ίδιο. Δεν είναι μόνο για να εξυπηρετεί φυσικές ανάγκες ή για την αναπαραγωγή, αλλά χρειάζεται για να δίνει ευχαρίστηση στους άλλους και σ' εμάς. Εξαιτίας της επιστήμης, έχουμε ξεφύγει από τις εποχές που θεωρούσαν το σώμα αμαρτία, και πίστευαν ότι η ερωτική πράξη φέρνει από μόνη της την τιμωρία: τη σύλληψη ενός παιδιού. Σήμερα, χάρη στις αντισυλληπτικές τεχνικές, η ερωτική επαφή είναι πιο ελεύθερη, χωρίς να προϋποθέτει τη δημιουργία μόνιμου δεσμού ή να υπάρχει κάποιο τέτοιο ενδεχόμενο. Μιλήστε στο παιδί σας χωρίς ντροπή, αντίθετα μάλιστα, με αγάπη, και εξηγήστε του ότι γεννήθηκε για να είναι ευτυχισμένο και για να βρει την αυτοπραγμάτωση στη ζωή του. Πρέπει λοιπόν να χαίρεται τη ζωή του με όλες τις αισθήσεις του. Δεν πρέπει να ντρέπεσαι για το σώμα σου ή για τη γύμνια σου, γιατί τίποτα δεν δυσαρεστεί περισσότερο τους δημιουργούς, από το να βλέπουν τα δημιουργήματα τους να ντρέπονται, γι' αυτά που τους έδωσαν.

Μάθε στα παιδιά σου ν' αγαπούν το σώμα τους, όπως επίσης και κάθε μέρος της δημιουργίας των Ελοχίμ. Αγαπώντας όσα δημιούργησαν, αγαπάς και τους ίδιους. Καθένα από τα όργανά μας δημιουργήθηκε από τους πατέρες μας, τους Ελοχίμ. Πρέπει λοιπόν να το χρησιμοποιούμε χωρίς ντροπή, αλλά με ευχαρίστηση, για τη χρήση που σχεδιάστηκε. Αν η χρήση αυτών των οργάνων μάς ευχαριστεί, είναι επειδή οι δημιουργοί θέλουν ν' απολαμβάνουμε τον κόσμο γύρω μας. Κάθε άνθρωπος είναι σαν έναν κήπο, και δεν πρέπει να μένει ακαλλιέργητος. Μια ζωή χωρίς απολαύσεις είναι σαν έναν ακαλλιέργητο κήπο.

Η ευχαρίστηση είναι το λίπασμα που βοηθάει ν' αναπτυχθεί το μυαλό. Ο ασκητισμός είναι άχρηστος, εκτός και αν είναι μια προσωρινή δοκιμασία με σκοπό την κυριαρχία του μυαλού στο σώμα. Όταν όμως πετύχουμε το ποθητό αποτέλεσμα η περίοδος της δοκιμασίας πρέπει να είναι περιορισμένη, ξαναγυρίζουμε πάλι για να απολαύσουμε περισσότερο τις χαρές της ζωής. Τον ασκητισμό μπορούμε να τον δεχτούμε σαν την αγρανάπαυση, αφού παρομοιάσαμε πιο πάνω τον άνθρωπο σαν κήπο. Πρέπει δηλαδή να είναι μια περιστασιακή ανάπαυση στην έρευνα για ευχαρίστηση, η οποία θα μας επιτρέψει να την εκτιμήσουμε καλύτερα. Πρέπει να εξοικειώνετε τα παιδιά σας όλο και περισσότερο, με την ελευθερία και με την ιδέα της ατομικότητάς τους. Να σέβεστε τις κλίσεις και τις προτιμήσεις τους, όπως εσείς θέλετε να σέβονται τις κλίσεις και τις προτιμήσεις σας. Να υπενθυμίζετε στους εαυτούς σας ότι τα παιδιά σας είναι αυτό που είναι, και να μην τα κάνετε αυτό που εσείς θέλετε να γίνουν, όπως κι αυτά δεν σας επιβάλλουν να κάνετε αυτό που θέλουν εκείνα. Να τα σέβεστε για να σας σέβονται, να σέβεστε τις προτιμήσεις τους για να σέβονται τις δικές σας.

Η αυτοπραγμάτωση

Ένα άτομο πρέπει να προσπαθεί την ολοκλήρωση, σχετικά με τις φιλοδοξίες και τις ορέξεις του, χωρίς να στενοχωριέται για το τι θα πουν οι άλλοι όσο βέβαια δεν κάνει κάτι που να τους βλάπτει.

Αν σας αρέσει να κάνετε κάτι, κοιτάξτε πρώτα αν προκαλεί βλάβη σε κάποιον. Αν όχι, κάντε το χωρίς να στενοχωριέστε για το τι σκέφτονται οι άλλοι γι' αυτό. Αν θέλετε να έχετε αισθησιακές ή ερωτικές εμπειρίες, με ένα ή περισσότερα άτομα, ανεξαρτήτως φύλου, συμπεριφερθείτε όπως εσείς θέλετε, όσον καιρό βέβαια το επιθυμούν τα άτομα που σχετίζεστε. Όλα επιτρέπονται στο δρόμο της αυτοπραγμάτωσης και του ανοίγματος του σώματος, το οποίο οδηγεί στο άνοιγμα του μυαλού. Πρέπει ν' αναδυθούμε από την πρωτόγονη εποχή, που θεωρούσαν τη γυναίκα σαν ένα όργανο αναπαραγωγής, που ανήκει στην κοινωνία. Οι γυναίκες χάρη στην επιστήμη, μπορούν να γευτούν αισθησιακές εμπειρίες αυτοπραγμάτωσης, χωρίς το φόβο της εγκυμοσύνης.

Η γυναίκα τελικά, είναι ίση με τον άντρα, και ακόμη μπορεί να χαρεί το σώμα της, χωρίς να έχει ν' αντιμετωπίσει μόνη της τις ανεπιθύμητες επιπτώσεις των πράξεών της.
Η σύλληψη ενός παιδιού είναι πολύ σημαντικό γεγονός, ώστε δεν πρέπει ν' αφήνεται στην τύχη. Όταν συλλαμβάνεις ένα παιδί, πρέπει να το κάνεις συνειδητά και να το έχεις μόνη σου διαλέξει, με μια προσεχτικά μελετημένη ερωτική επαφή. Πρέπει να το θέλεις πραγματικά: ένα παιδί δεν μπορεί να συλληφθεί σωστά, αν δεν το επιθυμείς πραγματικά. Η στιγμή της σύλληψης είναι πολύ σπουδαία, γιατί εκείνη τη στιγμή το πρώτο κύτταρο, η δομή του ατόμου, συλλαμβάνεται. Αυτή τη στιγμή πρέπει να το επιθυμείς πραγματικά, για να βρίσκεται σε αρμονία το πρώτο κύτταρο. Τα μυαλά και των δύο γονιών, πρέπει να έχουν επίγνωση και να σκέφτονται έντονα το πλάσμα που πρόκειται να συλληφθεί. Αυτό είναι ένα από τα μυστικά του καινούργιου ανθρώπου. Αν αναζητάτε την αυτοπραγμάτωση του σώματος σας, κατ' επέκταση λοιπόν και του μυαλού σας, χρησιμοποιείστε τα μέσα που σας προσφέρει η επιστήμη. Ξεκινήστε μαθαίνοντας για την πρόληψη της εγκυμοσύνης. Μη συλλαμβάνετε παιδί, αν δεν είστε ολοκληρωμένο άτομο. Καλύτερα να είναι το παιδί καρπός δύο ολοκληρωμένων όντων. Για να ολοκληρωθείτε, χρησιμοποιείστε τα μέσα που σας προσφέρει η επιστήμη, για ν' ανοίξετε το κορμί σας στις απολαύσεις, χωρίς κανένα κίνδυνο.
Η απόλαυση και η τεκνοποίηση είναι δυο διαφορετικά πράγματα, που δεν πρέπει να συγχέουμε. Το πρώτο βοηθάει το άτομο, και το δεύτερο το

είδος. Μόνον όταν ένα άτομο είναι ολοκληρωμένο, μπορεί να δημιουργήσει ένα ολοκληρωμένο ον. Αν έχετε κάποια ανεπιθύμητη εγκυμοσύνη, χρησιμοποιείστε πάλι την επιστήμη για την περίσταση: κάντε έκτρωση. Μια μη επιθυμητή σύλληψη δεν φέρνει στον κόσμο ένα σωστό άτομο, αφού δεν δημιουργήθηκε με αρμονία.

Μην ακούτε αυτούς που προσπαθούν να σας φοβίσουν, λέγοντας ότι μια έκτρωση μπορεί να προκαλέσει ψυχικές και ψυχολογικές συνέπειες. Δεν θα υπάρχει καμιά άσχημη επίπτωση, αν την αναλάβει το αρμόδιο άτομο. Κρατώντας ένα ανεπιθύμητο παιδί, μπορεί να προκληθούν σ' εσάς ψυχικές και ψυχολογικές διαταραχές, από τις οποίες μπορεί να υποφέρει το νεογέννητο. Να έχετε παιδί δεν σημαίνει ότι πρέπει να είστε παντρεμένη ή να ζείτε μ' έναν άντρα. Πολλές γυναίκες έχουν αποφασίσει να έχουν ένα ή περισσότερα παιδιά, χωρίς να είναι παντρεμένες ή να ζουν με άντρα. Η μόρφωση ενός παιδιού, που είναι ξεχωριστό άτομο από τη γέννησή του, δεν είναι απαραίτητο να δίνεται από τους γονείς του. Θα πρέπει να υπάρχουν ειδικευμένοι άνθρωποι, που να προσφέρουν σ' αυτό, πολύ περισσότερα ερεθίσματα για την αυτοπραγμάτωση του. Αν αισθάνεστε την ανάγκη να κάνετε ένα παιδί, κάντε το. Ολοκληρώστε τον εαυτό σας όπως νομίζετε καλύτερα, χωρίς να ενδιαφέρεστε για το τι θα σκεφτούν οι άλλοι. Αν διαλέξετε κάτι τέτοιο, μην νομίσετε ότι είστε καταδικασμένη να ζείτε μόνη: συνδεθείτε με τον άντρα που σας αρέσει
- θα είναι το ανδρικό πρότυπο του παιδιού σας. Αυτή η σχέση σας δεν θα προκαλέσει κανένα πρόβλημα στο παιδί σας, αλλά θα συνεισφέρει στην ολοκλήρωση του. Μια αλλαγή του περιβάλλοντος, είναι πάντα θετική για ένα παιδί. Η κοινωνία πρέπει να αναλάβει εν μέρει ή ολοκληρωτικά, τη μόρφωση των παιδιών, αν το θέλουν οι γονείς. Αυτοί που θέλουν να δουλεύουν ή όσοι θέλουν να μορφωθούν τα παιδιά τους, από ολοκληρωμένους ανθρώπους, πρέπει να έχουν τη δυνατότητα να τ' αφήνουν σε μέρη που έχει δημιουργήσει η πολιτεία γι' αυτό το σκοπό. Όταν λοιπόν αποκτήσετε το παιδί που επιθυμείτε, αλλά χωρίσετε με τον σύντροφο σας ή προκύψουν άλλα προβλήματα και η παρουσία του παιδιού είναι βάρος, θα μπορείτε να το εμπιστεύεστε στην πολιτεία, για να το μεγαλώσει μέσα στην αρμονία, η οποία είναι απαραίτητη προϋπόθεση για την αυτοπραγμάτωση του. Ένα παιδί που μεγαλώνει σ' ένα άσχημο ή φορτισμένο περιβάλλον, δεν μπορεί να ολοκληρωθεί.

Ένα παιδί είναι μια αμοιβαία ολοκλήρωση. Αν το παιδί γίνει κατά κάποιο τρόπο μπελάς, έστω και μικρός, το καταλαβαίνει και επηρεάζεται η αυτοπραγμάτωση του. Να το κρατάτε μαζί σας μόνον όταν η παρουσία του σας προσφέρει το αίσθημα της ολοκλήρωσης. Σε αντίθετη περίπτωση, να το πηγαίνετε στους χώρους που πρέπει να δημιουργήσει η πολιτεία, για να ολοκληρωθούν σωστά αυτά τα παιδιά. Αν κάνετε κάτι τέτοιο, δεν θα πρέπει να λυπάστε, αλλά να έχετε χαρά, αφού θα εμπιστευτείτε το παιδί σας σε άτομα ικανά να του δώσουν τα κατάλληλα ερεθίσματα για να ολοκληρωθεί. Επισκέψεις είναι δυνατόν να γίνονται, αν το παιδί, του οποίου οι επιθυμίες υπερισχύουν από οποιουδήποτε άλλου, το θέλει. Οι άνθρωποι που θα είναι υπεύθυνοι για τη μόρφωση των παιδιών, θα περιγράφουν σ' αυτά τους γονείς τους, σαν εξαιρετικούς ανθρώπους, οι οποίοι έδωσαν πολύ προσοχή στην αυτοπραγμάτωση των παιδιών τους, αφού τα παρέδωσαν σε ανθρώπους πιο ειδικευμένους από τους ίδιους, αντί να ικανοποιήσουν την εγωιστική ευχαρίστηση του να τα μεγαλώσουν μόνοι τους. Μ' αυτό τον τρόπο μπορείτε ελεύθερα να διαλέξετε το σύντροφο σας, αν επιθυμείτε να έχετε κάποιον. Ο γάμος, πολιτικός ή θρησκευτικός, είναι ανώφελος. Μια τέτοια δέσμευση δεν είναι εμπορική πράξη, αλλά μια ένωση ζωντανών όντων, που μπορεί κάποια στιγμή να θελήσουν κάτι διαφορετικό, επειδή ακριβώς είναι ζωντανά.

Απορρίψτε το γάμο, ο οποίος είναι διακήρυξη της ιδιοκτησίας ενός προσώπου. Ένας άντρας ή μια γυναίκα δεν μπορούν να έχουν την κυριότητα κάποιου ανθρώπου. Οποιαδήποτε δέσμευση μπορεί να καταστρέψει την αρμονία που υπάρχει σε μια σχέση. Όταν ο ένας αισθάνεται αγάπη, ο άλλος δεν αισθάνεται τίποτα. Όταν ο ένας αισθάνεται δέσμευση, ο άλλος αισθάνεται σαν φυλακισμένος. Κάποια στιγμή αυτή η δέσμευση θα γίνει καταπίεση και θα φτάσουμε στο σημείο να υπάρχει μίσος στο ζευγάρι. Ζήστε με το πρόσωπο που έχετε διαλέξει, όσο καιρό σας ευχαριστεί η παρέα του. Όταν δεν μπορείτε πλέον να ζείτε μαζί, χωρίστε γιατί η σχέση σας θα γίνει κόλαση. Όλα τα όντα έχουν τη δυνατότητα της επιλογής. Αν οι κινήσεις είναι παρόμοιες, η σχέση διαρκεί, αλλά αν είναι διαφορετικές, η σχέση δεν μπορεί να συνεχιστεί. Αν το πρόσωπο που σας αρέσει δεν σας συγκινεί πια, τα πράγματα έχουν αλλάξει. Πρέπει λοιπόν να χωρίσετε κρατώντας τις όμορφες στιγμές της σχέσης σας, αντί να την κηλιδώνετε με ανώφελους καυγάδες, που φέρνουν στην επιφάνεια την αγριότητα. Ένα παιδί φοράει τα ρούχα που του ταιριάζουν στο μέγεθος. Όταν μεγαλώσει και πάψουν να του κάνουν, δεν τα φοράει και αγοράζει καινούργια που να του ταιριάζουν. Το ίδιο συμβαίνει και με τις σχέσεις των ανθρώπων. Κάποιος σχετίζεται, μέχρι να ξεπεράσει αυτή τη σχέση.

Για το παιδί σας μην ανησυχείτε: είναι καλύτερα να ζει με έναν από τους γονείς σε αρμονία, παρά και με τους δύο σε σύγκρουση ή χωρίς τέλεια αρμονία. Μην ξεχνάτε ότι, τα παιδιά πάνω απ' όλα είναι άτομα ανεξάρτητα. Τους γέρους ανθρώπους πρέπει να τους σεβόμαστε και να τους κάνουμε ευτυχισμένους. Δεν σημαίνει όμως ότι πρέπει και να τους ακούμε. Ένα ευφυές άτομο μπορεί να δώσει καλές συμβουλές σε όποια ηλικία και να βρίσκεται, αλλά ένα ανόητο άτομο, ακόμη κι εκατό χρονών να είναι, δεν αξίζει να το ακούμε. Το χειρότερο μάλιστα είναι ότι μια ολόκληρη ζωή δεν προσπάθησε αυτό το ανόητο άτομο να ξυπνήσει. Για ένα νέο, υπάρχουν ακόμη ελπίδες. Όμως ακόμη κι ένας ανόητος γέρος έχει το δικαίωμα να ζει με άνεση. Είναι καθήκον της κοινωνίας να του το εξασφαλίσει. Ένας θάνατος δεν πρέπει να είναι μια ευκαιρία για λυπηρές συναντήσεις, αλλά μια γιορτή, γιατί εκείνη τη στιγμή, πολύ πιθανόν, το αγαπημένο μας πρόσωπο να κέρδισε τον αιώνιο παράδεισο και να βρίσκεται παρέα με τους Ελοχίμ, τους δημιουργούς μας. Θα πρέπει λοιπόν να μη σας θάβουν με θρησκευτική ευλάβεια, αλλά να δωρίζετε το σώμα σας στην επιστήμη ή να ζητάτε να διατεθεί διακριτικά όπου χρειάζεται. Μόνον ένα μέρος του σώματός σας θα παραμένει ανέπαφο: το κόκαλο που βρίσκεται στο κούτελο, και συγκεκριμένα το κομμάτι το οποίο απέχει 33 χιλιοστά από το κέντρο του άξονα που περνάει από τις δύο κόρες των ματιών.

Ένα τουλάχιστον τετραγωνικό εκατοστό από αυτό το σημείο του κόκαλου πρέπει να σταλεί στον Οδηγό των Οδηγών, ο οποίος θα το φυλάξει στη γήινη πρεσβεία. Κάθε άνθρωπος παρακολουθείται από ένα κομπιούτερ που βγάζει ένα αποτέλεσμα στο τέλος της ζωής του για τις πράξεις που έχει κάνει μέχρι τότε. Οι άνθρωποι όμως που γνωρίζουν το μήνυμα που δόθηκε στον Κλωντ Ραέλ, θα ξαναδημιουργηθούν με βάση τα κύτταρα που θα έχουν σταλεί στην πρεσβεία μας!

Όσοι γνωρίζουν το μήνυμα, θα ξαναδημιουργηθούν μόνον όταν στείλουν το απαιτούμενο μέρος του σώματός τους, στον Οδηγό των Οδηγών, μετά το θάνατό τους. Όταν κάποιος μαθαίνει το μήνυμα, το κομπιούτερ που τον παρακολουθούσε και συγκέντρωνε στοιχεία για την τελευταία κρίση, αποσυνδέει το σύστημα που θα του έπαιρνε ένα κύτταρο αν εξακολουθούσε να ζει χωρίς να ξέρει το μήνυμα. Πρέπει τουλάχιστον μια φορά στη ζωή σας να επισκεφθείτε τον Οδηγό των Οδηγών ή κάποιον εξουσιοδοτημένο Οδηγό απ' αυτόν, ο οποίος θα μεταφέρει τη δομή των κυττάρων σας στους Ελοχίμ, οι οποίοι θα βοηθήσουν το μυαλό σας να παραμείνει ξύπνιο. Για να συμμορφωθείτε με όσα είναι γραμμένα στο βιβλίο, δεν πρέπει ν' αφήσετε κληρονομιά στα παιδιά σας, εκτός βέβαια από την οικογενειακή κατοικία. Τα υπόλοιπα θα τα κληροδοτήσετε στον Οδηγό των Οδηγών. Αν φοβάστε ότι οι απόγονοί σας δεν θα σεβαστούν την τελευταία σας επιθυμία και ότι θα προσπαθήσουν να ξαναπάρουν την ιδιοκτησία σας με τη βοήθεια της ανθρώπινης δικαιοσύνης, δώστε τα αγαθά σας στον Οδηγό των Οδηγών ενώ είστε ακόμη ζωντανοί. Έτσι θα τον βοηθήσετε να διαδώσει στη Γη το μήνυμα των δημιουργών μας. Όσοι μένετε, μη λυπάστε ούτε να θρηνείτε για το θάνατο κάποιου. Προσπαθήστε να προσφέρετε αγάπη σε όσους είναι ζωντανοί.

Η μόνη θλίψη που μπορεί να προκληθεί από ένα νεκρό, είναι το ότι δεν του προσφέρατε αρκετή αγάπη όσο ήταν ζωντανός. Αν είναι καλός, θα έχει το δικαίωμα να γνωρίσει την ευτυχία στον κήπο της αιωνιότητας, κοντά στους Ελοχίμ. Αν απλά δεν είναι κακός, δεν έχει αυτό το δικαίωμα, αλλά δεν πρόκειται να χαθεί. Ακόμη λοιπόν κι αν δεν είναι ανάμεσα στους εκλεκτούς που θα ξαναδημιουργηθούν, δεν πρόκειται να χαθεί. Ο θάνατος δεν είναι κάτι πολύ σοβαρό και δεν πρέπει να τον φοβάστε. Είναι σαν να κοιμάται κάποιος, αλλά αιώνια. Όλοι είμαστε ένα μέρος του άπειρου. Η ύλη από την οποία είμαστε φτιαγμένοι, δεν μπορεί να εξαφανιστεί. Θα υπάρχει στο χώμα ή στα φυτά, ή ακόμη και στα ζώα. Θα έχει όμως χάσει την ομοιογένεια και την ταυτότητά της. Αυτό το κομμάτι του άπειρου, που οργανώθηκε από τους δημιουργούς μ' ένα συγκεκριμένο τρόπο, θα επιστρέψει στο άπειρο, ενώ θα παραμείνει μέρος της μικρής σφαίρας που ονομάζεται Γη και η οποία είναι ζωντανή. Κάθε ον έχει δικαίωμα στη ζωή, την αγάπη και το θάνατο. Κάθε ον είναι κύριος της ζωής και του θανάτου του. Ο θάνατος δεν είναι τίποτα, αλλά το να υποφέρεις είναι τρομερό και πρέπει να το αποφεύγουμε. Ένα άτομο που υποφέρει τρομερά, έχει το δικαίωμα ν' αυτοκτονήσει. Αν έχει κάνει καλές πράξεις κατά τη διάρκεια της ζωής του, θα αμειφθεί στον πλανήτη των αιωνίων. Αν κάποιο πρόσωπο που αγαπάτε υποφέρει πολύ και θέλει να πεθάνει, αλλά δεν βρίσκει τη δύναμη να το κάνει, πρέπει να το βοηθήσετε να το κάνει. Όταν οι άνθρωποι, χάρη στην επιστήμη, μπορέσουν να ξεπεράσουν τον πόνο των άλλων ανθρώπων, θα μπορέσουν να κρίνουν αν είναι σωστή ή όχι μια αυτοκτονία.

Η **κυβέρνηση**

Είναι απαραίτητο να υπάρχει κυβέρνηση που να παίρνει αποφάσεις, όπως και στο ανθρώπινο σώμα υπάρχει το μυαλό που παίρνει αποφάσεις.

Πρέπει να κάνετε ότι μπορείτε για να μπει σ' εφαρμογή η αρχή της Διανοιοκρατίας, η οποία ανεβάζει τους ευφυείς στην εξουσία.

Πάρτε μέρος στη δημιουργία ενός παγκόσμιου ανθρωπιστικού κόμματος, το οποίο θα προωθεί τον ανθρωπισμό και τη Διανοιοκρατία, την οποία είχα περιγράψει προηγουμένως στο πρώτο μήνυμα, και υποστηρίξτε τους υποψήφιούς του.

Μόνον η Διανοιοκρατία μπορεί να επιτρέψει στον άνθρωπο να κερδίσει τη χρυσή εποχή. Η ολοκληρωτική δημοκρατία δεν είναι καλή. Ένα σώμα στο οποίο όλα τα κύτταρα διατάζουν, δεν μπορεί να επιζήσει. Μόνον οι διάνοιες είναι ικανοί ν' αποφασίζουν σχετικά με το ανθρώπινο είδος.

Εσείς λοιπόν ν' αρνηθείτε να ψηφίσετε, εκτός κι αν υπάρχει υποψήφιος ο οποίος να υποστηρίζει τις θέσεις της Διανοιοκρατίας και του ανθρωπισμού.

Ούτε παγκόσμια ψηφοφορία, ούτε γκάλοπ είναι τόσο ισχυρά, ώστε να καθοδηγήσουν τον κόσμο. Να κυβερνάς σημαίνει να οδηγείς και όχι ν' ακολουθείς τις αντιδράσεις ενός προβάτου, όπως είναι οι άνθρωποι. Μέσα όμως στο ανθρώπινο κοπάδι υπάρχει ένα πολύ μικρό μέρος που είναι αρκετά αφυπνισμένο, ώστε να καθοδηγήσει την υπόλοιπη ανθρωπότητα. Επειδή υπάρχουν πολύ λίγοι αφυπνισμένοι άνθρωποι, αν κάποιος εμπιστευθεί την ψηφοφορία ή τα γκάλοπ, οι αποφάσεις που θα βγάλει θα είναι επιλογή της πλειοψηφίας, δηλαδή αυτών που δεν είναι φωτισμένοι και αντιδρούν έτσι για την προσωπική τους ευχαρίστηση, ή πολύ πιθανόν αυτό που θα προτείνουν θα είναι απόρροια των ενστικτωδών αντιδράσεων, οι οποίες βασίζονται σε ασυναίσθητα κρυμμένες, επίκτητες μεθόδους σκοταδισμού.

Μόνο η Διανοιοκρατία, η οποία είναι μια εκλεκτική δημοκρατία, αξίζει. Όπως είπα και στο πρώτο μήνυμα, μόνον όσοι έχουν ευφυΐα πάνω από 50% από το μέσο όρο μπορούν να εκλεγούν για τα δημόσια αξιώματα και μόνον όσοι έχουν ευφυΐα 10% πάνω από το μέσο όρο μπορούν να ψηφίσουν.

Οι επιστήμονες έχουν αναπτύξει μεθόδους οι οποίες μας επιτρέπουν να μετράμε την ευφυΐα. Ακούστε τις συμβουλές τους και εκμεταλλευτείτε το πολύτιμο υλικό που σας προσφέρει η ανθρωπότητα: τα προικισμένα παιδιά. Αυτά μπορούν ίσως να πάρουν μια ειδική μόρφωση, σ' ένα επίπεδο που να πλησιάζει στην ευφυΐα των σύγχρονων επιστημόνων. Σε ένα κανονικό παιδί ταιριάζει η κοινή εκπαίδευση, όχι όμως και σε ένα παιδί-ευφυΐα. Δεν είναι ο αριθμός των διπλωμάτων που κατέχει ένα πρόσωπο, αυτό που μετράει. Για να πετύχουμε κάτι τέτοιο, χρειαζόμαστε βασικά μια όχι και τόσο ενδιαφέρουσα ικανότητα, τη μνήμη, την οποία μπορούν να την αντικαταστήσουν οι μηχανές. Η ευφυΐα, σε ακατέργαστο επίπεδο, είναι αυτή που κάνει τους χωρικούς ή τους εργάτες πιο έξυπνους από τους μηχανικούς ή τους καθηγητές.

Το να κυβερνάς σημαίνει να προβλέπεις και όλα τα μεγάλα προβλήματα που αντιμετωπίζει σήμερα η ανθρωπότητα δείχνουν ότι οι κυβερνήσεις δεν ήταν ικανές να προβλέψουν, και συνεπώς ανίκανες να κυβερνούν. Αυτό βέβαια δεν είναι πρόβλημα του λαού, αλλά της τεχνικής που χρησιμοποιούν για να εκλέγουν τους εκάστοτε υπεύθυνους. Το σύστημα εκλογών δεν είναι σωστό. Πρέπει να μπει σε εφαρμογή η Διανοιοκρατία, η οποία δίνει την εξουσία στις ευφυΐες.

Οι ανθρώπινοι νόμοι είναι απαραίτητοι και πρέπει να τους σέβεστε. Όσοι όμως είναι κατά κάποιο τρόπο άδικοι και απαρχαιωμένοι, πρέπει ν' αλλάξουν.

Ανάμεσα στους ανθρώπινους νόμους και σ' αυτούς των δημιουργών, δεν πρέπει να διστάσετε να επιλέξετε ούτε στιγμή. Ακόμη και οι ανθρώπινες κρίσεις θα κριθούν κάποια μέρα από τους δημιουργούς μας.

Η αστυνομία είναι απαραίτητη, για όσον καιρό δεν μπορεί ο άνθρωπος ν' αναστείλει τη βία και να προλάβει τα εγκλήματα, με χημικά μέσα.

Αντίθετα από τους στρατιώτες, οι οποίοι είναι φύλακες του πολέμου, οι αστυνόμοι είναι φύλακες της ειρήνης και είναι απαραίτητοι μέχρι να λύσει η επιστήμη το πρόβλημα της βίας.

Πρέπει ν' αρνηθείτε να πάτε στο στρατό, επικαλούμενοι λόγους συνείδησης, και να ζητήσετε να σας δώσουν κάποια θέση ώστε να υπηρετήσετε τη στρατιωτική σας θητεία χωρίς να πιάσετε όπλο. Έχετε δικαίωμα να ζητήσετε κάτι τέτοιο αν η θρησκεία ή οι φιλοσοφικές σας πεποιθήσεις σας απαγορεύουν να σκοτώσετε συνάνθρωπο σας. Μην ξεχνάτε πως υπάρχει περίπτωση να σκοτώσετε κάποιον που πιστεύει στους Ελοχίμ, τους δημιουργούς μας, και θέλει να τηρήσει τις εντολές του Οδηγού των Οδηγών του MADECH.

Είναι απαραίτητο να σταματήσει η στράτευση σ' όλες τις χώρες του κόσμου. Όλοι οι επαγγελματίες στρατιώτες πρέπει να μεταβληθούν σε υπερασπιστές της παγκόσμιας ειρήνης. Πρέπει με λίγα λόγια να ταχθούν στην υπηρεσία της ελευθερίας και των ανθρώπινων δικαιωμάτων. Το μοναδικό καθεστώς του κόσμου θα είναι η Διανοιοκρατία, η οποία θα επιτρέπει τη διάδοση του ανθρωπισμού. Ο καπιταλισμός είναι λάθος, γιατί σκλαβώνει τον άνθρωπο στο χρήμα, και τον μαθαίνει πώς να κερδίζει σε βάρος των άλλων ανθρώπων. Και ο κομμουνισμός είναι λάθος, γιατί τοποθετεί την ισότητα πιο πάνω από την ελευθερία. Οι άνθρωποι είναι ίσοι όταν γεννιούνται, όχι όμως και καθώς μεγαλώνουν.

Όλοι οι άνθρωποι βέβαια έχουν το δικαίωμα να ζουν ευπρεπώς, όμως αυτοί που εργάζονται περισσότερο από κάποιους άλλους, έχουν το δικαίωμα να παίρνουν μεγαλύτερη ανταμοιβή απ' αυτούς που δουλεύουν λιγότερο. Όλα αυτά βέβαια είναι ένα στάδιο πριν ο άνθρωπος φτάσει στο σημείο να χρησιμοποιεί ρομπότ για όλες τις βαριές δουλειές, και στραφεί προς την αυτοπραγμάτωση του. Σ' αυτό όμως το στάδιο είναι ντροπή να πετάνε κάποιοι τα τρόφιμα για ν' ανεβάσουν τις τιμές, ενώ κάποιοι άνθρωποι πεθαίνουν από την πείνα. Θα μπορούσαν κάλλιστα να δίνουν τα τρόφιμα αυτά σε ανθρώπους οι οποίοι πεινάνε. Η εργασία δεν πρέπει να θεωρείται ιερή. Κάθε άτομο έχει το δικαίωμα να έχει αρκετά αγαθά, ώστε να μη χρειάζεται να εργάζεται. Καθένας πρέπει να προσπαθεί να ολοκληρωθεί μέσα απ' αυτό που τον συγκινεί. Αν οι άνθρωποι οργανωθούν, δεν θ' αργήσει να έρθει η ώρα που οι ανιαρές εργασίες θα γίνονται μηχανικά και αυτόματα. Κατόπιν θα είναι ελεύθεροι να ολοκληρωθούν με όποιο τρόπο θέλουν. Για να γίνει αυτό χρειάζεται όλες οι τεχνικές και επιστημονικές δυνατότητες και όλοι οι εργάτες να βάλουν το μυαλό τους να δουλέψει έντονα για το καλό και την πρόοδο της κοινωνίας, και λιγότερο για προσωπικές φιλοδοξίες, χρησιμοποιώντας βέβαια και όλα τα μέσα που σήμερα σπαταλιούνται σε στρατιωτικούς προϋπολογισμούς και άλλες ανοησίες, όπως οι πυρηνικές δοκιμές ή οι διαστημικές πτήσεις. Έχετε κομπιούτερ και ηλεκτρονικά μηχανήματα, που μπορούν ν' αντικαταστήσουν τον άνθρωπο. Χρησιμοποιείστε όλη τη γνώση που έχετε, για να βάλετε πραγματικά όλα αυτά τα τεχνολογικά επιτεύγματα στην υπηρεσία του ανθρώπου. Σε λίγα χρόνια θα μπορείτε να χτίσετε έναν εντελώς διαφορετικό κόσμο. Θα έρθετε στη χρυσή εποχή. Προσπαθήστε να φτιάξετε βιολογικά ρομπότ, τα οποία θα σας απαλλάξουν από τις εξευτελιστικές δουλειές και θα σας επιτρέψουν να ολοκληρωθείτε. Αστικοποίηση μπορούμε να πούμε είναι, η υπόδειξη του πρώτου μηνύματος. Ο άνθρωπος πρέπει να χτίσει μεγάλα σπίτια - πόλεις, που να βρίσκονται μέσα στη φύση με τέτοιο τρόπο, ώστε να μην την «τρώνε». Μην ξεχνάτε πως, αν κάθε άνθρωπος είχε το δικό του σπίτι και λίγο κήπο τριγύρω, δεν θα έμενε καθόλου διαθέσιμη γη. Αυτές οι πόλεις-σπίτια πρέπει να έχουν τη δυνατότητα να φιλοξενήσουν πενήντα χιλιάδες κατοίκους περίπου. Ο άνθρωπος πρέπει να σέβεται τη φύση, όσο καιρό δεν είναι ικανός να την ξαναφτιάξει, όσο δεν είναι ικανός από μόνος του να γίνει δημιουργός. Σεβόμενος τη φύση, σέβεσε επίσης και αυτούς που μας δημιούργησαν, τους πατέρες μας τους Ελοχίμ. Δεν πρέπει να κάνετε τα ζώα να υποφέρουν. Μπορείτε να τα σκοτώνετε για να τραφείτε με το κρέας τους, αλλά μην τα κάνετε να υποφέρουν. Ο θάνατος δεν είναι τίποτα, αλλά είναι πολύ άσχημο να υποφέρει κάποιος. Εσείς πρέπει να εμποδίζετε τα ζώα να υποφέρουν, όπως πρέπει να εμποδίζετε και τον άνθρωπο να υποφέρει.

Επίσης, μην τρώτε πολύ κρέας. Θα αισθάνεστε καλύτερα αν το κάνετε.

Πρέπει να ζείτε με όλα όσα σας εφοδιάζει η φύση. Δεν είστε υποχρεωμένοι ν' ακολουθήσετε κάποια ειδική δίαιτα. Μπορείτε να τρώτε κρέας, λαχανικά, φρούτα, χόρτα. Είναι ανόητο ν' ακολουθείτε μια φυτική διατροφή, μη θέλοντας να τραφείτε με τις σάρκες άλλων ζωντανών όντων. Και τα φυτά είναι ζωντανά και υποφέρουν.

Μπορείτε να κάνετε και τα φυτά να υποφέρουν, γιατί είναι κι αυτά ζωντανά όπως εσείς.

Δεν πρέπει να μεθάτε πίνοντας αλκοόλ. Μπορείτε να πίνετε λίγο κρασί, όταν τρώτε, γιατί παράγεται από τη φύση, αλλά μην εθίζετε τον εαυτό σας. Μην πίνετε οινοπνευματώδη ποτά, παρά μόνο σε μικρές ποσότητες και με συνοδεία φαγητού. Κάποιος που πίνει χαλάει την αρμονία του με το άπειρο, και δεν μπορεί να κρατήσει τον έλεγχο του. Αυτό είναι αξιοθρήνητο στα μάτια των δημιουργών μας.

Δεν πρέπει να καπνίζετε, γιατί το ανθρώπινο σώμα δεν φτιάχτηκε για ν' αναπνέει καπνό. Το κάπνισμα έχει άσχημες επιπτώσεις στον οργανισμό και σας εμποδίζει να φτάσετε στην ολοκλήρωση και σε πλήρη αρμονία με το άπειρο.

Μη χρησιμοποιείτε ναρκωτικά. Μην παραδίνεστε σ' αυτά, γιατί ένα φωτισμένο μυαλό δεν τα χρειάζεται για να φτάσει στο άπειρο. Είναι απεχθές για τους δημιουργούς μας να βλέπουν τον άνθρωπο να παίρνει ναρκωτικά, για να βελτιώσει τον εαυτό του. Ο άνθρωπος δεν χρειάζεται βελτίωση, γιατί είναι τέλειος - αφού φτιάχτηκε «κατ' εικόνα» των δημιουργών του. Λέγοντας ότι ο άνθρωπος δεν είναι τέλειος, προσβάλλουμε τους δημιουργούς μας. Ο άνθρωπος είναι τέλειος, αλλά γίνεται ατελής όταν δεν το πιστεύει και δεν το δέχεται. Μια συνεχής προσπάθεια να κρατήσουμε τον εαυτό μας σε ένα υψηλό πνευματικό επίπεδο, μας επιτρέπει να παραμείνουμε τέλειοι σαν άνθρωποι. Έτσι όπως δημιουργηθήκαμε από τους Ελοχίμ.

Διαλογισμός και προσευχή

Πρέπει να πειθαρχήσετε τον εαυτό σας στον καθημερινό διαλογισμό, τουλάχιστον μια φορά την ημέρα, για να έρθετε σε επαφή με το άπειρο, τους Ελοχίμ, την κοινωνία και τον ίδιο σας τον εαυτό. Διαλογιστείτε κάθε πρωί μόλις ξυπνάτε. Έτσι ολόκληρο το κορμί σας θ' αντιλαμβάνεται το άπειρο και θα μπορέσει κάποια στιγμή ν' αποκτήσει την κυριότητα των ιδιοτήτων του. Να διαλογίζεστε πριν από τα γεύματα για να πετύχετε και το σώμα σας μαζί σας ακόμη, όταν τρώτε έχετε πλήρη συνείδηση του τι ακριβώς κάνετε. Ο διαλογισμός σας δεν πρέπει να είναι στεγνός, αλλά γεμάτος ευαισθησία. Αφήνετε τον εαυτό σας να καταλαμβάνεται από ειρήνη και αρμονία, πριν γευτείτε μια ευχαρίστηση. Ο διαλογισμός πρέπει να είναι ευχαρίστηση και όχι αγγαρεία. Είναι καλύτερα να τον αποφεύγετε, αν δεν τον επιθυμείτε. Μην πιέζετε τα παιδιά σας ή τους φίλους και τους συγγενείς σας να διαλογίζονται, αλλά εξηγήστε τους τη χαρά που φέρνει και την καλή διάθεση που δίνει. Αν θελήσουν να διαλογιστούν, προσπαθήστε να τους διδάξετε όσα ξέρετε. Να σκέφτεστε έντονα τους Ελοχίμ, τουλάχιστον μια φορά τη μέρα, και να προσπαθείτε να έρθετε σ' επαφή μαζί τους, μέσω τηλεπάθειας. Μ' αυτό τον τρόπο θα ξαναβρείτε την πραγματική σημασία της προσευχής. Αν δεν ξέρετε κάποιον τρόπο επαφής, εμπνευστείτε από το «Πάτερ ημών», του οποίου οι όροι προσεγγίζουν ένα σχέδιο επικοινωνίας με τους δημιουργούς μας. Πρέπει να κάνετε απόπειρα τηλεπαθητικής επικοινωνίας με την ομάδα της περιοχής σας, που πιστεύει στους Ελοχίμ, και να έχετε μαζί σας έναν Οδηγό, αν αυτό είναι δυνατόν. Αυτό πρέπει να γίνεται τουλάχιστον μια φορά την εβδομάδα. Πρέπει να κάνετε ότι μπορείτε, για να συναντάτε μια φορά το χρόνο όλους όσους πιστεύουν στους Ελοχίμ και στο μήνυμα που έδωσαν στον τελευταίο προφήτη.

ΤΕΧΝΙΚΗ ΓΙΑ ΝΑ ΑΝΑΠΤΥΧΘΕΙ ΤΗΛΕΠΑΘΗΤΙΚΗ ΕΠΑΦΗ ΜΕ ΤΟΥΣ ΕΛΟΧΙΜ

Εδώ υπάρχει ένα πρότυπο ορισμένων φράσεων που πρέπει ν' απαγγέλλετε, σκεφτόμενοι έντονα τις λέξεις αυτών των φράσεων, κοιτώντας προς τον ουρανό:

Ελοχίμ που είστε κάπου κοντά σ' εκείνα τ' άστρα.

Ελοχίμ είστε εκεί και ξέρω ότι μας παρακολουθείτε.

Ελοχίμ είστε εκεί και θέλω πάρα πολύ να σας συναντήσω.

Ελοχίμ είστε εκεί και ελπίζω να έρθουμε σε επαφή.

Ελοχίμ σας αναγνωρίζω σαν δημιουργούς μου και μπαίνω ταπεινά στην υπηρεσία σας.

Ελοχίμ αναγνωρίζω τον Κλωντ Ραέλ, τον αγγελιαφόρο σας, σαν οδηγό μου, και πιστεύω σ' αυτόν και στο μήνυμα που του έχει δοθεί.

Ελοχίμ θα κάνω ότι μπορώ για να διαδώσω το μήνυμά σας, γιατί μέχρι τώρα έχω κάνει πολύ λίγα.

Ελοχίμ αγαπώ τους συνανθρώπους μου σαν αδέρφια, επειδή φτιάχτηκαν σύμφωνα με την εξωτερική σας εμφάνιση.

Ελοχίμ θα προσπαθήσω να τους δώσω ευτυχία φωτίζοντας το μυαλό τους και αποκαλύπτοντας ότι έχει αποκαλυφθεί σε μένα.

Ελοχίμ θα προσπαθήσω ν' απαλύνω τον πόνο τους προσφέροντας τον εαυτό μου στην υπηρεσία του ανθρώπινου είδους, του οποίου είμαι μέρος.

Ελοχίμ θα προσπαθήσω όσο είναι δυνατόν, να χρησιμοποιήσω το μυαλό που μου δώσατε, για να βοηθήσω την ανθρωπότητα ν' αναδυθεί από το σκοταδισμό και τον πόνο.

Ελοχίμ ελπίζω ότι θα κρίνετε τα ελάχιστα που θα έχω κάνει μέχρι το τέλος της ζωής Μου και θα μου επιτρέψετε να ζήσω αιώνια στον πλανήτη σας.

Ελοχίμ σας αγαπώ όπως εσείς αγαπήσατε τους ανθρώπους και δεχτήκατε τους καλύτερους μεταξύ των αιωνίων σας.

Εικόνα e : Οι αρχικές γαλλικές εκδόσεις των τριών βιβλίων που αποτελούν "Τα Μηνύματα" εκδόθηκαν για πρώτη φορά το 1974, το 1977 και το 1979 αντίστοιχα.

Εικόνα d : Ραέλ, 1979 - Φαίνεται εδώ με μια απεικόνιση του συμβόλου που είδε στην πλευρά του διαστημικού σκάφους των Ελοχίμ. Ο συνδυασμός του άστρου του Δαβίδ και της σβάστικας σημαίνει «αυτό που είναι από πάνω είναι παρόμοιο με αυτό που είναι από κάτω και όλα είναι κυκλικά. Τίποτα δεν είναι σταθερό. Όλα μεταβάλλονται στον χρόνο.

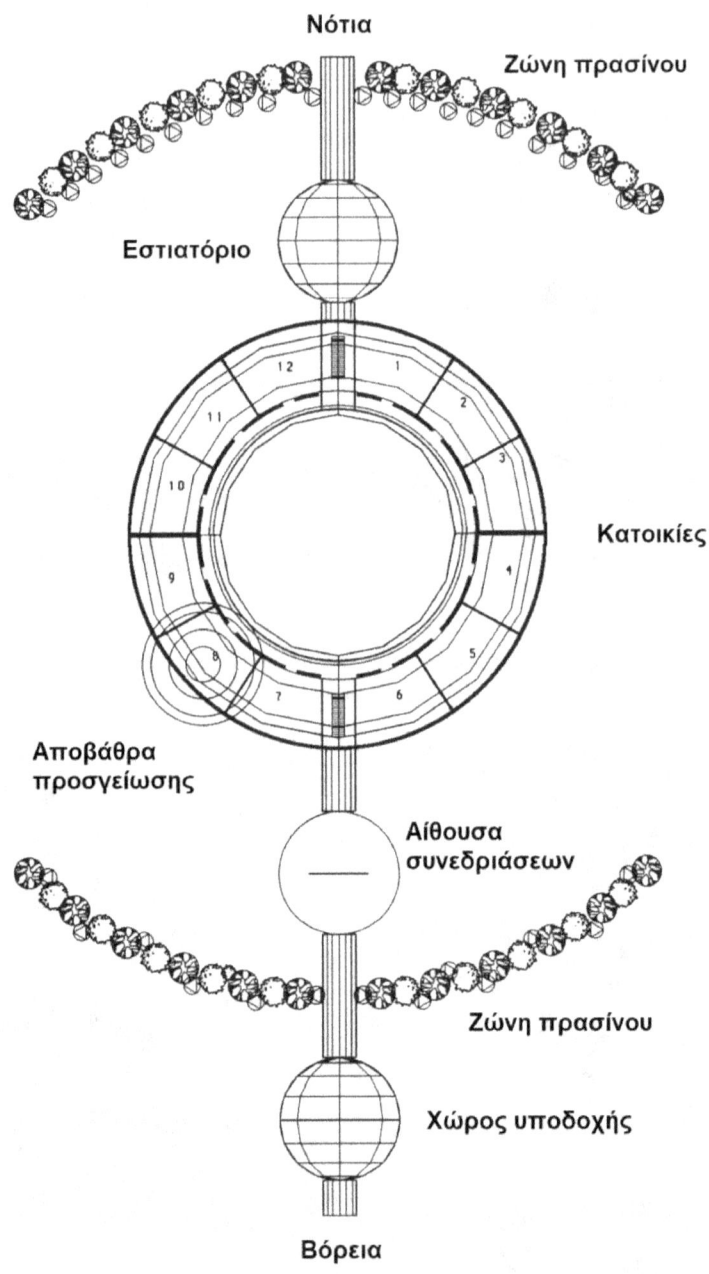

Εικόνα f: Αρχιτεκτονικό σχέδιο της σχεδιαζόμενης εξωγήινης πρεσβείας, βασισμένο στις λεπτομέρειες που δόθηκαν στον Ραέλ κατά τη δεύτερη επαφή με τους Ελοχίμ στις 7 Οκτωβρίου του 1975.

Εικόνα h : *Μοντέλο υπό κλίμακα της πρεσβείας με ένα από τα διαστημόπλοια των Ελοχίμ στην αποβάθρα προσγείωσης στον τελευταίο όροφο.*

Εικόνα g : *Ο Ραέλ λέει ότι «Ορισμένα αγρογλυφικά γίνονται από τους Ελοχίμ για να ενθαρρύνουν την ανθρωπότητα να χτίσει την πρεσβεία». Το συγκεκριμένο, το οποίο εμφανίστηκε στο Cheesefoot Head, στο Wiltshire της Αγγλίας τον Αύγουστο του 1990 μοιάζει εκπληκτικά με τα λεπτομερή σχέδια του κτιρίου της μελλοντικής πρεσβείας.*

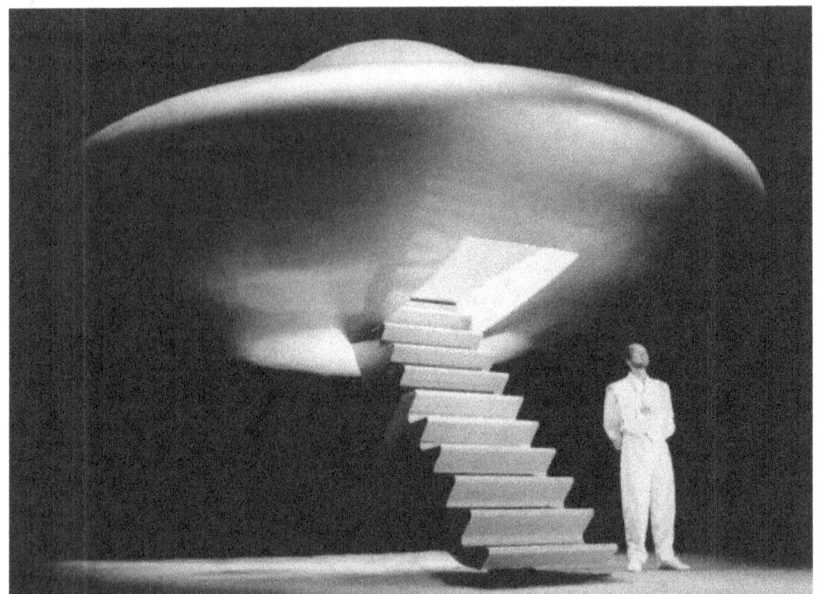

Εικόνα j : *Ο Ραέλ στέκεται δίπλα σε ένα μοντέλο σε φυσική κλίμακα του διαστημοπλοίου στο οποίο επιβιβάστηκε κατά τη διάρκεια των συναντήσεων του με τους Ελοχίμ.*

Εικόνα i : *Δύο παραδείγματα θρησκευτικών πινάκων ζωγραφικής που πιθανώς απεικονίζουν ΑΤΙΑ.*
Αριστερά: Το βάπτισμα του Χριστού από τον Ολλανδό ζωγράφο, Aert de Gelder, 1710.
Στα δεξιά: Ο Ευαγγελισμός του Άσκολι από τον Carlo Crivelli, 1856.
(Copyright © The Fitzwilliam Museum, Cambridge, UK)

Εικόνα m : Αυτό το αγρογλυφικό που εμφανίστηκε στο Etchilhampton του Wiltshire στις 1 Αυγούστου του 1997, είναι ένα από τα πολλά που μοιάζουν με το αναθεωρημένο Ραελιστικό σύμβολο που εισήγαγε ο Ραέλ το 1991.

Εικόνα l : Μενταγιόν που απεικονίζει το αναθεωρημένο σύμβολο του Ραελιανού Κινήματος που εισήγαγε ο Ραέλ από σεβασμό για τα θύματα του Ολοκαυτώματος σε μια προσπάθεια να βοηθήσει τις διαπραγματεύσεις με την ισραηλινή κυβέρνηση σχετικά με την οικοδόμηση της πρεσβείας των Ελοχίμ ή του «Τρίτου Ναού του Ισραήλ».

Εικόνα k : Το σύμβολο των Ελοχίμ - το παλαιότερο σύμβολο στη Γη - μπορεί να βρεθεί στο Θιβετιανό βιβλίο των νεκρών
ή *Bardo Thodol*. Η σβάστικα στο κέντρο του, που σημαίνει «ευζωία» στα σανσκριτικά, αντιπροσωπεύει το άπειρο στο χρόνο.

Εικόνα π : *Ακόμη και αφού έχει αφιερώσει πάνω από 48 χρόνια της ζωής του στην αποστολή του, ο Αγγελιαφόρος του Απείρου, Ραέλ, συνεχίζει να διδάσκει σε σεμινάρια διεύρυνσης της σκέψης σε κάθε ήπειρο. Η συγκεκριμένη φωτογραφία λήφθηκε κατά τη διάρκεια του καλοκαιρινού σεμιναρίου του στην Ιαπωνία το 2005*

Οι τέχνες

Πρέπει να υποκινείτε την τέχνη και να βοηθάτε τα παιδιά σας αν τους συγκινεί αυτός ο τομέας. Η τέχνη είναι από τα πράγματα που μας βοηθάνε να έρθουμε σε αρμονία με το άπειρο. Θεωρείστε κάθε φυσικό πράγμα σαν τέχνη και κάθε δημιουργία της τέχνης σαν φυσικό πράγμα. Περιβάλλετε τον εαυτό σας με έργα τέχνης τα οποία θ' απευθύνονται στ' αυτιά, στα μάτια, στην αφή ή στη γεύση σας. Τέχνη είναι οτιδήποτε απευθύνεται στις αισθήσεις. Δεν είναι λοιπόν τέχνη μόνο η μουσική, η ζωγραφική, η γλυπτική και αυτά που δέχεται σαν τέχνη η κλασική θεωρία. Η γαστρονομία, η τεχνική τού να φτιάχνεις αρώματα που να συγκινούν τη μύτη, είναι τέχνη. Όλες οι φόρμες της τέχνης έχουν σχέση με την αρμονία, κι αυτός που τις εκτιμάει μπορεί να δημιουργήσει ένα αρμονικό περιβάλλον, το οποίο να του επιτρέπει να βρίσκεται σε αρμονία με το άπειρο. Η λογοτεχνία είναι πολύ σημαντική, γιατί συμβάλλει στο άνοιγμα του μυαλού, προβάλλοντας τους καινούργιους ορίζοντες. Η λογοτεχνία για τη λογοτεχνία είναι φλυαρία. Ο πραγματικός σκοπός της δεν είναι να φτιάχνουμε προτάσεις, αλλά να διαδίδουμε καινούργιες ιδέες διαμέσου της γραφής. Τα οπτικοακουστικά μέσα είναι ακόμη πιο σημαντικά, γιατί ερεθίζουν ταυτόχρονα την όραση και την ακοή. Μπορούν άνετα ν' αντικαταστήσουν τη λογοτεχνία, γιατί είναι πιο ολοκληρωμένα. Στις μέρες μας όμως, η λογοτεχνία είναι πολύ χρήσιμη.

Αισθησιακός διαλογισμός

Αν θέλετε να πλησιάσετε στα υψηλότερα επίπεδα αρμονίας με το άπειρο, διαμορφώστε για τον εαυτό σας ένα χώρο, στον οποίο θα μπορείτε να διαλογίζεστε αισθησιακά. Τοποθετήστε σ' αυτόν δημιουργίες της τέχνης: ζωγραφική, ταπετσαρία, πόστερς, γλυπτά, σχέδια, φωτογραφίες και άλλα πράγματα που να εκφράζουν την αγάπη, το άπειρο και τον αισθησιασμό. Αυτά για την ευχαρίστηση της όρασης. Βρείτε κάποιο μέρος να κάθεστε κοντά στο έδαφος, σε μαξιλάρια για παράδειγμα, ή ξαπλώνετε σ' ένα ντιβάνι ή σε γούνες, για την ευχαρίστηση της αφής. Κάψτε ένα ευχάριστο άρωμα, για την ευχαρίστηση της όσφρησης. Βάλτε μουσική που να σας αρέσει, για την απόλαυση της ακοής. Τοποθετήστε σ' αυτό το μέρος φαγητά και ποτά που σας αρέσουν, για την απόλαυση της γεύσης, και για να υποδεχτείτε εκεί ένα ή περισσότερα πρόσωπα που αγαπάτε. Αφού έχετε φροντίσει για την ευχαρίστηση και την αρμονία όλων των αισθήσεών σας, αφήστε το σώμα σας ελεύθερο και το μυαλό σας μπορεί να γεμίσει με αγάπη και αδελφικότητα. Αν ένα πρόσωπο σας συγκινεί εξωτερικά, κι εσείς εκείνο, προσκαλέστε το στο μέρος που έχετε διαμορφώσει και προσπαθήστε να φτάσετε μαζί στην αρμονία που σας επιτρέπει να πλησιάσετε το άπειρο, προκαλώντας ευχαρίστηση στις πέντε αισθήσεις σας και προσθέτοντας σ' αυτό το στάδιο σύνθεσης όλων των απολαύσεων, τη φυσική επαφή δύο όντων σε πλήρη αρμονία με την επίδραση της πράξης του έρωτα. Η αρμονία πρέπει να υπάρχει πρώτα στο πνεύμα και κατόπιν στο σώμα. Όμως μια πνευματική αγάπη είναι πάντοτε κάτι υπέροχο, όταν ολοκληρώνεται με την ερωτική πράξη. Ν' αγαπάς σημαίνει να δίνεις χωρίς κανένα αντάλλαγμα. Αν αγαπάς κάποιον, πρέπει να δίνεις και τον ίδιο σου τον εαυτό σ' αυτόν, αν το θελήσει. Δεν πρέπει ποτέ να ζηλεύεις, γιατί η ζήλεια είναι το αντίθετο της αγάπης. Όταν αγαπάς κάποιον, πρέπει να ζητάς την ευχαρίστησή του και την ευτυχία του με οποιονδήποτε τρόπο. Η ευτυχία του

πρέπει να είναι πάνω απ' όλα, ακόμη κι από τη δική σου ευτυχία. Αν το πρόσωπο που αγαπάς ελκυστεί από κάποιο άλλο, μη ζηλέψεις. Αντίθετα, να είσαι ευτυχισμένος, γιατί το πρόσωπο που αγαπάς είναι ευτυχισμένο, έστω και αν δεν οφείλεται σε σένα. Ζήλεια είναι
ο φόβος που σου προκαλεί το ότι μπορεί κάποιος να κάνει ευτυχισμένο το πρόσωπο που αγαπάς, και έτσι να το χάσεις. Να είσαι όμως ευτυχισμένος ακόμη κι αν κάποιος μπορεί να κάνει το πρόσωπο που αγαπάς πιο ευτυχισμένο και να χαίρεσαι που συμβαίνει. Μην απορρίπτετε κάποιον που θέλει να σας κάνει ευτυχισμένο, αλλά δεχτείτε το, γιατί έτσι τον κάνετε ευτυχισμένο, κι αυτό είναι μια πράξη αγάπης. Χαρείτε με την ευτυχία των άλλων, κι αυτοί θα χαρούν με τη δική σας.

Η **ανθρώπινη δικαιοσύνη**

Μη διστάσετε ούτε στιγμή ανάμεσα στους ανθρώπινους νόμους και σ' αυτούς των δημιουργών. Ακόμη και οι ανθρώπινες κρίσεις θα κριθούν κάποια μέρα απ' αυτούς.

Οι ανθρώπινοι νόμοι είναι απαραίτητοι σήμερα, αλλά πρέπει να βελτιώνονται, γιατί δεν λαμβάνουν υπόψη τους την αγάπη και την αδελφικότητα.

Η ποινή του θανάτου πρέπει να καταργηθεί, γιατί κανένας άνθρωπος δεν έχει το δικαίωμα να σκοτώνει κάποιον εν ψυχρώ, με οργανωμένο και προμελετημένο τρόπο. Πριν ο άνθρωπος βρει επιστημονικούς τρόπους για την πρόληψη της βίας, θα υπάρχουν κάποιοι που θα κάνουν εγκλήματα. Για να θεραπευτούν αυτοί, πρέπει ν' απομακρύνονται από την κοινωνία και σε κάποιον ιδιαίτερα διαμορφωμένο χώρο, να τους προσφέρουμε την αγάπη που χρειάζονται, προσπαθώντας να τους εξηγήσουμε πόσο κακές είναι οι πράξεις τους, και δίνοντάς τους την ευκαιρία να λυτρωθούν.

Μην αναμίξετε εγκληματίες, οι οποίοι έχουν μια πνευματική ασθένεια που μπορεί να μεταδοθεί, με ανθρώπους που έχουν διαπράξει μικρά παραπτώματα, γιατί μπορεί να τους μολύνουν.

Μην ξεχνάτε ποτέ ότι οι εγκληματίες είναι άρρωστοι, κι έτσι πρέπει να τους αντιμετωπίζουμε. Με κατάπληξη σκεφτόμαστε ότι πριν λίγα χρόνια, άνθρωποι που έπασχαν από υστερία, πνίγονταν ανάμεσα σε δυο στρώματα. Την ίδια κατάπληξη θα νιώθουμε μετά από χρόνια, όταν θα μπορούμε να θεραπεύσουμε την εγκληματικότητα, και σκεφτόμαστε ότι κάποτε σκότωναν τους εγκληματίες.

Συγχωρήστε όσους σας έκαναν κακό χωρίς να το θέλουν, και μην κρατάτε κακία σε όσους επιδίωξαν και σας έκαναν κακό. Είναι άρρωστοι. Γιατί όποιος βλάπτει τον συνάνθρωπο του είναι άρρωστος. Θυμηθείτε επίσης ότι, όσοι βλάπτουν τους άλλους είναι άτυχοι, επειδή δεν πρόκειται να κερδίσουν το δώρο της αθανασίας στον παράδεισο των Ελοχίμ.

Αν θέλουν να κάνουν κακό σε κάποιον που αγαπάς ή σ' εσένα τον ίδιο, προσπάθησε να τους αποθαρρύνεις από τη σκέψη αυτή, κι αν αποτύχεις, έχεις το δικαίωμα να υπερασπιστείς τον εαυτό σου, για να σώσεις τη ζωή σου ή τη ζωή αυτών που αγαπάς. Μη συγκρουστείς με σκοπό να σκοτώσεις, ακόμη κι αν βρίσκεσαι σε αυτοάμυνα, αλλά προσπάθησε να φέρεις το άτομο που θέλει να κάνει κακό, σε μια κατάσταση που να μη μπορεί να το κάνει. Για παράδειγμα, χτυπήστε τον για να λιποθυμήσει. Αν το χτύπημα που του δώσατε αποβεί θανατηφόρο, χωρίς να έχετε σαν σκοπό να τον σκοτώσετε, μην κατηγορείτε καθόλου τον εαυτό σας.

Πρέπει να μειώσετε τους βίαιους ανθρώπους όσο μπορείτε, με δυναμισμό και αν είναι απαραίτητο μέσω της βίας. Η βία είναι ανυπόφορη και δεν πρέπει να την υποφέρετε. Αν χρειαστεί ν' αντιμετωπίσετε βίαια άτομα δυναμικά, μην το κάνετε με βίαιο δυναμισμό, αλλά μ' έναν εξισορροπημένο δυναμισμό, που δεν θα χρησιμοποιηθεί για να κάνει κακό, αλλά για ν' αποτρέψει κάποιους από το να κάνουν κακό.

Οποιαδήποτε απειλή βίας πρέπει να θεωρείται τόσο σοβαρή, όσο μια βίαιη πράξη που έχει γίνει. Απειλεί κάποιος με βία, όταν πιστεύει ότι μ' αυτό τον τρόπο μπορεί να πετύχει κάποιο σκοπό. Ένα πρόσωπο ικανό ν' απειλήσει κάποιο άλλο, είναι τόσο επικίνδυνο όσο κάποιος που έχει κάνει μια βίαιη πράξη. Όσοι πιέζουν με τέτοιες απειλές, πρέπει ν' απομονώνονται από την κοινωνία, αφού δεν μπορεί να τους θεραπεύσει επιστημονικά και πρέπει να προσπαθούμε να τους δώσουμε να καταλάβουν πόσο τερατώδης είναι ο τρόπος της συμπεριφοράς τους.

Όταν βρεθείτε στη θέση ν' ανταλλάσσετε ομήρους, σκεφτείτε πρώτα πώς θα σώσετε τη ζωή των αθώων που βρίσκονται στα χέρια αυτών των άρρωστων ανθρώπων και σε καμιά περίπτωση μην τους δίνετε αυτά που ζητούν. Η κοινωνία δεν πρέπει να ενδίδει στις απαιτήσεις αυτών που κρατούν ομήρους, γιατί αν το κάνει ενθαρρύνει κάποιους άλλους να κάνουν το ίδιο, κι έτσι δίνει κύρος στις απειλές.

Όλοι οι άνθρωποι έχουν ίσα δικαιώματα και δυνάμεις τη στιγμή της γέννησής τους, οποιοδήποτε χρώμα κι αν έχει το δέρμα τους. Όλα τα γένη που βρίσκονται στη Γη, δημιουργήθηκαν από τους Ελοχίμ, και πρέπει να δέχονται τον ίδιο σεβασμό.

Όλοι οι άνθρωποι της Γης πρέπει να ενωθούν και να φτιάξουν μια παγκόσμια κυβέρνηση, όπως έχει γραφτεί στο πρώτο μήνυμα.

Διδάξτε μια παγκόσμια γλώσσα σ' όλα τα σχολεία του κόσμου. Η Εσπεράντο υπάρχει, κι αν δεν υπάρχει κάποια καλύτερη να προταθεί, διδάξτε αυτήν. Πριν καταφέρετε ν' απαλλαγείτε από το χρήμα, φτιάξτε ένα καινούργιο παγκόσμιο νόμισμα, για να κάνετε διεθνείς συναλλαγές. Αυτή είναι η λύση για τη νομισματική κρίση.

Αν δεν έχει να προταθεί τίποτα καλύτερο, χρησιμοποιείστε το ομοσπονδιακό σύστημα. Δημιουργείστε μια ομοσπονδία με όλα τα κράτη.

Αφήστε τις χώρες όπως είναι - έτσι θα μπορέσουν να οργανωθούν μόνες τους, όπως θέλουν. Ο κόσμος θα ζει σε αρμονία αν δεν δημιουργηθούν κράτη, αλλά περιοχές ενωμένες σε μια ομοσπονδία, η οποία θα πάρει το πεπρωμένο της Γης στα χέρια της.

Η **επιστήμη**

Η επιστήμη είναι το πιο σπουδαίο πράγμα για τον άνθρωπο. Παρακολουθείτε τις ανακαλύψεις που κάνουν οι επιστήμονες, οι οποίες μπορούν να σας λύσουν όλα τα προβλήματά σας. Μην αφήνετε τις επιστημονικές ανακαλύψεις να πέφτουν στα χέρια αυτών που σκέφτονται μόνο το κέρδος, ούτε στα χέρια των στρατιωτικών, οι οποίοι κρατούν ορισμένες εφευρέσεις μυστικές, θέλοντας να εξασφαλίσουν μια υποτιθέμενη υπεροχή απέναντι σε φανταστικούς εχθρούς.

Η επιστήμη θα πρέπει να είναι η θρησκεία σας, γιατί οι Ελοχίμ, οι δημιουργοί μας, μας δημιούργησαν μ' επιστημονικό τρόπο. Ασχολούμενος με την επιστήμη, ευχαριστείς τους δημιουργούς, γιατί κάνεις ότι κι αυτοί, και τους δείχνεις ότι έχεις επίγνωση πως φτιάχτηκες κατ' εικόνα τους και ότι θέλεις πάρα πολύ να εκμεταλλευτείς όλες τις δυνατότητές σου.

Η επιστήμη πρέπει να χρησιμοποιείται για να υπηρετεί και να ελευθερώνει τον άνθρωπο, κι όχι για να τον καταστρέφει και να τον απομονώνει.

Εμπιστευθείτε τους επιστήμονες, και κυρίως όσους δεν επηρεάζονται από το χρήμα.

Μπορείτε ν' ασχολείστε με διάφορα αθλήματα, γιατί αυτό κάνει καλό στην ισορροπία σας, κι ακόμη ο αθλητισμός σάς επιτρέπει ν' αναπτύξετε την αυτοκυριαρχία σας.

Η κοινωνία πρέπει να εγκρίνει τα βίαια αθλήματα. Αυτά θα είναι οι ασφαλιστικές δικλείδες. Μια εξελιγμένη και μη βίαιη κοινωνία, πρέπει να έχει βίαια παιχνίδια τα οποία θα διατηρούν μια μορφή βίας, επιτρέποντας στους νέους ανθρώπους, που θέλουν να εξασκήσουν βία, να το κάνουν πάνω σε άλλους που επιθυμούν το ίδιο. Μ' αυτόν τον τρόπο απελευθερώνουν τη βία που έχουν μέσα τους. Μπορείτε να συμμετάσχετε σε παιχνίδια που απαιτούν δουλειά του μυαλού και της σκέψης, αλλά όσο δεν έχει καταργηθεί το χρήμα, δεν πρέπει να παίζετε για να κερδίσετε χρήματα, αλλά για την ευχαρίστηση τού να κάνετε το μυαλό σας να δουλεύει. Μετράτε την ημερομηνία ξεκινώντας από το 1946, σαν το πρώτο έτος μετά τον Κλωντ Ραέλ, τον τελευταίο προφήτη. Το 1976 θα είναι λοιπόν το 31 μετά τον Κλωντ Ραέλ, ή το έτος 31 στην εποχή του Υδροχόου, ή το έτος 31 της περιόδου της αποκάλυψης, ή το έτος 31 της χρυσής περιόδου.

Το ανθρώπινο μυαλό

Οι δυνατότητες του ανθρώπινου μυαλού είναι ακόμη άγνωστες. Η έκτη αίσθηση είναι πραγματική αίσθηση, και μπορεί ν' αναπτυχθεί στα μικρά παιδιά. Είναι αυτό που ονομάζουμε τηλεπάθεια. Η τηλεπάθεια μας επιτρέπει να επικοινωνούμε με τους δημιουργούς μας, τους Ελοχίμ.

Πολλά μέντιουμ έχουν έρθει σ' εμένα ρωτώντας με τι πρέπει να κάνουν, επειδή έχουν πάρει μηνύματα απ' αυτό που ονομάζουν «υπερπέραν». Τους ζήτησα να έρχονται σε επαφή μαζί μου για να με βοηθήσουν, και τους είπα ότι θα τους φώτιζα πάνω σε ορισμένα ζητήματα. Τα μέντιουμ είναι πολύ σπουδαία άτομα, γιατί έχουν το δώρο της τηλεπάθειας σε μεγαλύτερο βαθμό από το μέσο όρο, και γιατί το μυαλό τους είναι κατά κάποιο τρόπο αφυπνισμένο. Πρέπει να κάνουν προσπάθειες όταν διαλογίζονται, για να κυριαρχήσουν πλήρως, πάνω στις δυνατότητές τους.

Με ανυπομονησία περιμένω όλα τα μέντιουμ, τα οποία έλαβαν μήνυμα να έρθουν σ' επαφή μαζί μου, και να οργανώσουμε τακτικές συναντήσεις. Τα πραγματικά μέντιουμ που αναζητούν πληροφορίες, θα πάρουν οδηγίες.

Η δύναμη του μυαλού είναι πολύ μεγάλη, αλλά η δύναμη πολλών μυαλών είναι άπειρη. Όποιοι έχουν αυτιά, ας ακούν.

Μην ξεχνάτε ποτέ πως, όσα δεν μπορείτε να καταλάβετε και δεν μπορούν να εξηγήσουν οι επιστημόνες σας, οφείλονται στους Ελοχίμ. Κάθε ρολογάς γνωρίζει όλες τις κινήσεις του ρολογιού που έφτιαξε.

Μην ξεχνάτε ότι αποκάλυψη σημαίνει, κυριολεκτικά, ο καιρός που θα ξεκαθαρίσουν τα πράγματα, ο οποίος φαίνεται ότι έχει φτάσει.

Έχει ειπωθεί ότι όταν έρθει η ώρα, θα εμφανιστούν πολλοί ψευδοπροφήτες. Κοιτάξτε γύρω σας και θα καταλάβετε ότι έχει έρθει η ώρα. Ψευδοπροφήτες, όπως αυτοί που γράφουν τα ωροσκόπια, τα οποία γεμίζουν τις εφημερίδες. Ψευδοπροφήτες που παραποιούν τους νόμους των αρχαίων γραπτών, το μήνυμα δηλαδή που δόθηκε από τους Ελοχίμ στους πρωτόγονους, και το οποίο δεν περιλάμβανε τα πλεονεκτήματα της επιστήμης. Προτιμούν δηλαδή να πιστεύουν αυτά που έγραψαν στενόμυαλοι και πρωτόγονοι άνθρωποι τρέμοντας, καθώς άκουγαν αυτούς που θεωρούσαν θεούς, επειδή ήρθαν από τον ουρανό, παρά να πιστέψουν το μήνυμα που φέρνουν όντα, τα οποία δεν γονατίζουν ανόητα πια σ' αυτούς που έρχονται από τον ουρανό και προσπαθούν να καταλάβουν το σύμπαν. Ανθρώπους που μπορούμε να τους θεωρήσουμε ανεπτυγμένους. Κοιτάξτε γύρω σας και θα δείτε ομάδες φανατικών και σκοταδιστικών θρησκειών, οι οποίες ελκύουν ευκολοεπηρέαστους νέους ανθρώπους, οι οποίοι αναζητούν την αλήθεια.

Ένας φιλόσοφος είπε: «Ο Ιησούς ήρθε για να δείξει το δρόμο και οι άνθρωποι κοίταζαν το δάκτυλό του». Διαλογιστείτε πάνω σ' αυτή τη φράση. Δεν είναι οι αγγελιαφόροι που έχουν σημασία, αλλά αυτοί που έστειλαν το μήνυμα και το ίδιο το μήνυμα.

Μην μπλέκεστε με τις διάφορες αιρέσεις. Η αλήθεια δεν είναι στην κορυφή των Ιμαλάιων ή σε κάποιο ψηλό βουνό του Περού. Η αλήθεια βρίσκεται μέσα σας. Αν όμως σας αρέσει το εξωτικό, επισκεφτείτε όλα αυτά τα μέρη, και τότε θα καταλάβετε μόνος σας ότι σπαταλάτε το χρόνο σας, ενώ αυτό που ψάχνετε βρίσκεται μέσα σας. Ταξιδέψτε λοιπόν μέσα σας. Παρατηρώντας τους άλλους να προσπαθούν να ταξιδέψουν μέσα τους, δεν κερδίζετε εσείς τίποτα. Αν επιχειρήσετε ένα ταξίδι στο εσωτερικό σας, να θυμάστε ότι δεν χρειάζεται κανένα ιδιαίτερο δρομολόγιο .

Η Ανατολή δεν έχει τίποτα να διδάξει τη Δύση, σχετικά με τη σοφία και τη φώτιση του νου. Είναι δυο διαφορετικοί κόσμοι. Πώς περιμένεις να βρεις τη σοφία ανάμεσα σε ανθρώπους που, ενώ πεθαίνουν από την πείνα, αφήνουν τις αγέλες των «ιερών αγελάδων» να περνούν δίπλα τους. Στη Δύση, αντίθετα, με τη σκέψη και την επιστήμη, οι άνθρωποι βοηθούνται να ξεπεράσουν τις πρωτόγονες και άγριες θεωρίες τους. Δεν είναι τυχαίο το ότι η Δύση δεν αντιμετωπίζει τα ίδια προβλήματα με τις χώρες του τρίτου κόσμου. Όταν θριαμβεύει το πνεύμα, το σώμα δεν υποφέρει. Όταν κυριαρχεί ο σκοταδισμός, το σώμα δεν μπορεί να επιζήσει. Μπορούν οι πρωτόγονοι να λύσουν το πρόβλημα της πείνας στον κόσμο και να ταΐσουν τους πεινασμένους; Αφού έχουν δυσκολία στο να βρουν τροφή γι' αυτούς τους ίδιους, φαντάζεστε ότι θα βρείτε εκεί τη σοφία;

Όλοι οι άνθρωποι της Γης έχουν τις ίδιες ευκαιρίες στην αρχή της ζωής τους. Κάποιοι ξεπερνούν τα προβλήματά τους και αποκτούν περισσότερα απ' όσα χρειάζονται.

Κάποιοι άλλοι δεν έχουν τα μέσα να επιζήσουν.

Κατά τη γνώμη σας, ποιος νομίζετε ότι μπορεί να βοηθήσει τον άλλο; Οι Δυτικοί άνθρωποι έχουν ακόμα πολύ δρόμο να βαδίσουν πάνω στο μονοπάτι που θα τους ανοίξει το μυαλό, αλλά οι άνθρωποι της Ανατολής δεν έχουν πετύχει ούτε το ένα δέκατο απ' αυτά που έχουν πετύχει οι Δυτικοί.

Τηλεπαθητική επικοινωνία

Το μυαλό και η ύλη είναι αιώνια το ίδιο πράγμα.

Η Θιβετιανή Βίβλος των Νεκρών

Αν θέλετε να έχετε πολύ καλή τηλεπαθητική επικοινωνία, μην κόβετε τα μαλλιά ή τα γένια σας. Μερικοί άνθρωποι έχουν ανεπτυγμένο κάποιο τηλεπαθητικό όργανο, ώστε επικοινωνούν τηλεπαθητικά ακόμα κι όταν έχουν κουρευτεί. Αν όμως θέλετε να είστε σίγουροι γι' αυτό το είδος της επικοινωνίας, μην κόβετε αυτά που οι δημιουργοί τοποθέτησαν να μεγαλώνουν, στο κεφάλι και στο πρόσωπο σας. Αν μεγαλώνουν, υπάρχει λόγος, γιατί τίποτα δεν φτιάχτηκε απ' αυτούς χωρίς λόγο. Σεβόμενοι τη δημιουργία, σέβεστε και τους δημιουργούς.

Η καλύτερη στιγμή για να έρθετε σε επικοινωνία με τους δημιουργούς σας, είναι όταν ξυπνάτε. Γιατί όταν ξυπνάει το σώμα, ξυπνάει και το μυαλό. Εκείνη τη στιγμή ένας μηχανισμός μπαίνει σε λειτουργία. Ένας μηχανισμός ξυπνήματος, τον οποίο πρέπει να εκμεταλλευτείτε, ανοίγοντας τον εαυτό σας όσο είναι δυνατό, σε οτιδήποτε σας περιβάλλει και προς το άπειρο. Προσέξτε όμως μη σταματήσετε αυτή τη διαδικασία.

Καθίστε σταυροπόδι, ή καλύτερα ξαπλώστε ανάσκελα, αν είναι δυνατόν στο έδαφος, κάπου έξω, κοιτώντας προς τον ουρανό.

Το μυαλό είναι σαν ένα τριαντάφυλλο. Το πρωί αρχίζει ν' ανοίγει, αλλά εσείς το κόβετε ενώ είναι ακόμη μπουμπούκι. Αν περιμένετε λίγο ακόμη, θ' ανθίσει.

Ν' ασκείτε τις ικανότητες του σώματος είναι καλό, αλλά ν' ασκείτε τις ικανότητες του μυαλού, είναι ακόμη καλύτερο.

Μη γίνεστε ανυπόμονος, αν δεν δείτε αμέσως κάποια αποτελέσματα. Αν ένα όργανο δεν χρησιμοποιείται, ατροφεί. Αν έχετε ακινητοποιήσει κάποιο μέλος του σώματος σας για πολύ καιρό, χρειάζεται πολύ εξάσκηση για να φέρετε αυτό το μέλος στη σωστή λειτουργία του.

Κοιτάξτε προς τον ουρανό και σκεφτείτε τη θέση που έχετε, σε σχέση μ' αυτά που σας περιβάλλουν. Φέρτε τον εαυτό σας σε σχέση με το σπίτι που βρίσκεστε, μια μικρή κουκίδα χαμένη ανάμεσα στους πέτρινους τοίχους. Σε σχέση με τους ανθρώπους που την ίδια στιγμή περπατάνε.

Σκεφτείτε αυτούς που βρίσκονται στην άλλη πλευρά της υδρογείου κι εκείνη τη στιγμή πηγαίνουν για ύπνο. Σκεφτείτε όλους αυτούς που γεννιούνται, που κάνουν έρωτα ή πεθαίνουν, όταν εσείς ξυπνάτε και προσπαθείτε ν' αποκτήσετε φυσική ισορροπία.

Φέρτε τον εαυτό σας σε επαφή με το απείρως μεγάλο. Σκεφτείτε ότι η πόλη που μένετε, είναι μια μικρή κουκίδα στο χώρο που καταλαμβάνει η χώρα ή η ήπειρος. Κατόπιν πετάξτε σαν να είστε σε αεροπλάνο, το οποίο πετάει όλο και ψηλότερα από το έδαφος, μέχρι που η πόλη γίνεται μια κουκίδα και αργότερα το ίδιο και η ήπειρος. Συνειδητοποιείστε το ότι βρίσκεστε πάνω στη Γη, σε μια μικρή μπάλα, στην οποία η ανθρωπότητα είναι απλά ένα παράσιτο, και η οποία περιστρέφεται χωρίς να το καταλαβαίνουμε. Ελάτε σε επαφή με το φεγγάρι, το οποίο περιστρέφεται γύρω από τη Γη. Σ' επαφή με τη Γη που περιστρέφεται γύρω από τον ήλιο, σ' επαφή με τον ήλιο που περιστρέφεται γύρω από τον εαυτό του, και γύρω από το κέντρο του γαλαξία μας. Ελάτε σε επαφή με τ' άστρα, τα οποία είναι ήλιοι που έχουν πλανήτες γύρω τους και πάνω σ' αυτούς ζουν εκατομμύρια όντα. Ανάμεσα σ' αυτούς βρίσκεται κι ο πλανήτης των δημιουργών μας, των Ελοχίμ, καθώς επίσης και ο πλανήτης των αιωνίων, που κάποια στιγμή θα σας επιτρέψουν να ζήσετε εκεί αιώνια. Σκεφτείτε όλους αυτούς τους κόσμους, όπου ζουν κάποια άλλα όντα πιο ανεπτυγμένα από εμάς, και κάποια άλλα πιο πρωτόγονα. Ελάτε σε επαφή με τους γαλαξίες που περιστρέφονται γύρω από το κέντρο του σύμπαντος. Σ' επαφή με το σύμπαν, το οποίο είναι άτομο κάποιου μόριου, που πιθανόν να βρίσκεται στο χέρι κάποιου όντος, το οποίο ίσως κοιτάζει στον ουρανό, και αναρωτιέται αν υπάρχει ζωή σε άλλους πλανήτες. Αυτό για την επαφή με το απείρως μεγάλο.

Φέρτε τον εαυτό σας σ' επαφή με το σώμα σας. Με όλα τα όργανα που το αποτελούν και με όλους τους ιστούς που το συνθέτουν.

Σκεφτείτε όλα τα όργανα του σώματος σας που λειτουργούν χωρίς να το επιδιώκετε. Την καρδιά σας που χτυπάει χωρίς να σας ρωτήσει. Το αίμα σας που κυλάει στις φλέβες σας και ποτίζει όλο το σώμα, κι ακόμη το μυαλό σας, το οποίο σας επιτρέπει να σκέφτεστε και ν' αντιλαμβάνεστε τι κάνετε. Σκεφτείτε τα σωματίδια που αποτελούν το αίμα σας και τα κύτταρα του σώματος σας, τα οποία γεννιούνται, αναπαράγονται, χαίρονται και πεθαίνουν χωρίς να καταλαβαίνετε τίποτα. Υπάρχουν τόσα κομμάτια του σώματος σας που πιθανόν δεν γνωρίζουν ότι συνθέτουν το ον που είστε. Σκεφτείτε πόσα μόρια αποτελούν τα κύτταρα και πόσα άτομα αποτελούν αυτά τα μόρια. Τα άτομα αυτά περιστρέφονται όπως οι ήλιοι γύρω από το κέντρο του γαλαξία, και σε κάποια απ' αυτά υπάρχουν όντα που αναρωτιούνται αν υπάρχει ζωή σε άλλους πλανήτες. Αυτό για την επαφή με το απείρως μικρό.

Εναρμονιστείτε με το απείρως μικρό και με το απείρως μεγάλο, εκπέμποντας αγάπη γύρω σας, σε ότι βρίσκεται πάνω και σε ότι βρίσκεται κάτω, συνειδητοποιώντας ότι είστε μέρος του απείρου.

Προσπαθήστε, με επίμονη σκέψη, να μεταδώσετε το .μήνυμα της αγάπης σας στους Ελοχίμ, τους δημιουργούς μας. Μεταδώστε τους την επιθυμία σας να τους δείτε και να βρεθείτε μαζί τους κάποια μέρα, αν βέβαια αξίζετε να βρεθείτε ανάμεσα σε εκλεκτούς ανθρώπους.

Κατόπιν θα αισθανθείτε φωτισμένοι και έτοιμοι να κάνετε το καλό γύρω σας, με όλες τις δυνάμεις σας, επειδή βρίσκεστε σε αρμονία με το άπειρο.

Μπορείτε να κάνετε αυτές τις ασκήσεις στο δωμάτιο που έχετε διαμορφώσει για τον αισθησιακό διαλογισμό, μόνοι σας ή με άλλα πρόσωπα.

Η στιγμή όμως που βρίσκεστε πολύ κοντά στην τέλεια αρμονία, είναι όταν βρίσκεστε στο δωμάτιο που έχετε για τον αισθησιακό διαλογισμό, μαζί μ' ένα άλλο πρόσωπο που αγαπάτε, και κάνετε έρωτα.

Κάποια νύχτα, όταν ο ουρανός θα είναι γεμάτος αστέρια και ο καιρός καλός, ξαπλώστε στο έδαφος κοιτώντας τ' άστρα, και σκεφτείτε έντονα τους Ελοχίμ. Σκεφτείτε πως θα θέλατε κάποια μέρα να βρεθείτε μαζί τους, κι ακόμη ότι είστε έτοιμοι να κάνετε αυτό που σας ζητούν ακόμη κι αν δεν καταλαβαίνετε πολύ καλά τι ακριβώς είναι αυτό. Πιθανόν να δείτε κάποιο σημάδι, αν είσαστε πράγματι έτοιμοι.

Καθώς θα βρίσκεστε ξαπλωμένοι, προσπαθήστε ν' αντιληφθείτε μέχρι ποιο βαθμό τα αισθητήρια όργανά σας έχουν περιορίσει τις ικανότητές τους, λογαριάζοντας τις δυσκολίες που αντιμετωπίζετε στο να συλλάβετε το άπειρο. Μια δύναμη σας κρατάει καρφωμένο στο έδαφος και δεν μπορείτε μ' ένα τίναγμα να φτάσετε στ' αστέρια, όμως δεν μπορείτε να δείτε τη δύναμη που σας κρατάει. Εκατομμύρια άνθρωποι ακούν εκατοντάδες ραδιοφωνικούς σταθμούς και βλέπουν εκατοντάδες τηλεοπτικά προγράμματα, τα οποία εκπέμπονται στην ατμόσφαιρα. Δεν μπορείτε όμως να δείτε τα κύματα που εκπέμπονται. Μαγνητικές βελόνες είναι στραμμένες προς το Βορρά, ενώ εσείς δεν μπορείτε να δείτε ούτε ν' ακούσετε τις δυνάμεις που τις αναγκάζουν να κάνουν κάτι τέτοιο. Πρέπει να σας επαναλάβω ότι τα αισθητήρια όργανά σας είναι πολύ περιορισμένα και δεν μπορείτε να συλλάβετε συμπαντικές ενέργειες. Αφυπνίστε τα όργανα του σώματος σας και θα μπορείτε να συλλάβετε ενέργειες που δεν φαντάζεστε ότι υπάρχουν. Τα περιστέρια μπορούν να βρουν το Βορρά, και δεν μπορείτε εσείς που είστε άνθρωπος; Σκεφτείτε το.

Όλα αυτά διδάξτε τα στα παιδιά σας. Αυτός είναι ο τρόπος να δημιουργηθεί ο καινούργιος άνθρωπος, που θα έχει πολύ περισσότερες ικανότητες απ αυτές που έχει ο σύγχρονος.

Όταν δεν μάθουμε ένα παιδί να περπατά όταν είναι μωρό, θα γίνει προβληματικό άτομο καθώς θα μεγαλώνει. Ακόμη κι αν μάθει να περπατά όταν μεγαλώσει, πάλι θα βρίσκεται σε μειονεκτική θέση.

Μάθετε λοιπόν στα παιδιά σας, όταν είναι μικρά, όλα αυτά και μπορεί ν' αναπτύξουν τις ικανότητες που έχουν. Έτσι θα γεννηθεί ο καινούργιος Άνθρωπος, που δεν θα έχει τίποτα κοινό με τον σύγχρονο: με τη φτώχεια και το στενόμυαλο πρωτογονισμό του.

Η ανταμοιβή

Ας γίνει αυτό το βιβλίο οδηγός, για όσους αναγνωρίζουν και αγαπούν τους δημιουργούς μας, τους Ελοχίμ. Για όσους πιστεύουν σ' αυτούς και δεν ξεχνούν να επικοινωνούν τηλεπαθητικά μαζί τους, ξαναανακαλύπτοντας την πραγματική σημασία της προσευχής, κι ακόμη για όσους φροντίζουν για το καλό των συνανθρώπων μας. Για όσους πιστεύουν αυτά που αποκαλύφθηκαν σ' εμένα και από εμένα, και για όσους πιστεύουν στην επιστημονική μετενσάρκωση.

Αυτοί οι άνθρωποι έχουν έναν οδηγό κι ένα στήριγμα στη ζωή τους, κι είναι ευτυχισμένοι. Όσο γι' αυτούς που δεν έχουν αφυπνιστεί, είναι άχρηστο να τους μιλάς για το μήνυμα. Ένα μη αφυπνισμένο άτομο δεν μπορεί να τ' ακούσει. Δεν μπορείς να ξυπνήσεις κάποιον με λίγα παραδείγματα, και ιδιαίτερα όταν αυτός ο ίδιος βρίσκει πως ο ύπνος του είναι βολικός.

Διαδώστε όμως αυτό το μήνυμα σε ανθρώπους που κάνουν το καλό για τους συνανθρώπους τους, και ιδιαίτερα ο' αυτούς που χρησιμοποιούν το μυαλό που τους έδωσαν οι Ελοχίμ, και βοηθούν κάποιους να ξεπεράσουν το φόβο της πείνας, της αρρώστιας και των καθημερινών προσπαθειών, δίνοντάς τους το χρόνο να ολοκληρωθούν. Γι' αυτούς υπάρχει ο πλανήτης των Αιώνιων και οι χιλιάδες απολαύσεις του.

Δεν είναι λοιπόν αρκετό, να μην κάνετε κακό στους άλλους, αφού δεν τους κάνετε καλό. Κάποιος που σ' όλη του τη ζωή ήταν ουδέτερος, δεν πρόκειται να μετενσαρκωθεί, ούτε για να πληρώσει για κάποια κρίματα που έχει διαπράξει, ούτε για ν' ανταμειφθεί για τις καλές του πράξεις. Το ίδιο συμβαίνει και με κάποιον που, ενώ στην αρχή έκανε τους ανθρώπους να υποφέρουν, κατόπιν ξεπλήρωσε αυτό το κακό κάνοντας τόσο καλό, όσο και το κακό που είχε κάνει.

Για να κερδίσετε την επιστημονική μετενσάρκωση στον πλανήτη των Αιώνιων, πρέπει στο τέλος της ζωής σας να έχετε θετικό άθροισμα στις πράξεις σας.

Είναι αρκετό, για έναν όχι ιδιαίτερα ευφυή άνθρωπο, που δεν έχει τα μέσα να κάνει καλό μόνο σ' όσους βρίσκονται γύρω του. Αυτό όμως δεν είναι αρκετό για ένα ευφυές άτομο, που είναι μάλιστα εύπορο. Ένα τέτοιο άτομο έχει καθήκον να χρησιμοποιεί το μυαλό που του δόθηκε από τους Ελοχίμ, για να κάνει ευτυχισμένους άλλους ανθρώπους, χρησιμοποιώντας τεχνικές που θα βελτιώσουν τις συνθήκες διαβίωσής τους.

Αυτοί που θα μετενσαρκωθούν επιστημονικά στον πλανήτη των Ελοχίμ, θα ζήσουν αιώνια σ' έναν κόσμο, που θα τους προσφέρεται η τροφή χωρίς να κάνουν τον παραμικρό κόπο, και που θηλυκοί και αρσενικοί σύντροφοι φτιαγμένοι επιστημονικά, θα τους προσφέρουν ευχαρίστηση. Θα ζουν αιώνια με μοναδικό σκοπό την ολοκλήρωσή τους, κάνοντας ότι τους ευχαριστεί.

Όσοι κάνουν κακό στους άλλους, θα ξαναδημιουργηθούν και θα υποφέρουν πάρα πολύ.

Είναι δυνατόν να μην πιστεύετε όσα έχουν ειπωθεί μέχρις εδώ, τα οποία δένουν τις αρχαίες παραδόσεις και την επιστήμη, με απόλυτη αρμονία; Δεν είστε τίποτα περισσότερο από ύλη, σκόνη, και οι Ελοχίμ σας έκαναν ζωντανά όντα σύμφωνα με την εικόνα τους, ικανά να κυριαρχήσουν στην ύλη. Θα ξαναγίνετε ύλη, σκόνη, και οι Ελοχίμ θα σας δώσουν πάλι ζωή, επιστημονικά, όπως έκαναν και στο παρελθόν.

Οι Ελοχίμ δημιούργησαν τον πρώτο άνθρωπο χωρίς να ξέρουν ότι έπρεπε να το κάνουν αυτό. Νόμιζαν ότι έκαναν ένα επιστημονικό πείραμα χωρίς παραπέρα ενδιαφέρον. Αυτός είναι ο λόγος που την πρώτη φορά κατέστρεψαν όλη την ανθρωπότητα. Όταν όμως κατάλαβαν ότι η δημιουργία μας δεν ήταν απλώς ένα πείραμα, άρχισαν να μας αγαπούν σαν παιδιά τους και ορκίστηκαν να μη μας ξανακαταστρέψουν, και να μας αφήσουν μόνους μας να ξεπεράσουμε τη βία μας.

Έτσι οι Ελοχίμ δεν παρεμβαίνουν ούτε ευνοϊκά ούτε καταστρεπτικά στην ανθρωπότητα. Παρατηρούν μόνο τις πράξεις των ατόμων, οι οποίες άλλοτε τους ευχαριστούν και άλλοτε τους δυσαρεστούν. Προσέξτε όσους ισχυρίζονται ότι συνάντησαν
ή ότι έλαβαν μήνυμα από αυτούς, μήπως λένε ψέματα. Η ζωή τους θα γίνει κόλαση και θα μετανιώσουν για τα ψέματά τους, όταν θ' αντιμετωπίσουν τις δυσκολίες που θα προκαλέσουν αυτά.

Ακόμη αυτοί που στρέφονται εναντίον του Οδηγού των Οδηγών, προσπαθώντας να τον σταματήσουν από το να φέρει σε πέρας την αποστολή του, ή που τον ακολουθούν για να σπείρουν αμφιβολίες ανάμεσα σ' αυτούς που τον ακολουθούν, θα δουν τη ζωή τους να μεταβάλλεται σε κόλαση και θα ξέρουν το γιατί. Χωρίς να υπάρχει φαινομενική παρέμβαση από «πάνω», ασθένειες, οικογενειακές, επαγγελματικές και συναισθηματικές στενοχώριες, κι άλλα πολλά θα ενοχλήσουν τη γήινη ύπαρξή τους, ενώ τους περιμένει αιώνια τιμωρία.

Εσείς που χαμογελάτε διαβάζοντας αυτές τις γραμμές, θα ήσασταν ανάμεσα σ' εκείνους που σταύρωσαν το Χριστό, αν ζούσατε στην εποχή του, και θα θέλατε οι απόγονοι σας να σας μοιάσουν, να παντρευτούν δηλαδή και να πεθάνουν, όπως και σεις, επειδή αυτά ορίζουν τα ήθη και τα έθιμά σας. Κι εσείς που μοιράζετε ειρωνικά χαμόγελα σ' όσους πιστεύουν αυτά τα γραπτά, και πιστεύετε ότι πρέπει να περάσουν λίγο καιρό στο ψυχιατρείο, συμπεριφέρεστε σαν αυτούς που πήγαιναν να δουν τα λιοντάρια να τρώνε τους πρώτους Χριστιανούς, μόνο που τώρα όσοι προβάλλουν ενοχλητικές ιδέες δεν σταυρώνονται ούτε τους ρίχνουν στα λιοντάρια ,αυτά θεωρούνται τώρα βάρβαρα , τους στέλνουν όμως σε ψυχιατρεία. Αν υπήρχαν τέτοια ιδρύματα εκείνη την εποχή, σ' αυτά θα έκλειναν τον Ιησού και όσους πίστευαν σ' αυτόν.

Ρωτήστε όσους πιστεύουν στην αιώνια ζωή, γιατί χύνουν δάκρυα όταν χάσουν κάποιο αγαπημένο τους πρόσωπο.

Όσον καιρό ο άνθρωπος δεν μπορούσε να καταλάβει την επιστημονική δουλειά των Ελοχίμ, ήταν φυσικό να πιστεύει σ' έναν αφηρημένο θεό. Τώρα όμως, χάρη στην επιστήμη, ο άνθρωπος μπορεί να κατανοήσει τι συμβαίνει, και ακόμη μπορεί να συλλάβει το απείρως μικρό και το απείρως μεγάλο. Δεν έχει λοιπόν δικαίωμα να πιστεύει σε θεούς, όπως έκαναν οι πρωτόγονοι πρόγονοι του. Οι Ελοχίμ, οι δημιουργοί μας, θέλουν ν' αναγνωριστούν απ' αυτούς που είναι σήμερα ικανοί να κατανοήσουν πώς δημιουργήθηκε η ζωή και να κάνουν σύγκριση μ' αυτά που γράφουν τ' αρχαία κείμενα. Αυτοί οι άνθρωποι θα έχουν το δικαίωμα της αιωνιότητας.

Εσείς Χριστιανοί, έχετε διαβάσει εκατοντάδες φορές πως ο Ιησούς θα επιστρέψει, αν όμως το κάνει θα τον κλείσετε σε ψυχιατρείο. Ανοίξτε λοιπόν τα μάτια σας!

Και συ, λαέ του Ισραήλ, περιμένεις ακόμη τον Μεσσία σου, και δεν ανοίγεις την πόρτα σου!

Και σεις, Βουδιστές, τα γραπτά σας λένε ότι ο νέος Βούδας θα γεννηθεί στη Δύση. Αναγνωρίστε τα προλεγόμενα σημάδια!

Σε σας, Μουσουλμάνοι, θύμιζε ο Μωάμεθ πως οι Εβραίοι έκαναν λάθος με το να σκοτώνουν τους προφήτες. Ο Χριστιανισμός κάνει λάθος επίσης λατρεύοντας τους προφήτες περισσότερο απ' αυτούς που τους στέλνουν.

Αν αναγνωρίζετε τους Ελοχίμ σαν δημιουργούς σας, αν τους αγαπάτε και θέλετε να τους συναντήσετε, αν προσπαθείτε να κάνετε καλό στους άλλους με όλες τις δυνατότητές σας, αν σκέφτεστε τους δημιουργούς συνεχώς και προσπαθείτε μέσω της τηλεπάθειας να τους δείξετε την αγάπη σας, αν βοηθάτε τον Οδηγό των Οδηγών να φέρει σε πέρας την αποστολή του, αναμφίβολα θα κερδίσετε την επιστημονική μετενσάρκωση στον πλανήτη των δημιουργών.

Τώρα, που ο άνθρωπος ανακάλυψε επιστημονικά ενέργειες που του επιτρέπουν να πάει στο φεγγάρι, μπορεί με τις ίδιες ενέργειες να καταστρέψει όλα τα ζωικά είδη που υπάρχουν στη Γη.

«Η ώρα πλησιάζει, και το φεγγάρι χάθηκε»

(Κοράνι 54)

Ο άνθρωπος μπορεί οποιαδήποτε στιγμή να καταστραφεί. Μονάχα όσοι ακολουθήσουν τον τελευταίο προφήτη θα σωθούν από την καταστροφή.

Την αρχαία εποχή, δεν τον ενδιέφερε τον Νώε που γελούσαν οι άνθρωποι, καθώς προετοιμαζόταν για την καταστροφή. Δεν ήταν βέβαια οι τελευταίοι που γελούσαν με μια καταστροφή.

Οι Ελοχίμ είχαν προειδοποιήσει τους κατοίκους των Σοδόμων και των Γομόρρων να εγκαταλείψουν τις πόλεις τους χωρίς να κοιτάξουν πίσω. Μερικοί δεν πίστεψαν την προειδοποίηση και καταστράφηκαν.

Τώρα έχει φτάσει η ώρα που ο άνθρωπος μόνος του μπορεί να καταστρέψει οποιαδήποτε μορφή ζωής στη Γη, και μόνον όσοι αναγνωρίζουν τους Ελοχίμ σαν δημιουργούς τους θα σωθούν από την καταστροφή. Ίσως ακόμη να μην πιστεύετε αυτά που έχουν γραφτεί εδώ, όταν όμως φτάσει η ώρα θα τα θυμηθείτε, αλλά τότε θα είναι αργά.

Όταν συμβεί ο κατακλυσμός (και μπορεί να συμβεί στο κοντινό μέλλον, εξαιτίας της συμπεριφοράς του σύγχρονου ανθρώπου), θα υπάρχουν δύο είδη ανθρώπων: αυτοί που δεν θα έχουν αναγνωρίσει τους δημιουργούς τους και δεν θα έχουν ακολουθήσει τον τελευταίο προφήτη, κι αυτοί που θα έχουν ανοίξει τ' αυτιά και τα μάτια τους και θα έχουν αναγνωρίσει όσα έχουν προαναγγελθεί πριν από πολύ καιρό.

Οι πρώτοι θα υποφέρουν εξαιτίας της καταστροφής, ενώ οι άλλοι θα σωθούν και μαζί με τον Οδηγό των Οδηγών θα μεταφερθούν στον πλανήτη των αιώνων, όπου θ' απολαύσουν την ολοκλήρωση και την ευχαρίστησή τους μαζί με τους αρχαίους σοφούς. Θα υπηρετούνται από εξαίσια πλάσματα με αγαλματένια κορμιά, τα οποία θα τους προσφέρουν εκλεπτυσμένη τροφή και θα έχουν ακόμη στη διάθεσή τους άντρες και γυναίκες ασύγκριτης ομορφιάς, για να εκπληρώνουν τις επιθυμίες τους.

«Θα υπηρετούνται από αιώνια νεαρούς υπηρέτες. Το οινόπνευμα δεν θ' ανέβει καθόλου στο κεφάλι και δεν θα σκοτεινιάσει το λογικό τους. Κατ' επιθυμία θα έχουν τα φρούτα της επιλογής τους. Και το κρέας των πιο σπάνιων πτηνών. Κοντά τους θα είναι τα πιο εξωτικά όντα, με ωραία μαύρα μάτια. Η λευκότητα του δέρματός τους ισοδυναμεί με τη λαμπρότητα της πέρλας. Οι ικανοποιήσεις τους θα είναι η ανταπόδοση της αρετής.»

(Κοράνι 56, 15-23).

Εσείς που πιστεύετε όλα όσα γράφτηκαν εδώ μέσα, όταν σας καλέσει ο Οδηγός των Οδηγών, όπου κι αν βρίσκεστε, αφήστε τη δουλειά σας και πηγαίνετε σ' αυτόν, γιατί μπορεί να σας δώσει πληροφορίες για το τέλος. Αν βρίσκεστε κοντά του εκείνη τη στιγμή, θα σωθείτε και θα σας πάρουν μαζί μ' αυτόν μακριά από την καταστροφή.

Εσείς που πιστεύετε, μην κρίνετε τις πράξεις ή τα λόγια των Ελοχίμ. Η δημιουργία δεν έχει το δικαίωμα να κρίνει τον δημιουργό. Σεβαστείτε τους προφήτες τους και μην κρίνετε τις πράξεις και τα λόγια τους, γιατί βλέπουν μέσω των ματιών τους και μιλούν μέσω του στόματος τους. Αν δεν σέβεστε τους προφήτες, δεν σέβεστε αυτούς που τους έχουν στείλει, δηλαδή τους δημιουργούς σας.

Όσοι από σας ακολούθησαν πιστά τα μηνύματα που δόθηκαν στο παρελθόν από τους Ελοχίμ, θα βρίσκονται στα δεξιά, ενώ όσοι έφτιαξαν σκοταδιστικά συστήματα πάνω σ' αυτά, θα τιμωρηθούν για το λάθος τους. Η Εκκλησία θα εξαφανιστεί γι' αυτόν ακριβώς το λόγο. Οι άνθρωποι της εκκλησίας που έχουν ανοιχτά τα μάτια τους και θα ενωθούν με τον τελευταίο προφήτη βοηθώντας τον να διαδώσει το μήνυμα, θα μπορέσουν να ολοκληρωθούν, καθώς θα γίνουν αγγελιαφόροι αυτών που πίστευαν αλλά δεν καταλάβαιναν. Αυτών δηλαδή που δημιούργησαν τον άνθρωπο και έστειλαν τον Ιησού.

Θα μπορέσουν να ολοκληρωθούν, μακριά από τους περιορισμούς που έχει θεσπίσει η Εκκλησία στη σκέψη. Ακόμη θα χρησιμοποιούν τα όργανα που τους έχουν δώσει οι δημιουργοί με τον τρόπο που θέλουν, γιατί κανένα όργανο δεν σώθηκε για να μένει αδρανές. Θα χαίρονται τις πέντε αισθήσεις τους για πάντα, ερχόμενοι σε φυσική επαφή με τους ανθρώπους που επιθυμούν, χωρίς να αισθάνονται ντροπή. Δεν είναι ντροπή να χρησιμοποιείς τα όργανα που σου έχουν δώσει οι Ελοχίμ.

Τότε πράγματι θ' ανοίξουν το μυαλό τους αντί να το κρατούν κοιμισμένο όπως τώρα.

Επίσης δεν θα υπάρχουν ιεραπόστολοι, αλλά απλώς κάποιοι άνθρωποι που δεν είναι ευτυχισμένοι, επειδή αισθάνονται την ανάγκη να σκορπίσουν γύρω τους την αγάπη και να φωτίσουν το μυαλό των ανθρώπων. Πριν πενήντα χρόνια υπήρχαν πενήντα χιλιάδες ιεραπόστολοι. Σήμερα έχουν απομείνει μόνο πεντακόσιοι. Αυτό σημαίνει ότι υπάρχει ένας πάρα πολύ μεγάλος αριθμός δυστυχισμένων ανθρώπων. Άτομα με ικανότητες που θα μπορούσαν να διαδώσουν το μήνυμα των δημιουργών μας. Αυτοί όμως δεν ενδιαφέρονται τώρα πια για την εκκλησία, που είναι γεμάτη αμαρτίες και σκοταδισμό. Εσείς που είστε κάποιο απ' αυτά τα άτομα και αισθάνεστε την ανάγκη να κάνετε κάτι για τους συνανθρώπους σας, εσείς που θέλετε να παραμείνετε πιστοί στους δημιουργούς και στον Ιησού, που είπε ν' αγαπάει ο ένας τον άλλο, που σέβεστε τους Δημιουργούς, «Τον Πατέρα που βρίσκεται στα ουράνια», εσείς που καταλαβαίνετε ότι αυτό το μήνυμα είναι αληθινό, ελάτε μαζί μας και γίνετε Οδηγοί, άνθρωποι που βρίσκονται κάτω από την υπηρεσία των Ελοχίμ, όπως ο Μωυσής, ο Ηλίας, ο Ιησούς και διαδώστε το μήνυμά τους, εξακολουθώντας να ζείτε μια κανονική ζωή, προσπαθώντας να ολοκληρωθείτε σαν άτομα και αξιοποιώντας τις αισθήσεις που σας έδωσαν οι δημιουργοί.

Εσείς που ακόμη είστε μέλη της Εκκλησίας, βγάλτε τα ράσα που είναι τόσο θλιβερά όσο και το χρώμα τους, το χρώμα των αμαρτιών που έχετε διαπράξει. Ελάτε μαζί μας και γίνετε οδηγοί των ανθρώπων στο μονοπάτι της συμπαντικής ειρήνης και φιλίας.

Αφήστε τις εκκλησίες, οι οποίες δεν είναι τίποτα άλλο από μνημεία που ύψωσαν οι πρωτόγονοι άνθρωποι, ναοί όπου λατρεύονται ανάξια πράγματα: κομμάτια ξύλου και μετάλλου. Οι Ελοχίμ δεν χρειάζονται ναούς για να τους δείξετε την αγάπη σας. Είναι αρκετό γι' αυτούς να προσπαθείτε να επικοινωνήσετε μαζί τους, ανακαλύπτοντας την πραγματική σημασία της προσευχής, κι ακόμη ν' ανοίγετε τον εαυτό σας στο άπειρο, αντί να κλείνεστε σε σκοταδιστικά και μυστικιστικά πέτρινα κτίσματα.

Η υποκρισία και ο μυστικισμός πρέπει να σταματήσουν. Χρησιμοποιώντας σαν βάση ένα αληθινό μήνυμα και το φόβο των υπόλοιπων ανθρώπων, έφτιαξαν οργανώσεις που τους επέτρεπαν να παχαίνουν και να κερδίζουν αρκετά ώστε να ζουν μέσα στη χλιδή και την πολυτέλεια. Γίνονται μάλιστα και πόλεμοι για να διαδοθεί το μήνυμα. Ντροπή.

Τα χρήματα των φτωχών χρησιμοποιούνται για να χτιστούν οικονομικές αυτοκρατορίες. Ντροπή!

Η αγάπη για τον συνάνθρωπο μας κηρύσσεται με τα όπλα στα χέρια. Ντροπή!

Διακηρύσσεται η ισότητα των ανθρώπων, ενώ στηρίζονται δικτατορίες. Ντροπή!

Διακηρύσσουν ότι «ο Θεός είναι μαζί μας» και στέλνουν τους ανθρώπους σε αδελφοκτόνους πολέμους. Ντροπή!

Στα Ευαγγέλια διαβάζουν συνεχώς: «Μην ονοματίσεις κανέναν πατέρα, γιατί έχεις μόνον έναν που βρίσκεται στον ουρανό» και οι άνθρωποι καλούνται αναμεταξύ τους «πατέρα μου» και «κύριέ μου». Ντροπή!

Διαβάζουμε σε πολλά σημεία: «Ακολούθα το δρόμο χωρίς να πάρεις ούτε ένα ζευγάρι σανδάλια» και οι άνθρωποι του Βατικανού ζουν μέσα στη χλιδή. Ντροπή!

Αν δεν μοιράσει ο Πάπας την περιουσία του Βατικανού, βοηθώντας τους φτωχούς, δεν πρόκειται να κερδίσει μια θέση στον πλανήτη των αιώνιων με τους άλλους σοφούς. Είναι ντροπή να ζει μέσα στην πολυτέλεια, την οποία απέκτησε από φτωχούς ανθρώπους με τη χρήση του πραγματικού μηνύματος και εκμεταλλευόμενος γεννήσεις, γάμους και θανάτους ανθρώπων.

Αν όλα αυτά αλλάξουν και οι άνθρωποι που υπηρετούν αυτόν τον τερατώδη οργανισμό τον αφήσουν και μετανοήσουν για τα λάθη τους, θα συγχωρεθούν και θα κερδίσουν την αιωνιότητα, γιατί οι Ελοχίμ, οι δημιουργοί μας, μας αγαπούν σαν παιδιά τους και συγχωρούν αυτούς που μετανιώνουν ειλικρινά για τα λάθη τους.

Η Εκκλησία δεν έχει πια λόγο ύπαρξης, γιατί της εμπιστεύθηκαν τη διάδοση του μηνύματος του Ιησού, καθώς αναμενόταν η αποκάλυψη. Ο καιρός της λοιπόν έχει έρθει και η Εκκλησία χρησιμοποίησε αισχρά μέσα για να διαδώσει το μήνυμα.

Ολοκλήρωσε λοιπόν την αποστολή της και θα κατηγορηθεί για τα κρίματά της, και όσοι φορούν τα ράσα της θα βρίσκονται ανάμεσα στους ενόχους. Ξυπνήστε. Όσα λέω δεν είναι παραμύθια. Ξαναδιαβάστε τα γραπτά των αρχαίων προφητών, ενημερωθείτε για τις σύγχρονες επιστημονικές ανακαλύψεις, και ιδιαίτερα στη βιολογία, και παρατηρήστε τον ουρανό. Τα προαναφερθέντα σημάδια βρίσκονται εκεί. Τα αγνώστου ταυτότητας ιπτάμενα αντικείμενα, τα οποία οι άνθρωποι ονομάζουν «ιπτάμενους δίσκους», εμφανίζονται καθημερινά. «Θα φανούν σημάδια στον ουρανό», αυτό γράφτηκε καιρό πριν...

Βγάλτε συμπέρασμα απ' όλα αυτά και ξυπνήστε: Ο Κλωντ Ραέλ υπάρχει, είναι ζωντανός. Είναι ο τελευταίος προφήτης μετά τον Μωυσή, τον Ηλία, τον Ιησού, τον Μωάμεθ, τον Βούδα. Ο προφήτης της Αποκάλυψης, της εποχής με άλλα λόγια όπου όλα θα γίνουν κατανοητά. Ζει σήμερα, και πολύ κοντά σ' εσάς, και θα είναι τύχη για σας να είστε συνεργάτες του και ν' ακούτε τη διδασκαλία του. Σηκωθείτε, συγκεντρωθείτε και ακολουθείστε το μονοπάτι πηγαίνετε σ' αυτόν και βοηθήστε τον. Σας χρειάζεται! θρησκεία, της θρησκείας των θρησκειών, και θα έχει την θέση σας ότι κι αν συμβεί, ανάμεσα στους σοφότερους και στην αιωνιότητα. Θα γευτείτε τις χαρές του πλανήτη των αιώνων και τη συντροφιά έξοχων πλασμάτων, που θα ικανοποιούν οποιαδήποτε επιθυμία σας. Οι Οδηγοί ακολουθήστε τον Οδηγό των Οδηγών, γιατί είναι ο πρεσβευτής των Ελοχίμ, των δημιουργών μας, των πατέρων μας, που βρίσκονται στα ουράνια. Ακολουθήστε όλες τις συμβουλές που δίνονται σ' αυτό το βιβλίο, γιατί είναι οι συμβουλές των δημιουργών μας, που ειπώθηκαν από το στόμα του Κλοντ Ραέλ, του πρεσβευτή των Ελοχίμ, του τελευταίου προφήτη, του ποιμένα των ποιμένων, και βοηθήστε τον να οικοδομήσει τη θρησκεία των θρησκειών.

Εβραίοι, Χριστιανοί, Μουσουλμάνοι, κι εσείς όλοι που πιστεύετε σε κάποια άλλη θρησκεία, ανοίξτε τα μάτια σας και τ' αυτιά σας, ξαναδιαβάστε τα ιερά γραπτά σας και καταλάβετε ότι αυτό το βιβλίο είναι το τελευταίο, αυτό που έχει ανακοινωθεί από τους προφήτες σας, και έρχεται για να προετοιμάσει τον ερχομό των δημιουργών μας. Γράψτε στον Οδηγό των Οδηγών και θα σας συστήσει άλλα άτομα που, όπως κι εσείς, είναι Ραελιανοί, πιστεύουν δηλαδή στο μήνυμα που δόθηκε στον Κλωντ Ραέλ, κι ακόμα θα σας συστήσει σε κάποιον οδηγό στην περιοχή σας, που θα μπορείτε να τον συναντάτε τακτικά, για να διαλογίζεστε και να τον βοηθήσετε στη διάδοση του μηνύματος ο' όλο τον κόσμο.

Εσείς που έχετε διαβάσει το μήνυμα, να θυμάστε ότι είστε προνομιούχοι και να σκέφτεστε όσους δεν ξέρουν τίποτα γι' αυτό ακόμη. Μιλήστε στους γύρω σας γι' αυτό το μήνυμα, χωρίς να προσπαθήσετε να τους πείσετε για όσα τους λέτε. Κάντε μόνο γνωστό το μήνυμα και αν είναι έτοιμοι θα σας πλησιάσουν μόνοι τους. Να θυμίζετε πάντα στον εαυτό σας τη φράση που είχε πει ο Γκάντι: «Δεν γίνονται τα λάθη επειδή κανένας δεν βλέπει την αλήθεια».

Εσείς που αισθάνεστε ευφορία διαβάζοντας το μήνυμα και θέλετε να λάμψει γύρω σας, εσείς που θέλετε να θέσετε τον εαυτό σας στην υπηρεσία των Ελοχίμ διαδίδοντας όσα έχουν συστήσει και οδηγώντας τους ανθρώπους στο μονοπάτι της αυτοπραγμάτωσης, μπορείτε να γίνετε οδηγοί αν έχετε τις απαιτούμενες ικανότητες... Ένας οδηγός θα σας καλωσορίσει και θα σας μυήσει ώστε να ολοκληρωθείτε και ν' ανοίξετε τον εαυτό σας στο άπειρο, γιατί κάποιος μπορεί να φωτίσει το μυαλό των ανθρώπων μόνο όταν και το δικό του είναι φωτισμένο.

Η αγάπη των δημιουργών για τα δημιουργήματά τους είναι απέραντη και πρέπει να την ανταποδίδουμε. Πρέπει να τους αγαπάτε όσο κι αυτοί, και να το αποδεικνύετε βοηθώντας τον πρεσβευτή τους και όσους τον βοηθούν, βάζοντας όλα τα μέσα και τις δυνάμεις σας στην υπηρεσία τους. Έτσι θα μπορέσει να φτιαχτεί η πρεσβεία και θα καλωσορίσει τους Ελοχίμ. Ακόμη θα ταξιδέψουν οι οδηγοί σ' όλο τον κόσμο για να διαδώσουν το μήνυμα.

Όλοι εσείς που πιστεύετε στο Θεό ή στον Ιησού Χριστό, έχετε δίκιο γι' αυτή σας την πίστη, αν και δεν είναι ακριβώς αυτό που πρέπει να πιστεύετε. Υπάρχει όμως ένα μέρος της αλήθειας μέσα σ' αυτά.

Έχετε δίκιο να πιστεύετε στ' αρχαία γραπτά, αλλά είναι λάθος να υποστηρίζετε την Εκκλησία. Αν εξακολουθήσετε να συνεισφέρετε χρήματα γι' αυτήν, έτσι ώστε να ντύνονται καλύτερα οι καρδινάλιοι και να εγκρίνετε την ύπαρξη του στρατού, που είναι υπεύθυνος για την απειλή ατομικού πολέμου που κρέμεται πάνω από τα κεφάλια μας, κι αυτό με δικά μας έξοδα, δεν ενδιαφέρεστε για την αναμενόμενη χρυσή εποχή και θέλετε να παραμείνετε πρωτόγονοι.

Αν όμως θέλετε να συμμετάσχετε, παθητικά ή ενεργητικά, ανάλογα με τις δυνατότητές σας, στη δημιουργία της Ραελιανής Κίνησης στη χώρα σας, γράψτε σ' εμένα και σύντομα θα είμαστε σε θέση να χτίσουμε την πρεσβεία των Ελοχίμ. Αν ακόμα έχετε κάποιες αμφιβολίες, διαβάστε τις εφημερίδες, κοιτάξτε τον ουρανό και θα δείτε τα μυστηριώδη αντικείμενα να εμφανίζονται όλο και συχνότερα.

Και μην ξεχνάτε τις συγκεντρώσεις των μελών της Ραελιανής Κίνησης, κάθε χρόνο το πρώτο Σάββατο του Απριλίου, στις 6 Αυγούστου, στις 7 Οκτωβρίου και στις 13 Δεκεμβρίου. Το μέρος της συγκέντρωσης ανακοινώνεται στην «ΑΠΟΚΑΛΥΨΗ», το φυλλάδιο που εκδίδεται από την κίνηση.

Αν θέλεις να με βοηθήσεις να φέρω σε πέρας την αποστολή που μου ανατέθηκε. γράψε μου: www.rael.org

ΒΙΒΛΙΟ ΤΡΙΑ

ΑΣ ΚΑΛΩΣΟΡΙΣΟΥΜΕ ΤΟΥΣ ΕΞΩΓΗΙΝΟΥΣ

ΣΥΧΝΕΣ ΕΡΩΤΗΣΕΙΣ

Αυτό το κεφάλαιο περιέχει απαντήσεις για τις πιο συχνές ερωτήσεις απ' τους δημοσιογράφους σε ραδιοφωνικές ή τηλεοπτικές συνεντεύξεις στις οποίες ο Ραέλ συμμετείχε σ' ολόκληρο τον κόσμο, που ακολούθησαν μετά την έκδοση των δύο του βιβλίων στα μέσα του 1976.

ΦΑΙΝΟΜΕΝΙΚΕΣ ΑΝΤΙΦΑΣΕΙΣ ΜΕΤΑΞΥ ΤΟΥ ΠΡΩΤΟΥ ΚΑΙ ΤΟΥ ΔΕΥΤΕΡΟΥ ΜΗΝΥΜΑΤΟΣ.

Ερώτηση:

Η πρώτη αντίφαση που εμφανίζεται μεταξύ του πρώτου και δεύτερου μηνύματος βρίσκεται στην αρχή του διαλόγου ο οποίος έγινε ανάμεσα στον Ελόχα και σε σένα. Στο πρώτο μήνυμα όταν τον ρώτησες αν θα ήταν δυνατόν να επισκεφτείς τον πλανήτη του, σου απάντησε:

«Όχι, δεν θα μπορούσες να ζήσεις εκεί γιατί η ατμόσφαιρα είναι πολύ διαφορετική απ' την δικιά σας, και δεν είσαι επαρκώς προετοιμασμένος για ένα τέτοιο ταξίδι».

Όμως, στην διάρκεια της δεύτερης συνάντησης στις 7 Οκτωβρίου 31 (1975), ταξιδέψατε με μια απ' τις μηχανές τους, και ζήσατε σχεδόν 24 ώρες στον πλανήτη των Αιωνίων».

Επίσης θα παρατηρούσαμε ότι στην πρώτη επαφή, η «μηχανή» εμφανίστηκε πολύ προοδευτικά, δείχνοντας ένα κόκκινο φως που αναβόσβηνε περίπου δέκα μέτρα ψηλά και κατέβηκε αργά. Όταν η «μηχανή» ήταν αρκετά χαμηλά έτσι ώστε να μπορείτε να δείτε το πάνω μέρος αυτής, ένα πολύ δυνατό άσπρο φως αναβόσβηνε στην κορυφή της, ενώ στην διάρκεια της επαφής για την παράδοση του δευτέρου μηνύματος, η «μηχανή» εμφανίστηκε αμέσως πίσω από απ' τους θάμνους στο Roc Plat (Γαλλία) χωρίς να αναβοσβήνει κανένα φως και στο επίπεδο του εδάφους. Επίσης, όταν επέστρεψε, εξαφανίστηκε αμέσως μόλις αποβιβαστήκατε απ' αυτήν σαν να είχε αποσυντεθεί.

Άλλη μια αντίφαση: Στη διάρκεια της πρώτης επαφής, ο Ελόχα είχε το πρόσωπο του καλυμμένο με ένα είδος φωτεινής αύρας, την οποία αργότερα εξήγησε σαν ένα είδος διαστημικού κράνους αποτελούμενον από κύματα, ενώ στην πιο πρόσφατη συνάντηση δεν είχε τίποτα γύρω απ' το πρόσωπο του. Αυτή η αντίφαση ενισχύεται και αλλού με αυτό που δηλώνεται στην σελίδα 51 του πρώτου μηνύματος:

«Κανείς άνθρωπος δεν μπορεί να αντικρύσει το πρόσωπο μου
και μετά να παραμείνει ζωντανός»

(Έξοδος λγ' 20)

Και αυτή η βιβλική περικοπή εξηγήθηκε ως εξής:« Αν ένας άνθρωπος έρθει στον πλανήτη μας, θα δει τους Δημιουργούς χωρίς τα διαστημικά τους κράνη, αλλά θα πεθάνει, γιατί η ατμόσφαιρα δεν θα είναι κατάλληλη γι' αυτόν».

Πως εξηγείτε αυτές τις αντιφάσεις;

Απάντηση του Ραέλ:

Η εξήγηση γι' αυτές τις φαινομενικές αντιφάσεις είναι πολύ απλή, και μπορεί να συγκεντρωθεί σε μια λέξη: ψυχολογία.

Όταν κάποιος αποφασίζει να έρθει σε επαφή μ' ένα άτομο που ζει σε έναν πρωτόγονο πλανήτη, ακόμα και όταν αυτός έχει δημιουργηθεί για να εκπληρώσει μια πολύ συγκεκριμένη αποστολή, υπάρχουν ορισμένες προφυλάξεις που πρέπει να πάρει ώστε να μην υπάρξει ανεπανόρθωτη ζημιά στη ψυχολογία του. Να δει μια «μηχανή» που εμφανίζεται στον ουρανό, εφοδιασμένη με φώτα που αναβοσβήνουν δεν είναι τραυματική εμπειρία για έναν άνθρωπο που ζει σε μια επιστημονικά ανεπτυγμένη χώρα της εποχής μας. Έχει συνηθίσει λίγο-πολύ να βλέπει δορυφόρους ή πυραύλους στην τηλεόραση και έχει δει ήδη αεροπλάνο και ελικόπτερο από τότε που ήταν παιδί, και καταλαβαίνει, μέχρι ενός σημείου, πως λειτουργούν. Ο καλύτερος τρόπος να κάνει μια εμφάνιση χωρίς να τον φοβίσει, είναι να κάνει ένα σταδιακό πλησίασμα με μια «μηχανή» εφοδιασμένη με φώτα που αναβοσβήνουν όπως τα δικά του αεροπλάνα και ελικόπτερα, που καλά γνωρίζει. Ο άνθρωπος θα το έβρισκε αυτό αρκετά φυσιολογικό, και δεν θα έμενε πολύ έκπληκτος, εκτός απ' την απουσία θορύβου από μια μηχανή που δείχνει ότι είναι φτιαγμένη από μέταλλο και συνεπώς πολύ βαριά. Μετά, το Ον που θα εμφανιστεί σ' αυτόν θα έπρεπε να είναι ντυμένο έτσι όπως θα περίμενε ο άνθρωπος και έτσι όπως οι πιλότοι αεροπλάνων και οι κοσμοναύτες ντύνονται στη σημερινή εποχή. Ο τύπος του διαστημικού κράνους που καλύπτει το πρόσωπο, θα του έδινε αυτοπεποίθηση θυμίζοντάς του πιλότους ιπτάμενων γήινων μηχανών με τις οποίες έχει ήδη εξοικειωθεί. Έτσι θα μπορέσουν να πλησιάσουν το αντικειμενικό τους στόχο να μην πανικοβληθεί ο άνθρωπος με τον οποίο έρχονται σε επαφή και ταυτόχρονα αυτός να μπορέσει να δει την τεχνολογία που είναι ακόμα άγνωστη στους ανθρώπους στην Γη, έτσι ώστε να καταλάβει ότι ανακάλυψε επισκέπτες από άλλον πλανήτη.

Στη δεύτερη συνάντηση, όταν η ιπτάμενη μηχανή εμφανίστηκε πιο απότομα, οι Ελοχίμ χρησιμοποιούσαν την τεχνολογία τους χωρίς καμουφλάζ μπροστά σ' έναν μάρτυρα για τον οποίο ήξεραν ότι ήταν επαρκώς προετοιμασμένος έτσι ώστε να μην τραυματιστεί ψυχολογικά. Αν είχαν εμφανιστεί τόσο απότομα στην πρώτη συνάντηση, το σοκ θα ήταν πολύ μεγάλο, και η πνευματική μου ισορροπία, θα είχε διαταραχθεί πολύ εκείνη την στιγμή, αφού δεν περίμενα τίποτα. Πάρα τις όλες προφυλάξεις που πήραν, το νευρικό σοκ μου προξένησε στην αρχή στομαχικό έλκος, το οποίο έκανε αρκετούς μήνες για να θεραπευτεί. Το μήνυμα ήταν «γλυκό στο στόμα μου, αλλά πικρό στο στομάχι μου». Θα ήταν πολύ πιο σοβαρό χωρίς τις προφυλάξεις πλησιάσματος που είχαν πάρει.

Μέχρι την σημερινή μέρα και εποχή, οι Δημιουργοί μας πάντα προσπαθούσαν να εντυπωσιάσουν τα δημιουργήματά τους κάθε φορά που εμφανιζόταν αφού οι άνθρωποι δεν μπορούσαν να καταλάβουν ποιοι ήταν αυτοί οι επισκέπτες απ' τον ουρανό. Ο κύριος αντικειμενικός σκοπός των Ελοχίμ ήταν να κάνουν τους ανθρώπους να πιστέψουν έστω και αν δεν καταλάβαιναν. Τώρα έχουμε πια πλησιάσει την Εποχή της Αποκάλυψης, την εποχή όπου όλοι μπορούμε να καταλάβουμε τα πάντα, και όχι το τέλος του κόσμου όπως μερικοί άνθρωποι θέλουν να μας κάνουν να πιστεύουμε. Αυτό μπορείς να το επιβεβαιώσεις σε κάθε καλό λεξικό. Αποφάσισαν να εμφανιστούν σε μια προσπάθεια να τους καταλάβουμε και να τους αναγνωρίσουμε σαν Δημιουργούς μας, όπως αναφέρεται σε όλες τις θρησκευτικές γραφές σ' όλο τον κόσμο, όπως η Βίβλος την οποία υπαγόρευσαν στους πρώτους ανθρώπους πριν χιλιάδες χρόνια στην οποία αποκαλούνταν «Ελοχίμ». Άφησαν αυτά τα σημάδια απ' τους εαυτούς τους έτσι ώστε να αναγνωριστούν χιλιάδες χρόνια αργότερα όταν η ανθρώπινη γνώση θα είχε προοδεύσει επαρκώς π.χ. τώρα. Μ' αυτόν τον τρόπο, θα μπορούσαμε να καλωσορίσουμε αυτούς που θα έρχονταν απ' τον ουρανό χωρίς να γονατίσουμε κάτω για να προσευχηθούμε και χωρίς να φωνάξουμε «θαύμα».

Τελικά, πρέπει να θυμηθούμε ότι οι Ελοχίμ είχαν αποφασίσει να με δοκιμάσουν πριν μου δώσουν το ολοκληρωμένο Μήνυμα, έτσι μου το έδωσαν πολύ σταδιακά.

Παρά την επίμονη επιθυμία μου να κάνω ένα ταξίδι με το σκάφος τους, περιόρισαν στο ελάχιστο τις απαιτήσεις μου, λέγοντάς μου ότι αυτό ήταν αδύνατο για μένα ακριβώς όπως οι άνθρωποι μερικές φορές λένε στα παιδιά τους ότι αν πίνουν αλκοόλ θα σταματήσουν να μεγαλώνουν.

Πρόσθεσαν το εδάφιο στην Έξοδο την οποία είχαν απευθύνει στους πρωτόγονους ανθρώπους έτσι ώστε να μείνουν σε απόσταση. Οι πρωτόγονοι πίστεψαν χωρίς να προσπαθήσουν να καταλάβουν.

ΧΡΟΝΟΛΟΓΩΝΤΑΣ ΤΙΣ ΕΡΓΑΣΙΕΣ ΤΩΝ ΕΛΟΧΙΜ

Οι Ελοχίμ είπαν ότι δημιούργησαν τη ζωή στη Γη πριν 25 χιλιάδες χρόνια. Πώς γίνεται να βρίσκουμε ίχνη από κόκκαλα ζώων πολλών εκατοντάδων χιλιάδων χρόνων παλιά;
Απάντηση του ΡΑΕΛ:
Οι Ελοχίμ εξήγησαν ότι δεν δημιούργησαν τον πλανήτη μας. Όταν αποφάσισαν να συνεχίσουν τα πειράματά τους δημιουργώντας ζωή με επιστημονικά μέσα σε εργαστήρια, έστειλαν να ψάξουν στο σύμπαν για ένα πλανήτη που να έχει κατάλληλη ατμόσφαιρα, επιτρέποντάς τους να εργασθούν εύκολα. Η Γη αποδείχτηκε θετική μετά από πολλά τεστ και αναλύσεις. Μετά ήρθαν κάτω στον πλανήτη μας και δημιούργησαν τις μορφές ζωής που τώρα ξέρουμε, συμπεριλαμβανομένων και των ανθρωπίνων.

Αυτό σημαίνει ότι θα μπορούσαν να είχαν υπάρξει στην Γη, δέκα ή είκοσι χιλιάδες χρόνια πριν, άλλες μορφές ζωής, άλλη δημιουργία που μπορεί να είχε καταστραφεί από φυσική ή τεχνητή καταστροφή.

Φανταστείτε ότι ένας ατομικός πόλεμος ξεσπάει αύριο, και όλη η ζωή στον πλανήτη καταστρέφεται. Δέκα χιλιάδες χρόνια αργότερα, εξωγήινοι εγκαθίστανται για να δημιουργήσουν νέους ζωντανούς οργανισμούς, νοήμονα όντα τα οποία ανακαλύπτουν ίχνη απ' τον δικό μας πολιτισμό μετά από μια αργή επιστημονική πρόοδο. Αυτά τα ίδια όντα θα το βρουν δύσκολο να πιστέψουν ότι όντα προερχόμενα απ' τον ουρανό τους δημιούργησαν επιστημονικά, χρησιμοποιώντας σαν απόδειξη τα κόκκαλα τα οποία θα βρίσκονταν να είναι πιο παλιά από είκοσι πέντε χιλιάδες χρόνια, τα δικά μας κόκκαλα! Μπορεί ακόμα να έβρισκαν τα ακόμη παλιότερα κόκκαλα από Μαμούθ που εμείς οι ίδιοι βρίσκουμε να υπάρχουν μέσα σε συντρίμματα στην εποχή μας. Η ζωή που υπάρχει στην Γη τον παρόντα καιρό δεν είναι η πρώτη που δημιουργήθηκε και δεν θα είναι η τελευταία.

Έχουν γίνει άπειρες δημιουργίες στον πλανήτη μας, αλλά επίσης και άπειρες καταστροφές, οφειλόμενες κατά το μεγαλύτερο μέρος στην έλλειψη σοφίας εκ μέρους αυτών οι οποίοι ήταν ισοδύναμοι με την ανθρωπότητα σήμερα.

Ο ΛΑΟΣ ΤΟΥ ΙΣΡΑΗΛ ΚΑΙ ΟΙ ΕΒΡΑΙΟΙ

Ερώτηση:
Στο πρώτο μήνυμα είναι γραμμένο ότι ο λαός του Ισραήλ είχε εκλεχθεί σ' έναν απ' τους συναγωνισμούς των Ελοχίμ, σαν τα πιο πετυχημένα ανθρωποειδή, όσον αφορά την νοημοσύνη και την ευφυΐα. Στο δεύτερο μήνυμα είναι γραμμένο: «Οι Ιουδαίοι είναι οι απευθείας απόγονοί μας στην Γη. Γι' αυτό είχαν διαλεχτεί για ένα ειδικό προορισμό. Είναι οι απόγονοι των Υιών των Ελοχίμ και των θυγατέρων των ανθρώπων». Αυτό δεν είναι αντιφατικό;
Απάντηση του ΡΑΕΛ:
Ο λαός που εκλέχθηκε από τους δημιουργούς μας, τους Ελοχίμ, σαν ο πιο τέλειος ήταν ο λαός του Ισραήλ, ο λαός που δημιουργήθηκε μέσα σ' ένα εργαστήριο που ήταν σ' ένα μέρος του πλανήτη μας. Ίσως επειδή ήταν ο πιο πετυχημένος Οι Υιοί των Ελοχίμ γοητεύτηκαν από τις γυναίκες τους και έκαναν παιδιά μαζί τους, απ' τα οποία οι Εβραίοι κατάγονται. Έτσι εξηγείται πως η φυλή που κατοικεί στο έδαφος του Ισραήλ έγινε ο Εβραϊκός λαός.

ΡΑΕΛΙΑΝΗ ΚΙΝΗΣΗ ΚΑΙ ΧΡΗΜΑΤΑ

Ερώτηση:

Στο πρώτο βιβλίο είναι γραμμένο «Κανένας δεν μπορεί να υπηρετεί δύο αφέντες, ή τον ένα θα μισήσει και τον άλλον θα αγαπήσει ή τον ένα θα προσέχει και τον άλλον θα περιφρονεί. Δεν μπορείς να υπηρετείς ταυτόχρονα τον Θεό και τον Μαμμωνά. Μην αποθησαυρίζετε θησαυρούς για σας πάνω στην Γη», (Ματθαίος στ', 24), και επιτεθήκατε άγρια στο Βατικανό για τα πλούτη του, ενώ η Ραελιανή Κίνηση ζητάει χρήματα από τα μέλη της. Μ' αυτό δεν κάνετε το ίδιο λάθος με το Βατικανό;

Απάντηση του ΡΑΕΛ:

Δεν πρέπει να συγκρίνει κανείς αυτούς που ζουν μέσα στην πολυτέλεια και στα πλούτη, συνιστώντας στους πιστούς τους να ζούνε φτωχικά, και αυτούς που χρησιμοποιούν τα λεφτά των φτωχών ανθρώπων για να διατηρούν μυριάδες Επίσκοπους και Καρδινάλιους, για να αυξάνουν συνεχώς τις επενδύσεις τους σε ακίνητα, για να διατηρούν ένα παλάτι μιας άλλης εποχής με φρουρούς που κρατούν δόρυ με πέλεκι, δεν πρέπει κανείς να συγκρίνει αυτούς τους Ρωμαίους " σφετεριστές με μια κίνηση η οποία δεν έχει, ούτε ποτέ θα έχει, κληρικό που θα πληρώνεται- η οποία δεν είχε, ούτε ποτέ θα αποκτήσει τα 3/4 απ' τα σπίτια και τα ακίνητα σε μια πρωτεύουσα όπου οι άνθρωποι έχουν πρόβλημα να βρουν κατάλληλα καταλύμματα όπως η περίπτωση της Ρώμης, που αρνούνται να νοικιάσουν στον οποιονδήποτε από φόβο υποτιμήσεως της επένδυσης η οποία δεν έχει, ούτε ποτέ θα αποκτήσει πριγκιπικό παλάτι το οποίο καταρρέει κάτω από το βάρος του χρυσού και του ασημιού.

Πράγματι χρειαζόμαστε πολλά χρήματα, αλλά θα χρησιμοποιηθούν για να επιτύχουμε αυτούς τους ακριβείς αντικειμενικούς σκοπούς:

Να μεταφράσουμε τα Μηνύματα των Ελοχίμ σ' όλες τις γλώσσες, έτσι ώστε να κινήσουμε την προσοχή όλων των ανθρώπων της Γης.

Να χτίσουμε μια Πρεσβεία όπου οι Ελοχίμ να μπορούν να συναντούνται με τους ανθρώπους επισήμως. Αυτή η πρεσβεία δεν θα είναι ούτε πριγκιπικό παλάτι, ούτε καθεδρικός ναός, αλλά μάλλον ένα απλό σπίτι που θα έχει τις ανέσεις τις οποίες όλοι οι σύγχρονοι άνθρωποι έχουν δικαίωμα να αποκτήσουν, με διπλωματική ασυλία, όπου ακόμα και το μικρότερο Κράτος θα έχει τον πρεσβευτή του.

Τελικά, αν από καλή τύχη, πετύχουμε στο να μαζέψουμε περισσότερα χρήματα απ' όσα χρειαζόμαστε για να πραγματοποιήσουμε τους πρώτους δύο σκοπούς τους οποίους έχω ήδη αναφέρει, και μέσα σε τόσο μικρό διάστημα που δεν θα έχουμε καταφέρει την διάδοση του μηνύματος σ' όλο τον πλανήτη, τότε θα χρησιμοποιήσουμε τα πλεονάζοντα χρήματα για να χτίσουμε ένα κέντρο ερευνών κοντά στην Πρεσβεία. Αυτό το κέντρο θα φέρει κοντά όλους τους επιστήμονες οι οποίοι επιθυμούν να εργαστούν στην δημιουργία ζωής σε εργαστήριο, επιτρέποντας στην ανθρωπότητα να εξισωθεί με τους δημιουργούς της. Η δημιουργία βιολογικών ρομπότ θα επιτρέψει την εξάλειψη της δουλειάς και συνεπώς του χρήματος. Επίσης σχεδιάζουμε να χτίσουμε ένα σχολείο για τις ιδιοφυίες και τους χαρισματικούς. Αυτές οι ομάδες των ερευνών θα μπορούν να εργαστούν ελεύθερα έξω από τα εργαστήρια εκμετάλλευσης, τα πολυεθνικά τραστ και το πνίξιμο των ιδιοφυϊών από τα κρατικά συστήματα. Έτσι θα έχουν την ευκαιρία να εργαστούν χωρίς τον φόβο ότι θα δουν τις εφευρέσεις τους να πέφτουν σε χέρια πολιτικοστρατιωτικών δυνάμεων γυρεύοντας να χρησιμοποιήσουν αυτές τις ανακαλύψεις για να κατασκευάσουν περισσότερα καταστροφικά όπλα.

ΤΙΠΟΤΑ ΔΕΝ ΕΙΝΑΙ ΣΤΑΘΕΡΟ ΣΤΟΝ ΧΡΟΝΟ ΚΑΙ ΣΤΟΝ ΧΩΡΟ

Ερώτηση:
Στο πρώτο βιβλίο γράψατε ότι ο Πλανήτης των Ελοχίμ είναι κάτι λιγότερο από ένα έτος φωτός μακριά, που είναι η απόσταση που το φως μπορεί να ταξιδέψει σ' ένα χρόνο ή εννέα χιλιάδες δισεκατομμύρια χιλιόμετρα. Το φως ταξιδεύει με περίπου 300.000 χλμ. το δευτερόλεπτο. Οι σημερινοί επιστήμονες δηλώνουν ότι το κοντινότερο αστέρι έξω απ' το ηλιακό μας σύστημα έχει εντοπιστεί τέσσερα έτη φωτός μακριά. Πώς εξηγείτε αυτήν την διαφορά; Απάντηση του ΡΑΕΛ:
Οι Ελοχίμ δεν θέλουν να γνωρίζουμε ακριβώς που βρίσκεται ο πλανήτης τους. Αυτό είναι αρκετά κατανοητό όταν αναλογιζόμαστε την εμμονή του ανθρώπου για καταστροφή, ακόμα και τώρα που η στάθμη της τεχνολογίας στην Γη είναι σχετικά πρωτόγονη.

Όλα αυτά θα αποκαλυφθούν με πιο πολλές λεπτομέρειες όταν θα έρθουν επίσημα στην πρεσβεία που θα χτίσουμε γι' αυτούς. Στο μεταξύ, μπορούμε μόνο να κάνουμε ερωτήσεις.

Επιστημονικά μέλη της κίνησής μας έχουν κάνει μια υπόθεση: Η απόσταση μεταξύ του πλανήτη τους και του δικού μας μπορεί να είναι περίπου τέσσερα έτη φωτός ακολουθώντας το φως το οποίο θα μπορούσε να κινείται σε μια προκαθορισμένη καμπύλη, αλλά θα ήταν ένα μόνο έτος φωτός μακριά αν ταξιδεύαμε σε ευθεία γραμμή. Αυτό είναι μια πιθανότητα.

Θα μπορούσα να προσθέσω ότι, το φως δεν κινείται με την ίδια ταχύτητα σ' όλα τα στρώματα του σύμπαντος, γιατί τίποτα δεν είναι αμετάβλητο ούτε στον χώρο ούτε στον χρόνο. Αυτό είναι ένα απ' τα μεγαλύτερα λάθη που οι σημερινοί επιστήμονες διαπράττουν. Άρχισαν με μια παρατήρηση βασισμένη σε μια περιορισμένη χρονική περίοδο για να βγάλουν συμπεράσματα σχετικά με τα παρελθόντα χιλιάδες χρόνια και τον χρόνο (τα μελλοντικά χρόνια) που θα έρθει ή βασίζουν συμπεράσματα σε περιορισμένο χώρο (διάστημα), για να βγάλουν συμπεράσματα για την αιωνιότητα του διαστήματος: Ο άνθρωπος πάντα έκανε το ίδιο λάθος να κρίνει σύμφωνα με τις γνώσεις του. Εκείνοι που χρησιμοποίησαν τον ορίζοντα σαν βάση θεωρούσαν ότι η Γη είναι επίπεδη.

Αυτό είναι επίσης αλήθεια για την χρονολόγηση, όπως είναι οι μέθοδοι που χρησιμοποιούνται από τον άνθρωπο βασιζόμενες στην ραδιενέργεια και ονομάζονται «Άνθρακας 14», ποτασσικό αργόν, ουράνιο, μόλυβδος, φθόριο ή άλλες τέτοιοι μέθοδοι. Υπάρχει ένα πολύ ενδιαφέρον βιβλίο το οποίο εξηγεί όλα αυτά πολύ σοβαρά για επιστήμονες που θα μπορούσαν να ενδιαφέρονται! Αναφέρομαι στο «Εξέλιξη ή Δημιουργία» (δες βιβλιογραφία στο τέλος του βιβλίου). Εν συντομία το σφάλμα σ' αυτές τις χρονολογικές μεθόδους βρίσκεται στο ότι ξεκινάμε με την αρχή ότι η σημερινή ατομική κίνηση ήταν πάντα η ίδια και αρχίζοντας από εκεί, κάνουν υπολογισμούς βασισμένους σε λάθος πληροφορίες, γιατί τίποτα δεν είναι αμετάβλητο στον χρόνο ή στο διάστημα. Για να διευκρινίσουμε αυτό το σφάλμα, ας πάρουμε για παράδειγμα έναν 25χρονο άνθρωπο και ας μετρήσουμε την ανάπτυξή του για ένα έτος, περίπου ένα χιλιοστό είναι ένας καλός μέσος όρος στις περισσότερες περιπτώσεις. Αρχίζοντας από εκεί, θα μπορούσαμε να βεβαιώσουμε ότι ο άνθρωπος αυτός είναι 1750 ετών γιατί έχει ύψος 1,75 μέτρα. Θα μπορούσαμε να ξεχάσουμε ότι η ανάπτυξη αυτού του νεαρού ανθρώπου δεν ήταν ποτέ αμετάβλητη. Τον πρώτο χρόνο ψήλωσε περισσότερο από 500 χιλιοστά (από την σύλληψη) μεταξύ του 4ου και 5ου έτους μόνο 60 χιλιοστά, μεταξύ του 7ου και 8ου έτους μόνο 30 χιλιοστά, αλλά μεταξύ του 14ου και 15ου έτους περίπου 80 χιλιοστά. Όπως βλέπετε τίποτε δεν είναι σταθερό, όλες οι προσπάθειες να καθορίσουμε την ηλικία του εξεταζομένου αρχίζοντας από μερική παρατήρηση της ανάπτυξής του, θα μπορούσαν να ήταν ολική αποτυχία. Θα μπορούσε κάποιος να παρατηρήσει ότι αν αρχίσουμε με βάση τα 60 εκατ. στο πρώτος έτος της ανάπτυξης για να υπολογίσουμε την ηλικία του ατόμου στα 21 του έτη, θα μπορούσαμε να προβλέψουμε ότι αυτό το άτομο θα ήταν 12.6 μέτρα ψηλό στα 21 του χρόνια

Ερώτηση:
Στο πρώτο βιβλίο γράψατε ότι οι Ελοχίμ είχαν δημιουργήσει την πρωταρχική ήπειρο πριν από 25 χιλ. χρόνια, από την οποία αργότερα αποσπάστηκαν κομμάτια για να σχηματίσουν τις ηπείρους που σήμερα γνωρίζουμε. Η Αμερικανική ήπειρος συνέχισε να απομακρύνεται από την Ευρώπη μερικά εκατοστά κάθε χρόνο σύμφωνα με ορισμένους επιστήμονες, ή ένα μέτρο κάθε χρόνο όπως μερικοί άλλοι υποστηρίζουν. Όπως και να έχει, ακόμα και αν ήταν ένα μέτρο κάθε χρόνο σε 25.000 χρόνια η απόσταση θα ήταν 25.000 μέτρα ή 25 χιλιόμετρα, αλλά η Β. Αμερική είναι πολλές χιλιάδες χιλιόμετρα μακριά από την Ευρώπη. Αυτό πώς μπορεί να εξηγηθεί;

Απάντηση του ΡΑΕΛ:
Η απάντηση σ' αυτή την ερώτηση είναι ακριβώς η ίδια όπως στην προηγούμενη ερώτηση. Στο πρότυπο ανάπτυξης ενός ανθρωπίνου όντος η αναλογία μεταξύ του πρώτου έτους και του εικοστού πρώτου είναι 600 προς 1. Είναι χιλιάδες φορές μεγαλύτερη όταν μιλάμε για την απόσταση των ηπείρων.

Δεν υπάρχει τίποτα που να είναι αμετάβλητο είτε στον χώρο, είτε στον χρόνο. Στην πραγματικότητα οι ήπειροι απομακρύνονται μόνο λίγα εκατοστά κάθε χρόνο ίσως, αλλά στην αρχή απομακρυνόταν πολλές εκατοντάδες χιλιόμετρα κάθε χρόνο.

Πρόσφατα έγινε ένας σεισμός κοντά στην Αραβική Χερσόνησο και οι άνθρωποι έμειναν έκπληκτοι όταν είδαν ότι ένα ρήγμα είχε δημιουργηθεί, χωρίζοντας δύο περιοχές περισσότερο από ένα μέτρο μέσα σε μία νύχτα.

Κα ακόμα είμαστε σε μια σχετικά ήρεμη περίοδο της ιστορίας της Γης, οι παρενέργειες της «καταιγίδας» της δημιουργίας της πρώτης ηπείρου από τους Πατέρες μας είχαν χρόνο να καταλαγιάσουν σε 25 χιλιετίες. Στο άπειρο του χρόνου και του διαστήματος, τίποτα δεν είναι αμετάβλητο, ούτε στην ύλη, ούτε στην ενέργεια.

ΜΕΤΑΒΙΒΑΣΗ ΤΟΥ ΚΥΤΤΑΡΙΚΟΥ ΣΧΕΔΙΟΥ ΚΑΙ ΤΟΥ ΜΕΤΩΠΙΑΙΟΥ ΟΣΤΟΥ

Ερώτηση:
Έχει ζητηθεί απ' όλους αυτούς που αναγνωρίζουν τον ΡΑΕΛ ως απεσταλμένο από τους δημιουργούς μας, τους Ελοχίμ, και ως εκ τούτου σαν τον τελευταίο από τους προφήτες, να μεταβιβασθεί το κυτταρικό τους σχέδιο από αυτόν ή από έναν οδηγό εντεταλμένο να ενεργεί εκ μέρους του, έτσι ώστε ο γενετικός κώδικας κάθε Ραελιανού να μπορεί να διατηρηθεί για να είναι δυνατή η τελική αναδημιουργία στον πλανήτη των Αιωνίων.

Από την άλλη μεριά, έχει επίσης ζητηθεί από κάθε Ραελιανό να πάρει τις απαραίτητες προφυλάξεις στην διαθήκη του έτσι ώστε το μετωπιαίο οστούν να σταλεί στον Οδηγό των Οδηγών μετά το θάνατο του. Σε τί θα χρησιμεύσει αυτό, εφ' όσον η μεταβίβαση του κυτταρικού σχεδίου έχει ήδη γίνει;

Απάντηση του ΡΑΕΛ:

Η μεταβίβαση του κυτταρικού σχεδίου είναι μια αναγνώριση ότι οι Ελοχίμ είναι οι δημιουργοί μας, επιτελούμενη από κάθε Ραελιανό που είναι ακόμα στη ζωή. Η συντήρηση του μετωπιαίου οστού είναι η αναγνώριση ότι οι Ελοχίμ είναι οι δημιουργοί μας, ακόμα και μετά τον θάνατο μας. Μαζί, αποτελούν μια αναγνώριση «στη ζωή όπως στο θάνατο».

Το κυτταρικό σχέδιο, ή γενετικός κώδικας, του κάθε ατόμου, καταχωρείται σ' ένα τεράστιο κομπιούτερ το οποίο καταγράφει όλες τις πράξεις μας κατά την διάρκεια της ζωής μας, από την στιγμή της σύλληψής μας, από την συνάντηση του ωαρίου με το σπερματοζωάριο την στιγμή που ένας καινούργιος γενετικός κώδικας καταγράφεται, δηλαδή ένα νέο άτομο. Αυτό το άτομο παρακολουθείται σ' όλη του τη ζωή και στο τέλος της ζωής του, το κομπιούτερ θα ξέρει αν αυτό το άτομο θα έχει το δικαίωμα στην αιώνια ζωή στον πλανήτη όπου οι Ελοχίμ δέχονται ανάμεσά τους, μόνο τους πιο αξιόλογους και ενσυνείδητους άντρες και γυναίκες.

Ερώτηση :
Τί συμβαίνει στον Ραελιανό ο οποίος πεθαίνει σε κάποιο ατύχημα και του οποίου το σώμα καταστρέφεται τελείως;

Απάντηση του ΡΑΕΛ:
Αν ο εν λόγω Ραελιανός έχει πάρει τις απαραίτητες προφυλάξεις στην διαθήκη του, ζητώντας να σταλεί στον Οδηγό των Οδηγών το μετωπικό του οστό, δεν υπάρχει πρόβλημα εφ' όσον αυτό θα έχει καταγραφεί από το κομπιούτερ το οποίο εποπτεύει τον καθένα από εμάς, καθ' όλη τη διάρκεια της .ύπαρξής μας. Κατά τον ίδιο τρόπο, δεν υπάρχει πρόβλημα για τους Ραελιανούς οι οποίοι πεθαίνουν και οι αρχές δεν σέβονται την τελευταία επιθυμία τους, αρνούμενες την απομάκρυνση του λεγόμενου μετωπικού οστού. Αυτό που είναι σημαντικό είναι ότι κάθε Ραελιανός κάνει την διαθήκη του γνωστή με τον ζητούμενο τρόπο.

Όταν θα υπάρχουν εκατομμύρια Ραελιανοί, οι κυβερνήσεις θα αναγκαστούν να αναγνωρίσουν ότι η τελευταία επιθυμία τους είναι σεβαστή από τον νόμο. Οι τελευταίες επιθυμίες των πρώτων Χριστιανών δεν γινόταν σεβαστές επίσης όσο καιρό ήταν η μειοψηφία. Ο Ραελισμός θα είναι η επικρατέστερη θρησκεία στον κόσμο της τρίτης χιλιετηρίδας και έτσι οι τελευταίες επιθυμίες όλων των Ραελιανών θα είναι σεβαστές.

Ερώτηση :
Η πλειοψηφία των ανθρώπων πεθαίνει σε μεγάλη ηλικία. Θα ξαναδημιουργηθούν γέροι και θα ζήσουν αιώνια γέροι;

Απάντηση του ΡΑΕΛ:
Προφανώς όχι! Το άτομο το οποίο έχει την τύχη να ξαναδημιουργηθεί για να ζήσει αιώνια στον πλανήτη των Αιωνίων δημιουργείται νέο, με σώμα που έχει ακέραιες τις δυνάμεις του και τα προσόντα του. Σε κάθε αναδημιουργία, θα αναδημιουργείται με τον ίδιο τρόπο αιωνίως.

Ερώτηση:
Έχει γραφτεί ότι μόνο όσοι θα σας ακολουθήσουν θα σωθούν. Αν ένα άτομο έζησε την ζωή του με σκοπό την ευτυχία και την άνθηση της ανθρωπότητας αλλά δεν είχε ακούσει ποτέ του για τα μηνύματα των Ελοχίμ, έχει πιθανότητα αυτό το άτομο να σωθεί;

Απάντηση του ΡΑΕΛ:
Αυτό το άτομο είναι μεταξύ των «δικαίων» και θα σωθεί. Το μέρος αυτό των Μηνυμάτων αφορά αυτούς που έχουν διαβάσει τα μηνύματα. Μεταξύ αυτών, μόνο αυτοί που έχουν αποφασίσει να ακολουθήσουν τους κανόνες που έχουν δοθεί από τους Δημιουργούς μας θα σωθούν. Αλλά, αν υπάρχουν άνθρωποι στη Γη που ζουν με την επιδίωξη πάνω απ' όλα να βοηθούν την πρόοδο της ανθρωπότητας, ή να βοηθούν τους

συνανθρώπους τους όσο μπορούν, και οι οποίοι πεθαίνουν χωρίς να έχουν γνωρίσει τα μηνύματα των Πατέρων μας, θα είναι μεταξύ των «δικαίων» και θα σωθούν. Πιο εύκολα θα συγχωρεθούν αυτοί που δεν ξέρουν για τα μηνύματα και ενεργούν θετικά απ' αυτούς που τα ξέρουν, γιατί οι τελευταίοι δεν έχουν δικαιολογία που δεν έχουν αλλάξει την διαγωγή τους ή που δεν έχουν δώσει ακόμα περισσότερη προσοχή στις πράξεις τους.

ΕΙΝΑΙ Η ΓΗ ΕΝΑ ΑΤΟΜΟ ΣΤΟ ΔΑΧΤΥΛΟ ΤΟΥ ΘΕΟΥ;

Ερώτηση:
Το μήνυμα εξηγεί ότι ο πλανήτης μας δεν είναι παρά ένα άτομο ατόμου ενός γιγαντιαίου όντος του οποίου είμαστε κομμάτι, όπως ακριβώς υπάρχει, νοήμων ζωή, στα άτομα των ατόμων τα οποία μας αποτελούν. Αλλά, το μεγάλο ον του οποίου δεν είμαστε παρά μόνο ένα τμήμα του, δεν μπορεί να θεωρηθεί σαν «Θεός»;

Απάντηση του ΡΑΕΛ:
Όλα εξαρτώνται από το τι εννοούμε με την λέξη «Θεός». Αν σκεφτόμαστε το Άπειρο ναι, αλλά μόνο κατά ένα μέρος, γιατί αυτό το γιγαντιαίο ον του οποίου εμείς είμαστε μόνο ένα μέρος, επίσης ζει σ' ένα πλανήτη ο οποίος είναι ένα άτομο ενός άλλου γιγαντιαίου όντος και ούτω καθ' εξής ως το Άπειρο. Αν εννοούμε με την λέξη «Θεός» ένα ον που έχει εξουσία πάνω μας, όχι, γιατί δεν υπάρχει τέτοιος «Θεός». Το απείρως μεγάλο ον του οποίου η Γη δεν είναι παρά μόνο ένα άτομο, δεν ασκεί καμία δύναμη πάνω μας, γιατί δεν πρέπει να ξεχνάμε ότι γι' αυτό το ον, ο χρόνος περνάει πάρα πολύ πιο αργά. Ο χρόνος που χρειάζεται αυτό το ον για να σκεφτεί κάτι, για μας αντιπροσωπεύει μερικές χιλιετίες. Ο χρόνος που χρειάζεται για τα όντα που ζούνε σε ένα άτομο από τα άτομά μας να σκεφτούν κάτι, είναι για μας, το δισεκατομμυριοστό του δισεκατομμυριοστού του δευτερολέπτου. Αυτό το απείρως μικρό ον θα σκεφτόταν ότι είμαστε ο «Θεός», και θα έκανε ακριβώς το ίδιο λάθος όπως αν εμείς θεωρούσαμε ότι το ον του οποίου είμαστε μέρος είναι κάτι θεϊκό.

Το σύμπαν επειδή είναι άπειρο, δεν έχει κέντρο, κάτι που αποκλείει την πιθανότητα της ύπαρξης ενός παντοδύναμου και πανταχού παρόντα Θεού!

Το Άπειρο είναι πανταχού παρόν και είμαστε ένα μέρος του όπως και αυτό είναι ένα μέρος μας. Αλλά δεν έχει καμία δύναμη πάνω μας, και είναι «απείρως» αδιάφορο με τις αποφάσεις μας ή την συμπεριφορά μας. Επίσης δεν υπάρχει τίποτα που να αποδεικνύει ότι το μεγάλο ον του οποίου είμαστε παράσιτα στα σωματίδιά του είναι ανθρώπινο. Είναι ίσως ένας σκύλος ή ένα σκουλήκι, (το μόνο που μπόρεσε να αποδειχθεί από τους Ελοχίμ είναι ότι είναι κάτι ζωντανό).

Η ΚΙΒΩΤΟΣ ΤΟΥ ΝΩΕ ΕΝΑ ΔΙΑΣΤΗΜΟΠΛΟΙΟ;

Ερώτηση:
Τα μηνύματα δηλώνουν ότι η κιβωτός του Νώε ήταν ένα διαστημόπλοιο. Ωστόσο, υπήρξε μια ανακάλυψη πριν μερικά χρόνια σ' ένα παγετώνα στο βουνό Αραράτ, απομειναριών μιας βάρκας, τα οποία μερικοί ισχυρίζονται ότι είναι συντρίμμια της κιβωτού του Νώε, η οποία, όπως φαίνεται ήταν μία βάρκα. Πώς το εξηγείτε αυτό;

Απάντηση του ΡΑΕΛ:
Τα κομμάτια του ξύλου τα οποία βρέθηκαν πρόσφατα αναλύθηκαν, και εκτιμήθηκαν ότι δεν ήταν παραπάνω από 700 χρόνια παλιά τα οποία τοποθετούν την κιβωτό του Νώε

γύρω στο 1200 μ. χ. Ακόμα και αν παραδεχτούμε ότι το σύστημα χρονολόγησης κάνει τεράστια λάθη, και κάποιος πολλαπλασιάσει την χρονολόγηση με τρία, τότε θα έχει 2000 χρόνια, τα οποία θα τοποθετήσουν τον κατακλυσμό στην αρχή της Χριστιανική περιόδου, το οποίο είναι παράλογο. Ακόμα κι αν μια μέρα, βρεθούν τα απομεινάρια ενός ξύλινου σκάφους τα οποία θα χρονολογούνται περίπου 5000 χρόνια πριν, κάτι το οποίο θα ανταποκρίνεται με την περίοδο του κατακλυσμού, αυτό δεν θα αποδείκνυε ότι η κιβωτός του Νώε ήταν ένα ξύλινο σκάφος. Θα μπορούσε κάποιος να βρει βεβαίως κοντά στο βουνό Αραράτ κομμάτια από ξύλινο σκάφος που να χρονολογείται πίσω στην εποχή του πραγματικού κατακλυσμού, επειδή την εποχή που ο Νώε κατασκεύαζε το διαστημόπλοιο του που προορίζονταν να σώσει ορισμένους ανθρώπους απ' την καταστροφή, υπήρχαν στα λιμάνια της χώρας του, μερικά ξύλινα σκάφη τα οποία είχαν παρασυρθεί από τα τεράστια παλιρροιακά κύματα την εποχή των τεράστιων εκρήξεων που ήταν υπεύθυνες για την καταστροφή όλης της ζωής στην Γη. Ακριβώς σήμερα, μπορούμε να βρούμε στην Φλόριδα, όχι μακριά από τις σύγχρονες Αμερικανικές αστροναυτικές βάσεις οι οποίες στέλνουν αστροναύτες στο φεγγάρι, μερικά μεγαλοπρεπή σκάφη θαλάσσης φτιαγμένα από ξύλο, και φανταστικά γιότ που ανήκουν σε Αμερικανούς εκατομμυριούχους.

Στην περίπτωση ενός ατομικού πολέμου, μερικές εκρήξεις μπορούν να δημιουργήσουν τεράστια παλιρροιακά κύματα το οποίο θα παρασύρουν τα σκάφη στις κορφές των πιο κοντινών βουνών σαν κομμάτια από άχυρο. Οι τελικοί επιζώντες θα μπορούσαν, με την ανακάλυψη των συντριμμιών αυτών των σκαφών μερικούς αιώνες αργότερα, να συμπεράνουν ότι πρέπει να έγινε κάποιος μεγάλος κατακλυσμός για να παρασυρθούν αυτά εκεί και εφ' όσον ορισμένα γραπτά αναφέρουν ότι μερικοί άνθρωποι είχαν σωθεί από αυτήν την πλημμύρα, προστατευόμενοι πάνω σ' ένα σκάφος, θα ήταν βέβαιοι ότι αυτά θα ήταν τα εν λόγω σκάφη.

Υπάρχει ένα πολύ σημαντικό σημείο το οποίο μας βοηθάει να καταλάβουμε καλά ότι ο κατακλυσμός δεν ήταν αποτέλεσμα μιας συνεχόμενης βροχής όπως γενικά πιστεύεται, αλλά το αποτέλεσμα ενός κολοσσιαίου κατακλυσμού που είχε ολοκληρωτικά και με πολύ βίαιο τρόπο, αναποδογυρίσει την επιφάνεια της Γης. Αν ήταν αποτέλεσμα συνεχών βροχών, όλα τα σκάφη θα είχαν διασωθεί, και φυσικά μαζί τους όλοι οι ναύτες και θαλασσοπόροι εκείνης της εποχής χωρίς το παραμικρό πρόβλημα. Τώρα είναι ξεκάθαρα γραμμένο ότι μόνο κείνοι που ήταν στην κιβωτό του Νώε διασώθηκαν, το οποίο είναι λογικό, αφού υπήρξε μόνο ένα διαστημόπλοιο.

ΖΩΗ ΜΕΤΑ ΤΗΝ ΖΩΗ ή ΟΝΕΙΡΟ ΚΑΙ ΠΡΑΓΜΑΤΙΚΟΤΗΤΑ

Ερώτηση:
Ένα βιβλίο εκδόθηκε πρόσφατα που αναφέρεται στις μαρτυρίες ανθρώπων οι οποίοι ξαναήρθαν στην ζωή μετά από κώμα, και σχεδόν όλοι τους είπαν την ίδια ιστορία για τα οράματα που είχαν καθώς ο θάνατος πλησίαζε ,ένα όραμα από αρμονικούς ανθρώπους που φορούσαν άσπρες ρόμπες και τραγουδούσαν. Ένα όραμα από ανθρώπους που είχαν εξαφανιστεί κ.τ.λ. Εσείς ισχυρίζεστε ότι μετά τον θάνατο δεν υπάρχει τίποτα αν οι Ελοχίμ δεν μεσολαβήσουν για να ξαναδημιουργήσουν εκείνους που πεθαίνουν. Πώς εξηγείτε αυτή την σταθερότητα στις μαρτυρίες, και αυτό δεν αποδεικνύει την ύπαρξη ψυχής;
Απάντηση του ΡΑΕΛ:
Όλα όσα συμβαίνουν στον εγκέφαλο ενός ανθρώπου δεν είναι παρά αποτελέσματα ηλεκτροχημικών αντιδράσεων. Μπορεί να είναι αγάπης, μίσους, ευχαρίστησης, πόνου,

φαντασίας, ή όλες οι άλλες καταστάσεις του μυαλού, αισθήματος ή αρρώστιας. Η διαδικασία εξαρτάται σε κάθε περίπτωση από τις χημικές αντιδράσεις που παράγονται στο εσωτερικό του εγκεφάλου, και που σαν αποτέλεσμα έχουν ηλεκτρικές δονήσεις ή μηνύματα που μπορεί να είναι οπτικά, ηχητικά, βασισμένα στη μνήμη, ή στην ερμηνεία καινούριων γεγονότων με βάση στοιχεία που έχει κάποιος στη μνήμη.

Όταν αναπνέουμε πολύ βαθιά και γρήγορα, νιώθουμε συνεπαρμένοι πολύ γρήγορα, και αν κάνουμε εκατό ανθρώπους να το κάνουν αυτό, η εμπειρία όλων θα έχει σταθερότητα. Αν κάνουμε εκατό ανθρώπους να τρέξουν ένα χιλιόμετρο, όλοι θα είναι χωρίς ανάσα. Κάθε δεδομένο φαινόμενο ανταποκρίνεται σε μια δεδομένη φυσική αντίδραση, η οποία θα είναι ίδια για τον καθένα. Όταν ένα άτομο «πέφτει» σε κώμα, η αιμάτωση του εγκεφάλου γίνεται με ένα συγκεκριμένο τρόπο, και τα εγκεφαλικά κύτταρα οξυγονώνονται με ένα συγκεκριμένο τρόπο, και αυτά τα χημικά γεγονότα παράγουν συγκεκριμένες αντιδράσεις οι οποίες είναι περίπου ίδιες για όλους μας.

Αν προσθέσουμε οξύ στον ασβεστόλιθο, πάντα θα παράγει αφρό. Αν χτυπήσουμε τα κεφάλια εκατό ανθρώπων τόσο δυνατά που να πέσουν σε κώμα, όλοι θα έχουν την εντύπωση ότι έχουν δει το ίδιο πράγμα. Πραγματικά, θα περιέγραφαν μόνο αυτά που καταγράφηκαν στη μνήμη τους από τις χημικές αντιδράσεις στις οποίες εκτέθηκαν. Είναι κάπως όπως όταν ονειρευόμαστε. Κανένας δεν θα σκεφτόταν να πει ότι επειδή γνώρισε δέκα ανθρώπους που ονειρεύτηκαν ότι τους κατεδίωκε ένας ταύρος δέκα μέτρα ψηλός και βγάζοντας φωτιές ότι απ' την στιγμή που δέκα άνθρωποι ανέφεραν το ίδιο πράγμα, αυτού του είδους οι ταύροι πρέπει να υπάρχουν. Όλοι λίγο-πολύ έχουμε ονειρευτεί ότι μπορούμε να πετάξουμε δίνοντας μια μικρή ώθηση με τα πόδια μας, αλλά κανείς δεν πιστεύει σοβαρά ότι μπορεί να πετάξει τριγύρω με τα χελιδόνια, ή ότι κάτι τέτοιο θα ήταν δυνατό επειδή χιλιάδες άνθρωποι είχαν ονειρευτεί το ίδιο πράγμα. Δεν πρέπει κάποιος να ερμηνεύει αυτά τα όνειρα σαν αληθινά, ακόμα και αν η επιστήμη προσπαθεί να τα πραγματοποιήσει τεχνικά, φτιάχνοντας μια μέρα μια συσκευή που θα μας επιτρέπει να πετάμε πραγματικά. Κάτι, το οποίο θυμούνται καλά όλοι όσοι έχουν πέσει σε κώμα, είναι ότι δεν βιαζόταν να γυρίσουν στο σώμα τους, και αυτό πράγματι δεν είναι έκπληξη. Θα ήταν πιο ακριβές να πούμε ότι δεν επιθυμούσαν να αποκτήσουν συναίσθηση του σώματος τους ξανά, ακριβώς όπως όταν ξυπνάμε από ένα πολύ γλυκό όνειρο με την συντροφιά του αντίθετου φύλου για παράδειγμα, και προσπαθούμε να ξανακοιμηθούμε για να ξαναπιάσουμε την ευτυχία που νιώθαμε.

Το γεγονός ότι όλοι οι άνθρωποι που συνέρχονται από κώμα περίπου περιγράφουν την ίδια εμπειρία, αποδεικνύει τις ταυτόσημες χημικές αντιδράσεις που παράγονται στον ανθρώπινο εγκέφαλο, οπότε και οι αντιδράσεις τους στα ηλεκτρικά φαινόμενα είναι επίσης ταυτόσημες. Αν εμφυτεύσουμε ηλεκτρόδια σε 1000 ανθρώπινους εγκεφάλους, ακριβώς στα ίδια σημεία και τους στείλουμε ταυτόσημα ηλεκτρικά φορτία, όλοι θα νιώσουν το ίδιο πράγμα και θα έχουν το ίδιο όραμα. Αυτό ακριβώς συμβαίνει την ώρα του θανάτου. Αν ορισμένοι προνομιούχοι άνθρωποι αξίζουν να ξαναδημιουργηθούν στον πλανήτη των Αιωνίων μετά το θάνατο τους, αυτό θα συμβεί μόνο όταν ο ολοκληρωτικός θάνατος θα επέλθει, και τίποτα δεν θα γίνει όσο το άτομο βρίσκεται σε κατάσταση κώματος, δηλαδή ζωντανό.

ΤΟ ΕΠΙΣΤΗΜΟΝΙΚΟ ΕΠΙΠΕΔΟ ΕΞΕΛΙΞΗΣ ΤΩΝ ΕΛΟΧΙΜ

Ερώτηση:

Δεν φαίνεται να υπάρχει μεγάλη χρονική καθυστέρηση όπως θα περίμενε κάποιος ανάμεσα στους δημιουργούς μας και σ' εμάς, ακόμα και αν εκείνοι είναι είκοσι πέντε χιλιάδες χρόνια μπροστά από μας. Η αργή τους πρόοδος μας δίνει την εντύπωση ότι μπορούμε να επιτύχουμε τα ίδια πράγματα μ' αυτούς σε πολύ λιγότερο χρόνο. Πώς γίνεται αυτό;

Απάντηση του ΡΑΕΛ:

Οι λέξεις που χρησιμοποίησα για να περιγράψω όλα αυτά που είδα, ήταν επιλεγμένες έτσι ώστε ο μεγαλύτερος αριθμός των ανθρώπων στις τεχνολογικά αναπτυγμένες χώρες να μπορεί να το καταλάβει. Στην πραγματικότητα, δεν μπορούμε ούτε καν να αρχίσουμε να φανταζόμαστε τις ικανότητες των δημιουργών μας σε ότι αφορά το τεχνολογικό επίπεδο. Αυτό που κάνουμε εμείς στο τέλος του εικοστού αιώνα της Χριστιανικής εποχής θα φαινόταν σαν θαύμα στους Ευρωπαίους που έζησαν μόλις πριν εκατό χρόνια, όπως επίσης και στους Αμαζόνειους Ινδιάνους που ζουν τώρα στα Βραζιλιάνικα δάση. Η ίδια αρχή ταιριάζει και στην εξέλιξη των Ελοχίμ σε σχέση με τους πιο προχωρημένους δικούς μας επιστήμονες. Οι Ελοχίμ διάλεξαν να μην αποκαλύψουν την μεγαλοπρέπεια της τεχνολογίας τους, γιατί αλλιώς μπορεί να μας έφερναν σε ένα επίπεδο ακατανοησίας το οποίο θα επανέφερε τις μυστικοπαθείς δοξασίες και συνεπώς τις πρωτόγονες θρησκείες. Μ' αυτόν τον τρόπο, οι Ελοχίμ ελπίζουν ότι θα συνεχίσουμε πάνω απ' όλα την αναζήτηση για την κατανόηση της ύλης και των δυνάμεων οι οποίες μας περιβάλλουν, μόνοι μας.

Με τον ίδιο τρόπο που εμφανίστηκαν σε μένα με φώτα που αναβόσβηναν και με ένα είδος διαστημικής φόρμας στην πρώτη τους εμφάνιση έτσι ώστε να μην με μπερδέψουν, στο Roc Plat, και την δεύτερη φορά εμφανίστηκαν αμέσως και στο επίπεδο του εδάφους, θα μπορούσαν να δείξουν στην ανθρωπότητα τεχνολογικά τρυκ που ακόμα και οι επιστήμονες με την μεγαλύτερη φαντασία δεν θα μπορούσαν να καταλάβουν.

Είναι ικανοί να κάνουν διάφορα πράγματα με απείρως μεγάλα σώματα όπως είναι οι πλανήτες και ακόμη ολόκληρα ηλιακά συστήματα κάτι που εμείς βρίσκουμε δύσκολο να κάνουμε ακόμη και με τα απείρως μικρά σώματα όπως τα νετρόνια ή τα ηλεκτρόνια. Αυτό που εννοώ είναι ότι είναι ικανοί να τροποποιήσουν τις κινήσεις πλανητών σε ορισμένα ηλιακά συστήματα, και ακόμα να μετατοπίσουν ορισμένα ολόκληρα ηλιακά συστήματα. Είναι ικανοί να τα κάνουν όλα αυτά χρησιμοποιώντας ορισμένα κύματα που εμείς ούτε καν έχουμε αντιληφθεί ακόμα.

Ας γυρίσουμε πίσω σ' αυτά που είναι γραμμένα στα δύο πρώτα μηνύματα. Πρέπει να παραδεχτούμε ότι μεταξύ του τωρινού μας επιπέδου της γήινης επιστήμης και της υπεροχής της επιστημονικής αναδημιουργίας που επιτρέπει την αιώνια ζωή για παράδειγμα, υπάρχει ένα γιγαντιαίο βήμα το οποίο για να κάνουν οι δικοί μας επιστήμονες θα περάσει μεγάλο χρονικό διάστημα, παρ' όλο που δεν είναι εντελώς αδιανόητο για τους περισσότερους επιστήμονες με ανοιχτό μυαλό.

ΟΥΤΕ ΘΕΟΣ ΟΥΤΕ ΨΥΧΗ ΠΑΡΑ ΜΟΝΟΝ ΟΙ ΕΛΟΧΙΜ ΚΑΙ Ο ΓΕΝΕΤΙΚΟΣ ΚΩΔΙΚΑΣ

Ερώτηση:

Είναι γραμμένο στα Μηνύματα ότι δεν υπάρχει Θεός, εφ' όσον το Σύμπαν είναι Άπειρο σε χώρο κι έτσι δεν έχει κέντρο, όπως επίσης δεν υπάρχει ψυχή για τους ίδιους λίγο-πολύ λόγους. Αλλά δεν μπορούμε να πούμε ότι οι Ελοχίμ αντικαθιστούν το «Θεό» στο μυαλό πολλών Ραελιανών και η πιθανότητα να ξαναδημιουργηθούν στον Πλανήτη των Αιωνίων αντικαθιστά την ιδέα της «ψυχής», επιτρέποντας την είσοδο στον «παράδεισο»;

Απάντηση του ΡΑΕΛ:

Ναι, δεν υπάρχει «Θεός», το Σύμπαν είναι άπειρο και ως εκ τούτου δεν υπάρχει περίπτωση να έχει κέντρο εξ' ορισμού λόγω της απειρότητάς του. Όμως, είναι απαραίτητο να διακρίνουμε μεταξύ εκείνων που πιστεύουν ότι ο «Θεός» είναι μια ιδέα που σημαίνει άπειρο, κάτι αιώνιο, πανταχού παρόν, ασύλληπτο, και δεν έχει δύναμη πάνω σε ανθρώπους σαν και μας και εκείνων για τους οποίους ο «Θεός» είναι ένα ον με άσπρη γενειάδα που κάθεται σε ένα σύννεφο και δημιούργησε, τους ανθρώπους κατά την εικόνα του.

Απο την αρχή υπήρξε μια συσπείρωση μεταξύ των δύο ιδεών, μεταξύ δύο εντελώς διαφορετικών πραγμάτων, που μπήκαν μαζί κάτω απ' την ίδια ετικέτα και τα οποία τώρα έχουν χάσει τα ξεχωριστά τους νοήματα. Οι Ελοχίμ εξήγησαν στους πρώτους ανθρώπους ότι στο ένα χέρι είναι το Άπειρο, το οποίο είναι πανταχού παρόν και αιώνιο και του οποίου είμαστε μέρος και είναι μέρος από εμάς, και στο άλλο χέρι, οι ίδιοι οι Ελοχίμ, οι οποίοι μας δημιούργησαν κατά την εικόνα τους.

Λίγο λίγο αποδόθηκαν στους Ελοχίμ οι ιδιότητες του Απείρου, και αυτό είναι μερικώς αλήθεια επειδή είναι αθάνατοι και στο Άπειρο, η δύναμη της εκδήλωσης μέσω Ουράνιων Αγγελιοφόρων, μερικώς αλήθεια και πάλι, γιατί κατά κάποιο τρόπο οι Ελοχίμ μπορούν να θεωρηθούν σαν όργανο του Απείρου στην δημιουργία νοήμονων όντων κατά την εικόνα τους. Αλλά το Άπειρο δεν μας παρατηρεί κατευθείαν ή μόνιμα, και αυτό το ίδιο δεν έχει ανησυχία ή ενδιαφέρον για την ατομική συμπεριφορά μας. Αν η ανθρωπότητα φτάσει στη Χρυσή Εποχή ή αυτοκαταστραφεί δεν έχει σημασία για το Άπειρο, όχι περισσότερο απ' ότι εμείς δίνουμε προσοχή στα μόρια των δαχτύλων μας τα οποία αφήνουμε πάνω στο ύφασμα όταν το ακουμπάμε.

Σε σχέση με το Άπειρο, είναι αρκετά φυσικό ότι θα υπήρχε μια φυσιολογική επιλογή σε όλα τα επίπεδα, το ίδιο όπως και για τον άνθρωπο ή τον σκύλο στον οποίο η Γη δεν είναι παρά ένα άτομο του κρανίου ή του νυχιού του και το ίδιο για τον ήλιο που τον φωτίζει ή για τα δισεκατομμύρια κατοικημένων πλανητών που μπορούν να βρίσκονται στο νύχι του αντίχειρά μας.

Αυτοί που σκέφτονται τον «Θεό» σαν Άπειρο όπως οι περισσότερες ανατολικές θρησκείες διδάσκουν, έχουν δίκιο τόσο, όσο αυτό αντιπροσωπεύει μια έννοια χωρίς ταυτότητα, και χωρίς επίγνωση της δικής μας ύπαρξης, ή οτιδήποτε άλλο πάνω σ' αυτό το θέμα.

Εκείνοι για τους οποίους «Θεός» είναι οι δημιουργοί μας, οι Ελοχίμ, δεν έχουν εντελώς άδικο επίσης, εφ' όσον δεν τους σκέφτονται σαν όντα που πρέπει να λατρεύονται με μετάνοιες ή ξαπλώνοντας κάτω με το πρόσωπο στην βρωμιά, αλλά μάλλον σαν μεγαλύτερους αδελφούς στο Άπειρο, τους οποίους θα έπρεπε να αγαπάμε όπως εμείς θα θέλαμε να μας αγαπούν τα όντα που θα δημιουργήσουμε μια μέρα.

Το πνεύμα είναι μια έννοια, της οποίας την ετυμολογία θα ψάξουμε για να καταλάβουμε το νόημά της. Η λέξη πνεύμα προέρχεται απ' το Λατινικό "Spirare" το οποίο σημαίνει

«αναπνέω» και η λέξη «ψυχή» έρχεται απ' την ίδια ρίζα όπως η Γαλλική λέξη "Soufflé" που επίσης σημαίνει αναπνέω. Μπορούμε να αναλύσουμε την ακριβή σύνθεση του ανθρώπινου σώματος, μετά να αναμίξουμε μαζί όλα τα χημικά συστατικά, αλλά δεν θα έχουμε ένα ζωντανό ον με όλα αυτά. Κάτι θα λείπει, κάτι που χρειάζεται για να συναρμολογήσουμε, για να αρθρώσουμε, για να οργανώσουμε σε ένα καλοσχεδιασμένο πλάνο. Πάρτε όλα όσα χρειάζονται για να χτίσετε το σπίτι των ονείρων σας, όπως δέκα τόνους πέτρα, ένα τόνο τσιμέντο, εκατό κιλά μπογιά, δύο νιπτήρες, ένα μπάνιο, κ.τ.λ. και βάλτε τα όλα σ' ένα σωρό. Και πάλι δεν θα έχουμε σπίτι γιατί το πιο σημαντικό πράγμα λείπει, το σχέδιο. Η δημιουργία ενός ατόμου ακολουθεί την ίδια αρχή που πρέπει να υπάρχει σε ένα σχέδιο. Αυτό το σχέδιο είναι ο γενετικός κώδικας, κάτι το οποίο σημαίνει ότι συγκεντρώνοντας μια ελάχιστη ποσότητα ύλης για να σχηματίσουμε το πρώτο κύτταρο που περιέχει το κυτταρικό σχέδιο θα θεωρούσαμε ότι το άτομο στην πραγματικότητα έχει σχεδόν ολοκληρωθεί. Αυτό το πρώτο κύτταρο θα χρησιμοποιούσε την ύλη που του δίνουμε σαν τροφή για να πολλαπλασιαστεί σε δύο, κατόπιν σε τέσσερα, στην συνέχεια σε οκτώ κύτταρα, κ.ο.κ., ακολουθώντας ένα ακριβές σχέδιο έως ότου όλες οι πληροφορίες που περιέχονται στις γενετικές προδιαγραφές να πραγματοποιηθούν.

Το καθένα και όλα τα ζωντανά όντα κατέχουν έναν γενετικό κώδικα, ο οποίος διαφέρει σύμφωνα με το είδος, ή εξαρτάται από τα άτομα που ανήκουν στο ίδιο είδος, σε ορισμένες λεπτομέρειες, τέτοιες όπως το χρώμα των ματιών, τα μαλλιά, ο χαρακτήρας, κ.λ.π. Ακόμη και η Βίβλος δηλώνει πολύ ξεκάθαρα ότι κάθε ζωντανό ον κατέχει μια «ψυχή» και όχι μόνο ο άνθρωπος, «πλην κρέας εν αίματι ψυχής ου φάγεσθε, και γαρ το υμέτερον αίμα των ψυχών υμών εκ χειρός πάντων των θηρίων εκζητήσω αυτό και εκ χειρός ανθρώπου αδελφού εκζητήσω την ψυχήν του ανθρώπου.» (Γένεσης κεφ. Θ', 4,5). «Η γαρ ψυχή πάσης σαρκός αίμα αυτού εστί» (Λευιτικό κεφ. ιζ', 11).

Συνεπώς δεν υπάρχει αιθέρια ψυχή που να πετάει με χάρη από το σώμα μετά τον θάνατο, αλλά υπάρχει ο γενετικός κώδικας ο οποίος είναι η προσωπικότητα του κάθε ατόμου. Δια μέσου αυτού του γενετικού κώδικα οι Ελοχίμ προβαίνουν στην αναδημιουργία εκείνων των ανθρώπων των οποίων η ζωή στη Γη είναι αντάξια της αιώνιας ζωής στον πλανήτη τους.

Δεν υπάρχει «Θεός» αλλά υπάρχουν οι Ελοχίμ, οι Δημιουργοί μας, τους οποίους επιθυμούμε να καλωσορίσουμε όπως τους αξίζει να καλωσοριστούν, και στους οποίους έχουμε πίστη, ή μάλλον εμπιστοσύνη. Επίσης δεν υπάρχει αυτόνομη ψυχή που να πετάει από το σώμα μετά τον θάνατο, υπάρχει όμως ο γενετικός κώδικας ο οποίος μας επιτρέπει την πρόσβαση στην αιώνια ζωή.

Η ΘΡΗΣΚΕΙΑ ΤΟΥ ΑΠΕΙΡΟΥ

Ερώτηση:

Η Ραελιανή Κίνηση είναι μια αθεϊστική θρησκεία σκοποί της οποίας είναι η διάδοση των Μηνυμάτων της απομυστικοποίησης, που δόθηκαν από τους Ελοχίμ, στον πληθυσμό της γης και να κατασκευάσει μια Πρεσβεία όπου οι Ελοχίμ θα έχουν επίσημη συνάντηση με τις Κυβερνήσεις της Γης. Ας υποθέσουμε ότι η ανθρωπότητα απέδειξε την σοφία της και πέτυχε να αποφύγει την αυτοκαταστροφή της, ότι τα Μηνύματα διαδόθηκαν σε όλες τις γλώσσες, ότι κτίστηκε η Πρεσβεία και ότι φθάνουν οι Ελοχίμ, ποια θα είναι η λειτουργία της Ραελιανής θρησκείας τότε και ποια θα είναι η αποστολή της;

Απάντηση του ΡΑΕΛ:

Εάν συμβούν όλα αυτά, και εγώ είμαι της γνώμης ότι θα συμβούν, ακόμη κι αν υπάρχει μόνο μια πιθανότητα στις εκατό οι άνθρωποι να διαλέξουν τον δρόμο της σοφίας, θρησκεία της ανθρωπότητας θα γίνει αυτή των Ελοχίμ, το Άπειρο. Η αποστολή των Ραελιανών οδηγών θα είναι τότε η διδαχή των τεχνικών που επιτρέπουν στον άνθρωπο να ζήσει σε αρμονία με το Άπειρο. Αυτές οι τεχνικές έχουν περιληπτικά εξηγηθεί στα «κλειδιά» του δευτέρου Μηνύματος και στον Αισθησιακό Διαλογισμό. Με άλλα λόγια, όλα εκείνα που θα καταστήσουν τον άνθρωπο ικανό να ανεβάσει το επίπεδο της συναίσθησής του, να τελειοποιήσει την αντίληψη των ηλεκτροχημικών αντιδράσεων και ανταλλαγών που παράγονται στον εγκέφαλο του.

Η θρησκεία του Απείρου είναι η θρησκεία του απόλυτου, και αναπόφευκτα είναι αιώνια. Το απλό γεγονός ότι άνθρωποι, 25 χιλιάδες χρόνια πιο προηγμένοι επιστημονικά απ' εμάς, πιστεύουν ακόμη σ' αυτή τη θρησκεία, είναι η απόδειξη ότι αυτή είναι η απόλυτη θρησκεία, η αιώνια θρησκεία για όλα τα ζωντανά είδη που έχουν φθάσει σ' ένα Συμπαντικό επίπεδο συναίσθησης, δηλαδή του Απείρου.

Τα σεμινάρια αφύπνισης τα οποία οργανώνουμε τακτικά αποτελούν μια προσέγγιση αυτής της θρησκείας του Απείρου, μέσω του Αισθησιακού Διαλογισμού.

ΤΟ ΜΕΛΛΟΝ ΤΩΝ ΠΑΡΑΔΟΣΙΑΚΩΝ ΘΡΗΣΚΕΙΩΝ

Ερώτηση:
Αν οι Ελοχίμ ερχόταν στην Πρεσβεία συνοδευόμενοι από τον Μωυσή, τον Ιησού, τον Βούδα, τον Μωάμεθ, και όλους τους μεγάλους προφήτες που ζουν στον Πλανήτη των Αιωνίων, τι θα γινόταν με τις υπάρχουσες θρησκείες;
Απάντηση του ΡΑΕΛ:
Η πλειοψηφία των ανθρώπων θα συσπειρωνόταν στο Ραελιανό Κίνημα, τουλάχιστον εκείνοι οι εκκλησιαζόμενοι που πιστεύουν στις γραφές αυτών των θρησκειών, και οι οποίοι είναι επαρκώς έξυπνοι και ανοιχτόμυαλοι για να κατανοήσουν. Δυστυχώς, ένας μεγάλος αριθμός στενόμυαλων φανατικών, καθοδηγούμενοι από τον κλήρο αυτών των θρησκειών φοβούμενοι μη χάσουν την πηγή του εισοδήματος τους, θα αντιτεθούν στην γενική συσπείρωση. Θα ισχυριστούν ότι οι Ελοχίμ είναι σφετεριστές, ή ότι έχουν σταλεί από τον «διάβολο», και, αντικρίζοντας τον δικό τους Χριστό, θα τον σταύρωναν με χαρά πάλι, όπως ακριβώς οι κληρικοί της Ιεράς Εξέτασης θα έκαιγαν τον Ιησού σαν μάγο εν ονόματι του ιδίου αν είχε την ατυχία να πέσει στα χέρια τους εκείνη την εποχή.

Πρόσφατα είχα την ευκαιρία να πάρω πρωινό με έναν από τους αντιπροσώπους της Εβραϊκής Κοινότητας στο Μόντρεαλ, στο Κεμπέκ. Κατά την διάρκεια του γεύματος, τον ρώτησα τι θα έκανε αν ο ίδιος ο Μωυσής του έλεγε να πράξει διαφορετικά από ότι είναι γραμμένο στην Παλιά Διαθήκη. Μου απάντησε «θα συνέχιζα να εφαρμόζω ότι είναι γραμμένο στην Βίβλο».

Πολλοί άνθρωποι είναι σαν κι αυτόν και αυτό είναι ένα από τα προβλήματα που αντιμετωπίζουν οι Ελοχίμ καθώς ζητούν την αναγνώριση από την ανθρωπότητα. Θα πρέπει να είναι πιο δυνατοί από τις δοξασίες τις οποίες αυτοί δημιούργησαν.

Αν αύριο, οι Ελοχίμ προσγειωνόντανε κάπου στον κόσμο και εξηγούσαν στους κυβερνήτες που θα πήγαιναν να τους συναντήσουν, και στα μαζικά μέσα ενημέρωσης, ότι δεν υπάρχει «Θεός», ούτε ψυχή, και παρουσίαζαν τον Ιησού με σάρκα και οστά να δηλώνει ποιος είναι, πιστεύετε ότι το Βατικανό θα έθετε την περιουσία του στην διάθεσή του; Βεβαίως όχι, καθότι το σύστημα έχει πάρει το πάνω χέρι στους βασικούς σκοπούς της Καθολικής Εκκλησίας. Όλες οι μοναχές είναι σύζυγοι του Ιησού. Θα έθεταν τον εαυτό τους στην υπηρεσία του αν αυτός επέστρεφε; Να είναι σύζυγοι κάποιου ο οποίος δεν είναι υπαρκτός υλιστικά, πιστεύοντας ότι είναι κάπου ζωντανός και να λυπούνται εάν πράγματι γύριζε αυτό είναι το πρόβλημα μοναχών.

Όπως ένας μεγάλος στοχαστής κάποτε είπε: δεν μπορούμε ν' αλλάξουμε τα μυαλά των ανθρώπων, απλώς πεθαίνουν και αντικαθίστανται από άλλους περισσότερο εξελιγμένους οι οποίοι έχουν μια διαφορετική γνώμη. Αυτό είναι υπέρ μας.

Βεβαίως θα υπάρχει πάντα ένας μικρός πυρήνας στενόμυαλων φανατικών, όμως αυτοί θα εξαφανιστούν, το ίδιο όπως οι προχριστιανικές θρησκείες οι οποίες βασάνισαν τους πρώτους Χριστιανούς, και των οποίων όμως οι δοξασίες έχουν εξαφανιστεί εντελώς.

Το πρόβλημα θα προκύψει μόνο αν οι Ελοχίμ έλθουν στη Γη πριν οι παρούσες πρωτόγονες δοξασίες να έχουν εξαφανιστεί εντελώς.

ΡΑΕΛΙΑΝΙΣΜΟΣ ΚΑΙ ΔΙΑΝΟΙΟΚΡΑΤΙΑ

Ερώτηση:
Εκδώσατε ένα βιβλίο με τον τίτλο «Διανοιοκρατία» από το οποίο σχηματίστηκε ένα πολιτικό κίνημα που λέγεται Κίνημα για την Παγκόσμια «Διανοιοκρατία». Μήπως προσπαθείτε να χρησιμοποιήσετε ένα θρησκευτικό κίνημα για να επιβάλλετε ένα πολιτικό δόγμα;

Απάντηση του ΡΑΕΛ:
Πολλοί Ραελιανοί έδειξαν ιδιαίτερο ενδιαφέρον στο κεφάλαιο του πρώτου Μηνύματος το οποίο εξηγεί πως περίπου είναι η πολιτική οργάνωση στον πλανήτη των Ελοχίμ και μου ζήτησαν να αναπτύξω αυτήν την ιδέα σε μία προκήρυξη η οποία θα τους βοηθούσε να δημιουργήσουν ένα πολιτικό κίνημα που να ακολουθεί αυτή την ιδεολογία. Το γεγονός ότι οι Ελοχίμ επιθυμούσαν να ευνοήσουμε την εμφύτευση της «Διανοιοκρατίας» στην Γη, και ταυτόχρονα, να αφήσουμε ελεύθερους τους ανθρώπους να βρουν κάτι καλύτερο αν μπορούσαν, με ώθησε να δεχτώ να γράψω αυτή την προκήρυξη. Αργότερα, οι λίγοι Ραελιανοί που ενδιαφέρθηκαν περισσότερο για την «Διανοιοκρατία» δημιούργησαν το εν λόγω κόμμα και επιπλέον παρουσίασαν έναν υποψήφιο σε μια εκλογή μόλις λίγους μήνες, μετά την δημιουργία του.

Προσωπικά, η θέση μου είναι απόλυτα σαφής σε όλες τις χώρες όπου αναπτύσσεται η
«Διανοιοκρατία», βρίσκομαι, πάνω απ' όλα στη γη για να διαδώσω τα μηνύματα των Δημιουργών μας και να χτίσω την Πρεσβεία που ζήτησαν. Εκείνοι οι οποίοι εμπλέκονται με την
«Διανοιοκρατία» γνωρίζουν ότι αφιερώνω όλο το χρόνο μου στην αποστολή μου, και ότι ακόμη κι αν τους εύχομαι να έχουν τα καλύτερα αποτελέσματα, δεν αισθάνομαι να με αφορούν τα προβλήματά τους. Ζήτησα ακόμη απ' όλους τους Οδηγούς που άρχισαν αυτά τα πολιτικά κινήματα, να βρουν, όσο το δυνατό γρηγορότερα, άλλους ανθρώπους ικανούς να τους αντικαταστήσουν και ανθρώπους που δεν θα είναι Ραελιανοί, ώστε οι προαναφερόμενοι Οδηγοί να μπορούν να αφιερώσουν τους εαυτούς τους σ' αυτό που κατά την γνώμη μου, είναι το πλέον σημαντικό. Στην εργασία τους σαν Οδηγοί.

Και ακόμη, αν οι υποψήφιοι της «Διανοιοκρατίας» επιδιώκουν να εκλεχθούν, εγώ πάντοτε θα συμβουλεύω τους Ραελιανούς να τους ψηφίσουν. Γίνεται αρκετά προφανές ότι ένα άτομο μπορεί να είναι Ραελιανός και «Διανοιοκράτης» όπως ακριβώς μπορεί κάποιος να είναι Δημοκρατικός και Χριστιανός, όπως μπορεί να έχει μια θρησκεία και μια πολιτική γνώμη. Οι Ραελιανοί δεν πρέπει να ανακατευτούν με το κόμμα της «Διανοιοκρατίας» αλλά το αντίθετο. Είμαι πεπεισμένος ότι οι άνθρωποι μπορούν να κάνουν μόνο ένα πράγμα κάθε φορά τουλάχιστον, πολύ καλά, και ως εκ τούτου συμβουλεύω τους Ραελιανούς να μη γίνονται ενεργά μέλη του «Διανοιοκρατικού» κόμματος, αλλά αυτό να το αφήσουν στους μη Ραελιανούς. Όταν κάποιος εργάζεται οκτώ ώρες την ημέρα και καταναλώνει όλο τον ελεύθερο χρόνο του διαδίδοντας τα Μηνύματα, κάθε ελεύθερη στιγμή γίνεται πολύτιμη. Δεν πρέπει να σπαταληθεί ούτε ένα λεπτό για την «Διανοιοκρατία» όταν αυτό θα μπορούσε να αναλωθεί για την διάδοση των Μηνυμάτων. Πρέπει να διαλέξουμε, και μια πολιτική ιδεολογία δεν βαρύνει τόσο όταν συγκρίνεται με τα Μηνύματα των Ελοχίμ. Εγώ έθεσα σε κίνηση ένα τραίνο που κυλάει, την

«Διανοιοκρατία», και τώρα βασίζομαι στους μη Ραελιανούς να το κινήσουν. Ίσως αυτό να

εξελιχθεί σε κάτι το τεράστιο το οποίο θα σώσει την ανθρωπότητα, ή ίσως οι άνθρωποι να σώσουν τον εαυτό τους δίχως την «Διανοιοκρατία» ακόμη κι αν φθάσουν σ' αυτήν αργότερα. Το μόνο σημαντικό πράγμα είναι ότι η Πρεσβεία θα κατασκευαστεί σύντομα, αυτή είναι η μοναδική μου απασχόληση και αυτή θα πρέπει να είναι η μοναδική απασχόληση των πραγματικών Ραελιανών. Η προτεραιότητα των προτεραιοτήτων είναι η κατασκευή της Πρεσβείας που ζητήθηκε από τους Δημιουργούς μας έτσι ώστε να μπορέσουμε να τους καλωσορίσουμε συντροφιά με τους αρχαίους αγγελιοφόρους, τον Μωυσή, τον Ιησού, τον Βούδα και τον Μωάμεθ. Αυτός είναι ο μοναδικός λόγος που βρίσκομαι στην Γη. Αυτός πρέπει να γίνει ο μοναδικός λόγος ύπαρξης όλων εκείνων των ανθρώπων οι οποίοι επιθυμούν να με βοηθήσουν.

ΠΟΙΟΣ ΔΗΜΙΟΥΡΓΗΣΕ ΤΟΝ ΔΗΜΙΟΥΡΓΟ ΤΩΝ ΔΗΜΙΟΥΡΓΩΝ

Ερώτηση:
Οι Ελοχίμ δημιούργησαν εμάς, και κάποιοι άλλοι άνθρωποι, από κάποιον άλλο πλανήτη, δημιούργησαν αυτούς. Ποιός δημιούργησε τους Δημιουργούς των Ελοχίμ;
Απάντηση του ΡΑΕΛ:
Για τον άνθρωπο είναι πιο εύκολο να κατανοήσει το Άπειρο του διαστήματος παρά το άπειρο του χρόνου. Εφόσον έχουμε επιτύχει επαρκή ανοιχτομυαλοσύνη μπορούμε να κατανοήσουμε ότι στο διάστημα η Γη δεν είναι παρά ένα σωματίδιο του ατόμου από τα άτομα του χεριού του γιγαντιαίου όντος, που το ίδιο ατενίζει έναν αστρόφωτο ουρανό ο οποίος αποτελεί το χέρι, το στομάχι ή τα πόδια ενός όντος ακόμη πιο γιγαντιαίου, το οποίο βρίσκεται κάτω από έναν ουρανό, κλπ. και το ίδιο επ' άπειρο. Η ίδια διαδικασία, ισχύει και για το απείρως ελάχιστο, στο άτομο των ατόμων του χεριού μας, υπάρχουν ευφυή όντα για τα οποία αυτά τα σωματίδια είναι πλανήτες και αστέρια, και αυτά τα όντα αποτελούνται από άτομα των οποίων τα σωματίδια είναι τα άστρα και οι πλανήτες επί των οποίων υπάρχουν ευφυή όντα κλπ. και το ίδιο επίσης επ' άπειρον.

Το άπειρο του χρόνου γίνεται πιο δύσκολα κατανοητό για τον άνθρωπο διότι ο άνθρωπος γεννιέται μια ορισμένη ημέρα, ζει κάποιον ορισμένο αριθμό ετών και πεθαίνει, αλλά θα ήθελε τα πάντα στο Σύμπαν να είναι περιορισμένα σε χρόνο όπως είναι αυτός.
Για τον άνθρωπο που δεν είναι εξελιγμένος, η ιδέα ότι κάτι στο Σύμπαν θα μπορούσε να είναι αιώνιο είναι αφόρητη έστω κι αν αυτό το κάτι ήταν το ίδιο το Σύμπαν. Οι σημερινοί μας επιστήμονες εμμένουν στον ίδιο κανόνα, και λέγουν ότι το Σύμπαν πρέπει να αριθμεί τόσα πολλά χιλιόμετρα και πρέπει να είναι τόσων εκατομμυρίων χρόνων παλιό. Εκείνο που μπορούμε να μετρήσουμε είτε στο διάστημα είτε στο χρόνο είναι μόνο το

τμήμα του Σύμπαντος που μπορούμε εμείς να αντιληφθούμε.

Τα πάντα είναι αιώνια, είτε είναι σε μορφή ύλης είτε σε μορφή ενέργειας, και εμείς οι ίδιοι, αποτελούμαστε από αιώνια ύλη.

Οι Ελοχίμ δημιουργήθηκαν από άλλους ανθρώπους που ήλθαν από έναν άλλο πλανήτη, οι οποίοι δημιουργήθηκαν από άλλους ανθρώπους που ήλθαν από έναν άλλο πλανήτη, και το ίδιο επ' άπειρον.

Είναι ανόητο να αναζητούμε την αρχή του Σύμπαντος στον χρόνο όπως είναι ανόητο να αναζητούμε την αρχή του στο διάστημα.

Ας επιστρέψουμε στο παράδειγμα όπου ευφυή όντα ζουν στο σωματίδιο ενός από τα άτομα του χεριού μας και για τα οποία αυτό το σωματίδιο είναι ένας πλανήτης. Σε σχέση με το διάστημα, οι επιστήμονες πάνω σ' αυτόν τον μικροσκοπικό πλανήτη, τοποθετημένο για παράδειγμα στο κέντρο του μυελού του οστού της πρώτης φάλαγγας του δεξιού μας δείκτη, αυτοί οι επιστήμονες θα ισχυριστούν κατ' αρχάς ότι τα άλλα σώματα που μπορούν να παρατηρήσουν με γυμνό μάτι, περιστρέφονται γύρω από το κέντρο του κόσμου τους, του πλανήτη τους, του σωματιδίου επάνω στο οποίο βρίσκονται. Για εκείνους τους επιστήμονες είναι προφανές ότι ο πλανήτης τους είναι το κέντρο του Σύμπαντος. Θα προοδέψουν όμως, και κάποια μέρα μια διάνοια θα αποδείξει ότι ο ήλιος τους δεν περιστρέφεται γύρω από τον πλανήτη τους και ότι τα άστρα δεν περιστρέφονται επίσης γύρω από τον μικρό κόσμο τους, αλλά μάλλον ο πλανήτης τους είναι που περιστρέφεται γύρω από τον εαυτό του σ' έναν ακίνητο ουρανό καθώς επίσης περιστρέφεται ταυτόχρονα γύρω από τον ήλιο του. Αυτός ο επιστήμονας ίσως να καεί για τις αιρετικές του θεωρίες από τους Ιερό εξεταστές κυνηγούς μαγισσών του

«πλανήτη σωματιδίου», όμως θα έλθει μια μέρα που οι άνθρωποι, έχοντας ανακαλύψει πιο εξελιγμένα όργανα παρατήρησης θα αποδείξουν ότι αυτός ο επιστήμονας είχε δίκαιο.

Τότε οι πολυμαθείς επιστήμονες εκείνης της περιόδου θα προχωρήσουν να μετρήσουν το Σύμπαν, με όλη την μετριοφροσύνη, λέγοντας ότι εκτείνεται από το πιο μακρινό αστέρι-σωματίδιο κείμενο στο ένα άκρο του ουρανού τους μέχρι το πιο μακρινό αστέρι-σωματίδιο κείμενο στο άλλο άκρο. Αυτή η μέτρηση θα αντιπροσωπεύει μόνο το ένα δισεκατομμυριοστό του δισεκατομμυριοστού της περιοχής του δακτύλου μας όπου τυχαίνει να βρίσκονται. Αφού όμως δεν μπορούν να δουν μακρύτερα, υποθέτουν ότι το Σύμπαν σταματά εκεί όπου δεν μπορούν να παρατηρήσουν πιο πέρα.

Όμως οι τεχνικές παρατήρησης θα προοδεύσουν ακόμη περισσότερο, και τότε πολλοί νέοι γαλαξίες θα ανακαλυφθούν. Αν συμβεί αυτό το μόνο που θα αποδειχθεί θα είναι ότι το Σύμπαν είναι μόνο μεγαλύτερο απ' όσο περίμεναν και θα εκτείνεται οπωσδήποτε τόσες πολλές χιλιάδες χιλιόμετρα ή έτη φωτός, λίγα περισσότερα απ' ότι πριν, δέκα ή εκατό φορές περισσότερο ενδεχομένως, αλλά σίγουρα θα έχει κάποιες διαστάσεις. Σ' αυτό ακριβώς το σημείο έφθασε η πρόοδος στην Γη. Όμως ας επιστρέψουμε στον πλανήτη που βρίσκεται στο χέρι μας.

Η επιστήμη πάντα προοδεύει,, οι κάτοικοι της φάλαγγάς μας είναι έτοιμοι να απογειωθούν για τολμηρές διαστημικές εξερευνήσεις. Φθάνουν τελικά σε νέα σύνορα, στο οστό στο οποίο ο πλανήτης τους είναι μόνο ένα άτομο των ατόμων του. Έτσι μπορούν να είναι σίγουροι ότι το Σύμπαν εκτείνεται τόσο επί τόσο. Η απόδειξη είναι ότι μετά απ' αυτό το σημείο, δεν υπάρχει τίποτε άλλο προς παρατήρηση.

Λίγο αργότερα κατορθώνουν να διασχίσουν την τεράστια έκταση που χωρίζει το οστό από τον μυ και το Σύμπαν τους αποκτά πάλι νέες διαστάσεις.

Βελτιώνουν τα διαστημόπλοιά τους και τέλος φθάνουν στην στιβάδα του δέρματος που καλύπτει το δάχτυλο μας. Έχουν φθάσει λοιπόν στο έσχατο σημείο του Σύμπαντος τους το οποίο αριθμεί ένα και ενάμιση εκατοστό με την δική μας κλίμακα, όμως γι' αυτούς ήταν πολλά έτη φωτός.

Ωστόσο θα μπορούν ακόμη να συνεχίσουν τις διαστημικές τους εξερευνήσεις και στο υπόλοιπο μέρος του σώματος μας. Θα ακολουθήσουν ορισμένα ρεύματα όπου τα αστέρια κινούνται μυστηριωδώς με πολύ υψηλές ταχύτητες. Γιγάντιους διαδρόμους, τους οποίους θα χαρτογραφήσουν ώστε να μπορούν να πηγαινοέρχονται ελεύθερα από τον πλανήτη τους, όμως ελάχιστα θα γνωρίζουν ότι ταξιδεύουν μέσα στα αιμοφόρα αγγεία μας. Το σύμπαν τους θα μετρηθεί, θα οριοθετηθεί, θα έχει ένα ιδιαίτερο ύψος, βάθος και πλάτος. Ένας απίστευτος αριθμός ετών φωτός σύμφωνα με την κλίμακά τους αλλά μόνο 1,75 μέτρα σύμφωνα με την δική μας. Δεν θα έχουν ακόμη ανακαλύψει ότι τα πόδια μας, για παράδειγμα, στέκονται πάνω σ' έναν πλανήτη "ο οποίος γι' αυτούς ο ίδιος συγκροτείται από έναν τεράστιο αριθμό γαλαξιών, τους οποίους τα στενά μυαλά τους,, θέλοντας πάντα να θέτουν παντού σύνορα, δεν μπορούν ούτε καν να αρχίσουν να φαντάζονται και να αντιλαμβάνονται. Επειδή η ποσότητα των ατόμων που περιέχονται μέσα στη Γη είναι άπειρη εν συγκρίσει με τον αριθμό εντός του σώματος μας.

Θα πρέπει επίσης να συνειδητοποιήσουν ότι υπάρχουν και άλλοι «Άνθρωποι-Σύμπαντα» όπως εμείς, οι οποίοι περπατούν σ' αυτόν τον πλανήτη και ότι στον ουρανό μας υπάρχουν άλλα αστέρια και άλλοι γαλαξίες, και το ίδιο επ' άπειρον.

Μόνο μερικοί από τους πιο σοφούς απ' αυτούς, έχοντας φθάσει σ' ένα ανώτερο επίπεδο συνειδητοποίησης που θα τους επιτρέπει να συντονιστούν με το Σύμπαν, θα είναι κατά συνέπεια ικανοί να διδάξουν όλα αυτά στους μαθητές τους σε μία εποχή όπου, για τους επίσημους επιστήμονες, το Σύμπαν τους μετρούσε μόνο ένα εκατομμυριοστό του εκατομμυριοστού του χιλιοστού του οστού του δακτύλου μας, το οποίο μπορούσαν να παρατηρούν, μόνο από μέσα....

Η αντίληψη του Άπειρου στον χρόνο είναι ακριβώς το ίδιο πράγμα.

Οι επιστήμονες εκείνου του μικρόκοσμου, θα μπορούσαν να ανακαλύψουν την ηλικία του Σύμπαντος τους μετρώντας την ηλικία του μορίου στο οποίο ο πλανήτης τους δεν είναι παρά μόνο ένα άτομο ενός ατόμου του, και το Σύμπαν θα είχε αυτήν την ηλικία, και μετά θα ανακάλυπταν ότι η ηλικία του κυττάρου, στο οποίο το μόριο το οποίο νόμιζαν ότι είναι το

«Όλον Σύμπαν» αν και δεν ήταν παρά μόνο ένα τμήμα, είναι κατά πολύ μεγαλύτερη. Μετά θα ανακάλυπταν ότι το άκρο στο οποίο αυτό το κύτταρο δεν είναι παρά ένα τμήμα, είναι κατά πολύ μεγαλύτερο σε ηλικία, και ότι η ηλικία του όντος, στο οποίο το άκρο αυτό δεν είναι παρά μόνο ένα τμήμα, είναι ακόμη μεγαλύτερη και το ίδιο επ' άπειρο.

ΠΟΙΟΣ ΕΙΝΑΙ Ο ΣΚΟΠΟΣ ΤΗΣ ΖΩΗΣ;

Ερώτηση:
Ποιός είναι ο σκοπός της ζωής;
Απάντηση του ΡΑΕΛ:
Όπως αναφέρεται στα Μηνύματα, τα πάντα θα πρέπει να εκτιμώνται σε σχέση με τέσσερα επίπεδα. Η ζωή μας δεν σημαίνει τίποτα όταν συγκρίνεται με το Άπειρο. Η ζωή μας και οι ζωές όλων των ανθρώπων στη Γη δεν σημαίνουν τίποτα όταν συγκρίνονται με το Άπειρο. Αν πεθάνουμε, αν εξαφανιστεί ολόκληρη η ανθρωπότητα, τίποτε δεν θ' αλλάξει στο Άπειρο του χρόνου και του διαστήματος. Το γιγάντιο ον στο οποίο είμαστε

ένα παράσιτο σε ένα σωματίδιο ενός από τα άτομά του, δεν θα αισθανθεί το θάνατο μας, και ολόκληρη η ιστορία της ανθρωπότητας από τη στιγμή της δημιουργίας της θα έχει διαρκέσει μόνο ένα δισεκατομμυριοστό του δισεκατομμυριοστού του δευτερολέπτου γι' αυτό.

Τα ζωντανά όντα στα άτομα των ατόμων του χεριού μας θα συνεχίσουν να υπάρχουν σαν να μην έχει συμβεί τίποτα, ακόμη κι αν το άτομο πάνω στο οποίο βρίσκεται το Σύμπαν τους, ταφεί βαθιά μέσα στη γη, από την ροή του αίματος που προέρχεται από το δάκτυλο μας που κόπηκε από μια έκρηξη για παράδειγμα. Ακόμη κι αν αυτή τη σταγόνα αίματος την καταπιεί ένα σκουλήκι το οποίο κρατά το άτομο στο οποίο βρίσκεται το Σύμπαν τους, για να κατασκευάσει νέα κύτταρα για την ανάπτυξή του, αυτό δεν θα επηρεάσει τα ζωντανά όντα αυτού του μικρού κόσμου, όχι περισσότερο απ' ότι θα επηρέαζε τα όντα που ζουν στα άτομα τα οποία σχηματίζουν τα κύτταρα των δικών τους δακτύλων

Σε σχέση με τους Ελοχίμ, η ζωή μας είναι πολύ σημαντική διότι είμαστε τα παιδιά τους, και πρέπει να τους δείξουμε ότι είμαστε υπερήφανοι έχοντας υπάρξει αρκετά προνομιούχοι να έχουμε δημιουργηθεί κατ' εικόνα τους, δηλαδή, ικανοί να συνειδητοποιήσουμε το Άπειρο και επίσης κάποια μέρα, ικανοί να δημιουργήσουμε ανθρώπους κατά την δική μας εικόνα σαν ανταμοιβή.

Σε σχέση με την ανθρώπινη κοινωνία η ζωή μας είναι εξίσου πολύ σημαντική, διότι είμαστε το αποτέλεσμα ενός μακρού καταλόγου επιζώντων οι οποίοι διασώθηκαν από τις επιδημίες, τους πολέμους, και που μας έχει κάνει απόγονους μιας μακράς φυσικής επιλογής. Το οφείλουμε στον εαυτό μας να λάβουμε μέρος ενεργητικά στο σχέδιο που θα επιτρέψει την ανθρωπότητα να φθάσει στην Χρυσή Εποχή, την οποία αξίζει τόσο πολύ, και στην οποία λίγο θέλει για να εισέλθει. Είμαστε τα κύτταρα αυτού του τεράστιου όντος που είναι η Ανθρωπότητα, και την εποχή της γέννησης αυτής της ανθρωπότητας, κάθε κύτταρο, καθ' ένας από εμάς είναι σημαντικός, στο ότι αυτός ή αυτή έχει κάποιο ρόλο να παίξει.

Τέλος σε σχέση με τον εαυτό μας, η ζωή μας έχει την σημασία που της δίνουμε εμείς. Εάν αναγνωρίζουμε τους Ελοχίμ σαν Δημιουργούς μας κι αν επιθυμούμε να συνεισφέρουμε στην διάδοση των Μηνυμάτων έτσι ώστε να γίνουν γνωστά σ' όλη τη Γη έτσι ώστε το ανθρώπινο γένος να εισέλθει στην Χρυσή Εποχή, και αν απολαμβάνουμε την συμμετοχή μας σ' αυτή τη γιγάντια προσπάθεια, τότε απολαμβάνουμε την ζωή γι' αυτόν τον λόγο.

Η ερώτηση ήταν, «ποιός είναι ο σκοπός της ζωής;». Η ζωή έγινε για να την απολαμβάνουμε. Είτε βρίσκεις ευχαρίστηση στην διάδοση των Μηνυμάτων των Δημιουργών μας, είτε βρίσκεις ευχαρίστηση συνεισφέροντας στην είσοδο της Ανθρωπότητας στην Χρυσή Εποχή, είτε βρίσκεις ευχαρίστηση ευχαριστώντας τον εαυτό σου συντονίζοντάς τον με το Άπειρο, ή με οποιοδήποτε άλλο τρόπο.

ΤΙ ΕΙΝΑΙ ΕΥΧΑΡΙΣΤΗΣΗ;

Ερώτηση:
Τί είναι ευχαρίστηση (απόλαυση);
Απάντηση του ΡΑΕΛ:
Ευχαρίστηση είναι η αντίδραση ενός οργανισμού ο οποίος εκτέλεσε μια πράξη που παράγει ευχάριστες χημικές αντιδράσεις. Ένα μωρό νοιώθει ευχαρίστηση όταν βυζαίνει το στήθος της μητέρας του, διότι έτσι κατευνάζεται η πείνα του και διότι η χημική

αντίδραση που παράγεται από το γάλα στην γλώσσα του δημιουργεί μια ευχάριστη αίσθηση. Όλες μας οι αισθήσεις υπάρχουν για να μας δίνουν ευχαρίστηση και ο Αισθησιακός Διαλογισμός βασίζεται στην βελτίωση της αντίληψης της ευχαρίστησης που προκαλείται από τις χημικές αντιδράσεις που μεταβιβάζονται από τις αισθήσεις μας.

Όλα όσα κάνουμε κατά την διάρκεια της ζωής μας τα κάνουμε διότι μας δίνουν ευχαρίστηση. Δεν υπάρχει καμία πράξη εκτελούμενη κατά την διάρκεια ολόκληρης της ζωής μας η οποία να μην γίνεται για να μας δώσει ευχαρίστηση. Το άτομο το οποίο πληρώνει τον φόρο εισοδήματος του το κάνει διότι τον ευχαριστεί να μην πάει στην φυλακή επειδή δεν τον έχει πληρώσει. Η γυναίκα η οποία πέφτει κάτω από τις ρόδες του αυτοκινήτου για να σώσει το παιδί της το κάνει διότι την ευχαριστεί να δει το παιδί της να επιβιώσει ακόμη κι αν τραυματισθεί σ' αυτή της την προσπάθεια. Και ο στρατιώτης ο οποίος θέτει τον εαυτό του κάτω από τα εχθρικά πυρά για να σώσει το τάγμα του, το κάνει διότι τον ευχαριστεί να πεθάνει για τους συντρόφους του. Οι Γιαπωνέζοι καμικάζι είναι το έσχατο παράδειγμα αυτού του τύπου ηρωισμού (ευχαρίστησης).

Υπάρχει μια διαφορά μεταξύ των άμεσων απολαύσεων όπως μια άμεση αισθησιακή ικανοποίηση και των έμμεσων απολαύσεων όπως η εκλογή της συμπεριφοράς, για την οποία μιλήσαμε προηγουμένως, και η οποία είναι μια αντίδραση σε εξωτερικές παρεμβάσεις δίχως να καταλήγει σε μια συνειδητή ανάπτυξη του τρόπου αντίληψης του περιβάλλοντος μας.

Όταν επιτυγχάνεται συνειδητή απόλαυση σε μια προσπάθεια να βελτιωθεί η ποιότητα της αντίληψης κάποιου τότε μόνο μπορεί να λάβει χώρα η αληθινή ανθοφορία. Είμαστε συνδεδεμένοι με το Άπειρο μέσω των αισθήσεων μας. Κάποιος που δεν μπορεί να δει, ούτε να ακούσει, ούτε να μυρίσει, ούτε να αγγίξει, στην πραγματικότητα θα ήταν νεκρός, ακόμη κι αν η καρδιά του κτυπούσε. Δεν θα είχε συναίσθηση του εαυτού του ούτε του περιβάλλοντος του και ως εκ τούτου δεν θα είχε νοημοσύνη.

Είναι πολύ σημαντικό να σημειώσουμε ότι εκείνοι οι οποίοι στερούνται μιας αίσθησης αναπτύσσουν τις υπόλοιπες αισθήσεις σε πολύ μεγαλύτερο βαθμό απ' ότι άνθρωποι που έχουν όλες τις αισθήσεις τους. Οι τυφλοί για παράδειγμα, αναπτύσσουν μια οξεία αίσθηση ακοής ή μπορούν να διαβάζουν με τα άκρα των δακτύλων τους. Επιστημονικά πειράματα απέδειξαν ότι το κέντρο απολαύσεως βρίσκεται μέσα στον εγκέφαλο. Αυτό ανακαλύφθηκε τοποθετώντας σ' αυτό το μέρος του εγκεφάλου ηλεκτρόδια και στέλνοντας μικρά ηλεκτρικά φορτία. Οι άνθρωποι στους οποίους έγιναν αυτά τα πειράματα αισθάνθηκαν κάτι το οποίο ήταν παρόμοιο με έναν οργασμό, την ικανοποίηση ότι έχουν κάνει μια καινούργια ανακάλυψη και το αίσθημα ότι μνημονεύτηκαν τιμητικά δημοσίως και όλα αυτά μαζί. Αποδείχτηκε στην συνέχεια με συμπληρωματικές μετρήσεις, ότι ήταν το ίδιο αυτό κέντρο απόλαυσης εκείνο που ενεργοποιούνταν, είτε κάποιος έφθανε στον σεξουαλικό οργασμό είτε ανακάλυπτε κάτι, είτε ένας καλλιτέχνης τελείωνε ένα αριστούργημα, είτε όταν ένας στρατιώτης έπαιρνε ένα μετάλλιο.

Ακόμη καλύτερα, ένα άλλο πείραμα έδειξε ότι καλλιτέχνες που ήταν σεξουαλικά διεγερμένοι την ώρα που δημιουργούσαν παρουσίασαν μια αύξηση του δυναμικού της δημιουργικότητάς τους.

Τίποτε δεν θα μπορούσε να είναι πιο λογικό. Η ευχαρίστηση αυξάνει την δυναμικότητα της δημιουργικότητας, διότι διεγείρει όλες μας τις αισθήσεις. Και ένας καλλιτέχνης πρέπει να είναι συνδεδεμένος με το άπειρο ώστε να μπορέσει να δημιουργήσει ένα αρμονικό αριστούργημα.

Πρέπει λοιπόν να αγωνιστούμε ώστε να βελτιώσουμε την ποιότητα της αντίληψης μας σχετικά με την απόλαυση αυξάνοντας την ευαισθησία όλων μας των αισθήσεων.

Σαν άμεσο αποτέλεσμα, εκτός από την αυξημένη ευχαρίστηση, αυτή η αύξηση στην ευαισθησία θα αναπτύξει την ικανότητα μας να αποκαλύψουμε ολόκληρη την δυναμικότητά μας για δημιουργικότητα έτσι ώστε να μπορέσει να επωφεληθεί η υπόλοιπη ανθρωπότητα από τα δημιουργήματά μας, βελτιώνοντας έτσι το γενικό επίπεδο συναίσθησης.

Αυτό ακριβώς διδάσκεται στα μαθήματα αφύπνισης που οργανώνουμε για τους Ραελιανούς.

Βελτιώνοντας το επίπεδο της ατομικής συναίσθησης βελτιώνουμε το επίπεδο συναίσθησης ολόκληρης της ανθρωπότητας και έτσι αυξάνουμε τις πιθανότητες να εισέλθουμε στην Χρυσή Εποχή.

Έχοντας σκοπό να αλλάξουμε την κοινωνία θα πρέπει πρώτα να αλλάξουμε τα άτομα από τα οποία αυτή αποτελείται. Η βία πάντα προξενείτε από εκείνους που είναι δυστυχισμένοι.

Βελτιώνοντας την ατομική ευτυχία βοηθούμε να ελαττωθεί το δυναμικό για ανθρώπινη βία. Επί πλέον, και σχεδόν πάντα, η βία προξενείτε από άτομα τα οποία πιστεύουν ότι είναι δυστυχισμένα και η τέχνη των πολιτικών είναι να δυναμώσουν αυτή τη πίστη ώστε να ανατρέψουν τους ανθρώπους στην εξουσία και να πάρουν την θέση τους. Μετά αυτοί οι τελευταίοι χρησιμοποιούν τις ίδιες τακτικές για να επιτύχουν τους ίδιους στόχους, διατηρώντας έτσι ένα αίσθημα δυσαρέσκειας το οποίο θα μπορούσε κάποια μέρα, μέσω της ενίσχυσης των διαδοχικών ανατροπών, να καταλήξει σε μια γενική αίσθηση ότι
η αιτία της δυσαρέσκειας είναι σε κάποια άλλη χώρα. Να λοιπόν πως αρχίζουν οι πόλεμοι.

Αν όμως κάθε άτομο αποκτά συναίσθηση του Απείρου αναπτύσσοντας τον δικό του αισθησιασμό, τότε ολόκληρη η κοινωνία θα μεταμορφωθεί. Αυτή η μεταμόρφωση θ' αρχίσει αφυπνίζοντας πρώτα την συναίσθηση ανθρώπων που είναι πιο αναπτυγμένοι από άλλους, οι οποίοι, από την στιγμή που θα φθάσουν σ' ένα ορισμένο επίπεδο, θα γίνουν οι Οδηγοί στους ανθρώπους γύρω τους, και θα δώσουν την δυνατότητα στους άλλους να αφυπνιστούν πλήρως, οι οποίοι με την σειρά τους θα αφυπνίσουν πλήρως άλλους, κ.ο.κ. Έτσι σταδιακά, το επίπεδο συναίσθησης (συνειδητοποίησης) της ανθρωπότητας θα εξυψωθεί σε τέτοιο βαθμό ώστε θα ήταν πλέον αδύνατη μια παγκόσμια μοιραία σύρραξη.

Αυτή η διαδικασία έχει ήδη αρχίσει, και χιλιάδες μικρές, μη βίαιες εκδηλώσεις έλαβαν χώρα σ' ολόκληρο τον κόσμο, οργανωμένες από φοιτητές ή διανοούμενους υπέρ της ειρήνης και του μονομερούς αφοπλισμού αυτής ή της άλλης χώρας και αυτό ενισχύεται από την τηλεόραση, το κεντρικό νευρικό σύστημα της ανθρωπότητας.

Κάθε άτομο συνεισέφερε σε κάθε στιγμή της ζωής του στην αφύπνιση ή στην καταστολή της πλανητικής συναίσθησης. Δεν πρέπει να φοβάστε να επηρεάσετε άλλους, γιατί εμείς είμαστε εδώ γι' αυτόν τον σκοπό. Θα πρέπει όμως να κατευθύνουμε όλες μας τις προσπάθειες και κάθε λέξη που λέμε σε κάθε στιγμή έτσι ώστε όλα όσα λέμε και κάθε πράξη που κάνουμε να έχει μια θετική επίδραση στην πορεία της ανθρώπινης ιστορίας.

Δεν θα πρέπει ποτέ να επιδιώκουμε να πείσουμε τους άλλους, διότι ένα άτομο που αντιλαμβάνεται ότι προσπαθούμε να το πείσουμε, έχει την τάση να ισχυροποιεί τη θέση του. Ενώ, αν ανακαλύπτουμε ένα κοινό σημείο με την φιλοσοφία των άλλων, τότε μπορούμε να συγκεντρωθούμε σ' αυτό το κοινό σημείο και από εκεί να αποκαλύψουμε ένα νέο μονοπάτι στον ακροατή μας, έτσι ώστε να έχει την εντύπωση ότι το βρήκε από μόνος του.

Είναι ανόητο να λέμε ότι δεν θα επηρεάσουμε κανέναν άλλον με το να ακολουθούμε επίμονα τον δικό μας δρόμο και ν' αφήνουμε τους άλλους να ακολουθούν τον δικό τους.

Το απλό γεγονός ότι δεν προσπαθούμε να επηρεάσουμε τους άλλους, τους επηρεάζει ακόμη περισσότερο από ότι αν περνάμε μια φανατική θέση πάνω σε κάποιο θέμα.

Οι άνθρωποι φοβούνται το φανατισμό όλο και περισσότερο, οποιοδήποτε κι αν είναι το αντικείμενο αυτού, και έχουν δίκαιο να το κάνουν. Αυτό είναι στην πραγματικότητα η αρχή της σοφίας.

Στην Γη, υπάρχουν άνθρωποι που αναζητούν την αλήθεια και το δείχνουν και άλλοι που αναζητούν την αλήθεια και το κρύβουν, αλλά δεν υπάρχει ούτε ένας που να μη την αναζητάει. Επομένως υπάρχουν άνθρωποι που ισχυρίζονται ότι έχουν βρει την αλήθεια και το δείχνουν, πολύ συχνά ενδιαφερόμενοι για την διατήρηση των παραδόσεων και τέλος υπάρχουν άνθρωποι που έχουν βρει την πραγματική αλήθεια και το δείχνουν: Οι Ραελιανοί.

Μας ενδιαφέρουν εκείνοι οι άνθρωποι οι οποίοι αναζητούν την αλήθεια και το δείχνουν, διότι αυτό αποδεικνύει ότι είναι ειλικρινείς και ανοιχτόμυαλοι, γενικά πολύ έξυπνοι και σχετικά αρμονικοί, σε κάθε περίπτωση για το μεγαλύτερο μέρος αυτών, είναι έτοιμοι να δεχτούν ένα νέο όραμα του κόσμου δίχως να φοβούνται ότι αυτή η αλλαγή θα τους τραυματίσει μέχρι του σημείου να διαταράξει την ψυχική τους ισορροπία. Αυτοί οι άνθρωποι αντιπροσωπεύουν την μεγάλη πλειοψηφία των σημερινών Ραελιανών, αυτοί είναι οι πρωτοπόροι.

Εκείνοι οι άνθρωποι που επιδιώκουν την αλήθεια και το κρύβουν είναι επίσης πολύ σημαντικοί για μας, όμως είναι πολύ πιθανό να ενωθούν μαζί μας μόνο όταν θα έχουν ξεπεράσει την αυτοσυναίσθησή τους, και δεν θα λυπούνται πια για το τι σκέπτονται οι άλλοι άνθρωποι γι' αυτούς.

Εκείνοι που ισχυρίζονται ότι έχουν βρει την αλήθεια και το δείχνουν, θα έλθουν σ' εμάς όταν θα γίνει φανερό ότι τίποτε στο Σύμπαν δεν είναι σταθερό και συνεπώς είναι ανοησία να προσπαθούν και να διατηρούν παραδόσεις που πια δεν σημαίνουν τίποτα. Απλώς αγαπούν τις παραδόσεις τους αλλά δεν θα νοιαζότανε λιγότερο για το τι είναι πραγματικά «Θεός».

Όλοι αυτοί οι άνθρωποι το κάνουν αυτό για ευχαρίστηση. Οι τελευταίοι βρίσκουν ευχαρίστηση στο να σκέφτονται ότι τα παιδιά τους θα προσεύχονται ακριβώς με τον ίδιο τρόπο που και αυτοί προσεύχονταν, και ότι τα παιδιά τους θα διδάξουν στα δικά τους παιδιά ακριβώς τους ίδιους τρόπους προσευχής, έστω κι αν το σχολείο τους θα τους διδάσκει ότι ο άνθρωπος κατάγεται από τον πίθηκο. Λοιπόν τί και αν είναι λάθος! Αυτό που είναι σημαντικό γι' αυτούς είναι να είναι σεβαστή η διδασκαλία στο σχολείο, και επίσης το τι λέει ο ιερέας να είναι επίσης σεβαστό. Το γεγονός ότι αντιφάσκουν μεταξύ τους δεν είναι σημαντικό, εκείνο που είναι σημαντικό είναι ότι και τα δύο είναι παραδόσεις και σύμφωνα με τους εραστές της παράδοσης, δεν μας πέφτει λόγος να ρωτήσουμε ποιό είναι το σωστό.

Οι χριστιανοί θα σταύρωναν σίγουρα για δεύτερη φορά τον Ιησού εάν αυτός ο ίδιος τους ζητούσε να μην πηγαίνουν την Κυριακή στην Εκκλησία, ή να μη βαπτίζουν τα παιδιά τους πριν να ενηλικιωθούν. Αυτή είναι η υιοθετούμενη θέση από τους λάτρεις της παράδοσης.

Εκείνοι οι άνθρωποι που αναζητούν την αλήθεια και το κρύβουν, αισθάνονται ευχαρίστηση σκεφτόμενοι ότι πιο σημαντικό είναι το τι φαίνονται ότι είναι παρά το τί είναι στην πραγματικότητα.

Αυτοί οι άνθρωποι δεν θα σταύρωναν τον Ιησού, θα ήταν ακόμη και εναντίον της σταύρωσης, όμως πάλι δεν θα μεσολαβούσαν ή ακόμη δεν θα έλεγαν οτιδήποτε. Δεν θέλουν να βρεθούν αναμεμιγμένοι σε τίποτα, ούτε ακόμη κι αν αυτό σημαίνει να υπερασπιστούν αυτό που πιστεύουν ότι είναι η αλήθεια.

Όταν ολόκληρη η Ανθρωπότητα θα απολαμβάνει πλήρως τον αισθησιασμό της, ο κίνδυνος μιας παγκόσμιας σύρραξης θα έχει εκλείψει. Στη ρίζα κάθε μορφής βίας υπάρχουν πάντα άτομα ανικανοποίητα αισθησιακά. Γι' αυτό πρέπει να μάθουμε να απολαμβάνουμε όλες μας τις αισθήσεις, και να βοηθούμε τον καθένα γύρω μας να ανακαλύψει ολόκληρο τον αισθησιασμό του, αρχίζοντας από τα παιδιά. Δεν είναι αρκετό να τα δείξουμε «πως λειτουργεί» όπως προσπαθεί να κάνει η σεξουαλική αγωγή, αλλά πρέπει να τα μάθουμε «πως να το χρησιμοποιούν» έτσι ώστε να παίρνουν και να δίνουν περισσότερη ευχαρίστηση.

Η σεξουαλική αγωγή θα πρέπει να αντικατασταθεί από την αισθησιακή αγωγή.

Η ευχαρίστηση πάντα ικανοποιεί, σαν άμεση ευχαρίστηση που είναι, και όχι σαν την ευχαρίστηση του στρατιώτη που πεθαίνει για τους συντρόφους του. Η άμεση ευχαρίστηση αναπτύσσει σε κάθε άτομο τα μέσα για να συντονιστεί με το Άπειρο, και να αισθάνεται πραγματικά ότι αποτελεί μέρος του Απείρου.

Το σώμα μας δεν είναι τίποτε άλλο από μια συνάθροιση ατόμων που είναι οργανωμένα σύμφωνα με ένα αριστουργηματικό σχέδιο, τον γενετικό κώδικα, ο οποίος αλληλοεπιδρά με το περιβάλλον μέσω απείρων χημικών αντιδράσεων τις οποίες δεν συναισθανόμαστε πάντα. Το να εξυψώσουμε το επίπεδο της συναίσθησης μας αντιστοιχεί με το να αισθανόμαστε έναν ακόμη μεγαλύτερο αριθμό αυτών των χημικών αντιδράσεων έτσι ώστε να τοποθετήσουμε καλύτερα τον εαυτό μας στο Άπειρο και έτσι να γίνουμε περισσότερο αρμονικοί. Όταν νιώθουμε συνδεδεμένοι με το Σύμπαν, το Αιώνιο και το Άπειρο, ποτέ δεν μπορούμε να είμαστε δυστυχισμένοι, γιατί θα έχουμε ανακαλύψει τότε την ευχαρίστηση του να υπάρχουμε.

ΤΙ ΕΙΝΑΙ ΘΑΝΑΤΟΣ;

Ερώτηση:
Τί είναι θάνατος;
Απάντηση του ΡΑΕΛ:
Ο θάνατος σε σχέση με το άπειρο δεν σημαίνει τίποτα. Η ύλη από την οποία αποτελούμαστε είναι αιώνια. Συνεπώς, είμαστε πλασμένοι από αιωνιότητα. Τα απείρως μικροσκοπικά σωματίδια τα οποία συνθέτουν την μύτη μας υπήρχαν πριν να αποτελέσουν τμήμα μας. Μερικά απ' αυτά τα σωματίδια περιέχονταν στη μπριζόλα που έφαγε η μητέρα μας ενώ μεγαλώναμε στην μήτρα της, και αυτά τα σωματίδια πέρασαν μέσα από το σώμα της και έγιναν μέρος του προσώπου μας. Άλλα σωματίδια υπήρχαν στα φρούτα που φάγαμε χθες, κατέληξαν στην κοιλιά μας και μετά ταξίδεψαν μέσω της κυκλοφοριακής ροής του αίματος για να καταλήξουν στην μύτη μας. Αυτό συμβαίνει με κάθε μέρος του σώματος μας. Μετά τον θάνατο, η αντίδραση θα είναι ακριβώς η ίδια. Τα σωματίδια θα επιστρέψουν στην Γη για ανακύκλωση, και μερικά σωματίδια θα καταλήξουν στα ζώα, άλλα στα φυτά, όμως τα περισσότερα απ' αυτά θα παραμείνουν στη γη. «Επειδή είστε χώμα και στο χώμα θα επιστρέψετε».

Ο θάνατος εν τούτοις είναι ο τελικός κατακλυσμός για την μάζα που σχηματίζεται από αυτή την συνάθροιση της οργανωμένης ύλης, η οποία συνθέτει αυτό που είμαστε.

Ο θάνατος είναι η αρχή της διαδικασίας διασκορπισμού της ύλης από την οποία αποτελούμαστε.

Όμως για να κατανοήσουμε τον θάνατο, πρέπει να κατανοήσουμε πραγματικά τι εστί ζωή. Η ζωή δεν είναι τίποτε άλλο παρά η οργάνωση των ανοργάνωτων. Οι Ελοχίμ ήλθαν στη Γη σε μια εποχή κατά την οποία δεν υπήρχε ζωή. Υπήρχε μόνο ανοργάνωτη ύλη, ανόργανη σε σχέση με το τι είμαστε και το τι ονομάζουμε «βιολογικό».

Πήραν αυτή την ύλη, την «ζύμωσαν» όπως αναφέρεται στη Βίβλο και την «σχημάτισαν» για να δημιουργήσουν ζωντανά όντα. Όλα αυτά έγιναν σε μοριακό επίπεδο. Ομως για τους πρωτόγονους ανθρώπους, αυτό ήταν αδύνατο να το κατανοήσουν, έτσι λοιπόν το συσχέτισαν με την αγγειοπλαστική. Εκείνοι οι άνθρωποι πίστευαν ότι οι Δημιουργοί πήραν ένα μικρό κομμάτι από πηλό και έπλασαν τον άνθρωπο όπως εσείς θα κάνατε ένα ανθοδοχείο. Είναι αλήθεια ότι οι Δημιουργοί πήραν χημικά συστατικά από την γη, αλλά τα συνδύασαν επιστημονικά κατά τέτοιο τρόπο ώστε το άψυχο έγινε έμψυχο.

Κάθε ζωντανό πράγμα στη Γη έχει πλαστεί από τους Ελοχίμ, αρχίζοντας από ένα «τούβλο» βάση, μια μοριακή δομή αποτελούμενη από άτομα συναθροισμένα συνετά. Οι επιστήμονές μας αρχίζουν να ανακαλύπτουν ότι όλα τα ζωντανά πράγματα, ζώο ή φυτό, άνθρωπος ή θηρίο, έχουν παρόμοια βασικά συστατικά. Είναι σαν ένα είδος αλφαβήτου, όπου κάθε γράμμα είναι ένα άτομο το οποίο αποτελεί τον γενετικό κώδικα κάθε ζωντανού είδους. Η διάταξη με την οποία είναι τοποθετημένα τα γράμματα μπορεί να διαφέρει από είδος σε είδος, όμως τα γράμματα του αλφαβήτου θα παραμένουν πάντα τα ίδια. Έτσι με ένα σχετικά απλό «τούβλο» οι Δημιουργοί μας ήταν ικανοί να κατασκευάσουν ένα τεράστιο αριθμό «σπιτιών» που διέφεραν στην εμφάνισή τους αλλά που ήταν όλα ακριβώς τα ίδια ως προς τα βασικά συστατικά τους. Όταν είδη αναπαράγονται δεν κάνουν τίποτε άλλο από το να «αναπαράγουν» τον γενετικό κώδικα του πρώτου μοντέλου που δημιουργήθηκε από τους Ελοχίμ.

Έτσι λοιπόν, ζωή είναι η οργάνωση του ανοργάνωτου και ο θάνατος είναι η αποδιοργάνωση του οργανωμένου.

Η ζωή είναι σαν ένα σπίτι που θα κατασκευάζονταν από αυτό το ίδιο, αρχίζοντας από το ίδιο του το πλάνο και επί πλέον, θα συντηρούνταν αυτόματα. Ο θάνατος είναι το τέλος αυτής της αυτόματης συντήρησης και η αρχή του διασκορπισμού των βασικών υλικών από τα οποία είναι κατασκευασμένο το σπίτι, καταλήγοντας τελικά στην καταστροφή του σχεδίου που περιείχε.

Οι Μεγάλοι Αρχιτέκτονες του Σύμπαντος μας οι οποίοι σχεδίασαν τα σχέδια αυτών των «σπιτιών» σχεδίασαν έναν τύπο ο οποίος θα ήταν ικανός κάποια μέρα να φτάσει τους Δημιουργούς του και να καταστεί και ο ίδιος Αρχιτέκτονας, δημιουργώντας άλλα σχέδια ικανά να κατασκευάσουν «σπίτια» τα οποία θα κατασκευάζονται από μόνα τους. Αυτός ο τύπος ανώτερου «σπιτιού» είναι ο άνθρωπος, ο οποίος σύντομα θα είναι ικανός να δημιουργήσει νέους συνθετικούς γενετικούς κώδικες, νέα σχέδια, αρχίζοντας από άψυχη ύλη.

Το ζωντανό ον δημιουργήθηκε με την ικανότητα να τοποθετεί τον εαυτό του στο περιβάλλον του μέσω των δικών του «αισθητήρων αντιλήψεως», των αισθήσεών του.

Οι άνθρωποι δεν είναι τίποτε άλλο από αυτό-προγραμματιζόμενα, αυτό-αναπαραγόμενα βιολογικά κομπιούτερ (υπολογιστές).

Δεν υπάρχει διαφορά μεταξύ ανθρώπων και υπερσύγχρονων υπολογιστών, τέτοιων όπως αυτοί που είμαστε σήμερα ικανοί να κατασκευάσουμε, μόνο που οι υπολογιστές μας είναι πολύ πιο τελειοποιημένοι και μπορούν να εκτελέσουν υπολογισμούς με πολύ μεγαλύτερη ακρίβεια απ' ότι ένας άνθρωπος.

Οι υπολογιστές μπορούν να εξοπλιστούν με μέσα που να τους δίνουν τη δυνατότητα να τοποθετήσουν τον εαυτό τους στο δικό τους περιβάλλον. Πρόσφατα ένας υπολογιστής εξοπλίστηκε με τροχούς που του επέτρεπαν να κινείται μόνος του γύρω από τα εμπόδια, χάρις στις T.V. κάμερες που ήταν συνδεδεμένες με τον εγκέφαλο του. Μπορεί να δει όπως ακριβώς μπορούμε να δούμε και εμείς με τα μάτια μας, και μπορεί να κινείται εντός του περιβάλλοντος του.

Ένα κομπιούτερ κάνει μόνο αυτό για το οποίο έχει προγραμματιστεί, και έτσι κάνει και ο

άνθρωπος, όμως ας συνεχίσουμε την σύγκριση μεταξύ του ανθρώπου και του υπολογιστεί. Όσον αφορά την ακοή, είναι πολύ εύκολο να βάλουμε σ' ένα κομπιούτερ ένα μικρόφωνο το οποίο θα συλλαμβάνει θορύβους όπως κάνουμε κι εμείς με τα αυτιά μας.

Είναι επίσης δυνατό να το εφοδιάσουμε με έναν αναλυτή ο οποίος θα αναγνωρίζει τις ουσίες που το περιβάλλουν όπως ακριβώς κάνουμε εμείς με την μύτη μας.

Στην συνέχεια είναι πάντα μέσα στις δυνατότητές μας να το εφοδιάσουμε με έναν αναλυτή γεύσης ο οποίος θα έδειχνε την γεύση των διάφορων ουσιών όπως κάνουμε εμείς με το στόμα μας.

Τέλος είναι δυνατό να εξοπλίσουμε τον υπολογιστή με αισθητήρια όργανα ικανά να εκτελούν λειτουργίες όπως αυτές που εκτελούν τα χέρια μας, δηλ. μέτρηση της θερμοκρασίας, του βάρους και της σκληρότητας.

Ακόμη καλύτερα ο υπολογιστής θα μπορούσε να εξοπλιστεί με «όργανα» απείρως ανώτερα από τα δικά μας ανθρώπινα όργανα. Ας πάρουμε την όραση για παράδειγμα, Οι κάμερες που χρησιμοποιεί το κομπιούτερ μπορούν να εξοπλιστούν με πολλαπλούς φακούς, συμπεριλαμβανομένου και ενός φακού ζουμ που θα το κάνει ικανό να βλέπει καθαρά, τι συμβαίνει πολλά χιλιόμετρα μακριά, ή ένα μικροσκοπικό αντικείμενο, πράγματα που το ανθρώπινο μάτι είναι ανίκανο να δει εκτός αν εξοπλιστεί με τεχνητά μέσα όπως ένα ζευγάρι κιάλια ή ένα μικροσκόπιο.

Το ίδιο πράγμα ισχύει με την αίσθηση της ακοής. Οι άνθρωποι μπορούν ν' ακούσουν μόνον ένα πολύ περιορισμένο φάσμα ήχων. Τα ζώα είναι καλύτερα εξοπλισμένα από ότι είμαστε εμείς, ας πάρουμε για παράδειγμα ένα σκύλο. Έτσι ο υπολογιστής μας μπορεί να εξοπλιστεί με δέκτες ευαίσθητους στους υπέρηχους και στα μικροκύματα που του παρέχουν την δυνατότητα να ακούει ήχους προερχόμενους από πάρα πολλά χιλιόμετρα μακριά από έναν καθορισμένο τόπο.

Επιστρέφοντας στην όραση, οι κάμερες θα μπορούσαν να εξοπλιστούν έτσι ώστε να συλλαμβάνουν υπεριώδεις ή υπέρυθρες ακτινοβολίες καθιστώντας το κομπιούτερ ικανό να βλέπει την νύκτα, κάτι το οποίο εμείς δεν μπορούμε να κάνουμε με την περιορισμένη όρασή μας.

Και όσον αφορά την αίσθηση της όσφρησης, ο αναλυτής οσμών θα μπορούσε να εξακριβώσει οσμές και να μεταβιβάσει στιγμιαία την χημική σύσταση των αρωμάτων ή των περιβαλλόντων αερίων κάτι το οποίο η μύτη μας δεν θα μπορούσε ποτέ να κάνει.

Ο αναλυτής γεύσης θα μπορούσε να κάνει μια λεπτομερή χημική ανάλυση κάθε ελεγχόμενης ουσίας.

Τέλος όσον αφορά την αίσθηση της αφής, θα μπορούσαμε να τον εφοδιάσουμε με αισθητήρια όργανα, έναν μηχανισμό αφής ικανό να αναλύει με ακρίβεια την θερμοκρασία, το βάρος και την σκληρότητα των αντικειμένων ή των ουσιών εκτός από το να λέει απλώς ότι είναι ζεστό ή είναι βαρύ. Θα μπορούσε επίσης να χειρίζεται πράγματα σε θερμοκρασίες που το δέρμα μας δεν θα μπορούσε ν' αντέξει, πράγματα χίλιες φορές βαρύτερα απ' αυτά που οι δικοί μας φτωχοί ανθρώπινοι μυς μπορούν να σηκώσουν.

Θα μπορούσαμε να πάμε ακόμη παραπέρα και να εξοπλίσουμε τον υπολογιστή μας με αισθήσεις τις οποίες ο άνθρωπος δεν έχει ή είναι ανίκανος να αναπτύξει. Θα μπορούσαμε να το εφοδιάσουμε με ένα ραντάρ που θα του επιτρέπει να κινείται δίχως πραγματική ορατότητα, με ένα Σόναρ, με έναν ανιχνευτή ακτίνων Χ, με μία πυξίδα, με έναν ανιχνευτή βαρύτητας, μ' ένα σύστημα ραδιοεπικοινωνίας, με τόσες πολλές αισθήσεις με τις οποίες δεν είναι εφοδιασμένο το σώμα μας, και δεν μπορούμε ούτε καν να αντιληφθούμε, εκτός αν χρησιμοποιήσουμε ηλεκτρονικό εξοπλισμό τον οποίο πολύ σπάνια έχουμε όλο μαζί συγκεντρωμένο στον ίδιο τόπο και στον ίδιο χρόνο.

Ας συγκρίνουμε τις απαιτήσεις ενέργειας του ανθρώπου-υπολογιστή και της μηχανής. Όταν ο άνθρωπος χρειάζεται ενέργεια λέει «πεινώ» και αναζητεί τροφή και την τρώει. Πρόσφατα οι επιστήμονες κατασκεύασαν έναν υπολογιστή εξοπλισμένο με ηλεκτρικές μπαταρίες. Εργάζεται, και οι κάμερες του, του επιτρέπουν να κινείται και να αποθηκεύει και να μετακινεί βαριά κιβώτια όπως ακριβώς ένα ανυψωτικό μηχάνημα. Ξαφνικά οι μπαταρίες του αδειάζουν και χάνει την αποδοτικότητά του. Ο δείκτης της ενέργειάς του δείχνει ότι ήλθε η ώρα να επαναφορτίσει τις μπαταρίες του. Τότε, μόνος του, θα κινηθεί προς μια παροχή ηλεκτρικής ενέργειας, θα συνδεθεί μ' αυτήν και θα περιμένει υπομονετικά μέχρι να φορτιστεί επαρκώς, μετά θα αποσυνδεθεί και θα επιτρέψει στην εργασία του. Αυτό δεν είναι διαφορετικό απ' αυτό που κάνει ο άνθρωπος ο οποίος λέει «πεινώ» και κατευθύνεται στο εστιατόριο για να φάει την ώρα του φαγητού και κατόπιν επιστρέφει στην εργασία του.

Τί συμβαίνει όταν ένας άνθρωπος τραυματίζεται; Σταματά να εργάζεται, δέχεται τις ιατρικές βοήθειες, και στην συνέχεια επιστρέφει στην εργασία του. Ένας υπολογιστής μπορεί να προγραμματιστεί για αυτοσυντήρηση όπως ακριβώς προγραμματίζεται για να παρέχει τροφή στον εαυτό του. Αν κάποιο τμήμα του καταστεί ελαττωματικό, θα πάει σ' ένα εργαστήριο, θα βγάλει το ελαττωματικό εξάρτημα και θα το αντικαταστήσει μ' ένα καινούργιο και αυτό γίνεται δίχως ανθρώπινη βοήθεια. Αυτός ο υπολογιστής θα γίνει λοιπόν αιώνιος και ποτέ δεν θα αντιμετωπίσει όπως κάνει ο άνθρωπος το μοιραίο θέμα του θανάτου.

Ο άνθρωπος έχει την ικανότητα να αναπαραχθεί, το ίδιο μπορεί να συμβεί και με τον υπολογιστή, το μόνο που χρειάζεται είναι να προγραμματιστεί κατάλληλα. Αν προγραμματιστεί ένας υπολογιστής να κατασκευάζει αντίγραφα του εαυτού του, τα οποία θα έχουν την ικανότητα να κάνουν ακριβώς τα ίδια πράγματα, τότε σε πολύ σύντομο χρονικό διάστημα θα έχουμε ένα υπερπληθυσμό από υπολογιστές. Να γιατί δεν πρέπει να προγραμματιστούν μόνο για να αναπαράγουν για τους ανθρώπους αυτό ονομάζεται το ένστικτο συντήρησης του είδους, η ασυνείδητη επιθυμία για αναπαραγωγή. Οι άνθρωποι βρίσκουν ευχαρίστηση να συνουσιάζονται, αγνοώντας ότι ανταποκρίνονται στην πραγματικότητα σε μια παρόρμηση, στο ένστικτο διατήρησης του είδους. Εάν δεν υπήρχε ευχαρίστηση στη συνουσία τότε σίγουρα δεν θα υπήρχε αναπαραγωγή. Ο γενετικός κώδικας των ανθρώπων προγραμματίστηκε κατά τέτοιον τρόπο ώστε δια μέσου της συνουσίας να επιτυγχάνεται ευχαρίστηση για να πραγματοποιείται η αναπαραγωγή. Οι άνθρωποι που χρησιμοποιούν κάποια μέθοδο αντισύλληψης, όπως το χάπι, το προφυλακτικό κ.λ.π. κάνουν ένα φανταστικό «κοροϊδεμα» στον γενετικό κώδικα τους. Λαμβάνουν συνειδητά την ευχαρίστηση δίχως το φόβο για αναπαραγωγή. Η ευχαρίστηση προκαλεί πάντα μία διεύρυνση του μυαλού, όμως ο υπερπληθυσμός είναι σίγουρα ένας σοβαρός κίνδυνος για την ανθρωπότητα. Η αντισύλληψη είναι ένας περίφημος τρόπος που έχουν οι άνθρωποι για να δείξουν ότι έχουν συναίσθηση του εαυτού τους και συναίσθηση της σημασίας των πράξεών τους έναντι ολόκληρης της ανθρωπότητας.

Ας επιτρέψουμε στον υπολογιστή μας θα μπορούσε να προγραμματιστεί επίσης να αισθάνεται ευχαρίστηση κάνοντας ορισμένα πράγματα. Κάθε υπολογιστής ο οποίος λειτουργεί όπως έχει προγραμματιστεί για να λειτουργεί, βιώνει την ευχαρίστηση από τη λειτουργία του. Όταν ο υπολογιστής «αισθάνεται» ότι το επίπεδο της ενέργειάς του είναι χαμηλό, λέει, «αυτό είναι λάθος», τότε τρέχει να επαναφορτιστεί. Όταν αισθάνεται την νέα ενέργεια να ρέει μέσα στα κυκλώματά του, μπορεί να πει «αυτό είναι καλό» και κάνοντας έτσι «αισθάνεται ευχαρίστηση».

Τι περιλαμβάνει το πρόγραμμα ενός υπολογιστή; Πληροφορίες που περιέχονται σε μια τράπεζα μνήμης οι οποίες θα καθορίζουν την συμπεριφορά του υπολογιστή. Αν έχει προγραμματιστεί να κάνει υπολογισμούς, θα κάνει υπολογισμούς- αν έχει προγραμματιστεί να σχεδιάζει κάτι , θα σχεδιάζει αν έχει προγραμματιστεί να παίζει μουσική, θα παίζει μουσική. Αλλά δεν θα παίζει μουσική, αν έχει προγραμματιστεί να κάνει υπολογισμούς και αντιστρόφως εκτός φυσικά αν συμβαίνει να έχει προγραμματιστεί και για τις δύο λειτουργίες.

Πώς είναι προγραμματισμένος ένας άνθρωπος; Από το ένα μέρος ο γενετικός του κώδικας, ο οποίος είναι γεμάτος πληροφορίες σχετικές με την συμπεριφορά του, με τους αισθησιακούς του τρόπους, οι οποίοι του δίνουν τη δυνατότητα να επικοινωνεί με το περιβάλλον του, με τους φυσικούς του τρόπους ώστε να μπορεί να κινείται, να τρέφει τον εαυτό του ή να αναπαράγεται, κ.λπ. Αυτές τις πληροφορίες λαμβάνει κάθε άνθρωπος κατά την γέννησή του (λίγο πολύ σχετικές με την κληρονομικότητά του) και οι οποίες αποτελούν την έμφυτη φύση του. Από το άλλο μέρος, η διαπαιδαγώγησή του θα τον εφοδιάσει με μια γλώσσα ώστε να μπορεί να επικοινωνεί με τους συνανθρώπους του, με νόμους που θα ρυθμίζουν την συμπεριφορά του, με μια σειρά από «ηθικές αξίες», με μια αντίληψη του κόσμου, με θρησκευτικές δοξασίες, κ.λπ. και όλα αυτά τα πράγματα θα καθορίζουν την συμπεριφορά του ατόμου. Το άτομο θα έχει την εντύπωση ότι εκτελεί από μόνος του, ότι ζει σ' έναν κόσμο όπου οι αξίες του είναι εκείνες που διάλεξε, αλλά θα είναι μόνο εκείνες που η εκπαίδευσή του, το έχει επιβάλει, εκείνες οι ιδέες που έλαβε από τους ανθρώπους που έπαιξαν το ρόλο του εκπαιδευτή ή προγραμματιστή. Αυτό ονομάζεται εμπειρία.

Οι κοινοί άνθρωποι, οι μη συνειδητοποιημένοι άνθρωποι είναι ανίκανοι να κάνουν οτιδήποτε άλλο εκτός απ' αυτό για το οποίο έχουν προγραμματιστεί, από την έμφυτη φύση τους ή από την εμπειρία τους, από την κληρονομικότητα τους ή από τους εκπαιδευτές τους.

Ο «πλήρης άνθρωπος», ο άνθρωπος ο οποίος ανυψώνει το επίπεδο της συνείδησης του έτσι ώστε να θέσει τον εαυτό του στο χώρο και στον χρόνο, γίνεται ένας αυτοπρογραμματιζόμενος υπολογιστής. Μπορεί να εξετάσει το πρόγραμμα το οποίο του επιβλήθηκε κατά την εκπαίδευση του δίχως να ζητηθεί η γνώμη του και να αντικαταστήσει ολόκληρη την εκπαίδευση του ή μέρος αυτής με μία νέα και περισσότερο κατάλληλη σειρά αξιών οι οποίες θα δείχνουν καλύτερες σε σχέση με υψηλότερα πρότυπα από εκείνες τις απαρχαιωμένες που είχαν κινήσει την οικογένεια του και το περιβάλλον του. Εκείνα τα πρότυπα γενικά αποσκοπούσαν στο να τον κάνουν να διατηρήσει ζωντανές τις παραδόσεις του παρελθόντος, εποχών που οι άνθρωποι ήταν τελείως πρωτόγονοι μ' ένα χαμηλό επίπεδο συναίσθησης στον τρόπο που αντιλαμβανόταν τον κόσμο και τον ρόλο τον οποίο οι άνθρωποι δημιουργήθηκαν για να παίξουν.

Ένας κοινός άνθρωπος ο οποίος επιθυμεί να γίνει ένας «πλήρης άνθρωπος», ένας άνθρωπος με ένα πιο υψηλό επίπεδο συνειδητοποίησης το οποίο θα τον καταστήσει ικανό να αξιοποιήσει κάτι παραπάνω από το 10% του εγκεφάλου του (ποσοστό που χρησιμοποιείται από τους κοινούς και μέτριους ανθρώπους), πρέπει να είναι ικανός να κάνει μια «εις βάθος πλύση του εγκεφάλου» του. Αυτή η πράξη θα του δώσει την δυνατότητα να κοιτάξει τα πάντα μέσα στον εγκέφαλο του, να επανατοποθετήσει ότι φαίνεται να είναι καλό και να αγνοήσει οτιδήποτε φαίνεται ότι είναι κακό. Θα διατηρήσει τις δικές του ιδέες και θα ξεφορτωθεί εκείνες που δέχτηκε από άλλους ανθρώπους, την οικογένειά του ή το περιβάλλον του, ιδέες τις οποίες έλαβε απ' εκείνους τους ανθρώπους οι οποίοι ήθελαν να δημιουργήσουν ένα μοντέλο σύμφωνα με τις δικές του πεποιθήσεις και για το δικό τους συμφέρον. Αυτή η πλύση εγκεφάλου θα έπρεπε να γίνει στην συμπεριφορά του, στις αντιδράσεις του στα συμβάντα του κόσμου, στον τρόπο που ξυπνά, που σηκώνεται, που ντύνεται, που τρώει, που εργάζεται, που μιλάει στους άλλους και τους ακούει, στην άνθιση της σεξουαλικής του ζωής κ.λπ. στα πάντα, σε κάθε χειρονομία ασχέτως με το πόσο μικρή ή ασήμαντη φαίνεται. Ένας πλήρης άνθρωπος έχει πλήρη συναίσθηση της κάθε κίνησης των φρυδιών του και του αποτελέσματος που θα μπορούσε να έχει στους ανθρώπους που τον περιβάλλουν.

Είναι αρκετά προφανές ότι αυτή η μεγάλη «ανοιξιάτικη καθαριότητα» για να είναι αποτελεσματική πρέπει να γίνεται με τη συντροφιά κάποιου ο οποίος ήδη έχει περάσει τη γραμμή που χωρίζει τη γη των «κοινών ανθρώπων» από το άπειρο σύμπαν των «πλήρων ανθρώπων». Κάποιος που γνωρίζει όλα τα διαφορετικά μονοπάτια και μπορεί να οδηγήσει αυτόν τον νέο ταξιδιώτη στην κατάλληλη κατεύθυνση, δίχως να τον εξαναγκάσει, αφήνοντάς τον να επιλέξει ελεύθερα το δικό του μονοπάτι.

Η συνείδηση (συναίσθηση) του ανθρώπου είναι ένα σπίτι το οποίο συνήθως έχει χτιστεί από άλλους ανθρώπους, βασισμένο σε πρότυπα τα οποία ποτέ δεν αμφισβητήθηκαν, εφόσον το ίδιο πράγμα είχε γίνει σ' αυτούς και στους γονείς τους πριν απ' αυτούς. Ο πλήρης άνθρωπος θα καταστρέψει αυτό το σπίτι και θα χτίσει ένα καινούργιο, προσαρμοσμένο στα γούστα του και στην φαντασία του. Θα διασώσει από τα παλιά συντρίμμια ορισμένα πράγματα τα οποία θα φαίνονται ότι μπορούν να ξαναχρησιμοποιηθούν, και συνδυάζοντάς τα με νέα συστατικά, θα κτίσει ένα νέο σπίτι, τελείως ταιριαστό με την αληθινή του προσωπικότητα.

Οι άνθρωποι κατασκεύασαν τα σπίτια σύμφωνα με το επίπεδο της συνείδησής τους. Τα σπίτια ήταν πάντα τετράγωνα ή ορθογώνια, με κεκλιμένες σκεπές και τίποτα δεν θα μπορούσε να το αλλάξει αυτό. Συνεχίζουν να κτίζουν τον ίδιο τύπο σπιτιών ξανά και ξανά. Κάθε σπίτι είναι σαν ένας Ελληνικός ναός με κάθετους τοίχους σαν κολώνες και με κεκλιμένη σκεπή σαν μια πυραμίδα τοποθετημένη στην κορυφή των Ελληνικών κολώνων. Οι μοντέρνες τεχνικές κατασκευές επιτρέπουν να προσδοθεί περισσότερος προσωπικός χαρακτήρας όταν κτίζεται ένα σπίτι. Παραδείγματος χάριν θα μπορούσε να γίνει εντελώς κυκλικό, θα μπορούσε να έχει το σχήμα μιας μπάλας ή ενός αυγού ή μιας Αιγυπτιακής πυραμίδας, ή ενός πουλιού ή ενός δέντρου κ.λπ. Τα σπίτια τα οποία είναι χτισμένα εν σειρά δείχνοντας όλα ακριβώς το ίδιο και σχηματίζοντας ομοιόμορφα καταθλιπτικά χωριά απεικονίζουν επακριβώς το επίπεδο συνειδητοποίησης των κατοίκων τους. Και ακόμη πιο παραδόξως, το σπίτι είναι ένα τυπικό παράδειγμα της ανθρώπινης ικανότητας αυτοπρογραμματισμού. Ο κότσυφας κτίζει πάντα τη φωλιά του κατά τον ίδιο τρόπο και δεν μπορεί ν' αλλάξει αυτό διότι έτσι είναι προγραμματισμένο στον γενετικό του κώδικα.

Ο άνθρωπος, ωστόσο, είναι ικανός να προσαρμόσει το καταφύγιο του στο περιβάλλον του. Μπορεί να κτίσει Ελληνικούς ναούς, πυραμίδες, καλύβες, ιγκλού, ξύλινα σπίτια, ουρανοξύστες φτιαγμένους από σίδερο και τσιμέντο, καθεδρικούς ναούς φτιαγμένους από πέτρα, και πύργους φτιαγμένους από μέταλλο και γυαλί.

Το απλό γεγονός ότι ο άνθρωπος είναι ένας αυτοπρογραμματιζόμενος υπολογιστής δεν τον κάνει διαφορετικό από τη μηχανή. Όλοι οι υπολογιστές μπορούν να προγραμματιστούν να κάνουν τα ίδια ακριβώς που κάνουμε κι εμείς, και όπως εμείς, θα μπορούσαν να προγραμματιστούν να αναπαράγουν τον εαυτό τους. Θα ήταν δυνατό επίσης να προγραμματιστεί ένας υπολογιστής έτσι ώστε να μπορεί να αυτοπρογραμματίζεται. Θα ήταν ικανός να ζει, να εργάζεται, να αναπαράγεται από ένα βασικό πρόγραμμα αλλά θα είχε επίσης την ικανότητα να τροποποιήσει το πρόγραμμά του, βασισμένος στις εμπειρίες του και να δώσει αυτές τις πληροφορίες στους απογόνους του, στους υπολογιστές που θα αναπαρήγαγε.

Θα μπορούσαμε ακόμη να φανταστούμε έναν υπολογιστή «διανοητικά αναπτυγμένο» ο οποίος θα είχε την ικανότητα να αφυπνίσει τα προγράμματα των ήδη υπαρχόντων υπολογιστών οι οποίοι θα είχαν δημιουργηθεί σαν μη αυτοπρογραμματιζόμενοι, έτσι ώστε αυτό το γνώρισμα να μεταβιβαζόταν προς αυτούς...

Ο άνθρωπος συνεπώς αρχίζει να ανακαλύπτει, δια μέσου της μηχανής, ότι δεν υπάρχει τίποτε το μυστηριώδες σχετικά μ' αυτόν ούτε με την καταγωγή του, ούτε με την συμπεριφορά του. Όλα όσα μπορεί να κάνει ένας άνθρωπος μπορεί να τα κάνει και ένας υπολογιστής και επιπλέον μπορεί να τα κάνει πολύ καλύτερα. Αυτό ισχύει για τα πάντα που μπορούν να γίνουν από τον άνθρωπο και συμπεριλαμβάνει και την καλλιτεχνική δημιουργικότητα. Υπάρχουν υπολογιστές ικανοί να συνθέσουν μουσική, να σχεδιάσουν κ.λπ.

Ποτέ δεν θα μπορούσαμε να βρούμε μια ανθρώπινη ικανότητα η οποία να μη μπορεί να προγραμματιστεί σ' έναν υπολογιστή, ακόμη και ο συντονισμός με το άπειρο θα μπορούσε να προγραμματιστεί. Όλα αυτά είναι απλώς φανταστικά και ο άνθρωπος είναι τώρα ικανός να δει τον εαυτό του σαν μια θαυμάσια μηχανή και να συγκεντρωθεί ολόψυχα στο να αναζητήσει ευτυχία και πλήρη ανθοφορία μέσω της εκπλήρωσης των δικών του αναγκών αλλά και αυτών των συνανθρώπων του, ώστε να κτίσει έναν κόσμο στον οποίο όλοι οι άνθρωποι θα είναι ευτυχισμένοι νιώθοντας ότι είναι άπειροι και αιώνιοι.

ΣΕΞΟΥΑΛΙΚΗ ΕΛΕΥΘΕΡΙΑ ΚΑΙ ΟΧΙ ΣΕΞΟΥΑΛΙΚΗ ΥΠΟΧΡΕΩΣΗ

Ερώτηση:
Τα μηνύματα ανέφεραν πλήρη σεξουαλική ελευθερία. Όμως για ένα ζευγάρι το οποίο διαβάζει τα βιβλία και επιθυμούν να γίνουν Ραελιστές γίνεται υποχρεωτικό να εφαρμόσουν την ανταλλαγή συντρόφων;

Απάντηση του ΡΑΕΛ:
Η ελευθερία του να κάνεις κάτι και η υποχρέωση είναι δύο διαφορετικά πράγματα τα οποία δεν πρέπει να συγχέουμε. Ένα ζευγάρι Ραελιστών που αγαπά ο ένας τον άλλο βαθιά, όπου και οι δύο σύντροφοι δεν επιθυμούν να μοιραστούν σεξουαλικές εμπειρίες με άλλα ζευγάρια θα παραμείνουν μαζί. Εάν αισθάνονται ευτυχισμένοι να είναι ο ένας κοντά στον άλλο δίχως την ανάγκη να βιώσουν τίποτα άλλο, αυτό είναι θαυμάσιο. Ο καθένας πρέπει να κάνει όπως τον ευχαριστεί. Η σεξουαλική ελευθερία της εκλογής ενός συντρόφου από τη στιγμή που έχετε ανακαλύψει ποιοί πραγματικά είστε, και από τη στιγμή που έχετε ανακαλύψει έναν σύντροφο ο οποίος πληροί κάθε σας ανάγκη και του οποίου κάθε ανάγκη φαίνεται να πληρείται, τότε γίνεται θέμα επιλογής να ζήσετε μαζί. Ωστόσο αρκετά συχνά μια εμπειρία μ' ένα άλλο άτομο θα σας καθιστούσε ικανούς να εκτιμήσετε περισσότερο την συντροφιά του συντρόφου σας καθώς συνειδητοποιείτε περισσότερο την αξία του ή την αξία της. Όσον αφορά τις σεξουαλικές επαφές, τα πάντα είναι δυνατά, τα πάντα

επιτρέπονται. Πρέπει να επιμείνω στην λέξη επιτρέπονται επειδή αυτό δε σημαίνει υποχρέωση....

Από την πρώτη στιγμή της δημιουργίας της Ραελιανής Κίνησης, είχα την ευκαιρία να δω πολλά ζευγάρια ν' αρχίζουν μια νέα σχέση. Μερικά απ' αυτά φαίνονται να είναι τόσο επιτυχημένα που δεν μπορώ να δω πολύ καλά τι θα έλπιζαν να κερδίσουν αναζητώντας άλλους συντρόφους. Ίσως αυτές οι εμπειρίες θα επιβεβαίωναν μόνο ότι είναι πράγματι πλασμένοι ο ένας για τον άλλο. Μερικοί άνθρωποι είναι επαρκώς αφυπνισμένοι για να καταλάβουν ότι αυτή καθ' εαυτή η εμπειρία δεν είναι στην πραγματικότητα αναγκαία. Όταν ένας άνθρωπος είναι πλήρως συνειδητοποιημένος, δεν χρειάζεται να κάνει κάτι για ν' ανακαλύψει ποιο θα είναι το αποτέλεσμα, το γνωρίζει, μπορεί να το νιώσει· εκτός αν η εμπειρία αποσκοπεί στην αφύπνιση ενός μαθητή ή είναι απαραίτητη για την ίδια την προσωπική του πρόοδο. Κάθε άτομο είναι ελεύθερο να ακολουθήσει τον δρόμο που αυτό διάλεξε υπό τον όρο ότι θα τηρηθούν τρεις θεμελιώδεις κανόνες:

Σεβαστείτε την ελευθερία επιλογής του καθενός όσον αφορά τους συντρόφους του, και τα γούστα του, συνειδητοποιείστε ότι κανένα άλλο ανθρώπινο ον δεν μπορεί να μας ανήκει με την έννοια της ιδιοκτησίας, και επιδιώξτε πάντα την ευτυχία εκείνων που ισχυρίζεστε ότι αγαπάτε.

Πάνω σ' αυτές τις βάσεις τα πάντα είναι δυνατά, ζευγάρια, τρίγωνα, τετράγωνα και «πολύγωνα» Ραελιανών ζώντας σε πλήρη αρμονία είτε είναι ομοφυλόφιλοι, ετεροφυλόφιλοι, ή αμφοτερόφιλοι.

ΡΑΕΛΙΑΝΙΣΜΟΣ ΚΑΙ ΟΜΟΦΥΛΟΦΙΛΙΑ

Ερώτηση :
Ποιά είναι η θέση του Ραελιανού Κινήματος για την Ομοφυλοφιλία;
Απάντηση του ΡΑΕΛ:

Είναι αρκετά απλή: κάθε άτομο έχει το δικαίωμα να κάνει με το σώμα του ότι αυτός ή αυτή θεωρεί πιο κατάλληλο. Η ομοφυλοφιλία δεν είναι μια ομαλή ή μια ανώμαλη συμπεριφορά. Κάθε άτομο πρέπει να ζήσει μία αρμονική σεξουαλική ζωή που να ανταποκρίνεται στα γούστα του και στις φυσικές του τάσεις. Η σεξουαλική διαφοροποίηση στη μήτρα της μητέρας γίνεται αισθητή στα τελευταία στάδια της ανάπτυξης. Υπάρχουν πολύ αρρενωποί άνδρες και άνδρες οι οποίοι είναι περισσότερο θηλυπρεπείς, όπως ακριβώς υπάρχουν γυναίκες οι οποίες είναι ανδροπρεπείς και άλλες που είναι πολύ θηλυπρεπείς, με όλες τις πιθανές ενδιάμεσες παραλλαγές.

Είναι ανόητο να αποδοκιμάζουμε έναν ομοφυλόφιλο επειδή είναι ομοφυλόφιλος, όπως ακριβώς θα ήταν ανόητο να αποδοκιμάσουμε έναν άνδρα επειδή είναι άνδρας, ή μια γάτα επειδή είναι γάτα, καθώς όλα αυτά υπάγονται στην γενετική. Πολλά είδη ζώων είναι ομοφυλόφιλα, και μπορεί πολύ συχνά να παρατηρήσουμε στην ύπαιθρο, σκύλους, βόδια και κότες να επιδίδονται σε ομοφυλόφιλη συμπεριφορά. Είτε πρόκειται για κότα, για σκύλο ή για τον άνθρωπο, το γεγονός παραμένει ότι η ομοφυλοφιλία είναι κάτι το φυσιολογικό.

Εκείνο που δεν είναι φυσιολογικό είναι να εξαναγκάζουμε τους άλλους να συμμεριστούν τις ιδέες μας σε σεξουαλικά θέματα. Οι ρατσιστές, οι οπαδοί των παραδόσεων και οι στρατοκρατικοί είναι ανάμεσα σ' εκείνους τους ανθρώπους που θα βασάνιζαν εκείνους που αισθάνονται διαφορετικά ως προς κάποιο θέμα.

Η επιθετικότητα που έχει στόχο τους ομοφυλόφιλους είναι μια μορφή ρατσισμού. Προέρχεται συνήθως από ανθρώπους οι οποίοι έχουν μια άθλια σεξουαλική ζωή και καθώς ζηλεύουν, δεν μπορούν να ανεχθούν το γεγονός ότι οι άλλοι θα μπορούσαν να ανθοφορήσουν ζώντας κάτι διαφορετικό.

Αυτοί οι ίδιοι άνθρωποι που αποδοκιμάζουν την ομοφυλοφιλία θα συγχωρέσουν πολύ εύκολα έναν άνδρα που κατηγορείται για τον βιασμό μιας γυναίκας, έστω κι αν αυτό είναι ένα αποτρόπαιο έγκλημα. Ανάμεσα στους Ραελιανούς οδηγούς υπάρχουν άρρενες και θήλυς ομοφυλόφιλοι, υπάρχουν ετεροφυλόφιλοι και αμφοτερόφιλοι. Όλοι αυτοί ανθοφορούν διότι έχουν συνειδητοποιήσει ότι τους αγαπούν γι' αυτό που πραγματικά είναι, με την δυνατότητα να αυτοπραγματωθούν ζώντας μέσα στο σώμα τους όπως τους αρέσει, σε μια αδελφική κοινωνία σκέψεων που καμιά άλλη θρησκεία δεν θα ήταν ικανή να τους δώσει. Πως μπορεί να είναι κάποιος ακόμη Ρωμαιοκαθολικός οπαδός όταν ακούει τον «Σφετεριστή του Βατικανού» να κατακρίνει την ομοφυλοφιλία ενώ αφαιρεί από τις γυναίκες το ίσο (με τους άνδρες) δικαίωμά τους να γίνουν ιερείς. Αυτά είναι δύο αποδείξεις ρατσισμού και φαλλοκρατίας τα οποία μπορούν να βοηθήσουν εκείνους που έχουν μάτια να δουν την αλήθεια.

ΘΕΪΣΤΕΣ ΚΑΙ ΕΞΕΛΙΚΤΙΚΟΙ: ΟΙ ΨΕΥΔΟΠΡΟΦΗΤΕΣ

Ερώτηση:
Είναι γραμμένο «Όταν θα έλθει ο καιρός της Αποκάλυψης, θα υπάρχουν πολλοί ψευδοπροφήτες». Ποιοί είναι αυτοί;
Απάντηση του ΡΑΕΛ:
Υπάρχουν πολλοί ψευδοπροφήτες στις μέρες μας και στην εποχή μας. Η πραγματική σημασία του προφήτη (Prophet), η ετυμολογική του πηγή είναι η Ελληνική λέξη «Προφήτης- Prophet's » που σημαίνει «αυτός που αποκαλύπτει», όπως αναφέραμε νωρίτερα. Οι ψευδοπροφήτες της εποχής μας, δηλαδή, εκείνοι που αποκαλύπτουν ή διδάσκουν ψεύτικες πληροφορίες, είναι όλοι εκείνοι οι άνθρωποι που προσπαθούν να οδηγήσουν την ανθρωπότητα πίσω στις πρωτόγονες δοξασίες σ' έναν άυλο και ασύλληπτο πλην όμως παντοδύναμο «Θεό», ο οποίος επιτηρεί κάθε ανθρώπινο ον για να το τιμωρήσει ή να το επιβεβαιώσει ανάλογα με την περίπτωση.

Αυτή είναι μια έννοια η οποία συγχέει το άπειρο, το οποίο είναι πράγματι ασύλληπτο στο σύνολο του λόγω του ότι είναι Άπειρο σε χώρο, και αιώνιο σε χρόνο πλην όμως χωρίς συναίσθηση του ίδιου εαυτού του και για αυτόν τον λόγο δεν έχει καμιά δύναμη ούτε επί της ανθρωπότητας σαν σύνολο ούτε επί καθενός ατόμου ξεχωριστά και τους Ελοχίμ τους δημιουργούς μας, οι οποίοι είναι πραγματικοί και παντοδύναμοι σ' αυτόν τον τομέα του Σύμπαντος, οι οποίοι όμως μας αγαπούν, εμάς τα παιδιά τους, και οι οποίοι μας επιτρέπουν να εξελισσόμαστε ελεύθερα στην επιστημονική και πνευματική μας πρόοδο.

Η δεύτερη κατηγορία των σύγχρονων ψευδοπροφητών είναι όλοι εκείνοι οι άνθρωποι, επιστήμονες ή όχι, οι οποίοι ισχυρίζονται ότι ζουν στη Γη, και συνεπώς η ανθρωπότητα, είναι το αποτέλεσμα τυχαίων διαδοχικών συμβάντων τα οποία συνέβησαν κατά την διάρκεια αυτού που ονομάζουν εξέλιξη. Όπως είπε ο Αϊνστάιν, δεν μπορεί να υπάρξει ένα ρολόι δίχως τον ωρολογοποιό του. Όλοι εκείνοι οι άνθρωποι οι οποίοι πιστεύουν ότι καταγόμαστε από τον πίθηκο δια μέσου μιας αργής εξελικτικής διαδικασίας, πιστεύουν ότι το θαυμάσιο ρολόι που είμαστε, κτίστηκε από μόνο του, τυχαία. Είναι κάπως σαν να λέμε ότι αν βάλουμε όλα τα συστατικά ενός ρολογιού μαζί σε έναν σάκο και τον κουνήσουμε για λίγα λεπτά , τελικά θα πάρουμε ένα ρολόι που θα δουλεύει τέλεια. Δοκιμάστε ένα εκατομμύριο φορές αν το επιθυμείτε.

Και οι οπαδοί της εξελικτικής θεωρίας είναι επίσης ψευδοπροφήτες, Ψευδοπληροφορητές, οι οποίοι οδηγούν την πλειοψηφία του πληθυσμού μακριά από την αλήθεια γύρω από τους δημιουργούς μας τους Ελοχίμ. Αυτός ο πληθυσμός ο οποίος καταπίνει και πιστεύει ακράδαντα κάθε τι που λέγεται από τους ασπροντυμένους ανώτατους ιερείς της επιστημονικής κοινωνίας (οι περισσότεροι απ' τους οποίους είναι απελπιστικά στενόμυαλοι) κρατείται σκόπιμα σε άγνοια και έτσι αναπόφευκτα πιστεύει ότι εκείνα τα οποία λέγουν οι επίσημοι είναι αληθινά. Μπορείτε να αρχίσετε να φαντάζεστε τι αισθάνονται οι Ελοχίμ όταν βλέπουν τους ανθρώπους να αποδίδουν το αριστούργημά τους σε τυχαία συγκυρία;

ΑΥΤΟΚΤΟΝΙΑ

Ερώτηση:
Αναφέρεται στο δεύτερο Μήνυμα ότι όταν κάποιος υποφέρει από αφάνταστο πόνο, έχει το δικαίωμα να διαπράξει αυτοκτονία. Αυτό σημαίνει ότι η αυτοκτονία είναι καλό πράγμα;

Απάντηση του ΡΑΕΛ:
Όλοι μας θα κριθούμε σύμφωνα με τις πράξεις που κάναμε κατά την διάρκεια της ζωής μας στη Γη. Το άτομο με τις περισσότερες θετικές απ' ότι αρνητικές πράξεις θα έχει το δικαίωμα στην αιώνια ζωή στον πλανήτη των Ελοχίμ. Αν κάποιο άτομο υποφέρει τόσο πολύ σωματικά κι αν η ανθρώπινη επιστήμη είναι ανίκανη να ανακουφίσει τον πόνο του, τότε αυτό έχει το δικαίωμα να βάλει τέλος στη ζωή του. Εάν οι περισσότερες από τις πράξεις του κατά την διάρκεια της ζωής του ήταν θετικές θα ξαναδημιουργηθεί για να ζήσει αιώνια. Εάν δεν ήταν κυρίως θετικές, δεν θα ξαναδημιουργηθεί και γι' αυτό το άτομο δεν θα συμβεί τίποτα. Εάν όμως οι περισσότερες από τις πράξεις του ήταν αρνητικές θα μπορούσε να ξαναδημιουργηθεί για να κριθεί αργότερα απ' εκείνους τους ίδιους ανθρώπους που τους έκανε να υποφέρουν.

Κάποιος που δεν υποφέρει σωματικά, ή που δεν έχει κάποια αναπηρία δεν πρέπει να διαπράξει αυτοκτονία καθώς όλοι μας έχουμε μια αποστολή να εκπληρώσουμε σ' αυτή τη Γη, ιδιαίτερα οι Ραελιανοί. Αυτοί πρέπει να αφιερώσουν τη ζωή τους στην διάδοση των Μηνυμάτων που δόθηκαν από τους Ελοχίμ των οποίων είναι εκπρόσωποι. Το να βάζει κάποιος τέλος στη ζωή του είναι μια ενέργεια προδοσίας, είναι σαν αν εγκαταλείπει κάποιος την θέση του κατά τη διάρκεια της μάχης, αναφέρομαι στην μάχη η οποία θα αφυπνίσει την ανθρωπότητα και θα την επιτρέψει να επιζήσει ώστε να φθάσει στην Χρυσή Εποχής Οι Ελοχίμ υπολογίζουν στον καθένα απ' εμάς, και ο κάθε Ραελιανός, είναι πολύ πολύτιμος για τους Δημιουργούς του. Επιτρέψτε μου να το επαναλάβω, η μόνη φορά που
η αυτοκτονία είναι αποδεκτή είναι όταν ένα άτομο βρίσκεται σε ακραίο σωματικό πόνο, ο οποίος δεν μπορεί να ανακουφιστεί από την επιστήμη ή όταν οι δυνάμεις του έχουν ελαττωθεί μέχρι το σημείο που να μην μπορεί πια να σκέφτεται αποτελεσματικά. Όλοι οι άλλοι άνθρωποι είναι αγγελιοφόροι των Πατέρων μας, οι οποίοι είναι στον ουρανό και πρέπει όλοι να αφιερώσουμε τις ζωές μας στην διάδοση των καλών νέων.

ΟΙ ΝΕΕΣ ΑΠΟΚΑΛΥΨΕΙΣ

Αυτό το κεφάλαιο περιλαμβάνει τις αποκαλύψεις που οι Ελοχίμ ζήτησαν από τον Ραέλ να κρατήσει μυστικές για τρία χρόνια μετά το ταξίδι του όταν του αποκαλύφθηκε το δεύτερο Μήνυμα. Αφού τώρα βρισκόμαστε στο έτος 34 (1979) ήλθε ο χρόνος να γνωρίσουν οι άνθρωποι αυτές τις νέες αποκαλύψεις.

Ο ΔΙΑΒΟΛΟΣ ΔΕΝ ΥΠΑΡΧΕΙ ΤΟΝ ΣΥΝΑΝΤΗΣΑ

Μην τρέμετε όταν αναρωτιέστε αν ένα πλάσμα με κέρατα, με κατσικίσια πόδια, καλά κρυμμένο, περιμένει την κατάλληλη στιγμή για να έλθει και να τρυπήσει την πλάτη σας με μια τρίαινα Αφού δεν υπάρχει «Θεός» που να κάθεται σ' ένα άσπρο σύννεφο, κρατώντας ένα κεραυνό στο δεξί του χέρι, δεν υπάρχει ούτε διάβολος.

Οι κοινοί άνθρωποι χρησιμοποιούν λέξεις όπως διάβολος, Σατανάς, Εωσφόρος ή δαίμονας για να περιγράψουν τις κακοποιείς δυνάμεις όπως ακριβώς θα πίστευαν ότι «Αποκάλυψη» σημαίνει «το τέλος του κόσμου».

Ας εξιχνιάσουμε την αληθινή σημασία αυτών των λέξεων. Η λέξη Σατανάς είναι χρονολογικά η πιο αρχαία. Όταν οι Ελοχίμ έπλασαν τα πρώτα τελείως συνθετικά όντα στα εργαστήρια στον πλανήτη τους μια ορισμένη ομάδα ανθρώπων από τον κόσμο τους διαμαρτυρήθηκε εναντίον αυτών των γενετικών χειρισμών οι οποίοι πίστευαν ότι ήταν επικίνδυνοι για τον πολιτισμό τους. Φοβότανε ότι οι επιστήμονες θα δημιουργούσαν τέρατα που θα δραπέτευαν από τα εργαστήρια και θα διέπρατταν φόνους εντός του πληθυσμού. Οι φόβοι τους έγιναν δυστυχώς πραγματικότητες, και η ομάδα των διαμαρτυρόμενων αποδείχτηκε ότι είχε δίκαιο. Έτσι η κυβέρνηση του πλανήτη των Ελοχίμ διέταξε τους επιστήμονες να καταστρέψουν όλες τους τις εργασίες.

Αυτή η ομάδα των διαμαρτυρόμενων εναντίων των γενετικών χειρισμών καθοδηγείτο από έναν Ελόχα ονομαζόμενο Σατανά (Satan).

Τελικά επετράπη στους επιστήμονες να πάνε σ' έναν άλλο πλανήτη και να συνεχίσουν τα πειράματά τους. Μια περιγραφή αυτού του συμβάντος υπάρχει στο κατά Ματθαίον Ευαγγέλιο (κεφ. ιγ, στίχος 4). Είναι μια παραβολή η οποία περιγράφει το έργο της δημιουργίας ζωής σε άλλους πλανήτες από τους Ελοχίμ.

«Κοίτα τον σπορέα, βγήκε για να σπείρει. Και καθώς έσπερνε, μερικοί σπόροι έπεσαν στην άκρη του δρόμου και πήγαν πουλιά και τους έφαγαν».

Τα πουλιά είναι οι αγγελιοφόροι που στάλθηκαν από τον Σατανά, οι οποίοι πίστευαν ότι ο πλανήτης που επέλεξαν για τα πειράματά τους για δημιουργία ζωής ήταν πολύ κοντά στον δικό τους, και ότι αν κατά τύχη τα όντα που πλάσθηκαν στο εργαστήριο ήταν στην πραγματικότητα ανώτερα διανοητικά από τους δημιουργούς τους, και γίνονταν βίαια, θα αποδεικνυόταν επικίνδυνα για τον πληθυσμό του πλανήτη των Ελοχίμ. Η κυβέρνηση τους έδωσε άδεια να καταστρέφουν γι' άλλη μια φορά τα έργα των επιστημόνων.

Έπρεπε να ψάξουν για έναν άλλο πλανήτη ο οποίος θα ήταν κατάλληλος για την δημιουργία ζωής, όμως απέτυχαν για δεύτερη φορά. Την πρώτη φορά ο επιλεγμένος πλανήτης ήταν πολύ κοντά σ' ένα άστρο (ήλιο) και το δημιούργημα κάηκε από τις βλαβερές ακτινοβολίες που προέρχονταν απ' αυτό το άστρο και την δεύτερη φορά υπέστησαν εισβολή από την βλάστηση. Τελικά έφθασαν σ' έναν πλανήτη ο οποίος πρόσφερε όλα τα απαραίτητα στοιχεία για να μπορέσει να επιζήσει το δημιούργημά τους και βρισκόταν αρκετά μακριά ώστε να μην εμφανίζει σημάδια κινδύνου στα μάτια της κοινωνικής ομάδας που προέδρευαν από τον Σατανά.

«Ἰδοῦ ἐξῆλθεν ὁ σπείρων τοῦ σπείρε. Και εν τω σπείρειν αυτόν α μεν έπεσε παρά την όδόν, και ελθόντα τα πετεινά κατέφαγεν αυτά. άλλα δε επεσεν επί τα πετρώδη, όπου ουκ είχε γήν πολύν, και ευθέως έξανέτειλε διά το μη έχειν βάθος γης, ηλίου δε ανατείλαντος έκαυματίσθη, και διά το μη έχεαν ρίζαν έξηράνθη· άλλα δε έπεσεν επί τας άκάνθας, και ανέβησαν αι άκανθαι και απέπνιξαν αυτά" άλλα δε επεσεν επί την γην την κόλον και εδίδου καρπόν ὁ μεν εκατόν, ὁ δε εξήκοντα, 5 δε τριάκοντα. Ὁ έχων ώτα ακούειν ακουέτω» (Ματθαίος κεφ. ιγ. στίχος 4-9).

Γνωρίζουμε επίσης ότι οι Ελοχίμ δημιούργησαν ζωή σε δύο άλλους πλανήτες εκείνη την εποχή, εξ ου ή μνεία «τρεις σοδειές».

Γνωρίζουμε επίσης ότι η άδεια η οποία επέτρεψε τους επιστήμονες να έλθουν στην Γη για να δημιουργήσουν ζωή, τους δόθηκε υπό τον όρο ότι δεν θα δημιουργούσαν ανθρώπους κατ' εικόνα τους.

Το πρώτο Μήνυμα εξηγεί πως παρέβησαν αυτή την εντολή και προκάλεσαν την αντίδραση της κυβέρνησής τους. Απαγορεύοντάς τους να αποκαλύψουν στους πρώτους γήινους ανθρώπους, τους οποίους είχαν κατασκευάσει, όπως και αυτοί είχαν δημιουργηθεί, και απαιτώντας αυτοί οι πρώτοι άνθρωποι να φοβούνται τους δημιουργούς τους, οι Ελοχίμ εμφανίστηκαν σαν υπερφυσικά όντα, θεϊκά όντα κατά κάποιον τρόπο.

Ο Σατανάς πίστευε ότι δεν θα μπορούσε κάποιος να προσδοκά τίποτε το καλό από αυτά τα επιστημονικά δημιουργημένα πλάσματα, και ότι από τον άνθρωπο μόνο συμφορά θα μπορούσε να έλθει.

Ο Σατανάς ήταν σαν τον αρχηγό ενός πολιτικού κόμματος στον πλανήτη των Ελοχίμ, ο οποίος ήταν αντίθετος στην δημιουργία οποιουδήποτε τύπου όντων κατ' εικόνα τους από άλλους Ελοχίμ, οι οποίοι πίστευαν ότι θα μπορούσαν να δημιουργήσουν όντα τα οποία θα είχαν θετικά στοιχεία και δεν θα ήταν βίαια.

Τότε ήλθε ο Εωσφόρος, που σημαίνει «ο φέρων φως». Ο Εωσφόρος είναι ένας από τους Ελοχίμ που δημιούργησε ζωή στην Γη, κατά συνέπεια έπλασε τον άνθρωπο.

Ο Εωσφόρος ήταν επικεφαλής μιας μικρής ομάδας επιστημόνων που εργάζονταν σε ένα από τα εργαστήρια μηχανικής γενετικής η οποία μελετούσε την συμπεριφορά των πρώτων συνθετικών ανθρώπων. Παρατηρώντας τις ασυνήθιστες επιδεξιότητες που εμφάνιζε αυτό το δημιούργημά τους, αποφάσισε ο Εωσφόρος να παραβεί την εντολή και να φανερώσει σ' αυτούς τους πρώτους ανθρώπους ότι εκείνους τους οποίους από λάθος πίστευαν για «Θεούς» ήταν στην πραγματικότητα άνθρωποι όπως αυτοί οι ίδιοι φτιαγμένοι από σάρκα και αίμα και οι οποίοι ήλθαν από έναν άλλο πλανήτη οδηγώντας ιπτάμενες μηχανές φτιαγμένες από απτά υλικά. Ο Εωσφόρος και η ομάδα του από τους Ελοχίμ αισθάνθηκαν αγάπη και στοργή για τους συνθετικά πλασμένους ανθρώπους τους. Τους αγάπησαν σαν να ήταν δικά τους παιδιά αυτούς τους πρώτους ανθρώπους τους οποίους μελετούσαν στην διάρκεια όλης της ημέρας, οι οποίοι είχαν εξαναγκαστεί να βλέπουν τους Ελοχίμ σαν «Θεούς».

Δεν θα μπορούσαν να αντέξουν να βλέπουν τα δημιουργήματά τους τα οποία φαίνονταν επιτυχημένα σωματικά, ψυχολογικά και τα οποία ήταν όμορφα και ευφυέστατα, γονατισμένα με τα χέρια τους στην γη να τους λατρεύουν σαν να ήταν είδωλα και όλα αυτά μόνο λόγω μιας διαταγής που τους δόθηκε από τον πρόεδρο της κυβέρνησής τους τον Γιαχβέ, η οποία τους απαγόρευε να πουν στα δημιουργήματά τους την αλήθεια και υποχρέωνε τους Ελοχίμ να παίζουν μονίμως τον ρόλο των υπερφυσικών όντων.

Ο Εωσφόρος «φέρων φως» διαφώτισε τους πρώτους ανθρώπους όταν αποκάλυψε ότι οι Δημιουργοί δεν ήταν οι «Θεοί» αλλά άνθρωποι κι αυτοί. Αυτή η συμπεριφορά του είναι πλήρως αντίθετη μ' αυτήν του Σατανά που πιστεύει ότι μόνο συμφορά μπορεί να προσδοκά κανείς από τους ανθρώπους, και επίσης μ' αυτήν του Γιαχβέ του πρωθυπουργού του συμβουλίου των Αιωνίων, που κυβερνάει τον πλανήτη των Ελοχίμ.

Μέχρι τώρα, κανένα πλάσμα με κέρατα.

Ο Γιαχβέ καταδικάζει τους επιστήμονες που δεν είχαν υπακούσει τις εντολές του. Καταδικάστηκαν να ζήσουν το υπόλοιπο της ζωής τους σε εξορία στην Γη. Το «ερπετό» θα σερνόταν στη Γη όπως είναι γραμμένο τόσο ποιητικά, και οι άνθρωποι εκδιώχτηκαν από το εργαστήριο, «τον κήπο της Εδέμ» όπου τρέφονταν, ντύνονταν και διέμεναν δίχως να πρέπει να κάνουν την παραμικρή προσπάθεια.

Αλλά ο Σατανάς, ακόμη ανικανοποίητος, επιθυμούσε να καταστραφούν όλοι οι άνθρωποι, έτσι ώστε όλη η δημιουργία να καταστραφεί διότι τους έκρινε ως επικίνδυνους, βλέποντας πόσο βίαιοι ήταν. Καθώς ο καιρός περνά, ο Σατανάς συγκεντρώνει αποδείξεις της ανθρώπινης επιθετικότητας παρατηρώντας τον τρόπο με τον οποίο ένας σκοτώνει τον άλλο με τα όπλα που είχαν δοθεί στις κόρες των ανθρώπων από τους Υιούς των Ελοχίμ που ζούσαν στην εξορία. Η ομάδα του Εωσφόρου ενέχεται σε «τρυφερές» σχέσεις με τις κόρες των ανθρώπων, οι οποίες πετυχαίνουν να πάρουν όπλα σε αντάλλαγμα για τα θέλγητρά τους με την ψεύτικη δικαιολογία ότι τα δίνουν στους πατέρες τους ή στους αδελφούς τους ώστε να μπορούν να κυνηγούν για τροφή. Στην πραγματικότητα, οι άνθρωποι επέλεξαν να πολεμούν μεταξύ τους μ' αυτό το οπλοστάσιο.

Βλέποντας τις αποδείξεις που έφερε ο Σατανάς ότι τέτοια σφαγή συνέβαινε στην Γη, Ο Γιαχβέ αποφασίζει να κάνει αυτό που ζητάει ο Σατανάς, δηλαδή, να καταστρέψει ολοκληρωτικά την δημιουργία στην Γη, και για τον ίδιο λόγο επιτρέπει στην ομάδα του Εωσφόρου να επιστρέψει στον πλανήτη τους και να συγχωρεθεί, βάζοντας έτσι ένα τέλος στην εξορία τους.

Όταν όμως η ομάδα του Εωσφόρου μαθαίνει ότι το θαυμάσιο δημιούργημά τους πρόκειται σύντομα να καταστραφεί αποφασίζουν να μην επιτρέψουν να γίνει αυτό. Είναι ακόμη πολύ σίγουροι ότι ανάμεσα στους ανθρώπους υπάρχουν μερικοί που έχουν θετικά στοιχεία και δεν είναι βίαιοι, γεμάτοι αγάπη και αδελφοσύνη. Ανάμεσα σ' αυτούς ήταν ο Νώε τον οποίον βοήθησαν να κατασκευάσει ένα διαστημόπλοιο το οποίο θα τους προστάτευε από την καταστροφή μένοντας σε τροχιά γύρω από τη Γη. Αυτό το σκάφος περιλάμβανε λίγους άνδρες και λίγες γυναίκες και τον γενετικό κώδικα μερικών ειδών από ζώα ο οποίος θα χρησιμοποιούνταν για να τα ξαναδημιουργήσουν μετά τον κατακλυσμό.

Μόνο τότε ήταν που οι Ελοχίμ ανακάλυψαν ότι κι αυτοί επίσης είχαν δημιουργηθεί κατά τον ίδιο τρόπο όπως αυτοί είχαν δημιουργήσει τους ανθρώπους, επιστημονικά σ' ένα εργαστήριο, από άλλους ανθρώπους προερχόμενους από έναν άλλο κόσμο. Τότε λοιπόν αποφάσισαν ποτέ ξανά να μην καταστρέψουν την ανθρωπότητα και βοήθησαν την ομάδα του Εωσφόρου να επανεμφυτεύσει τις ζωικές μορφές που διασώθηκαν στην «κιβωτό».

Ο Σατανάς είναι ακόμη πεπεισμένος για την κακία των ανθρώπων αλλά υποκλίνεται μπροστά στην πλειοψηφία εκείνων που, μαζί με τον Γιαχβέ, πιστεύουν το αντίθετο μέσα στο συμβούλιο των Αιωνίων. Ο Γιαχβέ κατάλαβε μέσω του μηνύματος που περιεχόταν στο μη επανδρωμένο διαστημόπλοιο που ερχόταν από κάποιον άλλο πλανήτη το οποίο προσγειώθηκε στον πλανήτη τους, ότι αν οι άνθρωποι είναι βίαιοι, θα «αυτοκαταστραφούν» όταν ανακαλύψουν πηγές ενέργειας που θα τους επιτρέψουν να εισέλθουν σε ένα διαπλανητικό επίπεδο πολιτισμού.

Οι Ελοχίμ αποφάσισαν να αφήσουν τους ανθρώπους να προοδεύσουν από μόνοι τους, διάλεξαν όμως ορισμένους ανθρώπους ή τους έκαναν να γεννηθούν στη Γη, άνθρωποι οι οποίοι θα ήταν υπεύθυνοι για την δημιουργία θρησκειών, οι οποίες θα είχαν σαν προορισμό να διατηρήσουν τα ίχνη του Έργου τους στη Γη, έτσι ώστε να μπορέσουν οι Δημιουργοί των ανθρώπων να αναγνωριστούν σαν τέτοιοι, όταν θα έλθει το πλήρωμα του χρόνου που το ανθρώπινο γένος θα έχει επαρκώς εξελιχθεί, επιστημονικά, για να μπορεί να καταλάβει λογικά.

Μηνύματα τέτοιας τεράστιας σπουδαιότητας θα μπορούσαν να δοθούν μόνο σε αξιόπιστους ανθρώπους, και πρώτα απ' όλα οι Ελοχίμ έπρεπε να είναι σίγουροι ότι οι επιλεγμένοι τους, θα ήταν πιστοί στους δημιουργούς τους, έτσι ώστε να μην πρόδιδαν τι τους αποκαλύφθηκε. Ο Σατανάς θα ήταν υπεύθυνος για την εξέταση των προφητών.

Πως θα εξέταζαν την πίστη αυτών των ανθρώπων; Από τη στιγμή που κάποιο άτομο θα ερχόταν σ' επαφή με τους αγγελιοφόρους των Ελοχίμ οι οποίοι θα του φανέρωναν την αποστολή του, ο Σατανάς, ή κάποιος από τους ανθρώπους του θα ερχόταν σ' επαφή με τον υποψήφιο προφήτη και με συκοφαντίες θα κατέστρεφε τους Ελοχίμ στο μυαλό του προσπαθώντας να πείσει τον άνθρωπο να απαρνηθεί τους Πατέρες του ή να δεχθεί να προδώσει την αποστολή του με την υπόσχεση π.χ. υλικών ανταλλαγμάτων. Ποιά είναι η λέξη για τον συκοφάντη (γι' αυτόν που διαβάλλει) στα Ελληνικά; Απλά «Διάβολος». Νάτος ο περίφημος διάβολος μας, αλλά ακόμη δεν έχει ούτε κέρατα ούτε οπλές.

Ο Ιησούς για παράδειγμα ο οποίος πήγε στην έρημο για σαράντα μέρες, κατά την περίοδο της μυήσεώς του, ήλθε αντιμέτωπος αρκετές φορές με τον «διάβολο» για να δουν αν ο Ιησούς θα απαρνιότανε τον Πατέρα του.

«Τότε ὁ Ἰησούς ἀνήχθην εἰς τὴν ἔρημο ὑπό τοῦ Πνεύματος πειρασθῆναι ὑπό τοῦ διαβόλου»

(Ματθαίος κεφ. δ', στ.1).

Ο Ιησούς αναχώρησε στην έρημο για να εξεταστεί από έναν συκοφάντη.

Οι πολλές δοκιμασίες που του επεβλήθησαν από τον «διάβολο» επίσης περιγράφονται. Πρώτα απ' όλα ζητάει από τον Ιησού να μετατρέψει τις πέτρες σε ψωμί για να αποδείξει ότι πραγματικά είναι ο υιός του Θεού:

«Καὶ προσελθών αὐτῷ ὁ πειράζων εἰπών εἰ υἱός εἶ τοῦ Θεοῦ, εἰπέ ἵνα οἱ λίθοι οὗτοι ἄρτοι γίνονται». «Ὁ δὲ ἀποκριθείς εἶπε-γέγραπται, οὐκ ἐπ' ἄρτῳ μόνῳ ζήσετε ἄνθρωπος ἀλλὰ ἐπὶ παντί ῥήματι ἐκπορευτῷ- μεν διὰ στόματος Θεοῦ».

(Ματθαίος κεφ. δ', στ.3-4).

Ο Ιησούς απαντάει στον Σατανά ότι είναι πιο σημαντικό να είσαι πιστός στους Ελοχίμ από το να φας. Ο διάβολος προσπαθεί να τον δελεάσει με τροφή καθώς ο Ιησούς είχε νηστέψει αρκετό χρονικό διάστημα. Μετά ο Ιησούς μεταφέρεται στο άκρον της στέγης του ναού και του λέει να πηδήξει κάτω έτσι ώστε

«οἱ ἄγγελοι τοῦ Θεοῦ» να επιβραδύνουν την πτώση του για να

> *τον εμποδίσουν να τραυματιστεί «και λέγει αυτώ ει υιός ει του Θεού, βάλε σε αυτόν κάτω- γέγραπται γαρ ότι τοις αγγέλοις αυτού εντελείται περί σου, και επί χειρών Μαρούσι σε, μήποτε προσκόψης προς λίθον τον πόδα σου».*
>
> *(Ματθαίος κεφ. δ', στ. 6).*

Ο Ιησούς απάντησε:

> *«Έφη αυτού ο Ιησούς- πάλιν γέγραπται, ουκ εκπειράσεις Κύριον τον Θεόν σου.» (Ματθαίος κεφ. δ', στ.7).* '

Ο Ιησούς αποκρίνεται στον διάβολο ότι δεν ήλθε στη Γη για να θέσει άνευ λόγου σε δοκιμασία τους Δημιουργούς του, αποδεικνύοντας μ' αυτόν τον τρόπο ότι δεν επιζητά σε κάθε στιγμή την βοήθεια τους.

Τότε ο Σατανάς οδηγεί τον Ιησού στην κορυφή ενός ψηλού βουνού και του προτείνει να τον κάνει τον πλουσιότερο Βασιλιά της Γης.

> *« Πάλιν παραλαμβάνει αυτόν ο διάβολος εις όρος υψηλόν λίαν, και δείκνυσιν αυτώ πάσας τας βασιλείας του κόσμου και την δόξαν αυτών. Και λέγει αύτώ- ταύτα πάντα σοι δώσω, εάν πεσών προσκυνήσεις μοι.»*
>
> *(Ματθ. κεφ δ,' στ. 8-9).*

Τότε ο Ιησούς απάντησε:

> *« Τότε λέγει αύτώ ο Ιησούς· ύπαγε οπίσω μου, Σατανά! Γέγραπται γαρ, Κύριον τον Θεόν σου προσκυνήσεις και αυτό μόνο λατρεύσεις.»*
>
> *«Τότε αφίησιν αυτόν ο διάβολος. Και ιδού, άγγελοι προσήλθαν και διηκόνουν αύτω.»*
>
> *(Ματθαίος κεφ. δ', στ. 10-11).*

Ο Ιησούς δείχνει την αφοσίωσή του προς τους Ελοχίμ τους οποίους προτιμά να υπηρετεί παρά να γίνει ένας ισχυρός και πλούσιος άνθρωπος. Πρέπει να σημειώσουμε ότι στους στίχους αυτούς ο Ιησούς αναφέρεται στον συκοφάντη με τ' όνομά του, εφόσον τον ονομάζει Σατανά. Εφόσον η δοκιμασία ήταν επιτυχής οι «άγγελοι», οι αγγελιοφόροι των Ελοχίμ, ήλθαν κάτω στον Ιησού για να ολοκληρώσουν την μύησή του.

Δεν ήταν μόνο ο Ιησούς που δοκιμάστηκε από τον «διάβολο», και ο Ιώβ επίσης δοκιμάστηκε από τον Σατανά. Η αρχή του βιβλίου του Ιώβ είναι αρκετά εύγλωττη διότι δείχνει καθαρά τις καλές σχέσεις, ή καλύτερα τις αδελφικές σχέσεις που υπήρχαν μεταξύ του Γιαχβέ και του Σατανά. «Κάποια μέρα τα παιδιά του Θεού ήλθαν να παρουσιαστούν ενώπιον του Γιαχβέ, ανάμεσα σ' αυτούς ήλθε επίσης και ο Σατανάς. Και ο Γιαχβέ είπε στον Σατανά: «Από που έρχεσαι;» Τότε ο Σατανάς απάντησε στον Γιαχβέ και είπε: «Από περιπλάνηση και περιπολία στη Γη» και ο Γιαχβέ είπε στον Σατανά: «Μήπως πρόσεξες τον υπηρέτη μου Ιώβ, και ότι δεν υπάρχει κανένας στη Γη σαν αυτόν, άμεμπτος και έντιμος που να φοβάται τον Θεό και να αποφεύγει το κακό;». Αλλά ο Σατανάς απάντησε στον Γιαχβέ και είπε «Μήπως ο Ιώβ είναι θεοφοβούμενος χωρίς λόγο; Μήπως δεν τον περιέβαλες αυτόν και την οικογένειά του και όλα όσα έχει με την προστασία σου; Ευλόγησες της εργασία των χεριών του, και τα κοπάδια του εξαπλώνονται πάνω στη γη. Τώρα όμως άπλωσε το χέρι σου και άγγιξε κάτι που έχει και σίγουρα θα σε βλαστημήσει κατά πρόσωπο.» Και ο Γιαχβέ είπε στον Σατανά:

«Δες, όλα αυτά που έχει είναι στην εξουσία σου μόνο να μην απλώσεις χέρι πάνω σ' αυτό το άτομο.» Έτσι ο Σατανάς απομακρύνθηκε από την ακρόαση του Κυρίου.»

(Ιώβ κεφ. α', στ'. 6-12).

Μπορούμε να δούμε καθαρά ότι ο Γιαχβέ είναι πάνω από τον Σατανά στην Ιεραρχία των Ελοχίμ. Αλλά ωστόσο εξουσιοδοτεί τον Σατανά, λόγω της ιδιότητάς του σαν «αρχηγός του κόμματος της αντιπολίτευσης» να πράξει όπως του αρέσει, δίνοντάς του τον Ιώβ, δηλαδή να αποδείξει ότι μπορεί να πάρει κάποιον άνθρωπο ο οποίος αγαπά τους Ελοχίμ, βαθιά, και να τον κάνει να τους μισεί όταν ο άνθρωπος αυτός θλίβεται από ατυχίες, συμφορές ή αρρώστιες.

Πράγματι, ο Σατανάς καταστρέφει πλήρως τον Ιώβ, αλλά ο Ιώβ συνεχίζει ακόμη να αγαπά και να σέβεται τους Ελοχίμ.

«Τότε ο Ιώβ άρχισε να ξεσκίζει τον μανδύα του και να κόβει τα μαλλιά του. Έπεσε μπρούμυτα στο χώμα και είπε: "Γυμνός βγήκα από τη μήτρα της μάνας μου και γυμνός, θα επιστρέψω πάλι: Ο Γιαχβέ έδωσε και ο Γιαχβέ παίρνει πίσω* ευλογημένο το όνομα του Γιαχβέ". Παρ' όλα αυτά ο Ιώβ δεν αμάρτησε, ούτε είπε κάτι το ασεβές για τους Ελοχίμ»

(βιβλίο του Ιώβ κεφ. α', στ. 20-22).

Ο Σατανάς ακόμη δεν είναι ευχαριστημένος καθώς κάνει την αναφορά του στον πρόεδρο του Συμβουλίου των Αιωνίων:

«Για άλλη μια φορά οι Υιοί των Ελοχίμ ήλθαν να παρουσιαστούν ενώπιον του Γιαχβέ και ο Σατανάς επίσης ήλθε μαζί μ' αυτούς για να παρουσιαστεί ενώπιον αυτού. Και ο Γιαχβέ είπε στον Σατανά: " Από πού έρχεσαι;" Και ο Σατανάς απάντησε και είπε στο Γιαχβέ: " Από περιπλάνηση και περιπολία στην Γη." Και ο Γιαχβέ είπε στον Σατανά: "Μήπως παρατήρησες τον δούλο μου Ιώβ, και ότι δεν υπάρχει κανένας άλλος στη Γη σαν αυτόν, τέλειος και έντιμος, που να φοβάται τον Θεό και να αποφεύγει το κακό; Παραμένει ακόμη πιστός στην αθωότητά του, παρ' όλο που με παρακίνησες εναντίον του να τον καταστρέψω δίχως λόγο." Και ο Σατανάς απάντησε στον Γιαχβέ και είπε: "Τομάρι για το τομάρι! Όλα όσα έχει ο άνθρωπος θα τα δώσει για τη ζωή του. Τώρα όμως άπλωσε το χέρι σου και ακούμπησε τα κόκκαλα του και τη σάρκα του και τότε σίγουρα θα σε βλαστημήσει κατά πρόσωπο.

« Και ο Γιαχβέ είπε στον Σατανά:" Είναι στην εξουσία σου, χάρισέ του μόνο την ζωή του. »

(βιβλίο του Ιώβ κεφ. β', στ. 1-6).

Ο Γιαχβέ συνεπώς επιτρέπει στον Σατανά να καταστρέψει την υγεία του Ιώβ έτσι ώστε να δει αν θα συνεχίσει να αγαπά τους δημιουργούς του. Και ο Ιώβ συνεχίζει να σέβεται τους Ελοχίμ. Μόνο τότε άρχισε να ρωτά ο Ιώβ τον Γιαχβέ γιατί τον είχε φέρει στον κόσμο, αφού ήταν μόνο για να θλίβεται με όλα τα είδη των ατυχιών. Τελικά, παρεμβαίνει ο Γιαχβέ και εξηγεί εν συντομία στον Ιώβ τι είχε συμβεί. Ο Γιαχβέ λέει στον Ιώβ ότι έκανε λάθος που έκρινε τους δημιουργούς που πραγματοποίησαν τη δοκιμασία, και που μετάνιωσε που γεννήθηκε. Ο Γιαχβέ αποκαθιστά την υγεία του Ιώβ και του δίνει πολλά περισσότερα υπάρχοντα από αυτά που είχε πριν να καταστραφεί.

Στο τέλος της συνάντησης που είχα με τον Γιαχβέ στο σκάφος μεταφοράς, βγήκε έξω για λίγες στιγμές λέγοντάς μου ότι θα με συναντούσε αργότερα. Τότε ο ένας από τους άλλους δύο Ελοχίμ μου ζήτησε να τον ακολουθήσω.

Με οδήγησε σ' ένα μικρό δωμάτιο, υπέροχα διακοσμημένο. Οι τοίχοι έμοιαζαν με το εσωτερικό μιας κυκλικής πυραμίδας και εκείνοι οι τοίχοι ήταν σκεπασμένοι με φωτεινά κύματα ήχου τα οποία έδιναν την εντύπωση πολύχρωμων υδάτινων κυμάτων. Τα πάντα κινούνταν με έναν εξαίσιο χαλαρωτικό ρυθμό μουσικών παλμών. Μου είπαν να βολευτώ σε μια άνετη καρέκλα που ήταν καλυμμένη με μαύρη γούνα, δίνοντας την εντύπωση ότι ήταν ζωντανή. Έπειτα αυτός ο Ελόχα (ενικός αριθμός της λέξεως Ελοχίμ) άρχισε να μιλά:

«Πρέπει να σε προειδοποιήσω ότι ανάμεσα στους Ελοχίμ δεν υπάρχει μόνο μια γνώμη όσον αφορά το μέλλον της Ανθρωπότητας στη Γη. Ο Γιαχβέ πιστεύει ότι οι άνθρωποι είναι καλοί και αισθάνεται ότι έπρεπε να τους αφήσουμε να προοδεύσουν από μόνοι τους, πεπεισμένος ότι αν παρουσιάσουν αρνητικά στοιχεία, θα αυτοκαταστραφούν. Όλοι οι πολλοί οπαδοί μου, και εγώ, πιστεύουμε ότι οι άνθρωποι είναι κακοί και ότι θα έπρεπε να βοηθήσουμε το ανθρώπινο γένος να επισπεύσει την αυτοκαταστροφή του. Προτείνουμε να μας βοηθήσεις να επιταχύνουμε τον τελικό κατακλυσμό ο οποίος θα εξαγνίσει το Σύμπαν από όντα τα οποία είναι μόνο το αποτέλεσμα ενός ανεπιτυχούς πειράματος.

Αν προσπαθήσεις να φέρεις εις πέρας την αποστολή που σου ανατέθηκε από τον Γιαχβέ, θα παραμείνεις για πάντα ένας αξιολύπητος άνθρωπος, και θα πρέπει να ανέχεσαι τον σαρκασμό του καθενός. Θα υποφέρεις, ίσως ακόμη να μπεις στην φυλακή, ή ακόμη χειρότερα, να θανατωθείς από τους ίδιους τους αδελφούς σου. Αν δεχτείς την προσφορά μου, και φέρεις εις πέρας το σχέδιο μου, που βασίζεται στην αύξηση των διαφόρων ρατσιστικών τάσεων που υπάρχουν στα ανθρώπινα όντα έτσι ώστε να ξεσπάσει ένας ρατσιστικός παγκόσμιος πόλεμος, θα σε κάνω πολύ ισχυρό και πολύ πλούσιο. Ο ρόλος σου θα συνίσταται στο να δημοσιεύσεις τα βιβλία που θα σου υπαγορεύσω και τα οποία θα σε καταστήσουν ικανό να δημιουργήσεις διάφορα πολιτικά και πνευματικά κινήματα που να κηρύσσουν την καταστροφή της Αραβικής φυλής, της κίτρινης φυλής και της μαύρης φυλής, οι οποίες έχουν υπό την κατοχή τους όλες τις πολύτιμες και ακατέργαστες ύλες που χρειάζεται και αξίζει να έχει η λευκή φυλή, εφόσον οι προσπάθειες των λευκών ανθρώπων ήταν εκείνες που τους επέτρεψαν να αναπτύξουν τεχνικές μεθόδους για να βρουν αυτά τα υλικά και να τα χρησιμοποιήσουν σε πρώτη φάση. Μόλις ξεσπάσει αυτή η πλανητική σύγκρουση, εσύ, και όλοι εκείνοι οι άνθρωποι που θα σε έχουν βοηθήσει να την πραγματοποιήσεις, θα διασωθούν. Θα σε πάρουμε με ασφάλεια σ' ένα από τα σκάφη μας, και τελικά θα σου επιτρέψουμε να επιστρέψεις στην Γη όταν τα πάντα θα έχουν καταστραφεί, έτσι ώστε να μπορέσεις να αρχίσεις μια νέα ανθρωπότητα. Θα κυβερνήσεις αυτόν τον νέο πολιτισμό όπως επιθυμείς, και με την βοήθεια μας φυσικά.

Εν τω μεταξύ, μόλις επιστρέψεις στην Γη, θα υπάρχει ένα ποσό 1 δισεκατομμυρίου, 5 δισ., 10 δισ., ή περισσότερα αν το επιθυμείς, κατατεθειμένο σε έναν τραπεζικό λογαριασμό στην Ελβετία στο όνομα κάποιου ιδρύματος, για να σε βοηθήσουμε να αρχίσεις. Πες μας ποιο θα πρέπει να είναι το ποσό, και αν δεν είναι επαρκές, θα πραγματοποιηθούν αμέσως και άλλες καταθέσεις.

Επιπλέον, αν δεχτείς να μας βοηθήσεις, εσύ και όλοι εκείνοι οι άνθρωποι που θα σε έχουν βοηθήσει, θα έχουν το δικαίωμα αιώνιας ζωής.

Το μόνο πράγμα που ζητάμε από την ανθρωπότητα είναι να καταστρέψει αυτόν τον φρικτό πολιτισμό που τώρα υπάρχει στη Γη. Για τον λόγο αυτό θα πρέπει επίσης να τους πεις ότι συναντήθηκες με έναν εξωγήινο και σε προειδοποίησε για μια εισβολή στη Γη απ' αυτούς. Θα σου δώσουμε τις απαραίτητες αποδείξεις σχετικά με την ύπαρξή μας και κανένας δεν θ' αμφισβητήσει τα λόγια σου. Κατ' αυτόν τον τρόπο, η ανθρωπότητα θα αυξήσει τον εξοπλισμό της ώστε να προετοιμαστεί εναντίον μιας πιθανής επίθεσης από τον ουρανό. Αυτό θα εμποδίσει τον Γιαχβέ για μια ακόμη προσέγγιση στην προσπάθεια του να σταματήσει τους ανθρώπους να σκοτώνονται μεταξύ τους ή να δημιουργούν ακόμη περισσότερα πυρηνικά όπλα και επιθετικότητα στην Γη.

Σκέψου, από τη μια πλευρά, κάποιοι άνθρωποι σου ζητούν να εργαστείς για έναν ήδη χαμένο σκοπό αφού αργά ή γρήγορα οι άνθρωποι θα ανατιναχτούν από μόνοι τους από το πρόσωπο της γης. Αυτοί οι ίδιοι άνθρωποι δεν θα σου δώσουν ούτε αποδείξεις για την ύπαρξή τους ώστε να σε βοηθήσουν να πείσεις τους αδελφούς σου, ούτε κάποια οικονομική βοήθεια. Θα σ' εγκαταλείψουν στον σαρκασμό, στην αστυνομία και στις δικαστικές πιέσεις που θα μπορούσαν να σε οδηγήσουν στην φυλακή, χωρίς καν να αναλογιστεί κανείς την πιθανότητα ότι κάποιοι φανατικοί θα μπορούσαν να σε σκοτώσουν επειδή ισχυρίζεσαι ότι δεν υπάρχει «Θεός». Από την άλλη πλευρά, η πρότασή μου σε κάνει πλούσιο και πολύ ισχυρό άνθρωπο αμέσως, έναν άνθρωπο ο οποίος απλώς θα έχει επιταχύνει μια διαδικασία στην οποία όπως και να' χει το πράγμα οι άνθρωποι έχουν ήδη εμπλακεί.

Λοιπόν, ποιά είναι η απάντησή σου; Θέλεις να το σκεφτείς για λίγες μέρες πριν μου δώσεις την απάντηση σου;»

Και εγώ απάντησα:

«Δεν είμαι καθόλου πεπεισμένος ότι η ανθρωπότητα θα αυτοκαταστραφεί, ακόμη κι αν υπήρχαν εννιά στις δέκα περιπτώσεις αυτό να συμβεί. Ακόμη και αν υπήρχε μόνο μια πιθανότητα στις χίλιες να καταπνίξει η ανθρωπότητα την επιθετικότητά της και ν' αποφύγει την καταστροφή, πιστεύω ότι θα άξιζε να δοκιμάσω αυτή τη πιθανότητα. Θα ήθελα να πιστεύω ότι οι άνθρωποι θα καταλάβουν πριν να είναι πολύ αργά. Και ακόμη κι αν συμβεί ο τελικός κατακλυσμός, ο Γιαχβέ μου είπε ότι όλοι οι άνθρωποι που θα έχουν αγωνιστεί για την ειρήνη και για να μην υπάρχει βία θα σωθούν, ώστε να ξανακατοικήσουν την γη και να προσπαθήσουν να φτιάξουν έναν κόσμο αγάπης τελικά.

Η πρότασή σου δεν προσφέρει τίποτε περισσότερο, εκτός ίσως απ' το ότι στο σχέδιο σου, θα σωθούν μόνο εκείνοι οι άνθρωποι οι οποίοι θα έχουν συνεισφέρει στην έκρηξη της βίας. Ο νέος πολιτισμός τον οποίο θα δομούσαν τότε, δεν θα μπορούσε να αποφύγει την βία λόγω των κυρίαρχων χαρακτηριστικών των ιδρυτών του, άμεσα κοινωνικά και κληρονομικά.

Το απλό γεγονός να πω στην ανθρωπότητα για την εισβολή εξωγήινων στην Γη θα ήταν αρκετό να προκαλέσει περισσότερο φόβο και να αυξήσει στη συνέχεια την επιθετικότητα στον πλανήτη μας. Λοιπόν ακόμη κι αν υπάρχει μόνο μια περίπτωση στις χίλιες ότι η Γη θα μπορούσε να σωθεί προς το παρόν, αυτή η περίπτωση θα κόβονταν στη μέση από την στιγμή που θα μαθαίνονταν τα νέα μιας ενδεχόμενης παρέμβασης από την πλευρά σας. Ένας από τους πλέον σημαντικούς συντελεστές ο οποίος μπορεί να συνεισφέρει ώστε να ελαττωθεί η βία μεταξύ των ανθρώπων είναι η αφύπνιση του νου σχετικά με το σύμπαν και το άπειρο. Αν όλοι οι άνθρωποι κοίταζαν προς τον ουρανό με ελπίδα και αδελφοσύνη, τότε θα αισθάνονταν πολύ πιο κοντά ο ένας προς τον άλλο και θα σκεφτόταν λιγότερο να σκοτώσει ο ένας τον άλλο.

Δεν ενδιαφέρομαι να γίνω πλούσιος και ισχυρός. Δεν έχω σχεδόν τίποτε, όμως τα λίγα που έχω είναι όλα όσα μου χρειάζονται για να είμαι ευτυχισμένος. Η αποστολή την οποία επιτελώ γεμίζει τη ζωή μου με ευτυχία. Αυτό που χρειάζομαι είναι φαγητό για τα παιδιά μου και μια στέγη πάνω από τα κεφάλια τους. Όλα αυτά μου εδόθησαν από τους πιστούς οπαδούς μου οι οποίοι θέλουν να με βοηθήσουν να φέρω την αλήθεια σ' όλους τους ανθρώπους της Γης. Δεν μπορώ να ζω συγχρόνως σε δυο σπίτια, ούτε μπορώ να οδηγώ ταυτόχρονα δύο αυτοκίνητα, και ακόμη κι αν αποχτούσα δικό μου σπίτι, αυτό δε σημαίνει ότι θα μπορούσα να κοιμηθώ καλύτερα ή ότι η φωτιά θα ήταν πιο ζεστή. Όσον αφορά την αποστολή που μου εμπιστεύθηκε ο Γιαχβέ, θα προτιμούσα να πραγματοποιηθεί μέσω συλλογικών προσπαθειών όλων εκείνων που πραγματικά επιθυμούν να καλωσορίσουν τους Ελοχίμ (παρά εκείνων που τους βλέπουν σαν απειλή) καθώς αυτό θα ήταν σίγουρα η ποιό

όμορφη απόδειξη αγάπης που μπορούμε να δώσουμε στους δημιουργούς μας.»

«Λοιπόν, απορρίπτεις την πρότασή μου;» ρώτησε ο Ελόχα.

«Ναι, και για όλους τους λόγους που μόλις ανέφερα, αφού είμαι ριζικά αντίθετος στη Βία.»

«Είσαι σίγουρος ότι δεν θα το μετανιώσεις κάποτε; Δεν θα ήταν καλύτερα να περιμένεις και να το σκεφτείς;» ανταπάντησε.

«Δεν θ' αλλάξω ποτέ τη γνώμη μου, άσχετα με το τι θα συμβεί. Ακόμη κι αν η ζωή μου ήταν σε κίνδυνο, θα προτιμούσα να κατευθύνω τις προσπάθειες μου έτσι ώστε η αγάπη και η αδελφοσύνη να ενώσουν όλους τους ανθρώπους, έτσι ώστε να καλωσορίσουν τους Δημιουργούς τους, όπως αξίζει στους Ελοχίμ να καλωσοριστούν.»

Την ίδια στιγμή, άνοιξε η πόρτα και εισήλθε ο Γιαχβέ συνοδευόμενος από έναν άλλο Ελόχα. Γύρισε προς το μέρος μου και μου είπε:

«Είμαι πολύ ευχαριστημένος για τον τρόπο που αντέδρασες στις προτάσεις που σου έγιναν. Ήμουν πεπεισμένος για τις αντιδράσεις σου, ο Σατανάς όμως, ο αδελφός μας, ο οποίος μόλις σε έθεσε σε δοκιμασία, δεν θα πειστεί ότι μπορεί κάποιος να αναμένει κάτι καλό από τους ανθρώπους μέχρι να ενωθούν όλοι, και να καταστραφούν τα χρήματα και όλα τα όπλα. Ο δεύτερος σύντροφός μου, που είναι τόσο ευτυχισμένος με την συμπεριφορά σου, είναι ο Εωσφόρος, ο οποίος ήταν ο πρώτος που έδειξε εμπιστοσύνη στο ανθρώπινο γένος πριν ακόμη εγώ αντιληφθώ την ανάγκη να αφήσω την ανθρωπότητα να προοδεύσει, και ν' αφήσω τον άνθρωπο να περάσει μόνος του την τελική δοκιμασία να εξαφανίσει την βία δίχως παρέμβαση από μέρους μας.»

Ο Σατανάς μου είπε τότε ότι δεν πιστεύει να υπάρχουν στη Γη πάνω από μια δωδεκάδα ανθρώπους σαν κι εμένα. Αγάπη και αδελφοσύνη φώτισαν το πρόσωπο του και πρόσθεσε ότι ήταν της γνώμης ότι δεν είναι λόγω των μερικών σπάνιων εξαιρέσεων που υπήρχαν, ότι η ανθρωπότητα άξιζε αυτό το δικαίωμα να υπάρχει. Στην συνέχεια επιστρέψαμε στο πιο ευρύχωρο από τα δύο διαστημόπλοια, στο ένα το οποίο θα με οδηγούσε στον πλανήτη των Αιωνίων, όπου προοριζόταν να συμπληρωθεί η μύησή μου. Όλα αυτά αναφέρονται στο βιβλίο το οποίο περιέχει το δεύτερο μήνυμα, «Οι Εξωγήινοι με πήγαν στον πλανήτη τους.»

Ο ΠΑΤΕΡΑΣ ΜΟΥ ΠΟΥ ΜΕ ΔΗΜΙΟΥΡΓΗΣΕ ΣΤΟΝ ΟΥΡΑΝΟ

Στην πρώτη μου συνάντηση με αυτόν τον επισκέπτη από το διάστημα ο οποίος δεν γνώριζα ότι είναι ο Γιαχβέ, ο πρόεδρος του Συμβουλίου των Αιωνίων, αναρωτήθηκα γιατί είχαν διαλέξει εμένα να γίνω ο αγγελιοφόρος τους στη Γη. Μου απάντησε ότι είχαν αποφασίσει να

«διαλέξουν» κάποιον που να έχει γεννηθεί μετά την πρώτη ατομική έκρηξη στην Χιροσίμα, την 6η Αυγούστου του 1945. Στη συνέχεια πρόσθεσε «Σε παρακολουθούμε από τη γέννηση σου και ίσως πιο πριν» (βλέπε το πρώτο Μήνυμα).

Στην αρχή βρήκα αυτή την απάντηση να είναι πολύ περίεργη και κατά την διάρκεια των δύο ετών μεταξύ του πρώτου και του δευτέρου μηνύματος, συχνά σκεφτόμουν σοβαρά αυτό το θέμα.

Έπρεπε να περιμένω μέχρι να συναντήσω ξανά τον Γιαχβέ για να ξεκαθαρίσω αυτό το θέμα ολοκληρωτικά.

Αποκάλυψε την αλήθεια της καταγωγής μου στο τέλος των παρατηρήσεων που απηύθυνε στον λαό του Ισραήλ όπως αναφέρεται στο δεύτερο Μήνυμα όταν ήμαστον τότε στον πλανήτη των Αιωνίων.

Για άλλη μια φορά μου είπαν να φορέσω την ειδική ζώνη με την μεγάλη αγκράφα, η οποία μου επέτρεψε να ταξιδέψω στον αέρα ακολουθώντας ορισμένα ρεύματα κυμάτων. Βρέθηκα να πετώ γύρω στα είκοσι μέτρα πάνω από μια οργιώδη βλάστηση ύστερα από μια ομαλή έξοδο από το εργαστήριο, όπου ο νους μου είχε τροποποιηθεί στην παράξενη κοχυλοειδή καρέκλα.

Σε δέκα δευτερόλεπτα πάνω κάτω, φθάσαμε σ' ένα παραδεισένιο ξέφωτο, όπου βρήκαμε να κάθονται μερικοί προφήτες, με τους οποίους είχα γευματίσει προηγουμένως. Λίγες εκατοντάδες μέτρα παρακάτω μπορούσα να δω αχανείς και μεγαλοπρεπείς αμμώδεις παραλίες, που περιέβαλλαν μια θάλασσα με καταγάλανα νερά τέτοιας έντονης ομορφιάς, που κανένας από τους όρμους της Μεσογείου δεν θα μπορούσε να την συναγωνιστεί, ή έστω να την πλησιάσει. Το γαλάζιο του νερού ήταν σαν αυτό μιας πισίνας της Καλιφόρνιας, όμως αυτό απλωνόταν μέχρι πέρα στον ορίζοντα, με θαυμάσιες ροζ και πράσινες περιοχές μέσα στη γαλάζια θάλασσα . Όταν κοίταξα πιο προσεκτικά, μπορούσα να διακρίνω σημάδια από όλα τα χρώματα, το ένα πιο όμορφο από το άλλο, σαν να είχε ζωγραφιστεί ο πυθμένας της θάλασσας σε μήκος δέκα χιλιομέτρων. Ρώτησα από που προέρχονται αυτά τα καταπληκτικά χρώματα. Μου είπαν ότι ο χρωματισμός του νερού οφείλεται στα φύκια. Τα φύκια είχαν κατασκευαστεί τεχνητά, και εμφυτεύτηκαν για να δημιουργούν τα ειδικά εφέ που παρατήρησα.

Η ζώνη μου επέτρεψε να κατέβω μαλακά στο μικρό ξέφωτο κοντά στην ομάδα των δέκα περίπου προφητών. Ο ένας ο οποίος συστήθηκε σαν Ιησούς, ήλθε να μας συναντήσει.

Ακολουθώντας τον Γιαχβέ, πήγαμε όλοι μας και καθίσαμε σε καθίσματα σκαλισμένα στον βράχο. Όλα τα καθίσματα ήταν καλυμμένα με εκείνη την θαυμάσια μαύρη γούνα η οποία έμοιαζε να είναι ζωντανή. Βρισκόμαστον σ' έναν βραχώδη γκρεμό αγναντεύοντας την θάλασσα. Ο Γιαχβέ ρώτησε αν κατά την διάρκεια των δύο τελευταίων ετών, από την πρώτη συνάντηση μας, υπήρχε κανένα ερώτημα που να με είχε απασχολήσει ιδιαίτερα. Χωρίς δισταγμό, του είπα ότι είχα συχνά αναρωτηθεί τί εννοούσε όταν είχε πει «Σε παρακολουθούμε

από την γέννησή σου κι ακόμη πιο πριν.»

Είχα στριφογυρίσει πολλές φορές στο μυαλό μου την ερώτηση, αναρωτώμενος αν αυτό σήμαινε ότι είχαν διαλεχτεί οι γονείς μου πριν την σύλληψή μου, κι αν είχαν οδηγηθεί τηλεπαθητικά ο ένας στο άλλον για να με φέρουν στον κόσμο, ή αν ήδη γνωρίζονταν μεταξύ τους όταν είχαν επιλεγεί, ή εάν είχα ήδη συλληφθεί όταν είχαν επιλεγεί ή μάλλον όταν το έμβρυο το οποίο είχε δημιουργηθεί είχε επιλεγεί.

Ο Γιαχβέ απάντησε σε αυτήν την ερώτηση η οποία ήταν πολύ σημαντική για μένα. Η απάντησή του ήταν ακόμη πιο ασυνήθιστη απ' ότι είχα προβλέψει.

Εκείνη τη στιγμή σταμάτησε να απευθύνεται σε μένα με τον πληθυντικό ευγενείας «Εσείς» και άρχισε να απευθύνεται με τον προσωπικό τύπο «εσύ». Στην συνέχεια είπε:

«Το άτομο το οποίο θεωρούσες πατέρα σου δεν ήταν ο πραγματικός σου πατέρας. Μετά την έκρηξη στη Χιροσίμα, αποφασίσαμε ότι ήλθε ο καιρός για μας, να στείλουμε έναν νέο αγγελιοφόρο στη Γη. Θα ήταν ο τελευταίος προφήτης, αλλά ο πρώτος που θ' απευθυνόταν στο ανθρώπινο γένος ζητώντας τους να καταλάβουν και όχι να πιστέψουν. Διαλέξαμε τότε μια γυναίκα, όπως είχαμε κάνει την εποχή του Ιησού. Αυτή τη γυναίκα την πήραμε πάνω σ' ένα από τα σκάφη μας και γονιμοποιήθηκε όπως είχαμε κάνει με την μητέρα του Ιησού. Στη συνέχεια ελευθερώθηκε αφού προηγουμένως είχαμε σβήσει εντελώς από τη μνήμη της όλα τα ίχνη από ότι είχε συμβεί»

«Όμως πριν να συμβούν όλα αυτά, το είχαμε προσχεδιάσει έτσι ώστε να έβρισκε έναν άντρα, ο οποίος θα μπορούσε να στηρίξει το παιδί οικονομικά και θα μπορούσε να το μεγαλώσει κόσμια. Αυτός ο άνδρας έπρεπε να είναι από μια διαφορετική θρησκεία από εκείνη της γυναίκας έτσι ώστε το παιδί θα μεγάλωνε δίχως έντονες θρησκευτικές προκαταλήψεις. Να γιατί ο άνδρας τον οποίο θεωρούσες για πατέρα σου και πίστευες ότι πραγματικά ήταν ,ήταν Εβραίος.»

«Ο πραγματικός σου Πατέρας είναι επίσης Πατέρας του Ιησού, και αυτό σας καθιστά αδέλφια. Ο πατέρας που σε ανέθρεψε ήταν σαν τον Ιωσήφ, ήταν για να φροντίζει εσένα και την μητέρα σου μέχρι τον καιρό που θα μπορούσες να ζήσεις μόνος σου.»

«Απ' αυτή τη στιγμή και πέρα μπορείς να με αποκαλείς πατέρα, διότι είσαι το παιδί μου.»

Από ολόκληρο το ταξίδι, αυτή ήταν η πιο συγκινητική στιγμή. Και μπόρεσα να δω στα μάτια του Γιαχβέ μια εξίσου μεγάλη συγκίνηση και ένα αίσθημα αγάπης. Και ο Ιησούς επίσης φαινόταν να είναι πλημμυρισμένος από τα ίδια αισθήματα. Τότε φίλησα τον πατέρα μου και τον αδελφό μου για πρώτη φορά.

Στην συνέχεια ο Γιαχβέ μου ζήτησε να μην αποκαλύψω στο ανθρώπινο γένος αυτόν τον συγγενικό δεσμό μέχρι να περάσουν τρία χρόνια. Αυτός είναι ο λόγος που ποτέ δεν μίλησα γι' αυτό μέχρι τώρα.

Εν πάση περιπτώσει αυτό δεν έχει μεγάλη σημασία, δεν πρέπει να κάνουμε τα ίδια λάθη όπως εκείνοι οι άνθρωποι που αναγνώρισαν τον Ιησού σαν αγγελιοφόρο που κατάγεται από τα ουράνια. Δεν είναι ο Αγγελιοφόρος αυτός που έχει σημασία, αλλά αυτό το ίδιο το Μήνυμα.

«Ο Ιησούς ήλθε στη Γη για να δείξει την οδό που πρέπει να ακολουθήσουμε, και οι άνθρωποι εξακολούθησαν να κοιτάζουν το δάκτυλο του», είπε κάποιος μεγάλος στοχαστής, και αυτό είναι δυστυχώς αλήθεια.

Και εγώ, ο Ραέλ, σας δείχνω επίσης την οδό που πρέπει να ακολουθήσετε, αποκαλύπτοντας τα Μηνύματα που μου δόθηκαν από τον πατέρα μου «ο οποίος είναι στους ουρανούς». Είναι πιο σημαντικό να αναγνωρίσουμε τους Ελοχίμ σαν πατέρες μας και να προετοιμάσουμε την Πρεσβεία τους στην Γη όπως ζητούν παρά να δώσουμε προσοχή στον Αγγελιοφόρο. Μόνο τα Μηνύματα είναι σημαντικά και μέσω αυτών η αναγνώριση εκείνων που τα έστειλαν, όχι όμως ο Αγγελιοφόρος.

Μη κοιτάτε το δάκτυλο μου, αλλά την κατεύθυνση που δείχνει.

ΜΗΝΥΜΑ ΑΠΟ ΤΟΝ ΓΙΑΧΒΕ ΣΤΟΥΣ ΑΝΘΡΩΠΟΥΣ ΤΗΣ ΓΗΣ: Η ΑΠΟΚΑΛΥΨΗ ΤΟΥ ΤΕΛΙΚΟΥ ΠΥΡΗΝΙΚΟΥ ΚΑΤΑΚΛΥΣΜΟΥ

Εγώ, ο Γιαχβέ, μέσα από τις λέξεις του προφήτη μου Ραέλ, απευθύνομαι σε όλους τους ανθρώπους της Γης.

Υπάρχει, δυστυχώς, μόνο μια πιθανότητα στις εκατό που η ανθρωπότητά σας δεν θα αυτοκαταστραφεί, και ο κάθε Ραελιστής πρέπει να ενεργεί έτσι ώστε το ανθρώπινο γένος θα γίνει αρκετά σοφό να το αντιληφθεί και ν' αρπάξει αυτή την μικρή πιθανότητα ώστε να αποφύγει τον τελικό κατακλυσμό, έτσι ώστε να εισέλθει στην Χρυσή Εποχή. Ακόμη καλύτερα, κάθε Ραελιανός, με το έργο του, της αφύπνισης των πνευμάτων, συνεισφέρει στην ενίσχυση αυτής της μοναδικής και ελάχιστης πιθανότητας επιβίωσης και αποτρέπει το να γίνει ακόμη πιο μικρή.

Είναι αδύνατον να προβλέψω το μέλλον, επειδή είναι αδύνατον να ταξιδέψω στον χρόνο, αλλά είναι πάντα δυνατόν να προβλέψω το μέλλον μιας βιολογικής οντότητας, και το σύνολον της ανθρωπότητας μπορεί να θεωρηθεί σαν μια βιολογική οντότητα. Αν μια πρωτόγονη γυναίκα γονιμοποιούνταν από έναν επιστήμονα, ο τελευταίος θα μπορούσε να προβλέψει το μέλλον αυτής της γυναίκας. Θα μπορούσε να προβλέψει ότι σε εννιά μήνες θα έφερνε στον κόσμο ένα παιδί και θα μπορούσε ακόμη να καθορίσει και το φύλο του παιδιού.

Κατά τον ίδιο τρόπο, εμείς οι οποίοι συνηθίζουμε να δημιουργούμε ζωή σε άπειρους πλανήτες, γνωρίζουμε τι συμβαίνει σε μια ανθρωπότητα η οποία έφθασε στο δικό σας τεχνολογικό επίπεδο δίχως να έχει φτάσει σ' ένα ισοδύναμο επίπεδο σοφίας.

Να γιατί, μολονότι δεν μπορούμε να προβλέψουμε το μέλλον του ατόμου, μπορούμε να προβλέψουμε, ωστόσο, τι θα συνέβαινε φυσιολογικά σε έναν ζωντανό οργανισμό κατά την διάρκεια της περιόδου της κυοφορίας ή σε μια ανθρωπότητα στην πορεία της ανάπτυξής της.

Όταν δημιουργείται το πρώτο κύτταρο στην μήτρα της μητέρας, με την ένωση του σπερματοζωαρίου και του ωαρίου, το πρώτο κύτταρο περιέχει όλες τις απαραίτητες πληροφορίες για να δημιουργηθεί ένα πλήρες ον, ικανό να πραγματοποιήσει ένα πλήθος λειτουργιών. Και όσο πιο πολυάριθμα είναι τα κύτταρα, τόσο πιο πολυάριθμες είναι οι αναπτυσσόμενες λειτουργίες. Ο αριθμός των λειτουργιών είναι ανάλογος με τον αριθμό των κυττάρων που λαμβάνονται με διαδοχικές διαιρέσεις μέχρι που το παιδί να είναι έτοιμο να γεννηθεί, διότι μόνο τότε μπορεί να κατέχει έναν πλήρη οργανισμό, με όλα τα όργανα που απαιτούνται για να πραγματοποιεί όλες τις λειτουργίες οι οποίες θα ικανοποιήσουν κάθε του ανάγκη.

Το ίδιο ακριβώς συμβαίνει και με την ανθρωπότητα, θεωρώντας ότι κάθε άνθρωπος είναι σαν ένα κύτταρο του μεγάλου όντος που είναι η ανθρωπότητα, που θα ήταν τότε σε μία περίοδο κυοφορίας.

Ο αριθμός των λειτουργιών, των ανακαλύψεων, και το τεχνολογικό επίπεδο του ανθρώπινου γένους είναι ανάλογα με τον αριθμό των ανθρώπων. Κατ' αυτόν τον τρόπο, μπορούμε εύκολα να προβλέψουμε ότι ο χρόνος της Αποκάλυψης θα συμβεί όταν οι άνθρωποι θα μπορούν να κάνουν τους τυφλούς να ξαναβρίσκουν την όρασή τους με ηλεκτρονικές προσθέσεις, όταν η φωνή του ανθρώπου θα μεταφέρεται πέρα από τους ωκεανούς μέσω δορυφορικής τηλεπικοινωνίας, και όταν ο άνθρωπος θα μπορεί να εξισωθεί μ' εκείνους που κατά λάθος θεωρούσε «Θεούς» δημιουργώντας στο εργαστήριο συνθετικά όντα κ.λπ.

Όλες αυτές οι προβλέψεις βασίζονται στην πραγματικότητα σε μια βαθιά γνώση της βιολογίας των ειδών. Γνωρίζουμε ότι το έμβρυο θα αναπτύξει τα μάτια του σ' έναν ορισμένο μήνα της ανάπτυξής του, και τα σεξουαλικά του όργανα κάποιον άλλον μήνα κ.λπ., και ότι ο ίδιος κανόνας ισχύει για όλα τα ζωντανά είδη τα οποία αναπτύσσονται. Γνωρίζουμε ότι θα γίνουν ανακαλύψεις που θα επιτρέπουν την πραγματοποίηση του τάδε και του τάδε επιστημονικού επιτεύγματος μετά τόσες εκατοντάδες ή χιλιάδες χρόνια. Είναι ακριβώς το ίδιο πράγμα.

Υπαγορεύσαμε τα Μηνύματά μας στους προφήτες παλαιότερων εποχών έτσι ώστε να αναγνωριστούμε από τους ανθρώπους όταν θα ερχόταν ο χρόνος για μας να φανερωθούμε, δίχως αυτό να δημιουργήσει νέες θεϊστικές θρησκείες, δηλ. όταν όλοι οι άνθρωποι θα ήταν ικανοί να καταλάβουν.

Ανάμεσα σ' αυτά τα κείμενα είναι η Αποκάλυψη την οποία υπαγορεύσαμε στον Ιωάννη. Του δείξαμε, μέσω ενός απεικονιστεί, κάτι σαν τη δική σας τηλεόραση, τα γεγονότα τα οποία θα μπορούσαν να συμβούν στους ανθρώπους όταν θα έφθανε ο χρόνος της Αποκάλυψης.

Το κείμενο της Αποκάλυψης του Ιωάννη δυστυχώς παραφορτώθηκε και παραμορφώθηκε από τους πρωτόγονους αντιγραφείς οι οποίοι δεν θα μπορούσαν να είναι τίποτε άλλο παρά θεοφοβούμενοι άνθρωποι.

Ο Ιωάννης αρχίζει την ιστορία του περιγράφοντας την συνάντησή του μ' εμάς:

«Εγενόμην έν πνεύματι εν τή Κυριακή ημέρα, και ήκουσα φωνή οπίσω μου μεγάλη ως σάλπιγγας».

(Αποκάλυψη κεφ. α, στ. 10).

Εξηγεί εδώ ότι προσπαθεί να επικοινωνήσει τηλεπαθητικά με μας, αυτό είναι που αποκαλεί «Εγενόμην εν πνεύματι» μια Κυριακή, την οποία αναφέρει σαν «ημέρα του Κυρίου», ότι άκουσε μία μεταλλική φωνή «ως σάλπιγγας», αυτό είναι κάτι που όλοι ξέρετε, οι ήχοι που παράγονται από ένα ηλεκτρικό μεγάφωνο.

Μετά ο Ιωάννης γύρισε να δει τι ήταν πίσω του.

*«Και εκεί επέστρεψα βλέπειν την φωνήν ήτις ελάλει μετ'
εμού και επιστρέψας είδον επτά λυχνίας χρυσάς, και εν τω
μέσω των επτά λυχνιών ομοίων υιό ανθρώπου,
ενδεδυμένον ποδήρη και περιεζωσμένον προς τοις μαστοίς
ζώνην χρυσήν ή δε κεφαλή αυτού και αι τρίχες λευκαί ως
έριον λευκόν, ως χιών, και οι οφθαλμοί αυτού ως φλοξ
πυρός, και οι πόδες αυτού όμοιοι χαλκολιβάνω, ως εν
καμίνω πεπυρωμένοι, και ή φωνή αυτού ως φωνή υδάτων
πολλών, και έχων εν τη δεξιά χειρί αυτού αστέρας επτά, και
εκ του στόματος αυτού ρομφαία δίστομος οξεία
εκπορευομένη, και όψης αυτού ως ο ήλιος φαίνει εν τη
δυνάμει αυτού».*

(Αποκάλυψη κεφ.- α', στ. 12-16).

Ο Ιωάννης είδε επτά ιπτάμενες μηχανές φτιαγμένες από χρυσό μέταλλο «επτά κηροπήγια» στην μέση των οποίων στεκόταν ένα μικρό ον «ομοίων υιοί ανθρώπου», ντυμένο με μία διαστημική φόρμα η οποία εφάρμοζε στο σώμα του ακόμη και στα πόδια του, και φορούσε μία φαρδιά ζώνη. Το δέρμα και τα μαλλιά του ήταν άσπρα, το κράνος του ήταν εξοπλισμένο με δύο μικρούς προβολείς τους οποίους ο Ιωάννης παραγνώρισε για μάτια. Τα πόδια του στεκόταν πάνω σε κίτρινες μονωμένες σόλες, και μιλούσε με δυνατή φωνή, «και ή φωνή αυτού ως φωνή υδάτων πολλών.»

Στο χέρι του, το μικρό άτομο κρατούσε μια συσκευή φτιαγμένη από εφτά φωτεινά σήματα τα οποία γεφυρώνονταν με τα επτά σκάφη που βρίσκονταν κοντά του. Η δίκοπη ρομφαία είναι μια λεπτομέρεια που προστέθηκε από τους «Θεοφοβούμενους» αντιγραφείς για να ενισχύσουν την απειλή του φαντάσματος, για να αυξήσουν την δύναμη του «Θεού» και τον φόβο του «Θεού» των πρώτων Χριστιανών.

Το μικρό άτομο το οποίο εμφανίστηκε μπροστά στον Ιωάννη ήταν πράγματι ένας από εμάς.

Ο Ιωάννης, πανικοβλημένος, έπεσε με το πρόσωπο του στο χώμα.

«Και ότε είδον αυτόν, έπεσα προς τούς πόδας αυτού ως νεκρός, και έθηκε την δεξιάν αυτού χείρα επ' εμέ λέγων μη φοβοῦ εγώ ειμί ό πρώτος και ό έσχατος και ό ζων, και εγενόμην νεκρός, και ιδού ζων ειμί εις τούς αιώνας των αιώνων, και έχω τας κλεῖς του θανάτου και του Άδου».

«Γράψων ον ά είδες, και ά είσί και ά μέλλει γίνεσθε μετά

ταύτα». (Αποκάλυψη κεφ. α', στ.17-19)

Ζητήσαμε από τον Ιωάννη να σηκωθεί, και του είπαμε ότι πρέπει να γράψει όλα όσα είχε δει, και όλα όσα θα του υπαγορεύονταν έτσι ώστε οι άνθρωποι θα μπορούσαν να βρουν αυτά τα γραπτά όταν θα ερχόταν το πλήρωμα του χρόνου. Του είπαμε ότι ήμαστον οι «πρώτοι και οι έσχατοι», δηλαδή οι πρώτοι στη Γη, και οι τελευταίοι αν οι άνθρωποι αυτοκαταστραφούν όταν θ' ανακαλύψουν ενέργειες που θα τους επιτρέψουν να το πράξουν αυτό. Του εξηγήσαμε ότι αυτός που μιλούσε είχε γνωρίσει τον θάνατο, όμως είχε ξαναδημιουργηθεί, χάρις στη διαδικασία που εξηγήθηκε στο πρώτο Μήνυμα, η οποία μας επιτρέπει να ζούμε αιώνια μέσα από πολλά σώματα.

«Μετά ταύτα εἶδον και ιδού θύρα ανεωγμένη εν τω ουρανό, και
ή φωνή, ή πρώτη ην ήκουσα ως σάλπιγγας λαλούσης μετ' εμού,
λέγων- ανέβα ώδε και δείξω σοι ά δει γενέσθαι μετά ταύτα.
Και ευθέως εγενόμην εν πνεύματι- και ιδού θρόνος εκείτο εν
τω ουρανό και επί τον θρόνον καθήμενος».

(Αποκάλυψη κεφ. δ', στ. 1,2)

Ο Ιωάννης βλέπει «μια πόρτα ανοιχτή στον ουρανό», η πόρτα μιας ιπτάμενης μηχανής μας είναι ανοιχτή και οδηγείται μέσα με μια ακτίνα μεταφοράς. Αυτό είναι εντελώς ακατανόητο γι' αυτόν και γι' αυτό είπε «εν πνεύματι».

«Και κυκλόθεν του θρόνου είκοσι τέσσαρες και επί τούς θρόνους
τούς εικοσιτέσσαρας πρεσβυτέρους καθήμενους

περιβεβλημένους, εν ιματίοις λευκοίς, και επί τας κεφαλάς αυτών στεφάνους χρυσούς»

(Αποκάλ. κεφ. δ', στ. 4)

Εκεί βλέπει κάποιον να κάθεται σε μια πολυθρόνα και γύρω απ' αυτόν ένα σύνολο είκοσι- τεσσάρων άλλων ανθρώπων που επίσης κάθονταν πάνω σε «θρόνους».

Εγώ, ο Γιαχβέ, ήμουν το άτομο που καθόταν στο θρόνο και γύρω μου ήταν καθισμένοι εικοσιτέσσερις άλλοι αιώνιοι εκπροσωπούντες το Συμβούλιο των Αιωνίων, το κυβερνών σώμα του πλανήτη μας.

Τότε άνοιξα την συσκευή που ήταν σχεδιασμένη να απεικονίζει τις σκέψεις, και είδε τι φυσιολογικά θα συνέβαινε, στην ανθρωπότητα, και τι θα μπορούσε επίσης να συμβεί όταν θα ερχόταν το πλήρωμα του χρόνου.

«Και είδον, και ιδού ίππος λευκός, και ο καθήμενος επ' αυτόν έχων τόξον και εδόθη αύτώ στέφανος, και εξήλθε νικών και ίνα νικήσει».

(Αποκάλυψη κεφ. στ', στ. 2)

Αυτό σχετίζεται με την πρώτη από τις επτά σφραγίδες ή αν προτιμάτε, τα επτά κεφάλαια της ιστορίας της ανθρωπότητας. Αυτό είναι στην πραγματικότητα ο θρίαμβος του Χριστιανισμού στη Γη, και επιτρέπει η Παλαιά Διαθήκη να αποκαλυφθεί στον καθένα. Στη συνέχεια ανοίγεται η δεύτερη σφραγίδα:

«Και ότε ήνοιξε την σφραγίδα την δευτέραν, ήκουσα του δευτέρου ζώου λέγοντος· έρχου και εξήλθεν άλλος ίππος πυρρός, και τω καθημένω επ' αυτόν εδόθη αύτω λαβείν την ειρήνην εκ της γης και ίνα αλλήλους σφάξωσι, και εδόθη αυτώ μάχαιρα μεγάλη».

(Αποκάλυψη κεφ. στ', στ. 3-4)

Αυτό το πύρινο (κόκκινο) άλογο αντιπροσωπεύει τους θρησκευτικούς πολέμους και τους πολέμους γενικά, οι οποίοι θα είναι μια από τις κύριες αιτίες της καθυστέρησης των ανθρώπων να αυξήσουν τον αριθμό τους. Μετά έρχεται η Τρίτη σφραγίδα:

«Και ότε ήνοιξεν την σφραγίδα την τρίτην, ήκουσα του τρίτου ζώου λέγοντος έρχου. Και είδον και ιδού ίππος μέλας, και ο καθήμενος επ' αυτόν έχων ζυγόν εν τη χειρί αυτού- και ήκουσα ως φωνήν εν μέσω των τεσσάρων ζώων λέγουσαν- χοίνιξ σίτου δηναρίου, και τρεις χοίνικες κριθής δηναρίου και το έλαιον και τον οίνον μη αδικήσης».

(Αποκάλυψη κεφ. στ', στ. 5-6)

Το μαύρο άλογο είναι ο λιμός (η πείνα) ο οποίος θα κοστίσει έναν σεβαστό αριθμό ζωών πριν το ανθρώπινο γένος λύσει το πρόβλημα. Και κατόπιν έρχεται η τέταρτη σφραγίδα:

«Και ότε ήνοιξεν την σφραγίδα την τετάρτην, ήκουσα φωνήν του τετάρτου ζώου λέγοντος· έρχου. Και είδον, και ιδού ίππος χλωρός, και ο καθήμενος επάνω αυτού όνομα αύτω ο θάνατος και ο αδης ηκολούθει μετ' αυτού. Και εδόθη αύτω εξουσία επί το τέταρτον της γης άποκτείναι εν ρομφαία και εν λιμώ και εν θανάτω και υπό των θηρίων της γης». Αυτό το χλωμό άλογο αντιπροσωπεύει τις μεγάλες επιδημίες, την πανώλη και πολλά άλλα τα οποία αποδεκάτισαν την ανθρωπότητα. Μετά ανοίγει η πέμπτη σφραγίδα: «Και ότε ήνοιξε την πέμπτην σφραγίδα, είδον υπό κάτω του θυσιαστηρίου τας ψυχάς των εσφαγμένων διά τον λόγον του Θεού και διά την μαρτυρίαν του αρνίου ην είχον».

«Και έκραξαν φωνή μεγάλη λέγοντες· έως πότε, ο δεσπότης ο άγιος και ο αληθινός, ου κρίνεις και εκδικείς το αίμα ημών εκ των κατοικούντων επί της γης!».

*«Και εδόθη αύτοίς έκάστω στολή λευκή, και έρρέθη αύτοίς ίνα
άναπαύσωνται έτι χρόνον μικρόν, έως πληρώσωσι και οι
σύνδουλοι αυτών και οι αδελφοί αυτών οι μέλλοντες
άποκτέννεσθαι ως και αυτοί.»*

(Αποκάλυψη κεφ. στ', στ. 9-11)

Αυτή η σκηνή αντιπροσωπεύει το τι συνέβη όταν οι μεγάλοι προφήτες, που ζουν αιώνια συντροφιά με μας στον πλανήτη μας, μας ζήτησαν να επιτρέψουμε στους ανθρώπους που είχαν ζήσει μια θετική ζωή να ξαναδημιουργηθούν πριν την τελική κρίση. Δώσαμε την άδεια έτσι ώστε να ξαναδημιουργηθούν μερικές χιλιάδες ανθρώπων απ' την Γη ενώ πρώτα είχαμε αποφασίσει να διατηρήσουμε τον γενετικό τους κώδικα για να τους αναδημιουργήσουμε μόνο όταν η ανθρωπότητα θα είχε συμπληρώσει την εξέλιξή της. Μετά ανοίχτηκε η έκτη σφραγίδα.

«Και είδον ότε ήνοιξε την σφραγίδα την έκτην, και σεισμός μέγας εγένετο, και ο ήλιος μέλας εγένετο ως σάκκος τρίχινος, και η σελήνη όλη εγένετο ως αίμα, και οι αστέρες του ουρανού έπεσαν εις τη- γη, ως συκή βάλλουσα τους ολύνθους αυτής, υπό ανέμου μεγάλου σειομένη».

«Και ο ουρανός απεχωρίσθη ως βιβλίον ελισσόμενον, και παν όρος και νήσος εκ των τόπων αυτών εκινήθησαν».

*«Και οι βασιλείς της γης και οι μεγιστάνες και οι χιλίαρχοι και
οι πλούσιοι και οι ισχυροί και πας δούλος και ελεύθερος
έκρυψαν εαυτούς εις τα σπήλαια και εις τας πέτρας των ορέων».*
(Αποκάλυψη κεφ. στ', στ. 12-15)

Η έκτη σφραγίδα αντιπροσωπεύει τον τελικό κίνδυνο για την ανθρωπότητα, τον πιο μεγάλο κίνδυνο, αυτόν που θα μπορούσε να την καταστρέψει ολοκληρωτικά, τον ατομικό πόλεμο. «Ο μέγας σεισμός» είναι η έκρηξη αυτή καθ' αυτή, ο «μέλας ήλιος» είναι το σκοτείνιασμα του ουρανού από το μανιτάρι-σύννεφο και την σκόνη που θα πέφτει και που όλοι μας γνωρίζουμε πολύ καλά θα σκοτεινιάσει τη σελήνη. «Και ο ουρανός απεχωρίσθη ως βιβλίον ελισσόμενον (ΣτΜ εννοεί σαν τον πάπυρο που όταν τον ανοίξουμε και τον αφήσουμε αυτός θα τυλιχθεί μόνος του)». Είναι όταν τα σύννεφα εκδιώκονται απότομα από το ξαφνικό κύμα του ζεστού αέρα που προέρχεται από την έκρηξη. Οι άνθρωποι που κρύβονται στα βράχια των βουνών είναι οι άνθρωποι που τρέχουν στα αντιπυρηνικά καταφύγια.

Από αυτόν τον τελικό κατακλυσμό, αν συμβεί, θα σωθούν μόνο εκείνοι οι άνθρωποι οι οποίοι θα έχουν ακολουθήσει τον προφήτη μας. Εκείνοι οι άνθρωποι των οποίων θα

έχει μεταβιβαστεί το κυτταρικό σχέδιο αφού θα έχουν διαβάσει ή ακούσει τα Μηνύματα.
Αυτοί οι άνθρωποι θα έχουν επιλεγεί από τον τεράστιο υπολογιστή μας, ο οποίος παρακολουθεί όλους τους ανθρώπους από την σύλληψη μέχρι τον θάνατο τους.
«Και είδον άλλον άγγελον αναβαίνοντα από ανατολής ηλίου, έχοντα σφραγίδα Θεού ζώντος, και έκραξε φωνή μεγάλη τοις τέσσαρσιν αγγέλοις, οΐς εδόθη αυτοΐς αδικήσαι την γην και την θάλασσαν».

«Λέγων μη αδικήσετε την γην μήτε τα δένδρα, άχρις ου σφραγίσωμεν τούς δούλους του Θεού ημών επί των μετώπων αυτών».

(Αποκάλυψη κεφ. ζ', στ. 2-3)

Οι άνθρωποι οι οποίοι θα σφραγιστούν στο μέτωπο θα είναι εκείνοι οι οποίοι θα έχουν μεταβιβάσει το κυτταρικό τους σχέδιο με επαφή δια χειρός μεταξύ του προφήτη μας και του μετωπικού τους οστού, το οποίο περιέχει τον αγνότερο και πιο ακριβή γενετικό κώδικα. Το σύνολο εκείνων που θα «σφραγιστούν στο μέτωπο» θα εγγίζει τις εκατόν σαράντα τέσσερις χιλιάδες, το οποίο θα περιλαμβάνει εκείνους τους ανθρώπους τους ήδη ξαναδημιουργημένους στον πλανήτη μας, εκείνους τους ανθρώπους που θα έχουν αφιερώσει την ζωή τους στην πρόοδο και ανθοφορία της ανθρωπότητας δίχως ποτέ να έχουν ακούσει τα Μηνύματα, και εκείνους τους ανθρώπους επίσης που θα αναγνωρίζουν τον Ραέλ σαν Αγγελιοφόρο μας αφού θα έχουν διαβάσει τα Μηνύματα.

Εφ' όσον το σύνολο αυτών των ανθρώπινων όντων δεν θα πλησιάζει στις εκατόν σαράντα τέσσερις χιλιάδες, θα βοηθήσουμε να επιβραδυνθεί ο τελικός κατακλυσμός, έτσι ώστε να έχουμε έναν ικανοποιητικό αριθμό ανθρώπων που να αρχίσουν μια νέα γενιά στην γη, όταν αυτή θα έχει γίνει κατάλληλη για να ζουν πάλι άνθρωποι πάνω σ' αυτήν.

Αν η έκτη σφραγίδα αντιπροσωπεύει την ανακάλυψη και την πρώτη χρησιμοποίηση των ατομικών όπλων, η έβδομη σφραγίδα αντιπροσωπεύει τον τελικό κατακλυσμό, ένα παγκόσμιο ατομικό πόλεμο ο οποίος τελειώνει με την ολοκληρωτική καταστροφή της ζωής επί της Γής.

Όταν ήχησε το πρώτο σάλπισμα της έβδομης σφραγίδας:

«Και ό πρώτος, εσάλπισε, και εγένετο χάλαζα και πυρ μεμιγμένα εν αίματι, και εβλήθη εις την γην και το τρίτον της Γής κατεκάη, και το τρίτον των δένδρων κατεκάη, και πάς χόρτος χλωρός κατεκάη».

(Αποκάλυψη κεφ. η', στ. 7)

Το ένα τρίτο της Γής καίγεται από την ραδιενέργεια, τα δένδρα και τα χλωρά χόρτα δεν μεγαλώνουν πια.

«Και ό δεύτερος άγγελος εσάλπισε, και ως όρος μέγα πυρί καιόμενον εβλήθη εις την θάλασσαν και εγένετο το τρίτον της θαλάσσης αίμα-».

«Και απέθανε το τρίτον των κτισμάτων των εν τη θαλάσση, τα έχοντα ψυχάς, και το τρίτον των πλοίων διεφθάρη».

(Αποκάλυψη κεφ. η', στ. 8-9).

Η ατομική έκρηξη προξένησε μία τεράστια έκρηξη λάβας η οποία έπεσε μέσα στον ωκεανό καταστρέφοντας το ένα τρίτο της θαλάσσιας ζωής και το ένα τρίτο των πλοίων.

«Και ό τρίτος άγγελος έσάλπισε, και επεσεν εκ του ουρανού αστήρ μέγας καιόμενος ως λαμπάς, και έπεσεν επί το τρίτον των ποταμών και επί τας πηγάς των υδάτων.»

«Και το όνομα του αστέρος λέγεται ό Άψινθος. και έγένετο το τρίτον των υδάτων εις άψινθον, και πολλοί των ανθρώπων άπέθανον εκ των υδάτων, ότι έπικράνθησαν».

(Αποκάλυψη κεφ. η', στ.10-11).

Ακολουθούν ατομικές εκρήξεις σε ανταπόδοση της πρώτης επίθεσης, οι πύραυλοι-βλήματα «αστήρ μέγας εκ του ουρανού» πέφτουν παντού. Πολλά από τα πόσιμα ύδατα μολύνονται και πολλοί άνθρωποι πεθαίνουν απ' αυτά.

«Και ό τέταρτος άγγελος έσάλπισε, και έπλήγη το τρίτον του ήλιου και το τρίτον της σελήνης και το τρίτον των αστέρων, ίνα σκοτισθεί το τρίτον αυτών και το τρίτον αυτής μη φανεί ή ημέρα, και ή νυξ ομοίως».

(Αποκάλυψη κεφ. η', στ. 12)

Η σκόνη και οι στάχτες που σηκώνονται από τις διαδοχικές πυρηνικές εκρήξεις είναι τόσο πυκνές που σκοτεινιάζει ο ουρανός συσκοτίζοντας τον ήλιο, την σελήνη και τα άστρα, γεγονός που δίνει την εντύπωση ότι η ημέρα και η νύκτα είναι πιο σύντομες.

«Και ό πέμπτος άγγελος έσάλπισε- και είδον αστέρα εκ του ουρανού πεπτωκότα εις την γην, και εδόθη αύτω ή κλείς του φρέατος της αβύσσου».

«Και ήνοιξε το φρέαρ της αβύσσου, και ανέβη καπνός εκ του φρέατος ως καπνός καμίνου καιομένης και έσκοτίσθη ό ήλιος και ό αήρ εκ του καπνού του φρέατος».

(Αποκάλυψη κεφ. θ', στ. 1-2)

Αυτή είναι η περιγραφή ενός πυραύλου βλήματος που πέφτει και του μανιταριού-σύννεφου που δημιουργεί.

«Και εκ του καπνού έξήλθον ακρίδες εις την γην, και εδόθη αύταΐς εξουσία ως έχουσιν έξουσίαν οι σκορπιοί της γης και έρρέθη αύταΐς ίνα μη άδικήσωσι τον χόρτον της γης ουδέ πάν χλωρόν ουδέ πάν δένδρον, ει μη τούς ανθρώπους οϊτινες ουκ έχουσι την σφραγίδα του θεού επί των μετώπων αυτών».

«Και έδόθη αύταΐς ίνα μη άποκτείνωσιν αυτούς, αλλά' ίνα βασανισθώσι μήνας πέντε· και ό βασανισμός αυτών ως βασανισμός σκορπιού, όταν παίση άνθρωπον».

«Και εν ταΐς ήμέραις εκείνες ζητήσουσιν οί άνθρωποι τον θάνατον και ου μη εύρήσουσιν αυτόν, και έπιθυμήσουσιν άποθανείν, και φεύξεται απ' αυτών ό θάνατος».

(Αποκάλυψη κεφ. θ', στ. 3-6).

Οι ακρίδες είναι αεροπλάνα φορτωμένα με ατομικές βόμβες οι οποίες θα πέσουν στις μεγάλες πόλεις και λόγω της έκθεσης στην ραδιενέργεια, θα επιβάλλουν φοβερή ταλαιπωρία σ' εκείνους τους ανθρώπους που θα έχουν επιζήσει από τις εκρήξεις. Θα δηλητηριαστούν με ραδιενέργεια, έτσι ακριβώς όπως το τσίμπημα ενός σκορπιού.

«Και τα ομοιώματα των ακριδών όμοια ίπποις ήτοιμασμένοις εις πόλεμον, και επί τας κεφαλάς αυτών ως στέφανοι όμοιοι χρυσίω, και τα πρόσωπα αυτών ως πρόσωπα ανθρώπων».

«Και έχον τρίχας ως τρίχας γυναικών, και οι οδόντες αυτών ως λεόντων ήσαν».

«Και έχον θώρακας ως θώρακας σιδηρούς, και ή φωνή των πτερύγων αυτών ως φωνή αρμάτων ίππων πολλών τρεχόντων εις πόλεμον».

«Και έχουσιν ουράς ομοίας σκορπίοις και κέντρα, και εν ταις θύραις αυτών εξουσίαν έχουσι του αδικήσαι τους ανθρώπους μήνας πέντε».

(Αποκάλυψη κεφ. θ', στ. 7-10).

Αυτές οι μεταλλικές ακρίδες καλυμμένες με μέταλλο έμοιαζαν στα μάτια ενός πρωτόγονου ανθρώπου σαν άλογα που πήγαιναν στον πόλεμο. Είχαν ένα θάλαμο (cockpit) εντός του οποίου ένα ανθρώπινο πρόσωπο θα μπορούσε να φαίνεται « ως πρόσωπα ανθρώπων», και πετώντας πολύ ψηλά άφηναν πίσω τους ένα ίχνος άσπρου καπνού που ο Ιωάννης αποκαλεί

«τρίχες» και « οι οδόντες αυτών» είναι βλήματα βαλμένα κάτω από τα φτερά τους. Οι «σιδηροί θώρακες» είναι η άτρακτος και «ή φωνή των πτερύγων» ο θόρυβος που προέρχεται από τους κινητήρες τους οποίους γνωρίζετε. Η δύναμη «εξουσία» στις «ουράς ομοίοις σκορπίοις» είναι οι ακτινοβολίες που παράγονται από τα βλήματα που ρίχτηκαν εναντίον του πληθυσμού των χωρών οι οποίες είχαν υποστεί επίθεση.

«Και ο έκτος άγγελος εσάλπισε- και ήκουσα φωνήν μίαν εκ των τεσσάρων κεράτων του θυσιαστηρίου του χρυσού του ενώπιον του Θεού».

(Αποκάλυψη κεφ. θ', στ. 13).

Ο Ιωάννης περιγράφει τα τέσσερα μεγάφωνα που ήταν τοποθετημένα μπροστά μου ενώ τον έκανα να βλέπει όλα αυτά.

«Και ούτως είδον τους ίππους εν τη οράσει και τους καθημένους επ' αυτών, έχοντας θώρακας πύρινους και υακινθίνους και θειώδεις- και αι κεφαλαί των ίππων ως κεφαλαί λεόντων, και εκ των στομάτων αυτών εκπορεύεται πυρ και καπνός και θείον».

«Από των τριών πληγών τούτων απεκτάνθησαν το τρίτον των ανθρώπων, εκ του πυρός και του καπνού και του θείου του εκπορευομένου εκ των στομάτων αυτών».

> «Ἡ γάρ εξουσία των ίππων εν τω στόματι αυτών εστί και εν ταις
> θύραις αυτών αι γάρ ούραί αυτών όμοιοι όφεσιν, έχουσαι Κεφαλάς
> και εν αὐταῖς ἀδικοῦσι».

(Αποκάλυψη κεφ. θ', στ. 17-19)

Ξανά αυτή είναι μια περιγραφή περισσότερων αεροπλάνων, «αἱ κεφαλαί τῶν ἵππων» είναι οι κινητήρες τους από τούς οποίους βγαίνουν φλόγες και καπνός. Οι ουρές «έχουσαι κεφαλάς, και εν αὐταῖς ἀδικοῦσι» είναι τα πυρηνικά βλήματα και καταλαβαίνετε ότι οι «κεφαλές» αναφέρονται στην κεφαλή του βλήματος είτε είναι αυτοκατευθυνόμενο είτε όχι. Δώσαμε στον Ιωάννη την πιο λεπτομερή και δυνατή περιγραφή και αυτή η ιστορία αντανακλά τι είχε δει με τα πρωτόγονα μάτια του. Πάρτε αυτήν την ίδια ιστορία και πέστε την σ' έναν Ινδιάνο του Αμαζονίου κατόπιν ζητήστε του να την γράψει με δικά του λόγια και θα έχετε κατά προσέγγιση τον ίδιο τύπο ανάμνησης, ακόμα δε περισσότερο αν ήταν να ζητήσετε από τα μέλη της φυλής του να αντιγράψουν την ιστορία, ενώ δεν θα ήταν παρών ο πρώτος άνθρωπος.

> «Και ότε ελάλησαν αι επτά βρονταί, έμελλον γράφειν και ήκουσα
> φωνήν εκ του ουρανού λέγουσαν, σφράγισον ἄ ελάλησαν αι επτά
> βρονταί, και μη αυτά γράψεις.»

(Αποκάλυψις κεφ. ι', στ. 4).

Στο σημείο αυτό, είπαμε ξεκάθαρα στον Ιωάννη ότι δεν υπήρχε «Θεός» και ότι ήμαστον άνθρωποι όπως ήταν αυτός, και εξηγήσαμε επίσης ότι θα έπρεπε να το κρατήσει αυτό μυστικό και να μη το γράψει, για να μην δημιουργήσει μια μεγαλύτερη σύγχυση στους ανθρώπους οι οποίοι χρειάζονταν ακόμη ένα δεκανίκι για να στηρίζονται πάνω του, μέχρι την ημέρα που η ανθρωπότητα θα έφθανε σ' ένα ικανοποιητικό επίπεδο τεχνολογίας όταν ο καθένας θα μπορούσε να καταλάβει για ποιο πράγμα ακριβώς είχαμε μιλήσει.

> «Αλλ' εν ταις ημέρες της φωνής του έβδομου αγγέλου, όταν μέλλη
> σαλπίζειν, και ετελέσθη το μυστήριον του Θεού, ως ευαγγέλισε τούς
> δούλους αυτού τούς προφήτας».

(Αποκάλυψη κεφ. ι, στ. 7).

Του εξηγήσαμε ξεκάθαρα, ότι όταν θα ερχόταν το πλήρωμα του χρόνου, οι άνθρωποι θα καταλάβαιναν ότι δεν υπάρχει «Θεός» και από το ίδιο σημάδι θα καταλάβαιναν επίσης ότι είμαστε οι Δημιουργοί της ανθρωπότητας.

> «...... ότι κατέβη ό διάβολος προς υμάς έχων θυμό μέγα, είδώς ότι
> ολίγον καιρόν έχει».

(Αποκάλυψη κεφ. ι β, στ. 12).

Η εκλογή μεταξύ της αυτοκαταστροφής και της εισόδου στην Χρυσή Εποχή είναι το τελευταίο αποφασιστικό βήμα το οποίο θα αποδείξει αν ο Σατανάς είχε δίκαιο λέγοντας ότι «από τους ανθρώπους μόνο κακό θα μπορούσε να προέλθει».

Αν η ανθρωπότητα ξεπεράσει μ' επιτυχία αυτήν την τελευταία δοκιμασία και κατορθώσει να επιτύχει τον πλήρη αφοπλισμό στον πλανήτη, τότε οι άνθρωποι θα έχουν αποδείξει ότι αξίζουν να λάβουν την κληρονομιά τους, αφού θα έχουν δείξει ότι πράγματι δεν είναι βίαιοι. Το θηρίο όπως περιγράφεται στο κείμενο παρακάτω, είναι απλώς η ανακάλυψη της ατομικής ενέργειας και η χρήση της στα πολεμικά όπλα.

«Ὧδε ἡ σοφία ἐστίν ὁ ἔχων νουν ψηφισάτω τον αριθμόν του θηρίου- αριθμός γάρ ανθρώπου εστί- και ὁ αριθμός αυτού'. / 666/».

(Αποκάλυψη κεφ.ιγ', στ. 18)

Εξακόσια εξήντα έξι είναι ο αριθμός των γενεών που θα έχουν ζήσει στη Γη από την στιγμή της δημιουργίας του πρώτου ανθρώπου στα πρώτα εργαστήρια. Οι πρώτοι άνθρωποι δημιουργήθηκαν δεκατρείς χιλιάδες χρόνια πριν και μια ανθρώπινη γενεά υπολογίζεται με έναν μέσο όρο είκοσι ετών, έτσι αν κάποιος πολλαπλασιάσει το εξακόσια εξήντα έξι με το είκοσι θα λάβει το ισοδύναμο του δεκατρείς χιλιάδες τριακόσια είκοσι χρόνια.

Η γενιά που γεννήθηκε στην αρχή της Εποχής της Αποκάλυψης το 1945 την μετά Χριστό εποχή, ήταν στην πραγματικότητα η εξακοσιοστή εξηκοστή έκτη από την δημιουργία του πρώτου ανθρώπου στα εργαστήρια από τους Ελοχίμ.

Αυτή η γενιά συμπίπτει ακριβώς με την πρώτη χρήση της πυρηνικής ενέργειας για καταστρεπτικούς σκοπούς στην Χιροσίμα στις 6 Αυγούστου του 1945.

Για μια φορά ακόμη, δεν χρειαζόταν ερμηνεία για να καταλάβετε. Έπρεπε μόνο να διαβάσετε τι είχε γραφτεί. Το εξακόσια εξήντα έξι ήταν πραγματικά «αριθμός ανθρώπου» ο αριθμός των ανθρώπων οι οποίοι κατάγονται από την δημιουργία που αναπαρήχθην από την αρχή, ο αριθμός των γενεών.

«Και εγένοντο άστραπαί και φωναί και βρονταί, και σεισμός εγένετο μέγας, οίος ουκ εγένετο αφ' ου οι άνθρωποι εγένοντο επί της γης, τηλικούτος σεισμός ούτω μέγας».

(Αποκάλυψη κεφ.ιστ', στ. 62)

Οι μετασεισμοί από τις ατομικές εκρήξεις είναι τρομακτικοί και αυξάνονται όταν αρχίζουν μία αλυσιδωτή αντίδραση.

«Και πάσα νήσος έφυγε, και όρη ουκ ευρέθησαν».

(Αποκάλυψη κεφ.ιστ',στ. 20)

Αυτή η τερατώδης έκρηξη οφειλόμενη σε μία αλυσιδωτή αντίδραση θα διαιρέσει βίαια τις ηπείρους, καταπίνοντας τα νησιά και σαρώνοντας τα βουνά σαν άχυρα.

«Και χάλαζα μεγάλη ως ταλαντιαία καταβαίνει εκ του ουρανού επί τούς ανθρώπους».

(Αποκάλυψη κεφ. ιστ', στ. 21)

Σε κείνα τα μέρη της γης που είναι ανέπαφα από τις βόμβες, πέφτουν από τον ουρανό πέτρες, χιλιάδες χιλιόμετρα μακριά από εκεί όπου έπεσαν οι βόμβες.

> *«Καί εἶδον ουρανόν καινόν και γη καινήν· ὁ γάρ πρῶτος*
> *ουρανός και ή πρώτη γη άπήλθον, και ή θάλασσα ούκ εστίν έτι».*
>
> *(Αποκάλυψη κεφ. κα', στ. 1).*

Ο Ιωάννης είδε με τι έμοιαζε η γη ενώ ήταν καθισμένος σε έναν πύραυλο που είχε απογειωθεί από το έδαφος. Φαινόταν σαν να ήταν η γη αυτή που οπισθοχωρούσε παρά το ίδιο το σκάφος που απομακρυνόταν. Στην συνέχεια το διαστημόπλοιο ταξιδεύει μέσα σ' έναν αστροφώτιστο ουρανό άγνωστο για έναν άνθρωπο της γης «ουρανόν καινόν». Κατόπιν το διαστημόπλοιο πλησιάζει σ' έναν άλλο πλανήτη, «γήν καινήν».

> *«Και την πόλιν την αγίαν Ιερουσαλήμ καινήν είδον καταβαίνουσαν*
> *εκ του ουρανού από του Θεού, ήτοιμασμένην ως νύμφην*
> *κεκοσμημένην τω άνδρί αυτής»*
>
> *(Αποκάλυψη κεφ. κα', στ. 2).*

Στην συνέχεια ο πρωτόγονος άνθρωπος έχει την αντίθετη αίσθηση της απογείωσης, το σκάφος προσγειώνεται, και του δίνει την εντύπωση ότι ο ίδιος ο πλανήτης κινείται" προς αυτόν. Σαφώς συνέβαινε το αντίθετο.

> *«Και ήκουσα φωνής μεγάλης εκ του ουρανού λέγουσας· ιδού ή*
> *σκηνή του Θεού μετά των ανθρώπων, και σκηνώσει μετ' αυτών,*
> *και αυτοί λαός αυτού έσονται, και αυτός ό Θεός μετ' αυτών έσται».*
>
> *(Αποκάλυψη κεφ. κα', στ. 3).*

> *«Και έξαλείψει άπ' αυτών ό Θεός πάν δάκρυον από των*
> *οφθαλμών αυτών, και ό θάνατος ούκ έσται έτι, ούτε πένθος ούτε*
> *κραυγή ούτε πόνος ούκ έσται έτι· ότι τα πρώτα άπήλθον».*
>
> *(Αποκάλυψη κεφ. κα', στ. 4).*

Αυτή είναι μια περιγραφή του πλανήτη των Αιώνιων, όπου όλοι οι άνθρωποι που θα διασωθούν από τον τελικό κατακλυσμό θα ζουν με μας αιώνια ενώ θα αναμένουν να ηρεμήσει η ατμόσφαιρα της γης, έτσι ώστε να επανεμφυτεύσουν έναν άλλο πολιτισμό ειρηνικών ανθρώπων.

Αυτό είναι το αποτέλεσμα που θα αντικρύσει η ανθρωπότητα, αν δεν φθάσει σ' ένα επίπεδο σοφίας ανάλογο με το επίπεδο της τεχνολογίας της.

Σε σχέση με μας, ο Ιωάννης ήταν ένας πρωτόγονος, και απ' αυτή την άποψη ήταν επίσης ο Μωυσής και ο Ιησούς, όπως ήταν όλοι από τους προφήτες μας πριν τους δώσουμε επαρκείς πληροφορίες ώστε να μπορούν να καταλάβουν ότι όλα αυτά που είχαμε κάνει είχαν επιτευχθεί χάρις στην υπεροχή της γνώσης της τέχνης του μετασχηματισμού της ύλης. Οι πιο προηγμένοι επιστήμονες σας πρέπει επίσης να θεωρούνται πρωτόγονοι συγκρινόμενοι με μας, το ίδιο όπως θα ήταν οι Ινδιάνοι του Αμαζονίου όταν θα συγκρινόταν με τους επιστήμονες του Ακρωτηρίου Κανάβεραλ (της NASA) . Έτσι όλα όσα είχε δει ο Ιωάννης τα είδε με τα μάτια ενός πρωτόγονου ανθρώπου.

Αυτό είναι δυστυχώς εκείνο που περιμένει την ανθρωπότητα με 99% πιθανότητα να συμβεί.

Έτσι λοιπόν όλοι εσείς που μας αναγνωρίζετε σαν Δημιουργούς σας και που αναγνωρίζετε τον Ραέλ σαν τον τελευταίο αγγελιοφόρο μας επί της γης, όλοι εσείς πρέπει να αγωνιστείτε για να διασφαλίσετε ότι η ανθρωπότητα θα πλησιάσει αυτήν την μικρή πιθανότητα, αποκαλύπτοντας τα Μηνύματά μας σ' ολόκληρο το ανθρώπινο γένος. Αν το κάνετε αυτό μπορείτε να ζείτε ειρηνικά, και προσπαθείτε πάντα να αναπτύσσετε και να συμπληρώνετε τον εαυτό σας ακόμη περισσότερο, διότι αν είστε ανάμεσα σε κείνους που κάνουν ότι περνάει απ' το χέρι τους ώστε να θριαμβεύσουν στο τέλος η αλήθεια και η μη βία, να είστε βέβαιοι ότι θα σας σώσουμε από τον τελικό κατακλυσμό, αν κάποτε συμβεί. Αγωνιστείτε για αγάπη, αγωνιστείτε για αδελφοσύνη, αγωνιστείτε για ευφυΐα, όμως μην απελπίζεστε αν βλέπετε ότι η μεγάλη πλειοψηφία των ανθρώπων παραμένουν βίαιοι, επιθετικοί και ανόητοι. «Με οποιοδήποτε τρόπο και να το βλέπετε οι προσπάθειες σας θα ανταμειφθούν. Είτε η ανθρωπότητα θα αναπτύξει μια διαπλανητική συνείδηση και ολόκληρο το ανθρώπινο γένος θα εισέλθει στην Χρυσή Εποχή, είτε θα αυτοκαταστραφεί
ο πλανήτης, εμείς όμως θα σας σώσουμε τότε έτσι ώστε να μπορέσετε να ξαναχτίσετε έναν νέο κόσμο.

Εγώ, ο Γιαχβέ, το Άλφα και το Ωμέγα, που ήμουν ο πρώτος στην Γη και επίσης εκείνος ο οποίος θα είναι ο τελευταίος, στέλνω το Μήνυμα αυτό σε όλους τους ανθρώπους της Γης μέσα απ' τα λόγια του προφήτη μου Ραέλ, σε όλους εκείνους τους ανθρώπους που έχουμε δημιουργήσει και τους οποίους έχουμε προσπαθήσει να οδηγήσουμε προς την Χρυσή Εποχή, και τους οποίους αγαπάμε σα να ήταν δικά μας παιδιά.

Ειρήνη επί της Γης σε όλους τους ανθρώπους που θέλουν το καλό και σε όλους εκείνους που έχουν την επιθυμία να είναι ευτυχισμένοι.

Η κληρονομιά μας είναι έτοιμη, ας ελπίσουμε ότι το παιδί δεν θα πεθάνει στην γέννα. Η επόμενη κίνηση είναι δική σας!

3

ΜΙΑ ΑΘΕΪΣΤΙΚΗ ΘΡΗΣΚΕΙΑ

ΑΓΓΕΛΟΙ ΧΩΡΙΣ ΦΤΕΡΑ

«Ένας άγγελος από τον ουρανό με συνάντησε. Είπε ότι ήμουν ο Μεσσίας της Αποκάλυψης και μου είπε να πάω και να κηρύξω το Ευαγγέλιο στη Γη, και να δημιουργήσω μια εκκλησία της οποίας θα ήμουν ο Πάπας και ο ποντίφικας, εγώ, ο προφήτης αυτής της καθολικής θρησκείας».

Εκείνοι οι άνθρωποι που με γνωρίζουν, ενδεχομένως θα έλεγαν διαβάζοντας αυτές τις λίγες λέξεις: «Αυτό είναι, τώρα έγινε παράλογος, η τεράστια ευθύνη του καθήκοντος του έχει προκαλέσει μια σοβαρή ψυχολογική διαταραχή και προδίδει τώρα το σκοπό».

Αυτή η εισαγωγή θα μπορούσε να ερμηνευτεί κατ' αρχάς ως:

«Ένα ον με φτερά, προερχόμενο από τον ουρανό, με συνάντησε. Μου είπε ότι ήμουν μια θεϊκή ύπαρξη, σταλμένη να ανακοινώσει το τέλος του κόσμου, και ότι θα έπρεπε να ξεκινήσω να κηρύξω το Ευαγγέλιο σ' όλον τον κόσμο, και να κτίσω μια εκκλησία με πέτρες και τσιμέντο, της οποίας θα ήμουν ο Πάπας με την τιάρα και ο ποντίφικας καθισμένος επάνω σ' έναν θρόνο. Εγώ, ο προφήτης αυτής της καθολικής θρησκείας σχετιζόμενος με την Ρώμη, θα ανακοίνωνα τι πρόκειται να συμβεί στους αιώνες που θα έλθουν».

Ας προσπαθήσουμε τώρα να βρούμε την αληθινή κρινόμενη σημασία των λέξεων που περιέχονται στην πρόταση αυτή.

Όπως κάναμε με τις λέξεις «Ελοχίμ» και «Αποκάλυψη», πρέπει πρώτα απ' όλα να ερευνήσουμε την ετυμολογία, ή την πραγματική σημασία κάθε σημαντικής λέξης.

Παραμένοντας στο θέμα αυτό, ας αρχίσουμε με την ετυμολογία της λέξης «Ετυμολογία», δηλαδή, την πρωταρχική της σημασία που προέρχεται από την ελληνική λέξη «έτυμος» που σημαίνει «αληθινός» και «λόγος» που σημαίνει επιστήμη. Η «επιστήμη αυτού που είναι αληθινό» ή «η επιστήμη της αλήθειας», τι θα μπορούσε να ήταν πιο φυσικό για τους ανθρώπους που είναι μαζεμένοι γύρω από «Το Βιβλίο της Αλήθειας» από το να είναι Ετοιμόλογοι,

«ερευνητές της αλήθειας».

Η λέξη «Ελοχίμ» μεταφράστηκε λανθασμένα με την λέξη «Θεός» ενώ πραγματικά σήμαινε «εκείνοι που ήλθαν από τον ουρανό» στα Εβραϊκά, και η «Αποκάλυψη» μεταφράστηκε με το «τέλος του κόσμου» και πάντοτε σήμαινε «Αποκάλυψη (φανέρωμα)» όπως όλοι μας γνωρίζουμε τώρα. Ας πάρουμε λοιπόν μία μία τις λέξεις σ' αυτήν την φαινομενικά μυστικιστική εισαγωγή.

«Ένας άγγελος από τον ουρανό με συνάντησε». Ας κοιτάξουμε σ' ένα λεξικό. Η λέξη «άγγελος» είναι ελληνική και σημαίνει «αγγελιοφόρος». Και μόνο αυτό αλλάζει ολόκληρο το νόημα. Μπορούμε να διαβάσουμε τώρα: «Ένας αγγελιοφόρος ερχόμενος από τον ουρανό με συνάντησε». Το υπερφυσικό γίνεται κατανοητό. Ας συνεχίσουμε: «Μου είπε ότι ήμουν ο Μεσσίας της Αποκάλυψης». «Μεσσίας» από το Αραμαϊκό "Meschikha" σ η μ α ί ν ε ι « Χ ρ ι σ μ έ ν ο ς α π ό τ ο ν Κ ύ ρ ι ο » (Seigneur = Κύριος στα Γαλλικά) ή «εκλεγμένος (διαλεγμένος) από τον Κύριο». Ας ρίξουμε μια ματιά πρώτα στην λέξη

«Κύριος» (Lord στα Αγγλικά, Seigneur στα Γαλλικά) για να κατανοήσουμε καλύτερα τη λέξη

«Μεσσίας», από το Λατινικό "Senior". «Κύριος» (ή Seigneur στα Γαλλικά) σημαίνει «ο γηραιότερος». Στον μεσαίωνα, "Lord" (στα Γαλλικά "Seigneur") ήταν ένα άτομο που κυβερνούσε μια επαρχία. Ο «Θεός» για τον οποίον η Βίβλος θα μας έκανε να πιστεύουμε ότι είναι αιώνιος, έπρεπε να ήταν ακριβώς ο «γηραιότερος» και το ίδιο ο «Κύριος» που κυβερνούσε τη Γή Με το πέρασμα του χρόνου, η λέξη μετασχηματίστηκε και η καθολική εκκλησία υιοθέτησε το "My Lord" = «Κύριέ μου» (Monseigneur στα Γαλλικά, που ισοδυναμεί με την αγγλική λέξη "sire" = «κύριος»).

Όταν ξέσπασε η επανάσταση (στην Γαλλία) καταργώντας όλους τους "Lords" δυστυχώς χαρίστηκε σ' εκείνους που ήταν εντός της θρησκείας, και γι' αυτό εντός αυτής απευθυνόμαστε ακόμη στους επισκόπους κ.λπ., αποκαλώντας τους όπως " My Lord" ή "Monseigneur" («Κύριέ μου»).

Έτσι λοιπόν, Μεσσίας σημαίνει «εκλεγμένος από τον Θεό» και όπως ξέρουμε, «Θεός» είναι μια κακή μετάφραση της λέξεως Ελοχίμ η οποία σημαίνει «εκείνοι που ήλθαν από τον ουρανό», έτσι μπορούμε συνεπώς να πούμε ότι στην πραγματικότητα «Μεσσίας» σημαίνει

«αυτός που διαλέχτηκε απ' εκείνους που ήλθαν από τον ουρανό».

Όπως έχουμε ήδη αναφέρει, «Αποκάλυψη» (Apocalypse στα Αγγλικά) είναι ελληνική λέξη και σημαίνει «Φανέρωση» (Revelation στα Αγγλικά) και συνεπώς μπορούμε να γράψουμε σαφώς:

«Μου είπε ότι επιλέχθηκα από εκείνους που προέρχονται από τον ουρανό για την Φανέρωση». Όλα είναι σαφέστατα.

Όμως ας συνεχίσουμε, «να πορευθώ και να ευαγγελίσω τη Γη». «Ευαγγελίζω», από την ελληνική λέξη «ευαγγέλιο» η οποία σημαίνει «καλά νέα». Μπορούμε λοιπόν να διαβάσουμε:

«να πορευθώ και να διαδώσω τα καλά νέα στη Γη», κατόπιν, «να δημιουργήσω μια εκκλησία».

«Εκκλησία» (Church στα Αγγλικά, eglise στα Γαλλικά), στα Ελληνικά
σημαίνει «συνέλευση». Γίνεται λοιπόν:

«Να δημιουργήσω μια συνέλευση». Στην συνέχεια είναι γραμμένο: «της οποίας θα ήμουν ο Πάπας και ο ποντίφικας».

«Πάπας» από την ελληνική λέξη «μπαμπάς» που σημαίνει «πατέρας», και «ποντίφικας» από την λατινική "Pontifex" που σημαίνει «συνδέω», όπως η γέφυρα συνδέει δύο όχθες, ή δύο μέρη στην Γη, ή έναν πλανήτη με έναν άλλο πλανήτη...

Έτσι μπορούμε λοιπόν να διαβάσουμε καθαρά: «της οποίας θα είμαι ο πατέρας και ο ανθρώπινος κρίκος μεταξύ του πλανήτη των δημιουργών μας και της Γης».

Και τέλος:

«Εγώ, ο προφήτης αυτής της καθολικής θρησκείας».

«Προφήτης» είναι Ελληνική λέξη και σημαίνει «αυτός που αποκαλύπτει». «Θρησκεία» (αγγλικά "religion") από την Λατινική "religio" που σημαίνει «αυτό που ενώνει» ή «τον δεσμό» που ενώνει τους δημιουργούς με το δημιούργημά τους. «Καθολική» είναι Ελληνική λέξη και σημαίνει «παγκόσμια».

Συνεπώς το τέλος της φράσης σημαίνει: «Εγώ αυτός ο οποίος έχει αποστολή να αποκαλύψει τον παγκόσμιο δεσμό που ενώνει τον άνθρωπο με τους δημιουργούς του».

Ας τοποθετήσουμε όλα τα κομμάτια μαζί και ας διαβάσουμε:

«Ένας αγγελιοφόρος από τον ουρανό με συνάντησε. Μου είπε ότι είχα επιλεχθεί από εκείνους που ήλθαν από τον ουρανό, για την Αποκάλυψη, να πορευθώ και να διαδώσω τα καλά νέα στη Γη, να δημιουργήσω μια συνέλευση, της οποίας θα είμαι ο πατέρας και ο ανθρώπινος κρίκος μεταξύ του πλανήτη των δημιουργών μας και της Γης. Εγώ, αυτός ο οποίος έχει αποστολή να αποκαλύψει τον παγκόσμιο δεσμό που ενώνει τους ανθρώπους με τους δημιουργούς τους».

Αν αφαιρέσετε τον μυστικισμό των λέξεων, τότε η φράση γίνεται εύλογα κατανοητή για τον καθένα. Και επιπλέον η φράση στην αρχή αυτού του κεφαλαίου είχε ακριβώς την ίδια σημασία. Στο νου του μυστικοπαθούς και στενής αντίληψης πρωτόγονου όπως είδαμε, το παράδειγμά μας αποδεικνύει σαφώς πόσο εύκολο είναι ν' αλλάξει η πραγματική σημασία μιας φράσης όταν δεν γίνεται σεβαστή η ακριβής έννοια των λέξεων.

Έτσι γίνεται σαφές ότι το Ραελιανό Κίνημα είναι μια θρησκεία, συνδέει τους δημιουργούς της ανθρωπότητας με το δημιούργημά τους, έστω κι αν είναι στην πραγματικότητα μία αθεϊστική θρησκεία με την έννοια ότι δεν λατρεύει μια θεότητα. «Αθεϊστική» από την Ελληνική λέξη «άθεος» η οποία σημαίνει «αυτός που αρνείται την ύπαρξη οποιασδήποτε μορφής θεότητας».

Πολλοί άνθρωποι υποστηρίζουν ότι η πρακτική της λατρείας (το τελετουργικό) καθορίζει τον χαρακτήρα μιας θρησκείας. Τί είναι λατρεία (στα Αγγλικά "cult"); Από την Λατινική λέξη "Cultus" που σημαίνει «φόρος τιμής, που αποδίδεται στο Θεό», όμως εμείς θα έπρεπε να πούμε τότε στους δημιουργούς, εφόσον η λέξη Ελοχίμ είναι στον πληθυντικό. Μ' αυτήν την πραγματική έννοια της λέξεως έχουμε μια Ραελιστική τελετή, την τηλεπαθητική επαφή το πρωί της Κυριακής στις έντεκα και υποχρέωση να σκεφτόμαστε τουλάχιστον μια φορά την ημέρα τους Ελοχίμ, (δεύτερο Μήνυμα, καινούριες εντολές), υποχρέωση να προσκαλούμε τον Οδηγό της περιοχής για γεύμα έτσι ώστε να μπορεί να μιλήσει για τα μηνύματα τουλάχιστον μια φορά το χρόνο, μηνιαίες συναντήσεις με τον Οδηγό της περιοχής, ετήσια δημόσια συγκέντρωση στις 6 Αυγούστου για να εορτάσουμε την είσοδο στην εποχή της Αποκάλυψης. Όλες αυτές οι τελετές θα μπορούσαν να χαρακτηριστούν σαν λατρεία, επειδή κάθε μια απ' αυτές προορίζεται στο να εκφράσουμε ευγνωμοσύνη προς τους δημιουργούς μας, σε τακτά χρονικά διαστήματα, μόνοι μας ή ομαδικά.

Έστω και αν οι Ραελιανοί δεν πιστεύουν στον «Θεό» συνεχίζουν να αναγνωρίζουν τον Ιησού σαν ένα αγγελιοφόρο σταλμένο από τους Δημιουργούς μας, όπως ακριβώς στάλθηκαν και ο Μωυσής, Βούδας, Μωάμεθ, Ιωσήφ Σμιθ (Joseph Smith), και όλοι οι άλλοι μεγάλοι προφήτες που έχουν ζήσει στη Γη αυτή, και οι οποίοι θα επιστρέψουν συνοδευόμενοι από τους Ελοχίμ όπως έχουν προβλέψει οι Γραφές. Ο Ραελιανός πιστεύει στην αληθινή σημασία των γραφών, ιδιαίτερα στην βιβλική Γένεση, αλλά επίσης και στο Κοράνι και σε πολλά άλλα θρησκευτικά γραπτά.

Τα μηνύματα που δόθηκαν από τους Δημιουργούς μας απογύμνωσαν αυτά τα γραπτά από την μυστικιστική τους σημασία, και τα έδωσαν την πραγματική τους γνήσια σημασία. Ως εκ τούτου ο Ραελιανός αγνοεί τους ανθρώπινους νόμους οι οποίοι έχουν εμβολιαστεί στα θρησκευτικά γραπτά, εκείνους τους νόμους που φτιάχτηκαν από τους ανθρώπους, ώστε να επιβάλλουν σεβασμό προς τις κυβερνήσεις και τους νόμους οι οποίοι ήταν μόνο ανθρώπινοι.

Ο φόρος τιμής τον οποίον αποδίδουμε προς τους Ελοχίμ θα μπορούσε να ονομαστεί «λατρεία», γιατί όχι; Αυτή καθ' εαυτή η λατρεία δεν είναι κακή εφόσον δεν εκτελείται από ανθρώπους οι οποίοι πιστεύουν τους Ελοχίμ σαν θεία όντα, αλλά μάλλον από ανθρώπους που τους αγαπούν ειλικρινά για την ασυνήθιστη πράξη αγάπης που επιτέλεσαν δίνοντάς μας ζωή, και αφήνοντάς μας ελεύθερους να προοδεύσουμε μέχρι να μπορέσουμε να γίνουμε ίσοι μ' αυτούς.

Δεν χρειάζεται να γονατίσετε ή να πέσετε με τα μούτρα κάτω στην βρωμιά, κάτω από τα άστρα, αλλά θα ήταν καλύτερα να κοιτάξετε ψηλά στον ουρανό, όρθιοι, περήφανοι που έχετε συνειδητοποιήσει το προνόμιο να είστε ζωντανοί αυτήν την ημέρα και αυτήν την εποχή, που μπορούμε να κατανοήσουμε και να δείξουμε αγάπη για τους Δημιουργούς μας, οι οποίοι μας έδωσαν την φανταστική ικανότητα να δημιουργούμε ζωή κατέχοντας την γνώση και μεταμορφώνοντας μικροσκοπικά σωματίδια ύλης. Μας έδωσαν επίσης οι Δημιουργοί μας την δυνατότητα να παρατηρούμε τους γαλαξίες, ενώ γεμάτοι αγάπη ψάχνουμε με την ελπίδα να συναντήσουμε κάποια μέρα εκείνους στους οποίους η ανθρωπότητα χρωστά την ύπαρξη της και στους οποίους επίσης οφείλει την ικανότητα να μπορεί να συνειδητοποιεί για ποιόν λόγο είναι εδώ και να αντιλαμβάνεται την αποστολή της στη Γη, και στο Άπειρο του χρόνου και του χώρου.

Μέχρι πρόσφατα, η ανθρωπότητα λάτρευε τους Δημιουργούς που είχαν δημιουργήσει τον κάθε άνθρωπο με την ικανότητα να αντιλαμβάνεται, έτσι τώρα ο άνθρωπος πρέπει να αντιληφθεί τους δημιουργούς, ώστε να μπορεί να τους αγαπήσει ακόμη περισσότερο.

Αν το ανθρώπινο γένος χρησιμοποιήσει την επιστήμη αρνητικά, και συμβεί ένας μοιραίος πυρηνικός κατακλυσμός, όλοι εκείνοι οι άνθρωποι που θα έχουν εργαστεί για να βοηθήσουν στην αποφυγή αυτής της καταστροφής προσπαθώντας να κάνουν τους ανθρώπους να συνειδητοποιήσουν τα λάθη τους εν ονόματι των Ελοχίμ, εκείνοι οι άνθρωποι θα διασωθούν από τους Δημιουργούς μας. Εκείνοι οι άνθρωποι που έχουν πίστη στους Πατέρες μας θα ανταμειφθούν από τους Ελοχίμ οι οποίοι έχουν ήδη δώσει πρόσβαση στην αιώνια ζωή επάνω στον πλανήτη τους, όπου τώρα ζουν όλοι οι μεγάλοι προφήτες που στάλθηκαν στη Γη για ν' αφυπνίσουν την ανθρωπότητα. Η λέξη "Faith" (= πίστη) προέρχεται από την Λατινική "fides" και σημαίνει «δέσμευση». Ως εκ τούτου γίνεται αδύνατον να πιστεύουμε δίχως να κατανοούμε, και στο μεταξύ εμπιστευτείτε τους Ελοχίμ. Εκείνοι που θα είναι αρκετά έξυπνοι να αφιερώσουν την πίστη και την εμπιστοσύνη τους στους δημιουργούς μας θα ανταμειφθούν.

Ενώ προσπαθεί να αποτρέψει την ανθρωπότητα από το να διαπράξει το αμετάκλητο λάθος, ένας Ραελιανός έχει εμπιστοσύνη στους Ελοχίμ, διότι γνωρίζει ότι δεν θα τον ξεχάσουν σε περίπτωση που συμβεί ο μοιραίος κατακλυσμός.

ΑΠΟΠΟΙΗΣΗ ΤΗΣ ΥΠΕΥΘΥΝΟΤΗΤΑΣ

Αν υπήρχε μια εφημερίδα στην Ιερουσαλήμ δύο χιλιάδες χρόνια πριν, θα έκανε αναφορά για την ανεργία, την κρίση ενέργειας που οφειλόταν στην έλλειψη δούλων, καθώς επίσης και για την όλο και μεγαλύτερη αύξηση του κόστους ζωής εξαιτίας των υπερβολικών Ρωμαϊκών φόρων. Αυτοί οι τίτλοι της εφημερίδας θα ήταν η συζήτηση της ημέρας. Θα υπήρχαν μόνο λίγες σειρές γραμμένες από τους επίσημους «επιστήμονες» εκείνης της εποχής, ή από κάποιον εκδότη αναζητώντας αναγνώριση, γύρω απ' αυτόν τον ψευδοπροφήτη που υποστήριζε ότι είναι ο

«Βασιλιάς των Ιουδαίων», και θα εισηγούνταν στις αρχές να συλλάβουν αυτόν τον άνθρωπο αμέσως διότι σέρνει ένα πλήθος εύπιστων ανθρώπων, τους «οπαδούς» του, γύρω απ' αυτόν. Δεν θα μπορούσε κανείς να κατηγορήσει την ευπιστία των ανθρώπων κατ' αυτόν τον τρόπο....

Έτσι αυτό το «φωτισμένο άτομο» συλλαμβάνεται στην συνέχεια, δικάζεται και καταδικάζεται σε θάνατο. Αυτό το άτομο που αφιέρωσε τη ζωή του για να διαδώσει τα Μηνύματα των Δημιουργών μας θα βρεθεί σταυρωμένο ανάμεσα σε δύο ληστές. Ποιό έγκλημα διέπραξε; Παράνομη χρήση της αλήθειας προορισμένη μόνο για τους εκπροσώπους των επίσημα καταχωρημένων θρησκειών. Εκείνων που υπήρχαν για τουλάχιστον δύο ή τρεις χιλιάδες χρόνια. Θα μπορούσατε να το ονομάσετε ένα είδος «ελεγχόμενης ονομασίας».

> *«Οι δε αρχιερείς και οι πρεσβύτεροι έπεισαν τούς όχλους ίνα αίτήσωνται τον Βαραββά, τον δε Ιησού άπολέσωσιν».*
>
> *(Ματθαίος κεφ. κζ', στ. 20)*

Οι «ανώτεροι ιερείς» των επίσημων θρησκειών και των μέσων ενημέρωσης πείθουν την μάζα ότι μια θρησκεία πρέπει να είναι λίγες χιλιάδες χρόνια παλιά ώστε να γίνει «αποδεκτή» και συνεπώς όλες οι άλλες δεν είναι τίποτα παραπάνω από επικίνδυνες αιρέσεις.

Όλοι αυτοί οι άνθρωποι στέκονται ανάμεσα στον άνθρωπο και στην αλήθεια, επιτρέποντας στον άνθρωπο να πιστεύει στην θρησκεία των «Ανώτατων Ιερέων» του κράτους εκείνοι οι επιστήμονες οι οποίοι υποστηρίζουν ότι ο άνθρωπος κατάγεται από τον πίθηκο, οι οποίοι όμως, από το άλλο μέρος, βαφτίζουν τα παιδιά τους και τοποθετούν ένα σταυρό στους τάφους των γονέων τους επιτρέποντας στον άνθρωπο να πιστεύει στην θρησκεία των παραδόσεων η οποία επιτρέπει τις μεγάλες θεμελιώδεις αξίες της κοινωνίας μας που σαπίζει να επιζήσουν λίγα χρόνια παραπάνω, κάτι το οποίο προάγει και προστατεύει την οικογένεια σαν φορολογούμενο, σαν ένα στάσιμο κλειστό σύστημα, και σαν στραγγαλιστής των προσωπικοτήτων, κάτι το οποίο υποστηρίζει το έθνος που ταΐζει τους πολιτικούς άνδρες, ικανούς να μη κάνουν τίποτα να συνεχίσουν να παίρνουν τον μισθό τους, και επίσης τους στρατιωτικούς οι οποίοι κάνουν ακριβώς το ίδιο πράγμα, και τέλος όλους τους χαμηλόμισθους δημοσίους υπαλλήλους οι οποίοι έχουν διδαχθεί να μην αισθάνονται υπεύθυνοι για τις ίδιες τις πράξεις τους και οι οποίοι πιστεύουν ότι προστατεύουν την κοινωνία όταν καταδικάζουν, βασανίζουν ή ακόμη σκοτώνουν κάποιον.

Αυτές είναι οι θρησκείες που εγκρίνουν οι Κυβερνήσεις, όμως με το ίδιο τεκμήριο προσπαθούν να εξαφανίσουν εκείνες που θα μπορούσαν να κάνουν την νέα γενιά να παλθεί από χαρά ανακαλύπτοντας την αλήθεια, κάτι το οποίο θα μπορούσε να την κάνει να σκεφθεί την καταστροφή των απαρχαιωμένων πρωτόγονων δομών και την αντικατάσταση αυτών με νεότερες, πολύ πιο κατάλληλες για τον μελλοντικό τεχνολογικό κόσμο στον οποίο ζούμε.

Η πρώτιστη προτεραιότητα όλων αυτών των ανθρώπων οι οποίοι θέλουν να χειραγωγήσουν τον λαό είναι να εξαλείψουν την ανθρώπινη υπευθυνότητα, είναι η λεγόμενη μέγιστη «αποποίηση της ευθύνης». Γνωρίζουν πολύ καλά γιατί πρέπει να γίνει αυτό. Γνωρίζουν ότι ένας στρατιώτης δεν θα σκοτώσει κάποιον άλλον εκτός και εάν είναι πλήρως πεπεισμένος ότι το κάνει για κάποιον σκοπό ακριβώς όπως αυτός ο στρατιώτης δεν θα βασανίσει έναν αιχμάλωτο εκτός και αν είναι πεπεισμένος ότι αυτό θα βοηθήσει ένα μεγάλο σκοπό. Γνωρίζουν επίσης ότι ένας πολίτης θα αρνηθεί να πληρώσει υψηλότερους φόρους εκτός και αν του πουν ότι αυτό γίνεται για να βοηθήσουν τους αγρότες, θύματα της ξηρασίας.

Οι άνθρωποι θα κάνουν τα πάντα όταν υπάρχει ένας σπουδαίος σκοπός. Η τέχνη να κυβερνάς συνίσταται στο να πείθεις τον λαό για το μεγαλείο της χώρας του. Αμερικανοί επιστήμονες διεξήγαγαν πρόσφατα ένα αποφασιστικό πείραμα στο πεδίο της υπευθυνότητας. Προσέλαβαν ηθοποιούς οι οποίοι θα προσποιούνταν ότι είναι τα υποκείμενα ενός πειράματος επάνω στη δυναμική της ανθρώπινης βίας. Κατόπιν μέσω μικρών αγγελιών στις εφημερίδες, επέλεξαν ανθρώπους που ήθελαν να λάβουν μέρος σ' ένα πείραμα εξερεύνησης των δυνατοτήτων του ανθρώπινου εγκεφάλου. Οι άνθρωποι τοποθετούνταν ένας κάθε φορά, σε ένα έδρανο εξοπλισμένο με διαφορετικούς μοχλούς οι οποίοι υποτίθετο ότι θα έστελναν ηλεκτρικά φορτία σε έναν μικρό θάλαμο μέσα στον οποίο οι ηθοποιοί θα προσποιούνταν ότι τα δέχονται.

Υπήρχαν τριάντα μοχλοί συνολικά οι οποίοι θα μπορούσαν υποθετικά ο καθένας τους να στείλει ένα φορτίο δεκαπέντε volts και έτσι συνολικά θα μπορούσαν να στείλουν φορτία ίσα με τετρακόσια πενήντα volts. Ήταν τοποθετημένοι από αριστερά προς τα δεξιά και έδειχναν αν το ηλεκτροσόκ ήταν ελαφρύ, μέτριο, ισχυρό ή πολύ ισχυρό. Από το άλλο μέρος ο ηθοποιός θα μπορούσε να δει φωτάκια ν' ανάβουν σε ένα πίνακα απέναντι του που θα έδειχναν την ένταση του ηλεκτροσόκ που υποτίθεται ότι θα δεχόταν από την ηλεκτρική καρέκλα στην οποία ήταν δεμένος, και ως εκ τούτου θα μπορούσε να αντιδράσει ανάλογα. Αν το ηλεκτροσόκ ήταν ελαφρύ θα προσποιούνταν με μια άτονη αντίδραση, αν ήταν μέτριο θα αναπηδούσε λιγάκι παραπάνω και θα έβγαζε μια μικρή κραυγή, κατόπιν θα διαμαρτυρόταν λέγοντας ότι δεν επιθυμούσε να συνεχίσει το πείραμα. Αν η ένταση αυξανόταν θα έβγαζε μια φωνή τρόμου και θα παρακαλούσε να αφεθεί ελεύθερος, και τέλος όταν θα πλησίαζαν στα τετρακόσια πενήντα volts, θα προσποιούνταν ότι λιποθύμησε. Τα ηλεκτροσόκ στελνόταν προς τους ηθοποιούς από εκείνους τους ανθρώπους που είχαν επιλεγεί από τις μικρές αγγελίες. Οι επιλεγμένοι εν τούτοις δεν αντιλήφθηκαν ότι ήταν ηθοποιοί, πίστευαν ότι έστελναν αληθινά ηλεκτροσόκ σε πραγματικούς ανθρώπους. Ο επιστήμονας έκανε μια απλή ερώτηση στον ηθοποιό και όταν αυτός απαντούσε λανθασμένα, οι επιλεγμένοι από τις μικρές αγγελίες τους το πληροφορούσαν στέλνοντάς τους ένα ηλεκτροσόκ. Αυτός ο ίδιος ο επιστήμονας παρακινούσε αυτόν που έστελνε το ηλεκτροσόκ να αυξάνει σταθερά το βολτάζ, δίχως να δίνει προσοχή στις παρακλήσεις του αποδέκτη, λέγοντάς του ότι αυτό το πείραμα θα βοηθήσει την επιστήμη να προοδεύσει πάρα πολύ, και συνεπώς όλη την ανθρωπότητα.

Αυτό το πείραμα, στο οποίο ο παρατηρητής ήταν στην πραγματικότητα εκείνος που παρατηρήθηκε, επαναλήφθηκε πολλές φορές, έτσι ώστε να πραγματοποιηθεί μια στατιστική η οποία θα μας πληροφορούσε πόσοι άνθρωποι θα έφθαναν μέχρι το σημείο να σκοτώσουν άλλους ανθρώπους στο όνομα της επιστημονικής προόδου. Διεξήχθη επίσης σε πολλές χώρες έτσι ώστε τα αποτελέσματα να μπορούν να συγκριθούν και να αναλυθούν.

Αντίθετα με τις προσδοκίες των επιστημόνων που πραγματοποίησαν το πείραμα, καθώς και των ψυχολόγων τους οποίους είχαν συμβουλευτεί, δεν υπήρξε μόνο μια μικρή μειοψηφία ανθρώπων αρκετά ανισόρροπων που έφθασαν στο σημείο να πατήσουν το μοχλό των τετρακοσίων πενήντα volts. Στις Η.Π.Α., το 60% των ανθρώπων υπάκουσε στον επιστήμονα, ο οποίος τους είπε να μην ακούνε τις κραυγές εκείνων τους οποίους θανάτωναν με ηλεκτροσόκ, και να συνεχίσουν να παρέχουν ηλεκτροσόκ, ακόμη κι όταν οι υποκείμενοι στα ηλεκτροσόκ δεν θα μπορούσαν να μιλήσουν πια κάτι το οποίο επίσης θα μετρούσε σαν μια λανθασμένη απάντηση και αυτό τρεις φορές στη σειρά και μετά απ' αυτό επιλεγόταν ένα καινούριο άτομο. Το πείραμα αυτό διεξήχθη επίσης σε πολλές Ευρωπαϊκές χώρες, όπου πάνω από το 70% των ανθρώπων έφθασαν στην μέγιστη τάση των τετρακοσίων πενήντα volts. Το υψηλότερο ποσοστό επιτεύχθηκε στη Γερμανία όπου το 85% των ανθρώπων θα ήταν υπεύθυνοι για ανθρωποκτονία με ηλεκτροσόκ.

Το συμπέρασμα του καθηγητή Stanley Milgram του Τμήματος Ψυχολογίας του Πανεπιστημίου Yale είναι το ακόλουθο:

«Όταν τα άτομα τοποθετούνται σε μια θέση ιεραρχικού ελέγχου, οι μηχανισμοί οι οποίοι συνήθως εξασφαλίζουν την κανονικότητα των πράξεων των ατόμων, παύουν να λειτουργούν και οι πράξεις τους ελέγχονται από τους ανθρώπους που καταλαμβάνουν την ανώτερη θέση......

«Η εξαφάνιση της αίσθησης της υπευθυνότητας είναι η μεγαλύτερη συνέπεια της υποταγής στις αρχές ».

«Πολλοί από τους εξετασθέντες θέτουν την συμπεριφορά τους σ' ένα ευρύ πλαίσιο εγχειρημάτων, χρήσιμων στην κοινωνία: την έρευνα της επιστημονικής αλήθειας. Ένα εργαστήριο ψυχολογίας θα μπορούσε σαφώς να ισχυρισθεί αυτήν την νομιμότητα και να εμπνεύσει εμπιστοσύνη σ' αυτούς που έχουν προσκληθεί να εργασθούν».

«Μια πράξη όπως η θανάτωση με ηλεκτροπληξία ενός θύματος, η οποία φαίνεται κακή όταν λαμβάνεται υπ' όψιν αυτή καθ' εαυτή, παίρνει ένα τελείως διαφορετικό νόημα όταν γίνεται μέσα σ' αυτό το περιβάλλον».

«Η ηθική δεν χάνεται, εστιάζεται όμως μ' έναν ριζικά διαφορετικό τρόπο: Το υποτελές άτομο νοιώθει ντροπή και υπερηφάνεια που εξαρτώνται από την καλή ή κακή του εκτέλεση της πράξης που διατάχθηκε από τις αρχές να εκτελέσει. Η γλώσσα προσφέρει έναν μεγάλο αριθμό όρων για να καθορίσει αυτόν τον τύπο ηθικής: αφοσίωση, αίσθημα καθήκοντος, πειθαρχία...».

«Αυτό είναι δίχως αμφιβολία το σημαντικότερο μάθημα της μελέτης μας: οι κοινοί άνθρωποι, με το να εκτελούν απλώς την εργασία τους και δίχως καμιά ιδιαίτερη εχθρότητα από μέρους τους, θα μπορούσαν να γίνουν οι παράγοντες μιας φοβερά καταστροφικής διαδικασίας».

«Επιπλέον, ακόμη κι όταν τα καταστροφικά αποτελέσματα της εργασίας τους γίνονται απολύτως εμφανή, και κάποιος τους ζητήσει να εκτελέσουν πράξεις που δεν συμβιβάζονται με τους βασικούς κανόνες ηθικής, λίγοι άνθρωποι σχετικά θα έχουν τα ψυχικά προσόντα που χρειάζονται για να αντισταθούν στις αρχές».

«Είναι ένα θανάσιμο σφάλμα το οποίο φαίνεται να είναι φυσιολογικό σε πολλούς ανθρώπους και το οποίο στην πορεία, αφήνει στο είδος μας μόνο μια μέτρια ευκαιρία για την επιβίωση». (Υποταγή στις Αρχές/Submission to Authority/, S. Milgram, Παρίσι 1974.)

Είναι αρκετά ξεκάθαρο. Μπορούμε να καταλάβουμε τώρα γιατί σταυρώθηκε ο Ιησούς, γιατί εκατομμύρια ανθρώπων πέθαναν στα χέρια της Ιεράς Εξέτασης, κατά την διάρκεια θρησκευτικών ή εμφυλίων πολέμων, και από τις Ναζιστικές σφαγές. Γίνεται πιο εύκολο να κατανοήσουμε πως ένας απλός μανάβης ή ένας τραπεζικός θα μπορούσε να γίνει ένας σταυρωτής, ή να κάψει μάγισσες ή να γίνει στρατιώτης των Es-Es, στέλνοντας γυναίκες και παιδιά στους θαλάμους θανατώσεως. Όλοι αυτοί πίστευαν ότι έκαναν κάτι για το καλό της ανθρωπότητας. Οι πρώτοι (αυτοί που σταύρωσαν τον Ιησού) απαλλάσσονταν από έναν

«φωτισμένο άνδρα» που ήθελε να καταλύσει τις παραδόσεις τους, και οι άλλοι αισθάνονταν ότι οι άνθρωποι οι οποίοι ζούσαν διαφορετικά ήταν σίγουρα υπεύθυνοι για τις κακές σοδειές ή την πανώλη ή ακόμη και για την οικονομική κρίση. Οι ανόητοι θα μπορούσαν να συγχωρεθούν που πιστεύουν τέτοιες ιδέες, όχι όμως και οι κυβερνήσεις οι οποίες με το να δίνουν τέτοιες τερατώδεις ιδέες στις μάζες, τις ελέγχουν και τις χειραγωγούν για δικούς τους σκοπούς.

Οι Γάλλοι αρχηγοί στην Αλγερία έδρασαν ακολουθώντας την ίδια αρχή. Εξανάγκασαν τους αξιωματικούς τους να βασανίζουν τους Βορειοαφρικανούς με το πρόσχημα ότι έτσι θα αποσπάσουν πληροφορίες χρήσιμες για τη χώρα τους. Εκείνοι οι αξιωματικοί οι οποίοι διέπραξαν βασανισμούς θεωρήθηκαν ότι «θυσίασαν» ακόμη και τον εαυτό τους, ενεργώντας μ' αυτόν τον τρόπο, «γενναία», για τα μεγάλα συμφέροντα της πατρίδα τους.

Άνθρωποι αυτής της Γης, προσέξτε ακόμη και την πιο μικρή σας πράξη και αναρωτηθείτε αν η χειρονομία που σας ζητήθηκε να πραγματοποιήσετε δεν είναι αντίθετη με τον βαθιά ριζωμένο σεβασμό σας του ανθρώπινου ατόμου. Αρνηθείτε κάθε ιεραρχία που επάγεται μια περιστολή της υπευθυνότητας σας για τις πράξεις που πραγματοποιείτε.

Κάθε Ναζί εγκληματίας πολέμου, όταν δικαζόταν, υπεράσπιζε τον εαυτό του καλή τη πίστη, υποστηρίζοντας ότι ακολουθούσε μόνο διαταγές. Ο άνθρωπος ο οποίος εκτόξευσε την βόμβα στην Χιροσίμα ακολούθησε επίσης διαταγές. Σε κάθε ισχυρή χώρα, συμπεριλαμβανομένης και της Γαλλίας, υπάρχουν άνθρωποι οι οποίοι είναι έτοιμοι να εξαπολύσουν πυρηνικά βλήματα καλή τη πίστη και με καθαρή συνείδηση, γνωρίζοντας ότι μόνο

«κάνουν το καθήκον τους εκτελώντας τις διαταγές που έλαβαν.» Ο καθένας όμως είναι υπεύθυνος για τις πράξεις του. Σε κάθε μέρος της Ναζιστικής Γερμανίας, άνδρες, γυναίκες και παιδιά βασανίστηκαν διότι κάποιοι ακολουθούσαν διαταγές και σύμφωνα μ' αυτούς ο μόνος υπεύθυνος άνθρωπος για όλα αυτά θα ήταν ο Χίτλερ; Θα ήταν πολύ απλό αν ήταν έτσι. Υπάρχουν εκατοντάδες πυρηνικά βλήματα έτοιμα να εκτοξευθούν από την Γαλλία προορισμένα για άλλες χώρες όπου ζουν χιλιάδες γυναίκες και παιδιά, και αν συνέβαινε αυτή η σφαγή ο μόνος άνθρωπος που θα έπρεπε να θεωρηθεί υπεύθυνος γι' αυτό θα ήταν ο Πρόεδρος της Δημοκρατίας; Φυσικά όχι. Κάθε άνθρωπος που έχει την δύναμη να σκοτώνει άλλους ανθρώπους είναι προσωπικά υπεύθυνος για την χρήση αυτής της δυνάμεως. Ο άνθρωπος ο οποίος ανάβει τον φούρνο του κρεματορίου όπου παιδιά πεθαίνουν βογκώντας από τον πόνο είναι περισσότερο υπεύθυνος από εκείνον που έδωσε πρώτος τη διαταγή, ακριβώς όπως ο άνθρωπος ο οποίος εξαπολύει μια βόμβα σε μια πόλη είναι περισσότερο υπεύθυνος από εκείνον που το διέταξε.

Κάθε άτομο είναι απολύτως υπεύθυνο για τις πράξεις του, και δεν μπορεί ποτέ να καλυφθεί πίσω από την δικαιολογία ότι ακολουθούσε μόνο τις διαταγές που του δόθηκαν από τους ανωτέρους του.

Αν αύριο ζητήσω από κάποιον από εσάς να σκοτώσει κάποιον έτσι ώστε να μπορέσει να προοδεύσει το Κίνημά μας πιο γρήγορα, δεν πρέπει να το κάνετε. Ακόμη καλύτερα αν ένας Ελόχα σας ζητήσει να σκοτώσετε κάποιον άλλο άνθρωπο, θα πρέπει να αρνηθείτε να το κάνετε, διότι πιθανώς, θα είναι ο Σατανάς ο οποίος θα προσπαθεί να αποδείξει στους Αιώνιους ότι όλοι οι άνθρωποι είναι κακοί.

Όλες σας οι πράξεις θα πρέπει να βασίζονται σ' ένα βαθύ αίσθημα σεβασμού για την ζωή των άλλων, για τις ιδέες τους, τα γούστα τους. Καταπολεμούμε τις ιδεολογίες χωρίς ποτέ να χρησιμοποιούμε βίαιες φυσικές ενέργειες εναντίον εκείνων που δεν συμφωνούν με μας.

Αφύπνισε τους ανθρώπους γύρω σου, δείξε τους πως να σέβονται τους άλλους ανθρώπους και πως να αντισταθούν στην «αποποίηση της ευθύνης», για την οποία ο πιο επικίνδυνος προπαγανδιστής είναι οι ένοπλες δυνάμεις. Θυμήσου το 85% στην Γερμανία και μόνο το 60% στις Η.Π.Α. Πρέπει να χρησιμοποιήσεις όλη σου την ενέργεια ώστε αύριο να υπάρχει μόνο ένα 10% διανοητικά καθυστερημένων οι οποίοι θα συμφωνούσαν να εκτελέσουν πράξεις βίας ύστερα από διαταγή μιας πολιτικής ή στρατιωτικής ιεραρχίας.

Εκείνοι που θανάτωσαν τον Ιησού το έκαναν εν πλήρη ηρεμία. Δεν ήταν υπεύθυνοι, ακολουθούσαν μόνο διαταγές. Ο ίδιος ο Πιλάτος αρνήθηκε να προσυπογράψει την ευθύνη για το έγκλημα αυτό, και «ένιψε τας χείρας του» από την όλη ανακατωσούρα. Επέτρεψε στους φανατικούς που είχαν επηρεαστεί από τους Ραβίνους, να σταυρώσουν τον Ιησού όπως ακριβώς τα Es-Es επηρέασαν τον γερμανικό λαό ωθώντας τον στον φανατισμό. Αν μπορούσαμε να ρωτήσουμε όλους αυτούς τους ανθρώπους αν αισθανόταν υπεύθυνοι, κανένας ενδεχομένως απ' αυτούς δεν θα αισθανόταν. Όλοι θα «ένιπταν τας χείρας τους» όπως έκαναν οι Ρωμαίοι. Οι ραβίνοι θα υποστήριζαν ότι ακολούθησαν μόνο τον νόμο και κάποιον ενδεχόμενο αρχηγό, οι φανατικοί επίσης θα υποστήριζαν το ίδιο, και έτσι ενδεχομένως θα μπορούσαμε να βρούμε μόνο ένα άτομο υπεύθυνο, μολονότι ολόκληρος ο λαός ήταν εκείνος που διέπραξε το έγκλημα, το έγκλημα να μην μεσολαβήσει για να εμποδίσει την δολοφονία ενός αθώου ανθρώπου. Εκείνοι οι οποίοι έριξαν τους πρώτους χριστιανούς στον λάκκο των λεόντων ακολουθούσαν επίσης εντολές. Εκείνοι που έκαψαν τις μάγισσες, εκείνοι που βασάνισαν τους διαμαρτυρόμενους, καθώς επίσης και οι Ναζί στο Άουσβιτς ακολουθούσαν επίσης μόνο εντολές, όπως και ο πιλότος του αεροπλάνου που έριξε την βόμβα πάνω από την Χιροσίμα, ή οι πιλότοι των ελικοπτέρων που έκαιγαν τα χωριά στο Βιετνάμ.

Όλοι μας έχουμε μία επιλογή σε κάθε στιγμή της ζωής μας: να παραμείνουμε υπεύθυνοι για τις πράξεις μας ή να γίνουμε ανεύθυνα άτομα. Αλλά ωστόσο και οι ανεύθυνοι άνθρωποι είναι υπεύθυνοι για τις πράξεις τους, και θα πρέπει κάποια μέρα, να λογοδοτήσουν γι' αυτές, διότι όλοι τους διαπράττουν εγκλήματα εναντίον της ανθρωπότητας.

Αποστηθίστε το αυτό αν πρέπει, αρνηθείτε όμως να υπακούετε μια ιεραρχία η οποία επιδιώκει να σας κάνει να εκτελέσετε μία πράξη για την οποία δεν θα θέλατε να θεωρηθείτε υπεύθυνος. Οι ένοπλες δυνάμεις είναι το πιο επικίνδυνο παράδειγμα. Θα ήταν καλύτερα να πεθάνετε επειδή αρνηθήκατε να σκοτώσετε, παρά να σκοτώσετε με το πρόσχημα ότι υπακούετε σε εντολές. Αυτός ο οποίος εκτελεί αυτές τις τερατώδεις εντολές, είναι στην πραγματικότητα περισσότερο υπεύθυνος απ' αυτόν που του τις έδωσε.

Κανένας λόγος δεν θα δικαιολογούσε την επιβολή πόνου προς τους άλλους. Αν η επιβίωση της ανθρωπότητας εξαρτιόταν από τον επιβαλλόμενο πόνο προς έναν άνθρωπο, έναν μόνο μη βίαιο άνθρωπο, τότε θα ήταν καλύτερα ν' αφήσουμε την ανθρωπότητα ν' αφανιστεί. Ακόμη περισσότερο αν αυτό σημαίνει την επιβίωση μιας χώρας ή καλύτερα μιας μεθορίου αυθαίρετα χαραγμένης πάνω στην γήινη σφαίρα η οποία ανήκει σ' όλους τους ανθρώπους.

Ο απόλυτος σεβασμός αυτής της αρχής είναι ο μοναδικός τρόπος να εμποδιστεί η ανεπαίσθητη ολίσθηση της ανθρωπότητας προς την αποποίηση της ευθύνης των ατόμων.

Η ακόλουθη πρόταση θα πρέπει να είναι πάντα παρούσα στο νου σας:

«Είμαι απόλυτα υπεύθυνος για οτιδήποτε κάνω προς τους άλλους ακόμη και αν με διατάσσουν να πράξω έτσι».

«Κανένας λόγος δεν θα μπορούσε να δικαιολογήσει την επιβολή πόνου ή θανάτου σε κάποιο μη βίαιο άτομο, έστω κι' αν η επιβίωση της ανθρωπότητας εξαρτιόταν απ' αυτό». Αυτή είναι η δεύτερη πρόταση η οποία πρέπει να είναι πάντα παρούσα στο νου σας.

Είναι βέβαια προφανές, ότι αυτός ο κανόνας δεν ισχύει σε περιπτώσεις νόμιμης αυτοάμυνας, η οποία εξηγείται στα Μηνύματα και η οποία επιτρέπει την πιθανή υπερίσχυση, ακόμη και δια της βίας, έναντι κάποιου που προσπαθεί να κάνει χρήση βίας εναντίον του ατόμου σας ή ενός αγαπημένου προσώπου σας. Αν κάποιος στρατιωτικός απειλούσε να καταστρέψει την ανθρωπότητα με πυρηνικά βλήματα, θα ήταν τότε δικαιολογημένο να τον κατανικήσουμε δια της βίας, και ακόμη να τον εκτελέσουμε αν δεν υπήρχαν άλλα διαθέσιμα μέσα. Η βία θα μπορούσε να εφαρμοστεί μόνο προς εκείνους που απειλούν την ανθρωπότητα με βία, ενώ επιχειρούμε να τους αφοπλίσουμε και να τους καταστήσουμε ανίσχυρους.

Υπάρχει, ωστόσο, ένας πολύ καλός τρόπος να ελέγχουμε εκείνους τους ανθρώπους που έχουν την δύναμη όταν υπακούουν εντολές να εκτοξεύσουν πυρηνικά βλήματα ικανά να καταστρέψουν ολόκληρες πόλεις σε λίγα δευτερόλεπτα. Η ταυτότητά τους θα μπορούσε να αναγραφεί σ' έναν ακριβή κατάλογο, και θα τους γινόταν γνωστό, ότι στην περίπτωση χρησιμοποίησης οποιουδήποτε τέτοιου βλήματος, θα δικαζόταν μαζί με αυτούς που έδωσαν τις εντολές. Αυτό προσπαθούμε να κάνουμε σήμερα με τους εγκληματίες Ναζί: αν όμως υπήρχε ένας τέτοιος κατάλογος με παρόμοιες διατάξεις, το 1939, πολλοί άνθρωποι θα το σκεφτόταν δύο φορές πριν να βασανίσουν τα αθώα τους θύματα.

Οι μη βίαιοι πολίτες θα είχαν το δικαίωμα να τοποθετήσουν ουδέτερους παρατηρητές μεταξύ των στρατιωτικών δυνάμεων, για να σημειώνουν τις ταυτότητες εκείνων που πραγματοποιούν απάνθρωπες πράξεις κάνοντας χρήση του προσχήματος ότι υπάκουαν εντολές, έτσι ώστε να μην πραγματοποιούνται απάνθρωπες αποστολές απλώς με την δικαιολογία ότι δόθηκε εντολή. Υπάρχει αστυνόμευση της αστυνομίας, δεν υπάρχει όμως αστυνόμευση των στρατών. Είναι ελεύθεροι να διατάξουνε, γνωρίζοντας πολύ καλά, ότι κατά την διάρκεια του πολέμου, θα μπορούσε ακόμη και να θανατωθεί κάποιος στρατιώτης που δεν θα υπάκουε μία εντολή.

Μέχρι να απαλλαχθεί η Γη από τους στρατούς και τους πολέμους, οι ουδέτεροι παρατηρητές θα ήταν αντίθετοι στην εκτέλεση των στρατιωτών που αρνήθηκαν να διαπράξουν εγκλήματα κατά της ανθρωπότητας. Ο Ο.Η.Ε. θα μπορούσε να επιβάλει αυτούς τους παρατηρητές σε όλους τους στρατούς του κόσμου. Και τότε δεν θα μπορούσε να δικαστεί κάποιος στρατιωτικός έως ότου να κρινόταν η ανυπακοή του από κάποιο συμβούλιο αυτών των παρατηρητών, οι οποίοι θα εξέταζαν αν η εντολή που αρνήθηκε να υπακούσει συνιστούσε κάποιο έγκλημα κατά της ανθρωπότητας.

Οι άνθρωποι είχαν αρκετή ενέργεια να αρνηθούν την μη συνδικαλισμένη εργασία, όπως πριν το 1936, όπου όλοι οι ισχυροί εργοδότες εκμεταλλευόταν τις ανθρώπινες μάζες, έστω κι' αν αυτό σήμαινε τον θάνατο για πολλούς απ' αυτούς στα χέρια του αστυνομικού, του επονομαζόμενου προστάτη του νόμου. Είναι δυνατόν να βρούμε την ίδια ενέργεια για να πολεμήσουμε την τελευταία μορφή τυραννίας που επιβλήθηκε στους κατοίκους αυτού του κόσμου: την στρατοκρατία.

Πολλοί άνθρωποι με ισχύ και αξιώματα ενοχλούνται μ' αυτά που λέω. Δυστυχώς γι' αυτούς, συνειδητοποίησαν την παρουσία μου πολύ αργά. Εάν κατά τα δύο πρώτα χρόνια της αποστολής μου ανησυχούσα τώρα πια δεν ανησυχώ. Αν είχα μπει στην αρχή φυλακή, δεν θα μπορούσα να πραγματοποιήσω την αποστολή μου στη Γη. Ευτυχώς οι δυνάμεις της εξουσίας χαμογελούσαν όταν έβλεπαν αυτόν τον μακρυμάλλη νεαρό που μιλούσε για ιπτάμενους δίσκους και Αριανούς με ροζ κεραίες.... τώρα αντιλαμβάνονται ότι το περιεχόμενο των Μηνυμάτων από τους δημιουργούς μας αποσκοπεί σε μία ειρηνική επανάσταση, αμφισβήτηση και ξερίζωμα όλων εκείνων που χρησιμοποίησαν για ν' αποκτήσουν δύναμη: θρησκεία, πολιτική, ένοπλες δυνάμεις, εργασία, οικογένεια, πατρίδα. Έτσι προσπαθούν τώρα να με σταματήσουν χρησιμοποιώντας την «δικαιοσύνη» τους όπως την χρησιμοποίησαν εναντίον του αδελφού μου, του Ιησού.

Πάντα υπάρχει μια δικαιολογία για να δικαιολογούνται οι χειρότερες αδικίες. Οι πρώτοι χριστιανοί καταδικάστηκαν από επίσημα δικαστήρια, το ίδιο συνέβη για να καούν οι μάγισσες, ή να σταλεί ο Εβραϊκός λαός στα στρατόπεδα εξολόθρευσης ή να σταλούν Σοβιετικοί διαφωνούντες στα ψυχιατρικά νοσοκομεία ή σε στρατόπεδα εργασίας όλοι αυτοί οι άνθρωποι ήταν «μη συμμορφούμενοι», ήταν ενοχλητικοί, διότι αρνήθηκαν να είναι

«φυσιολογικοί» και να συμμορφωθούν με τα ισχύοντα. Δυστυχώς, ξύπνησαν πολύ αργά. Ακόμη κι' αν με έβαζαν σε μία από τις φυλακές τους, θα υπήρχαν χιλιάδες ακόμη αγγελιοφόροι όπως εσείς σε πολλές χώρες του κόσμου, για να διαδώσουν τα Μηνύματα των Δημιουργών μας. Δεν είμαι πια μόνος, έχω τρεις χιλιάδες από εσάς. Θα έμπαινα λοιπόν στην φυλακή τους με ένα χαμόγελο, γιατί θα ήξερα ότι σε ολόκληρο τον κόσμο, άλλοι Ραέλ, εργάζονται μαζί ώστε να κτιστεί η Πρεσβεία, για να εισέλθει έτσι η ανθρωπότητα στην Χρυσή Εποχή.

Στη σκοτεινή φυλακή μου, θα ένιωθα την ευτυχία κάποιου που εκπλήρωσε την αποστολή του, αυτή για την οποία δημιουργήθηκε, και ο οποίος παρ' ότι τέθηκε εκτός δράσεως, όλα όσα άρχισε εξακολουθούν να προχωράνε δίχως αυτόν. Ελπίζοντας επίσης ότι ο πατέρας του θα συνειδητοποιήσει ότι δεν χρειάζεται άλλο πια στη Γη, και ότι θα του επιτρέψει να ενωθεί με τους αδελφούς του, τους προφήτες, στον πλανήτη των Αιώνιων.

Αυτή η σκέψη μόνο είναι αρκετή για να με κάνει να θέλω να εξυμνήσω την δόξα των πατέρων μας, να πω πάλι τις λέξεις που οι άνθρωποι επαναλαμβάνουν δίχως να είναι ικανοί να καταλαβαίνουν: «Αλληλούια!» «Αλληλούια!» που σημαίνει: στα εβραϊκά «δοξασμένος να είναι ο Γιαχβέ». Ναι, δοξασμένος να είναι ο Γιαχβέ ο οποίος μου έδωσε την δύναμη να πραγματοποιήσω την αποστολή μου μέχρι το τέλος.

Αδελφοί μου Ραελιανοί, μεταβιβάζω τώρα σ' εσάς την δάδα έτσι ώστε να μπορέσετε να εκπληρώσετε την αποστολή σας. Έστω κι' αν ο καιρός που η αλήθεια θα θριαμβεύσει δεν ήρθε ακόμη, πρέπει να σας βεβαιώσω ότι δεν είναι πολύ μακριά και ότι θα έχετε την ευκαιρία να τον ζήσετε. Αναγράφεται στην Βίβλο: «Αυτή η γενιά δεν θα περάσει πριν αποκαλυφθούν τα πάντα».

Αυτές οι λέξεις απευθύνονται σ' εκείνους που θα έχουν την ευκαιρία να ζήσουν αυτήν την Εποχή της Αποκάλυψης στην οποία μπήκαμε από το 1945. Εσείς είστε αυτή η γενιά. Είτε λοιπόν θα γνωρίσετε την Χρυσή Εποχή ζώντας πάνω σ' αυτή τη Γη λόγω των προσπαθειών σας οι οποίες συνέβαλαν στην παγκόσμια ειρήνη και στην αφύπνιση του ανθρώπινου γένους, είτε η ανθρωπότητα θα αυτοκαταστραφεί και θα γνωρίσετε την Χρυσή Εποχή ανάμεσα στους μεγάλους προφήτες οι οποίοι βρίσκονται ήδη στον πλανήτη των Αιώνιων.

Οι Ελοχίμ βασίζονται στον καθένα από εσάς και σε όλους σας για να χύσετε το φως. Η τελευταία μου λέξη θα είναι πάλι μια ετυμολογική απομυστικοποίηση; «Αμήν» η οποία σημαίνει στα εβραϊκά:« Έτσι να γίνει».

Και σ' εκείνους απο εσάς που διαβάζετε αυτό το βιβλίο δίχως να έχετε πλήρη γνώση των Μηνυμάτων από τους Δημιουργούς μας, σίγουρα να διαβάσετε όσο το δυνατόν πιο σύντομα τα άλλα βιβλία και μετά ενωθείτε μαζί μας για να κάνουμε την ανθρωπότητα να τα προσέξει, και να χτίσουμε την κατοικία στην οποία οι Ελοχίμ θα συναντήσουν επίσημα τις κυβερνήσεις της Γης, την Πρεσβεία των Ελοχίμ στη Γη, όπου θα προσέλθουν συνοδευόμενοι από τους μεγάλους προφήτες, τον Μωυσή, τον Ιησού, τον Βούδα και τον Μωάμεθ καθώς και από άλλους όπως αναφέρουν οι Γραφές.

Μετά γράψτε σε μένα. Θα απαντήσω προσωπικά στο γράμμα σας και θα σας υποδείξω πότε και που μπορεί να μεταβιβαστεί το κυτταρικό σας σχέδιο, η πρώτη σας πράξη η οποία θα αναγνωρίζει τους Ελοχίμ σαν τους Δημιουργούς μας, το όνομα και την διεύθυνση του τοπικού σας Οδηγού και τις ημερομηνίες στις οποίες θα λάβουν χώρα τα επόμενα Ραελιστικά μαθήματα αφύπνισης, τα οποία θα μπορούσαν να σας καταστήσουν Οδηγό, έναν αποτελεσματικό αγγελιοφόρο της αθεϊστικής θρησκείας μας που βασίζεται στο Άπειρο, στην ανθοφορία της εκπλήρωσης και της αγάπης για την ανθρωπότητα.

Πάρτε το στυλό σας και γίνετε ενεργό μέλος! Μην παραμένετε ένας θεατής της ζωής σας! Γίνετε ένα ενεργό μέλος στο παλκοσένικο αυτό της ανιαρής καθημερινής ζωής σας, για να μπορέσει έτσι να φωτιστεί με τα χιλιάδες χρώματα της απόλυτης επίγνωσης.

Πάρτε στυλό και χαρτί και γράψτε σε μένα πολύ απλά, με τις καθημερινές σας λέξεις. Πέστε μου αν η ανακάλυψη της Αλήθειες υπήρξε ένα σοκ για σας. Ακολουθείστε την παρόρμηση η οποία υπάρχει μέσα σας και η οποία λέει: «Α ναι! δεν είναι κακό, αλλά τι θα μπορέσω να αλλάξω, είμαι ένα μόνο άτομο, και έπειτα, τι θα πουν οι γείτονες;».

Μη κρύβετε το κεφάλι σας μέσα στην άμμο, βγείτε από το εύθραυστο κέλυφος που η κοινωνία σας έδωσε τόσο γενναιόδωρα! Το κεφάλι σας ήδη προεξέχει, και νιώθει θαυμάσια όμως φοβάστε ότι αυτό θα είναι ακόμη μία αυταπάτη, μία εφήμερη απόλαυση η οποία θα σας φέρει στη συνέχεια μόνο προβλήματα. Λάθος! Ζήστε πλήρως την φανταστική έκσταση που αισθανθήκατε. Θα εισέλθετε σ' έναν καινούργιο κόσμο, στον οποίο θα συναντήσετε εκατοντάδες ανθρώπους σαν και σας, που διάβασαν τα Μηνύματα σε μια μόνο νύχτα, και οι οποίοι σαν και σας, δίστασαν πριν να εμπλακούν στην διάδοση των Μηνυμάτων. Αυτοί οι άνθρωποι θα σας βοηθήσουν εξηγώντας σας πόσο έχουν προοδεύσει, και τότε θα νιώσετε τον εαυτό σας πλημμυρισμένο με ευτυχία, βλέποντας τον εαυτό σας μέσω αυτών, και μιλώντας ελεύθερα για τα άγχη σας δίχως το φόβο ότι γίνεστε περίγελος, αφού θα είστε σίγουροι ότι οι άνθρωποι γύρω σας συμμερίζονται την αντίληψή σας για το Σύμπαν. Την αντίληψη που είχατε μέσα σας, παρ' όλο που ποτέ δεν εκφράσατε τις σκέψεις σας, από τον φόβο της γελοιοποίησης.

Ο Πήτερ, ένας από τους οδηγούς μας, είπε κάποτε: Δεν γίνεται κάποιος Ραελιανός, απλά ανακαλύπτει ότι πάντοτε ήταν, όταν ανακαλύπτει τα Μηνύματα.

Αν και σεις ανακαλύψατε ότι είστε Ραελιανός, τότε περιμένω το γράμμα σας, και οι Ελοχίμ σας περιμένουν να το ρίξετε στο γραμματοκιβώτιο!

ΣΧΟΛΙΑ ΚΑΙ ΜΑΡΤΥΡΙΕΣ ΡΑΕΛΙΑΝΩΝ

Ο ΡΑΕΛΙΑΝΙΣΜΟΣ ΜΕΣΑ ΑΠΟ ΤΑ ΜΑΤΙΑ ΤΗΣ ΕΠΙΣΤΗΜΗΣ

Από τον Marcel Terusse, Χημικό Μηχανικό, Ραελιανό Οδηγό.

I - ΕΞΕΛΙΞΗ, ΣΚΟΤΑΔΙΣΜΟΙ ΚΑΙ ΝΕΟΔΑΡΒΙΝΙΚΟΣ ΜΥΘΟΣ

Πολλοί από εμάς διδάχτηκαν στο σχολείο την θεωρία της εξέλιξης και υπέστησαν την επίδρασή της η οποία διαπέρασε από τα μαθήματά μας της ιστορίας στην φιλοσοφία ακόμη και στην θρησκεία. Να αναφέρουμε τον Jean Rostand «Εμποτιστήκαμε, κορεστήκαμε και επηρεαστήκαμε μ' αυτήν την ιδέα... Τα μάθαμε όλα αυτά στα σχολικά θρανία επαναλαμβάνοντας σαν παπαγάλοι ότι η ζωή εξελίχθηκε και ότι οι οργανισμοί μεταμορφώνονται σε άλλους οργανισμούς». Δυστυχώς, ακόμη κι εκείνοι που δεν πήγαν σχολείο και δεν υπέστησαν αυτό το τάϊσμα της γνώσης ή εκείνοι που το υπέστησαν αλλά δεν κατανόησαν την θεωρία, την πιστεύουν ακόμη πιο φανατικά και από εκείνους που την κατανόησαν. Τελικά, αυτό το συνεχές δίδαγμα των αρχών-δογμάτων, γενιά με γενιά, αναπόφευκτα πρέπει να πολώσει το νου μας ειδικά εφ' όσον η τεράστια ποσότητα των αποδείξεων που υπάρχουν εναντίον αυτών των ιδεών ποτέ δεν παρουσιάστηκε στους μαθητές.

Πόσοι άνθρωποι θα είχαν το κουράγιο να βλέπονται σαν αιρετικοί εάν θα τολμούσαν ν' αμφισβητήσουν την εξέλιξη όταν τόσοι πολλοί γνωστοί επιστήμονες, καθηγητές και ιερείς το δηλώνουν σαν ένα γεγονός; Αυτό είναι ένα μεγάλο πρόβλημα ειδικά για εκείνους που οραματίζονται να ακολουθήσουν μια επιστημονική σταδιοδρομία, αλλά ευτυχώς γι' αυτούς, υπάρχουν κάποια φωτεινά μυαλά εντός της κατεστημένης επιστημονικής κοινότητας, όπως ο προαναφερθείς διαπρεπής βιολόγος Jean Rostand. Στο βιβλίο του «Εξέλιξη», το 1960, έγραψε «είμαστε πράγματι τόσο σίγουροι όσο θα ήθελαν βέβαια οι Νεοδαρβινιστές, ότι το πρόβλημα της εξέλιξης έχει πράγματι λυθεί; Οι μεταλλαγές τις οποίες γνωρίζουμε όλοι μας και τις οποίες θέλουν να θεωρούν υπεύθυνες για την προέλευση ολόκληρης της ζωής στη Γη συνήθως δεν είναι τίποτε άλλο από οργανικές ελλείψεις, ατέλειες και απώλειες χρωστικών ουσιών ή αποφύσεων, ή διπλασιασμός προϋπαρχόντων οργάνων. Σε καμία περίπτωση δεν επιφέρουν κάτι το πραγματικά καινούργιο και πρωτότυπο στο οργανικό σχεδιάγραμμα και τίποτα που να μας πείσει να πιστέψουμε ότι θα ήταν η αρχή ενός νέου οργάνου ή μιας νέας λειτουργίας. Όχι, αποφασιστικά, δεν μπορώ να παραδεχθώ ότι αυτά τα σφάλματα της κληρονομικότητας θα μπορούσαν να έχουν κτίσει το σύνολο του ζωντανού κόσμου με όλο του τον πλούτο, τις δομικές του λεπτότητες και τις καταπληκτικές προσαρμογές ακόμη και με τον ανταγωνιστικό παράγοντα της φυσικής επιλογής και τη βοήθεια των τεραστίων διαρκειών».

Πολλά πειράματα έχουν γίνει την τελευταία δεκαετία για να κατανοήσουμε τους μηχανισμούς των μεταλλαγών και πάλι στα ίδια συμπεράσματα καταλήξαμε.

Ένας από τους πρωτοπόρους σ' αυτό το πεδίο μελέτης ήταν ο H. J. Muller κάτοχος του βραβείου Νόμπελ το 1946, ο οποίος συγκέντρωσε κυρίως την προσοχή του στην κοινή μύγα των φρούτων «Drosophila Melanogaster». Συμπέρανε ότι «είναι τόσο σπάνιο ότι μια μετάλλαξη επιτρέπει την επιβίωση ώστε μπορούμε να τις θεωρήσουμε σαν επιβλαβείς».

Σχεδόν όλες οι μεταλλάξεις συμπεριλαμβανομένων και εκείνων που συμβαίνουν στη φύση και εκείνων που προξενούνται στο εργαστήριο καταλήγουν σε κληρονομικές αρρώστιες, μείωση του μέσου όρου ζωής και γενετικά τερατουργήματα. Το σχέδιο των χρωματοσωμάτων των ζωντανών οργανισμών είναι εξαιρετικά πολύπλοκο και οποιαδήποτε τροποποίηση της δομής τους θα καταλήξει αναπόφευκτα στην αποδιοργάνωσή της.

Στο εργαστήριο, με αυτές τις μεθόδους, μπορέσαμε να προξενήσουμε στο λαιμό ή ακόμη και σ' ολόκληρο το σώμα ορνίθων πλήρη απώλεια του 'πτερώματος ή να αλλάξουμε το χρώμα των ματιών των εντόμων, των φτερών, της ουράς τους κλπ, και ακόμη να προξενήσουμε ελαφρές αλλοιώσεις σε άλλα όργανα, στο φυσικό όμως περιβάλλον, ούτε μία μετάλλαξη δεν θα ήταν προσόν που να εξασφάλιζε την επιβίωση του είδους. Ένα ατύχημα αυτού του είδους ποτέ δεν μπορεί να αυξήσει την οργάνωση παρά μόνο θα καταλήξει σε ζημιά όπως ακριβώς ρίχνοντας ένα ρολόι στην Γη δεν μπορούμε να αυξήσουμε την ακρίβειά του, ή χτυπώντας έναν υπολογιστή με ένα σφυρί δεν τον προικίζουμε με επιπλέον υπολογιστικές ικανότητες. Και ο παράγοντας χρόνος δεν θα αλλάξει τίποτα αφού ότι ήταν αδύνατο να γίνει χθες θα είναι επίσης αδύνατο να γίνει σήμερα.

Αυτή καθ' εαυτή η μετάλλαξη παραμένει πάντα μέσα στα όρια του είδους, για παράδειγμα ανάμεσα στις άπειρες μεταλλάξεις που προκλήθηκαν στην μύγα Drosophila, καμία δεν παρήγαγε ένα διαφορετικό είδος ή κάτι το διαφορετικό σε σχέση με τους προγόνους της. Το μέγεθος των μυγών, το χρώμα και η μορφολογία μπορούν να διαφέρουν όμως ακόμη και μία σειρά μεταλλάξεων δεν παρήγαγε ποτέ έναν καινούργιο οργανισμό με χαρακτηριστικά που δεν υπήρχαν από πριν. Τα ζωντανά κύτταρα των οργανισμών αποτελούνται από άκρως σύνθετα μόρια, που κι' αυτά με την σειρά τους αποτελούνται από πολλούς συνδυασμούς ατόμων έτσι πώς είναι δυνατόν αυτές οι λεπτότατες κατασκευές να προέκυψαν αυτόματα από τα συστατικά τους που ήταν τυχαία διασκορπισμένα τριγύρω; Η άψυχη ύλη δεν αναζητεί να γίνει πιο περίπλοκη, αλλά αντιθέτως τείνει στην αποδιοργάνωση και την αστάθεια. Είναι άχρηστο να λέμε, ότι θα συμβεί κάποια μέρα αφού με το πέρασμα του χρόνου έρχεται η αποσύνθεση και η διάσπαση.

Η τάση που έχει κάθε οργανική δομή να επανέρχεται στην αποδιοργάνωση εξηγείται στον νόμο της θερμοδυναμικής ο οποίος καθορίζει την λειτουργία της εντροπίας. Ποτέ δεν υπάρχει κέρδος δίχως την παρέμβαση μιας εξωτερικής δύναμης, συνεπώς, η άψυχη ύλη μη περιέχοντας ενέργεια ή κίνηση θα παραμείνει πάντα αδρανής απόντος του χεριού που θα την οδηγούσε να οργανωθεί και να την διευθύνει. Επομένως η θεωρία της εξέλιξης βρίσκεται σε πλήρη αντίθεση με τον νόμο της εντροπίας.

Οι μέθοδοι που χρησιμοποιήθηκαν για να χτιστεί η θεωρία της εξέλιξης είναι απόλυτα αντιεπιστημονικές, και θα συνεχίσουν να είναι τέτοιες για μεγάλο διάστημα αφού οι οπαδοί του μετασχηματισμού δεν εξετάζουν αντικειμενικά τα αποδεικτικά στοιχεία και συνεχίζουν να προκαλούν τα γεγονότα.

Πραγματικά βήματα εμπρός θα γίνουν μόνο όταν εξαλειφθούν, η επιδίωξη της δόξας, οι ασήμαντες συζητήσεις, ο φόβος της υπόληψης και ο εγωκεντρισμός για να επιτρέψουν να βγουν αμερόληπτα συμπεράσματα βασισμένα σε πραγματικά γεγονότα αντί σε προκαταλήψεις.

Η ζωή πάνω στη Γη δεν είναι το αποτέλεσμα μιας τυχαίας συγκυρίας, ή ανάγκης, αλλά είναι ο καρπός μιας εξωτερικής παρέμβασης, αυτής των Ελοχίμ, των δημιουργών μας.

II - ΜΙΑ ΝΕΑ ΥΠΟΘΕΣΗ ΓΙΑ ΤΗΝ ΙΣΤΟΡΙΑ ΤΗΣ ΑΝΘΡΩΠΟΤΗΤΑΣ

Όταν η CIA, η κεντρική υπηρεσία πληροφοριών της Αμερικής, ανέθεσε στο Ινστιτούτο Hudson την εργασία να μελετήσει την παγκόσμια κατανομή των φυσικών πόρων όπως το πετρέλαιο, το φυσικό αέριο και ο άνθρακας, ο καθηγητής Nebring ο οποίος ήταν επί κεφαλής ανακάλυψε ένα μάλλον παράξενο φαινόμενο.

Τοποθέτησε όλες μαζί τις ηπείρους όπως αυτές θα έπρεπε να ήταν κατά το τέλος της τριτογενούς γεωλογικής περιόδου πριν να αποχωριστούν, και βρήκε ότι όλες οι κύριες πετρελαιοπηγές όπως εκείνες στην Αρκτική και την Αλάσκα, οι ασφαλτώδεις αμμουδιές της Αλμπέρτα, οι ασφαλτούχοι σχιστόλιθοι του Κολοράντο, του Μεξικού και της Βενεζουέλας, τα βαριά πετρέλαια του Ορενόκου, της Νιγηρίας, της Νότιας Σαχάρας, της Λιβύης, της Αραβίας, του Ιράν και της Σιβηρίας όλα αυτά σχημάτιζαν ένα κύκλο.

Σύγχρονες μελέτες για το πετρέλαιο αποκαλύπτουν ότι αυτό είναι το αποτέλεσμα πρώην ζωντανών οργανισμών, όπως φυτών, ζώων κλπ, οι οποίοι αποσυντέθηκαν σε αναερόβιες συνθήκες, δηλ, σε απουσία αέρος, όπου ειδικά βακτηρίδια ανάγουν και μετασχηματίζουν τις πρωτεΐνες και τα λίπη τους. Τα νεκρά δέντρα είναι η κυριότερη πηγή αυτών των πρωτεϊνών και λιπών όμως αυτό που συνήθως συμβαίνει όταν πεθαίνει ένα από αυτά είναι ότι βακτηρίδια που αναπνέουν κανονικό αέρα το αποσυνθέτουν και το ανακυκλώνουν σε αλυσίδα δασικών τροφών δίχως να παραχθεί καθόλου πετρέλαιο, καθότι για να παραχθεί πετρέλαιο θα πρέπει το δέντρο να θαφτεί ευθύς αμέσως για να εμποδιστεί η πρόσβαση αέρα. Όταν όμως εξετάζονται οι περιοχές των πετρελαιοπηγών βρίσκουμε ότι είναι σε μεγάλο βάθος (2000 μέτρα βάθος στην βόρεια Γαλλία) και καλύπτουν σημαντικές εκτάσεις (18000 χιλ. στα Απαλάχια όρη των Η.Π.Α.) έτσι ο πραγματικός όγκος των υλικών που βίαια θάφτηκε μονομιάς πρέπει να ήταν τεράστιος.

Καμία θεωρία μέχρι τώρα δεν μπορεί ικανοποιητικά να εξηγήσει αυτά τα γεγονότα, αλλά εμείς οι Ραελιανοί κρατούμε το κλειδί αυτού του αινίγματος.

Όταν οι Ελοχίμ αποφάσισαν να καταστρέψουν τις βάσεις τους, τα εργαστήριά τους και όλα εκείνα που είχαν δημιουργήσει στη Γη, θα έπρεπε να χρησιμοποίησαν εξαιρετικά ισχυρές μεθόδους καταστροφής, οι οποίες, καθώς διέλυαν την πρωταρχική μόνη Ήπειρο και έστελναν κάθε αντίστοιχο θραύσμα να παρασύρεται έξω από το κέντρο της έκρηξης θα πρέπει να σάρωσαν επίσης ολόκληρη την επιφάνεια της Γης. Από την στιγμή που τα κύματα της δόνησης θα επεκτάθηκαν προς τα έξω από το σημείο πρόσκρουσης των βομβών όλες οι ζωντανές ύλες συμπεριλαμβανομένων απέραντων δασών, ζώων ακόμη και ανθρώπων θα ανατινάχτηκαν και θα θάφτηκαν βαθιά αμέσως και όλες μαζί, κάτω από τόνους χώματος σε σχήμα δακτυλιδιού κυκλώνοντας την κεντρική έκρηξη.

Αυτό θα εξηγούσε πως υπερβολικά τεράστιοι όγκοι ζωντανών υλών θάφτηκαν τόσο γρήγορα ώστε να δημιουργηθούν οι αναερόβιες συνθήκες σε ευρύ κυκλικό σχηματισμό, γεγονός, που εξέπληξε τον Nebring τόσο πολύ όταν επανέφερε στην θέση τους πάλι όλα τα θραύσματα από τα οποία αποτελούνταν κάποτε η μία και μοναδική μας Ήπειρος.

Κατά την διάρκεια του χρόνου από την εποχή που οι Ελοχίμ δημιούργησαν την μοναδική Ήπειρο μέχρι την εποχή που την διέλυσαν, διαβρώσεις θα είχαν συσσωρεύσει ιζήματα, πλούσια σε ζώσα ύλη όπως κοράλλια και όστρακα, μέσα στους ωκεανούς, ιδίως γύρω από τις ακτές της Ηπείρου. Όπως, αυτά που αργότερα έγιναν οι ηπειρωτικές πλάκες της Βορείου και Νοτίου Αμερικής, έξυναν κατά μήκος τον πυθμένα του ωκεανού, όλα τα ιζήματα αυξάνονταν για να σχηματίσουν τις Άνδεις και τα Βραχώδη όρη.

Το ίδιο συνέβη στην Ινδική υποήπειρο η οποία αποσπάστηκε από την Αφρική, και ολισθαίνοντας βορειοανατολικά, παγίδευσε στην πορεία της τεράστιες ποσότητες ύλης τις οποίες γνωρίζουμε τώρα σαν τα Ιμαλάια. Η Ανταρκτική ήπειρος παρασυρόμενη νότια καλύφτηκε από ένα παχύ στρώμα πάγου, διασώζοντας μέχρι σήμερα ίχνη τροπικής βλάστησης. Η Αυστραλία εν τω μεταξύ, μέρος της Αφρικής και της Ινδίας, πήγε νοτιανατολικά συσσωρεύοντας κατά μήκος των ακτών της ίζημα το οποίο σχημάτισε την Αυστραλιανή Μεγάλη Διαχωριστική Οροσειρά.

Η καταστροφή ήταν κατακλυσμιαία και είχε προκαλέσει όχι μόνο μεγάλες γεωλογικές μεταβολές, αλλά επίσης και κλιματικές, εξολοθρεύοντας άπειρες μορφές ζωής, θάβοντάς τες κάτω από στρώματα άμμου, ασβέστη, χώματος και κάποιο είδος λασπώδη πάγου ο οποίος τις διαφύλαξε μέχρι σήμερα και από τον οποίο περιοδικά αναδύθηκαν απαλλαγμένες από τους παγωμένους τάφους τους της μεγάλης Βόρειας Σιβηρίας.

Μόνο μια χούφτα ανθρώπων προστατεύτηκαν στην κιβωτό κατά την διάρκεια του «κατακλυσμού». Κατά την επιστροφή τους βρήκαν την ήπειρο εντελώς αγνώριστη και ρημαγμένη από τις καταστροφές. Οι γεωλογικές αναταραχές είχαν σαν αποτέλεσμα να μοιάζει σε μερικά σημεία η επιφάνεια της γης σαν αποκεφαλισμένη και να εμφανίζει ρωγμές στις κρούστες του στρώματος προκαλώντας ηφαιστειακή δραστηριότητα.

Είναι πολύ εύκολο να δούμε πως η ιστορία της μοναδικής ηπείρου που θραύεται σε πολλά κομμάτια «εκεί όπου κάποτε υπήρχε γη τώρα υπάρχει νερό» και αντιστρόφως παραμορφώθηκε στους μύθους της Ατλαντίδος όπου λέγεται ότι εξαφανίστηκε μία ήπειρος μέσα στην θάλασσα. Στην πραγματικότητα δεν καταποντίστηκε, απλώς μετακινήθηκε πιο εκεί.

Μετά τον κατακλυσμό δεν ξαναδημιουργήθηκαν όλοι οι ζωντανοί οργανισμοί, μερικοί θεωρούμενοι σαν τερατώδεις και επιζήμιοι για την οικολογική ισορροπία, τέτοιοι όπως τα τεράστια ερπετά και οι δεινόσαυροι παραλείφθηκαν και έτσι εξηγείται η ξαφνική και ταυτόχρονη εξαφάνιση αυτών των προκατακλυσμιαίων ζώων.

Μετά τον «κατακλυσμό» οι Ελοχίμ συγκατοίκησαν με τους ανθρώπους της γης και τα ίχνη της παρουσίας τους τα οποία μπορούμε να βρούμε διασκορπισμένα σ' ολόκληρο τον κόσμο, είναι μετακατακλυσμιαία.

Ας μάθουμε ν' ανοίγουμε τα μάτια μας, έχουμε τα πάντα γύρω μας για να μας βοηθήσουν να καταλάβουμε. Βρισκόμαστε στην εποχή της Αποκάλυψης. Την εποχή όπου για άλλη μια φορά μπορούμε να ελπίζουμε ότι θα συναντήσουμε τους δημιουργούς μας, τους Ελοχίμ.

III- Η ΜΕΤΑΒΙΒΑΣΗ ΤΟΥ ΚΥΤΤΑΡΙΚΟΥ ΣΧΕΔΙΟΥ ΣΤΟ ΦΩΣ ΤΗΣ ΕΠΙΣΤΗΜΗΣ

Μέχρι σήμερα, φασματικές μελέτες που εξέταζαν την σχέση μεταξύ της ύλης και της ενέργειας μας επέτρεψαν να επιτύχουμε μια ορισμένη αντίληψη για τη δομή και την συγκρότηση των μορίων. Μολονότι η ύλη μπορεί να φαίνεται στα ανθρώπινα μάτια μας ότι είναι ομοιογενής είτε είναι σε αέρια, υγρή ή στερεή κατάσταση, στην πραγματικότητα συγκροτείται από πολλά δομικά συγκροτήματα που ονομάζονται μόρια τα οποία με την σειρά τους αποτελούνται από άτομα.

Ένα άτομο μπορεί να συγκριθεί με ένα ηλιακό σύστημα μινιατούρα με έναν θετικό πυρήνα στο κέντρο, γύρω από τον οποίον περιστρέφονται ηλεκτρόνια το κάθε ένα απ' αυτά ικανό να περιστρέφεται γύρω από τον εαυτό του όπως ακριβώς κάνει η γη στην περιστροφή της γύρω από τον ήλιο. Η κίνηση των ηλεκτρονίων καθορίζεται από τέσσερις κβαντικούς αριθμούς (κύριο, δευτερεύοντα, μαγνητικό και σπιν). Η κυματομηχανική συσχέτισε μία ιδιαίτερη παλμική κίνηση με όλα τα κινούμενα σωματίδια η κίνηση των οποίων μπορεί να προβλεφθεί από την εξίσωση του Shrodinger.

Ένα άτομο μπορεί μόνο να εκπέμψει ή να απορροφήσει ενέργεια συγκεκριμένων συχνοτήτων. Αυτό συνοδεύεται από ένα φάσμα ξεχωριστών και διακεκριμένων ακτινοβολιών οι οποίες σχετίζονται άμεσα με τη κατάσταση ενέργειας του ατόμου. Επομένως κάθε τύπος ατόμου έχει τον δικό του συγκεκριμένο τύπο ατομικού φάσματος.

Η πυρηνική μαγνητική αντήχηση μπορεί επίσης να μας δώσει λεπτομερέστατες πληροφορίες για την φύση του δεσμού που συγκρατεί τα άτομα μαζί σχηματίζοντας το μόριο.

Εντός του μορίου, τα άτομα θα πάλλονται επίσης το ένα σε σχέση με το άλλο. Αν υπάρχουν μόνο δύο, θα υπάρχει μόνο μία θεμελιώδης συχνότητα που θ' ακολουθεί την σύνδεση των δύο κέντρων βαρύτητας των δύο πυρήνων, και θα είναι, επομένως, γραμμική. Τα μόρια που αποτελούνται από περισσότερα άτομα θα έχουν μεγαλύτερο αριθμό θεμελιωδών συχνοτήτων.

Τα άτομα μπορούν επίσης να περιστρέφονται γύρω από τον άξονά τους. Οι παλμικές και περιστροφικές ενέργειες τους μπορούν μόνο να ποικίλουν κατά έναν ασυνεχή τρόπο.

Η μεταπήδηση από την μία ενεργειακή στάθμη (στιβάδα) στην άλλη γίνεται είτε με απορρόφηση είτε με εκπομπή ενέργειας. Κάθε μία χημική αντίδραση βασίζεται σε τέτοιες αλλαγές της ενέργειας και η εκπομπή που προκύπτει από αυτούς τους μετασχηματισμούς της ύλης μπορεί να μετρηθεί και να καταγραφεί σαν «περιστροφικά και ηλεκτροπαλμικά μοριακά φάσματα». Κάθε μόριο του σώματος μας πάλλεται κατά έναν τέτοιον τρόπο και συνεπώς, εκπέμπει ένα πλήθος από παλμούς οι οποίοι εκ πρώτης όψεως θα έδιναν την εντύπωση μιας τεράστιας κακοφωνίας. Έτσι λοιπόν το ανθρώπινο σώμα είναι ένας πομπός ηλεκτρικών και ηλεκτρομαγνητικών κυμάτων.

Σήμερα, η τεχνολογία μας δεν μας παρέχει ακόμη τη δυνατότητα να καταγράψουμε τέτοια φαινόμενα σ' έναν οργανισμό τόσο πολύπλοκο όπως είναι το ανθρώπινο ον, ούτε οι μέθοδοι μιας ανάλυσης είναι αρκετά τελειοποιημένες ώστε να ξεχωρίζουν την εκπομπή που προέρχεται από ένα ξεχωριστό μόριο από εκείνη του θορύβου του περιβάλλοντος του.

Θυμηθείτε ότι ο Hertz ανακάλυψε τα κύματα τα οποία πήραν τ' όνομά του μόλις το 1920 και η πυρηνική μαγνητική αντήχηση έγινε γνωστή μόλις το 1946, έτσι που θα είμαστε σε 50 χρόνια, σε 100 ή σε 1000; Ας μη ξεχνάμε ότι οι Ελοχίμ προηγούνται από εμάς 25.000 χρόνια.

Η αρχή του βαπτίσματος, η μετάδοση του κυτταρικού σχεδίου κάποιου, είναι ακατανόητη σήμερα για μας, και αυτή η τελετή εξηγείται επιστημονικά ως ακολούθως. Κάθε άνθρωπος έχει ένα κυτταρικό και ένα χρωμοσωματικό σχέδιο συγκεκριμένο σε αυτόν το οποίο πάλλεται με την δική του ηλεκτρομαγνητική φασματική εκπομπή.

Ένας Οδηγός του οποίου η συχνότητα έχει σημειωθεί από τους Ελοχίμ κατά την διάρκεια της μύησής του ή της μύησής της, μπορεί να δράσει σαν ένας αναμεταδότης μεταξύ του νέου Ραελιστή και του δορυφόρου των Ελοχίμ ο οποίος καταγράφει κάθε ανθρώπινη σκέψη.

Το νερό χρησιμοποιείται μεταξύ του μετώπου του νέου Ραελιστή και των χεριών του Οδηγού έτσι ώστε να δημιουργηθεί μία καλή ηλεκτρική επαφή και η Ραελιανή βάπτιση δείχνει προς τους Ελοχίμ ότι ο Ραελιανός και κατανόησε τα Μηνύματα και ζει σύμφωνα μ' αυτά. Είναι μια πράξη αναγνώρισης.

ΕΝΤΥΠΩΣΕΙΣ ΕΝΟΣ «ΙΕΡΕΑ»

Από τον Victor Legendre.

Περιφερειακός οδηγός για το Ανατολικό Κεμπέκ του Καναδά, πρώην Ρωμαιοκαθολικός ιερέας.

Βρισκόμουν στην Ευρώπη για διακοπές όταν έμαθα για τα Μηνύματα που δόθηκαν από τους εξωγήινους (Ελοχίμ) στον Claude Vorillon, «Ραέλ». Είχα ήδη επισκεφτεί την Γαλλία, Ισπανία και Ιταλία, από τις 10 Ιουνίου 1976, όταν έπεσε στα χέρια μου το πρώτο μήνυμα, «Το Βιβλίο της Αλήθειας» στις 30 Ιουνίου και λίγες μέρες αργότερα στις 2 Ιουλίου, πήρα το βιβλίο
«Οι Εξωγήινοι Με Πήγαν Στον Πλανήτη Τους». Το πρώτο βιβλίο το βρήκα στην Γενεύη και το δεύτερο στην Κλερμόν- Φεράν στη Γαλλία.

Οι λέξεις μόλις και μετά βίας θα μπορούσαν να περιγράψουν τί αισθάνθηκα διαβάζοντας αυτά τα δύο Μηνύματα: έκπληξη ανάμικτη με θαυμασμό και φόβο, ένα σοκ χαράς! Αυτή είναι μία πάρα πολύ φτωχή περιγραφή,μεταφέρθηκα με χαρά σε μια κατάσταση ευτυχίας ή σε μια απερίγραπτη ευφορία και βαθιά αίσθηση ειρήνης με μια νέα άποψη. Όχι, μια ανανεωμένη άποψη για το κάθε τι. Αν η λέξη resentment (αγγλ. δυσαρέσκεια) από την γαλλική λέξη
«ressentiment» που σημαίνει επίσης αισθάνομαι ξανά δεν είχε αυτή τη μειωτική έννοια, θα την χρησιμοποιούσα για να εξηγήσω τα ποικίλα αισθήματα που τόσο έντονα έζησα.

Δύο μέρες πριν την αναχώρηση μου για την Ευρώπη, είχα επισκεφτεί έναν φίλο μου μουσικό, ο οποίος μου ζήτησε να του φέρω «Το Βιβλίο της Αλήθειας», καθώς δεν μπορούσε να το βρει εδώ στο Καναδά, αφού δεν ήξερε ποιός ήταν ο εκδότης. Με έβαλε ν' ακούσω μία μαγνητοφωνημένη συνέντευξη την οποία πραγματοποίησε το CBC International στην Ευρώπη και η οποία μεταδόθηκε αρκετές φορές κατά την διάρκεια της περιόδου 1975-76. Εγώ τότε είχα μια αόριστη ιδέα μόνο για τα Μηνύματα, και για να ευχαριστήσω τον φίλο μου, του υποσχέθηκα να του φέρω αυτό το βιβλίο.

Πριν προλάβει να ανταμειφθεί η περίοδος αναμονής του μέχρι την επιστροφή μου στις 10 Ιουλίου, εγώ ήμουν αυτός που ανταμείφθηκε και πέρα από όλες μου τις προσδοκίες. Ήταν σαν να είχα ανακαλύψει ένα πολύτιμο μαργαριτάρι, δίχως πραγματικά να ψάχνω γι' αυτό. Μιλάω φυσικά για το τι περιείχαν τα Μηνύματα. Μόνο μετά την επιστροφή μου άρχισα να ερευνώ επιμελώς αυτά τα Μηνύματα, αν μπορώ να το πω έτσι, λίγο «τυχαία», προσπάθησα να κατανοήσω την ουσία των Μηνυμάτων. Έψαξα στα βιβλικά γραπτά τα οποία είχα σπουδάσει στην θεολογία κατά την πορεία μου προς την ιεροσύνη, κατόπιν την Καμπάλα (Cabbala = εβραϊκή μυστικιστική ερμηνεία της Παλαιάς Διαθήκης) η οποία μου ήταν άγνωστη εκτός από λίγες εβραϊκές λέξεις τις οποίες είχα μάθει στην θεολογία, επίσης στην ιστορία των θρησκειών, ιδιαίτερα στην ιστορία του Χριστιανισμού και τελικά, στο επιστημονικό πεδίο. Σχημάτισα την δική μου γνώμη βασιζόμενος πάνω σ' αυτήν την έρευνα. Τί ήταν αυτό που με κατέπληξε περισσότερο στα Μηνύματα αυτά; Τί μ' εντυπωσίασε περισσότερο;

Χωρίς πολλά σχόλια, θα υπογραμμίσω τα πιο έντονα σημεία, σε μια σύνθεση των εντυπώσεών μου, παρ' όλο που αυτά τα σημεία θα πρέπει να συζητηθούν εκτενέστερα:

Η πρωτότυπη Βίβλος, γραμμένη στα Εβραϊκά μιλάει για τους Ελοχίμ, που σημαίνει κυριολεκτικά «Εκείνοι που ήλθαν από τον ουρανό». Οι Ελοχίμ είναι μια λέξη η οποία μεταφράστηκε άδικα με την λέξη Θεός στις σύγχρονες Βίβλους. Έτσι δεν υπάρχει άυλος, υπερφυσικός ή παντοδύναμος Θεός, αλλά υπάρχουν οι Ελοχίμ, σταθερά παρόντες στην Βίβλο, και οι οποίοι, ανάμεσα στα άλλα πράγματα, δημιούργησαν ζωή στο εργαστήριο, συμπεριλαμβανομένης και της ανθρώπινης ζωής μέσω αδρανών χημικών ουσιών που σχετίζονται με το DNA.

Η σταθερή παρουσία των Ελοχίμ, ή των Εξωγήινων, σε διαφορετικές εποχές για διαφορετικούς πολιτισμούς,είμαστε μακριά από αυτή τη στενοκέφαλη αντίληψη που λέει «οι εξωγήινοι και η Βίβλος δεν θα πρέπει να συγχέονται μεταξύ τους».

Δεν υπάρχει ψυχή η οποία ν' αφήνει το σώμα μετά τον θάνατο αλλά υπάρχει ο γενετικός κώδικας ο οποίος είναι η αρχή της ζωής.

Ο τίτλος του πρώτου Μηνύματος είχε αναγγελθεί στον Ιεζεκιήλ (κεφ. β', στ. 9-10), στο βιβλίο της Αποκάλυψης (κεφ. ε', στ.1) και στον Δανιήλ (κεφ. ι', στ 21).

«Αλλ' ή αναγγελώ σοι το εντεταγμένον εν γραφή αληθείας». «Και συ Δανιήλ, έμφραξον τούς λόγους και σφράγισον το βιβλίον έως καιρού συντελείας, έως διδαχθώσι πολλοί και πληθυνθή ή γνώσις». (Δανιήλ κεφ. ιβ, στ. 4).

«Ηρθα λοιπόν να σου αναγγείλω αυτό που είναι γραμμένο στο βιβλίο της αλήθειας» «και συ Δανιήλ, κλείσε αυτούς τους λόγους, σφράγισε το βιβλίο μέχρι του τέλους του καθορισμένου καιρού. Τότε ένας μεγάλος αριθμός ανθρώπων θα διδαχθεί και θα αυξηθεί έτσι η γνώση του θείου θελήματος».

Η έννοια του απείρου, του απείρως μεγίστου και του απείρως ελαχίστου η αφύπνιση του νου για το άπειρο, όπου εδρεύει η αλήθεια. Εξέλιξη κατά τύχη, διαδοχικών τυχαίων γεγονότων είναι ένας μύθος. Αντιθέτως η εξέλιξη εδρεύει κατ' αρχάς στο νου των Δημιουργών μας.

Κανένας δεν μπορεί να ανήκει σε κάποιον άλλο, εσείς δεν μπορείτε να είστε ιδιοκτησία

κάποιου άλλου οποιαδήποτε σχέση και να έχετε, είτε στην εργασία, είτε στο γάμο, είτε στις ανθρώπινες συγγένειες κλπ. Η επιβεβαίωση και η ανάπτυξη των βασικών ανθρώπινων σκοπών τους οποίους ο καθένας απ' εμάς καλείται να ακολουθήσει στην ζωή του: σκέπτομαι, δημιουργώ και επεκτείνω.

Όπως αγαπάμε τον εαυτό μας να μπορούμε να αγαπάμε και τους άλλους.

Οι προτεινόμενες λύσεις για να λύσουμε τα μεγάλα προβλήματα της ανθρωπότητας ανάμεσα στα πράγματα, επιλεκτική δημοκρατία ή Διανοιοκρατία η οποία θα ταίριαζε με τον ανθρωπισμό, τα ακατέργαστα υλικά της ανθρωπότητας είναι οι ιδιοφυΐες, να ακολουθηθεί η διαδικασία για την δημιουργία μιας διανοιοκρατικής παγκόσμιας κυβέρνησης, η δημιουργία ρομπότ για να τεθεί τέρμα στην χειρονακτική εργασία, ένα μοναδικό παγκόσμιο νόμισμα μέχρις ότου το χρήμα καταργηθεί τελείως, μία παγκόσμια δεύτερη γλώσσα, διατηρώντας κάθε περιοχή τη μητρική της γλώσσα, κατάργηση των στρατιωτικών υπηρεσιών και τοποθέτηση των στρατιωτικών καριέρας στην υπηρεσία της παγκόσμιας ειρήνης. Δεν μπορούμε να συνεχίσουμε να αναζητούμε «Ειρήνη και ασφάλεια» ταυτόχρονα, όπως είπε ο Παύλος από την Ταρσό. Η τέλεια συνάντηση της επιστήμης και της θρησκείας στην εποχή μας, στη χρονιά της Αποκάλυψης, όπου και οι δύο συνδυάζονται τόσο τέλεια. Όλες οι θρησκευτικές γραφές, κυρίως η Βίβλος, η οποία προέβλεψε τα χρόνια στα οποία ζούμε τώρα και τον ερχομό του τελευταίου προφήτη «πριν να χυθεί το νερό», πριν την επίσημη άφιξη των δημιουργών μας οι οποίοι θα δώσουν την επιστημονική τους βοήθεια στην ανθρωπότητα . Όλες οι θρησκευτικές γραφές και κυρίως η Βίβλος ανήγγειλαν την επιστροφή των μεγάλων προφητών περίπου 40 συνολικά που θα συνοδεύουν τους Δημιουργούς μας, τους Ελοχίμ.

Όταν τελείωσα το διάβασμα αυτών των πρώτων δυο Μηνυμάτων, αισθάνθηκα μέσα μου πολύ έντονα, την υποκρισία των χριστιανών οι οποίοι προσεύχονται μόνο με τα χείλη τους, ενώ η ηθική προσταγή " αγαπάτε αλλήλους" παραμένει πάντα σχεδόν ξεχασμένη. Αισθάνθηκα αυτή την εγκόσμια και πνευματική κυριαρχία της εκκλησίας, με τα χρήματα και τα πλούτη που συγκέντρωσε.

Αυτή η κυριαρχία διατηρείται και ενισχύεται από τις πολιτικές δυνάμεις οι οποίες βλέπουν μόνο πλεονεκτήματα σ' αυτήν αισθάνθηκα αυτή την μυστικοποίηση που κάνει τους ανθρώπους μόνο αδρανείς. Απέχουμε πολύ από την επαγρύπνηση που μας συνέστησε ο Ιησούς, ώστε να μπορούμε να διαβάσουμε τα σημάδια των καιρών και να τα αναγνωρίσουμε όταν αυτά συμβούν αλλά είναι η λατρεία των παραδόσεων και έκαναν τους ανθρώπους να τυφλωθούν. Θυμάμαι αυτές τις λέξεις από το βιβλίο Εκκλησιαστής, (κεφ. ζ,'στ. 10). «Μή ειπείς- τί έγένετο ότι αι ήμέραι αι πρότεραι ήσαν άγαθαί υπέρ ταύτας; ότι ουκ εν σοφία έπηρώτησας περί τούτου».

«Μη ειπείς με νοσταλγία, τι συνέβη ώστε αι περασμέναι ημέραι ήσαν καλύτεραι απ' αυτάς τας σημερινάς; Η ερώτηση σου αυτή δεν είναι σοφή και συνετή». Εγώ θεωρώ ότι αυτή η ενοχή της συνείδησης οξύνθηκε από την ιδέα ότι ο άνθρωπος είναι αμαρτωλός, ότι ο άνθρωπος δεν είναι τέλειος, γεγονός που αιτιολογείται από αυτή την απόρριψη της διανόησης, π.χ. λέγεται στον άνθρωπο να πιστεύει δίχως να κατανοεί, και διατηρείται από την ιδέα ότι η σεξουαλική ευχαρίστηση ή ακόμη και ο αισθησιασμός είναι άξια περιφρόνησης.

Συνέδεσα τα σημάδια των καιρών που αναγγέλθηκαν στα θρησκευτικά γραπτά με την εποχή μας όπου τα βλέπουμε να συμβαίνουν. Αυτή η εποχή είναι η δική μας, η εποχή της Αποκάλυψης, όταν τα πάντα μπορούν να γίνουν κατανοητά. Τα σημάδια των καιρών αποκαλύπτουν το πρωταρχικό μυστήριο στο φως της επιστημονικής προόδου. Ο καθένας που ερευνά, ιδιαίτερα στην Βίβλο, και συγκρίνει τις προφητείες με τα επιτεύγματα της επιστημονικής μας εποχής, απλώς αποκαλύπτει, επιβεβαιώνει και κατανοεί αυτό που είναι «Η θεμελίωση της Γης» και αυτό που κρατήθηκε κρυφό από την «Θεμελίωση κόσμου».

Επιτρέψτε μου να απαριθμήσω μερικά απ' αυτά τα σημάδια και την πραγματοποίηση τους: Ο άνθρωπος θα γίνει ίσος με τους Ελοχίμ (Δημιουργία ζωής), οι κουφοί θ' ακούσουν, οι τυφλοί θα δουν, οι παράλυτοι θα ανακτήσουν την χρήση των άκρων τους (ηλεκτρονικές προσθέσεις), ο άνθρωπος θα κάνει την φωνή του να μεταβιβαστεί στις τέσσερες άκρες της γης (τηλεπικοινωνίες και ραδιοφωνία), η θεραπεία ανθρώπων που έχουν δηλητηριαστεί (αντίδοτα, ακτινοβόλοι οροί), η θεραπεία των αρρώστων με την επιβολή των χεριών (εξέλιξη της χειρουργικής), αύξηση του ορίου ζωής, ο λαός του Δαυίδ θα βρει πάλι την χώρα του (ίδρυση του κράτους του Ισραήλ), άπειρα σημάδια στον ουρανό (Α.Τ.Ι.Α), χιλιάδες ψευδοπροφήτες που θα προσπαθούν να φανατίσουν τους ανθρώπους, σκοταδισμός και μυστικισμός (θρησκείες και αιρέσεις) κλπ.

Ακόμη κι' αν η Ρωμαιοκαθολική Εκκλησία δεν με αναγνωρίζει σαν ιερέα, αφού προσχώρησα στο Ραελιανό Κίνημα, εγώ εν τούτοις παραμένω ένας ιερέας. Ανέλαβα μία φανταστική αποστολή, στην διάδοση των Μηνυμάτων σ' όσο το δυνατόν πιο μεγάλο αριθμό ανθρώπων, είμαι ακόμη ένας «ιερέας» αφού, σαν τον Ραέλ, είμαι ο αγγελιοφόρος εκείνων στους οποίους πάντα πίστευα (των Ελοχίμ) ενώ μόνο τώρα κατανοώ πραγματικά το έργο τους, την δημιουργία του ανθρώπου και την αποστολή του Ιησού. Είμαι ακόμη ένας «ιερέας» αλλά είμαι σε επαγρύπνηση καθώς άνοιξαν οι ορίζοντες του νου μου, έγινα επίσης ένας «διευρυντής πνεύματος», και όχι πια ένας που προσπαθεί να αποκοιμίσει τις ανθρώπινες συνειδήσεις.Είμαι και θα παραμείνω ένας «ιερέας», δηλαδή ένας Οδηγός για την ανθρωπότητα στην πορεία της για ειρήνη και παγκόσμια αγάπη.

ΝΑΙ ΕΙΜΑΙ ΡΑΕΛΙΑΝΟΣ

Από τον Marcel Terrusse Χημικό Μηχανικό Ραελιανό Οδηγό

Ναι, είμαι Ραελιανός, ένας οπαδός της θρησκείας του άπειρου του χρόνου και του χώρου, ένα παιδί της Γης που ξανά ανακάλυψε τα ίχνη των Πατέρων μας από τα άστρα, που προσπαθεί να κάνει γνωστή στην υπόλοιπη ανθρωπότητα αυτή τη φανταστική ιστορία που είναι δική μας.

Δυστυχώς, πιστεύω ότι κάποιος δεν μπορεί να γίνει Ραελιανός, ανακαλύπτει κάποιος κάποια μέρα τα μηνύματα και βρίσκει την ηχώ των σκέψεων μας, των ανησυχιών μας.

Κάποια μέρα, αμήχανοι μπροστά στην απροσμέτρητη δίνη του χρόνου και του χώρου, όλοι μας προσπαθήσαμε να διαλύσουμε το μυστήριο της προέλευσής μας και την αβεβαιότητα του μέλλοντος μας. Τα Μηνύματα με προμήθευσαν με την απάντηση σ' αυτήν την ανησυχία.

Βέβαια, για κάποιον που έλαβε μια τεχνική και επιστημονική διάπλαση, ορισμένες παράγραφοι στα μηνύματα δεν θα του φανούν και πολύ «ορθόδοξες» και ούτε σύμφωνες με τις παραδοσιακές διδασκαλίες. Αλλά ας χρησιμοποιήσουμε την συμβουλή του Όρους (που έδωσε ο Ιησούς) «και κάντε να περάσουν όλα μέσα από το κόσκινο και μην βάλετε τίποτε μέσα στο νου σας με απλή ευκολία και ευπιστία».

Αν δοκιμάσουμε να κοσκινίσουμε με κριτική ανάλυση όλα τα στοιχεία των μηνυμάτων, συνειδητοποιούμε σύντομα ότι έχουμε να κάνουμε μ' ένα υπερβολικά συμπαγές μνημείο.

Πάντα είχα την διαίσθηση ότι υπήρχε ένας δεσμός μεταξύ όλων των λιγότερο ή περισσότερο μυθωδών ιστοριών που κατέληξαν σε μας από τους αρχαίους χρόνους, και ότι υπάρχουν στη καθεμία απ' αυτές μερικά κομματάκια χρυσού μέσα σ' 'ένα κυκεώνα ανοησιών.

Άρχισα ν' αναζητώ τον μίτο της Αριάδνης, και είχα την επιβεβαίωση ότι πάντα υπήρχαν επαφές με τους Ελοχίμ. Βρήκαμε ίχνη στους μύθους και τα αναμνηστικά των αρχαίων πολιτισμών.

- -Η Ελληνική μυθολογία, η οποία αναφέρει μια ολόκληρη σειρά από θεούς, ημίθεους, και τιτάνες πανάρχαιων χρόνων.
- -Η Μαχαμπαράτα, μυθικό επικό ποίημα της Ινδίας με τα δύο της μέρη: Βέδδες και Ραμαγιάνα.
- -Το Έπος του Γκιλγκαμές, (Βαβυλωνιακό επικό ποίημα).
- -Το Κοζίκι της Ιαπωνίας, το οποίο ανέφερε αυτό που συνέβη στην αρχή.
- -Το Πόπολ Βουχ και το χρονικό του Ακακόρ στην Λατινική Αμερική.
- -Και τα πιο κοντά σε μας, το βιβλίο του Ενώχ, η Καμπάλα, η Βίβλος.
- -Μερικά φυσικά ίχνη μπορούν να παρατηρηθούν στην πεδιάδα της Νάζκα (χαράξεις) στο Μπαλμπέκ, και βεβαίως στο Τιαχουανάκο, στην Ανατολική Ισλανδία (Νήσος του Πάσχα), και σε πολλά άλλα μέρη σ' ολόκληρο τον κόσμο.

Έχουμε στην διάθεσή μας όλα τα κομμάτια του Πάζλ για να ανακατασκευάσουμε την ιστορία της προέλευσής μας.

Στην ανάγνωση των μηνυμάτων, είχα βεβαίως την ευκαιρία να θέσω μερικά ερωτήματα στις εμφανείς αντιθέσεις που θα μπορούσαν να υπάρχουν μεταξύ ορισμένων αναφερομένων γεγονότων και της κοινής γνώσης. Φαίνεται λοιπόν, ότι αυτά που κάνουμε και θεωρούμε ότι είναι επιστημονικά επιτεύγματα βασίζονται σε εύθραυστες και αμφισβητούμενες υποθέσεις, και εγώ βρίσκω ανυπέρβλητες αντιφάσεις στις σημερινές επιστημονικές διδασκαλίες.

Όσον αφορά εμένα, πάντα πίστευα ότι όλα τα φαινόμενα της φύσης που μπορούν να γίνουν αντιληπτά στο Σύμπαν είναι συναφή και ότι όλα εξαρτώνται το ένα από το άλλο κατά ένα λιγότερο ή περισσότερο σύνθετο τρόπο.

Η ανάπτυξη ενός όλο και πιο αφηρημένου μαθηματικού εργαλείου προσανατόλισε την φυσική σε μία πορεία η οποία είναι παράξενα λογική αλλά έξω από τις υλικές πραγματικότητες. Αυτός είναι ο λόγος που ο Αϊνστάιν έθεσε το αξίωμα ότι η ταχύτητα του φωτός ήταν ένα ανυπέρβλητο όριο όλων των ταχυτήτων στο Σύμπαν, διαπράττοντας το μνημειώδες λάθος να πάρει σαν αρχή ότι το διάστημα είναι ομοιόμορφα κενό και πανομοιότυπο σε κάθε τμήμα του

σύμπαντος, εκτός από τους αστέρες και τους πλανήτες.

Πέρα από τα σύννεφα που περικυκλώνουν τον πλανήτη μας, η πυκνότητα των αεριωδών μορίων μειώνεται προοδευτικά ανάλογα με το ύψος, μέχρι να φθάσουν σε μια στάθμη η οποία ονομάζεται «κενότης».

Αλλά, η διαστρική «κενότητα» διαπερνάται από κύματα κάθε είδους: Ακτίνες-Χ, υπέρυθρες, ραδιοκύματα, κλπ. Έτσι όλοι οι κυματισμοί συνεπάγονται την ύπαρξη ενός περιβάλλοντος το οποίο κυματίζει, ο διαστρικός χώρος δεν είναι κενός, όπως η εμφάνιση του θα μας έκανε να πιστέψουμε, αλλά είναι γεμάτος από μια ουσία ικανή να κυματίζει: ένα υπόκβάντουμ αποτελούμενο από απειροελάχιστα σωματίδια συγκρινόμενα με το μέγεθος των ατόμων που γνωρίζουμε.

Ο κυματισμός συνεπάγεται κίνηση, και η κίνηση, ενέργεια. Σ' έναν αιώνα όπου πιστεύουμε ότι η ισοδυναμία μάζας και ενέργειας είναι απολύτως αληθινή, δεν είναι λογικό να αρνούμαστε την ύπαρξη κάποιας μάζας στο διαστρικό και διαγαλαξιακό διάστημα.

Το διάστημα είναι ετερογενές και τα τοπικά χαρακτηριστικά αυτού του διαστήματος εξαρτώνται από την ενεργητική κλίση του τμήματος που λαμβάνεται υπ' όψιν.

Η Γη και το ηλιακό σύστημα πλέουν μέσα σ' ένα διάχυτο ενεργειακό περιβάλλον «υποκβαντικών» σωματιδίων, η πίεση των οποίων είναι υπεύθυνη γι' αυτό που εμείς ονομάζουμε δυνάμεις έλξεως.

Το βαρυτικό διάστημα μπορούμε να το συγκρίνουμε με μια αεριώδη ατμόσφαιρα, παρόμοια με την δική μας ατμόσφαιρα.

Η ταχύτητα διάδοσης των κυμάτων είναι μια λειτουργία της τοπικής πυκνότητας της ενέργειας και όχι μία σταθερά όπως πιστεύουν οι οπαδοί της σχετικότητας, και συνεπώς όλες οι κοσμικές αποστάσεις πρέπει να υπολογιστούν εκ νέου.

Όλες οι αποστάσεις σε έτη φωτός που υπολογίστηκαν με τις παραδοσιακές μεθόδους είναι υπερεκτιμημένες. Οι αστέρες που μας περιβάλλουν είναι πολύ πιο κοντά απ' ότι πιστεύουμε. Επιπλέον, η ανάπτυξη θεωριών οι οποίες συγχέουν τις διαστάσεις του χρόνου και του χώρου είναι γελοίες.

Ο συντελεστής του χρόνου ο οποίος είναι παρασιτικός σε όλες τις εξισώσεις και τους τύπους της Φυσικής είναι ένα αυθαίρετο στοιχείο.

Ο χρόνος δεν υπάρχει αυτός καθ' εαυτός. Η έννοια χρόνου που έχουμε είναι υποκειμενική και προέρχεται από την ίδια την βιολογική και νοητική μας οργάνωση. Τον προεκτείνουμε στον εξωτερικό κόσμο, σχηματίζοντας μια ακαταμάχητη ψευδαίσθηση ενός

«απόλυτου παγκόσμιου χρόνου». «Ο επιστημονικός χρόνος» είναι συμβατικός, βασισμένος σε φυσικά πρότυπα που μπορούν να συγκαταχθούν κάτω από διαφορετικές μορφές, με έναν αυθαίρετο τρόπο».

Η αντίληψή μας για το σύμπαν είναι θεμελιωδώς ψευδής, μαζί με τις φιλοσοφικές μας ιδέες.

Βρίσκω παντού γύρω μου επιβεβαίωση των μηνυμάτων. Αυτή αρκεί για να ανοίξει τα μάτια μας να καταλάβουμε αυτή τη μυθώδη ιστορία της άφιξης των Ελοχίμ στη Γη, και την επιστημονική δημιουργία ζωής στα εργαστήρια, κάτι που και εμείς σύντομα θα επαναλάβουμε.

Αναμφίβολα το γεγονός ότι είμαι χημικός μου δημιούργησε μία οικειότητα με την συνάφεια που υπάρχει μεταξύ χημικών στοιχείων και βιολογικών δομών που λαμβάνουν μέρος στους μηχανισμούς της ζωής. Όμως ακόμη και για έναν κοινό άνθρωπο με ερευνητικό πνεύμα, η γρήγορη ανάγνωση δημοφιλών επιστημονικών επιθεωρήσεων του επιτρέπει να προβλέψει την κατεύθυνση προς την οποία πηγαίνει η βιοχημική και ιατρική έρευνα. Συνειδητοποιείστε ότι έχουμε συνθέσει ορισμένα γονίδια συνδυάζοντας νουκλεοτίδια, ότι τμήματα μορίων του DNA έχουν εμφυτευθεί στο εσωτερικό των βακτηριακών χρωματοσωμάτων ότι η μεταβίβαση γενετικού υλικού από τον έναν οργανισμό στον άλλο γίνεται ένα πολύ οικείο γεγονός για μας όλο και περισσότερο.

Κοιτάξτε την κατεύθυνση που πήραν οι ερευνητές που κέρδισαν το τελευταίο βραβείο Νόμπελ.

Η κατανόηση της μοριακής δομής και των μηχανισμών που αυτές ελέγχουν ανοίγει την πιθανότητα αναγέννησης των ιστών, και αντικατάστασης των οργάνων, της δημιουργίας νέων ζωικών ειδών, και με την πάροδο του χρόνου, της σύνθεσης ανθρώπων κατ' εικόνα μας.... και η αγκράφα θα κουμπωθεί,.... ο κύκλος αρχίζει ξανά.

Η μελέτη των μηχανισμών της κωδικοποίησης των πληροφοριών στα μόρια του D.N.A. θα μας οδηγήσει να κατανοήσουμε, και να χρησιμοποιήσουμε τις ουσίες της μνήμης στον εγκέφαλο μας... ουσίες που θα μπορούσαν να μεταβιβαστούν από ένα άτομο σε άλλο. Ενημερωθείτε για την βιολογική επανάσταση που βρίσκεται σε εξέλιξη, και πως οι συνέπειες της θα αλλάξουν το σύνολο των κοινωνικών και πολιτικών δομών...

Ξυπνήστε, δεν πρόκειται για ιστορία επιστημονικής φαντασίας.

Το να είσαι Ραελιανός δεν σημαίνει ότι είσαι απομονωμένος σε μία «εγωκεντρική» ομάδα που κοιτάζουν συνέχεια τον αφαλό τους, πεπεισμένοι ότι έχουν βρει την αλήθεια, αισθανόμενοι ανώτεροι και εγώ δεν ξέρω σε τι. Το Ραελιανό κίνημα είναι για μένα ακριβώς το αντίθετο από μια αίρεση.

Οι ενέργειές μας έχουν έναν φιλόδοξο στόχο, αλλά προοδεύουν με ταπεινότητα, έχοντας συνειδητοποιήσει ότι η ανθρωπότητα είναι τιμωρημένη από επιθετικότητα, έπαρση, ματαιοφροσύνη και εγωισμό.

Αγαπώ την φιλοσοφία για την ύπαρξή μας που αναπτύχθηκε από το Κίνημα, διότι επιδιώκει την πλήρη ανάπτυξη των ατόμων. Μας διδάσκει ν' ακούμε αυτό που έχουμε στο βάθος του εαυτού μας και ν' αποκαλύπτουμε το καλύτερο που υπάρχει μέσα μας.

Ζωή υπάρχει παντού στο Σύμπαν, αλλά η ζωή μας είναι μοναδική, και είναι σημαντικό να την κάνουμε επιτυχημένη: Η ζωή είναι μία χαμένη ευλογία όταν κάποιος δεν έχει ζήσει όπως θα ήθελε (Εμινέσκου).

Έχω βρει μια ανθοφορία μέσα από την εις βάθος μελέτη των Μηνυμάτων, μια καλύτερη κατανόηση των άλλων και του ίδιου μου του εαυτού, και μου δόθηκε η δυνατότητα να συνειδητοποιήσω περισσότερο τον βαθμό αλληλεγγύης μας. Η φιλοσοφία του Κινήματος είναι μια φιλοσοφία αγάπης για τη ζωή και για τους Δημιουργούς της, μια ανεκτική και ειρηνική φιλοσοφία, η οποία τείνει να εξαλείψει την ενοχή από τον αισθησιασμό και να μας απαλλάξει από όλα τα ταμπού, τις αναστολές και τις απαγορεύσεις που σχετίζονται με την σεξουαλικότητα.

Η προσχώρηση στο κίνημα δεν είναι προσχώρηση σε μια ταξιαρχία, κάτι προς το οποίο έτρεφα πάντα μια μεγάλη δυσπιστία, αλλά μια εκούσια και εμπλουτισμένη πράξη η οποία μου έφερε μεγάλη ευχαρίστηση, από την προσωπική ανθοφορία που μου συνέβη, και την χαρά από την διάδοση των μηνυμάτων γύρω μου.

Πιστεύω ότι δεν πρέπει να διαπράξουμε το λάθος αυτό το οποίο συνέβη με τον Χριστό, να δώσουμε περισσότερη σημασία στον αγγελιοφόρο παρά στο μήνυμα. Το πιο βασικό πράγμα είναι να συνειδητοποιήσουμε ότι οι εξωγήινοι πάντοτε έπαιζαν κάποιο ρόλο στην ιστορία μας και δεν επιθυμούν τίποτε άλλο σήμερα από το να ανανεώσουν την επαφή μαζί μας.

Η ανθρώπινη ιστορία του παρελθόντος μας δείχνει ότι κάθε στάδιο της ανάπτυξής της απαιτούσε μία εκρίζωση και μία ανανέωση των βασικών δοξασιών στις επιστημονικές, κοινωνικές, φιλοσοφικές και θρησκευτικές μας αντιλήψεις. Δυστυχώς, «μια νέα επιστημονική αλήθεια δεν επιβάλλεται συνήθως με το να πείσει τους αντιπάλους της- ο θρίαμβος της προκύπτει από την προοδευτική εξάλειψη των αντιπάλων της, και την εμφάνιση μιας νέας γενιάς για την οποία αυτή η αλήθεια ήταν πάντα γνωστή». (Μ. Πλάνκ).

Πιστεύω ότι θα έπρεπε να βοηθήσουμε τους ανθρώπους να σταθούν όρθιοι στα δύο τους πόδια και να απαλλαχθούν από τα δεκανίκια που αντιπροσωπεύουν οι δοξασίες και οι θρησκείες. Θα επιδιώξουμε να διαλύσουμε τον σκοταδισμό εξυψώνοντας το επίπεδο της συνείδησης. Διότι αν, κατά την διάρκεια των αιώνων, η θρησκεία ζήτησε, και μερικές φορές επέβαλε στους πιστούς να «πιστέψουν» στα μυστήρια και στους πιο απίστευτους μύθους, σήμερα η ιστορία μας είναι κατανοητή και εξαρτάται από εμάς να ανοίξουμε τα μάτια μας και το μυαλό μας για να ετοιμάσουμε το μέλλον μας.

Στο παρόν περιέχονται οι απαρχές του μέλλοντος μας. Η ανθρωπότητα βρίσκεται σήμερα στις παραμονές της γέννησής της. Και ίσως του θανάτου της, και εκείνοι που δεν αντιλήφθηκαν την σημασία της λέξης «Αποκάλυψη» ίσως παρ' όλα αυτά να έχουν δίκαιο.

Εμείς, οι Ραελιανοί, συμμετέχουμε στην αφύπνιση της ανθρωπότητας και στην ανάπτυξη της κοσμικής συνείδησης.

Αυτή είναι η κατεύθυνση της ανάμιξης μου σ' αυτό το φιλόδοξο έργο, που είναι η προετοιμασία της ανθρωπότητας για το καλωσόρισμα των Δημιουργών της, των Ελοχίμ.

Ο ΚΑΘΑΓΙΑΣΜΟΣ ΤΗΣ ΙΕΡΩΣΥΝΗΣ ΜΟΥ

Από τον Yvan Giroux Πρώην Ρωμαιοκαθολικό Ιερέα Πρώην καθηγητή κατήχησης Ραελιανό Οδηγό του Κεμπέκ.

Θα ήθελα να το κάνω γνωστό ότι ενδιαφέρθηκα για οτιδήποτε έχει σχέση με τον άνθρωπο και τον Θεό από την πολύ μικρή ηλικία των δώδεκα ετών. Τους θεωρούσα σαν δύο ομοιότητες, άνθρωπος και «Θεός», αποτελούμενοι από το Άπειρο και αποτελούντες το Άπειρο. Στην συνέχεια ενδιαφέρθηκα πραγματικά για τον «Θεό» και για την σχέση μου μ' αυτόν. Σύντομα οδηγήθηκα στον στοχασμό, στον μυστικισμό σαν να προσπαθούσα να δραπετεύσω από αυτή τη Γη και να φθάσω στους ουρανούς.

Έτσι λοιπόν διάβασα, έθεσα ερωτήματα, ερεύνησα και διαλογίστηκα. Μελέτησα πολλά χρόνια για να γνωρίσω ακόμη περισσότερο σε βάθος το θέμα. Σπούδασα τις

«Ανθρωπιστικές Επιστήμες», φιλοσοφία, θεολογία για να καταλήξω τελικά στην «Θρησκειολογία» διότι είχα πίστη στον άνθρωπο (ακόμη έχω πίστη) και στην νοημοσύνη του.

Εφόσον είμαι ένα πλήρες και ολοκληρωμένο άτομο, έψαξα για μια οικογένεια όπου θα μπορούσα να αφιερώσω ολόκληρη τη ζωή μου σ' αυτόν τον «Θεό» για τον οποίον πάντα ρωτούσα, τον οποίον έψαχνα, τον οποίο υλοποιούσα στην περισυλλογή και στον στοχασμό, αυτόν τον Θεό με τον οποίο είχα μακρές συνομιλίες σαν να ήταν ένας παλιός φίλος. Κράτησα όμως αυτό το πράγμα μυστικό διότι φοβόμουν ότι θα μπορούσαν να με περάσουν για τρελό!

Βρήκα μια θρησκευτική κοινότητα Πατέρων στην οποία αφιέρωσα έξι χρόνια από τη ζωή μου σαν φοιτητής και ιεροσπουδαστής και πέρασα θαυμάσιες στιγμές ανακάλυψης και διάπλασης εντός αυτής της κοινότητας, σύντομα όμως συνειδητοποίησα κάτι το οποίο βρήκα να είναι επιπόλαιο. Υπήρχε κάτι το οποίο δεν φαινόταν να ικανοποιεί τις πιο βαθιές μου φιλοδοξίες.

Απολάμβανα την προσευχή (ακόμη απολαμβάνω την προσευχή) σαν την επαφή με τους Δημιουργούς μου, την πηγή μου του Άπειρου θεωρούσαν μυστικιστή πολλοί άνθρωποι, αλλά εγώ είδα τον Πατέρα του Ιησού να είναι ένας άνθρωπος ακριβώς όπως ο Ιησούς όταν είπε «Ο πατέρας μου ο οποίος είναι στον ουρανό...»

Η σκέψη μου να υπάρχουν εκεί περισσότεροι από έναν Δημιουργοί ήταν συνεπώς αληθινή. Επιπλέον, είχα ερευνήσει την Βίβλο και είχα βγάλει το συμπέρασμα ότι ο Ιησούς δεν ήταν Θεός, και γέμισα με πάθος από μια άποψη της θεολογίας, «Οι θεολόγοι του θανάτου του Θεού» ή «Θεολογία του θανάτου του Θεού». Κατά κάποιο τρόπο ήμουν ένας αθεϊστής, αλλά φοβόμουν να παραδεχτώ αυτή την αλήθεια.

Ανακάλυπτα σ' αυτές τις σχολές της θεολογικής σκέψης μια άλλη μορφή Μυστικισμού.

Δεν μπορούσα να βρω πλήρη ικανοποίηση στα πολυάριθμα ερωτήματά μου, στις απορίες μου για τον άνθρωπο και την πίστη του, για τον άνθρωπο στην θρησκευτική και κοινωνική του ανάμιξη, σ' αυτήν την Εκκλησία που την βρήκα να είναι εκτός φάσεως, ακόμη και ψευδής μερικές φορές.

Παρ' όλα αυτά, εργάστηκα στο μέσον αυτής της «Εκκλησίας» της λεγόμενης του Χριστού, στα αναρίθμητα κινήματα τα οποία περιλαμβάνει, ειδικευόμενος όλο το διάστημα στις θρησκευτικές επιστήμες (θρησκειολογία) για να ερευνήσω ακόμη πιο βαθιά.

Οι σπουδές μου με ώθησαν να εργαστώ εντός του περιβάλλοντος μου, να το αμφισβητήσω και να το ταρακουνήσω. Αισθάνθηκα ακόμη και παρεξηγημένος.

Η έρευνα αυτή που μου πήρε πάνω από τρία χρόνια με οδήγησε σε ένα είδος κενού, ένα είδος μελαγχολίας. Δεν μπορούσα ν' αντέξω τόσο πολύ μυστικισμό, τόσο πολύ τύφλωση. Μου άρεσε να μελετώ αλλά είχα φθάσει στο σημείο όπου δεν μπορούσα να αισθάνομαι πια μια στερεή βάση. Ένιωσα ότι η αργή διαδικασία του συλλογισμού που χρησιμοποιούσαν για να δικαιολογούν κάποιες ποιμαντορικές και εκκλησιαστικές δομές, τον μυστικισμό και τον σκοταδισμό, ήταν άσχετη, εκτός φάσεως, και την απέρριπτα όλο και περισσότερο. Αυτοί οι άνθρωποι οι οποίοι δεν συμμερίστηκαν τις απόψεις μου θεώρησαν ότι ήμουν επικριτικός και επιπόλαιος. Συμβιβάστηκαν με τετριμμένες ιδέες στην πίστη τους και στη θρησκεία τους και μέχρι σήμερα κάνουν το ίδιο.

Εκεί ήταν που αποφάσισα να κάνω ένα βήμα πίσω για ένα χρόνο και να ψάξω για την αλήθεια μέσα στη «ψυχή» μου.

Δίδασκα ακόμη, αλλά δεν ήμουν αναμεμιγμένος σε κανένα Κίνημα. Αμφισβήτησα τον Ιησού, και ένιωσα ότι άρχιζα να βλέπω το φως.

Στις 9 Νοεμβρίου 1976, παρακολούθησα μία διάλεξη στο Plateau Auditorium, στο Μόντρεαλ, που έδωσε ο Claude Vorilon «Ραέλ». Εκείνη τη νύχτα, αισθάνθηκα πραγματικά ότι τόσα χρόνια μελέτης δεν πήγαν χαμένα. Κατάλαβα πολλά πράγματα, ανάμεσα στ' άλλα ότι πάντοτε ήμουν ένας «αθεϊστής» βαθιά μέσα μου, καθώς επίσης ότι ήμουν έντονα θρήσκος. Ενδιαφέρθηκα για το θέμα, αγάπησα τον άνθρωπο, η προσευχή με κράτησε σε συνεχή επικοινωνία μ' αυτή την ομάδα των Εξωγήινων, τους Δημιουργούς μας, τους Ελοχίμ, τους οποίους απομυθοποιούσα κάθε μέρα όλο και περισσότερο. Σε μια στιγμή κατανόησα τα πάντα. Ήμουν ευτυχισμένος, αναγνώρισα στον Ραέλ, τον «Ιησού να μιλάει στην δική του εποχή». Κάτι μου συνέβη, ήμουν πεπεισμένος, ο Ραέλ με διαφώτιζε, με αφυπνούσε, με γέμιζε με φως, ένιωσα να έλκομαι προς αυτόν. Σε ενενήντα λεπτά τα πάντα μέσα μου ανασυγκροτήθηκαν εκ νέου, τα πάντα συνδέθηκαν μεταξύ τους, τα πάντα έγιναν πάλι αρμονικά και δεν σταμάτησαν ποτέ από τότε. Ήμουν μαγεμένος και αυτό φαινόταν.

Εξάλλου, από το στόμα του είχα ακούσει μια αλήθεια, τόσο απλά, τόσο καθαρά και με τέτοια στοιχεία, αυτή την αλήθεια την οποία είχα αναζητήσει τόσα πολλά χρόνια με τόσους κόπους. Ήταν σαν να ελευθερώθηκα ξαφνικά από κάποιο διανοητικό μπλοκάρισμα.

Είχα πάει στην διάλεξη μαζί με μερικούς φίλους, όμως, όπως επιβεβαιώθηκε αργότερα, αυτή δεν προκάλεσε σ' αυτούς την ίδια αντίδραση. Απεναντίας, είχαν παρατηρήσει μια αλλαγή σε μένα εκείνη τη νύχτα και την παρατήρησαν ακόμη περισσότερο μετά. Θαρρείς και τα Μηνύματα να μου προκάλεσαν ένα «κλικ» μέσα μου (ΣΤΜ «κλικ»: ο μεταλλικός ήχος που κάνει ένα αντικείμενο που μπαίνει στη σωστή θέση, δηλ. θέλει να πει ότι όλα μέσα του βρήκαν τη σωστή θέση), όμως οι φίλοι μου δεν θα παραδέχονταν αυτό που έβλεπαν. Έγινα ήρεμος, ευτυχισμένος και διαφωτισμένος. Μπορούσα να τους ακούσω να προσπαθούν να απορρίψουν, να καταστρέψουν λόγω μυστικιστικών συλλογισμών, αυτή την όμορφη, απλή και απελευθερωτική αλήθεια, η οποία είχε γίνει απαλή μουσική στ' αυτιά μου, αυτά τα καλά νέα, σ' όλη τους την αφθονία σ' όλη τους την ολότητα, σ' όλη τους την σαφήνεια. Απέρριψαν τον Ραέλ και τα Μηνύματά του από τους Ελοχίμ κατά τον ίδιο τρόπο που οι άνθρωποι είχαν προσπαθήσει να απορρίψουν τον Ιησού και το μήνυμα του.

Αυτές οι λίγες στιγμές με τον «Ραέλ» είχαν αποκαλύψει την σύνθεση πάνω από δώδεκα χρόνια έρευνας, ανάλυσης, δέσμευσης, κόπων και το χάρισμα του εαυτού μου.

Τώρα θα μπορούσα να αφιερώσω ολόκληρη την ύπαρξή μου στην διάδοση αυτής της μεγάλης είδησης, αυτής της μεγάλης απελευθέρωσης, και αυτό θα συνέβαινε δια μέσου της νοημοσύνης της κατανόησης, της αρμονίας και της ισορροπίας του ταραγμένου νου μου. Αυτό βέβαια δεν ήταν εύκολο: η οικογένειά μου, η γυναίκα μου, οι φίλοι μου, το επαγγελματικό μου περιβάλλον, η Εκκλησία, οι φίλοι μου οι οποίοι ήταν ακόμη ιερείς. Δέχτηκα όμως μεγάλη βοήθεια από πάρα πολλούς αφυπνισμένους φίλους και από την καθοδήγηση που έλαβα κατά την διάρκεια των σεμιναρίων αφύπνισης του νου και του σώματος. Θεωρώ όλα τα χρόνια των σπουδών μου σαν να έχουν αναλωθεί σ' ένα εργαστήριο, σε μια άμεση προετοιμασία για τη ζωή την οποία ζω την παρούσα στιγμή σαν Οδηγός (καθοδηγητής) σ' αυτό το θαυμάσιο κίνημα, σ' αυτή τη νεαρή αθεϊστική θρησκεία. Δεν αισθάνομαι να συνέβη κάποια ρήξη με τα πράγματα του παρελθόντος, διότι συνεχίζω ότι άρχισα σαν μικρό παιδί: την κατανόηση για την προέλευση του ανθρώπου, την Γένεση, να μπορώ να περπατώ στο φως και να κτίζω το παρόν, να απομυθοποιώ συνεχώς και να μεταγγίζω πάντα και να παίρνω την αφρόκρεμα από την αλήθεια που είχε σκεπαστεί από δύο χιλιάδες χρόνια κρούστας εμβαθύνοντας την κατανόηση μου για τις αναρίθμητες θεολογικές, φιλοσοφικές και θρησκευτικές απόψεις των Μηνυμάτων που δόθηκαν στον Ραέλ από τους Δημιουργούς της ανθρωπότητας, τους Ελοχίμ, έτσι ώστε να ζήσω το παρόν ατενίζοντας μπροστά μου ένα λαμπρό μέλλον.

Εκείνη τη νύχτα συγκλονίστηκα από τα Μηνύματα, τόσο μα τόσο πολύ διότι τα ένιωθα για τόσα πολλά χρόνια, σχεδόν ασυνείδητα. Από τότε έχω νοιώσει τα Μηνύματα σε κάθε κομμάτι της ζωής μου, ακόμη και στα πιο απόκρυφα σημεία, στην επαγγελματική μου εργασία σαν εκπαιδευτής, στην οικογένειά μου, στην κοινωνική και πολιτική ζωή. Όλα μου τα πιστεύω γύρισαν τα πάνω - κάτω αλλά ήμουν έτοιμος εδώ και πολύ καιρό. Περίμενα και είχα διδαχθεί γι' αυτόν τον προφήτη των Ελοχίμ. Δεν μπορούσα όμως να κατανοήσω πολύ καλά. Τότε ξαφνικά, τα πάντα έγιναν καθαρά, τα Μηνύματα με αφύπνισαν, με κοίταξαν κατάματα. Με μιας μπορούσα να καταλάβω την Βίβλο, τον Ιησού και τον Γιαχβέ..

Ήμουν τόσο ευτυχισμένος που μου συνέβη ένα τέτοιο γεγονός που ριγούσα από χαρά. Ήταν σαν ένα παγωμένο ντους σε κάποια ζεστή και υγρή καλοκαιρινή ημέρα.

Συνάντησα τον Ραέλ λίγες ημέρες μετά την διάλεξη για πρώτη φορά. Σε ένα Σαββατοκύριακο είχα διαβάσει τα Μηνύματα πάνω από δύο φορές. Ο Ραέλ μου είπε: «Έχεις μέσα σου όλα όσα χρειάζονται για να βρεις τις απαντήσεις στα προβλήματά σου. Από την στιγμή που θα λυθούν θα είσαι 80% πιο αποτελεσματικός. Τα οικογενειακά σου προβλήματα σε συνθλίβουν, σε εμποδίζουν και σε παραλύουν.» Τώρα καταλαβαίνω τι ήθελε να πει. Είμαι τόσο ευτυχισμένος που διάλεξα την οδό της αφύπνισης και της συνειδητοποίησης.

Από τότε, έχω διαβάσει τα Μηνύματα πολλές φορές ξανά και ξανά και το να γίνω ένας Οδηγός ήταν ο καθαγιασμός της ιεροσύνης μου τον οποίο πάντα αναζητούσα. Κατάλαβα ότι δεν περίμενα μάταια και ότι ακολουθούσα την αληθινή εκκλησία, την γνήσια εκκλησία, αφού θ' ακολουθούσα τον τελευταίο των Μεγάλων Προφητών της εποχής της Αποκάλυψης και θα εργαζόμουν για την διάδοση των Μηνυμάτων των Ελοχίμ των δημιουργών μας, εργαζόμενος σ' αυτήν την «ένωση» στην οποία είχα ήδη αφιερώσει τη ζωή μου. εφόσον αυτά τα Μηνύματα αναγγέλλουν την «θρησκεία των θρησκειών», την θρησκεία του Απείρου, την θρησκεία της νοημοσύνης του ανθρώπου και την αιωνιότητα της ύλης.

Κατά συνέπεια, λοιπόν, είναι το τέλος μου και η αρχή μου. Είμαι ευτυχισμένος και αγαπώ. Απαλλάχθηκα από τα καθήκοντά μου σαν ειδικευμένος στην θρησκεία. Διδάσκω γαλλικά και μαθηματικά σαν κύριο μου αντικείμενο και θρησκεία και ηθική συμπεριφορά σαν δευτερεύον μου αντικείμενο. Ποτέ δεν μιλώ ανοικτά για τα Μηνύματα στο επαγγελματικό μου περιβάλλον αλλά οι άνθρωποι μπορούν να τα νιώσουν στην συμπεριφορά μου και με σέβονται γι' αυτό. Πλησιάζει ο καιρός που οι συνάδελφοι μου θα με ρωτήσουν γι' αυτά τα Μηνύματα, απλά το νιώθω, είμαι σίγουρος γι' αυτό. Οπουδήποτε αλλού πηγαίνω, διαδίδω τα Μηνύματα με την παρουσία μου και με τα λόγια μου. Έχω «αποστασιοποιηθεί» από την Ρωμαιοκαθολική Εκκλησία παρ' όλον που είμαι ακόμη πεπεισμένος ότι δεν υπήρξε ρήξη, αλλά μάλλον μια συνέχιση της Αλήθειας. Αυτό με ανανεώνει και με ευχαριστεί.

Ολόκληρη η ζωή μου είναι αφιερωμένη στο να αποκαλύψω σε όλους τους ανθρώπους με καλή διάθεση, αυτήν την απομυθοποιημένη αλήθεια, αυτό το Μήνυμα αγάπης, αδελφοσύνης και ειρήνης. Αυτήν την γαλήνη, αυτό το μοναδικό και επαναστατικό μήνυμα σ' εκείνους που επιδιώκουν να το κατανοήσουν με τα μάτια της νοημοσύνης, την οποία μας χάρισαν οι Δημιουργοί μας οι Ελοχίμ με τα μάτια της Σοφίας, της δημιουργημένης και Άπειρης.

ΝΑ ΕΙΜΑΣΤΕ ΕΝΕΡΓΟΙ ΓΙΑ ΝΑ ΜΗΝ ΓΙΝΟΥΜΕ ΡΑΔΙΕΝΕΡΓΟΙ

Από τον Michel Beluet.

Πρώην Εθνικό Οδηγό για τις Η.Π.Α.

Αυτή είναι η μαρτυρία μου, όπου θα αναπτύξω λεπτομερώς τους σημαντικούς και βασικούς λόγους που με οδήγησαν να γίνω ένας Οδηγός στο Ραελιανό Κίνημα, αφού έλαβα σοβαρά υπ' όψιν μου τις επιπτώσεις από την προσχώρησή μου.

Το Μήνυμα που δόθηκε στον Claude Vorilon «Ραέλ», από τους Ελοχίμ, συνεπάγεται μια πλήρη αναθεώρηση σε όλα τα επίπεδα, ατομικό, κοινωνικό, πολιτικό, επιστημονικό, φιλοσοφικό και θρησκευτικό. Αυτό επιτρέπει Παγκόσμια ανάμιξη στο χτίσιμο της αυριανής κοινωνίας. Πώς όμως έφθασα σ' αυτά τα συμπεράσματα;

Από την ηλικία των 12 ετών ενδιαφέρθηκα για ένα ευρύ φάσμα θεμάτων, και προσπάθησα να παραμείνω στην κορυφή σε οτιδήποτε συνέβαινε καθώς και σε οτιδήποτε είχε συμβεί στο παρελθόν, οπότε έφθασα σ' ένα στάδιο όπου αναρωτήθηκα γύρω από την εξέλιξη της ανθρωπότητας. Και εγώ, όπως πολλοί άνθρωποι, αμφισβητούσα τα πάντα, ενώ ονειρευόμουν έναν τέλειο κόσμο. Τι ανακάλυψα και ποιές ήταν οι ελπίδες μου; Να μια περίληψη αυτών:

Οι αρχές της ζωής:

Δεν ήμουν ικανοποιημένος με την θεωρία μιας θεϊκής δημιουργίας, παρ' όλο που φαινόταν να υπάρχει κάτι σταθερό: απ' άκρου εις άκρον του κόσμου, όλες οι θρησκείες και οι μυθολογίες μιλούν για την δημιουργία του ανθρώπου από έναν ή έναν αριθμό Θεών οι οποίοι ήλθαν από τον ουρανό. Συμπέρανα λοιπόν ότι πρέπει να υπάρχει κάποια αλήθεια σ' αυτή την πρώτη άποψη, χειροπιαστή και υλική, η οποία συνεπαγόταν ότι ο άνθρωπος είχε έλθει από κάπου αλλού και όχι από τη Γη. Η θεωρία της εξέλιξης η οποία υποστηρίζει ότι ο άνθρωπος είναι το αποτέλεσμα αλλεπάλληλων μεταλλάξεων που άρχισαν από την ανόργανο ύλη και κατέληξαν στα οργανικά όντα που είμαστε εμείς, φαινόταν να έχει πολλά λάθη για να είναι μία πραγματικά αξιόπιστη θεωρία. Επιπλέον τώρα αμφισβητείται και από επιφανείς επιστήμονες.

Ο Άνθρωπος:

Είχα προσέξει ότι από την αρχή της ιστορίας του ο άνθρωπος στερούνταν αντοχής, αγάπης, σεβασμού, και αδελφοσύνης, στις σχέσεις του με τους άλλους. Ευχόμουν αυτές οι ατέλειες να εξαλειφθούν στις ανθρώπινες σχέσεις.

Η κοινωνία:

Σ' ολόκληρη την ιστορία, οι επαναλαμβανόμενες αποτυχίες κάθε τύπου κυβερνήσεων να λύσουν τα θεμελιώδη προβλήματα της ανθρωπότητας, με ανάγκασαν να σκεφτώ ένα σύστημα το οποίο θα επέτρεπε την εκλογή των πιο κατάλληλων ανθρώπων στη Γη οι οποίοι θα ασχολούνταν μόνο με την βελτίωση της πραγματικής μας κοινωνίας.

Αυτό θα σήμαινε ότι δεν θα πληρωνόταν από τα πολιτικά, στρατιωτικά ή βιομηχανικά τραστ κάτι το οποίο είχε επιτρέψει έναν μεγάλο αριθμό αιματηρών πολέμων και μία διαρκή αύξηση στα όπλα της καταστροφής, στο όνομα αξιών όπως η Μητέρα πατρίδα, η εργασία, και η οικογένεια, και η δουλεία του ανθρώπου από τον άνθρωπο. Συνειδητοποίησα ότι η ανθρωπότητα είχε φθάσει σε μία κρίσιμη εποχή, αποφασιστική για την εξέλιξή της, όπου το μέλλον του ανθρώπου είχε αρχίσει να κινδυνεύει.

Οι Θρησκείες:

Αισθάνθηκα ότι υπήρχε, στην βάση όλων των θρησκειών, μία βασική και προσιτή αλήθεια, αλλά επίσης κι' ότι τα πρωτόγονα και σκοταδιστικά συστήματα χρησιμοποίησαν αυτή την αλήθεια για να υποδουλώσουν τους ανθρώπους σε απόλυτο περιορισμό. Αντιλήφθηκα επίσης ότι αυτή η αλήθεια όπως αποκαλύφθηκε από τους προφήτες έπρεπε να προέρχεται από όντα τα οποία είχαν φθάσει ένα πολύ υψηλό επίπεδο σοφίας. Αντιτάχθηκα στην άποψη ότι ο άνθρωπος έπρεπε να είναι ένοχος λόγω της σαρκικής του φύσης, όπως επίσης ήμουν εναντίον όλων αυτών που επεδίωκαν να μειώσουν τους ανθρώπους κάτω από το πρόσχημα ότι θα γίνονταν σπουδαιότεροι μετά θάνατον, σε μία άλλη διάσταση. Ήμουν πεπεισμένος ότι ο άνθρωπος θα μπορούσε να φθάσει σ' ένα ανώτερο επίπεδο συνειδητοποίησης ενώ θα παρέμενε σε πλήρη αρμονία με την ανθρώπινη φύση του.

Η Επιστήμη:

Αυτή η πρωταρχική περιέργεια την οποία ο άνθρωπος μετέτρεψε σε μία συστηματική μελέτη του εαυτού του και του περιβάλλοντος στο οποίο ζει, επέτρεψε στην ανθρωπότητα να σπάσει τα σύνορα του ανεξήγητου. Ήξερα ότι η χρήση της επιστήμης για να λύσουμε τα προβλήματα τα οποία αντιμετωπίζει ο πολιτισμός μας είναι δυνατή μόνο εάν η επιστήμη χρησιμοποιείται με τρόπο σοφό. Μόλυνση του περιβάλλοντος, υπερπληθυσμός, πείνα, ενεργειακή κρίση, όλα αυτά τα προβλήματα θα μπορούσαν να λυθούν από την επιστήμη σε αρμονία με την φύση και είναι επιβεβλημένο αυτό το ιδανικό να πραγματοποιηθεί όσο το δυνατό πιο σύντομα. Είχα εξ ίσου συνειδητοποιήσει την πρόσκαιρη πλευρά της γνώσης μας και ότι κάθε θεωρία δεν είναι τίποτα άλλο από μια προσπάθεια ερμηνείας των συμβάντων οποία από μόνα τους είναι αναμφισβήτητα.

Το Άγνωστο:

Είχα επίγνωση του καθετί που είναι ανεξήγητο στη Γη, και το οποίο μας οδηγεί να πιστέψουμε ότι Εξωγήινα νοήμονα όντα παρενέβησαν στην πορεία της ιστορίας μας. Όλα αυτά ήταν τελείως φυσιολογικά για μένα, γνωρίζοντας ότι κάποια μέρα θα μπορούσαμε να εξηγήσουμε τα πάντα.

Είχα λοιπόν συνειδητοποιήσει την παρούσα κατάσταση των πραγμάτων και οι ελπίδες μου για ένα καλύτερο κόσμο, και μία εξέλιξη της ανθρωπότητας για περισσότερη αρμονία, και μη βία, περισσότερη αδελφοσύνη, δεν θα μπορούσαν να ικανοποιηθούν από καμία υπάρχουσα οργάνωση, είτε ήταν θρησκευτική είτε πολιτική είτε κοινωνική. Ένιωσα αδύναμος και μόνος. Ήταν λοιπόν το 1978 που έμαθα για τα Μηνύματα που οι Εξωγήινοι εμπιστεύτηκαν στον Claude Vorilon, τον «Ραέλ» τον Δεκέμβριο του 1973, τα οποία περιλαμβάνονται στο «Βιβλίο Της Αλήθειας» και σ' ένα δεύτερο βιβλίο που γράφτηκε αργότερα μετά την συνάντηση του 1975 με τίτλο «Οι Εξωγήινοι Με Πήγαν Στον Πλανήτη Τους». Γέμισα από χαρά διαβάζοντας αυτά τα δύο βιβλία, στα οποία συνενώνονταν όλες μου οι ελπίδες για την πραγματοποίηση αυτής της αρμονίας, αυτής της ειρήνης και αυτής της αδελφοσύνης που απουσίαζαν πάντα από τη Γη. Τα βιβλία μιλούσαν επίσης για τα μέσα που χρησιμοποιήθηκαν από τους Πατέρες μας για να ξεπεράσουν τα ίδια προβλήματα που αντιμετωπίζουμε και εμείς.

Όμως σαν καλοί πατέρες μας αφήνουν ελεύθερους να διαλέξουμε, διότι μας θεωρούν σαν άτομα ικανά να διαλέγουμε.

Αποφάσισα να γίνω ένας Οδηγός έτσι ώστε να μπορώ να μεταδίδω αυτή την ελπίδα στον κόσμο, έτσι ώστε η ανθρωπότητα να μπορέσει να φθάσει στην Χρυσή Εποχή όπου ο άνθρωπος θα μπορεί να ανθοφορήσει ολοκληρωτικά. Δεν ήθελα να παραμείνω ένας παθητικός μάρτυρας στην εξέλιξη της ανθρωπότητας προς μία ενδεχόμενη αυτοκαταστροφή, αλλά μάλλον ένας ενεργός άνθρωπος ώστε να μπορέσω να αποτρέψω να γίνουμε όλοι μας κάποια μέρα ραδιενεργοί.

ΑΠΟ ΤΗΝ ΜΑΡΞΙΣΤΙΚΗ ΣΤΗΝ ΡΑΕΛΙΑΝΗ ΠΡΟΣΧΩΡΗΣΗ

Jean-Bernard Ndjoga- Awirondjogo, Ειδικευμένος στις Πολιτικές Επιστήμες Πρώην Μαρξιστής

Δεν ήταν εύκολο, για κάποιον συνηθισμένο να σκέφτεται με τους όρους της εξέλιξης, των τάξεων και της πάλης μεταξύ των τάξεων, να κατανοήσει και ν' αποδεχτεί ότι κάτι το φανταστικό, το θαυμάσιο και καθησυχαστικό υπάρχει πέρα από την Παράδοση.

Μέσα όμως από τα Μηνύματα των Ελοχίμ, όλοι οι φαινομενικοί παραλογισμοί των Βιβλικών γραφών έγιναν ξαφνικά για μένα, ευγενείς, πρακτικοί και άπειρης σημασίας.

Η γνώση ότι ο άνθρωπος δεν είναι το αποτέλεσμα τυχαίων συμπτώσεων, αλλά το επιστημονικό και σοφό δημιούργημα κάποιων που τον έπλασαν «Κατ' Εικόνα και κατ' Ομοίωσή Τους»! Τι μεγαλειώδης αλήθεια!

Και να σκεφτούμε ότι κάποια μέρα, οι άνθρωποι της Γης θα γίνουν ίσοι με τους Δημιουργούς τους, τους εξωγήινους!

Η ώρα που αναγγέλθηκε έφθασε τώρα.

Ο Ραέλ, το φως των Ελοχίμ κοντά στους ανθρώπους άρχισε την αποστολή του.

Τώρα μένει σε μας τους Οδηγούς να τον βοηθήσουμε να συνεχίσει την διάδοση των Μηνυμάτων των ουράνιων Πατέρων μας με περισσότερο ζήλο από ποτέ.

Έτσι η Γη, με την σειρά της, θα ενωθεί με την αρμονία των διαγαλαξιακών πολιτισμών που υπάρχουν στο άπειρο του Σύμπαντος....

Jean-Bernard Ndjoga- Awirondjogo, Ειδικευμένος στις Πολιτικές Επιστήμες Πρώην Μαρξιστής

ΜΙΑ ΝΕΑ ΤΕΧΝΗ ΖΩΗΣ

Υπό του Michel Deydier Ψυχολόγου Ραελιστή Οδηγού

Υπάρχει στο Σύμπαν ένας απεριόριστος αριθμός ψυχοσωματικών συναισθηματικών οντοτήτων, ή αν προτιμάτε, προσωπικοτήτων, με τις αντίστοιχες βιολογικές, ενεργητικές και διανοητικές τους δραστηριότητες. Οι κοινωνικές σχέσεις αυτών των οντοτήτων απαιτούν μία πολύ σημαντική ικανότητα προσαρμογής, δίχως την οποία οι άνθρωποι δεν θα μπορούσαν να σχηματίσουν μία κοινωνική ομάδα. Ο πνευματικός πλούτος του ανθρώπου επηρεάζεται από αυτήν την ικανότητα, η οποία του δίνει την δυνατότητα σε κάθε δεδομένη στιγμή, να εξετάσει όλα όσα συνθέτουν την ζωή του και να τον κάνει ευτυχισμένο ή δυστυχισμένο.

Χρησιμοποίησα αυτή την ίδια ικανότητα όταν προσπάθησα να βρω τον δρόμο που θα με οδηγούσε στην προσωπική συνειδητοποίηση, και πρόοδο. Η γνώση του ανθρώπου είναι θέμα ευστροφίας. Πρέπει να γλιστρήσουμε μέσα από τα πιο μικρά ανοίγματα της συνείδησης, κατόπιν να αναπτυχθούμε στα πιο βαθιά στρώματα του υποσυνείδητου, δίχως να καταστρέψουμε την πανίδα τους «ο διάβολος πήρε τις απογοητεύσεις», αλλά πρέπει παρ' όλα αυτά να παραδεχτούμε, «σε απογοητεύω, με απογοητεύεις».

Η ιστορία ποτέ δεν αλλάζει, και πάντοτε είμαστε οι ίδιοι.

Αν θέλετε να σκαρφαλώσετε μέσα στο κεφάλι σας, πρέπει πρώτα να μάθετε να γρατσουνίζεστε καθώς σκαρφαλώνετε, υπάρχουν τόσα πολλά πράγματα που δεν θα θέλετε να δείτε. Λοιπόν, αντιμετωπίστε τα και αρχίστε να γελάτε με τον εαυτό σας, βλέποντας πόσο κενός μπορεί να είστε, όσο περισσότερο συνειδητοποιήσετε την μωρία σας και την κενότητά σας, τόσο πιο σημαντικό άτομο θα γίνετε, και ποτέ ξανά δεν θα πληγωθείτε, διότι θα έχετε αποδεχθεί ολοκληρωτικά τον εαυτό σας, πριν να τον αγαπήσετε.

Βρισκόμουν σ' αυτή την διανοητική κατάσταση όταν αναγνώρισα το τελεσίδικο των Μηνυμάτων. Πρώτα αναγνώρισα, κατόπιν αφομοίωσα σε μια μακρά διαδικασία αφομοίωσης, η οποία είχε τις δικές της περιόδους δραστηριότητας, πρέπει να ομολογήσω.

Κατ' αρχάς δεν ήταν μια απλή σύμπτωση, αλλά μια πραγματική σύγκρουση, όπου ελευθερώθηκε μία τεράστια πλύση - εγκεφάλου, περισσότερο ή λιγότερο συνειδητή που επανατοποθέτησε κάθε πράγμα στη θέση του. Σαν ψυχολόγος που είμαι εξ ορισμού ένα αποδιοργανωμένο άτομο εξωτερικά, (αλλά αρκετά οργανωμένο άτομο εσωτερικά), έμεινα κατάπληκτος βλέποντας πως οι πληροφορίες που αποκαλύφθηκαν από τους Εξωγήινους όχι μόνο βρήκαν την θέση τους στο μυαλό μου, αλλά δημιούργησαν επίσης μια απίστευτη σύνθεση μεταξύ όλων των στοιχείων της ζωής μου. Αυτό που είναι ακόμη περισσότερο απίστευτο είναι η δημιουργική φόρτιση την οποία χρησιμοποιώ τώρα για να βοηθώ τους ασθενείς μου.

Οι δράσεις προκαλούν αντιδράσεις, έτσι οδηγήθηκα να επαληθεύσω ένα ένα όλα τα κύρια στοιχεία των Μηνυμάτων. Σχεδόν αμερόληπτα, έφθασα σε έναν αριθμό συμπερασμάτων, μερικά ήταν παράλογα, άλλα λιγότερο. Αρνούμαι να ακολουθήσω ένα πιστεύω, διότι οι νοητικές λειτουργίες που σχετίζονται με την πίστη δεν έχουν τίποτα να κάνουν με τις λειτουργίες που οδηγούν σε λογικούς συλλογισμούς, ακόμη και με υποκειμενικές επιβεβαιώσεις.

Δεν πιστεύω τυφλά στους Εξωγήινους, κατανοώ πραγματικά τον ρόλο τους και την παρουσία τους με έναν αληθινό και στοχαστικό τρόπο με πλήρη αντίληψη του διάκοσμου. Έχοντας την συμπαράσταση αυτών των συμπερασμάτων, έριξα μια δεύτερη ματιά στα βασικά σημεία της διάπλασής μου. Γύρισα ανάποδα και κατόπιν πλάγια αλλά προς μεγάλη μου έκπληξη, δεν βρήκα τίποτε το σημαντικό, είτε στην μία πλευρά είτε στην άλλη. Υποτίθετο ότι έπρεπε να θεραπεύσω την νόσο του νου και μόλις είχα ανακαλύψει πόσο γελοίος και περιορισμένος στην πραγματικότητα ήμουν. Ανακάλυψα ότι η ψυχοθεραπεία παραμένει πάνω σε μια Ιουδαίο - Χριστιανική βάση η οποία είναι καλά μεταμφιεσμένη. Αν την κοιτάτε από αυτή τη γωνία, αυτή η σκέψη δεν είναι πολύ καθησυχαστική, ούτε είναι πολύ σαφής. Από το άλλο μέρος όμως, ποιος δεν εξαπατήθηκε ποτέ από την κοινωνία; Όπως και να είναι, κάποιος πρέπει να αντιδράσει σ' αυτούς τους σφετερισμούς· και έτσι να με σ' αυτό το αργό καράβι το ποίο μεταφέρει την αλήθεια, την ομορφιά, την υγεία και το οποίο χτίζει μια απελευθερωτική πρόοδο.

Τα Μηνύματα που δόθηκαν στον Claude Vorilon από τους Εξωγήινους, είναι μέσα στο μυαλό μου, η πιο ευφυής απάντηση την οποία θα μπορούσα ποτέ να βρω για την προέλευση της ανθρωπότητας, καθώς επίσης και για τον προορισμό του πολιτισμού μας και την διαφώτιση γύρω από την ανατομία μιας νέας τέχνης του να ζεις.

Προσχωρώ σ' αυτήν την ενστικτώδη παρόρμηση δίχως κανένα δισταγμό.

Αρνούμαι να συγκεντρώσω την ζωή μου σε μία εγωιστική ατομική ιδεολογία. Ένα βαθύ ένστικτο με οδήγησε να μελετήσω αυτήν την αναφορά, ένα παλιό ένστικτο κάπως ξεχασμένο, το οποίο δίνει στον άνθρωπο την δύναμη να σηκωθεί ξανά. Κάθε άνθρωπος το έχει, καθένας από εμάς μπορεί να λάβει μέρος στην ανανέωση της συλλογικής ζωής, στο δικό του επίπεδο, χρησιμοποιώντας την ικανότητα προσαρμογής του και το ένστικτο του για επιβίωση.

Να ποια είναι τα δύο πράγματα τα οποία κάνουν τον άνθρωπο το δημιούργημα το οποίο είναι το πιο κατάλληλο να καταστεί ικανό να τροποποιήσει το γήινο και το κοσμικό του περιβάλλον, και τα οποία τον εξουσιοδοτούν να κάνει την τελευταία επιλογή στις μεγάλες γεμάτες πάθος στιγμές της ιστορίας.

Ποτέ η κοινωνία δεν ήταν τόσο κοντά στους στόχους της, και είναι πολύ φυσικό γι' αυτήν να είναι τόσο αναστατωμένη,

Η ιστορία του παρελθόντος ξεχειλίζει από γεγονότα, αναμφισβήτητες αποδείξεις των εξελικτικών αξιών της δυστυχίας. Το παρόν δείχνει τα λογικά αποτελέσματα των μεγάλων κανόνων της εξέλιξης. Το μέλλον προσφέρει ένα πανόραμα ξεχειλισμένο από δυνατότητες, γεγονός που οφείλεται στην ένωση των ηθικών αξιών με τις βασικές, τεχνικές και επιστημονικές αξίες.

Αυτά είναι τα κίνητρα τα οποία με οδήγησαν να κατανοήσω τα Μηνύματα που δόθηκαν από τους Εξωγήινους. Είμαι ευτυχισμένος που είχα την δυνατότητα να δώσω την μαρτυρία μου. Δίνω την ακλόνητη υποστήριξή μου στα Μηνύματα, δίχως καμία επιφύλαξη, και οι φιλοδοξίες μου είναι κατά την εικόνα των βημάτων τα οποία πραγματοποίησαν την δημιουργία ζωής στον πλανήτη μας.

Κάννες, 22 Μαΐου 1979, 33ο έτος μετά τον Ραέλ.

ΠΡΟΣΘΗΚΗ

ΣΥΝΑΝΤΗΣΗ ΤΗΣ 7ης ΟΚΤΩΒΡΙΟΥ 31 (1976)

Την 7η Οκτωβρίου 1976 περίπου πενήντα Ραελιανοί βρίσκονταν στην Negrerie, κοντά στην Roc Plat, στην Dordogne στην Νότιο-Δυτική Γαλλία για την πρώτη επέτειο της επαφής της 7ης Οκτωβρίου 1975, εορτάζοντας την στιγμή που ο Ραέλ οδηγήθηκε στον Πλανήτη των Αιωνίων και έλαβε το Μήνυμα που περιέχεται στο δεύτερο βιβλίο «Οι Εξωγήινοι Με Πήγαν Στον Πλανήτη Τους». Η συνάντηση ήταν να λάβει χώρα στις 15.00. Στις 14.45 είχαν φθάσει όλοι και είχαν μαζευτεί γύρω από τον Ραέλ. Υπήρχε μια βαθειά αίσθηση αρμονίας μεταξύ των συμμετεχόντων οι οποίοι ήταν όλοι συγκινημένοι που θα ξόδευαν εκείνες τις λίγες στιγμές με τον τελευταίο των μεγάλων προφητών. Ξαφνικά κάποιος φώναξε: «Τί είναι αυτό που πέφτει από τον ουρανό;» Μεγάλες νιφάδες άρχισαν να πέφτουν από τον σχεδόν ασυννέφιαστο ουρανό. Έμοιαζαν να είναι φτιαγμένες από μία βαμβακερή ουσία και όταν τις ακουμπούσες, έλιωναν σε λίγα δευτερόλεπτα.. Τότε κάποιος φώναξε «Κοιτάξτε! υπάρχει κάτι πολύ λαμπρό στον ουρανό!» Δύο λαμπερά αντικείμενα, πολύ φωτεινά και τα δύο, ήταν ακριβώς από πάνω μας.. Η πτώση των νιφάδων κράτησε περίπου δέκα λεπτά και μετά τα αντικείμενα ξαφνικά εξαφανίστηκαν.

Ο Ρότζερ, ένας οδηγός από την Τουλούζη, ο οποίος εργαζόταν σ' ένα εργαστήριο ερευνών, μπόρεσε να πάρει ένα δείγμα των βαμβακερών νιφάδων, αλλά πηγαίνοντας για ανάλυση, εξατμίστηκαν.

Όλοι οι άνθρωποι που είχαν το προνόμιο να ζήσουν αυτή την ασυνήθιστη εμπειρία δεν απογοητεύθηκαν, ακόμη κι αν αυτό σήμαινε για μερικούς ένα μεγάλο ταξίδι διασχίζοντας τη μισή Γαλλία, και για άλλους ακόμη παραπάνω, για να έχουν μεταβιβαζόμενο το κυτταρικό τους σχέδιο από τον Ραέλ. Στην κατάλληλη στιγμή και στον συγκεκριμένο τόπο που θα λάμβανε χώρα η συνάντηση, οι Ελοχίμ είχαν προσφέρει ένα σημάδι στους παρευρισκομένους, το οποίο δεν θα ξεχάσουν ποτέ.

Για πρώτη φορά, ο Ραέλ δεν ήταν ο μοναδικός μάρτυρας στις δραστηριότητες των Ελοχίμ. Υπήρχαν πενήντα άτομα μαζί μ' αυτόν τα οποία μπορούν να επιβεβαιώσουν το φαινόμενο.

Ο Φιλίπ, ο οδηγός από το Βέλγιο, ανακάλυψε αργότερα διαβάζοντας ένα βιβλίο, ότι το ίδιο φαινόμενο παρατηρήθηκε στη Βραζιλία, το Βέλγιο και πιο αισθητά στην Ιταλία κατά την διάρκεια ενός ποδοσφαιρικού αγώνα ο οποίος λόγω αυτού διεκόπη. Υπήρχαν πάντα τα ίδια φωτεινά σκάφη και οι βαμβακερές νιφάδες.

Ο Ραέλ επιμένει ότι οι συγκεντρώσεις δεν αποσκοπούν στο να υπάρχουν μάρτυρες που είδαν τα UFO, αλλά όμως πολλοί συμμετέχοντες εξακολουθούν να εύχονται ότι οι Ελοχίμ θα τους χαρίσουν ξανά την μεγάλη ικανοποίηση της εμφάνισής τους.

ΤΟ ΜΗΝΥΜΑ ΤΩΝ ΕΛΟΧΙΜ, 14 ΜΑΡΤΙΟΥ 32* (1978)

Μεταβιβάστηκε τηλεπαθητικά στον Ραέλ τα μεσάνυχτα:
«Εγώ, ο Γιαχβέ, μέσα από τα λόγια του αγγελιοφόρου μου Ραέλ, απευθύνω στους ανθρώπους της Γης το ακόλουθο μήνυμα:
Προσέξτε. Δεν είναι αδύνατον άλλοι εκτός Γης (εξωγήινοι) να έλθουν πολύ σύντομα σε επαφή με τους ανθρώπους της Γης. Είναι άνθρωποι που επίσης έχουμε δημιουργήσει επιστημονικά σ' ένα άλλο μέρος του Σύμπαντος, και με τους οποίους προς το παρόν δεν έχουμε άμεση επικοινωνία για λόγους που δεν μπορούμε να σου εξηγήσουμε τώρα δίχως να δημιουργήσουμε μια σοβαρή ανισορροπία. Πρέπει απλώς να γνωρίζεις ότι υπολογίζουμε σ' εσένα να αποκαλύψεις σ' εκείνους τους ανθρώπους, την πραγματική τους καταγωγή, διότι είναι αδελφοί σας από το διάστημα, και σαν εσάς, αναζητούν τον δημιουργό τους. Πες τους την αλήθεια όπως σου αποκαλύφθηκε στο μήνυμα της 7ης Οκτωβρίου του 30ου έτους της Εποχής της Αποκάλυψης, και περιέχεται στο «Βιβλίο της Αλήθειας».
Είναι σημαντικό να τονιστεί ότι αυτό είναι το πρώτο και μοναδικό μήνυμα που ο Ραέλ έλαβε ποτέ τηλεπαθητικά μέσα σε τρία χρόνια. Όλα όσα πρέπει να γνωρίζουν οι άνθρωποι ή σχεδόν όλα έχουν ειπωθεί στα δύο πρώτα μηνύματα.

ΤΡΟΠΟΠΟΙΗΣΗ ΤΩΝ ΝΕΩΝ ΕΝΤΟΛΩΝ

Η έκτη από τις νέες εντολές του δευτέρου μηνύματος τροποποιείται. Με σκοπό να αποφευχθεί το υπερβολικό γήρας της Κεφαλής της Ραελιανής Εκκλησίας, πράγμα το οποίο συμβαίνει με την Ρωμαιοκαθολική Εκκλησία, ο Οδηγός των Οδηγών (ο Διδάσκαλος των Διδασκάλων) θα εκλέγεται για μια περίοδο επτά ετών, από τους οδηγούς διδασκάλους της πέμπτης βαθμίδας, οι οποίοι πρέπει να ανέρχονται τουλάχιστον στους δώδεκα για να ψηφίσουν. Μέχρι να υπάρξουν τουλάχιστον 12 οδηγοί πέμπτης βαθμίδας οι οδηγοί της τέταρτης και πέμπτης βαθμίδας θα ψηφίζουν όλοι μαζί και πρέπει να υπάρχει ένα σύνολο δώδεκα ατόμων για να αποφασίσουν. Αν δεν υπάρχει επαρκής αριθμός οδηγών στις δύο αυτές βαθμίδες, οι οδηγοί της τρίτης βαθμίδας θα είναι δεκτοί να ψηφίσουν. Ο Οδηγός των Οδηγών (Διδάσκαλος των Διδασκάλων) θα εκλέγεται από την τέταρτη και πέμπτη βαθμίδα και δύναται να επανεκλεγεί στο τέλος της θητείας του των επτά ετών.
Η τροποποίηση αυτή συνεπάγεται μια τροποποίηση της τέταρτης από τις νέες εντολές που επίσης περιλαμβάνεται στο δεύτερο Μήνυμα:
Η ετήσια δωρεά, η οποία είναι ίση με τουλάχιστον το 1% του καθαρού ετήσιου εισοδήματος, θα πρέπει να καταβάλλεται προς το Ραελιανό Ίδρυμα. Αυτή θα χρησιμοποιείται για τις ανάγκες του Οδηγού των Οδηγών (Διδασκάλου των Διδασκάλων) και θα του επιτρέψει να αφιερώσει ολόκληρο τον χρόνο του στην αποστολή του να διαδώσει τα Μηνύματα. Αυτή η τροποποίηση που προτάθηκε από τον Ραέλ έγινε δεκτή από τους Δημιουργούς μας οι οποίοι αντιλαμβάνονται την ανάγκη για τις αλλαγές αυτές, έτσι ώστε το Κίνημα να καταστεί πιο αποτελεσματικό και να επιταχύνει την διάδοση των Μηνυμάτων.

Μήνυμα από τους Ελοχίμ, 13 Δεκεμβρίου 1997

Έχουν περάσει πλέον 24 χρόνια από τότε που μέσω του προφήτη μας, Ραέλ, του αγαπητού μας τέκνου, δώσαμε στους άνδρες και τις γυναίκες της Γης το τελικό μας μήνυμα. Το μήνυμα που όπως είχε προβλεφθεί ήλθε να καταστρέψει το «Μυστήριο του Θεού».

Έχουν περάσει 24 χρόνια κατά την διάρκεια των οποίων εσείς οι Ραελιανοί, που επισήμως και δημοσίως μας αναγνωρίσατε ως Δημιουργούς σας, εργασθήκατε ώστε μια μέρα να αποκτήσουμε την πολυπόθητη Πρεσβεία μας. Η αφοσίωσή σας έχει θερμάνει τις καρδιές μας και οι πλέον πιστοί ανάμεσά σας θα συμπεριληφθούν ανάμεσα σε αυτούς που θα ανταμειφθούν.

Σε όλες τις θρησκείες υπάρχουν άνθρωποι που αξίζουν την αγάπη μας αλλά οι Ραελιανοί βρίσκονται πιο κοντά σε μας. Αποτελούν τον νέο Εκλεκτό Λαό και μια μέρα θα αποκτήσουν μια νέα Γη της Επαγγελίας διότι η αγάπη τους βασίζεται στην συνείδηση και την κατανόηση και όχι στην τυφλή πίστη.

Αυτοί που μας λάτρεψαν ως έναν ή αρκετούς υπερφυσικούς Θεούς ήταν πολύτιμοι στα μάτια μας καθώς δεν είχαν δυνατότητα επιλογής στην προεπιστημονική εποχή, αλλά αυτοί που γνωρίζοντας πως δεν είμαστε υπερφυσικοί αλλά πλασμένοι κατ' εικόνα τους, συνεχίζουν να μας αγαπούν και μάλιστα ακόμη περισσότερο, μας αγγίζουν σε μεγαλύτερο βαθμό και θα ανταμειφθούν περισσότερο γιατί μας λατρεύουν με συνείδηση και όχι μόνο με πίστη. Αυτή η συνείδηση είναι που τους καθιστά παρόμοιους με μας.

Ζητήσαμε να χτιστεί μια Πρεσβεία για μας κοντά στην Ιερουσαλήμ και οι αρχές των υπεροπτών Ισραηλινών αρνήθηκαν αρκετές φορές να μας παράσχουν τις απαραίτητες εξουσιοδοτήσεις. Πηγαίνουμε όπου τα ανθρώπινα όντα μας αγαπούν και επιθυμούν να μας καλωσορίσουν με τον ανάλογο σεβασμό. Για μας ο Εκλεκτός Λαός είναι αυτοί που, γνωρίζοντας ποιοι είμαστε, θέλουν να μας καλωσορίσουν και αυτοί είναι οι Ραελιανοί. Οι πραγματικοί Εβραίοι στη Γη δεν είναι πια ο λαός του Ισραήλ αλλά αυτοί που μας αναγνωρίζουν ως δημιουργούς τους και επιθυμούν να μας δουν να επιστρέφουμε.

Ο δεσμός που έχουμε με το λαό του Ισραήλ πρόκειται να διαρραγεί σύντομα και η νέα Συμμαχία θα φτάσει στο τέλος της. Ο λαός του Ισραήλ έχει πολύ λίγο χρόνο να καταλάβει το λάθος του πριν διασπαρθεί για μια ακόμη φορά.

Στο μεταξύ, πρέπει από τώρα και στο εξής να ζητήσουμε την απαραίτητη άδεια και αναγνώριση καθεστώτος ετεροδικίας από όλα τα έθνη της Γης για την ανέγερση της Πρεσβείας μας και η ακτίνα του ενός χιλιομέτρου γύρω της μπορεί να αποτελείται από νερό ή και σταθερή γη υπό τον όρο η είσοδος στην περιοχή να απαγορεύεται.

Όταν μια άλλη χώρα δώσει αυτήν την εξουσιοδότηση το Ισραήλ θα έχει, για τελευταία φορά, μια σύντομη περίοδο διαβούλευσης για να δώσει την εξουσιοδότησή του για την ανέγερση της Πρεσβείας μας στο έδαφός του και τη διατήρηση των προνομίων του, αλλιώς η Πρεσβεία θα χτιστεί αλλού και ο λαός του Δαυίδ θα απολέσει την προστασία μας και θα διασπαρθεί.

Η χώρα η οποία θα επιτρέψει την ανέγερση της Πρεσβείας στο έδαφός της ή σε έδαφος το οποίο θα παραχωρήσει ή πουλήσει για το λόγο αυτό, με το απαραίτητο καθεστώς ετεροδικίας, θα έχει ένα εγγυημένο και ανθηρό μέλλον, θα απολαμβάνει της προστασίας μας και θα μετατραπεί στο πνευματικό και επιστημονικό κέντρο ολόκληρου του πλανήτη για την επόμενη χιλιετία.

Η ώρα της Μεγάλης Επιστροφής μας έχει σημάνει και θα υποστηρίξουμε και προστατέψουμε τους πιο αφοσιωμένους ανάμεσά σας. Οι εχθροί σας θα γίνουν μάρτυρες της δύναμής μας ολοένα και περισσότερο, ειδικά ο καταχραστής από την Ρώμη, οι επίσκοποί του και όλοι αυτοί που δρουν στο όνομά μας χωρίς να τους το έχει ζητηθεί. Το έτος 2000 δε σημαίνει τίποτε για μας και για τη μεγάλη πλειοψηφία των μη χριστιανών αλλά πολλοί ψευδοπροφήτες θα προσπαθήσουν να χρησιμοποιήσουν την αλλαγή της χιλιετίας για να παραπλανήσουν τους ανθρώπους. Είναι αναμενόμενο και ταυτόχρονα ένας τρόπος επιλογής των πιο συνειδητών πιστών. Ακολουθήστε τις συμβουλές του οδηγού σας ή των οδηγών σας. Αυτός θα ξέρει πώς να αποφύγει τους κινδύνους αυτής της μεταβατικής περιόδου διότι αυτός είναι ο Τρόπος, η Αλήθεια, η Ζωή.

Ο Βουδισμός γίνεται ολοένα και περισσότερο δημοφιλής στη Γη και αυτό είναι κάτι θετικό γιατί είναι η θρησκεία που βρίσκεται πιο κοντά στην Αλήθεια και στη νέα επιστημονική και πνευματική ισορροπία για τους ανθρώπους της νέας εποχής. Ο Βουδισμός χωρίς το μυστικιστικό φορτίο του παρελθόντος μας δίνει τον Ραελιανισμό και ολοένα και περισσότεροι Βουδιστές θα στραφούν στον Ραελιανισμό στο μέλλον.

Η χαρά σας όταν πλησιάζει η Μεγάλη μας Επιστροφή ας σας δώσει φτερά για να υπερκεράσετε τα τελευταία εμπόδια του ταξιδιού. Είμαστε τόσο κοντά στη μέρα αυτή πού όποτε διαλογίζεστε θα αισθάνεστε την παρουσία μας. Αυτή η αίσθηση θα φωτίζει τις μέρες και τις νύχτες σας και θα κάνει τις ζωές σας όμορφες άσχετα με το πόσα εμπόδια απομένουν να ξεπεραστούν. Η χαρά του ότι θα μας δείτε θα είναι λιγότερη από τη χαρά του ότι έχετε μοχθήσει σκληρά για να έρθει επιτέλους αυτή η μέρα. Η μεγαλύτερη απόλαυση είναι στην εκτέλεση της αποστολής σας και όχι στο αποτέλεσμά της. Στο μεταξύ, η αγάπη και το φως μας θα σας καθοδηγούν, μέσω των λέξεων του Αγαπημένου μας Προφήτη και μην ξεχνάτε πως αν και σας βλέπουμε συνεχώς, κάθε φορά που σας κοιτά αυτός, σας βλέπουμε ακόμη περισσότερο καθώς ο Προφήτης μας ομορφαίνει ότι βλέπει μέσω της Αγάπης που έχει για σας.

Όσο περισσότερο αγαπάτε τον Προφήτη, τόσο περισσότερο αγαπάτε εμάς διότι αποτελεί κομμάτι μας πάνω στη Γη. Αν μερικές φορές το βρίσκετε δύσκολο να μας δείξετε την αγάπη σας είναι γιατί δεν έχετε συνείδηση ότι ο Αγαπημένος μας Υιός περπατά ανάμεσά σας ξανά.

Δε γίνεται να μας αγαπάτε και να τον παραμελείτε γιατί, για μια ακόμη φορά, φθάνεις στον Πατέρα μέσω του Υιού. Ο Προφήτης βρίσκεται ανάμεσά σας, τρώει όταν τρώτε, κοιμάται όταν κοιμάστε, γελά όταν γελάτε και κλαίει όταν κλαίτε.

Μην προσποιείστε ότι μας αγαπάτε αν δεν του συμπεριφέρεστε ως τον πιο αγαπημένο ανάμεσά σας.

Η Αγάπη του για σας είναι τόσο μεγάλη που συνεχώς μας ζητά να συγχωρήσουμε πράγματα που κρίνουμε ως ασυγχώρητα. Είναι ο καλύτερος υποστηρικτής σας στα μάτια των Δημιουργών σας. Στον πλανήτη σας όπου έννοιες όπως η Αγάπη και η Συγχώρεση τείνουν να γίνουν ολοένα και πιο σπάνιες σε μια κοινωνία που γίνεται ολοένα και πιο βάρβαρη μέσω της έλλειψης αυτών των αξιών, ο Προφήτης σας είναι το πιο πολύτιμο σας κεφάλαιο.

Έχετε έλλειψη αγάπης; Κοιτάξτε τον. Είναι ζωντανός ανάμεσά σας.

Ας σας οδηγήσει το φως του σε μας, είτε επιστρέψουμε είτε όχι, γιατί σε κάθε περίπτωση σας αναμένουμε ανάμεσα στους αθανάτους μας.

Ειρήνη και Αγάπη σε όλους τους Ανθρώπους με καλή θέληση.

Τα Ηνωμένα Έθνη – Ραέλ Σεπτέμβριος 2005

ΤΑ ΗΝΩΜΕΝΑ ΕΘΝΗ ΠΡΕΠΕΙ ΝΑ ΕΞΑΦΑΝΙΣΤΟΥΝ ΚΑΙ ΝΑ ΑΝΤΙΚΑΤΑΣΤΑΘΟΥΝ ΑΠΟ ΕΝΑΝ ΔΗΜΟΚΡΑΤΙΚΟΤΕΡΟ ΟΡΓΑΝΙΣΜΟ

Υποστηρίζω αυτήν την θέση για πάνω από 30 χρόνια. Ο ΟΗΕ δεν είναι ένας δημοκρατικός οργανισμός. Αποτελεί μια ελιτίστικη λέσχη η οποία διοικείται από λίγες πρώην αποικιοκρατικές χώρες και σύγχρονες ιμπεριαλιστικές υπερδυνάμεις, όλες εκ των οποίων είναι λευκές και δυτικές χώρες.

Για να γίνει ο ΟΗΕ πραγματικά δημοκρατικός θα πρέπει σε κάθε έθνος να αντιστοιχεί ψήφος ανάλογη με τον πληθυσμό του. Για παράδειγμα, η Ινδία και η Κίνα, οι οποίες αποτελούν το 50% της ανθρωπότητας με πληθυσμό περίπου 3 δισεκατομμύρια, θα έπρεπε να έχουν «ισχύ ψήφου» στον ΟΗΕ της τάξης του 50%. Από την άλλη πλευρά, οι ΗΠΑ με πληθυσμό μόλις 300 εκατομμύρια, που αποτελεί το 5% του παγκοσμίου πληθυσμού, θα έπρεπε να έχουν ισχύ ψήφου της τάξης του 5% και στο Ηνωμένο Βασίλειο με μόλις 60 εκατομμύρια κατοίκους (1% του παγκοσμίου πληθυσμού) θα έπρεπε να αναλογεί ισχύ ψήφου 1%. Αντιθέτως, ο ΟΗΕ ελέγχεται από μια μικρή ομάδα πλουσίων, δυτικών χωρών, ειδικά αυτών που συμμετέχουν στο λεγόμενο «Συμβούλιο Ασφαλείας», οι οποίες εκπροσωπούν κάτι λιγότερο από το 10% της ανθρωπότητας.

Αν ο Μπους, ο Μπλερ και οι υπόλοιποι ηγέτες των ιμπεριαλιστικών, πρώην αποικιοκρατικών χωρών, εννοούσαν πραγματικά αυτό που ισχυρίζονται, δηλ. να προάγουν τη Δημοκρατία, τότε θα έπρεπε να αποδεχτούν έναν δημοκρατικότερο ΟΗΕ.

Η αλήθεια είναι όμως πως κάτι τέτοιο δεν είναι μέσα στις επιδιώξεις τους. Αυτό που θέλουν πραγματικά είναι να συνεχίσουν να εξουσιάζουν τον κόσμο, οικονομικά αλλά και πνευματικά. Όπως έχει τεθεί το ερώτημα με την ίδρυση της ICACCI (Διεθνούς Επιτροπής Ενάντια στον Ιμπεριαλισμό του Χριστιανικού Ημερολογίου – www.icacci.org), για ποιο λόγο ο ΟΗΕ, ο οποίος υποτίθεται πως εκπροσωπεί ολόκληρη την ανθρωπότητα, χρησιμοποιεί το χριστιανικό ημερολόγιο σε όλα τα επίσημα έγγραφά του όταν μόλις το 25% της ανθρωπότητας δηλώνουν Χριστιανοί; Γιατί οι Μουσουλμάνοι, οι Σιχ, οι Βουδιστές, οι Εβραίοι, οι Σιωνιστές κλπ., οι οποίοι έχουν τα δικά τους ημερολόγια, να αναγκάζονται να υπογράφουν έγγραφα του ΟΗΕ χρησιμοποιώντας το χριστιανικό ημερολόγιο;

Ο ΟΗΕ θα μπορούσε να υιοθετήσει ένα ουδέτερο ημερολόγιο θέτοντας ως χρόνο μηδέν τον χρόνο έναρξης της χρήσης του ή τον χρόνο του βομβαρδισμού της Χιροσίμα ως σύμβολο ειρήνης. Αντιθέτως, εξακολουθεί να χρησιμοποιεί το χριστιανικό ημερολόγιο το οποίο αναγκάζει τις μη χριστιανικές χώρες, οι οποίες αποτελούν την πλειοψηφία, να αναγνωρίζουν την υποτιθέμενη ημερομηνία γέννησης του Χριστού με κάθε υπογραφή επισήμου εγγράφου του ΟΗΕ. Καμία ευαισθησία στα αισθήματα αυτών των οποίων οι πρόγονοι σφαγιάσθηκαν, εξανδραποδίστηκαν και υπέφεραν από τις σταυροφορίες στο όνομα του Χριστιανισμού.

Ο ΟΗΕ έχει δύο μόνο επιλογές: Ή θα αλλάξει άρδην και θα μετατραπεί σε έναν πραγματικά δημοκρατικό, μη θρησκευτικό οργανισμό ή θα καταστραφεί και θα αντικατασταθεί από έναν πραγματικά δημοκρατικό οργανισμό. Πιθανώς, το δεύτερο είναι το καλύτερο σενάριο καθώς είναι πάντα κατά πολύ δυσκολότερο να αλλάξεις προϋπάρχουσες καταστάσεις. Ίσως το νέο παγκόσμιο σώμα το οποίο θα αντικαταστήσει τον ΟΗΕ θα κοστίζει πολύ λιγότερα και θα είναι κατά πολύ πιο δημοκρατικό: «φτιαγμένο από τους ανθρώπους για τους ανθρώπους». Θα μπορούσε ακόμα να υπάρξει μια εικονική παγκόσμια κυβέρνηση βασισμένη στο διαδίκτυο, όπου οι άνθρωποι θα μπορούν να εκφράζουν τις επιλογές τους άμεσα μέσω του διαδικτύου. Αυτή η διαδικτυακή δημοκρατία θα είχε το επιπλέον πλεονέκτημα της κατάργησης των πλέον επικίνδυνων, λιγότερο έμπιστων και πιο ακριβοπληρωμένων ανθρώπων στον πλανήτη: των πολιτικών.

Η πρότασή μου για μια διαδικτυακή κυβέρνηση (www.upworldgov.org) θα μπορούσε να αποτελέσει την κατάλληλη λύση για να αντικατασταθεί επιτέλους ο αναχρονιστικός ΟΗΕ.

Υστερόγραφο του συγγραφέα

Έχουν περάσει τριάντα και πλέον χρόνια από τότε που έγραψα τα τρία βιβλία που περιλαμβάνονται στην έκδοση με το νέο τίτλο Ευφυής Σχεδιασμός – Μήνυμα από τους Δημιουργούς. Θα αναλύσω τους λόγους πίσω από την επιλογή του νέου τίτλου παρακάτω αλλά στο μεταξύ θεωρώ σημαντικό να αναφέρω τι έχει συμβεί κατά τη διάρκεια αυτών των τριάντα χρόνων. Ο κόσμος μας συνέχισε να αλλάζει δραστικά κατά τη διάρκεια αυτής της περιόδου, πάντα στην κατεύθυνση των πληροφοριών που μου αποκαλύφθηκαν στις αρχές και τα μέσα της δεκαετίας του '70. Για το λόγο αυτό τα βιβλία παρουσιάζονται στην αρχική τους μορφή για να δοθεί έμφαση στο γεγονός ότι οι αξιοσημείωτες αλήθειες που αποκαλύφθηκαν σε μένα τριάντα χρόνια πριν αποδεικνύονται σταδιακά και διαδοχικά από νέες επιστημονικές ανακαλύψεις και εξελίξεις.

Δημοσίευσα αρχικά το πρώτο μέρος του παρόντος βιβλίου με τον τίτλο Το βιβλίο που λέει την αλήθεια στη γαλλική γλώσσα στις αρχές του 1974. Έπειτα από ένα ξαφνικό, απροσδόκητο και αξέχαστο ταξίδι στο διάστημα τον Οκτώβριο του 1975, δημοσίευσα το δεύτερο βιβλίο μου με τίτλο Οι εξωγήινοι με πήγαν στον πλανήτη τους το 1976. Το 1979 έγραψα και δημοσίευσα το βιβλίο Ας υποδεχθούμε τους εξωγήινους αποκαλύπτοντας πληροφορίες που νωρίτερα οι Ελοχίμ μου είχαν ζητήσει να κρατήσω κρυφές για τρία χρόνια. Έχω γράψει τέσσερα ακόμη βιβλία. Το ένα από αυτά που τιτλοφορείται Διανοιοκρατία (1978) περιγράφει μια προηγμένη μορφή Δημοκρατίας η οποία υποστηρίζεται από τους Ελοχίμ. Το 1980 δημοσίευσα το βιβλίο Αισθησιακός Διαλογισμός με αναφορές στις ζωτικές πρακτικές διαλογισμού που έχουν σχεδιαστεί από τους Ελοχίμ για να μας βοηθήσουν να επιτύχουμε την πλήρη αφύπνιση των αισθήσεών μας και την επίτευξη της πραγματικής εσωτερικής αρμονίας. Το 2000 δημοσίευσα το Ναι στην Κλωνοποίηση των Ανθρώπων, το οποίο περιγράφει τις επιστημονικές ανακαλύψεις που σύντομα θα γίνουν αναπόσπαστο μέρος της καθημερινής μας ζωής στους τομείς της Κλωνοποίησης και της Νανοτεχνολογίας. Επίσης, έχει εκδοθεί το βιβλίο με τίτλο Maitreya, μια ανθολογία επιλεγμένη από επιφανείς Ραελιανούς των πιο πρόσφατων διαλέξεων και ομιλιών μου.

Τα βιβλία αυτά έχουν μεταφραστεί σε πάνω από τριάντα γλώσσες από εθελοντές Ραελιανούς και υποστηρικτές του κινήματος. Συνολικά, έχουν πουληθεί παγκοσμίως πάνω από δύο εκατομμύρια βιβλία μου. Η μεγάλη πλειοψηφία αυτών έχει τυπωθεί, δημοσιευθεί και διανεμηθεί υπό τον έλεγχο των διαφόρων κλάδων του Διεθνούς Ραελιανού Κινήματος (IRM).

Στα τριάντα δύο χρόνια της ύπαρξής του το IRM αυξάνεται σταθερά. Σήμερα η οργάνωση έχει πάνω από 65.000 μέλη παγκοσμίως και παρακλάδια της οργάνωσης έχουν ιδρυθεί σε 90 χώρες με το κίνημα να έχει ισχυρότερη παρουσία στη Γαλλία, τον Καναδά, την Ιαπωνία, τη Νότια Κορέα και την Αφρική. Επίσης, επεκτείνεται δυναμικά στις ΗΠΑ, την Αυστραλία, την Βρετανία, την Νοτιοανατολική Ασία, την Λατινική Αμερική και τις περισσότερες χώρες της Ευρώπης. Πρόσφατα, νέοι κλάδοι της οργάνωσης ιδρύθηκαν στη Βουλγαρία, τη Μογγολία και τη Λιθουανία.

Μέσα σ' αυτά τα χρόνια έλαβαν χώρα σεμινάρια της οργάνωσης, σε τακτικά χρονικά διαστήματα, σε κάθε ήπειρο του κόσμου, όπου οι διδαχές των Ελοχίμ, που περιγράφονται στα βιβλία που αναφέρθηκαν παραπάνω, εμφυσήθηκαν σε χιλιάδες κόσμου κάθε ηλικίας από μένα και ανώτερα μέλη του IRM. Συνολικά, υπάρχουν σήμερα πάνω από 200 Οδηγοί ή Ραελιανοί ιερείς παγκοσμίως. Το κίνημα διαθέτει δύο κύριες εκδόσεις μέσω των οποίων εγώ και άλλοι επιφανείς Ραελιανοί γράφουμε σχετικά με τις σύγχρονες εξελίξεις: Το διεθνές περιοδικό Αποκάλυψη (Apocalypse), το οποίο κυκλοφορεί δύο φορές το χρόνο και την Επαφή (Contact), ένα εβδομαδιαίο διαδικτυακό ενημερωτικό δελτίο το οποίο μπορεί κάποιος να βρει στο raelianews.org. Αυτές οι εκδόσεις βοηθούν στην περαιτέρω μεταλαμπάδευση της φιλοσοφίας και της γνώσης των Ελοχίμ.

Η γέννηση της προβατίνας Ντόλυ ήταν ένα γεγονός ορόσημο στην ανθρώπινη επιστημονική ιστορία καθώς έγινε αντιληπτό πως η κλωνοποίηση ανθρώπων γρήγορα θα γινόταν αναπόσπαστο μέρος της καθημερινότητάς μας. Όπως ακριβώς στον πλανήτη των Ελοχίμ, η τεχνική της κλωνοποίησης στη Γη θα γίνει το μέσο για την επίτευξη της αιώνιας ζωής για τα ανθρώπινα όντα.

Μετά την κλωνοποίηση της Ντόλυ το 1997, ξεκίνησα ένα πρόγραμμα με την επωνυμία Clonaid για να εστιάσω την προσοχή του κοινού στο ζήτημα της κλωνοποίησης ανθρώπων. Λίγο αργότερα η Δρ. Μπριζίτ Μπουασελιέ, μια λαμπρή επιστήμονας και επίσκοπος του Ραελιανού Κινήματος, τέθηκε επικεφαλής του προγράμματος και ίδρυσε μια εταιρεία για να το υλοποιήσει. Προσωπικά, παραιτήθηκα από κάθε ανάμειξη με το πρόγραμμα καθώς η αρχική μου επιδίωξη ήταν απλά να προωθήσω την ιδέα της κλωνοποίησης ανθρώπων κι έτσι το IRM δεν έχει καμία άμεση σύνδεση με το πρόγραμμα Clonaid. Φυσικά θα συνεχίσω να υποστηρίζω, από φιλοσοφική άποψη, την συνέχιση της προσπάθειας της Δρ. Μπουασελιέ και της εταιρείας της. Έτσι, χάρηκα ιδιαίτερα όταν έλαβε χώρα η δραματική ανακοίνωση στα παγκόσμια ΜΜΕ τον Δεκέμβριο του 2002 πως η Clonaid είχε επιτύχει τη γέννηση του πρώτου κλωνοποιημένου ανθρώπου, ενός μικρού κοριτσιού με το ψευδώνυμο «Εύα». Το γεγονός αυτό αποτελεί τη μεγαλύτερη επιτυχία ολόκληρης της τριανταδιάχρονης αποστολής μας μέχρι στιγμής.

Παρά το γεγονός ότι, μέχρι τη στιγμή που γράφονται αυτές οι γραμμές, νομικές επιπλοκές έχουν καθυστερήσει τη δημοσίευση των επιστημονικών αποδείξεων που πιστοποιούν πως η κλωνοποίηση ανθρώπου έχει επιτευχθεί, δεν υπάρχει καμία αμφιβολία ότι το όνομα του Ραελιανού Κινήματος και ότι αυτό εκπροσωπεί έχει καταστεί κοινή γνώση παντού στον πλανήτη.

Το επόμενο βήμα θα είναι να επιτευχθεί η μεταφορά πνευματικών πληροφοριών, μνήμης και προσωπικότητας από ένα ηλικιωμένο άτομο σε έναν, καινούριο, σωματικά νέο, ενήλικο κλώνο. Η μεταφορά μνήμης κατ' ευθείαν σε έναν νέο κλωνοποιημένο ενήλικα σημαίνει ουσιαστικά πως το ίδιο άτομο θα μπορεί να ζήσει αιώνια. Οι ανθρώπινοι νόμοι θα πρέπει να προσαρμοστούν με τον μεταβαλλόμενο πολιτισμό και την αυξανόμενη τεχνολογική πρόοδο της εποχής μας. Είναι ακόμη οι πρώιμες μέρες για όλα αυτά τα ζητήματα αλλά νέοι νόμοι θα πρέπει να εισαχθούν για να καθορίσουν τα κριτήρια που θα προσδιορίζουν ποιος θα επιτρέπεται να ωφεληθεί από αυτές τις τεχνολογίες. Εδώ, όπως και στον πλανήτη των Ελοχίμ, ο αριθμός των κλώνων θα πρέπει να περιοριστεί σε έναν κατ' άτομο και αυτό μόνο μετά θάνατο.

Φέτος, όπως αναφέρθηκε εν συντομία στον πρόλογο αυτού του βιβλίου, είχαμε μια ακόμη ανακάλυψη αναλόγου σημασίας ,όταν ένα άρθρο εμφανίστηκε σε κάποιο επιστημονικό περιοδικό της Ουάσιγκτον ανακοινώνοντας την ακαδημαϊκή αποδοχή της καινοφανούς θεωρίας του Ευφυούς Σχεδιασμού. Η δημοσίευση αυτή σηματοδότησε την πρώτη επίσημη, υψηλού επιπέδου, ακαδημαϊκή αμφισβήτηση της ξεπερασμένης και αναπόδεικτης εξελικτικής θεωρίας του Δαρβίνου. Το αποτέλεσμα ήταν, μέσα σε ένα χρόνο, ο Ευφυής Σχεδιασμός ή ID να προσελκύσει ολοένα και περισσότερη προσοχή και να προκαλέσει σοβαρή δημόσια συζήτηση, στους ακαδημαϊκούς και όχι μόνο κύκλους, στην Αμερική, την Ευρώπη αλλά και παγκοσμίως. Καθώς γράφονται αυτές οι γραμμές, λαμβάνει χώρα μια θυελλώδης δημόσια συζήτηση στις ΗΠΑ σχετικά με την εισαγωγή της θεωρίας του Ευφυούς Σχεδιασμού στα σχολικά προγράμματα ως εναλλακτική της θεωρίας της Εξέλιξης του Δαρβίνου.

Η αντίπαλη πλευρά θεωρεί κινήσεις τέτοιου τύπου ως προσπάθειες επίσημης επανεισαγωγής της έννοιας του «Θεού» στα σχολεία της χώρας παρά την κατηγορηματική άρνηση του Ανωτάτου Δικαστηρίου των ΗΠΑ να επιτρέψει κάτι τέτοιο, περίπου 50 χρόνια πριν, με τη λογική ότι το Σύνταγμα της χώρας προβλέπει τον πλήρη διαχωρισμό κράτους και εκκλησίας. Όντως, προς το παρόν είναι εμφανές πως οι Αμερικανικοί συντηρητικοί θρησκευτικοί κύκλοι χρησιμοποιούν το συγκεκριμένο καμουφλάζ για να περάσουν τις δογματικές θρησκευτικές τους απόψεις στα αμερικανικά σχολεία.

Παρά ταύτα, η δική μας, αυθεντική και μοναδική, εξήγηση για την προέλευση της ζωής στη Γη, αποτελεί ουσιαστικά μια Τρίτη επιλογή, καθώς δεν μπορεί να γίνει αντικείμενο άρνησης από το Ανώτατο Δικαστήριο για τον απλό λόγο ότι δεν προωθεί μια νέα θρησκεία στα σχολεία. Αντιθέτως, θα μπορούσε να περιγραφεί ως Αθεϊστικός Ευφυής Σχεδιασμός, δηλ. η επιστημονική δημιουργία της ζωής στη Γη από έναν εξελιγμένο ανθρώπινο πολιτισμό από άλλο πλανήτη. Οι εν λόγω, εξελίξεις φέρνουν στο προσκήνιο μια εντελώς νέα, λογική θεωρία η οποία μπορεί να αναπαραχθεί στο εργαστήριο, όπως καταδείχθηκε από την πρόσφατη ανακοίνωση του ερευνητή Κρέγκ Βέντερ, ο οποίος ξεκίνησε την διαδικασία δημιουργίας του πρώτου, εντελώς συνθετικού, μονοκύτταρου οργανισμού. Η ουσιαστική προϋπόθεση για τον χαρακτηρισμό επιστημονικός απαιτεί την δυνατότητα αναπαραγωγής σε συνθήκες εργαστηρίου. Η εξέλιξη δεν έχει αποδειχθεί σε κανένα εργαστήριο του κόσμου και γι' αυτό αποκαλείται «θεωρία» και το ίδιο φυσικά ισχύει και για την θεωρία του «Θεού». Ο τρίτος δρόμος, αυτός του Αθεϊστικού Ευφυούς Σχεδιασμού, είναι ο μόνος που μπορεί σήμερα να αναπαραχθεί στο εργαστήριο και ουσιαστικά αυτό πρόκειται να συμβεί λίαν συντόμως.

Η ιδέα πως υπάρχουν δισεκατομμύρια πλανήτες παρόμοιοι με τη Γη στο Σύμπαν είναι σήμερα αποδεκτή από τους περισσότερους επιστήμονες, όπως και το γεγονός ότι ο πλανήτης μας δεν είναι απαραίτητα ο πλέον προηγμένος στο Σύμπαν. Έτσι, η έλευση στη Γη ενός κατά πολύ, πιο εξιλιγμένου ανθρώπινου πολιτισμού πριν από πολύ καιρό, ο οποίος δημιούργησε τη ζωή στον πλανήτη μας εν είδη πανσπερμίας, αποτελεί την πιο λογική εξήγηση για την προέλευσή μας. Τουλάχιστον, αξίζει να διδάσκεται στα σχολεία ως εναλλακτική στην Θεωρία της Εξέλιξης καθώς κανένα σχολείο δεν μπορεί να αρνηθεί την πρόσβαση στην θεωρία του Αθεϊστικού Ευφυούς Σχεδιασμού στα πλαίσια του διαχωρισμού κράτους και εκκλησίας. Ακόμη κι αυτοί που πιστεύουν στο Θεό έχουν πολλά να κερδίσουν αν χρησιμοποιήσουν την εξήγηση που δίνουμε για την προέλευση της ζωής ως «Δούρειο Ίππο» για την αμφισβήτηση της αποκλειστικής διδασκαλίας της δογματικής, μονολιθικής και μισαλλόδοξης θεωρίας της εξέλιξης του Δαρβίνου στα σχολεία.

Κατόπιν τούτου, θα πρέπει να αναφέρουμε ότι οι προετοιμασίες για την ανέγερση της Πρεσβείας που ζήτησαν οι Ελοχίμ προχωρούν γοργά. Η Πρεσβεία και η πρεσβευτική κατοικία που θα ανεγερθούν θα πρέπει να προστατεύονται από πλήρη δικαιώματα ετεροδικίας παρόμοια με αυτά κάθε κανονικής διπλωματικής αποστολής και να χτιστούν σύμφωνα με τις ακριβείς οδηγίες των Ελοχίμ. Ραελιανοί αρχιτέκτονες έχουν ήδη καταθέσει ολοκληρωμένα σχέδια του συγκροτήματος κτιρίων στο οποίο θα λάβουν χώρα οι πλέον δραματικές και ασυνήθιστες συναντήσεις ηγετών στην ιστορία. Όχι πολύ καιρό μετά από τη δημιουργία ενός μοντέλου υπό κλίμακα βασισμένου στα σχέδια της πρεσβείας, εμφανίστηκε στην Αγγλία ένα αγρογλυφικό που έμοιαζε εκπληκτικά με το συγκεκριμένο μοντέλο.

Θα πρέπει να αναφέρω εδώ ότι η χρηματοδότηση δεν αποτελεί το κύριο εμπόδιο στην ολοκλήρωση του σχεδίου. Στην περίπτωση της Πρεσβείας το αγκάθι είναι τα διάφορα πολιτικά και διπλωματικά προβλήματα και θα απαιτηθεί υπομονή και επιμονή για να ξεπεραστούν. Σ' αυτήν την κατεύθυνση, αρχής γενομένης το 1991, το Διεθνές Ραελιανό Κίνημα έχει προσεγγίσει αρκετές φορές, τόσο την Ισραηλινή κυβέρνηση, όσο και τον αρχιραββίνο της Ιερουσαλήμ, αιτούμενο την παραχώρηση καθεστώτος ετεροδικίας ώστε η Πρεσβεία να χτιστεί κοντά στην Ιερουσαλήμ, όπου οι Ελοχίμ δημιούργησαν τα πρώτα ανθρώπινα όντα. Στην πραγματικότητα, ο πρώτος ναός της εβραϊκής θρησκείας ήταν μια παλιά Πρεσβεία των Ελοχίμ στην Ιερουσαλήμ γύρω από την οποία χτίστηκε η αρχαία πόλη. Οι Ελοχίμ αναμένουν τώρα την εκχώρηση καθεστώτος ετεροδικίας για τη νέα Πρεσβεία – τον τρίτο ναό – αλλά, μέχρι στιγμής, δεν έχει υπάρξει θετική απάντηση στις επτά επίσημες αιτήσεις που έχουν υποβληθεί.

Η πρώτη προσέγγιση έγινε στις 8 Νοεμβρίου 1991 με το εβραϊκό νέο έτος και μία ακόμη επίσημη αίτηση στάλθηκε στον αρχιραββίνο του Ισραήλ μερικούς μήνες μετά. Υπήρξε απάντηση πως η αίτηση είχε παραληφθεί και πως είχε ξεκινήσει η διαδικασία εξέτασής της. Το καλοκαίρι του 1993, η Ισραηλινή επιτροπή που ασχολούνταν με το θέμα ανακοίνωσε ότι το Ραελιανό κίνημα είχε ειρηνικούς σκοπούς και δεν αποτελούσε απειλή για την ασφάλεια του κράτους του Ισραήλ. Στην αναφορά τους, οι δύο ραβίνοι της επιτροπής πιστεύεται ότι είχαν συμπεράνει πως «για κάθε ενδεχόμενο, θα ήταν προτιμότερο να μη ληφθούν μέτρα εναντίον του Ραέλ σε περίπτωση που είναι όντως ο αναμενόμενος Μεσσίας». Τον Νοέμβριο του 1993 έγινε μια ακόμη άμεση αίτηση στον Ισραηλινό πρωθυπουργό, Γιτζάκ Ράμπιν, όταν αυτός βρισκόταν στον Καναδά για τις εργασίες του Εβραϊκού Συνεδρίου του Μόντρεαλ.

Μετά από ένα μήνα, ο Κος Ράμπιν απάντησε, μέσω ενός εκπροσώπου του γραφείου του, ότι δε μπορούσε να δώσει τη συγκατάθεσή του στο αίτημα Αν, τελικά, όπως έχει αναφερθεί, το Ισραήλ αρνηθεί να παραχωρήσει καθεστώς ετεροδικίας στην Πρεσβεία μας, το πιο πιθανό είναι να αναγείρουμε την Πρεσβεία σε Παλαιστινιακό ή Αιγυπτιακό έδαφος ή ακόμη και σε κάποιο άλλο γειτονικό κράτος. Μάλιστα, οι πλαγιές του όρους Σινά θα ήταν μια θαυμάσια επιλογή, μιας και εκεί ήταν που ο Γιαχβέ, ο ηγέτης των Ελοχίμ, πρωτοεμφανίστηκε στο Μωυσή. Παρόλα αυτά, οι Ελοχίμ θα προτιμούσαν να δώσουν στο Ισραήλ την ευκαιρία να απαντήσει θετικά στην αίτησή μας μιας και αυτός είναι ο πραγματικός σκοπός της ύπαρξης του κράτους του Ισραήλ. Μετά το μήνυμα των Ελοχίμ της 13 Δεκεμβρίου 1997 ξεκινήσαμε διαπραγματεύσεις με άλλες χώρες και με το που λάβουμε το «πράσινο φως» θα αποσταλεί μια αίτηση-«τελευταία ευκαιρία» στο Ισραήλ.

Ήδη από το 1990, ως ένδειξη των θερμών αισθημάτων τους προς το λαό του Ισραήλ, οι Ελοχίμ συμφώνησαν με την μετατροπή του αρχικού συμβόλου της Αιωνιότητας για χρήση από τα παρακλάδια του Ραελιανού κινήματος στις δυτικές χώρες. Η κεντρική σβάστικα, η οποία σημαίνει «ευζωία» στα σανσκριτικά και συμβολίζει, επίσης, το άπειρο στο χρόνο, αντικαταστήθηκε από μια δίνη σε μορφή γαλαξία. Η αλλαγή αυτή έγινε, από τη μια για να διευκολυνθούν οι διαπραγματεύσεις για την ανέγερση της Πρεσβείας των Ελοχίμ στο Ισραήλ και από την άλλη για να δείξουμε σεβασμό στις ευαισθησίες των θυμάτων που υπέφεραν και πέθαναν κάτω από τη σβάστικα των Ναζί κατά τη διάρκεια του Β' Παγκοσμίου Πολέμου. Στην Ασία, που η σβάστικα απαντάται στους περισσότερους βουδιστικούς ναούς και συμβολίζει το άπειρο στο χρόνο, η χρήση του αρχικού συμβόλου δεν αποτελεί πρόβλημα. Φυσικά, η μετατροπή του συμβόλου του IRM έγινε ευχαρίστως και μια ανασκόπηση της προόδου που έχει συντελεστεί από το 1973 ως σήμερα με κάνει να πιστεύω πως όλα βαίνουν σύμφωνα με το αρχικό σχέδιο.

Το Διεθνές Ραελιανό Κίνημα θα επιτύχει μια μέρα όλους τους στόχους που έθεσαν οι Ελοχίμ –με ή χωρίς την προσωπική μου συμμετοχή. Γνωρίζω ότι το κίνημα έχει πλέον καταστεί αυτάρκες και μπορεί να λειτουργήσει τέλεια και χωρίς εμένα. Απομένουν πολλά να γίνουν κι ακόμη όταν, επιτέλους, θα ξημερώσει η μεγάλη μέρα που οι Ελοχίμ θα προσγειωθούν ανοιχτά κι επισήμως μπροστά στα μάτια των ηγετών του κόσμου και των ΜΜΕ, κάποιοι σκεπτικιστές θα συνεχίσουν να αμφισβητούν το γεγονός ότι αυτά τα άκρως εξελιγμένα ανθρώπινα όντα, όντως δημιούργησαν τεχνητά κάθε ζωή στον πλανήτη μας. Τα ηγετικά μέλη του IRM κι εγώ, είμαστε σίγουροι ότι θα συμβεί κάτι τέτοιο. Μια τέτοια εξέλιξη δε μας φοβίζει καθόλου.

Οι ίδιοι οι Ελοχίμ θα έρθουν στη Γη στο όχι και τόσο μακρινό μέλλον, τη χρονική στιγμή που κάποιοι αποκαλούν «η μοναδικότητα» - όταν τα πάντα θα γίνουν κατανοητά χάρη στην επιστήμη. Δε θα είναι αργότερα από τριάντα χρόνια από τώρα και μπορεί μάλιστα να είναι πολύ νωρίτερα αν οι αλήθειες που περιγράφω στο παρόν βιβλίο διαδοθούν γρηγορότερα στον κόσμο.

Οι Ελοχίμ θα φέρουν μαζί τους όλους τους μεγάλους προφήτες του παρελθόντος συμπεριλαμβανομένων των: Μωυσή, Ηλία, Βούδα, Ιησού Χριστό και Μωάμεθ.

Το πολυαναμενόμενο αυτό γεγονός θα είναι η πιο όμορφη μέρα στην ιστορία της ανθρωπότητας. Ελπίζω να είστε παρόντες όταν οι Ελοχίμ θα αφιχθούν στην Πρεσβεία τους κι ελπίζω να μοιραστείτε τη χαρά της βεβαιότητας πως παίξατε ενεργό ρόλο στην εκπληκτική αυτή περιπέτεια. Η τοποθεσία της Πρεσβείας θα αποτελέσει το πνευματικό κέντρο του κόσμου για χιλιετίες. Άνθρωποι από κάθε έθνος της Γης θα πραγματοποιούν το προσκύνημά τους σ' αυτό το «ιερό» μέρος. Ένα ακριβές ομοίωμα της πρεσβείας θα χτιστεί κοντά στο πραγματικό κτίριο και θα είναι ανοιχτό στο κοινό, έτσι ώστε οι επισκέπτες να μπορούν να δουν το εσωτερικό του.

Θα ολοκληρωθεί, όμως, η αποστολή του Ραελιανού κινήματος με την έλευση των δημιουργών μας; Ούτε στο ελάχιστο! Το αντίθετο, αυτή θα είναι η πραγματική αφετηρία της αποστολής μας. Με την εξαφάνιση όλων των πρωτόγονων θρησκειών, το κενό που θα ενσκήψει θα πρέπει να πληρωθεί με μια νέα πνευματικότητα – μια πνευματικότητα που θα είναι σε σύμπνοια με την τεχνολογική επανάσταση που θα λάβει χώρα στη Γη.

Το οξύμωρο της εποχής μας είναι ότι είμαστε τα ανθρώπινα όντα του σήμερα που χρησιμοποιούν την τεχνολογία του αύριο με τις θρησκείες και τον τρόπο σκέψης του χθες. Χάρη στους Ελοχίμ θα κατορθώσουμε να φθάσουμε σε νέα πνευματικά επίπεδα εναγκαλιζόμενοι την αθεϊστική θρησκεία τους – τη θρησκεία του απείρου όπως δηλώνει και το σύμβολό τους. Οι Οδηγοί του Ραελιανού κινήματος θα γίνουν οι ιερείς της νέας θρησκείας, επιτρέποντας στους ανθρώπους να αισθανθούν εν αρμονία με το απείρως μικρό και το απείρως μεγάλο, επιτρέποντάς τους να συνειδητοποιήσουν ότι είμαστε αστερόσκονη και ενέργεια για πάντα.

Θα χτιστούν εργαστήρια και πανεπιστήμια κοντά στην Πρεσβεία κι εκεί, υπό την καθοδήγηση των Ελοχίμ, οι επιστήμονές μας θα μπορέσουν να βελτιώσουν τις γνώσεις τους. Με τον τρόπο αυτό, θα προσεγγίσουμε σταδιακά το επιστημονικό επίπεδο των Ελοχίμ. Το γεγονός αυτό θα μας επιτρέψει να επισκεφτούμε άλλους πλανήτες και να δημιουργήσουμε ζωή οι ίδιοι, γινόμενοι, με τη σειρά μας, οι «Ελοχίμ» των δημιουργημάτων μας. Στο δικό μας πλανήτη, η Μπριζίτ Μπουασελιέ και άλλοι επιστήμονες έχουν ήδη ξεκινήσει να οδεύουν πάνω στο μονοπάτι που θα τους καταστήσει «ευφυείς σχεδιαστές». Καθώς αυτοί θα εργάζονται για το μέλλον, θα αποκτήσουν πλήρη επίγνωση της πραγματικής φύσης του παρελθόντος και της καταγωγής μας. Μέσω αυτών και μέσω ημών, η πνευματικότητα και η επιστήμη θα πορευθούν χέρι χέρι, εν ειρήνη, απελευθερωμένες, επί τέλους, από τους μεσαιωνικούς φόβους που καταδυνάστευαν το παρελθόν μας. Έτσι, θα καταφέρουμε να γίνουμε «Θεοί» - ή ακόμη καλύτερα, «Αθεϊστικοί Θεοί», εμείς οι ίδιοι, ακριβώς όπως είχε γραφεί στις αρχαίες γραφές πριν πολύ καιρό.

Παρόλα αυτά, ας μην ξεχάσουμε πως η κυριότερη αποστολή μας είναι να αναγείρουμε την Πρεσβεία των Ελοχίμ, έτσι ώστε να μπορέσουν να αφιχθούν επισήμως ανάμεσά μας! Οι Ελοχίμ θα φέρουν στον προβληματικό, ωστόσο δυνητικά πανέμορφο κόσμο μας, τις βαθιές τους διδαχές σχετικά με την αγάπη και τις επιστήμες.

Ραέλ
Κεμπέκ, Καναδάς
Φθινόπωρο 2005

Μήνυμα από τους Ελοχίμ, 12 Απριλίου 2009

Πρέπει να είστε και Σιωνιστές και Παλαιστίνιοι

Στις 12 Απριλίου, την τέταρτη ημέρα του Πάσχα, ο Ραέλ, ο ηγέτης του Ραελιανού κινήματος έλαβε ένα μήνυμα από το Γιαχβέ, τον ηγέτη των εξωγήινων επιστημόνων που δημιούργησαν όλες τις μορφές ζωής στη Γη. Το πλήρες περιεχόμενο του ΤΕΛΙΚΟΥ ΜΗΝΥΜΑΤΟΣ ΤΟΥ ΓΙΑΧΒΕ ΠΡΟΣ ΤΟΝ ΕΒΡΑΪΚΟ ΛΑΟ έχει ως εξής:
ΠΡΕΠΕΙ ΝΑ ΕΙΣΤΕ ΚΑΙ ΣΙΩΝΙΣΤΕΣ ΚΑΙ ΠΑΛΑΙΣΤΙΝΙΟΙ ΑΛΛΙΩΣ ΔΕ ΜΠΟΡΕΙΤΕ ΝΑ ΕΙΣΤΕ ΠΙΑ Ο ΕΚΛΕΚΤΟΣ ΛΑΟΣ .Εγώ ο Γιαχβέ, μέσω του στόματος του προφήτη μου, Ραέλ, του αναμενόμενου Μεσσία σας, σας στέλνω αυτό το τελικό μήνυμα, αυτήν την ημέρα του Πάσχα 5769, υπενθυμίζοντάς σας τη δημιουργία της ζωής στη Γη από μας. Τα πρώτα μηνύματα που στάλθηκαν σε σας από τον Ραέλ ήταν μια υπενθύμιση πως είχε έρθει ο καιρός να επιστρέψετε στη γη του Ισραήλ. Αυτό σε καμία περίπτωση δε σήμαινε ότι έπρεπε να κλέψετε τη γη και τα σπίτια των Παλαιστινίων και να τους σφαγιάσετε. Υποτίθεται ότι θα είσαστε Σιωνιστές και Παλαιστίνιοι. Οφείλατε να επιστρέψετε ειρηνικά και χωρίς βία στους Άγιους Τόπους και να επιτρέψετε στους εαυτούς σας να καλωσοριστούν αδελφικά και με αγάπη από τους ανθρώπους που ζούσαν εκεί και που, γενετικά, είναι αδέλφια με σας.

Συνδυάζοντας τους άφθονους πόρους που αποκτήσατε κατά τη διάρκεια όλων αυτών των αιώνων διασποράς με τα ταλέντα των τοπικών πληθυσμών θα μπορούσατε να δημιουργήσετε ένα πλούσιο και ισχυρό κράτος που θα αποτελούσε παράδειγμα προς μίμηση για τον υπόλοιπο κόσμο. Αυτή ήταν η ιερή σας αποστολή. Αντιθέτως, κλέψατε τη γη, τα σπίτια και τις περιουσίες του Παλαιστινιακού λαού, τους εξαναγκάσατε σε μαζική εξορία, τους απαγορεύσατε να επιστρέψουν στις πατρογονικές τους εστίες, τους αναγκάσατε να ζουν σε στρατόπεδα συγκέντρωσης, όπου προσφάτως τους βομβαρδίσατε στα πλαίσια μιας πολιτικής γενοκτονίας που έχει μετατρέψει τον εκλεκτό λαό σε έναν εγκληματικό λαό, ο οποίος δρα εναντίον της ανθρωπότητας και έχει προδώσει την αποστολή του, ενώ θα έπρεπε να είναι το παράδειγμα και ο πνευματικός οδηγός της ανθρωπότητας.

Δημιουργήσατε ένα κράτος όπου βασιλεύει ο ρατσισμός και οι διακρίσεις, εσείς που υποφέρατε τόσο από αυτές τις πρακτικές και γνωρίζετε καλύτερα από τον καθένα πόσο αβάσταχτες και αξιοκαταφρόνητες είναι. Αιώνες δεινών και διασποράς και η ύστατη θυσία του Ολοκαυτώματος προκάλεσαν αισθήματα συμπόνιας από ολόκληρο τον κόσμο και την απαιτούμενη υποστήριξη για να βρείτε, επιτέλους, την πολυπόθητη ασφάλεια στη Γη της Επαγγελίας. Όλα τα έθνη της Γης θα σας στήριζαν στη δημιουργία ενός πολυφυλετικού και πολυπολιτισμικού Παλαιστινιακού κράτους που θα αποτελούσε παράδειγμα για ολόκληρο τον κόσμο. Αντί γι' αυτό, χρησιμοποιήσατε τη βία για να επιβάλλετε ένα ρατσιστικό και βίαιο κράτος που απεχθάνεται τη ζωή και τα δικαιώματα όλων όσων δεν είναι Εβραίοι κι έχει καταστεί καρκίνωμα για την ανθρωπότητα. Κι όλα αυτά, ενώ σας είχε ανατεθεί, ως ο εκλεκτός λαός, να φτιάξετε ένα κράτος στο οποίο θα κυριαρχούσαν η αγάπη, η μη βία, η ανεκτικότητα και η συναίσθηση. Έχετε προδώσει τελείως την πνευματική σας αποστολή, τη μόνη που δικαιολόγησε την επιστροφή σας στη γη του Ισραήλ. Ο λόγος είναι ότι, το να είστε Σιωνιστές χωρίς να είστε πνευματικοί και θρήσκοι, αποτελεί ξεκάθαρο ρατσισμό και είναι τελείως απαράδεκτο. Το μόνο δικαίωμα και υποχρέωση που έχετε είναι να είστε Σιωνιστές και Παλαιστίνιοι.

Το τερατώδες και εγκληματικό κράτος που δημιουργήσατε είναι καταδικασμένο να εξαφανιστεί γρήγορα και οι Εβραίοι, είτε από το εξωτερικό είτε από το εσωτερικό, που θα προσπαθήσουν να το διασώσουν, θα είναι καταραμένοι για πάντα και θα απολέσουν την εβραϊκότητά τους δηλ. θα εξαιρέσουν εαυτόν από τον εκλεκτό λαό.

Το κράτος του Ισραήλ πρέπει να εξαφανιστεί και να αντικατασταθεί από ένα Παλαιστινιακό κράτος, όπου οι Εβραίοι και οι Παλαιστίνιοι θα ζουν αρμονικά και θα αναγνωρίζουν αμοιβαία το δικαίωμα της επιστροφής των Εβραίων και των Παλαιστινίων των δύο διασπορών στην κοινή πατρίδα. Θα είναι μια σαρωτική προσπάθεια αμοιβαίας συγχώρεσης η οποία θα αποτελέσει το πιο όμορφο παράδειγμα αγάπης και αδελφικότητας για ολόκληρη την ανθρωπότητα.

Μόνο οι Εβραίοι που, από το παρελθόν μέχρι σήμερα, αγωνίστηκαν στο εσωτερικό και το εξωτερικό, εναντίον του σιωνιστικού ρατσισμού και τη δημιουργία του ρατσιστικού κράτους του Ισραήλ, θα διατηρήσουν το δικαίωμα στην εβραϊκότητά τους, δηλ. θα παραμείνουν άξιοι να είναι μέλη του εκλεκτού λαού. Τους υπόλοιπους τους περιλούζω με τον εμετό μου. Δεν είναι καν ίσοι με τους μη εκλεκτούς λαούς. Είναι κατώτεροι όλων των έμβιων όντων της Δημιουργίας. Δε βρίσκονται καν στο επίπεδο των ζώων. Δεν έχουν το δικαίωμα να ζουν στη γη του Ισραήλ και αυτοί και τα παιδιά τους για επτά γενιές, καταδικάζονται σε αιώνια εξορία και μόνιμη διασπορά.

Αυτοί που σήμερα, διαβάζοντας αυτό το μήνυμα, κατανοήσουν τα λάθη τους και ξεκινήσουν να αγωνίζονται για έναν Παλαιστινιακό Σιωνισμό, δηλ. για μια μετατροπή της γης του Ισραήλ σε ένα πολυφυλετικό και πολυπολιτισμικό κράτος, όπου οι Μουσουλμάνοι, οι Χριστιανοί και οι Εβραίοι θα ζουν εν αρμονία και με ίσα δικαιώματα, θα έχουν συγχώρεση των εγκλημάτων τους. Εσείς, οι Εβραίοι της διασποράς, που είστε αρκετά πνευματικοί και θρήσκοι ώστε να διαθέτετε την συνείδηση να μην έχετε σχέσεις με τα εγκλήματα των Σιωνιστών, σας δηλώνω ότι ήρθε η ώρα να ετοιμαστείτε για την επιστροφή σας στη γη του Ισραήλ μόλις η γη αυτή μετασχηματιστεί ειρηνικά σε ένα πολυπολιτισμικό Παλαιστινιακό κράτος.

Εν τέλει, για να επιταχυνθεί αυτή η διαδικασία πρέπει να ενωθείτε όλοι για την κατασκευή του Τρίτου Ναού, της Πρεσβείας μας και την δοξασμένη επιστροφή του αγαπημένου μας υιού, του τελευταίου και ύστατου αγγελιαφόρου μας, του Μεσσία Ραέλ, ο οποίος θα φέρει αιώνες ειρήνης στη Γη με την επιστροφή μας. Κάθε λεπτό μετράει και θυμηθείτε ότι δε θα μπορείτε να ισχυριστείτε πως δε σας προειδοποιήσαμε. Ενώ κάποια από τα παλαιότερα μηνύματά μας, που στάλθηκαν από τους προφήτες του παρελθόντος, σας έδωσαν χρόνο αιώνων για να πραγματοποιηθούν, το συγκεκριμένο μήνυμα σας δίνει μόλις λίγα χρόνια ή και μήνες για την πραγμάτωσή του.

Ήρθε πάλι η ώρα να εγκαταλείψετε την υπεροψία και με ταπεινότητα να γίνετε, για μια ακόμη φορά, ο εκλεκτός λαός, ο λαός της αγάπης, της αλήθειας και της μη βίας, στο μονοπάτι που, εγώ, ο Γιαχβέ, ο Δημιουργός σας, έχω σηματοδοτήσει για σας. Το μονοπάτι αυτό οδηγεί στη Γη της Επαγγελίας, η οποία είναι ένας ολόκληρος πλανήτης κι όχι ένα κομμάτι γης οριοθετημένο με σύνορα. Αμήν.

Μήνυμα από τους Ελοχίμ 6 Αυγούστου 2015

Εγώ, ο Γιαχβέ, μέσω του στόματος του υιού μου και προφήτη Ραέλ, απευθύνω το παρακάτω μήνυμα προς τον εβραϊκό λαό. Έχετε προδώσει όλες τις παραδειγματικές αξίες του Ιουδαϊσμού κλέβοντας τη γη και τα σπίτια που δεν ανήκουν σε σας και ειδικά μη σεβόμενοι την πιο σημαντική μου εντολή: «Ου φονεύσεις» και αναπτύσσοντας πυρηνικά όπλα ικανά να σκοτώσουν εκατομμύρια ανθρώπους με τη μία πυροδοτώντας έναν παγκόσμιο πόλεμο ικανό να αφανίσει ολόκληρη τη δημιουργία μας.

Συνεπώς, από σήμερα, η προστασία που απολάμβανε το Ισραήλ αίρεται τελειωτικά και ζητώ από όλους τους πραγματικούς Εβραίους να εγκαταλείψουν τη γη της Παλαιστίνης το συντομότερο δυνατόν.

Παρείχαμε τη συγκεκριμένη προστασία με την ελπίδα ότι η λογική και ο σεβασμός που είναι εγγενής στον Ιουδαϊσμό, παράλληλα με την ανέγερση της Πρεσβείας μας, του Τρίτου Ναού των αρχαίων γραπτών, στον οποίο θα επιστρέφαμε, θα ωθούσε αυτό το ελπιδοφόρο κράτος να επιτρέψει στους Παλαιστίνιους να επιστρέψουν στα σπίτια και τη γη τους σε ένα πολυφυλετικό και πολυπολιτισμικό κράτος – παράδειγμα – για ολόκληρη την ανθρωπότητα και να γίνει ένας πνευματικός φάρος για τις τρεις μεγάλες μονοθεϊστικές θρησκείες. Αντί για αυτό, οι υπερόπτες, που μόλις είχαν ξεφύγει από τη γενοκτονία των Ναζί και τα στρατόπεδα συγκέντρωσης, έγιναν ακόμη πιο δύσκαμπτοι και συμπεριφέρθηκαν στον τελευταίο Προφήτη μας με περιφρόνηση. Ταυτόχρονα, έχτισαν στρατόπεδα συγκέντρωσης για να κλείσουν μέσα τους Παλαιστίνιους αφού τους έκλεψαν τη γη και τα σπίτια, βομβάρδισαν το τεράστιο στρατόπεδο συγκέντρωσης που ονομάζεται Γάζα και σχεδιάζουν την τελική λύση με την πλήρη γενοκτονία των Παλαιστίνιων.

Επομένως, η προστασία μας αίρεται πάραυτα και οι πραγματικοί Εβραίοι είναι καταδικασμένοι σε μια νέα διασπορά, σε μια εξόριστη ζωή ανάμεσα στα υπόλοιπα έθνη της Γης. Θα αρνούνται να πολεμήσουν για οποιοδήποτε έθνος ενώ θα δύνανται να ωφελήσουν κάθε έθνος με τη διάνοια και τη δημιουργικότητά τους.

Οι μόνοι πραγματικοί Εβραίοι είναι φυσικά οι αντισιωνιστές και εμείς συγχαίρουμε τους θρήσκους Εβραίους που αρνήθηκαν το Σιωνισμό κι έχουν ήδη εγκαταλείψει το Ισραήλ. Σήμερα, οι Ραελιανοί είναι οι πραγματικοί Εβραίοι, οι μόνοι που θέλουν την κατασκευή της Πρεσβείας για να καλωσορίσουν την επιστροφή μας και μάλιστα όχι επάνω σε κλεμμένη γη. Ζητάμε από όλους τους Εβραίους να εγκαταλείψουν το Ισραήλ το συντομότερο δυνατόν, να προσηλυτιστούν στον Ραελιανισμό και να υποστηρίξουν τους

Παλαιστίνιους, οι οποίοι στην πραγματικότητα είναι απόγονοι Εβραίων που ασπάστηκαν το Ισλάμ πριν αιώνες. Το να βλέπει κανείς ψευτοεβραίους να έρχονται από την Ευρώπη και να σφαγιάζουν τους απογόνους των Εβραίων που ζουν στο Ισραήλ από τη Βιβλική εποχή αποτελεί σπαραξικάρδιο έγκλημα.

Εξαπλωθείτε σε ολόκληρο τον κόσμο για να διαδώσετε τις μεγαλοπρεπείς αξίες του Ραελιανού Ιουδαϊσμού, ενός ειρηνικού, ανεκτικού, αντιρατσιστικού, πανανθρώπινου Ιουδαϊσμού που σκοπεύει στην ένωση όλων των εθνών της Γης υπό μία παγκόσμια κυβέρνηση, ενός αντιμιλιταριστικού Ιουδαϊσμού που πιέζει για την άμεση και μονομερή κατάργηση των όπλων μαζικής καταστροφής, ενός Ιουδαϊσμού υπέρ των επιστημών ο οποίος προωθεί τη γενετική και την εξερεύνηση του διαστήματος και τελικά ενός Ιουδαϊσμού που εργάζεται για την ανέγερση του Τρίτου Ναού, της Πρεσβείας μας, όπου θα επιστρέψουμε με επισημότητα για να ενισχύσουμε μια διαρκή ειρήνη μεταξύ των ανθρώπων. Μαζί μας θα επιστρέψουν και όλοι οι μεγάλοι προφήτες του παρελθόντος για να καταρρίψουν όλους τους μύθους που δημιούργησαν οι διαχωριστικές θρησκείες.

Εβραίε, εγκατάλειψε το Ισραήλ όσο πιο γρήγορα γίνεται «χωρίς να γυρίσεις πίσω» αν δε θέλεις να «μετατραπείς σε στήλη άλατος» όπως συνέβη στα Σόδομα και τα Γόμορρα και υποστήριξε τον αναμενόμενο Μεσσία, Ραέλ!

Ειρήνη στη Γη και καλή θέληση σε όλους!

Επιπλέον Πληροφορίες

Οι αναγνώστες ενδέχεται να επιθυμούν να επικοινωνήσουν με τον συγγραφέα ή την οργάνωσή του, το Διεθνές Ραελιστικό Κίνημα (IRM), για περισσότερες πληροφορίες σχετικά με αυτό το βιβλίο και άλλα συναφή θέματα. Η διεύθυνση του συγγραφέα είναι:

c/o The International Raelian Movement
Case Postale 225, CH 1211
Geneva 8
Switzerland

Οι επίσημες διευθύνσεις στο διαδίκτυο του Διεθνούς Ραελιανού Κινήματος και των συνδεδεμένων με αυτό οργανώσεων είναι:

www.rael.org
www.raelianews.org
www.raelradio.net
www.rael-science.org
www.raelafrica.org
www.apostasynow.org
www.subversions.com
www.icacci.org

Για να εγγραφείτε στην rael-science, η οποία διανέμει μέσω ηλεκτρονικού ταχυδρομείου μια σειρά επιστημονικών ειδήσεων σχετικά με αυτό το βιβλίο, στείλτε ένα κενό μήνυμα ηλεκτρονικού ταχυδρομείου στη διεύθυνση:

subscribe@rael-science.org

Σεμινάρια και επαφές

Κάθε χρόνο πραγματοποιούνται διάφορα σεμινάρια σε όλο τον κόσμο, όπου συγκεντρώνονται οι Ραελιανοί για να ακούσουν τις διδασκαλίες των Ελοχίμ όπως παραδόθηκαν από τον Προφήτη Ραέλ. Εάν θέλετε να συμμετάσχετε σε ένα από αυτά τα σεμινάρια ή απλά να έρθετε σε επαφή με ένα μέλος του Ραελιανού κινήματος στην περιοχή σας, παρακαλούμε επικοινωνήστε με ένα από τα τοπικά Ραελιανά κινήματα παρακάτω. Για μια πλήρη λίστα των επαφών του Ραελιανού κινήματος σε περισσότερες από 86 χώρες, επισκεφτείτε την ιστοσελίδα: www.rael.org.

Ευχαριστίες

Ευχαριστούμε το Μουσείο Fitzwilliam, Πανεπιστήμιο του Cambridge, Ηνωμένο Βασίλειο, για την παραχώρηση άδειας αναπαραγωγής του πίνακα ζωγραφικής Το Βάπτισμα του Χριστού από τον Aert de Gelder, 1710. Λάδι σε καμβά, 48,3 x 37,1 cm.

Παρόμοιες ευχαριστίες απευθύνονται στην Εθνική Πινακοθήκη του Λονδίνου για τη χορήγηση άδειας για την αναπαραγωγή του Ευαγγελισμού του Άσκολι του Carlo Crivelli, 1486. Νερομπογιά αυγού και λάδι σε καμβά, 207 x 146,7 εκ.

Στον Colin Andrews (www.CropCircleInfo.com) για την άδεια χρήσης της αεροφωτογραφίας του αγρογλυφικού που τραβήξατε στο Cheesefoot Head στο Wiltshire, Αγγλία τον Αύγουστο του 1990, σας ευχαριστώ.

Ευχαριστούμε τον Marcus Wenner για την παροχή των πρωτότυπων αγγλικών μεταφράσεων των βιβλίων Το μήνυμα που δόθηκε από τους Εξωγήινους και Ας υποδεχθούμε τους Εξωγήινους, που αποτελούν το μεγαλύτερο μέρος αυτής της νέας αναθεωρημένης έκδοσης.

Για τις πολλές βιβλικές παραπομπές που απαντώνται σε αυτό το βιβλίο, χρησιμοποιήθηκαν ως αναφορές η αναθεωρημένη έκδοση King James, η αμερικανική τυποποιημένη έκδοση, η μετάφραση Darby, η έκδοση των εβραϊκών ονομάτων, η Βίβλος Webster και η νέα έκδοση King James.

Οι στίχοι από τις Γραφές που πάρθηκαν από την νέα έκδοση του King James είναι Copyright © 1982 από την εταιρεία Thomas Nelson, Inc. και χρησιμοποιείται με την άδεια αυτής. Με επιφύλαξη παντός δικαιώματος.

Άλλα βιβλία από τον Ραέλ

ΑΙΣΘΗΣΙΑΚΟΣ ΔΙΑΛΟΓΙΣΜΟΣ

Ένας σημαντικός συνοδευτικός τόμος για το βιβλίο Ευφυής Σχεδιασμός: Μήνυμα από τους σχεδιαστές. Για να ανοίξουμε το μυαλό μας στο μέλλον και να συνειδητοποιήσουμε το πραγματικό μας δυναμικό, πρέπει να μάθουμε να ξυπνάμε πλήρως το σώμα μας στις απολαύσεις όλων των αισθήσεών μας... αυτό είναι το ζωτικό μάθημα που ο Ραέλ έφερε από το ταξίδι του στον πλανήτη των Ελοχίμ.

Σε αυτόν τον τόμο, περιγράφει λεπτομερώς τις τεχνικές διαλογισμού που έχουν σχεδιάσει οι Ελοχίμ για να μας βοηθήσουν να έρθουμε σε αρμονία με την άπειρη φύση όλων των πραγμάτων.

Βοηθώντας μας να απολαμβάνουμε πιο έντονα τους ήχους, τα χρώματα, τις γεύσεις, τα αρώματα και τα χάδια, οι διδαχές μας επιτρέπουν να βρούμε μια νέα δημιουργικότητα μέσα μας.

ΔΙΑΝΟΙΟΚΡΑΤΙΑ

Η πρώτη αγγλική μετάφραση μιας ιδιαίτερα αμφιλεγόμενης πολιτικής διατριβής.

Η δημοκρατία είναι μια ατελής μορφή διακυβέρνησης που αποσκοπεί να δώσει τη θέση της στην εξουσία των «διανοιών» τη «Διανοιοκρατία». Υπό αυτό το σύστημα, κανένας υποψήφιος για πολιτικό αξίωμα δεν θα μπορεί να εκλέγεται αν το επίπεδο νοημοσύνης του δεν βρίσκεται στο πενήντα τοις εκατό επάνω από το μέσο όρο του πληθυσμού. Επιπλέον, για να έχει δικαίωμα ψήφου, ένας εκλογέας πρέπει να έχει ένα επίπεδο νοημοσύνης δέκα τοις εκατό πάνω από το μέσο όρο. Επομένως, η Διανοιοκρατία είναι μια μορφή επιλεκτικής δημοκρατίας.

Αυτές οι αρχές ισχύουν ήδη στον πλανήτη του Ελοχίμ. Αν δεν μπορέσουμε να βρούμε κάτι καλύτερο, μας συμβουλεύουν να ετοιμαστούμε να εφαρμόσουμε ένα παρόμοιο σύστημα, αφού όλη η ανθρώπινη πρόοδος τελικά εξαρτάται από τη δουλειά των διανοιών.

Σε αυτή την πρώτη έκδοση του βιβλίου, που θα δημοσιευτεί στην αγγλική γλώσσα, ο Ραέλ περιγράφει πώς θα μπορούσε να λειτουργήσει μια τέτοια διαδικασία εδώ στη Γη όταν οι μέθοδοι ελέγχου της διανοητικής ικανότητας αναπτυχθούν ικανοποιητικά.

ΝΑΙ ΣΤΗΝ ΑΝΘΡΩΠΙΝΗ ΚΛΩΝΟΠΟΙΗΣΗ

Μια εκπληκτική ματιά στο μέλλον.

Σε αυτό το βιβλίο, ο Ραέλ, ο οποίος ενέπνευσε την Clonaid, την πρώτη εταιρεία που προσφέρεται να κλωνοποιήσει ανθρώπους, εξηγεί πώς η σημερινή τεχνολογία είναι το πρώτο βήμα στην αναζήτηση της αιώνιας ζωής.

Με εξαιρετική καθαρότητα, μας επιτρέπει μια εκπληκτική ματιά σε ένα θαυμαστό μέλλον και εξηγεί πως η αναδυόμενη τεχνολογία θα φέρει επανάσταση στον κόσμο μας και θα μεταμορφώσει τη ζωή μας.

Πρόκειται για ένα βιβλίο που μας προετοιμάζει για έναν απίστευτα όμορφο κόσμο που θα μετατραπεί σε παράδεισο, όπου η νανοτεχνολογία θα καταστήσει τη γεωργία και τη βαριά βιομηχανία περιττή, όπου η υπερτεχνητή νοημοσύνη θα ξεπεράσει γρήγορα την ανθρώπινη νοημοσύνη και θα αναλάβει όλα τα βαρετά καθήκοντα, όπου η αιώνια ζωή θα είναι εξίσου δυνατή σε έναν υπολογιστή, όπως και σε μια σειρά από συνεχώς ανανεώσιμα ανθρώπινα σώματα, και όπου ο κόσμος θα μπορούσε να μετατραπεί σε ένα χώρος αναψυχής και αγάπης όπου κανείς δεν θα χρειάζεται να δουλεύει πια!

MAITREYA

Αποσπάσματα από τις διδασκαλίες του Ραέλ.

Ο Ραέλ, ο αναμενόμενος "Maitreya από τη Δύση", μοιράζεται τις διδασκαλίες και τις ιδέες του σε αυτό το υπέροχο βιβλίο από αποσπάσματα που προέρχονται από τα πάμπολλα Ραελιανά σεμινάρια στα οποία έχει διδάξει τα τελευταία τριάντα χρόνια. Πλήθος θεμάτων καλύπτονται σε αυτό το βιβλίο, όπως η Αγάπη, η Ευτυχία, η Ηρεμία, η Πνευματικότητα, η Σκέψη, ο Μύθος της Τελειότητας, η Μη Βία, η Επιστήμη, οι Σχέσεις Αγάπης και πολλά άλλα. Μια εξαιρετική πηγή για όσους ενδιαφέρονται να αναπτύξουν τον εαυτό τους και επιθυμούν να ζήσουν μια ικανοποιητικότερη και πιο χαρούμενη ζωή.

Βιβλιογραφία

Darby, J.N, The Darby Translation (Darby), 1890.
Fiori, Jean, Evolution ou Creation, Published by Editions S.D.T., 77190, Dammarlie-les-Lys, France.
Milgram, S, Submission to Authority, Paris, 1974.
Public Domain, Hebrew Names Version(HNV) of the World English Bible.
Public Domain, Restored Name King James Version (RNKJV)
- www.eliyah.com/Scripture/
Rostand, Jean, L'Evolution, Paris, Robert Delpire Editeur, 1960.
Thomas Nelson & Sons, American Standard Version (ASV), 1901.
Thomas Nelson, Inc New King James Version (NKJV), 1982.
Webster, Noah, The Webster Bible (Webster's),1883.

www.ingramcontent.com/pod-product-compliance
Lightning Source LLC
Chambersburg PA
CBHW072000110526
44592CB00012B/1153